第三版

CASE ANALYSIS OF IPO APPROVAL
AND EXAMINATION STANDARD

企业上市

审核标准实证解析

张兰田　孙维平　著

北京大学出版社
PEKING UNIVERSITY PRESS

国浩财经

编委会	吕红兵	李　淳	张敬前	沈田丰	刘　维
	宋　茵	李世亮	于宁杰	马国强	王民生
	刘　继	白　敏	车　捷	周世虹	杜玉松
	李　强	马卓檀	颜华荣	程　秉	浦理斌
	梁　爽	卢晓东	徐衍修	姚仲凯	邓凤强
	王　云	郑继法	周　媛	黄建新	罗　峥
	夏少林	张　蕾	叶　卫	温晓军	宋　钊
	谷景生	张日辉	姜　丹	孙　涛	冯　辕
	张凌云	揭　梅	孙文杰		

我有一个梦想
（第三版序）

《企业上市审核标准实证解析》自 2011 年出版以来，深受读者欢迎。在第三版即将出版之际，谨作回顾与展望。

一、始于"绝望"，终于"知识管理"

2001 年我开始涉足 A 股 IPO 业务，入行初始，便觉执业艰难：业内大量关键信息不公开、不透明，基本"无法可依"；以"审核标准"为核心的监管政策和理念，仅以"专有技术"的形式为极少数业内人士掌握，其闭塞与多变"不足为外人道也"；经济形势的迅速变化和监管制度的滞后，导致不规范问题频发。作为一个能力不足但责任感很强的青年律师，既深知自己责任重大，又无知无据，不禁陷入"彻底的绝望"，常常为项目中的具体决策问题冥思苦想，夜不能寐。

好在有前辈律师的提携指点，我没有在重大问题上误导过客户，没有在实际项目上闯过祸。熬过最初的艰难，我总算渐入佳境。

但是，此过程中经历的艰辛却总是难以忘怀。我始终认为，律师最重要的立足点之一就是要具有精湛的专业技术。为使同业能不再受此类问题困扰，切实提高工作质量，我萌发了写一本专业书籍的想法，希望从实证角度对 A 股 IPO 过程中的实体法律问题进行解析和总结。其实就是希望为行业做一次"知识管理"：从结果的角度阐明"什么样的企业能上市",从过程的角度阐明"上市会遇到哪些障碍及如何排除这些障碍"。如今,"吹尽狂沙始到金",多年的研究和探索终于成书。

二、工匠精神和团队传承

近日,我正巧在巴黎度假。除了艺术品,巴黎给我印象最深的是宏伟、奢华的建筑。这些建筑设计典雅、用料精良。由此我不禁想到,我们的律师事业又何尝不应该这样呢?集中精力、痛下苦功,研发专项法律服务产品,打造精细操作流程,就好像建造一座宫殿。客户,就是这些宫殿的访客。我们应当作出最好、最专业的工作安排,并推广流传开来,为律师行业张目,为后来者所传承。

重大工作的完成需要倚仗团队的力量。本书第三版的修订工作,继续依靠团队的力量。本书第二作者孙维平律师,既有多个项目的最新申报经验,又有志精专于IPO律师业务,为本书的修订作出了重要贡献。

我们继续坚持"实证研究",通过阅读整理最新的IPO项目上市申报文件,研究不断变化的监管政策,整理包括科创板在内的最新实操经验,对本书进行了全面且深入的修订,尽最大努力使本书与时俱进、实用可靠。本次修订依据的法律、法规截止时间为2019年6月30日。

三、我有一个梦想

我对A股IPO法律问题的研究,始于工作需要,也乐于与同行分享。现在,我又有了新的梦想,我梦想:

中国的资本市场,资源配置水平尽可能优化,投资人尽快机构化,注册制尽早到位,证券化管制红利彻底消失,上市监管遵循公正、公开的标准。

法律的权威体现在尽责工作和充分披露中,律师的职业精神体现在高尚的人格、精湛的专业技术、丰富的经验中。

各种与时俱进的技术,包括知识管理、大数据、可视化、产品化、流程化、人工智能及计点制,都能尽快为更多律师所掌握、运用,为客户创造更大的价值。

张兰田

二〇一九年九月

第二版序

我基于如下四个原因修订本书:首先,最近一年上市审核理念发生了重大变化,为与之保持一致,对本书内容进行相应的修正和调整;其次,增补了部分技术细节问题;第三,国浩律师事务所作为证券法律服务的专业律师事务所,愿意为行业的发展和规范继续奉献绵薄之力;第四,读者朋友对本书的评价和热情鼓励让我心存感激。

本次修订的资料收集工作截至 2012 年 7 月 31 日,修订内容超过 1/3,框架和体例基本不变。在宏观方面,增加了对最新审核理念的陈述;在微观方面,增加了对几十个具体技术问题的总结。

在写作本书时,我希望将它做成此行业的"红宝书",但是随着持续的研究和实务工作的开展,特别是在我研读投行小兵、张国锋先生等业内同仁的作品之后认为:"做上市业务,只看这本书,仍是不够的。"我对包括上述两位在内的业内同仁卓越、辛勤的劳动表示衷心的感谢,从他们的作品中,我学到了很多。

在修订本书的过程中,我的同事李誉律师、戎纯莉律师、夏青律师、朱艳萍律师承担了大量的基础工作;投行先锋论坛的众多朋友,特别是 fushengbin、bookstorm、hxlbaxia,都提出了很有见地的修订意见,在此一并致谢!

本书出版后,有部分读者直接或者间接地提出,希望能更高效、直观地掌握本书的核心内容。为此,我们设计了专门的培训讲座,可以应读者的需求酌情安排。

真诚希望读者朋友继续通过邮件的方式和我沟通交流,真诚感谢读者朋友给我提供更多的积累经验和面对各类实务问题的机会。

最后,谨对国浩律师集团事务所首席执行合伙人吕红兵律师表示衷心的敬意和谢意:没有他十几年的提携、支持、宽容、指导,就没有我今天的律师事业。

张兰田

国浩律师(上海)事务所合伙人

二〇一二年十月

让我们一起做得更好
（第一版序）

《企业上市审核标准实证解析》是国浩律师集团事务所推出的国浩财经系列丛书的第一本,我作为集团首席执行合伙人,欣喜之余,应作者张兰田律师的邀请,向各位尊敬的读者朋友对本书作如下介绍和评论。

一、我们为什么要推出国浩财经系列丛书

国浩律师集团事务所作为中国较大的法律服务机构之一,专注于资本市场及相关领域的法律服务。我们已经出版了国浩法律文库系列丛书,因具有专业、实用、与时俱进等特点,赢得了读者的较高评价。但是,我们也注意到,该系列丛书,甚至可以说绝大部分法律专业人士撰写的法律书籍,都在一定程度上存在如下不尽如人意之处:因专业性过强致使读者范围受限、因其内容艰深而较难满足非法律专业的朋友掌握法律知识的需求等。这些不足在一定程度上离我们出版法律系列书籍的初衷,即宣传法律知识和推动法制建设稍稍远了一些。我们认为,非常有必要在专业的资本市场法律知识和非专业的资本市场法律人员之间,建立起高效顺畅的桥梁和渠道。

资本市场作为国浩律师集团事务所的核心业务领域,其涉及的法律服务和实务操作知识有与投资银行专业知识、财务知识"混同"的特点和趋势。在该法律工作领域,不但要求投行人士懂法律,也同样要求律师懂投

行知识、财务知识。各中介机构在分工负责的前提下,一定要密切沟通和配合才能取得最佳效果。如果仅从法律角度,我们坚持追求"让我们做得更好";如果从资本市场的团队合作角度,我们更愿意联合投行人士、会计师、评估师、公司决策层,共同追求"让我们一起做得更好"。

已经出版的国浩法律文库丛书,大多是阐述说明法律上的"应然",但是对实务中丰富多彩、与时俱进的"已然",则还应进一步充分关注。中国资本市场的法律制度还处在从无到有、从零散到系统的建设过程中,因此实务研究更显意义重大。同时,我们也充分理解读者,不但想了解法律原则规定,还更迫切地想知晓尽可能多的实践操作方法,以便在综合比较、全面分析的基础上对处理发行上市工作中的实际问题作出最佳选择。

为解决上述问题,完成富有挑战性的艰巨任务,我们在继续保留国浩法律文库丛书的同时,隆重推出法律和财经紧密结合的国浩财经系列丛书,该系列丛书主要面向资本市场的非法律专业人士,特别是证券公司、投资公司、咨询公司、会计师事务所、拟上市公司的中高端专业人士和财经人士,希望能让读者朋友"愿意读、读得懂、读后有收获"。

二、本书的优势和独特价值

本书围绕"审核标准"这一核心主题,从法律角度展开系统实务研究,具有开创性的意义。本书证明了上市审核标准是客观存在的,整体上具有适合国情前提下的公允性和统一性。

本书是基于最近几年发生的四百多个成功或失败的实际发行案例而写就。作者全面阅读、研究了这些案例相应的招股说明书、律师工作报告,特别是补充法律意见书,从这些第一手实务资料中总结提炼出与上市相关的重要问题,系统梳理了相应的法律依据、已有的解决方法,并在此基础上得出一系列基本结论。我们相信,相比单纯罗列、摘录法律规定,这种"从实务中来,到实务中去"的通过辛勤工作而获得的成果可以更好地满足各类读者的需求。

本书将上市审核标准分为审核标准、信息披露、主体资格、独立性、持续盈利能力、募集资金运用、规范运行、会计与税务、专项问题等几类,在每一类下根据需要继续细化分类。这种分类比较科学合理,方便读者系统掌握。

纵观全书,只有"主体资格"一章基本是法律问题,其他各章除法律问题,还根据实际需要大量论述了投行、会计税务问题,当然,主要是从法律角度和律师的视角来分析。这种分析方式的综合性是由上市工作内容的综合性决定的,是实事求是的一个创举。

三、本书尚可完善之处

本书虽有上述优点,但毫无疑问,也有不足之处。比如,提炼总结的部分结论的论述过程稍显简略,如能充分阐明相应的基础事实则更好;有的争鸣类观点虽有一定的道理但略显偏激;过于强调体系的完整而在一定程度上忽略了内容的丰富;过于强调实务应用而忽略了对法学理论的研究;等等。这些不足之处,既有作者自身的原因,也受目前法律制度建设和执行水平、相关信息披露程度等因素的影响。我们将不懈努力,改进这些不足之处。

"雄关漫道真如铁,而今迈步从头越。"我们坚信,中国资本市场具有无比光明的发展前途和千载难逢的历史性机遇,让我们一起做得更好!

吕红兵

中华全国律师协会副会长

中华全国律师协会金融证券业务委员会主任

国浩律师集团事务所首席执行合伙人

二〇一〇年九月二十八日

目 录

第一章 审核标准

第一节 核心标准 001
一、详尽标准的缺失 001
二、三大核心标准:持续盈利能力,合法性,信息披露 002
三、四个效应 003

第二节 主板和创业板审核标准比较 004
一、经营性指标 004
二、财务性指标 005
三、治理性指标 006
四、合法性指标 007

第三节 工作规则 010
一、《关于保荐项目尽职调查情况问核程序的审核指引》的分解整理 010
二、《律师事务所证券法律业务执业规则(试行)》的分解整理 018

第二章 信息披露

一、《证券法》对申请上市的主体信息披露的基本要求 025
二、违规披露信息的归责原则 025
三、欺诈发行的法律责任 026
四、欺诈发行股票、债券罪的犯罪构成 029
五、实事求是和避免极端 029
六、豁免披露 030

第三章 主体资格

第一节 出资 032
一、一般规定 032
二、出资瑕疵 035

三、抽逃出资与虚假出资　　047
　　四、股权出资　　048
　　五、债权转股权　　051
　　六、部分资产来自上市公司　　057
第二节　股东　　058
　　一、不适格股东　　058
　　二、股份锁定和减持限制问题　　064
　　三、申报前后引入新股东　　072
　　四、股权质押、冻结或发生诉讼　　073
　　五、法律对股东资格的认定标准　　074
　　六、外商投资企业改制上市相关问题　　074
　　七、台湾地区上市公司在大陆上市　　080
　　八、境内自然人是否可对外资股份公司增资　　084
　　九、境内自然人成为外商投资企业股东的突破　　085
　　十、取得境外居留权的中国公民持有股权的属性　　086
　　十一、控股股东位于境外　　087
　　十二、夫妻共同设立公司　　087
　　十三、合伙企业　　087
　　十四、社团法人　　089
　　十五、交叉持股　　089
　　十六、预防私募投资（PE）腐败　　091
　　十七、股权激励　　091
　　十八、对赌协议　　095
　　十九、股东人数问题　　098
　　二十、被吊销营业执照企业的法定代表人任职问题　　100
　　二十一、国有企业职工持股的相关规定　　102
　　二十二、"产学研"问题　　108
　　二十三、工商登记效力问题　　109
　　二十四、三类股东　　109
　　二十五、私募股东　　111
　　二十六、股权代持　　114
　　二十七、职工持股会或工会　　117
　　二十八、人数较多自然人股东的核查要求　　118
第三节　实际控制人　　118
　　一、确定实际控制人的意义　　118
　　二、实际控制人和控股股东的含义和解释　　118

三、认定实际控制人的较为混乱的现状　　122
　　四、如何进行判断和认定　　122
　　五、实际控制人的认定应适度宽松　　129
　　六、"无实际控制人"结论应审慎得出　　130
　　七、"一股独大"的思考　　132
　　八、一致行动人　　132
第四节　历史沿革　　141
　　一、上市前重组的含义、要求和需要注意的问题　　141
　　二、业绩连续计算　　142
　　三、股权变动　　150
　　四、增资　　158
　　五、减资　　159
　　六、整体变更　　161
　　七、国有企业改制的基本流程　　168
　　八、债务承担和有限责任的突破　　169
　　九、在审期间分红或转增股本　　170
　　十、主要经营一种业务　　170

第四章　独立性

第一节　独立性的五个方面　　172
　　一、独立性的五个方面　　172
　　二、独立性的分类　　174
第二节　关联交易　　174
　　一、关联交易的内容　　174
　　二、有关关联方的相关规定比较　　175
　　三、亲属　　178
　　四、关注关联交易对发行上市的影响　　179
　　五、关联交易的审议及披露程序　　181
　　六、关联交易的解决方法　　184
　　七、目标公司去关联化的思考　　185
第三节　同业竞争　　186
　　一、禁止性规定　　186
　　二、同业竞争现行有效的法律规制　　186
　　三、同业竞争及竞争方的判断　　187
　　四、同业竞争的解决方法　　188
　　五、业务合并　　189

第五章　持续盈利能力

　　一、申报期内业绩下滑　　191
　　二、优质持续盈利能力　　193
　　三、持续盈利能力、核心竞争力、风险因素三者之间的关系　　193
　　四、风险模型　　193
　　五、风险模型的法规实证研究　　194
　　六、关于客户集中问题　　196
　　七、关于净利润主要来自合并报表范围以外的投资收益问题　　197
　　八、关于发行人持续盈利能力的判断标准　　197
　　九、过会后业绩下滑问题　　198

第六章　募集资金运用

　　一、三个宏观问题　　199
　　二、证监会对于募集资金信息披露的要求　　199
　　三、应重点关注的问题　　203
　　四、中小板发行上市募集资金运用策划　　204
　　五、项目核准、备案的相关法律、法规　　207

第七章　规范运行

　　一、重大违法行为　　218
　　二、行政处罚两年时效问题　　220
　　三、任职限制　　220
　　四、董事、高级管理人员的忠实、勤勉义务　　231
　　五、共同设立公司　　233
　　六、企业间借贷　　234
　　七、内部职工借款　　241
　　八、环境保护　　242
　　九、产业政策　　245
　　十、经营范围　　250
　　十一、境外业务和资产的核查　　251
　　十二、前置许可和后置许可　　253
　　十三、特殊行业的资质许可　　256
　　十四、行业监管基本法律环境　　258
　　十五、互联网资质　　261
　　十六、开具合法合规证明的注意事项　　264

十七、违规票据融资 266
十八、商业汇票 266
十九、商业贿赂 267
二十、诉讼和仲裁 269
二十一、法律风险 271
二十二、法人治理结构 272
二十三、控股型公司上市 273
二十四、注销主体的合规性 274
二十五、承诺函 275
二十六、安全生产 276
二十七、新三板转板 279
二十八、注册地的选择——IPO扶贫政策 281
二十九、访谈核查 283

第八章 会计与税务

第一节 会计 285
一、会计问题的本质和关键 285
二、操纵利润的常见方法 286
三、企业上市过程中的部分会计核算问题及对策 289
四、监管层高度关注的财会事项和政策把握 291
五、补充信息披露实务举例汇总 296
六、股利分配政策要求 310
七、评估验资复核总结 316
八、关联方披露概述 319
九、拟上市公司会计政策和会计估计变更的关注要点 325
十、会计政策、会计估计变更或会计差错更正对企业首发上市申请的影响 327
十一、内控有效性 328
十二、收入确认 330

第二节 税务 334
一、企业重组税收基本结论 335
二、居民纳税义务人和非居民纳税义务人的纳税义务 341
三、境外注册中资控股企业认定为居民企业的纳税义务 342
四、受控外国企业的纳税义务 343
五、外商投资企业外国投资者投资不足25%补税问题 345
六、整体变更中的纳税义务 348

七、股权转让定价问题 354
八、征收税收滞纳金不具有行政处罚的性质 356
九、税收优惠合法性问题 358
十、带征问题 361
十一、社会福利企业税收优惠 363
十二、政府补贴处理 365
十三、高新技术企业 367
十四、欠缴税款问题 371

第九章 专项问题

第一节 国资
一、基本法律框架 372
二、规范国有产权的流转行为 376
三、非主营业务资产剥离 389
四、国有企业改制 390
五、国有股转持问题 392
六、国资参股企业股权转让 397

第二节 集体企业 399
一、集体企业问题常用法规 399
二、集体企业改制 400
三、改制设立的审核要求 401

第三节 红筹回归 402
一、红筹发展的历史回顾 402
二、境外间接上市的监管法规及其主要内容 403
三、股权控制模式下对于境内监管法规的遵循 405
四、外汇相关规定 406
五、返程投资 407
六、"VIE"模式 408
七、《关于外国投资者并购境内企业的规定》出台后股权控制模式的一个特例 412
八、《关于外国投资者并购境内企业的规定》施行期间的15种红筹模式 413
九、红筹回归的产业政策问题 415
十、红筹回归的业绩连续计算问题 416
十一、红筹回归的主要路径 416
十二、取消红筹架构的细节问题 417

十三、监管部门重点关注的问题　　420
第四节　土地　　421
　　一、与土地有关的基本法律框架　　421
　　二、土地权利概述　　423
　　三、企业重组上市过程中常见的土地法律问题　　429
第五节　知识产权　　439
　　一、商标　　439
　　二、专利权（上）　　449
　　三、专利权（下）　　459
　　四、著作权　　465
第六节　劳动　　465
　　一、公司充分、善意地履行劳动法规定的义务　　465
　　二、社会保险　　466
　　三、住房公积金　　468
　　四、劳务派遣　　468
　　五、劳务外包　　469
　　六、竞业限制　　469
　　七、代缴社保　　470
　　八、执行社会保障制度　　470

第十章　科创板发行上市法律制度初探

　　一、科创板试点注册制的历史沿革　　471
　　二、科创板主要制度框架　　472
　　三、科创板的制度创新　　478

第一章　审核标准

第一节　核心标准

一、详尽标准的缺失

什么样的企业可以发行上市或者说发行上市的具体条件和标准是什么,一直是一个不明确的问题,甚至带有一些神秘色彩。监管部门、券商、律师、会计师等各方众说纷纭,就同一个细节问题,不同的主体观点不尽相同,同一个主体就同一个问题在不同时期的观点也不尽相同。主要原因如下:

(一)法律规定相对简单和模糊

《中华人民共和国证券法》(以下简称《证券法》)第13条第1款规定了公司公开发行新股应当符合的四个条件:(1)具备健全且运行良好的组织机构;(2)具有持续盈利能力,财务状况良好;(3)最近三年财务会计文件无虚假记载,无其他重大违法行为;(4)经国务院批准的国务院证券监督管理机构规定的其他条件。该款规定不足以明确企业具体的上市标准和要求,特别是第(四)项的授权性规定,长期处于不明确的状态,并由大量立法层级较低的规范性文件共同进行调整。

《证券法》的原则性规定是基于稳定性的立法技术要求,而随着《首次公开发行股票并上市管理办法》(以下简称《首发管理办法》)和《首次公开发行股票并在创业板上市管理办法》(以下简称《创业板管理办法》)的颁布实施,"其他条件"得到了基本的统一和明确。

虽然如此,企业上市的标准和条件,仍有相当程度的不确定性。该问题的彻底解决寄希望于发行上市制度由核准制过渡到注册制。本书结合最新、最近的企业上市成功和失败的实例及法律规定,对上市标准相关问题进行分析和探讨。

(二)目前我国证券发行监管实行的是审批(核准)制,尚未过渡到注册(备案)制

2015年12月27日,第十二届全国人民代表大会常务委员会第十八次会议通过了《关于授权国务院在实施股票发行注册制改革中调整适用〈中华人民共和国证券法〉有关规定的决定》,该决定的实施期限为两年,自2016年3月1日起施行。由于2015年股票市场异常波动,股票发行注册制改革暂缓进行,直至2018年11月,国家主席习近平在首届中国国际进口博览会上表示,将在上海证券交易所设立科创板并试点注册制,证券市场关键环节的改革才迈出意义重大的一步。当时的中国证券监督管理委员会(以下简称"证监会")主席曾表示,股票发行注册制的配套规章制度研究论证需要相当长的一个过程。在这个过程中,必须充分沟通,达成共识,凝聚合力。无论是核准制还是注册制,都必须时时秉承保护投资者合法权益的理念,对发行人披露内容进行严格的真实性审查。

由此可以看出,无论是在核准制还是注册制下,证券监管机构除进行形式审查外,还关注发行人的主体资格、独立性、规范运行、财务与会计、募集资金运用等情况,并据此判断发行人是否符合发行条件,即还要进行实体审查。对于证券市场中介机构而言,需要确保信息披露真实、准确,加强风险控制,提高项目申报材料质量。

二、三大核心标准:持续盈利能力,合法性,信息披露

虽有前述现状,但企业发行上市的条件和标准却又是有规律可循的。总结最近三年已经过会或被否决的四百多个首次公开发行股票项目后发现,确实存在核心的判断标准:符合这个判断标准的即为发行上市成功的积极因素,不符合这个标准的即为发行上市成功的阻碍因素。一言以蔽之,这个核心标准就是"保护投资者的合法权益和社会公共利益"。商品社会,如何"保护投资者的合法权益",即引申出发行人须具有足够的"持续盈利能力";法治社会,如何"保护社会公共利益",即引申出发行人从股权到运营的合法性问题;市场经济,是在信息对等的前提下,鼓励社会资本以市场化方式支持实体经济,因此强化信息披露。

2011年年底以来,监管部门越来越强调真实、准确、完整、充分、及时地信息披露,同时减弱对盈利能力的判断,将投资价值判断交给市场和投资者。强化信息披露,在法规方面主要体现在:

(1)通过发布《关于进一步加强保荐业务监管有关问题的意见》,进一步强化了保荐机构的整体责任,强调了保荐机构在质量把控、风险防范等方面的责任,强调保荐机构是起点、中枢、责任担当者,是在积极推动发行体制市场化改革,以信息披露为中心,强化资本约束、市场约束、诚信约束的大背景下进行的。这一政策导向的主要考量,在于顺应新形势下市场发展需求,在强调保荐代表人责任的同时,进一步增强保荐机构的责任,进一步发挥保荐机构的整体作用,推动实现全程有效内控,夯实保荐项目基础。

(2)通过发布《关于进一步提高首次公开发行股票公司财务信息披露质量有关问题的意见》,提出九个方面的要求:发行人应建立健全财务报告内部控制制度;发行人及相关中介机构应确保财务信息披露真实、准确、完整地反映公司的经营情况;相关中介机构应关注发行人申报期内的盈利增长情况和异常交易,防范利润操纵;发行人及各中介机构应严格按照相关规定充分披露关联方关系及其交易;发行人应结合经济交易的实际情况,谨慎、合理地进行收入确认,相关中介机构应关注

收入确认的真实性、合规性和毛利率分析的合理性;相关中介机构应对发行人主要客户和供应商进行核查;发行人应完善存货盘点制度,相关中介机构应关注存货的真实性和存货跌价准备是否充分计提;发行人及相关中介机构应充分关注现金收付交易对发行人会计核算基础的不利影响;相关中介机构应保持对财务异常信息的敏感度,防范利润操纵。

综上所述,"持续盈利能力""合法性""信息披露"是企业发行上市标准的重中之重,相关法规和实务中关于企业上市的规定和要求无不是围绕这三点进行的。

三、四个效应

如下四个效应,是对企业发行上市审核过程中一些规律的概括总结。

(一) 一票否决效应

一个企业能否上市,主要取决于"持续盈利能力""合法性"和"信息披露",因此,在进行项目的选择和判断时,必须将这三个因素作为工作的重心。如果上述三个标准出现严重问题,特别是"持续盈利能力"出现严重问题,则会形成根本性的上市障碍。

(二) 累加效应

对于非关键因素的瑕疵还存在累加效应,即如果只有少量瑕疵,不会对企业上市造成实质性障碍;但是,如果瑕疵过多,即使是非关键因素的瑕疵,也可能对上市造成障碍。

(三) 诚信效应

发行人和各方中介机构在项目申报过程中体现出的诚信程度对企业上市有非常重要的影响,丧失诚信的行为,会导致监管机构的合理怀疑,势必会增加工作量、延长审核时间、增加初审报告的内容。其实,申请和审核过程中出现的严重问题,大多数并非是由于单纯的技术原因而导致的,而是信息披露和决策偏离了诚信。当然,信息披露同时也是技术问题,比如全面、充分、有针对性地揭示风险。

(四) 基本规则效应

个别中介机构人员在第一次和客户会谈时直接给监管人员打电话咨询问题。作为展业方法,本无可厚非,但实事求是地说,这样的做法不符合客户的根本利益:①不一定找对人;②该意见不一定代表监管部门的最新官方意见;③发表意见的人不一定了解项目的具体情况,只能泛泛而谈,可能分析得非常专业,但是结论却并不适用;④不同的人在同一时间、同一个人在不同的时间说法都可能不一致,甚至相反;⑤暗示客户自己和监管部门有特殊关系的做法不符合职业道德;⑥容易导致客户寄希望于关系而无心规范经营,解决问题。作为专业机构,应依据法律法规发表意见,认真研究业务,不断提高业务水平,上述这类攀关系、找门路的做法是不可取的。

第二节　主板和创业板审核标准比较

主板和中小板的审核标准相同,创业板的审核标准与前两者不同。以下是对主板(中小板)和创业板审核标准进行的对比,同时对差异之处作简要分析说明。

一、经营性指标

从经营性指标角度,对主板(中小板)和创业板的比较分析如下(见表1-1)。

表1-1　经营性指标对照表

条件	主板(中小板)	创业板
主体资格	依法设立且合法存续的股份有限公司。	
经营年限	持续经营时间应当在三年以上,经国务院批准的除外(有限公司按原账面净资产值折股整体变更为股份公司,可连续计算)。	持续经营时间应当在三年以上(有限公司按原账面净资产值折股整体变更为股份公司,可连续计算)。
分析说明:创业板取消了国务院特批,体现了法治精神,也契合"创业"二字。		
主营业务	最近三年内主营业务没有发生重大变化。	应当主要经营一种业务,其生产经营活动符合法律、行政法规和公司章程的规定,最近两年内主营业务没有发生重大变化。

分析说明:创业企业规模小,且处于成长发展阶段,如果业务范围分散,缺乏核心业务,既不利于有效控制风险,也不利于形成核心竞争力,因此,创业板对于主营业务的要求比主板严格,创业板对于"单一主营"的限定恰恰反映了创业板企业与主板企业之间所处发展阶段的主要区别。

主板市场的上市公司由于在上市时就有"一定规模"和"盈利能力强"等多方面的要求,所以主板市场的绝大部分上市公司已经形成了一定的规模,在本行业中有一定的地位,企业经营进入稳步发展期,在价值评估上应更加注重企业盈利能力的稳定或稳定增长、未来新的利润增长点的培育、行业转型可能带来的机会。

创业板的上市公司大部分是高科技企业和具有成长性的中小型企业,企业的经营风险较传统行业和成熟公司要大,因此更需要集中精力于一项业务,并寻求"成功、复制、创新、再次成功"。"单一主营"的限制能在很大程度上保护创业阶段的企业,在面对投资等诱惑时,规避资金链断裂或业务发展失控等风险。

（续表）

条件	主板（中小板）	创业板
	发行人应当主要经营一种业务是指： （1）同一类别业务或相关联、相近的集成业务，如：①与发行人主营业务相关或上下游相关业务；②源自同一核心技术或同一原材料（资源）的业务；③面向同类销售客户、同类业务原材料供应商的业务；④中国企业曾经流行的"技工贸"发展模式。 （2）在一种业务外经营其他不相关业务的，最近两个会计年度的合并报表须符合以下标准：①其他业务收入不超过营业收入总额的30%（另一说为20%）；②其他业务利润不超过利润总额的30%（另一说为20%）。 （3）对发行人主营业务的影响情况，提示风险。 （4）上述要求同时适用于募集资金运用的安排。	
持续盈利能力	发行人不得有如下影响持续盈利能力的情形： （1）经营模式、产品或服务的品种结构已经或者将发生重大变化，并对发行人的持续盈利能力构成重大不利影响； （2）行业地位或发行人所处行业的经营环境已经或者将发生重大变化，并对发行人的持续盈利能力构成重大不利影响； （3）最近一个会计年度的营业收入或净利润对关联方或者存在重大不确定性的客户存在重大依赖； （4）最近一个会计年度的净利润主要来自合并财务报表范围以外的投资收益； （5）在用的商标、专利、专有技术以及特许经营权等重要资产或技术的取得或者使用存在重大不利变化的风险； （6）其他可能对发行人持续盈利能力构成重大不利影响的情形。	发行人应当在招股说明书中分析并完整披露对其持续盈利能力产生重大不利影响的因素，充分揭示相关风险，并披露保荐人对发行人是否具备持续盈利能力的核查结论意见。

分析说明：持续盈利能力是监管层和投资者对上市公司最根本、最实质的标准要求，审核中将重点关注发行人的发展前景和核心竞争力，重点关注企业应对国际、国内经济形势变化的能力。

虽然创业板审核标准放弃了对六项影响持续盈利能力情形的表述，但并不代表审核理念降低了对创业板企业持续盈利能力的关注。

从创业板股票发行审核委员会（以下简称"发审委"）提高行业委员的比例可以看出，审核机关希望发审委员可以在信息披露充分的基础上，从更宏观、更专业的角度，具体问题具体分析，对企业的持续盈利能力进行实质性判断。

二、财务性指标

从财务性指标角度，对主板（中小板）和创业板的比较分析如下（见表1-2）。

表 1-2 财务性指标对照表

条件	主板(中小板)	创业板
盈利要求	(1)最近三个会计年度,净利润均为正数且累计超过人民币3 000万元,净利润以扣除非经常性损益前后较低者为计算依据。 (2)最近三个会计年度,经营活动产生的现金流量净额累计超过人民币5 000万元;或者最近三个会计年度营业收入累计超过人民币3亿元。	标准一:最近两年连续盈利,最近两年净利润累计不少于人民币1 000万元; 标准二:或者最近一年盈利,最近一年营业收入不少于人民币5 000万元。 (注:以上两个标准为选择性标准,符合其一即可)
分析说明:该业绩指标不但相对于主板发行上市标准大幅降低了创业企业融资门槛,也考虑到了不同行业、不同类型、不同发展阶段创业企业的业绩特点。与海外创业板相比,我国创业板发行上市的财务标准仍然十分严格,仍然强调净利润的要求;对企业规模仍有较高要求;对发行人的成长性有定量要求;要求企业上市前不得存在未弥补亏损。监管层对创业板制定的严格准入条件,其目的是要保证创业板市场能够健康稳定地发展。上市门槛相对较高,有助于提高创业板上市公司的质量,确保上市主体的总体健康性和成长性。从投资者利益保护的角度看,严格的准入条件也是对投资者的有效保护。		
资产要求	(1)最近一期末,无形资产(扣除土地使用权、水面养殖权和采矿权等后)占净资产的比例不高于20%。 (2)最近一期末不存在未弥补的亏损。	(1)最近一期末,净资产不少于人民币2 000万元。 (2)最近一期末不存在未弥补的亏损。
分析说明:相对于主板(中小板)的资产要求,创业板放弃了无形资产占比上限的规定,这是因为创业企业多数属于智力导向型企业,无形资产在资产结构中所占比例较重,如果对创业企业的无形资产的比重设置硬性门槛,则不利于自主创新企业对于研发投入的动力,创业板企业可酌定公司无形资产在净资产中的占比。		
股本要求	发行前股本总额不少于人民币3 000万元。	发行后股本总额不少于人民币3 000万元。
分析说明:较之主板,创业板对于发行人股本总额的要求同样是人民币3 000万元,但是在时点上有所区别,主板要求发行前股本不少于3 000万元,而创业板要求发行后股本不少于3 000万元。		

三、治理性指标

从公司治理性指标角度,对主板(中小板)和创业板的比较分析如下(见表1-3)。

表 1-3 治理性指标对照表

条件	主板(中小板)	创业板
董事及管理层	最近三年内,董事、高级管理人员没有发生重大变化。	最近两年内,董事、高级管理人员没有发生重大变化。
实际控制人	最近三年内,实际控制人没有发生变更。	最近两年内,实际控制人没有发生变更。

分析说明:与主板企业相比,创业板放宽了对主营业务、董事、高级管理人员和实际控制人变更的时间限制,由主板企业要求的三年降低至创业板企业的两年。而对于董事、高级管理人员"重大变化"的判断标准目前并无明确规定,实际操作中一般认定如果有 1/2 的董事、高级管理人员发生变化就应关注是否属于重大变更,但判断时要实质重于形式,从董事、高级管理人员变化是否对公司有效决策、持续稳定经营产生重大影响的角度进行论证分析,判断是否构成重大变化。

条件	主板(中小板)	创业板
公司治理结构	建立健全股东大会、董事会、监事会、独立董事、董事会秘书制度,相关机构和人员能够依法履行职责。	具有完善的公司治理结构,建立健全股东大会、董事会、监事会、独立董事、董事会秘书、审计委员会制度,相关机构和人员能够依法履行职责。

分析说明:创业板增加了审计委员会制度,体现了对审计工作的特别重视。

条件	主板(中小板)	创业板
财务制度	会计基础工作规范,财务报表的编制符合企业会计准则和相关会计制度的规定,在所有重大方面公允地反映了发行人的财务状况、经营成果和现金流量,并由注册会计师出具无保留意见的审计报告。	
内部控制	内部控制制度健全且被有效执行,能够合理保证公司财务报告的可靠性、生产经营的合法性、营运的效率与效果。	内部控制制度健全且被有效执行,能够合理保证公司运行效率、合法合规和财务报告的可靠性,并由注册会计师出具无保留结论的内部控制鉴证报告。

分析说明:内部控制制度是指一个公司的各级管理部门,为了保护经济资源的安全完整,确保经济信息的正确可靠,协调经济行为,控制经济活动,利用公司内部因分工而产生的相互制约、相互联系的关系,形成一系列具有控制职能的方法、措施和程序,并予以规范化、系统化,使之组成一个严密的、较为完整的体系。2015 年 2 月 11 日,深圳证券交易所对《主板上市公司规范运作指引》和《中小企业板上市公司规范运作指引》进行了修订,要求深圳主板和中小板上市公司按照指引要求披露内部控制制度的制定和实施情况。发行人按照相关规定建立健全内部控制制度是企业稳步发展的基石。

四、合法性指标

从合法性指标角度,对主板(中小板)和创业板的比较分析如下(见表 1-4)。

表1-4 合法性指标对照表

条件	主板(中小板)	创业板
注册资本	主板(中小板)以及创业板发行上市都要求注册资本已足额缴纳(分期出资均已到位),发起人或者股东用作出资的资产的财产权转移手续已办理完毕;发行人的主要资产不存在重大权属纠纷。	
股权	股权清晰,控股股东和受控股股东、实际控制人支配的股东所持发行人的股份不存在重大权属纠纷。	
合法经营	生产经营符合法律、行政法规和公司章程的规定,符合国家产业政策。	生产经营活动符合法律、行政法规和公司章程的规定,符合国家产业政策及环境保护政策。
分析说明:创业板标准在合法经营的概括性要求中增加了环境保护政策的内容,足见监管部门对环保问题的重视。		
税收	依法纳税,享受的各项税收优惠符合相关法律、法规的规定;经营成果对税收优惠不存在严重依赖。	—
偿债风险	不存在重大偿债风险,不存在影响持续经营的担保、诉讼以及仲裁等重大或有事项。	—
董事、监事和高级管理人员的义务	董事、监事和高级管理人员已经了解股票发行上市有关的相关法律、法规,知悉上市公司及其董事、监事和高级管理人员的法定义务和责任。符合法律、行政法规和规章规定的任职资格,且不存在禁止情形。	董事、监事和高级管理人员应当忠实、勤勉,具备法律、行政法规和规章规定的资格,且不存在禁止情形。

分析说明:忠实、勤勉义务是公司董事、监事、高级管理人员的基本法律义务,也是其信托责任的具体体现。从公司法理论上讲,忠实义务要求相关人员公平对待所有股东、严格遵守竞业禁止、不篡夺公司机会、保守公司商业秘密等;勤勉义务要求相关人员积极履行职责,不断提高履行职务的能力。

《创业板股票上市规则》第3.1.9条明确规定,创业板上市公司董事应当履行的忠实义务和勤勉义务包括:

(1)原则上应当亲自出席董事会,以正常合理的谨慎态度勤勉行事并对所议事项表达明确意见,因故不能亲自出席董事会的,应当审慎地选择受托人。

(2)认真阅读公司的各项商务、财务报告和公共媒体有关公司的报道,及时了解并持续关注公司业务经营管理状况和公司已发生或者可能发生的重大事件及其影响,及时向董事会报告公司经营活动中存在的问题,不得以不直接从事经营管理或者不知悉为由推卸责任。

(3)在履行职责时诚实守信,在职权范围内以公司整体利益和全体股东利益为出发点行使权利,避免事实上及潜在的利益和职务冲突。

(4)《公司法》《证券法》规定的及社会公认的其他忠实和勤勉义务。

（续表）

条件	主板（中小板）	创业板
发行人的禁止性规定	（1）最近36个月内未经法定机关核准，擅自公开或者变相公开发行过证券；或者有关违法行为虽然发生在36个月前，但目前仍处于持续状态。 （2）最近36个月内违反工商、税收、土地、环保、海关以及其他法律、行政法规，受到行政处罚，且情节严重。 （3）最近36个月内曾向证监会提出发行申请，但报送的发行申请文件有虚假记载、误导性陈述或重大遗漏；或者不符合发行条件以欺骗手段骗取发行核准；或者以不正当手段干扰证监会及其发行审核委员会的审核工作；或者伪造、变造发行人或其董事、监事、高级管理人员的签字、盖章。 （4）本次报送的发行申请文件有虚假记载、误导性陈述或者重大遗漏。 （5）涉嫌犯罪被司法机关立案侦查，尚未有明确结论意见。 （6）严重损害投资者合法权益和社会公共利益的其他情形。	（1）最近三年内不存在损害投资者合法权益和社会公共利益的重大违法行为。 （2）最近三年内不存在未经法定机关核准，擅自公开或者变相公开发行证券，或者有关违法行为虽然发生在3年前，但目前仍处于持续状态的情形。
控股股东、实际控制人的禁止性规定	—	（1）最近三年内不存在损害投资者合法权益和社会公共利益的重大违法行为。 （2）最近三年内不存在未经法定机关核准，擅自公开或者变相公开发行证券，或者有关违法行为虽然发生在三年前，但目前仍处于持续状态的情形。

分析说明：和主板相比，创业板一个非常重要的变化是将合法合规要求延伸至控股股东和实际控制人，监管层对创业板发行人公司治理提出了从严要求。

现行法律、法规并未对"重大违法行为"作进一步的规定，但在操作实践中一般认为，所谓"重大违法行为"主要包括以下情形：

（1）行政处罚（最常见的），即违反工商、税收、土地、环保、海关以及其他法律、行政法规，受到行政处罚，且情节严重。

（2）曾向证监会提出发行申请，但报送的发行申请文件有虚假记载、误导性陈述或重大遗漏；或者不符合发行条件以欺骗手段骗取发行核准；或者以不正当手段干扰证监会及其发行审核委员会的审核工作；或者伪造、变造发行人或其董事、监事、高级管理人员的签字、盖章；本次报送的发行申请文件有虚假记载、误导性陈述或者重大遗漏。

（3）涉嫌犯罪，被司法机关立案侦查，尚未有明确结论意见。

从上述规定看，对于三年前的违法行为，只要已经纠正便不会被追究。

第三节　工作规则

一、《关于保荐项目尽职调查情况问核程序的审核指引》的分解整理

券商作为保荐机构，在企业发行上市过程中的作用是十分重要的。理解券商在保荐项目中的工作规则，可以从另一个角度认识审核理念。2011年4月，证监会发布了《关于保荐项目尽职调查情况问核程序的审核指引》，该指引对券商保荐工作的程序进行了概括，并对核查方式提出了要求。本节通过对指引要点及相关工作底稿的标准进行分解整理，可以对该指引的审核理念形成更加全面、清晰的认识。

表1-5　券商问核程序工作表

核查事项	核查方式	指引要点	相关底稿
发行人行业排名和行业数据	核查招股说明书引用行业排名和行业数据是否符合权威性、客观性和公正性要求。	（1）政府部门、行业协会颁布的统计数据可视为具有权威性，可直接引用。 （2）第三方机构的数据必须有两个以上同类数据相互印证才能引用；如果没有，则需对数据来源进行其他调查（如查询近期同行业上市公司公开披露的信息、走访行业协会、竞争对手等）。 （3）要披露清楚各类数据的来源，确实难以找到权威数据的应尽可能淡化披露，避免广告宣传性的语言。	（1）情况说明； （2）附数据来源文件； （3）访谈。
发行人主要供应商、经销商情况	是否全面核查发行人与主要供应商、经销商的关联关系。	（1）核查范围：建议为排名前十或单个交易金额超过总额1%的供应商和经销商。 （2）核查方法：①根据工商档案资料，查询主要供应商、经销商的股东及董事、监事、高级管理人员历史演变情况；②与主要供应商、经销商进行函证或访谈。 （3）核查时点：申报前需进行核查，申报后发生重大变化的要补充核查。	（1）供应商、客户名单（前十名）； （2）访谈； （3）网络查询截图； （4）走访纪要及确认书； （5）股东、董事、监事、高级管理人员情况。

第一章　审核标准　011

（续表）

核查事项	核查方式	指引要点	相关底稿
发行人环保情况	是否取得相应的环保批文，实地走访发行人主要经营所在地核查生产过程中的污染情况，了解发行人环保支出及环保设施的运转情况。	（1）实地走访发行人环保情况时，要现场拍照（显示时间）。 （2）通过网络查询是否存在发行人环保违规方面的媒体报道。 （3）建议在环保部门出具的守法证明中加上"发行人已取得相应的环保批准文件，环保设施运转正常"等内容（将以前常用的合规证明描述得更加详细）。 （4）发行人财务部提供报告期内环保支出的明细账和原始凭证。	（1）情况说明； （2）无违法违规证明（实务中大部分地区的环保部门已不再开具）； （3）环保批文； （4）走访纪要及确认书； （5）环保支出凭证； （6）环保设施运行情况拍照留底。
发行人拥有或使用专利情况	是否走访国家知识产权局并取得专利登记簿副本。	（1）走访国家知识产权局、商标局等部门，取得权利登记簿副本； （2）在知识产权局办事大厅可查询并打印专利登记簿。	（1）专利清单； （2）专利登记簿副本复印件； （3）走访纪要及确认书。
发行人拥有或使用商标情况	是否走访国家工商行政管理总局商标局并取得相关证明文件。	注册商标状态查询可在商标局一楼大厅完成。	（1）商标清单； （2）证明文件； （3）走访纪要及确认书。
发行人拥有或使用计算机软件著作权情况	是否走访国家版权局并取得相关证明文件。	注册商标状态查询可在商标局一楼大厅完成。	不适用。
发行人拥有或使用集成电路布图设计专有权情况	是否走访国家知识产权局并取得相关证明文件。	注册商标状态查询可在商标局一楼大厅完成。	不适用。
发行人拥有采矿权和探矿权情况	是否核查发行人取得的省级以上国土资源主管部门核发的采矿许可证、勘查许可证。	（1）需核对采矿许可证、勘查许可证的原件（正副本）； （2）关注相关许可证的有效期、可能导致证件失效的事项。	不适用。

(续表)

核查事项	核查方式	指引要点	相关底稿
发行人拥有特许经营权情况	是否走访特许经营权颁发部门并取得其出具的证书或证明文件。	事先通过发行人将需确认的内容提交特许经营权颁发部门，随同发行人一同前往领取相关证明，并与经办人员进行访谈，制作访谈记录。	不适用。
发行人拥有与生产经营相关资质情况（如生产许可证、安全生产许可证、卫生许可证等）	是否走访相关资质审批部门并取得其出具的相关证书或证明文件。	事先通过发行人将需确认的内容提交相关资质审批部门，随同发行人一同前往领取相关证明，并与经办人员进行访谈，制作访谈记录。	（1）相关资质证明； （2）访谈。
发行人违法违规事项	是否走访工商、税收、土地、环保、海关等有关部门进行核查。	事先通过发行人将需确认的内容提交相关政府部门，随同发行人一同前往相关部门领取守法证明，并与经办人员进行访谈，制作访谈记录。	（1）走访纪要及确认书； （2）守法证明； （3）发行人确认书。
发行人关联方披露情况	是否通过走访有关工商、公安等机关或对有关人员进行访谈等方式进行全面核查。	（1）要求发行人及相关股东、董事、监事、高级管理人员如实填写《关联方核查表》； （2）核查"潜在关联方"：主要包括外协供应商、共用商标商号或专利技术、不合理交易的交易对方等； （3）走访工商登记机关，证明在存续期间是否参加年检、是否存在违法违规，通过工商部门查询系统，查询是否有控股股东、实际控制人控制的其他企业； （4）对于关联方自然人，由户籍所在地派出所出具无违法违规行为证明。	（1）工商登记资料； （2）股东、董事、监事、高级管理人员名册和网络搜索截图； （3）访谈及确认书； （4）户口所在地公安机关证明。
发行人与本次发行有关的中介机构及其负责人、高级管理人员、经办人员存在股权或权益关系情况	是否由发行人、发行人主要股东、有关中介机构及其负责人、高级管理人员、经办人等以出具承诺等方式全面核查。	要求相关人员出具承诺函。	（1）人员清单； （2）承诺函。

(续表)

核查事项	核查方式	指引要点	相关底稿
发行人控股股东、实际控制人直接或间接持有发行人股权质押或争议情况	是否走访工商登记机关并取得其出具的证明文件。	事先通过发行人将需确认的内容提交工商部门、银行部门,随同发行人一同前往领取相关证明,并与经办人员进行访谈,制作访谈记录。	(1)情况说明及附件; (2)工商局证明; (3)走访纪要及确认书。
发行人重要合同情况	是否以向主要合同方函证方式进行核查。	(1)主要合同方以披露的重大合同为准,后续增加的重大合同需补充函证; (2)报告期内已经履行完毕的合同根据重要性原则选择性函证; (3)同时可以核查会计师的有关函证资料。	(1)重要合同清单; (2)函证及回函。
发行人对外担保情况	是否通过走访相关银行等方式进行核查。	(1)尽可能利用中国人民银行全国联网的企业征信系统查询; (2)发行人事先联系好保荐机构和会计师,一同前往核查。	(1)对外担保清单; (2)走访纪要及确认书。
发行人曾发行内部职工股情况	是否以与相关当事人当面访谈的方式进行核查。	实际操作中,持有内部职工股人数较多且较分散时有一定难度,一般要求核查覆盖90%以上。	不适用。
发行人曾存在工会、信托、委托持股情况	是否以与相关当事人当面访谈的方式进行核查。	尽可能逐个访谈和确认,但人数较多且较分散时有一定难度,可参考上述90%的标准。	不适用。
发行人涉及诉讼、仲裁情况	是否走访发行人注册地和主要经营所在地相关法院、仲裁机构。	(1)核查范围:发行人注册地和主要经营地的基层人民法院、中级人民法院、当地仲裁委员会; (2)核查方法:发行人事先联系好保荐机构和律师,一同前往核查; (3)补充核查手段:函证或访谈发行人的常年法律顾问。	(1)走访纪要及确认书; (2)附件。
发行人实际控制人、董事、监事、高级管理人员、核心技术人员涉及诉讼、仲裁情况	是否走访有关人员户口所在地、经常居住地相关法院、仲裁机构。	(1)发行人事先联系好保荐机构和律师,一同前往核查; (2)一同走访所有人员所在地的法院和仲裁机构; (3)辅助核查手段:函证或访谈发行人的常年法律顾问。	(1)人员名单及情况; (2)董事、监事、高级管理人员守法证明(村委会、公安局、法院、仲裁机构、税务机构); (3)走访纪要及确认书。

(续表)

核查事项	核查方式	指引要点	相关底稿
发行人董事、监事、高级管理人员遭受行政处罚、交易所公开谴责、被立案侦查或调查情况	是否以与相关当事人当面访谈、登录监管机构网站或互联网搜索等方式进行核查。	(1)与相关当事人当面访谈； (2)登录监管机构网站或互联网搜索； (3)需注意留痕。	(1)访谈及确认书； (2)网络搜索截图及情况说明。
发行人律师、会计师出具的专业意见	是否履行了核查和验证程序。	审阅律师、会计师出具的专业意见与招股说明书及发行保荐书的一致性。	核查和验证程序说明。
发行人会计政策和会计估计	如发行人报告期内存在会计政策或会计估计变更，是否核查变更内容、理由和对发行人财务状况、经营成果的影响。	(1)询问发行人财务主管和会计师报告期内是否发生会计政策和会计估计变更； (2)查阅发行人报告期各期审计报告和上市审计报告中有关会计政策和会计估计的部分，并与会计师充分沟通。	(1)情况说明； (2)附件； (3)访谈及分析。
发行人销售收入情况	是否走访重要客户、主要新增客户、销售金额变化较大客户等，并核查发行人对客户销售金额、销售量的真实性。	走访重要客户、主要新增客户、销售金额变化较大的客户，比如发行人前十大客户或占发行人总销售收入1%(含1%)以上的客户。	(1)近三年前十名客户情况(内外销分开)； (2)访谈纪要； (3)走访纪要及确认书； (4)其他方式。
	是否核查主要产品销售价格与市场价格对比情况。	(1)与发行人同行业公司的销售价格进行比较，分析存在差异的原因； (2)若无法取得同行业公司的销售价格，分析发行人报告期内的销售价格变动趋势，调查出现重大波动的原因。	(1)网络搜索截图及情况说明； (2)可比上市公司相关情况。

（续表）

核查事项	核查方式	指引要点	相关底稿
发行人销售成本情况	是否走访重要供应商、新增供应商和采购金额变化较大供应商等，并核查公司当期采购金额和采购量的完整性和真实性。	走访重要供应商、新增供应商、采购金额变化较大的供应商，比如发行人前十大供应商或占发行人总采购金额1%（含1%）以上的供应商。	（1）近三年前十名供应商名单（内外销分开）； （2）访谈纪要； （3）走访纪要及确认书； （4）其他方式。
	是否核查重要原材料采购价格与市场价格对比情况。	（1）与重要原材料供应市场上的价格进行比较，分析存在差异的原因； （2）与主要供应商销售给其他客户的销售价格进行比较，分析存在差异的原因； （3）分析发行人报告期内重要原材料采购价格的变动趋势，关注波动原因。	（1）网络搜索截图及情况说明； （2）可比上市公司相关情况。
发行人期间费用情况	是否查阅发行人各项期间费用明细表，并核查期间费用的完整性、合理性，以及存在异常的费用项目。	（1）获取发行人各项期间费用明细表，检查是否存在重大异常交易事项； （2）关注报告期内期间费用波动的趋势，调查异常波动的原因； （3）分析财务费用中的利息支出与融资规模是否匹配、汇兑损益与外币业务规模是否匹配。	（1）期间费用明细表； （2）访谈； （3）异常情况说明。
发行人货币资金情况	是否核查大额银行存款账户的真实性、是否查阅发行人银行账户资料、向银行函证等。	（1）核查发行人开户银行的开户证明等相关资料、报告期各期末的银行对账单； （2）向开户银行发送银行询证函。	（1）大额银行存款明细表； （2）函证底稿； （3）大额进账单及核查。
	是否抽查货币资金明细账，是否核查大额货币资金流出和流入的业务背景。	（1）关注是否存在被冻结、质押的货币资金； （2）抽查大额货币资金收支的原始凭证，核查是否存在非营业目的的大额货币资金转移，如有则需查明原因并作相应记录。	（1）明细账； （2）对应的销售及采购合同； （3）业务背景的访谈。

(续表)

核查事项	核查方式	指引要点	相关底稿
发行人应收账款情况	是否核查大额应收款项的真实性并查阅主要债务人名单，了解债务人状况和还款计划。	（1）抽查大额应收账款，追查至销售合同、出库单、销售发票及期后收款情况； （2）发放询证函； （3）对于长期挂账的应收账款，了解挂账原因，通过上网查询、电话沟通等方式了解债务人状况和还款计划； （4）关注对长期挂账的应收账款计提减值准备的情况及理由。	（1）应收款项前十名明细； （2）对应收款项前十名业务情况及回款情况核查真实性； （3）访谈发行人； （4）主要应收款项函证。
	是否核查应收款项的收回情况，回款资金汇款方与客户的一致性。	抽查大额应收账款的期后收款，追查至银行进账单。	（1）应收款项收回情况说明； （2）核查一致性（收款凭证）。
发行人存货情况	是否核查存货的真实性，并查阅发行人存货明细表，实地抽盘大额存货。	（1）与会计师一起进行实地监盘，即现场监督发行人对存货的盘点，并对已盘点存货进行适当抽查； （2）对发行人存放于第三方的大额存货应考虑发放询证函，必要时前往监盘； （3）由发行人财务部或存货管理部门提供存货明细表，关注发行人存货盘点报告中账实不符，尤其是账面数大于实物数的原因。	（1）存货明细； （2）抽盘情况； （3）函证（必要时）。
发行人固定资产情况	是否观察主要固定资产运行情况，并核查当期新增固定资产的真实性。	（1）由发行人财务部提供报告期内购置大额机器设备和其他固定资产的合同或发票； （2）现场查看发行人生产经营场所，关注是否存在长期闲置资产； （3）获取固定资产台账，对于当期新增的大额固定资产进行实地查看，并检查相关凭证：①从在建工程转入的，检查工程验收报告或预转资报告；②外购的，检查购买合同、发票、验收报告、是否已获得权属证书；③其他方式取得的，检查相关支持性文件。	（1）主要固定资产清单； （2）抽查底稿； （3）固定资产台账（发票）。

（续表）

核查事项	核查方式	指引要点	相关底稿
发行人银行借款情况	是否走访发行人主要借款银行，核查借款情况。	（1）发放银行询证函； （2）由发行人与银行业务经办人联系后进行走访，询问有关借款情况。	（1）借款银行清单； （2）走访银行纪要及确认书； （3）函证； （4）评级情况； （5）资料。
	是否查阅银行借款资料，是否核查发行人在主要借款银行的资信评级情况、存在逾期借款及原因。	（1）取得借款明细，查看重大借款合同，关注发行人是否存在逾期未偿还的借款，了解未偿还的原因； （2）查看与银行签订的框架协议，核实发行人从银行获取的信用额度； （3）核查公司由银行颁发的资信证明文件。	
发行人应付票据情况	是否核查与应付票据相关的合同及合同执行情况。	获取应付票据台账，选取重大金额追查至采购合同、原始发票、入库单及后续付款情况等，核实应付票据是否具备真实交易背景。	（1）清单； （2）合同。
发行人税收缴纳情况	是否走访发行人主管税务机关，核查发行人纳税合法性。	事先通过发行人将需确认的内容提交税务部门，随同发行人一同前往领取相关证明，并与经办人员进行访谈，制作访谈记录。	（1）走访纪要及确认书； （2）守法证明； （3）核查过程及底稿。
关联交易定价公允性情况	是否走访主要关联方，核查重大关联交易金额的真实性和定价的公允性。	（1）走访主要关联方； （2）向关联方函证重大交易的条件和金额； （3）将关联交易的价格同市场价格进行比对； （4）将发行人记录的交易信息与关联方对外披露的相关信息进行比对； （5）必要时聘请会计师事务所的关联交易定价咨询部门对关联交易的公允性进行鉴定。	（1）主要关联方清单； （2）走访纪要及确认书； （3）重大交易合同及付款凭证； （4）定价说明； （5）真实性确认。
发行人从事境外经营或拥有境外资产情况	（未列明具体要求）	（1）对发行人进行访谈，并根据发行人的组织架构、对外投资、主要客户、主要资产等方面判断发行人是否存在境外经营或拥有境外资产； （2）如存在境外经营或拥有境外资产，应要求境外中介机构发表意见（主体资格、经营合法性、资产权属合法性等）； （3）如有必要，可走访重要的境外供应商和客户，实地考查境外主要资产。	（1）访谈； （2）报表； （3）承诺函。

（续表）

核查事项	核查方式	指引要点	相关底稿
发行人控股股东、实际控制人为境外企业或居民	（未列明具体要求）	（1）对控股股东和实际控制人进行访谈，并根据该等企业的工商注册资料、个人身份信息等资料判断发行人的控股股东及实际控制人是否为境外企业或居民； （2）若为境外企业或居民，应要求境外中介机构发表意见（投资的主体资格、不存在重大违法违规事项等）； （3）如有必要，可到境外进行实地调查。	（1）承诺函； （2）访谈。
发行人是否存在关联交易非关联化的情况	（未列明具体要求）	（1）报告期内存在关联方非关联化的，要核查非关联化的真实性、合法性和合理性，受让主体的身份，对发行人独立性、完整性的影响，非关联化后持续交易情况，是否存在重大违法行为等； （2）关注是否存在最终用户是关联方而中间经销商不是关联方的情况。	（1）核查非关联化过程、关注出售企业情况； （2）访谈； （3）双方承诺函。

二、《律师事务所证券法律业务执业规则（试行）》的分解整理

相比券商工作规则，律师在发行上市项目中的工作标准，主要是在《律师事务所从事证券法律业务管理办法》和《律师事务所证券法律业务执业规则（试行）》中规定的，其中又以后者较为明确、具体。对《律师事务所证券法律业务执业规则（试行）》进行分解整理，有助于加强对审核标准的理解。

（一）总体原则

《律师事务所证券法律业务执业规则（试行）》的原则性要求包括（见表1-6）。

表1-6　总体原则表

原则	解释
依法执业原则	律师事务所及其指派的律师，应当按照《律师事务所从事证券法律业务管理办法》和本规则的规定，进行尽职调查和审慎查验，对受托事项的合法性出具法律意见，并留存工作底稿。
独立、亲自原则	律师事务所及其指派的律师从事证券法律业务，应当运用自己的专业知识和能力，依据自己的查验行为，独立作出查验结论，出具法律意见。对于收集证据材料等事项，应当亲自办理，不得交由委托人代为办理；使用委托人提供的材料的，应当对其内容、性质和效力等进行必要的查验、分析和判断。

(续表)

原则	解释
有理、有据原则	律师事务所及其指派的律师对有关事实、法律问题作出认定和判断,应当有适当的证据和理由。
特别注意原则	律师从事证券法律业务,应当就业务事项是否与法律相关、是否应当履行法律专业人士特别注意义务作出分析、判断。需要履行法律专业人士特别注意义务的,应当拟订履行特别注意义务的具体方式、手段、措施,并予以落实。
质量和风险控制原则	律师事务所从事证券法律业务,应当建立、健全内部业务质量和执业风险控制机制,确保出具的法律意见书内容真实、准确、完整,逻辑严密、论证充分。

(二) 工作流程

根据《律师事务所证券法律业务执业规则(试行)》的规定,律师从事发行上市项目的主要工作流程如下(见表1-7)。

表1-7　工作流程表

流程		工作要求
委托手续		发行人与律师事务所签订服务合同。
查验	查验计划	应当列明需要查验的具体事项、查验工作程序、查验方法等。
	尽职调查和审慎查验	参见下文"查验规则"的内容。
	评估和总结	对查验计划的落实情况进行评估和总结;查验计划未完全落实的,应当说明原因或者采取的其他查验措施。
制作和出具法律意见书	起草	参见下文"法律意见书"的内容。
	讨论复核	律师事务所对法律意见书进行讨论复核时,应当制作相关记录存入工作底稿,参与讨论复核的律师应当签名确认。
	补充法律意见书	法律意见书随相关申请文件报送证监会及其派出机构后,律师事务所不得对法律意见书进行修改,但应当关注申请文件的修改和证监会及其派出机构的反馈意见。申请文件的修改和反馈意见对法律意见书有影响的,律师事务所应当按规定出具补充法律意见书。
整理工作底稿		参见下文"工作底稿"的内容。

(三) 查验规则

《律师事务所证券法律业务执业规则(试行)》对律师在发行上市项目中的查验要求如下:

(1) 原则：律师事务所及其指派的律师对受托事项进行查验时，应当独立、客观、公正，遵循审慎性及重要性原则。

(2) 查验方法的补充：律师应当合理、充分地运用查验方法，除按《律师事务所证券法律业务执业规则（试行）》和有关细则规定必须采取的查验方法外，还应当根据实际情况予以补充。在有关查验方法不能实现验证目的时，应当对相关情况进行评判，以确定是否采取替代的查验方法。

(3) 进一步查证：从不同来源获取的证据材料或者通过不同查验方式获取的证据材料，对同一事项所证明的结论不一致的，律师应当追加必要的程序，作进一步查证。

（四）具体查验方法

根据《律师事务所证券法律业务执业规则（试行）》的规定，律师在发行上市项目中采用的查验方法见表1-8。

表1-8 具体查验方法表

查验方法	收集证据材料结果	处理方式
待查验事项只需书面凭证便可证明的	有原件	获得凭证原件加以对照查验。
	无法获得凭证原件加以对照查验	采用查询、复核等方式予以确认。
	待查验事项没有书面凭证或者仅有书面凭证不足以证明的	采用实地调查、面谈等方式进行查验。
向有关国家机关、具有管理公共事务职能的组织、会计师事务所、资信评级机构、公证机构等查证、确认有关事实的	一般情况下	(1) 将查证、确认工作情况作成书面记录； (2) 经办律师签名。
面谈	一般情况下	(1) 制作面谈笔录； (2) 谈话对象和律师在笔录上签名。
	谈话对象拒绝签名的	(1) 制作面谈笔录； (2) 由律师在笔录中注明。
书面审查	一般情况下	(1) 分析相关书面信息的可靠性； (2) 对文件记载的事实内容进行审查； (3) 对书面信息记载事实的法律性质、后果进行分析判断。
实地调查	一般情况下	(1) 将实地调查情况作成笔录； (2) 由调查律师、与被调查事项相关的自然人或者单位负责人签名。
	该自然人或者单位负责人拒绝签名的	(1) 将实地调查情况作成笔录； (2) 由调查律师在笔录中注明。

(续表)

查验方法	收集证据材料结果	处理方式
查询	一般情况下	(1)核查公告、网站或者其他载体相关信息； (2)就查询的信息内容、时间、地点、载体等有关事项制作查询笔录。
函证	一般情况下	(1)以挂号信函或者特快专递的形式寄出； (2)邮件回执、查询信函底稿和对方回函由经办律师签名。
函证	函证对方未签署回执、未予签收或者在函证规定的最后期限届满时未回复的	(1)以挂号信函或者特快专递的形式寄出； (2)由经办律师对相关情况作出书面说明。
其他方式	—	除《律师事务所证券法律业务执业规则(试行)》规定的查验方法之外，律师可以按照《律师事务所从事证券法律业务管理办法》的规定，根据需要采用其他合理手段，以获取适当的证据材料，对被查验事项作出认定和判断。

(五)具体查验规则

根据《律师事务所证券法律业务执业规则(试行)》的规定，律师处理各类查验对象的具体查验规则如下(见表1-9)。

表1-9 具体查验规则表

查验对象	查验规则
法人或者其分支机构有关主体资格以及业务经营资格	(1)应当就相关主管机关颁发的批准文件、营业执照、业务经营许可证及其他证照的原件进行查验。 (2)对上述原件的真实性、合法性存在疑问的，应当依法向该法人的设立登记机关、其他有关许可证颁发机关及相关登记机关进行查证、确认。
自然人有关资格或者一定期限内职业经历	应当向其在相关期间工作过的单位人事等部门进行查询、函证。
不动产、知识产权等依法需要登记的财产	应当取得登记机关制作的财产权利证书原件，必要时应当采取适当方式，就该财产权利证书的真实性以及是否存在权利纠纷等，向该财产的登记机关进行查证、确认。

(续表)

查验对象	查验规则
生产经营设备、大宗产品或者重要原材料	(1)应当查验购买合同和发票原件。 (2)购买合同和发票原件已经遗失的,应当由财产权利人或者其代表签字确认,并在工作底稿中注明;相关供应商尚存在的,应当向供应商进行查询和函证。必要时,应当进行现场查验,制作现场查验笔录,并由财产权利人或者其代表签字;财产权利人或者其代表拒绝签字的,应当在查验笔录中注明。
依法需要评估才能确定财产价值的财产	应当取得有证券、期货相关业务评估资格的资产评估机构(以下简称"有资格的评估机构")出具的有效评估文书;未进行有效评估的,应当要求委托人委托有资格的评估机构出具有效评估文书予以确认。
银行存款	应当查验银行出具的存款证明原件;不能提供委托查验期银行存款证明的,应当会同委托人(存款人)向委托人的开户银行进行书面查询、函证。
财产	难以确定财产是否存在被设定担保等权利负担的,应当以适当方式向有关财产抵押、质押登记部门进行查证、确认。
委托人是否存在对外重大担保事项	(1)应当与委托人的财务负责人等相关人员及委托人聘请的会计师事务所的会计师面谈,并根据需要向该委托人的开户银行、公司登记机关、证券登记机构和委托人不动产、知识产权的登记部门等进行查证、确认。 (2)向银行进行查证、确认,采取查询、函证等方式;向财产登记部门进行查证、确认,采取查询、函证或者查阅登记机关公告、网站等方式。
有关自然人或者法人是否存在重大违法行为、是否受到有关部门调查、是否受到行政处罚或者刑事处罚、是否存在重大诉讼或者仲裁等事实	(1)应当与有关自然人、法人的主要负责人及有关法人的合规管理等部门负责人进行面谈,并根据情况选取可能涉及的有关行政机关、司法机关、仲裁机构等公共机构进行查证、确认。 (2)向有关公共机构查证、确认,可以采取查询、函证或者查阅其公告、网站等方式。

(六)法律意见书

律师应当依据法律、行政法规和证监会的规定,在查验相关材料和事实的基础上,以书面形式对受托事项的合法性发表明确、审慎的结论性意见。

法律意见书应当载明的主要内容见表1-10。

表 1-10 法律意见书基本内容表

结构	应当载明的内容
标题	《××律师事务所关于××的法律意见》
收件人	收件人的全称
法律依据	出具此项法律意见书所依据的法律、行政法规、规章和相关规定。
声明事项	本所及经办律师依据《证券法》《律师事务所从事证券法律业务管理办法》和《律师事务所证券法律业务执业规则(试行)》等规定及本法律意见书出具日以前已经发生或者存在的事实,严格履行了法定职责,遵循了勤勉尽责和诚实信用原则,进行了充分的核查验证,保证本法律意见所认定的事实真实、准确、完整,所发表的结论性意见合法、准确,不存在虚假记载、误导性陈述或者重大遗漏,并承担相应法律责任。
法律意见书正文	相关事实材料、查验原则、查验方式、查验内容、查验过程、查验结果、国家有关规定、结论性意见以及所涉及的必要文件资料等。
承办律师、律师事务所负责人签名及律师事务所盖章	—
律师事务所地址	—
法律意见书签署日期	—

(1)对法律意见书正文的要求:

①结论性意见:法律意见书发表的所有结论性意见,都应当对所查验事项是否合法合规、是否真实有效给予明确说明,并应当对结论性意见进行充分论证、分析。法律意见不得使用"基本符合""未发现"等含糊表述。

②风险揭示:有下列情形之一的,律师应当在法律意见中予以说明,并充分揭示其对相关事项的影响程度及其风险:

第一,委托人的全部或者部分事项不符合证监会相关规定的;

第二,事实不清楚,材料不充分,不能全面反映委托人情况的;

第三,核查和验证范围受到客观条件的限制,无法取得应有证据的;

第四,律师已要求委托人纠正、补充而委托人未予纠正、补充的;

第五,律师已依法履行勤勉尽责义务,仍不能对全部或者部分事项作出准确判断的;

第六,律师认为应当予以说明的其他情形。

(2)法律意见书的复核及补充法律意见书:

①法律意见书的复核:律师事务所对法律意见书进行讨论复核时,应当制作相关记录存入工作底稿,参与讨论复核的律师应当签名确认。

②补充法律意见书:法律意见书随相关申请文件报送证监会及其派出机构后,律师事务所不得对法律意见书进行修改,但应当关注申请文件的修改和证监会及其派出机构的反馈意见。申请文件的修改和反馈意见对法律意见书有影响的,律师事务所应当按规定出具补充法律意见书。

(七)工作底稿

《律师事务所证券法律业务执业规则(试行)》《律师事务所从事证券法律业务管理办法》对律师从事发行上市项目的工作底稿要求如下:

(1)基本义务:律师事务所应当完整保存在出具法律意见书过程中形成的工作记录,以及在工作中获取的所有文件、资料,及时制作工作底稿。工作底稿由出具法律意见的律师事务所保存,保存期限不得少于7年;证监会对保存期限另有规定的,从其规定。

(2)重要性:工作底稿是判断律师是否勤勉尽责的重要证据。证监会及其派出机构可根据监管工作需要调阅、检查工作底稿。

(3)具体要求:

①资料应当注明来源,按照《律师事务所证券法律业务执业规则(试行)》的规定签名、盖章,或者对未签名、盖章的情形予以注明。

②工作底稿内容应当真实、完整,记录清晰,标明目录索引和页码,由律师事务所指派的律师签名,并加盖律师事务所公章。

(4)工作底稿可能涉及的材料(见表1-11)。

表1-11 工作底稿部分文件清单

工作流程	可能需要的资料
委托手续	律师接受委托事项的基本情况,包括委托人名称、事项的名称。
	与委托人签订的委托协议。
查验	查验计划及其操作程序的记录。
	与查验相关的文件,如设立批准证书、营业执照、合同、章程等文件、变更文件或者上述文件的复印件。
	与查验相关的重大合同、协议及其他重要文件和会议记录的摘要或者副本。
	与政府有关部门、司法机关、中介机构、委托人等单位及相关人员相互沟通情况的记录,对委托人提供资料进行调查的访问记录、往来函件、现场查验记录、查阅文件清单等相关的资料及详细说明。
	委托人及相关人员的书面保证或者声明书的复印件。
法律意见书	法律意见书草稿。
	内部讨论、复核的记录。
其他	其他与出具法律意见书相关的重要资料。

第二章 信息披露

一、《证券法》对申请上市的主体信息披露的基本要求

根据《证券法》第63条的规定,发行人、上市公司依法披露的信息,必须真实、准确、完整,不得有虚假记载、误导性陈述或者重大遗漏。其中"真实、准确、完整"和"虚假记载、误导性陈述或者重大遗漏"一一对应,是对同一标准的两个角度的论述,此为信息披露的基本原则要求。根据上市规则,信息披露还有两个补充原则,即及时和公平。

所谓真实,就是要求公开的信息内容必须符合公司的实际经营状况,不得有任何虚假成分。强调真实性原则是努力将公司所公开的信息客观化,排除对投资者投资判断活动的人为干扰,用投资信息的真实性来促进实现投资活动的公平性。

所谓准确,就是要求公司在公开信息时必须确切地表达其含义,其内容不得使人产生误解。贯彻准确性原则就是不得有误导性陈述,公司有责任保证自己发布的非正式信息与正式信息的一致性,对于不是公司发布的但与其有关的信息,如果足以影响投资者的投资判断,公司负有说明的义务。

所谓完整,就是要求必须将能够影响证券市场价格的重大信息都予以公开,不得有重大遗漏。贯彻完整原则应当避免重大遗漏,这是投资者正确、公平地进行投资判断的前提条件,在防止内幕交易方面具有重要的作用。

需要注意的是,上述原则是同时适用的。关于信息披露的原则精神,请参见本书第一章第一节"核心标准"。

二、违规披露信息的归责原则

根据《证券法》第69条的规定,发行人的招股说明书以及其他信息披露资料违反《证券法》第63条规定,致使投资者在证券交易中遭受损失的,各方主体按照不同的归责原则承担民事责任,详见表2-1。

表 2-1 归责原则分析对照表

归责原则	无过错责任	过错推定责任	过错责任
说明	不管主观上是否有过错,都应承担责任。适用范围非常严格、狭窄的归责方式。	推定有过错,除非加害人能够证明自己没有过错,即允许自证清白,但是举证责任在被指控的一方,即损害事实已经表明了加害人违反了法律对其特殊的注意要求,或是对一般人的注意要求,因而无须再加以证明。无过错责任和过错推定责任大致相当于英美法上的严格责任。	有过错才承担责任,没有过错不承担责任,并且举证责任在提出指控的一方。
责任主体	发行人。	发行人的董事、监事、高级管理人员和其他直接责任人员以及保荐人、承销的证券公司。	发行人的控股股东、实际控制人。
责任表述	发行人、上市公司应当承担赔偿责任。	应当与发行人、上市公司承担连带赔偿责任,但是能够证明自己没有过错的除外。	有过错的,应当与发行人、上市公司承担连带赔偿责任。

三、欺诈发行的法律责任

欺诈发行,是指在证券的发行及相关活动中发生的违反证券法律法规、破坏证券市场秩序、侵犯投资者合法权益的行为。主要是违反信息披露义务和作出虚假陈述。欺诈发行的法律责任,详见表 2-2。

表 2-2 欺诈发行的法律责任对照表

责任类型	发行人的法律责任	保荐机构的法律责任	律师、会计师、评估师的法律责任
刑事责任	《刑法》第 160 条规定了欺诈发行股票、债券罪:"在招股说明书、认股书、公司、企业债券募集办法中隐瞒重要事实或者编造重大虚假内容,发行股票或者公司、企业债券,数额巨大、后果严重或者有其他严重情节的,处五年以下有期徒刑或者拘役,并处或者单处非法募集资金金额百分之一以上百分之五以下罚金。单位犯前款罪的,对单位判处罚金,	保荐人如果参与了发行人在发行时的虚假陈述行为,很可能以共犯被追究刑事责任(欺诈发行股票罪)。	《刑法》第 229 条规定了中介组织人员提供虚假证明文件罪:"承担资产评估、验资、验证、会计、审计、法律服务等职责的中介组织的人员故意提供虚假证明文件,情节严重的,处五年以下有期徒刑或者拘役,并处罚金。前款规定的人员,索取他人财物或者非法收受他人财物,犯前款罪的,处五年以上十年以下有期徒刑,并处罚金。第一款规定的人员,严重不负责任,

(续表)

责任类型	发行人的法律责任	保荐机构的法律责任	律师、会计师、评估师的法律责任
	并对其直接负责的主管人员和其他直接责任人员,处五年以下有期徒刑或者拘役。"		出具的证明文件有重大失实,造成严重后果的,处三年以下有期徒刑或者拘役,并处或者单处罚金。"
行政责任	根据《证券法》第193条的规定,发行人未按照规定披露信息,或者所披露的信息有虚假记载、误导性陈述或者重大遗漏的,责令改正,给予警告,并处以30万元以上60万元以下的罚款。对直接负责的主管人员和其他直接责任人员给予警告,并处以3万元以上30万元以下的罚款。 发行人未按照规定报送有关报告,或者报送的报告有虚假记载、误导性陈述或者重大遗漏的,责令改正,给予警告,并处以30万元以上60万元以下的罚款。对直接负责的主管人员和其他直接责任人员给予警告,并处以3万元以上30万元以下的罚款。 此外,发行人的控股股东、实际控制人指使从事前述违法行为的,依照前述规定处罚。 根据《首次公开发行股票并在创业板上市管理办法》第50条的规定,发行人向中国证监会报送的发行申请文件有虚假记载、误导性陈述或者重大遗漏的,中国证监会将终止审核并自确认之日起36个月内不受理发行人的发行申请,并依照《证券法》的有关规定进行处罚。	根据《证券法》第192条的规定,保荐人出具有虚假记载、误导性陈述或者重大遗漏的保荐书,或者不履行其他法定职责的,责令改正,给予警告,没收业务收入,并处以业务收入1倍以上5倍以下的罚款;情节严重的,暂停或者撤销相关业务许可。对直接负责的主管人员和其他直接责任人员给予警告,并处以3万元以上30万元以下的罚款;情节严重的,撤销任职资格或者证券从业资格。 根据《首次公开发行股票并在创业板上市管理办法》第52条的规定,保荐人出具有虚假记载、误导性陈述或者重大遗漏的发行保荐书的,依照《证券法》和保荐制度的有关规定处理。 根据《证券发行上市保荐业务管理办法》第63条的规定,保荐机构出现向中国证监会、证券交易所提交的与保荐工作相关的文件存在虚假记载、误导性陈述或者重大遗漏情形的,中国证监会自确认之日起暂停其保荐机构资格3个月;情节严重的,暂停其保荐机构资格6个月,并可以责令保荐机构	根据《证券法》第223条的规定,证券服务机构未勤勉尽责,所制作、出具的文件有虚假记载、误导性陈述或者重大遗漏的,责令改正,没收业务收入,暂停或者撤销证券服务业务许可,并处以业务收入1倍以上5倍以下的罚款。对直接负责的主管人员和其他直接责任人员给予警告,撤销证券从业资格,并处以3万元以上10万元以下的罚款。 根据《首次公开发行股票并在创业板上市管理办法》第53条的规定,证券服务机构未勤勉尽责,所制作、出具的文件有虚假记载、误导性陈述或者重大遗漏的,中国证监会将自确认之日起12个月内不接受相关机构出具的证券发行专项文件,36个月内不接受相关签名人员出具的证券发行专项文件,并依照《证券法》及其他相关法律、行政法规和规章的规定进行处罚,给他人造成损失的,应当依法承担赔偿责任。

（续表）

责任类型	发行人的法律责任	保荐机构的法律责任	律师、会计师、评估师的法律责任
		更换保荐业务负责人、内核负责人；情节特别严重的，撤销其保荐机构资格。根据《证券发行上市保荐业务管理办法》第67条的规定，发行人出现下列情形之一的，中国证监会自确认之日起暂停保荐机构的保荐机构资格3个月，撤销相关人员的保荐代表人资格：(1)证券发行募集文件等申请文件存在虚假记载、误导性陈述或者重大遗漏；(2)公开发行证券上市当年即亏损；(3)持续督导期间信息披露文件存在虚假记载、误导性陈述或者重大遗漏。	
民事责任	根据《证券法》第69条的规定，发行人、上市公司公告的招股说明书、公司债券募集办法、财务会计报告、上市报告文件、年度报告、中期报告、临时报告以及其他信息披露资料，有虚假记载、误导性陈述或者重大遗漏，致使投资者在证券交易中遭受损失的，发行人、上市公司应当承担赔偿责任；发行人、上市公司的董事、监事、高级管理人员和其他直接责任人员以及保荐人、承销的证券公司，应当与发行人、上市公司承担连带赔偿责任，但是能够证明自己没有过错的除外；发行人、上市公司的控股股东、实际控制人有过错的，应当与发行人、上市公司承担连带赔偿责任。	根据《证券法》第69条的规定，发行人、上市公司公告的招股说明书、公司债券募集办法、财务会计报告、上市报告文件、年度报告、中期报告、临时报告以及其他信息披露资料，有虚假记载、误导性陈述或者重大遗漏，致使投资者在证券交易中遭受损失的，发行人、上市公司应当承担赔偿责任；发行人的保荐人，应当与发行人、上市公司承担连带赔偿责任，但是能够证明自己没有过错的除外。	根据《证券法》第173条的规定，证券服务机构为证券的发行活动制作、出具审计报告、资产评估报告、财务顾问报告、资信评级报告或者法律意见书等文件，应当勤勉尽责，对所依据的文件资料内容的真实性、准确性、完整性进行核查和验证。其制作、出具的文件有虚假记载、误导性陈述或者重大遗漏，给他人造成损失的，应当与发行人、上市公司承担连带赔偿责任，但是能够证明自己没有过错的除外。

四、欺诈发行股票、债券罪的犯罪构成

实践中已出现多起因在股票、债券发行过程中隐瞒重要事实、编造重大虚假内容,而被以"欺诈发行股票、债券罪"追究法律责任的真实案例。已上市公司中比较典型的是"红光实业案",未上市公司中比较典型的是"四川绿源案"。表 2-3 为该罪名的犯罪构成,供读者参考。

表 2-3 欺诈发行股票、债券犯罪构成分析表

构成要素	具体分析
犯罪主体	股票(或公司、企业债券)的发行人,既包括自然人,也包括单位。
主观方面	具有主观故意,且行为人具有非法募集资金的目的。
犯罪客体	复杂客体,包括国家对股票(或公司、企业债券)的管理制度,股东或者其他债权人的合法权益。
客观方面	表现为:(1)在招股说明书、认股书、公司、企业债券募集办法中隐瞒重要事实或者编造重大虚假内容;(2)行为人实施了发行股票或者公司、企业债券的行为;(3)本次发行数额巨大、后果严重,或者有其他严重情节。 根据最高人民检察院、公安部《关于公安机关管辖的刑事案件立案追诉标准的规定(二)》的规定,构成欺诈发行股票、债券罪的追诉标准是,在招股说明书、认股书、公司、企业债券募集办法中隐瞒重要事实或者编造重大虚假内容,发行股票或者公司、企业债券,涉嫌下列情形之一的,应予立案追诉:(1)发行数额在 500 万元以上的;(2)伪造、变造国家机关公文、有效证明文件或者相关凭证、单据的;(3)利用募集的资金进行违法活动的;(4)转移或者隐瞒所募集资金的;(5)其他后果严重或者有其他严重情节的情形。

五、实事求是和避免极端

《证券法》第 20 条第 2 款规定:为证券发行出具有关文件的证券服务机构和人员,必须严格履行法定职责,保证其所出具文件的真实性、准确性和完整性。因此,中介机构的法律责任十分明确,必须高度谨慎、勤勉尽责。

律师和其他中介机构的工作不管怎样细致,都会在时间、空间、地点、对象、方式方法上一定程度地受到限制,其结论不能保证绝对准确,并且问题的关键不在于是否作出绝对的结论,而是真正勤勉尽责地完成核查工作。如注册会计师的归责原则不在于审计结论本身是否绝对准确,而在于是否严格遵循审计准则的要求。

审计风险的确存在,要求中介机构在绝对意义上表态本身就是不科学的,在一定程度上也会误导社会公众投资者:当他们看到如此肯定的结论时,就有可能忽视本来存在的不确定性风险。因为中介机构承担的是推定过错责任,允许自证无罪。

有些常见陈述用语明显令人费解,比如针对特定问题,券商和律师被要求发表

"不存在潜在纠纷"的结论。也许这个结论的真实含义是：

（1）根据目前已经掌握的信息，不存在已知和已经发生的纠纷。
（2）根据目前的核查，没有即将或者有明显迹象表明会发生纠纷。
（3）根据目前掌握的资料，各方的意思表示真实、明确、合法。
（4）根据已经掌握的证据材料，即使未来发生纠纷，也不会发生导致目前确定的法律状态和权利义务发生变动，特别是不会发生不利于发行人的变动。

但是这么复杂的含义，简单地使用"不存在潜在纠纷"的绝对化论述是不严谨的：

（1）对于法律文件的解释，应以文义解释为首选和基础方法。
（2）根据词典的解释，"潜在"的含义是"存在于事物内部不容易发现或发觉的"，因此"不存在潜在纠纷"可以理解为"不存在'存在于事物内部不容易发现或发觉的'纠纷"，或者更直接地理解为"不存在未来会发生的纠纷"。
（3）发生纠纷是一方主张权利的行为，本身没有法律正当性的前提，也无须他方批准。
（4）"潜在"意指一种客观存在的可能性，其本身不能被绝对地否定或肯定，否则就不是可能性，而是必然性了。
（5）没有人能预测未来，因此潜在纠纷是否存在，任何人都不能发表绝对意见。
（6）发生纠纷后即使主张权利一方被人民法院驳回请求，但发生纠纷本身已经是事实。

综上所述，"不存在潜在纠纷"本身就是不够科学严谨的结论。从更广泛的意义上说，中介机构必须足够勤勉尽责，高度诚信，实事求是地发表结论，特别是使用严谨的语言和实事求是地说明必要的前提，本身也是"科学工作""提高申报文件质量"的应有之义。

六、豁免披露

实务中，存在部分发行人因从事军工等涉及国家秘密业务需申请豁免披露部分信息的情况，在这种情况下，发行人办理豁免申请程序应注意以下方面。

根据《公开发行证券的公司信息披露内容与格式准则第1号——招股说明书》的规定，若发行人有充分依据证明本准则要求披露的某些信息涉及国家机密、商业秘密及其他因披露可能导致其违反国家有关保密法律法规规定或严重损害公司利益的，发行人可向中国证监会申请豁免按本准则披露。

证监会不对发行人申请豁免披露的信息是否涉密进行判断，主要依据国家有关主管部门的书面确认。对存在涉密信息申请豁免披露的，发行人在履行一般信息披露程序的同时，还应落实如下事项：

（1）提供国家主管部门关于发行人申请豁免披露的信息为涉密信息的认定文件。

（2）发行人关于信息豁免披露的申请文件应逐项说明需要豁免披露的信息，并说明相关信息披露文件是否符合有关保密规定和招股说明书准则要求，涉及军工的是否符合《军工企业对外融资特殊财务信息披露管理暂行办法》的要求，豁免披露后的信息是否对投资者决策判断构成重大障碍。

（3）发行人全体董事、监事、高级管理人员出具关于首次公开发行股票并上市的申请文件不存在泄密事项且能够持续履行保密义务的声明。

（4）发行人控股股东、实际控制人对其已履行和能够持续履行相关保密义务出具承诺文件。

（5）对证监会审核过程提出的信息豁免披露或调整意见，发行人应相应回复、补充相关文件的内容，有实质性增减的，应当说明调整后的内容是否符合相关规定、是否存在泄密风险。

（6）说明内部保密制度的制定和执行情况，是否符合保密法等相关法律法规的规定，是否存在因违反保密规定受到处罚的情形。

保荐机构、发行人律师应当对发行人信息豁免披露符合相关规定、不影响投资者决策判断、不存在泄密风险出具意见明确、依据充分的专项核查报告。

申报会计师应当出具对发行人审计范围是否受到限制及审计证据的充分性，以及对发行人豁免披露的财务信息是否影响投资者决策判断的核查报告。

涉及军工的，中介机构应当说明是否根据国防科工局的《军工涉密业务咨询服务安全保密监督管理办法（试行）》取得军工企业服务资质。[①]

[①] 参见《首发业务若干问题解答（一）》问题23。

第三章 主体资格

第一节 出　　资

一、一般规定

(一)《首次公开发行股票并上市管理办法》的原则规定

根据《首次公开发行股票并上市管理办法》第 10 条的规定,对于发行人有关出资问题的原则规定是"发行人的注册资本已足额缴纳,发起人或者股东用作出资的资产的财产权转移手续已办理完毕,发行人的主要资产不存在重大权属纠纷"。此规定提出了三点基本要求:

(1)"注册资本已足额缴纳",即虽然现行《公司法》允许股东"一次认缴,分期缴纳",但从上市的角度,要求公司的全部注册资本缴足方可申请上市。股东的出资义务还没有履行完毕,不宜再向外部社会公众或特定投资者募集股份。

(2)"财产权转移手续已办理完毕",即出资切实到位,发行人股东出资不到位也可能会对上市产生不利影响。

(3)"主要资产不存在重大权属纠纷",主要是为了保证公司正常的生产经营,保护投资者的利益。

(二)《公司法》的一般规定

《公司法》有关出资方式相关事项的法律要求如表 3-1 所示。

表 3-1　出资方式相关事项法律要求分析表

事项	法律直接规定
出资方式	股东可以用货币出资,也可以用实物、知识产权、土地使用权等可以用货币估价并可以依法转让的非货币财产作价出资;但是,法律、行政法规规定不得作为出资的财产除外。
评估	对作为出资的非货币财产应当评估作价,核实财产,不得高估或者低估作价。法律、行政法规对评估作价有规定的,从其规定。
货币出资比例	现行《公司法》取消了对货币出资比例的规定。
出资交付方式	股东应当按期足额缴纳公司章程中规定的各自所认缴的出资额。股东以货币出资的,应当将货币出资足额存入有限责任公司在银行开设的账户;以非货币财产出资的,应当依法办理其财产权的转移手续。

（三）现行《公司法》对出资直接规定的三处修改

现行《公司法》对出资直接规定的修改主要有以下三处。

1.取消对公司注册资本实缴的限制，改为认缴登记制

根据现行《公司法》的规定，除法律、行政法规以及国务院决定对有限责任公司或者股份有限公司的注册资本实缴另有规定外，取消有限责任公司股东或者发起设立股份有限公司的发起人的首次出资比例和最长缴足期限；取消一人有限责任公司股东应一次足额缴纳出资的规定，转而采取公司股东（发起人）自主约定认缴出资额、出资方式、出资期限等，并记载于公司章程的方式。

表3-2 《公司法》有关注册资本缴纳规定对比分析表

《公司法》(2005年修订)	《公司法》(2018年修正)
有限责任公司的注册资本为在公司登记机关登记的全体股东认缴的出资额。公司全体股东的首次出资额不得低于注册资本的20%，也不得低于法定的注册资本最低限额，其余部分由股东自公司成立之日起两年内缴足；其中，投资公司可以在5年内缴足。	有限责任公司的注册资本为在公司登记机关登记的全体股东认缴的出资额。
一人有限责任公司的注册资本最低限额为人民币10万元。股东应当一次足额缴纳公司章程规定的出资额。	—
股份有限公司采取发起设立方式设立的，注册资本为在公司登记机关登记的全体发起人认购的股本总额。公司全体发起人的首次出资额不得低于注册资本的20%，其余部分由发起人自公司成立之日起两年内缴足；其中，投资公司可以在5年内缴足。在缴足前，不得向他人募集股份。	股份有限公司采取发起设立方式设立的，注册资本为在公司登记机关登记的全体发起人认购的股本总额。在发起人认购的股份缴足前，不得向他人募集股份。

2.取消对公司注册资本最低限额的依据

依据现行《公司法》的规定，除法律、行政法规以及国务院决定对有限责任公司或者股份有限公司的注册资本最低限额另有规定从其规定外，取消有限责任公司最低注册资本3万元、一人有限责任公司最低注册资本10万元、股份有限公司最低注册资本500万元的限制。

这意味着，公司设立向所有的市场主体放开，注册资本不因公司形式的不同而有不同的要求，公司股东（发起人）可以不受注册资本多少的影响自主决定设立有限责任公司或者股份有限公司。

3.非货币出资比例

《公司法》有关货币出资的规定有所不同,具体比较如表 3-3 所示。

表 3-3 《公司法》有关非货币出资规定对照表

《公司法》	条款
1993 年发布、1999 年修正、2004 年修正	第 24 条规定:股东可以用货币出资,也可以用实物、工业产权、非专利技术、土地使用权作价出资。对作为出资的实物、工业产权、非专利技术或者土地使用权,必须进行评估作价,核实财产,不得高估或者低估作价。土地使用权的评估作价,依照法律、行政法规的规定办理。以工业产权、非专利技术作价出资的金额不得超过有限责任公司注册资本的 20%,国家对采用高新技术成果有特别规定的除外。
2005 年修订	第 27 条规定:股东可以用货币出资,也可以用实物、知识产权、土地使用权等可以用货币估价并可以依法转让的非货币财产作价出资;但是,法律、行政法规规定不得作为出资的财产除外。对作为出资的非货币财产应当评估作价,核实财产,不得高估或者低估作价。法律、行政法规对评估作价有规定的,从其规定。全体股东的货币出资金额不得低于有限责任公司注册资本的 30%。
2013 年修正、2018 年修正	第 27 条规定:股东可以用货币出资,也可以用实物、知识产权、土地使用权等可以用货币估价并可以依法转让的非货币财产作价出资;但是,法律、行政法规规定不得作为出资的财产除外。对作为出资的非货币财产应当评估作价,核实财产,不得高估或者低估作价。法律、行政法规对评估作价有规定的,从其规定。

(四)上市实务工作中对出资的原则要求

(1)发起人或股东以其他非现金资产出资的,公司应取得其权属证明或完整的所有权。

(2)发起人或股东以经营性资产出资设立公司,应投入与经营性资产相关的在建工程、为公司提供供应和销售服务的设施以及与公司生产加工服务相关的设施;发起人或股东以经营性资产出资,应同时投入与该经营性资产相关的商标所有权、专利所有权、非专利技术所有权等,不得将相关的业务投入公司而保留上述无形资产。

(3)外商投资股份有限公司的境外发起人确实无法将商标所有权投入公司的,公司应在证明不存在同业竞争或利益冲突的前提下对该商标拥有境内独占使用权。

(4)办妥与经营性资产相关的土地使用权的变更手续,发起人应拥有与生产经营有关的完整的土地使用权。

(5)发起人或股东以其持有的股权出资设立公司的,股权应不存在争议及潜在纠纷,发起人或股东能够控制且作为出资的股权所对应企业的业务,应与所组建公司的业务基本一致。

（6）出资来源问题，除了事关股东的资格认定，也涉及国有资产是否流失等问题，因此应予以高度关注，确认出资过程不存在向国有单位借款、以国有产权或国有资产作为标的物通过抵押、质押、贴现等方式筹集资金等情形。如果出资是向亲友借款，则应关注借款是否偿还，如果尚未偿还，还应关注是否到期及是否存在导致股权被采取诉讼强制措施的可能。

二、出资瑕疵

在申请上市的公司中，存在大量与出资相关的各类瑕疵，也是监管部门非常重视的问题。以下针对发行人常见的出资瑕疵和相关问题逐项进行分析总结。

（一）出资瑕疵的分类

在已经成功过会、发行的上市公司中，出资瑕疵方面存在以下主要问题（见表3-4）。

表3-4 出资瑕疵种类和表现形式一览表

出资瑕疵种类	具体表现形式
出资到位时间瑕疵	（1）未及时缴纳（各期）出资。 （2）未及时办理出资权利移转、交付手续，比如专利出资未过户。
出资价值瑕疵	出资价值高于评估值（公允值）、以报废资产出资。
出资权利瑕疵	如以他人之物出资、以已设定抵押之物出资、以本公司资产出资、以未合法注销企业资产出资、以同一物重复出资。
出资方式不合法	（1）使用法律不认可的出资方式（比如劳务出资）。 （2）出资比例瑕疵：2006年之前无形资产超过20%（比如中关村公司2004年95%的出资为专有技术），2006年至2014年间现金出资比例低于30%。 （3）2005年修订的《公司法》生效前分期出资。 （4）评估增值出资（比如2000年以非专利技术评估增值750万元计入资本公积又转增资本）。
转增瑕疵	资本公积转增超过可用金额、资产评估增值出资。
变更瑕疵	混淆新设与变更设立（应为变更但按照新设办理工商登记、实为新设但办理工商变更登记设立）。
出资未履行法定程序	2014年之前未验资、验资不规范及虚假验资；出资的非货币资产未进行评估；增资减资一并进行，未履行减资程序。

（二）出资瑕疵问题性质的判断

出资瑕疵主要表现为虚报注册资本、抽逃出资、虚假出资三种类型，针对这三种类型的性质判断及分析如表3-5所示。

表3-5　出资瑕疵基本类型表

类型	定义	责任方	说明
虚报注册资本	公司在办理登记时对注册资本中的实收资本采取以少报多、以无报有、提交虚假材料、隐瞒重要事实等欺诈手段骗取公司登记的违法行为。	公司	发行人直接违反此行为者鲜见，虚报注册资本是主观恶性极大的违法出资行为，主要表现形式为： （1）行为人实际无资金而借用资金，取得验资报告后立即返还资金骗取登记。全体股东（注意必须是全体股东或核准名称后的公司）仅将出资进入验资专用账户，未将出资转移到公司基本账户，或者资金从临时账户转移至基本账户前灭失。 （2）行为人资金尚未筹足而伪造银行进账单骗取登记。 （3）行为人以低额资金作高额申报等。
抽逃出资	公司发起人、股东实缴出资已全部到位，但在公司成立后又将其出资部分或全部抽回的违法行为。	发起人、股东	构成此违法行为的前提是公司已经依法成立。
虚假出资	未交付或者未按期交付作为出资的货币或者非货币财产。	发起人、股东	《公司法》针对出资问题仅规定了本表中列出的三种违规类型，而"虚报注册资本"和"抽逃出资"又确实十分少见，因此发行人存在的出资瑕疵从官方和行政监管的角度绝大多数被归为"虚假出资"。此违规行为为"结果犯"，推定为存在主观故意；但实际上情况比较复杂，各种瑕疵出现的原因也不宜一概认定为"虚假出资"，要具体问题具体分析。

（三）涉及无形资产出资的法律、法规

出资瑕疵中与无形资产相关的情况很多，因此，将涉及无形资产出资的法律、法规作如下总结（见表3-6）。

表3-6　无形资产相关法律、法规规定分析表

文件名称	主要内容
《公司法》（1993年发布、1999年修正、2004年修正）	以工业产权、非专利技术作价出资的金额不得超过有限责任公司注册资本的20%，国家对采用高新技术成果有特别规定的除外。
《公司法》（2005年修订）	全体股东的货币出资金额不得低于有限责任公司注册资本的30%。

（续表）

文件名称	主要内容
现行《公司法》	取消了最低货币出资比例的规定。
《关于以高新技术成果出资入股若干问题的规定》（国科发政字〔1997〕326号）（失效）	以高新技术成果出资入股，作价总金额可以超过公司注册资本的20%，但不得超过35%。出资入股的高新技术成果作价金额超过公司注册资本20%的，需报省级以上科技管理部门认定。公司股东持省级以上科技管理部门出具的有关高新技术成果出资入股的审查认定文件和其他文件，到工商行政管理机关办理公司设立登记或变更登记。
《〈关于以高新技术成果出资入股若干问题的规定〉实施办法》（国科发政字〔1998〕171号）（失效）	以高新技术成果出资入股，作价金额超过有限责任公司或科技开发型企业注册资本20%的，由技术出资方或企业出资各方共同委托的代表，向科技管理部门提出高新技术成果审查认定申请。科学技术部负责审查认定在国家工商行政管理局登记注册的企业；省、自治区、直辖市和计划单列市科技管理部门，负责审查认定在本辖区工商行政管理机关登记注册的企业。
国务院办公厅转发科技部等部门《关于促进科技成果转化的若干规定》的通知（国办发〔1999〕29号）	以高新技术成果向有限责任公司或非公司制企业出资入股的，高新技术成果的作价金额可达到公司或企业注册资本的35%，另有约定的除外。
《关于以高新技术成果作价入股有关问题的通知》（国科发政字〔1999〕351号）（失效）	高新技术成果作价金额在500万元人民币以上，且超过公司或企业注册资本35%的，由科技部审查认定。
《关于以高新技术成果出资入股有关问题的补充通知》（国科发政字〔2000〕255号）（失效）	属于由科技部出具审查认定意见的，科技部授权政策法规与体制改革司以司函的形式函告国家工商行政管理局企业注册局或相关地方工商行政管理部门；对于审查后不属于高新技术的，以科技部政策法规与体制改革司司函形式通知企业。
《关于印发鼓励软件产业和集成电路产业发展若干政策的通知》（国发〔2000〕18号）	对具有良好市场前景及人才优势的软件企业，在资产评估中无形资产占净资产的比例可由投资方自行商定。
《中关村国家自主创新示范区条例》（北京市人民代表大会常务委员会公告第12号）	以知识产权和其他可以用货币估价并可以依法转让的科技成果作价出资占企业注册资本的比例，可以由出资各方协商约定，但是以国有资产出资的，应当符合有关国有资产的管理规定。
《中关村科技园区企业登记注册管理办法》（北京市人民政府令第70号）（失效）	以高新技术成果出资设立公司和股份合作企业的，对其高新技术成果出资所占注册资本（金）和股权的比例不作限制，由出资人在企业章程中约定。企业注册资本（金）中以高新技术成果出资的，对高新技术成果应当经法定评估机构评估。

(四)出资瑕疵对上市的影响分析

出资瑕疵无疑会增加公司过会的难度,甚至成为被否决的原因。如何判断特定种类的出资瑕疵是否构成上市的法律障碍以及如何解决,成为各方中介机构面临的较大问题。截至目前,尚无明确的规范性文件认定存在何种出资瑕疵即不能过会。原则上,报告期之前补足的,不构成障碍(但如由此推断股东丧失诚信则另当别论);报告期内仍存在瑕疵的,按照重大性原则考虑,必要时需再运行1~3个会计年度。

表3-7是根据已经过会和未能过会公司的实际案例总结出来的考量因素和分析。

表3-7 出资瑕疵分析表

考量因素	分析、说明的方法和角度
是否有地方性规定作为依据	很多地方性规定本身就是对当时有效的《公司法》的突破,但从立法法的角度判断也有一定的法律依据,比如广州市、深圳市、北京市中关村等地的特别规定。因此,公司出资方面的瑕疵虽然不直接符合当时《公司法》的规定,但是符合当时当地的规定,则不致成为上市的障碍。
是否符合现行《公司法》	该瑕疵如果发生在2014年3月1日前,考虑根据《公司法》(2005年修订)判断该瑕疵是否仍然存在,如无形资产出资比例问题;该瑕疵如果发生在2014年3月1日后,考虑根据2013年和2018年修正的《公司法》判断该瑕疵是否仍然存在或者该瑕疵在本质上是否符合2013年和2018年修正的《公司法》的立法精神和立法趋势,如货币出资比例问题。
性质	当事人主观上是否具有恶意或者能够推定具有恶意,比如:股东明知是公司的财产,却要用于出资;验资报告造假;股东明显存在不诚信或故意行为;等等。
金额	违规金额越大,对上市的影响就越大。
比例	违规涉及资金占注册资本的比例越高,对上市的影响就越大。
受益	公司是否已实际使用、控制用作出资的非货币财产;资产确实由公司占用并产生效益,但如果申报前已完成产权变更手续,则不会构成上市障碍。
发生时间	报告期外,影响较小;报告期内,影响较大。
整改措施	是否已经采取了合法有效的整改措施,整改得越彻底越好。能够整改纠正的问题,可以考虑通过补足、减资、置换等措施消除瑕疵。
整改完成时间	对于瑕疵的有效补救措施,实施得越早越好;如在报告期外已经解决,原则上不会成为上市障碍;若在报告期内,则瑕疵比例问题就比较重要。
影响	该瑕疵的存在对公司的业绩和持续经营的不良影响程度越小越好。

(续表)

考量因素	分析、说明的方法和角度
补充(复核)验资	如果采取了补救措施,是否依法重新验资并出具出资全部到位的报告。
对公司债权人的侵权程度	该瑕疵是否实际、真实地侵害了公司债权人的合法利益,原则上不能发生此类情况。
对内(其他股东)的违约程度	是否因为出资瑕疵导致了股东间的争议甚至诉讼。
其他股东的态度	其他股东是否出具书面意见放弃主张权利(诉权是否可以放弃的法律问题不作进一步的思考)。
对公司侵权的程度	该出资瑕疵是否侵害了公司的利益,如果侵害,侵害程度如何。
政府监管部门的态度	该瑕疵是否有可能导致行政处罚;可能导致的行政处罚的上限是多少;工商局等部门对此瑕疵的态度,是否明确认定为不违规、不追究或者不再追究。
承担责任的承诺	造成瑕疵的股东是否出具了承担一切责任的承诺。

根据《首发业务若干问题解答(一)》的要求,发行人历史上存在出资瑕疵的,中介机构在核查中应重点关注以下几个方面。

发行人的注册资本应依法足额缴纳。发起人或者股东用作出资的资产的财产权转移手续已办理完毕。保荐机构和发行人律师应关注发行人是否存在股东未履行出资义务、抽逃出资、出资方式等存在瑕疵,或者发行人历史上涉及国有企业、集体企业改制存在瑕疵的情形。

(1)历史上存在出资瑕疵的,应当在申报前依法采取补救措施。保荐机构和发行人律师应当对出资瑕疵事项的影响及发行人或相关股东是否因出资瑕疵受到过行政处罚、是否构成重大违法行为及本次发行的法律障碍,是否存在纠纷或潜在纠纷进行核查并发表明确意见。发行人应当充分披露存在的出资瑕疵事项,采取的补救措施,以及中介机构的核查意见。

(2)对于发行人是国有企业、集体企业改制而来的或历史上存在挂靠集体组织经营的企业,若改制过程中法律依据不明确、相关程序存在瑕疵或与有关法律法规存在明显冲突,原则上发行人应在招股说明书中披露有权部门关于改制程序的合法性、是否造成国有或集体资产流失的意见。国有企业、集体企业改制过程不存在上述情况的,保荐机构、发行人律师应结合当时有效的法律法规等,分析说明有关改制行为是否经有权机关批准、法律依据是否充分、履行的程序是否合法以及对发行人的影响等。发行人应在招股说明书中披露相关中介机构的核查意见。[①]

---

① 参见《首发业务若干问题解答(一)》问题7。

（五）出资瑕疵的解决方法

对于出资瑕疵问题，在前述"出资瑕疵对上市的影响分析"部分已经指明了一些解决方法，对不能（彻底）解决的，指出了应解释说明的方面。现在此基础上总结如下：

1. 能够弥补的应尽可能弥补

比如出资不到位的，应尽快到位；财产权利没有及时转给公司的，应尽快办理权利转移手续。弥补的手段应该依法进行。弥补结束后，股东间出具文件，相互不追究责任，对外共同承担责任；政府主管部门出具不予追究的证明文件。以债权补足的方式应慎用，因为出资之目的为公司运营使用，债权因其变现性、流动性的缺陷而难以为公司发挥出资应有的作用。另外，出资瑕疵本身是违约之债，转化为合同权利，虽然改变了问题的属性，但是债的本质没有改变，问题并没有根本解决。

2. 出资置换

对于出资置换可以从两个角度理解：一是将减资和增资混同处理，此种情况下，程序本身就有瑕疵；二是股东合意变更了出资方式，比如将产权不能过户的土地房产、知识产权等用现金置换。后一个角度需要履行股东会决议、修改章程、重新验资、政府主管部门出具不予追究的证明文件等程序。

出资置换虽然是解决出资瑕疵的好方法，但应谨慎使用：

（1）其体现了违约股东改正错误的良好愿望，应该给予支持和正面评价。

（2）有瑕疵的资产也是公司资产，如果在未履行前述程序的情况下简单置换，可能导致实质上的减资、增资混同，在程序上缺乏法律依据。同时针对以现金代替资产（尤其是增值空间较大的土地使用权）出资的情形，还存在以何种价值补足出资问题。

（3）即使资产瑕疵消除，但因当年的出资瑕疵导致的股权形成的基础问题和责任问题仍未彻底解决。

（4）到底是使用出资置换的形式还是直接计提资产减值准备，对此业内有不同见解。如果能够通过出资置换的形式彻底解决问题，因为该形式更积极、更有建设性而应为更优选择。

现行审核政策并未限制或禁止出资置换的运用，但需充分考虑出资置换的原因、换出资产的瑕疵程度、换出资产对发行主体持续经营的重要性程度及该出资换对公司业绩连续性的影响等问题。出资置换系为弥补原出资资产存在无法克服的瑕疵的情形，并有效保护发行主体的利益，如该出资置换金额对公司业绩连续计算不构成重大影响的，完善相关承诺和手续后，应不为审核政策所禁止；但如果不存在权属瑕疵，仅因该置换的资产对股东具有特别重要的意义，则建议慎重操作，否则如因出资置换的原因解释不清且该换出资产亦为发行主体生产经营所必须时，则涉嫌控股股东滥用股东权利或损害发行主体利益。

3.未分配利润弥补

出资不实的股东也可以通过利润分配的方式弥补出资。依据《公司法》第37条、第46条的规定,公司利润的分配应由董事会制订分配方案,并经股东会或股东大会审议批准。如果股东会作出了分配利润的决议,股东根据决议内容就享有股利分配请求权,在股东与公司之间也就产生了现实的债权债务关系。此时,出资不实的股东可以以其对公司的债权抵消所欠的出资份额。就公司而言,也可以依据《合同法》的有关规定行使抵消权,直接扣留股东应分得的股利,以填补股东所欠出资(但公司已经进入破产程序的除外)。

需要说明的是,在没有形成公司股东会利润分配决议的情况下,股东仅以公司已经实际盈利、自己可分配的利润完全可以弥补所欠出资数额的主张是不能成立的。因为公司利润的分配属于公司自治的范畴,股东并不具有确定性的股利分配请求权。分配决议只有经股东大会批准,才能使股东的分配请求权得以实现。在利润分配前,不论公司盈利多少,都是公司的独立财产,并非股东的财产,两者之间有着明确的界限,公司的实际盈利无法改变股东未实际出资的事实,股东仍应承担出资不实的法律责任。

通过利润分配的方式弥补出资瑕疵问题的,应注意履行相应的法律程序。

在某一已过会案例中,两个股东出具《承诺书》,主要内容是第三个股东对公司贡献较大,所以此两股东"决定放弃未分配利润的享受权,全部归×××(第三个股东)所有,作为资本金投入原有限公司","关于两股东放弃未分配利润享受权事宜业已经原有限公司股东会确认"。

此操作方案在本质上是合法的,但存在程序瑕疵。因为在股东会明确作出进行利润分配的决议之前,公司的账面盈利是公司的独立财产。两股东只享有股利分配请求权,这是一种期待权,并不意味着其享有对公司的直接债权。此种期待权能否转让尚有争议,更重要的是,受让方仅凭受让的期待权不能实现直接用未分配利润转增股本。正确的做法是,在股东会决议中对利润分配进行明确规定,两股东将已经实现的期待权(即债权性质的股利给付请求权)转让给第三位股东。

4.如果出资瑕疵确实已经不能弥补,则应做好如下工作

(1)分析该瑕疵是否在本质上违反《公司法》的立法精神,在实体上是否确实公允。

(2)评价该瑕疵对公司是否存在实质性损害,大多数情况下,随着时间的流逝,瑕疵的影响会逐渐变小甚至消除。

(3)分析该瑕疵产生的原因,特别是在当事人主观上无过错的情况下,更应该重点说明;同时应在依法论证后说明该瑕疵不构成重大违法行为、不构成上市的法律障碍。

(4)进行数据测算,说明虽然存在程序瑕疵,但是价格合理,未造成国有资产流失。

(5) 取得其他权利人和政府主管部门对此事不(再)追究的正式表态。
(6) 取得责任方对有可能导致的一切纠纷和损失负责的书面承诺。
(7) 如实披露历史上存在的出资不规范及其纠正情况,以便投资者作出判断。

(六) 关于出资不到位股东的分红权、表决权问题

根据《公司法》的规定,股东按照实缴的出资比例分取红利。因此,出资不到位的股东的分红权应该受到限制甚至被剥夺。关于有限责任公司和股份有限公司的分红权和表决权对比如表3-8所示。

表3-8 分红权和表决权分析表

权利类别	具体事项	有限责任公司	股份有限公司
分红权	计算基数	股东按照实缴的出资比例分取红利。	股份有限公司按照股东持有的股份比例分配。
	是否可以另行约定	全体股东可以约定不按照出资比例分取红利。	股份有限公司章程可以规定不按持股比例分配。
表决权	计算基数	股东会会议由股东按照出资比例行使表决权。	股东出席股东大会会议,所持每一股份有一表决权。
	是否可以另行约定	公司章程可以另行约定。	不能另行约定。

由表3-8可以看出,在分配红利方面,有限责任公司和股份有限公司的不同之处是,有限责任公司股东按照实缴的出资比例分取红利,股份有限公司按照股东持有的股份比例分配;相同之处在于两种形式的公司都允许公司章程作特别规定。

在行使表决权方面,有限责任公司和股份有限公司的相同之处是,两种类型的公司都依出资比例行使表决权;不同之处在于有限责任公司可以通过公司章程另行约定,股份有限公司不能另行约定,即只能按照持股比例行使表决权。

需要特别说明的是,《公司法》中谈及出资比例时,都将认缴出资比例视为默认的出资比例,只在第34条提及了"实缴的出资比例"。认缴出资比例是各方股东最终认可的权利义务平衡状态,也是各方最后希望达到的话语权分配状态。

(七) 对出资瑕疵问题的进一步思考和建议

在审核工作中,监管部门对于出资方面存在的问题高度关注,甚至上升到"诚信"的高度来定性,也确有多家企业因为出资方面的瑕疵而被劝退、被否决。

监管部门对出资问题的高度关注是有道理的:出资不存在瑕疵,对股东来说,是彼此之间的约定以及判断股东是否存在违约责任的依据,甚至可能涉及表决权、分红比例直至股权的稳定;对公司而言,是正常经营和持续盈利的前提和保证之一;对社会公众特别是债权人而言,是公司承担合同和法律义务的物质基础。

但是,因为如下原因造成出资瑕疵问题的,可以采取更宽容、更有建设性的审核角度和监管态度。

1. 出资瑕疵问题的背景

对出资瑕疵问题的分析不能脱离实际,导致出资瑕疵的主要原因除了当事人自己的主观过错外,还存在间接融资渠道不畅通、银行对真正急需资金的中小企业惜贷苛求等问题。

2. 违约方的主观恶意

多数情况下,出资瑕疵是民营企业股东不得已的无奈选择,或者是因为缺乏相应的法制观念。绝大多数股东,特别是能够申请上市的企业的股东,不至于在行为之初即抱有套取信用、侵害债权人利益的主观恶意。一种观点认为,当事人主观上没有过错也要惩罚其行为;另一种观点认为,在出资方面有过错也可宽恕,特别是该错误发生在多年以前且有其他原因的情况下,但如果有严重后果甚至构成犯罪的则另当别论。

(八) 应从实质角度更加关注出资的合法性问题

与出资瑕疵问题相比,监管部门更应该关注出资的合法性问题,特别是原来具有特殊身份(比如国家工作人员,国有科研院所、集体企业原高职人员)的人的出资。监管部门可以从以下两个方面加强审核:如果是巨额出资,比如人民币500万元以上,应该令出资人充分、详细地举证其出资来源,不能以工资积累、经商所得、历年分配、朋友借款为理由轻易过关;如果是知识产权出资,特别是在该发明与其原单位工作的性质和内容高度相关的情况下,应高度关注是否为职务发明。

出资来源的合法性判断具有重要意义:第一,保护真正的权利人,维护社会公平和正义,划分投资和洗钱的界限。第二,在最高人民法院(2005)民二终字第148号民事判决书中,最高人民法院认为,如果资金来源不合法,应认定没有出资,进而(可能)否定公司的法人资格,股东对公司的债务应承担无限连带责任。第三,以非法所得出资会给公司股权结构甚至法人治理结构带来潜在风险。

(九) 以借款出资的审查

出资是一种商业投资行为,股东以借款出资本身并不违法,但监管部门应进行以下审查:

(1) 借款的真实性。

(2) 借款的约定期限是否现实,即在此期间内借款人是否具有可信的偿还能力。

(3) 如果存在不能及时依约偿还的可能,借款是否会危及公司股权,比如债权人是否承诺不以诉讼(保全)的方式主张债权。

(4) 是否在借款的背后存在股份代持的安排。

(十) 整体变更是否应该评估

《公司法》规定,以非货币财产出资应当评估作价。《公司注册资本登记管理规定》第13条规定:有限责任公司变更为股份有限公司时,折合的实收股本总额不得高于公司净资产额。有限责任公司变更为股份有限公司,为增加资本公开发行股份时,应当依法办理。

可见,公司在整体变更时应该进行评估,评估的目的不是(也不能)据此调账,而是作为一个标准,证明整体变更后的注册资本(股本)不大于评估值,出资真实、充分。

(十一) 瑕疵出资股东的法律责任

公司股东承担出资责任,是指在公司已设立并存续的状态下,股东因虚假出资、迟延出资、不实出资、抽逃出资等违反出资义务的情形而应当承担的法律责任。表3-9中将"违反出资义务的股东"称为"瑕疵出资股东",将"足额缴纳出资的股东"称为"其他股东"。研究本问题之意义在于,企业上市固然有其监管特殊要求,但法律责任的认定和明确是进一步解决问题、降低风险的基础工作,在此意义上,不宜忽视法律的原理和规则。鉴于本书的实务属性,仅以表3-9简要说明基本结论。

表 3-9 各主体承担瑕疵出资责任对照表

主体	瑕疵出资股东	其他股东
股东	违约责任: 《公司法》第28条第2款规定:股东不按照前款规定缴纳出资的,除应当向公司足额缴纳外,还应当向已按期足额缴纳出资的股东承担违约责任。 第83条第2款规定:发起人不依照前款规定缴纳出资的,应当按照发起人协议承担违约责任。 赔偿责任: 由于瑕疵出资给其他股东造成损失的,瑕疵出资股东应当对其他股东承担赔偿责任。这种损害赔偿的构成要件,应符合侵权赔偿的基本构成要件。 其他股东对瑕疵出资股东行使追偿权所引起的民事责任: 这种责任产生的前提有两种情形:一是其他股东已经承担了补缴出资的连带责任;二是其他股东已经承担了对公司债权人的代位清偿责任。其他股东对瑕疵出资股东追偿的范围除本金外,还应包括孳息。	
公司	补缴出资: 《公司法》第28条、第30条、第83条、第93条规定了瑕疵出资股东的责任,理论上称为出资填补及瑕疵担保责任。 赔偿责任: 由于瑕疵出资给公司造成损失的,瑕疵出资股东应当对公司承担赔偿责任。如何承担赔偿责任,可以由公司章程作出约定,也可以按实际损失进行赔偿。	补缴出资的连带责任: 《公司法》第93条对股份有限公司的发起人相互承担补缴出资的连带责任作了明确规定;第30条对有限责任公司的股东以非货币方式出资不足时,其他股东应承担连带责任作了规定。

（续表）

主体	瑕疵出资股东	其他股东
债权人	连带责任： 《公司法》正式引入了公司法人人格否认制度，体现在第20条第3款：公司股东滥用公司法人独立地位和股东有限责任，逃避债务，严重损害公司债权人利益的，应当对公司债务承担连带责任。 补充赔偿责任： 最高人民法院《关于适用〈中华人民共和国公司法〉若干问题的规定（三）》[以下简称《公司法司法解释（三）》]第13条第2款规定：公司债权人请求未履行或者未全面履行出资义务的股东在未出资本息范围内对公司债务不能清偿的部分承担补充赔偿责任的，人民法院应予支持；未履行或者未全面履行出资义务的股东已经承担上述责任，其他债权人提出相同请求的，人民法院不予支持。	代位清偿责任： 瑕疵出资股东除应对公司债权人承担连带责任外，公司的其他股东是否也应该承担清偿责任？《公司法司法解释（三）》第13条第3、4款规定：股东在公司设立时未履行或者未全面履行出资义务，依照本条第1款或者第2款提起诉讼的原告，请求公司的发起人与被告股东承担连带责任的，人民法院应予支持；公司的发起人承担责任后，可以向被告股东追偿。股东在公司增资时未履行或者未全面履行出资义务，依照本条第1款或者第2款提起诉讼的原告，请求未尽《公司法》第147条第1款规定的义务而使出资未缴足的董事、高级管理人员承担相应责任的，人民法院应予支持；董事、高级管理人员承担责任后，可以向被告股东追偿。 《公司法司法解释（三）》第14条第1款规定：股东抽逃出资，公司或者其他股东请求其向公司返还出资本息、协助抽逃出资的其他股东、董事、高级管理人员或者实际控制人对此承担连带责任的，人民法院应予支持。

(十二) 瑕疵出资股权转让后的法律责任

出资瑕疵的股东将其股权转让给其他民事主体后，其瑕疵出资相关民事责任的承担问题，通常是引发瑕疵股权转让纠纷的重要原因，也是分析和处理瑕疵股权转让纠纷的重点和难点。对此，公司法和司法解释均未作出明确规定，学界和实务界亦未达成共识。讨论本问题对于上市工作的意义在于，当出资瑕疵尚未弥补（部分瑕疵无法事后弥补）却又发生了股权转让时，明确转让方和受让方的法律责任。针对此问题，学界主要存在四种观点，分析如下：

1. 出让股东完全承担责任说

出让股东完全承担责任说认为，根据民法上的责任自负原则，出让股东尽管在转让股权后已不是公司股东，但公司设立时的投资义务是法定义务，不因股权转让而免除，故出让股东应完全承担瑕疵出资责任，出让股东是否对受让人构成欺诈，在所不问。

出让股东完全承担责任说揭示了出让股东对出资瑕疵有过错，但其阐述的归责原则违反了当事人意思自治原则,对瑕疵股权受让人的真实意思及行为缺乏必要的关注,并可能导致否认公司股东名册、章程以及工商登记材料的公示效力,不利于保护债权人的合法利益,其处理方案不够合理。

2. 受让股东完全承担责任说

该说认为,受让人受让股权后即替代出让股东成为目标公司的股东,受让人应完全承担瑕疵出资责任,其是否受到欺诈,在所不问。

该说虽注意到受让股东也可能是瑕疵出资责任的承担主体,但完全忽视出让股东的过错,其以转让前后作为标准来简单划分责任归属的做法,过于简单和片面,且对保护相关利害关系人的合法利益缺乏足够的考虑,故该处理方案仍不够合理。

3. 出让股东和受让股东承担连带清偿责任说

该说认为,瑕疵股权转让合同有效,出让股东和受让人应在出资瑕疵范围内向相关利害关系人承担连带清偿责任。如果受让人受欺诈,受让人在向债权人承担清偿责任后,有权向出让股东追偿,或者向法院提起合同撤销或者变更之诉。

该说体现出侧重保护善意第三人合法利益和维护商事交易安全的理念,但因对受让人过于苛求,而使各方当事人之间的利益保护有失衡之嫌,容易造成处理结果的实质不公。

4. 根据受让股东善意与否确定瑕疵出资责任的承担主体说

该说认为,如果受让人明知或应知股权存在瑕疵仍受让,则受让人应承担瑕疵出资责任,不能承担的部分,由出让股东承担补充赔偿责任。至于出让股东和受让人之间是否发生追偿,要视合同对股价以及其他内容的约定而定。若受让人受欺诈,可提出合同撤销、变更或者无效之诉。在债权人追索债权的诉讼中,如果债权人将所涉公司、出让股东以及受让人列为共同被告,而受让人同时又提起合同撤销之诉的,法院可合并审理;如果债权人仅列所涉公司和受让人为共同被告,若受让人请求撤销该合同,应另行起诉,并先于该债权债务纠纷案件审理。一旦合同被判令无效,瑕疵出资责任应由出让股东承担。

该说更具合理性:一方面体现出出让股东应就其出资瑕疵问题承担责任的正确思路;另一方面又强调尊重客观事实,主张在查明受让人真实意思的基础上,对受让人应否承担以及如何承担前述责任进行区别处理,体现出过错与责任相当、交易公平和安全并重的现代商事理念。当然,在受让人明知或者应知股权存在瑕疵的情形下,就该观点中出让股东和受让人的责任承担问题仍有作进一步阐述和细分的必要。

《公司法司法解释(三)》的规定也体现了对于该说的肯定,该解释第 18 条规定:"有限责任公司的股东未履行或者未全面履行出资义务即转让股权,受让人对此知道或者应当知道,公司请求该股东履行出资义务、受让人对此承担连带责任的,人民法院应予支持;公司债权人依照本规定第十三条第二款向该股东提起诉讼,同时请求前述受让人对此承担连带责任的,人民法院应予支持。受让人根据前款规定承担责任后,向该未履行或者未全面履行出资义务的股东追偿的,人民法院应予支持。但是,当事人另有约定的除外。"

三、抽逃出资与虚假出资

抽逃出资和虚假出资为出资瑕疵的两种基本类型,现就与二者相关的法律、法规规定作如下总结(见表3-10)。

表 3-10　抽逃出资与虚假出资法律规定表

文件名称	相关内容
《公司法》	第 35 条规定:公司成立后,股东不得抽逃出资。
	第 199 条规定:公司的发起人、股东虚假出资,未交付或者未按期交付作为出资的货币或者非货币财产的,由公司登记机关责令改正,处以虚假出资金额5%以上15%以下的罚款。
	第 200 条规定:公司的发起人、股东在公司成立后,抽逃其出资的,由公司登记机关责令改正,处以所抽逃出资金额 5%以上15%以下的罚款。
《公司法司法解释(三)》	第 12 条规定:公司成立后,公司、股东或者公司债权人以相关股东的行为符合下列情形之一且损害公司权益为由,请求认定该股东抽逃出资的,人民法院应予支持:(一)制作虚假财务会计报表虚增利润进行分配;(二)通过虚构债权债务关系将其出资转出;(三)利用关联交易将出资转出;(四)其他未经法定程序将出资抽回的行为。
《中华人民共和国公司登记管理条例》	第 66 条规定:公司的发起人、股东在公司成立后,抽逃出资的,由公司登记机关责令改正,处以所抽逃出资金额 5%以上15%以下的罚款。
《刑法》	第 159 条第 1 款规定:公司发起人、股东违反《公司法》的规定未交付货币、实物或者未转移财产权,虚假出资,或者在公司成立后又抽逃其出资,数额巨大、后果严重或者有其他严重情节的,处 5 年以下有期徒刑或者拘役,并处或者单处虚假出资金额或者抽逃出资金额2%以上10%以下罚金。
最高人民检察院、公安部《关于严格依法办理虚报注册资本和虚假出资抽逃出资刑事案件的通知》	"二、严格把握罪与非罪的界限"部分规定:"根据新修改的公司法和全国人大常委会立法解释,自 2014 年 3 月 1 日起,除依法实行注册资本实缴登记制的公司[参见《国务院关于印发注册资本登记制度改革方案的通知》(国发〔2014〕7 号)]外,对申请公司登记的单位和个人不得以虚报注册资本罪追究刑事责任;对公司股东、发起人不得以虚假出资、抽逃出资罪追究刑事责任。对依法实行注册资本实缴登记制的公司涉嫌虚报注册资本和虚假出资、抽逃出资犯罪的,各级公安机关、检察机关依照刑法和《立案追诉标准(二)》的相关规定追究刑事责任时,应当认真研究行为性质和危害后果,确保执法办案的法律效果和社会效果。"

文件名称	相关内容
	"三、依法妥善处理跨时限案件"部分规定:"各级公安机关、检察机关对发生在2014年3月1日以前尚未处理或者正在处理的虚报注册资本和虚假出资、抽逃出资刑事案件,应当按照刑法第十二条规定的精神处理;除依法实行注册资本实缴登记制的公司以外,依照新修改的公司法不再符合犯罪构成要件的案件,公安机关已经立案侦查的,应当撤销案件;检察机关已经批准逮捕的,应当撤销批准逮捕决定,并监督公安机关撤销案件;检察机关审查起诉的,应当作出不起诉决定;检察机关已经起诉的,应当撤回起诉并作出不起诉决定;检察机关已经抗诉的,应当撤回抗诉。"
最高人民检察院、公安部《关于公安机关管辖的刑事案件立案追诉标准的规定(二)》	第4条规定:"[虚假出资、抽逃出资案(刑法第一百五十九条)]公司发起人、股东违反公司法的规定未交付货币、实物或者未转移财产权,虚假出资,或者在公司成立后又抽逃其出资,涉嫌下列情形之一的,应予立案追诉:(一)超过法定出资期限,有限责任公司股东虚假出资数额在三十万元以上并占其应缴出资数额百分之六十以上的,股份有限公司发起人、股东虚假出资数额在三百万元以上并占其应缴出资数额百分之三十以上的;(二)有限责任公司股东抽逃出资数额在三十万元以上并占其实缴出资数额百分之六十以上的,股份有限公司发起人、股东抽逃出资数额在三百万元以上并占其实缴出资数额百分之三十以上的;(三)造成公司、股东、债权人的直接经济损失累计数额在十万元以上的;(四)虽未达到上述数额标准,但具有下列情形之一的:1.致使公司资不抵债或者无法正常经营的;2.公司发起人、股东合谋虚假出资、抽逃出资的;3.两年内因虚假出资、抽逃出资受过行政处罚二次以上,又虚假出资、抽逃出资的;4.利用虚假出资、抽逃出资所得资金进行违法活动的。(五)其他后果严重或者有其他严重情节的情形。"

四、股权出资

《公司法》并没有明确列明股权可以作为出资。但长期以来,股权作为非货币财产出资,特别是在企业集团重组过程中,已是常见现象。

2009年3月1日,《股权出资登记管理办法》施行,对股权出资的条件、比例限制、办理程序进行了详细规定,这使股权作为一种非货币出资方式第一次拥有了直接的法律依据。2013年《公司法》被修正后,工商总局于2014年2月20日发布了《公司注册资本登记管理规定》,其中第6条第1款明确规定了"股东或者发起人可以以其持有的在中国境内设立的公司(以下称股权所在公司)股权出资",并就股权出资的条件和限制等作出了明确的规定。该规定与2013年修正的《公司法》同时生效,《股权出资登记管理办法》同时废止。新规的出台使股权出资的法律规制更加健全。

股权出资存在重要的价值和积极意义,主要体现在以下几个方面:

一是能够丰富股权权能,通过激活股东以往投入公司所形成的资产,增加股权利用的渠道，同时降低转让的交易成本，有效调动投资人的积极性，促进投资。

二是通过资本链条的纽带作用，可以实现投资向新的领域和产业转移，为企业优化产业结构、重组兼并、扩大规模、做大做强服务。

三是通过促进投资创业可以带动就业，减轻社会就业压力，实现经济稳定增长。

下面从股权出资的本质、可以用作出资的股权、不得用作出资的股权、股权出资程序及其他应关注的问题几方面进行阐述。

（一）股权出资的本质

股权出资是指投资人以其持有的在中国境内设立的有限责任公司或者股份有限公司（以下简称"股权公司"）的股权作为出资，投资于境内其他有限责任公司或者股份有限公司（以下简称"被投资公司"）的行为。换言之，投资人不需要使用货币、房地产、知识产权等财产作为对公司的出资，而是将其在其他公司持有的股权作为出资投资于新设立的公司或现存公司。在外观上，股权出资是换股的一种形式；在本质上，股权出资也是股权转让的一种形式；在税务上，股权出资视同销售处理。

（二）可以用作出资的股权

《公司注册资本登记管理规定》第6条第2款规定：以股权出资的，该股权应当权属清楚、权能完整、依法可以转让。权属清楚、可以转让易于理解，不再赘述；权能完整的要求是指股权持有人可以基于其享有的股权实施所有法律允许的行为，如参加投票、查阅公司会计账簿、请求分配红利等，即该股权不存在因为公司章程或其他股东间的特别约定等而导致的权利限制。

（三）不得用作出资的股权

《公司注册资本登记管理规定》第6条同样规定了不得用作出资的股权类型（见表3-11）。

表3-11 不得用作出资的股权类型表

不能用作出资的股权类型	具体分析
已被设立质权	设定了质权的股权，其转让受制于质权人的意志，无法自由转让，并存在被质权人强制执行的可能，因此，以此类股权投资不利于被投资公司的资本稳定。
股权所在公司章程约定不得转让	股权出资实质上即是股权的转让，如果股权所在公司章程规定股权不得转让的，则该股东即无法将其股权转移至被投资公司。因此，被投资公司的其他投资人有必要对股权所在公司的章程进行调阅。
未取得前置审批	即依法律、行政法规或者国务院决定规定，股权所在公司股东转让股权应当报经相关部门批准而未经批准的情形。此种情形主要针对外商投资企业的股权以及国有企业的股权，此类股权转让需经外资管理部门或国有资产管理部门的事先批准，并取得相关部门的批准证书后方可进行转让。

（续表）

不能用作出资的股权类型	具体分析
其他情形	如股权所在公司的注册资本尚未缴足。所谓"缴足"，应指股东认缴注册资本后实际足额缴付全部认缴出资。如果股权所在公司的全部注册资本因为某个股东的原因未全部实际缴付，则该公司的任何其他股东尽管足额缴付了其所认缴出资，其仍无法以其持有的缴足的股权再行对外投资；另外，分期出资情况下，也需要全部出资到位后方可进行对外投资。

（四）股权出资程序

股权出资程序一般为评估作价、办理股权过户、验资、增加注册资本或变更实收资本、其余程序和手续。各步骤相关的法律要求和工作内容总结如下（见表3-12）。

表3-12 股权出资操作流程一览表

步骤	法律要求和工作内容
评估作价	《公司法》要求以非货币财产出资的，应当进行评估作价。
办理股权过户	以有限责任公司的股权出资的，股权所在公司应申请办理将该股权的持有人变更为被投资公司，向被投资公司签发出资证明书，变更股东名册，修改章程并向登记机关进行登记备案。以股份有限公司的股权出资的，应经过证券交易所和证券登记结算机构办理转让过户手续，或对股东名册进行变更登记。
验资	虽然现行《公司法》及《公司注册资本登记管理规定》并未强制要求企业就股权出资办理验资手续，但仍建议拟IPO公司聘请具有证券业务资格的会计师事务所进行验资并出具《验资报告》，以形成对定价依据和出资到位情况强有力的解说支撑材料。
增加注册资本、变更实收资本	被投资公司在接受股权出资后，应申请办理增加注册资本、变更实收资本的相关手续，并换发营业执照。
其余程序和手续	（1）股权所在公司是有限责任公司的，投资人须按照《公司法》第71条的规定获得过半数股东的同意，书面通知其他各股东征求同意以及是否行使优先购买权。只有在其他股东放弃优先购买权的情况下，方可以进行股权出资，否则其他股东可申请法院宣告出资无效。股权所在公司章程对股权转让另有规定的，从其规定。 （2）以外商投资企业股权和涉及国有资产的股权出资，须符合外商投资法律规定的股权变更和审批手续，以及国有资产转让的审批手续。 （3）以股权出资的投资人应当签署股权认缴出资承诺书，就所认缴出资的股权符合出资条件作出承诺。

（五）其他应关注的问题

针对股权出资还应关注以下特别事宜（见表3-13）。

表3-13　股权出资特别事宜分析表

特别事宜	具体分析
股权公司条件	股权所在公司必须是在中国境内设立的公司，包括内资公司和外商投资公司，不包括非公司型的企业，亦不包括境外公司。因此，境外投资者不可以根据《公司注册资本登记管理规定》的规定，以其持有的境外公司的股权作为出资投资境内的公司。
被投资公司条件	被投资公司必须是境内的公司，包括外商投资公司，但不得是其他个人独资企业、合伙企业等非公司型实体。
外资企业股权出资的特别规定	境内外投资者（股权出资人）以其持有的中国境内企业（股权企业）的股权作为出资，设立及变更外商投资企业（被投资企业）的行为，适用商务部《关于涉及外商投资企业股权出资的暂行规定》（2015年修订），包括以新设公司形式设立外商投资企业、增资使非外商投资企业变更为外商投资企业、增资使外商投资企业股权发生变更。 投资者以股权出资设立及变更外商投资企业，除按照有关外商投资审批管理规定由商务部批准的之外，其余由被投资企业所在省、自治区、直辖市和计划单列市的商务主管部门（即省级审批机关）负责批准。 出资股权的条件除需符合《公司注册资本登记管理规定》第6条规定的一般条件外，还应当符合《关于涉及外商投资企业股权出资的暂行规定》的特殊规定，包括：(1)股权企业为外商投资企业的，该企业应依法批准设立，符合外商投资产业政策；(2)股权未被冻结；(3)股权企业章程（合同）未约定不得转让；(4)股权企业不属于房地产企业、外商投资性公司、外商投资创业（股权）投资企业。
股权出资应按照当时有效的法律规定办理	在2009年2月28日以前，可参照旧《公司法》的规定办理；在2009年3月1日至2014年2月20日之间，应参照旧《公司法》和《股权出资登记管理办法》的规定办理；在2014年3月1日以后，应参照现行《公司法》和《公司注册资本登记管理规定》的规定办理。涉及外商投资企业的股权出资，在2012年10月22日以后还应适用《关于涉及外商投资企业股权出资的暂行规定》的特别规定。

五、债权转股权

实现债权转股权，对于优化企业资产结构，降低资产负债率，促进企业转换经营机制，推动企业发展具有现实意义。然而关于债权转股权的讨论以往大都是在理论层面的，即使在2013年修正《公司法》以后，理论上的可行性与实际操作层面还存在争论。2011年11月23日，国家工商行政管理总局颁布了《公司债权转股权登记管理办法》,对"债权转股权"进行了明确规定。2014年,《公司债权转股权登记管理办法》被《公司注册资本登记管理规定》废止。《公司注册资本登记管理规定》第7条对"债权转股权"进一步进行了规定:债权人可以将其依法享有的对在中国境内设立的公司的债权,转为公司股权。转为公司股权的债权应当符合下列情形之一:(1)债权人已经履行债权所对应的合同义务,且不违反法律、行政法规、国务院决定或者公司章程的禁止性规定;(2)经人民法院生效裁判或者仲裁机构裁决确认;(3)公司破产重整或者和解期间,列入经人民法院批准的重整计划或者裁定认可的和解协议。用以转为公司股权的债权有两个以上债权人的,债权人对债权应当已经作出分割。债权转为公司股权的,公司应当增加注册资本。

根据《公司债权转股权登记管理办法》的规定,债权转股权是指债权人将其依法享有的在中国境内设立的有限责任公司或者股份有限公司的债权,转为公司股权,增加公司注册资本的行为。此处的债权转股权仅指债权人对公司享有的债权转为股权,不包括债权人对第三人的债权转为股权。

与股权出资一样,债权出资在已过会项目中多有先例,目前监管部门在债权出资问题上特别关注的是债权的真实性和形成过程的合法性。需要特别注意的是,目前监管部门对债权转股权仍持慎重的态度。而且《公司债权转股权登记管理办法》中排除了债权人对第三人的债权转为股权的情况,因此,应该避免使用对第三方的债权对发行人出资。

以下对债权转股权作简要分析。

(一)债权转股权的分类

债权转股权主要有以下几种类型,具体分析如下(见表3-14)。

表3-14 债权出资分类表

事项	具体内容
分类	(1)公司经营中债权人与公司之间产生的合同之债转为公司股权,债权人已经履行债权所对应的合同义务,且不违反法律、行政法规、国务院决定或者公司章程的禁止性规定; (2)经人民法院生效裁判或者仲裁机构裁决确认的债权转为公司股权; (3)公司破产重整或者和解期间,列入经人民法院批准的重整计划或者裁定认可的和解协议的债权转为公司股权。
法律分析	可转让的债权限定为金钱给付之债,因此,债权转股权实质上是将对公司金钱给付之债的请求权转为股东对公司的出资。

(二)债权转股权的法律要件

债权转股权需要满足特定的实质条件、程序条件和其他限定条件,具体要求如下(见表3-15)。

表 3-15 债权出资法律要件一览表

法律要件类型	具体要求
实质条件	（1）接受出资公司的章程的认可； （2）该债权具有时效性，即在法律规定的诉讼时效之内； （3）该债权应该是对发行人的已成就之债，即具备主张履行的前提。
程序条件	（1）股东会决议通过，2/3 以上表决权的股东通过； （2）法律、行政法规或者国务院决定规定债权转股权须经批准的，应当依法经过批准； （3）经依法设立的资产评估机构评估； （4）公司应当依法向公司登记机关申请办理注册资本变更登记。
其他限定条件	（1）债权转股权的作价出资金额不得高于该债权的评估值； （2）债权转为公司股权的，公司应当增加注册资本； （3）用以转为公司股权的债权有两个以上债权人的，债权人对债权已经作出分割。

（三）债权转股权应提交的材料

在操作债权转股权时，一般需要提交以下材料（见表 3-16）。

表 3-16 债权转股权应提交材料一览表

材料	依据
关于同意债权出资登记的股东会决议	公司的股东会为公司的权力机构，对股东以债权出资及章程的修改，应当由 2/3 以上股东表决通过。
债权评估文件	用以转为股权的债权，应当经依法设立的资产评估机构评估。
验资文件	债权转股权应当经依法设立的验资机构验资并出具验资证明。验资证明应当包括下列内容：①债权的基本情况；②债权的评估情况；③债权转股权的完成情况；④债权转股权依法须报经批准的。
公司章程	股东的出资方式等是公司章程的必载事项，因此，应当提供写明股东出资方式的公司章程。公司登记机关应当将债权转股权对应出资的出资方式登记为"债权转股权出资"。
股东与公司的债权转让协议	该协议是债权发生转让成立的依据，企业办理登记的同时应予以提供。
债权人和公司签署的债权转股权承诺书	公司经营中债权人与公司之间产生的合同之债转为公司股权，债权人已经履行债权所对应的合同义务，且不违反法律、行政法规、国务院决定或者公司章程的禁止性规定，双方应当对用以转为股权的债权符合该项规定作出承诺。
人民法院或者仲裁机构的裁判文书	人民法院或者仲裁机构的生效裁判确认的债权转为公司股权时应提交。

(续表)

材料	依据
经人民法院批准的重整计划或者裁定认可的和解协议	公司破产重整或者和解期间,列入经人民法院批准的重整计划或者裁定认可的和解协议的债权转为公司股权时应提交。
债权分割协议	用以转为公司股权的债权有两个以上债权人的,债权人对债权已经作出分割时应提交。

(四)市场化债转股

近年来,我国企业杠杆率高升,债务规模增长过快,债务负担不断加重。2016年9月,国务院发布了《关于积极稳妥降低企业杠杆率的意见》及其附件,提出多种政策方案缓解企业债压力,推进新一轮市场化债转股拉开序幕。之后,又有一系列定向激励措施相继出台,加速推进市场化债转股进程。现就相关文件分析总结如下(见表3-17)。

表3-17 中央层面加快推进市场化债权转股权相关文件分析表

文件名称	发布日期	主要内容
国务院《关于积极稳妥降低企业杠杆率的意见》	2016年9月22日	以市场化、法治化方式,以促进优胜劣汰为目的,鼓励多类型实施机构参与推进市场化债转股。
《关于市场化银行债权转股权的指导意见》	2016年9月22日	市场运作,政策引导市场化债转股;明确适用企业和债权范围;通过实施机构开展市场化债转股;自主协商确定市场化债转股价格和条件;市场化筹集债转股资金;规范履行股权变更等相关程序;依法依规落实和保护股东权利。
国务院办公厅关于同意建立《积极稳妥降低企业杠杆率工作部际联席会议制度》的函	2016年10月18日	同意建立联席会议制度,组织开展市场化银行债权转股权试点,并研究确定具体政策。
中国银监会、发展改革委、工业和信息化部《关于钢铁煤炭行业化解过剩产能金融债权债务问题的若干意见》	2016年12月1日	支持金融资产管理公司、地方资产管理公司等多类型实施机构对钢铁煤炭企业开展市场化债转股。对资产负债率较高、在国民经济中占重要地位、具备发展潜力的钢铁煤炭骨干企业,支持金融资产管理公司、地方资产管理公司、银行现有符合条件的所属机构或设立的符合规定的新机构等多种类型实施机构按照国家法律法规和国家有关规定,按照市场化、法治化的原则,开展债转股工作,依法行使股东权利,改进公司治理结构。

（续表）

文件名称	发布日期	主要内容
国家发展改革委办公厅关于印发《市场化银行债权转股权专项债券发行指引》的通知	2016年12月19日	积极发挥企业债券融资对积极稳妥降低企业杠杆率的作用,有序推进市场化银行债权转股权工作。再次确立了债转股专项债券的发行条件。
2017年政府工作报告	2017年3月5日	提出促进企业盘活存量资产,推进资产证券化,支持市场化、法治化转股,发展多层次资本市场,加大股权融资力度,强化企业特别是国有企业财务杠杆约束,逐步将企业负债降到合理水平。
中国保监会《关于保险业支持实体经济发展的指导意见》	2017年5月4日	支持供给侧结构性改革。支持保险资金发起设立债转股实施机构,开展市场化债转股业务。支持保险资产管理机构开展不良资产处置等特殊机会投资业务、发起设立专项债转股基金等。
国家发展改革委办公厅《关于发挥政府出资产业投资基金引导作用推进市场化银行债权转股权相关工作的通知》	2017年7月15日	充分发挥政府出资产业投资基金在市场化银行债权转股权中的积极作用,加大对市场化债转股工作的支持力度。
《商业银行新设债转股实施机构管理办法(试行)》（征求意见稿）	2017年8月8日	对债转股对象、项目实施、资金募集以及退出机制作出明确规定,规范了商业银行新设债转股实施机构的管理,强调金融资产管理公司、信托公司等银监会监管的实施机构参与开展市场化债转股应参照执行。
国家发展改革委、人民银行、财政部等《关于市场化银行债权转股权实施中有关具体政策问题的通知》	2018年1月19日	允许采用股债结合的综合性方案降低企业杠杆率;允许实施机构发起设立私募股权投资基金开展市场化债转股;规范实施机构以发股还债模式开展市场化债转股;支持各类所有制企业开展市场化债转股;允许将除银行债权外的其他类型债权纳入转股债权范围;允许上市公司、非上市公众公司发行权益类融资工具实施市场化债转股;允许以试点方式开展非上市非公众股份公司银行债权转为优先股;鼓励规范市场化债转股模式创新;规范市场化债转股项目信息报送管理。

为了缓解企业债压力,推进供给侧结构性改革,2016年以来,以《关于市场化银行债权转股权的指导意见》为主的新一轮政策推进市场化债转股序幕拉开。中央层面积极推进市场化债转股,各地方政府也积极出台地方性政策推动当地支柱企业进行债转股。

《关于市场化银行债权转股权的指导意见》明确了市场化债转股适用企业范围，提出了市场化债转股对象企业应当具备的条件，明确了鼓励方向及禁止方向。2017年8月，银监会印发的《商业银行新设债转股实施机构管理办法（试行）》（征求意见稿）第34条至第36条对市场化债转股适用企业范围作出了一致的规定。

表 3-18　市场化债权转股权适用企业范围表

项目	要求
应当具备的条件	《商业银行新设债转股实施机构管理办法（试行）》（征求意见稿）第34条规定：实施机构确定作为债转股对象的企业应当具备以下条件：（一）发展前景良好但遇到暂时困难，具有可行的企业改革计划和脱困安排；（二）主要生产装备、产品、能力符合国家产业发展方向，技术先进，产品有市场，环保和安全生产达标；（三）信用状况较好，无故意违约、转移资产等不良信用记录。
四个鼓励	《商业银行新设债转股实施机构管理办法（试行）》（征求意见稿）第35条规定：实施机构开展债转股，应当符合国家产业政策等政策导向，优先考虑对发展前景良好但遇到暂时困难的优质企业开展市场化债转股，包括：（一）因行业周期性波动导致困难但仍有望逆转的企业；（二）因高负债而财务负担过重的成长型企业，特别是战略性新兴产业领域的成长型企业；（三）高负债居于产能过剩行业前列的关键性企业以及关系国家安全的战略性企业；（四）其他适合优先考虑实施市场化债转股的企业。
五个禁止	《商业银行新设债转股实施机构管理办法（试行）》（征求意见稿）第36条规定：实施机构不得对下列企业实施债转股：（一）扭亏无望、已失去生存发展前景的"僵尸企业"；（二）有恶意逃废债行为的失信企业；（三）债权债务关系复杂且不明晰的企业；（四）不符合国家产业政策，助长过剩产能扩张和增加库存的企业；（五）其他不适合实施债转股的企业。

根据《关于市场化银行债权转股权的指导意见》的规定，市场化债转股流程详见表 3-19。

表 3-19　市场化债转股流程表

步骤	内容
明确适用企业和债权范围	商业银行、企业及外部资产管理公司或国有资本投资运营公司根据国家政策导向自主协商确定债转股企业及债权范围。债转股企业应属于鼓励企业之列。
通过实施机构开展市场化债转股	通过商业银行下设子公司或子基金及外部资产管理公司或国有资本投资运营公司开展市场化债转股，包括但不限于对拟转为股权的债权作评估及验资。
自主协商确定市场化债转股价格和条件	商业银行、企业及外部资产管理公司或国有资本投资运营公司自主协商确定债权转让价格及条件。对于涉及多个债权人的，可以由最大债权人或主动发起市场化债转股的债权人牵头成立债权人委员会进行协调。经批准，转股价格允许参考股票二级市场交易价格确定国有上市公司转股价格，允许参考竞争性市场报价或其他公允价格确定国有非上市公司转股价格，须关注国有资产转让相关程序。

（续表）

步骤	内容
市场化筹集债转股资金	市场化筹集债转股资金，包括可用于股本投资的资金、受托管理的资金、中介机构费用等，鼓励实施机构依法依规面向社会投资者募集资金，支持符合条件的实施机构发行专项用于市场化债转股的金融债券，探索发行用于市场化债转股的企业债券，并适当简化审批程序。
规范履行股权变更等相关程序	进行公司设立或股东变更、董事会重组等，完成工商注册登记或变更登记手续，涉及上市公司增发股份的应履行证券监管部门规定的相关程序。
依法依规落实和保护股东权利	加强债转股企业的法人治理结构设计，保障实施机构享有参与公司治理和企业重大经营决策权利。
采取多种市场化方式实现股权退出	提前设计股权退出机制，可与企业协商确定所持股权的退出方式。

六、部分资产来自上市公司

随着上市公司的日渐增多，上市公司与非上市公司之间的资产处置行为也多有发生。如果发行人的资产部分来自于上市公司，中介机构核查应重点关注以下方面。

（1）发行人取得上市公司资产的背景、所履行的决策程序、审批程序与信息披露情况，是否符合法律法规、交易双方公司章程以及证监会和证券交易所有关上市公司监管和信息披露要求，是否存在争议或潜在纠纷。

（2）发行人及其关联方的董事、监事和高级管理人员在上市公司及其控制公司的历史任职情况及合法合规性，是否存在违反竞业禁止义务的情形；上述资产转让时，发行人的董事、监事和高级管理人员在上市公司的任职情况，与上市公司及其董事、监事和高级管理人员是否存在亲属及其他密切关系。如存在上述关系，在相关决策程序履行过程中，上述人员是否回避表决或采取保护非关联股东利益的有效措施。

（3）资产转让完成后，发行人及其关联方与上市公司之间是否就上述转让资产存在纠纷或诉讼。

（4）发行人及其关联方的董事、监事、高级管理人员以及上市公司在转让上述资产时是否存在损害上市公司及其中小投资者合法利益的情形。

（5）发行人来自于上市公司的资产置入发行人的时间，在发行人资产中的占比情况，对发行人生产经营的作用。

（6）境外上市公司在境内分拆子公司上市，是否符合境外监管的相关规定。[1]

---

[1] 参见《首发业务若干问题解答（一）》问题8。

第二节 股　　东

一、不适格股东

股东是公司存在的基础,是公司的核心要素之一。从一般意义上说,股东是指持有公司股份或向公司出资者,但并不是所有的主体都可以成为公司股东。

(一)不适格的自然人股东

并非所有自然人均可作为股东参与投资,关于不适格自然人股东的法律法规规定如表3-20所示。

表3-20　自然人投资限制法律法规规定表

不适格的自然人股东	文件名称	限制内容
公务员和参照公务员管理的工作人员	《中华人民共和国公务员法》	不得从事或者参与营利性活动,不得在企业或者其他营利性组织中兼任职务。
县以上党和国家机关、各种协会、学会等群众组织的退(离)休干部	《关于县以上党和国家机关退(离)休干部经商办企业问题的若干规定》	不得兴办商业性企业,不得到这类企业任职。
党政机关以及隶属这些机关编制序列的事业单位的干部和职工,包括退居二线的干部	《关于严禁党政机关和党政干部经商、办企业的决定》《关于进一步制止党政机关和党政干部经商、办企业的规定》《中国共产党党员领导干部廉洁从政若干准则》	一律不准经商、办企业。
直属高校党员领导干部	《关于印发〈直属高校党员领导干部廉洁自律"十不准"〉的通知》	不准以本人或者借他人名义经商、办企业。
省(部)、地(厅)级领导干部的配偶、子女	《关于"不准在领导干部管辖的业务范围内个人从事可能与公共利益发生冲突的经商办企业活动"的解释》《关于省、地两级党委、政府主要领导干部配偶、子女个人经商办企业的具体规定(试行)》	不准在领导干部管辖的业务范围内从事可能与公共利益发生冲突的经商办企业活动。

（续表）

不适格的自然人股东	文件名称	限制内容
国有企业领导人员和参照国有企业领导人员管理的人员	《国有企业领导人员廉洁从业若干规定》	个人不得从事营利性经营活动和有偿中介活动，或者在本企业的同类经营企业、关联企业和与本企业有业务关系的企业投资入股。
		离职或者退休后3年内，在与原任职企业有业务关系的私营企业、外资企业和中介机构担任职务、投资入股。
国有企业领导人员的配偶、子女及其他特定关系人		不得在本企业的关联企业、与本企业有业务关系的企业投资入股。
中央企业各级领导人员	《中央企业贯彻落实〈国有企业领导人员廉洁从业若干规定〉实施办法》	不得从事同类经营和其他营利性经营活动，违反规定投资入股。
国有企业的职工、管理人员	《关于规范国有企业职工持股、投资的意见》	严格限制持股范围、任职范围，原则上限于持有本企业股权，不得持有辅业企业股权等。
无民事行为能力人和限制民事行为能力人	《关于未成年人能否成为公司股东问题的答复》	未成年人可以成为公司股东，其股东权利可以由法定代理人代为行使。
现役军人	《中国人民解放军内务条令（试行）》《中国人民解放军纪律条令（试行）》	军人不得经商，不得从事本职以外的其他职业和网络营销、传销、有偿中介活动，不得参与以营利为目的的文艺演出、商业广告、企业形象代言和教学活动，不得利用工作时间和办公设备从事证券期货交易、购买彩票，不得擅自提供军人肖像用于制作商品。参与经商或者逃税漏税，情节较轻的，给予警告、严重警告处分；情节较重的，给予记过、记大过处分；情节严重的，给予降职（级）、降衔（级）、撤职处分。

(续表)

不适格的自然人股东	文件名称	限制内容
证券市场禁入人员	—	不得参与二级市场股票买卖(在 IPO 前必须完成清理)。
银行工作人员	—	从业人员不得从事与本机构有利害关系的第二职业。此外目前没有统一的明文规定禁止银行工作人员投资其他企业,但各商业银行可能存在对其员工的限制性规定。
证券从业人员	《证券法》	在任期或者法定限期内,不得直接或者以化名、借他人名义持有、买卖股票,也不得收受他人赠送的股票。 任何人在成为前款所列人员时,其原已持有的股票,必须依法转让。

(二)不适格的法人股东

法人亦非均能作为股东,关于不适格法人股东的法律法规规定如表 3-21 所示。

表 3-21　不适格的法人股东法律法规规定表

不适格的法人股东	文件名称	限制内容
自然人投资设立的一人有限责任公司	《公司法》	一个自然人只能投资设立一个一人有限责任公司。该一人有限责任公司不能投资设立新的一人有限责任公司。
分公司	—	有限责任公司或股份有限公司可以对公司制企业、集团所有制企业投资,但其所设立的分公司不能对外投资。
上市公司(分拆上市的情况)	—	政策几经变化,法规层面仍无明确规定。对于境内上市公司分拆上市,从保代培训传递的信息来看,由于目前对分拆上市争议很大,操作性并不强,即使发行人不是由上市公司控股,而是由上市公司实际控制人控制的,证监会也需要从严把握。 境外上市公司分拆业务到 A 股上市正逐步放开。

(续表)

不适格的法人股东	文件名称	限制内容
被吊销营业执照的企业	—	拟上市企业申报前其股东的股权必须不存在任何权属纠纷和潜在纠纷或不确定性,因此,被吊销营业执照的企业需将股权转给他人,以保证股权权属的确定性。
商业银行	《中华人民共和国商业银行法》	商业银行原则上不得成为非银行金融机构和企业的股东,但国家另有规定的除外,如商业银行依司法判决或因行使抵押权、质权而取得股权的,不属于主动投资行为,属于抵债资产。商业银行须根据相关规定履行抵债资产的清理、变现程序,如可先由具备企业法人资格的商业银行承接股权,并办理变更登记,但应按照《中华人民共和国商业银行法》第42条的规定,在两年内将所承接的股权予以处分,并在企业章程中作出特别规定。
职工持股会及工会	中国证券监督管理委员会法律部《关于职工持股会及工会持股有关问题的法律意见》	各地民政部门暂不对企业内部职工持股会进行社团法人登记。 对拟上市公司而言,受理其发行申请时,应要求发行人的股东不属于职工持股会及工会持股,同时,应要求发行人的实际控制人不属于职工持股会及工会持股。
机关法人	—	国家立法机关、行政机关、司法机关和军事机关原则上禁止投资公司成为股东。 例外:国有独资公司是国家授权投资的机构,或者是国家授权的部门单独投资设立的有限责任公司。根据我国国有资产"统一所有、分级管理"的管理体制,国务院代表国家对国有资产统一所有,但各部门及各地方分级对国有资产行使经营管理权。从这一角度理解,虽然国家本身及一般的机关法人不能作为投资主体,但经国家授权的机构或部门可以作为股权投资的适格主体,如国有资产管理局等。

(续表)

不适格的法人股东	文件名称	限制内容
事业单位	—	具有社会公益性的事业单位法人,如高校、图书馆等,一般禁止兴办企业,按中央和地方各级政府的具体规定办理。 党政机关所属具有行政管理和执法监督职能的事业单位,以及党政机关各部门所办后勤性、保障性经济实体和培训中心,不得投资兴办企业。
社会团体法人	—	社会团体自身不得从事经营活动,但社会团体具备法人资格的,可以作为公司股东或投资开办企业法人,但依照中共中央、国务院的规定不得经商办企业的除外。如党政机关主办的社会团体不得投资兴办企业。 工会经区、县以上工会组织批准后可以投资设立公司。 共青团、妇联、侨联、工商联可以投资设立公司或非公司企业法人,不得设立非法人企业。

(三) 不能成为发行上市公司股东的主体

如果不考虑上市,以下主体对外投资成立公司,并无禁止性法律规定,但从上市的角度则不合格,必须进行规范、清理。可能形成上市障碍的股东情况见表3-22。

表3-22 可能形成上市障碍的股东分析表

持股主体	法律障碍(清理原因)
股东人数超过200人	《证券法》第10条第2款规定:"有下列情形之一的,为公开发行:……(二)向特定对象发行证券累计超过二百人的……"
代持	代持问题产生的原因主要有以下方面: (1)规避《公司法》规定的股东人数有限责任公司为50人以下、股份有限公司为200人以下的规定。 (2)股权激励未最终行权。 (3)产权界定时没有具体到个人。 (4)委托他方受让股权。 《公司注册资本登记管理规定》第8条规定:"股东或者发起人应当以自己的名义出资。"同时考虑到股权清晰等要求,代持为上市审核所不允许。
信托持股	《首次公开发行股票并上市管理办法》第13条规定:"发行人的股权清晰……"

对于上述从上市审核角度看不规范的持股情况,按照目前的审核政策,必须在申请上市前进行清理、规范。根据有关法律规定和存在类似情况的已过会公司的操作实践,总结出如下基本步骤和操作要点:

(1)确权。确权,即清查股权来源、形成过程和转让变化过程并最终确定真正的权利主体,此为下一步规范的基础和消除争议隐患的前提。在股权来源和形成过程方面,相对简单的主要有如下几种情况:股权激励由控股股东等代持、规避股东200人以下问题、委托他人代为投资等情况;相对复杂的是国有或集体产权量化给个人,特别是此种量化没有直接具体到个人但实际已经分配给个人的情况。

(2)规范。在清晰确权的基础上,按照个案的实际情况进行规范,对于代持、规避股东200人以下等情况,主要是通过确权书、股权转让、股权赠与等形式将真实的股东"浮现"出来,成为显名股东。对于信托持股,首先解除信托协议,然后再进行进一步的相应规范。

(3)确权和规范的操作要点:

①确权的依据问题。据以确权的证据文件一般都没有在工商登记资料中体现或者没有完全体现,因此需要慎重查证当时的代持协议、投资协议、股权激励办法和名单等各类文件,注意审查其形式的合法性和设定法律权利的真实性,区别委托投资和借款,从出资方、真实合意、股东权利行使方式等方面进行"谁是股东"的实质性判断;对于涉及国有资产和集体资产的,要取得主管部门的初始确权文件。

②历史变动情况和政府兜底问题。要充分关注和核查上述股权的历史变动情况,并根据交易的真实性和双方的本意确定现在有效的持股股东和持股份额;如涉及国有资产和集体资产,取得省级主管部门的最终确认文件,确认涉案股权的来源、变动的过程、现在的状态及规范结果的合法有效。

③规范的具体方式。要根据个案中权利的本质确定,不能一概以"股权转让"方式规范,比如对于代持中的隐名股东,就不宜采取股权转让、股权赠与等方式进行规范,而是应直接办理工商变更登记。

总的说来,如果想使真实的股东"浮现"出来,成为形式上合规的显名股东,应使用直接确权或者"形式为股权转让,实为还原"的方式操作;如果想将一部分股东清理出去,将股权集中到少数人手里,则因为发生了股权转让而必须签署相应的合同并履行股东会决议、工商变更登记等程序;工会持股、职工持股会的股权一般也是通过股权转让的方式由个人或者持股公司承接,此时还要关注职工持股会收到股权转让款项后的分配和支付是否符合公司章程和类似的约定。

④如果采取股权转让的方式进行规范,应特别注意转让双方的真实意思表示(包括但不限于股权转让协议本身、股权受让款是否收到等方面),原则上要取得每一位涉案股东或者职工的书面认可。

⑤不论使用何种方式规范,转让价格应该公允合理。一方面,应该以评估价为准。但是,考虑到股份取得的价格、形成的历史原因等,按照审计净资产价格甚至初始价格也未尝不可,关键在于本质上公允合理即可。另一方面,要绝对避免强迫部分职工退出又不给合理补偿的现象。如果涉及国有资产,则相应的审批、评估、挂牌手续也应依法办理。转让款项最好能通过银行,以便留下可信凭证。

⑥在规范过程中,要注意符合《公司法》和有关主体的章程、管理公约等文件的约定。

⑦如有可能,最好请公证机关公证规范过程的关键环节;中介机构应进行尽职访谈;需要和每一位相关股东进行书面确认,确保其真实性和合法性。如果人数众多,难以逐一查询,应至少确保查询人数在90%以上。对于确实无法找到的个别人,可以依照已知信息处理,然后由控股股东作出或有负债承诺。

⑧如果此类不规范情况是由控股股东的原因导致的,控股股东应出具承诺,对历史上的不规范和未来可能发生的争议承担全部责任。

二、股份锁定和减持限制问题

1. 股份锁定

所谓股份锁定,是指在特定期间内股东不得转让股份。从公司是否为上市公司的角度,可以将股份锁定分为一般股份有限公司的股份锁定和上市公司的股份锁定,后者还可以分为《公司法》的基本锁定和各种上市、交易规则所确定的股份锁定。从锁定的力度角度,可以将股份锁定分为禁止转让和限制转让。

2. 减持限制

所谓"减持限制"是监管部门为了维护二级市场的稳定而实施的一项政策。2016年1月,证监会发布了《上市公司大股东、董监高减持股份的若干规定》、上海证券交易所发布了《关于落实〈上市公司大股东、董监高减持股份的若干规定〉相关事项的通知》、深圳证券交易所发布了《关于落实〈上市公司大股东、董监高减持股份的若干规定〉相关事项的通知》(以下统称"原规则",三个文件目前均已失效)。随着市场情况的不断变化,原规则暴露出一些问题,比如,上市公司股东和相关主体利用"高送转"推高股价配合减持,利用大宗交易规则空白过桥减持,部分股东进行"清仓式"减持,董事、监事、高级管理人员通过辞职来实施减持等。

为了进一步完善"减持"的相关规则和制度,2017年5月,证监会、上海证券交易所、深圳证券交易所分别发布了《上市公司股东、董监高减持股份的若干规定》《上海证券交易所上市公司股东及董事、监事、高级管理人员减持股份实施细则》《深圳证券交易所上市公司股东及董事、监事、高级管理人员减持股份实施细则》以及配套问答(以下统称"新规则")等,对相关主体股份减持作了进一步的规定。

表 3-23 股份锁定分类清理表

适用范围	锁定对象	锁定依据	锁定期限	限制类型
主板、中小板、创业板均适用的规定	股份公司发起人	《公司法》第 141 条第 1 款	发起人持有的本公司股份，自公司成立之日起 1 年内不得转让。公司公开发行股份前已发行的股份，自公司股票在证券交易所上市交易之日起 1 年内不得转让。	禁止转让
	控股股东和实际控制人	《上海证券交易所股票上市规则》《深圳证券交易所股票上市规则》《深圳证券交易所创业板股票上市规则》	自发行人股票上市之日起 36 个月内，不转让或者委托他人管理其直接或间接持有的发行人公开发行股票前已发行的股份，也不由发行人回购该部分股份。	禁止转让
	上市公司董事、监事和高级管理人员	《公司法》第 141 条第 2 款	公司董事、监事、高级管理人员应当向公司申报所持有的本公司的股份及其变动情况，在任职期间每年转让的股份不得超过其所持有本公司股份总数的 25%。公司董事、监事、高级管理人员所持本公司股份自公司股票上市交易之日起 1 年内不得转让。公司董事、监事、高级管理人员离职后半年内，不得转让其所持有的本公司股份。公司章程可以对公司董事、监事、高级管理人员转让其所持有的本公司股份作出其他限制性规定。	限制转让 / 禁止转让
		《上市公司董事、监事和高级管理人员所持本公司股份及其变动管理规则》第 4 条	上市公司股票上市交易之日起 1 年内； (1) 本公司股票上市交易之日起 1 年内； (2) 董事、监事和高级管理人员离职后半年内； (3) 董事、监事和高级管理人员承诺一定期限内不转让并在该期限内的； (4) 法律、法规，中国证监会和证券交易所规定的其他情形。	禁止转让

（续表）

适用范围	锁定对象	锁定依据	锁定期限	限制类型
		《上市公司董事、监事和高级管理人员所持本公司股份变动管理规则》第5条	上市公司董事、监事和高级管理人员在任职期间，每年通过集中竞价交易、大宗交易、协议转让等方式转让本公司股份不得超过其所持本公司股份总数的25%，因司法强制执行、继承、遗赠、依法分割财产等导致高级管理人员所持股份变动的除外。上市公司董事、监事和高级管理人员所持股份不超过1 000股的，可一次全部转让，不受前述转让比例的限制。	限制转让
		《上市公司董事、监事和高级管理人员所持本公司股份变动管理规则》第13条	上市公司董事、监事和高级管理人员在下列期间不得买卖本公司股票： (1) 上市公司定期报告公告前30日内； (2) 上市公司业绩预告、业绩快报公告前10日内； (3) 自可能对本公司股票交易价格产生重大影响的重大事项发生之日或在决策过程中，至依法披露后两个交易日内； (4) 证券交易所规定的其他期间。	禁止买卖
		深圳证券交易所《中小企业板上市公司规范运作指引》第3.8.8条第2、3款	上市已满1年公司的董事、监事、高级管理人员证券账户内通过二级市场购买、可转债转股、协议受让股份、行权等方式新增的本公司无限售条件的股份，按75%自动锁定；新增有限售条件的股份，计入本次可转让股份的计算基数。 上市未满1年公司的董事、监事、高级管理人员证券账户内新增的本公司股份，按100%自动锁定。	限制转让

(续表)

适用范围	锁定对象	锁定依据	锁定期限	限制类型
主板特别规定	上市公司董事、监事、高级管理人员，持股5%以上的股东	《证券法》第47条第1款	上市公司董事、监事、高级管理人员，持有上市公司股份5%以上的股东，将其持有的该公司的股票在买入后6个月内卖出，或者在卖出后6个月内又买入，由此所得收益归该公司所有，公司董事会应当收回其所得收益。但是，证券公司因包销购入售后剩余股票而持有5%以上股份的，卖出该股票不受6个月时间限制。	限制收益
	股东	窗口指导（个案处理）	利润分配和资本公积形成的新增股份与原股份的锁定期相同。	—
	中介机构人员	《证券法》第45条	为股票发行出具审计报告、资产评估报告或者法律意见书等文件的证券服务机构和人员，在该股票承销期内和期满后6个月内，不得买卖该种股票。除前款规定外，为上市公司出具审计报告、资产评估报告或者法律意见书等文件的证券服务机构和人员，自接受上市公司委托之日起至上述文件公开之日起5日内，不得买卖该种股票。	禁止转让
	外国投资者	《外国投资者对上市公司战略投资管理办法》第5条第（三）项	取得的上市公司A股股份3年内不得转让。	禁止转让
	新进股东	窗口指导（个案处理）	招股说明书正式披露前12个月内进行过增资扩股，转、送红股的，该股权自工商变更登记之日起锁定36个月。	禁止转让
			招股说明书正式披露前12个月内从控股股东、实际控制人及其关联方处受让的股份，自工商变更登记之日起锁定36个月。	禁止转让

(续表)

适用范围	锁定对象	锁定依据	锁定期限	限制类型
中小板特别规定	上市公司董事、监事和高级管理人员	深圳证券交易所《中小企业板上市公司规范运作指引》第3.8.3条	上市公司董事、监事和高级管理人员在申报离任6个月后的12个月内通过证券交易所挂牌交易出售本公司股票数量占其所持有本公司股票总数的比例不得超过50%。	限制转让
	上市公司董事、监事、高级管理人员、证券事务代表及前述人员的配偶以及上市公司控股股东、实际控制人	深圳证券交易所《中小企业板上市公司规范运作指引》第3.8.17条第1款、第4.2.21条	上市公司董事、监事、高级管理人员、证券事务代表及其衍生品种，不得买卖本公司股票及其衍生品种： (1) 公司定期报告公告前30日内，因特殊原因推迟定期报告公告日期的，自原预约公告日前30日起算，至公告前一日； (2) 公司业绩预告、业绩快报公告前10日内； (3) 自可能对本公司股票及其衍生品种交易价格产生较大影响的重大事件发生之日或者进入决策程序之日起，至依法披露后两个交易日内； (4) 中国证监会及本所规定的其他期间。 控股股东、实际控制人在下列期间不得买卖上市公司股份： (1) 公司年度报告公告前30日内，因特殊原因推迟年度报告公告日期的，自原预约公告日前30日起算，至公告前一日； (2) 公司业绩报告、业绩快报公告前10日内； (3) 自可能影响对公司股票及其衍生交易价格产生大影响的重大事件发生之日或者进入决策程序之日起，至依法披露后两个交易日内； (4) 中国证监会及本所认定的其他期间。	禁止买卖

(续表)

适用范围	锁定对象	锁定依据	锁定期限	限制类型
	新进股东	窗口指导（个案处理）	刊登招股说明书之日前12个月内增资扩股进入的股东，该等增资部分的股份自完成增资工商变更登记之日起锁定36个月。	禁止转让
		窗口指导（个案处理）	刊登招股说明书之日前12个月内控股股东、实际控制人及其关联方转让股权的，新进股东的股份自上市之日起应锁定36个月。刊登招股说明书之日前12个月之前受让老股进入的股东，不受前述36个月锁定期的限制。	禁止转让
	控股股东的关联方	窗口指导（个案处理）	（1）控股股东的关联方的股份，自上市之日起锁定3年；（2）不能确定控股股东的，按股份多少排列锁定不低于51%的股份，锁定3年。	禁止转让
		窗口指导（个案处理）	离职后1年内转让不超过其直接持有的本公司股份的50%。	限制转让
创业板特别规定	上市公司董事、监事和高级管理人员	窗口指导（个案处理）	（1）申请受理前6个月增资的股份，自工商登记日起锁定36个月；（2）申请受理前6个月从控股股东、实际控制人及其关联方处受让的股份，自上市之日起锁定36个月；（3）申请受理前6个月从非控股股东、实际控制人及其关联方处受让的股份，自上市之日起锁定1年；（4）申请受理前6个月内送股、转增形成的股份，锁定期同原股份。	禁止转让

(1) 适用范围。股份减持新规则扩大了适用范围,在规范大股东(即控股股东或持股5%以上的股东)和董事、监事、高级管理人员减持行为的基础上,将持有上市公司股份不到5%的特定股东的行为也纳入监管范围。

表3-24 减持股份新规则适用范围表

新规则具体内容
《上市公司股东、董监高减持股份的若干规定》第2条规定:上市公司控股股东和持股5%以上股东(以下统称大股东)、董监高减持股份,以及股东减持其持有的公司首次公开发行前发行的股份、上市公司非公开发行的股份,适用本规定。大股东减持其通过证券交易所集中竞价交易买入的上市公司股份,不适用本规定。
《上海证券交易所上市公司股东及董事、监事、高级管理人员减持股份实施细则》第2条规定:本细则适用于下列减持行为:(一)大股东减持,即上市公司控股股东、持股5%以上的股东(以下统称大股东),减持所持有的股份,但其减持通过集中竞价交易取得的股份除外;(二)特定股东减持,即大股东以外的股东,减持所持有的公司首次公开发行前股份、上市公司非公开发行股份(以下统称特定股份);(三)董监高减持所持有的股份。因司法强制执行、执行股权质押协议、赠与、可交换公司债券换股、股票收益互换等方式取得股份的减持,适用本细则。特定股份在解除限售前发生非交易过户,受让方后续对该部分股份的减持,适用本细则。
《深圳证券交易所上市公司股东及董事、监事、高级管理人员减持股份实施细则》第2条规定:本细则适用于下列减持行为:(一)大股东减持,即上市公司控股股东、持股5%以上的股东(以下统称大股东)减持其持有的股份,但其减持通过集中竞价交易取得的股份除外;(二)特定股东减持,即大股东以外持有公司首次公开发行前股份、上市公司非公开发行股份(以下统称特定股份)的股东(以下简称特定股东),减持其持有的该等股份;(三)董监高减持其持有的股份。因司法强制执行、执行股权质押协议、赠与、可交换债换股、股票权益互换等减持股份的,适用本细则。特定股份在解除限售前发生非交易过户,受让方后续对该部分股份的减持,适用本细则。

(2)减持新规则的具体内容:

①采取集中竞价方式减持。根据《上海证券交易所上市公司股东及董事、监事、高级管理人员减持股份实施细则》第4条及《深圳证券交易所上市公司股东及董事、监事、高级管理人员减持股份实施细则》第4条的规定,大股东减持或者特定股东减持,采取集中竞价交易方式的,在任意连续90个自然日内,减持股份的总数不得超过公司股份总数的1%。股东通过集中竞价交易减持上市公司非公开发行股份的,除遵守前款规定外,在股份限制转让期间届满后12个月内,减持数量不得超过其持有的该次非公开发行股份的50%。

②采取大宗交易方式减持。根据《上海证券交易所上市公司股东及董事、监事、高级管理人员减持股份实施细则》第5条第1、3款及《深圳证券交易所上市公司股东及董事、监事、高级管理人员减持股份实施细则》第5条第1、2款的规定,大股东减持或者特定股东减持,采取大宗交易方式的,在任意连续90个自然日内,减

持股份的总数不得超过公司股份总数的2%。受让方在受让后6个月内,不得转让其受让的股份。

③采取协议转让方式减持。根据《上海证券交易所上市公司股东及董事、监事、高级管理人员减持股份实施细则》第6条及《深圳证券交易所上市公司股东及董事、监事、高级管理人员减持股份实施细则》第6条的规定,大股东减持或者特定股东减持,采取协议转让方式的,单个受让方的受让比例不得低于公司股份总数的5%,转让价格下限比照大宗交易的规定执行,法律、行政法规、部门规章、规范性文件及本所业务规则另有规定的除外。大股东减持采取协议转让方式,减持后不再具有大股东身份的,出让方、受让方在6个月内应当继续遵守任意连续90个自然日内,减持股份的总数不得超过公司股份总数的1%的规定,还应当继续遵守信息披露的规定。特定股东减持采取协议转让方式,出让方、受让方在6个月内应当继续遵守任意连续90个自然日内,减持股份的总数不得超过公司股份总数的1%的规定。

④董事、监事、高级管理人员减持。根据《上海证券交易所上市公司股东及董事、监事、高级管理人员减持股份实施细则》第12条及《深圳证券交易所上市公司股东及董事、监事、高级管理人员减持股份实施细则》第12条的规定,董事、监事、高级管理人员在任期届满前离职的,应当在其就任时确定的任期内和任期届满后6个月内,遵守下列限制性规定:第一,每年转让的股份不得超过其所持有本公司股份总数的25%;第二,离职后半年内,不得转让其所持本公司股份;第三,法律、行政法规、部门规章、规范性文件以及本所业务规则对董事、监事、高级管理人员股份转让的其他规定。

⑤不得减持的相关规定。《上海证券交易所上市公司股东及董事、监事、高级管理人员减持股份实施细则》及《深圳证券交易所上市公司股东及董事、监事、高级管理人员减持股份实施细则》规定了不得减持的情形,见表3-25。

表3-25 不得减持股份情况表

主体	《深圳证券交易所上市公司股东及董事、监事、高级管理人员减持股份实施细则》	《上海证券交易所上市公司股东及董事、监事、高级管理人员减持股份实施细则》
大股东	(1)上市公司或者大股东因涉嫌证券期货违法犯罪,在被中国证监会立案调查或者被司法机关立案侦查期间,以及在行政处罚决定、刑事判决作出之后未满6个月的。 (2)大股东因违反证券交易所业务规则,被证券交易所公开谴责未满3个月的; (3)法律、行政法规、部门规章、规范性文件以及本所业务规则规定的其他情形。	(1)上市公司或者大股东因涉嫌证券期货违法犯罪,在被中国证监会立案调查或者被司法机关立案侦查期间,以及在行政处罚决定、刑事判决作出之后未满6个月的。 (2)大股东因违反本所业务规则,被本所公开谴责未满3个月的。 (3)法律、行政法规、部门规章、规范性文件以及本所业务规则规定的其他情形。

（续表）

主体	《深圳证券交易所上市公司股东及董事、监事、高级管理人员减持股份实施细则》	《上海证券交易所上市公司股东及董事、监事、高级管理人员减持股份实施细则》
董事、监事、高级管理人员	（1）上市公司因欺诈发行或者因重大信息披露违法受到中国证监会行政处罚。 （2）上市公司因涉嫌欺诈发行罪或者因涉嫌违规披露、不披露重要信息罪被依法移送公安机关（以上一致行动人亦应当遵守，自相关决定作出之日起至公司股票终止上市或者恢复上市前不得减持其持有的公司股份）。 （3）董事、监事、高级管理人员因涉嫌证券期货违法犯罪，在被中国证监会立案调查或者被司法机关立案侦查期间，以及在行政处罚决定、刑事判决作出之后未满6个月的。 （4）董事、监事、高级管理人员因违反证券交易所业务规则，被证券交易所公开谴责未满3个月的。 （5）法律、行政法规、部门规章、规范性文件以及本所业务规则规定的其他情形。	上市公司存在下列情形[（1）至（3）]之一，触及退市风险警示标准的，自相关决定作出之日起至公司股票终止上市或者恢复上市前，董事、监事、高级管理人员及其一致行动人不得减持所持有的公司股份： （1）上市公司因欺诈发行或者因重大信息披露违法受到中国证监会行政处罚。 （2）上市公司因涉嫌欺诈发行罪或者因涉嫌违规披露、不披露重要信息罪被依法移送公安机关。 （3）其他重大违法退市情形。 （4）董事、监事、高级管理人员因涉嫌证券期货违法犯罪，在被中国证监会立案调查或者被司法机关立案侦查期间，以及在行政处罚决定、刑事判决作出之后未满6个月的。 （5）董事、监事、高级管理人员因违反本所业务规则，被本所公开谴责未满3个月的。 （6）法律、行政法规、部门规章、规范性文件以及本所业务规则规定的其他情形。

（3）信息披露要求。减持新规则要求大股东、董事、监事、高级管理人员应当通过向交易所报告并公告的方式，事前披露减持计划，事中披露减持进展，事后披露减持完成情况。

三、申报前后引入新股东

发行人申报前后新增股东的，在进行核查、信息披露以及股份锁定方面应注意以下方面：

1. 申报前新增股东

对IPO前通过增资或股权转让产生的股东，保荐机构、发行人律师应主要考察申报前一年新增的股东，全面核查发行人新股东的基本情况、产生新股东的原因、股权转让或增资的价格及定价依据，有关股权变动是否为双方真实意思表示，是否存在争议或潜在纠纷，新股东与发行人其他股东、董事、监事、高级管理人员、本次发行中介机构负责人及其签字人员是否存在亲属关系、关联关系、委托持股、信托持股或其他利益输送安排，新股东是否具备法律、法规规定的股东资格。发行人在招股说明书信息披露时，除满足招股说明书信息披露准则的要求外，如新股东为法人,应披露其股权结构及实际控制人;如为自然人,应披露其基本信息;如为合伙企业,应披露合伙企业的基本情况及普通合伙人的基本信息。最近一年末资产负债表日后增资扩股引入新股东的,申报前须增加一期审计。

股份锁定方面,申报前6个月内进行增资扩股的,新增股份的持有人应当承诺:新增股份自发行人完成增资扩股工商变更登记手续之日起锁定3年。在申报前6个月内从控股股东或实际控制人处受让的股份,应比照控股股东或实际控制人所持股份进行锁定。

2.申报后新增股东

申报后,通过增资或股权转让产生新股东的,原则上发行人应当撤回发行申请,重新申报。但股权变动未造成实际控制人变更,未对发行人股权结构的稳定性和持续盈利能力造成不利影响,且符合下列情形的除外:新股东产生系因继承、离婚、执行法院判决或仲裁裁决、执行国家法规政策要求或由省级及以上人民政府主导,且新股东承诺其所持股份上市后36个月之内不转让、不上市交易(继承、离婚原因除外)。在核查和信息披露方面,发行人申报后产生新股东且符合上述要求无需重新申报的,应比照申报前一年新增股东的核查和信息披露要求处理。除此之外,保荐机构和发行人律师还应对股权转让事项是否造成发行人实际控制人变更,是否对发行人股权结构的稳定性和持续盈利能力造成不利影响进行核查并发表意见。[1]

四、股权质押、冻结或发生诉讼

发行人申报前或在审核期间,如果出现股东股权质押、冻结或发生诉讼仲裁等不确定性事项的,在进行核查和信息披露时应注意以下事项:

发行条件要求发行人的控制权应当保持稳定。对于控股股东、实际控制人持有的发行人股权出现质押、冻结或诉讼仲裁的,发行人应当按照招股说明书准则要求予以充分披露;保荐机构、发行人律师应当充分核查发生上述情形的原因,相关股权比例,质权人、申请人或其他利益相关方的基本情况,约定的质权实现情形,控股股东、实际控制人的财务状况和清偿能力,以及是否存在股份被强制处分的可能性、是否存在影响发行人控制权稳定的情形等。对于被冻结或诉讼纠纷的股权达到一定比例或被质押的股权达到一定比例且控股股东、实际控制人明显不具备清偿能力,导致发行人控制权存在不确定性的,保荐机构及发行人律师应充分论证,并就是否符合发行条件审慎发表意见。

对于发行人的董事、监事及高级管理人员所持股份发生被质押、冻结或发生诉讼纠纷等情形的,发行人应当按照招股说明书准则的要求予以充分披露,并向投资者揭示风险。[2]

---

[1] 参见《首发业务若干问题解答(一)》问题4。
[2] 参见《首发业务若干问题解答(一)》问题9。

五、法律对股东资格的认定标准

当股东名册、公司章程和工商登记文件中记载的股东不一致时,需要对股东资格进行认定。在进行股权规范清理过程中,更需要根据实际情况和《公司法》的规定认定真正的股东。

判断当事人是否具备股东资格需要综合考虑以下因素:①签署公司章程并在公司章程中记载为股东;②股东名册中的记载;③工商登记文件中的记载;④履行出资义务;⑤出资证明书;⑥实际行使股东权利;⑦股东之间的合意,包括其他股东对代持股东的认可和知晓情况;⑧显名股东与隐名股东之间的特别约定和这些特别约定的公示范围。

《公司法》第32条第2款规定:记载于股东名册的股东,可以依股东名册主张行使股东权利。这一规定赋予股东名册在股东资格确认中的优先效力。一般情况下,主要以工商登记文件和股东名册为股东资格的主要认定依据,但在实务中,绝大部分公司并未设置股东名册,也没有向股东出具出资证明书。股东名册虽然是《公司法》明确要求公司必须置备的法律文件,但目前很多中小企业事实上并未置备,加之《公司法》对股东名册的产生、保管、变更并无严格的形式要件要求,使股东名册无法起到在公司内部证明股东资格的作用。在此情况下,需要本着实事求是的精神,综合考虑上述八个方面的因素,即可得出符合实际的结论。

六、外商投资企业改制上市相关问题

(一)外商投资企业改制上市的法律规定

有关外商投资企业改制上市的法律规定总结如下(见表3-26)。

表3-26 外商投资企业改制上市规定表

文件名称	文号	发布日期	内容
《中华人民共和国外商投资法》	中华人民共和国主席令第26号	2019年3月15日	以法律的形式对中国鼓励外商投资的政策以及目前外商投资领域的基本监管制度及原则进行明确。其规定的内容主要包括主体对象、行为对象、国务院商务主管部门与投资主管部门双线监管模式、准入前国民待遇加负面清单管理制度、安全审查制度、信息报告制度等。同时明确了外商投资企业可以依法通过公开发行股票、公司债券等证券和其他方式进行融资的权利。

（续表）

文件名称	文号	发布日期	内容
《外商投资企业设立及变更备案管理暂行办法》（2018年修正）	商务部令2016年第3号	2016年10月8日	规定了外商投资企业设立及变更（不涉及国家规定实施准入特别管理措施）的备案管理程序。
《自由贸易试验区外商投资准入特别管理措施（负面清单）（2019年版）》	发改委、商务部令第26号	2019年6月30日	规定了自由贸易试验区各产业外商投资准入方面的特别管理措施。
《鼓励外商投资产业目录（2019年版）》	发改委、商务部令第27号	2019年6月30日	规定了全国鼓励外商投资产业的范围和中西部地区外商投资优势产业的范围。
《外商投资准入特别管理措施（负面清单）（2019年版）》	发改委、商务部令第25号	2019年6月30日	统一列出股权要求、高级管理人员要求等外商投资准入方面的特别管理措施。
商务部《关于下放外商投资审批权限有关问题的通知》	商资发〔2010〕209号	2010年6月10日	规定了外商投资股份有限公司的限额按注册资本计，改制为外商投资股份有限公司的限额按评估后的净资产值计，外国投资者并购境内企业的限额按并购交易额计。
商务部外资司《关于下发〈外商投资准入管理指引手册〉（2008年版）的通知》	商资服字〔2008〕530号	2008年12月18日	对外商投资股份公司、商业等部分服务业外资准入行政许可的审批部门、申报程序、申报材料、审批时限等进行分类介绍。
商务部《关于下放外商投资股份公司、企业变更、审批事项的通知》	商资函〔2008〕50号	2008年8月5日	明确规定了外商投资企业的审批机关。
商务部《关于外商投资股份有限公司非上市外资股转B股流通有关问题的通知》	商资函〔2008〕59号	2008年7月30日	规定了外商投资股份有限公司非上市外资股转B股流通的条件、程序等问题。

(续表)

文件名称	文号	发布日期	内容
商务部《关于委托审批部分外商投资企业变更事项》	商务部公告2007第11号	2007年2月27日	对经商务部批准的已设立外商投资股份有限公司(不包括上市公司),委托企业所在地省级商务主管部门负责审批其变更事项(不包括公司为上市进行的变更事项),由省级人民政府换发外商投资企业批准证书,并在批复换证的同时向商务部备案。
中国证券监督管理委员会关于《公开发行证券的公司信息披露编报规则第17号——外商投资股份有限公司招股说明书内容与格式特别规定》的通知	证监发〔2002〕17号	2002年3月19日	对拟公开发行证券的外商投资股份有限公司的信息披露作出特别规定。
对外贸易经济合作部、中国证券监督管理委员会关于印发《关于上市公司涉及外商投资有关问题的若干意见》的通知	外经贸资发〔2001〕538号	2001年10月8日	对外商投资股份有限公司首次公开发行股票并上市的条件作出明确规定。
对外贸易经济合作部办公厅《关于外商投资股份公司有关问题的通知》	外经贸资字〔2001〕39号	2001年5月17日	规定了外商投资股份公司申请上市发行A股或B股的条件,中外合资企业的B股公司申请其非上市外资股上市流通的条件。
对外贸易经济合作部《关于设立外商投资股份有限公司若干问题的暂行规定》(2015年修正)	外经贸部令1995年第1号	1995年1月10日	对外商投资股份有限公司的定义、发起人、注册资本、外国股东的最低持股比例、设立方式及程序等作出了明确规定。

(二)设立外商投资股份有限公司的审批部门及权限

根据《外商投资股份有限公司审批指引》第1条的规定:

注册资本折合1亿美元以下鼓励类、允许类及注册资本折合5 000万美元以下限制类的(公司转制按照评估后的净资产计算)企业设立(含增资)、变更由省级商务部门审核。

注册资本折合1亿美元以上鼓励类、允许类及注册资本折合5 000万美元以上限制类的(公司转制按照评估后的净资产计算)企业设立(含增资)、变更由省级商务部门上报商务部审核。

(三)设立外商投资企业的备案管理

根据《外商投资企业设立及变更备案管理暂行办法》的规定:

设立外商投资企业,以及通过并购、吸收合并等方式由非外商投资企业转变为外商投资企业,属于本办法规定的备案范围的,全体投资者(或外商投资股份有限公司董事会)指定的代表或共同委托的代理人在向工商和市场监督管理部门办理设立登记时,应一并在线报送外商投资企业设立备案信息。

外商投资的上市公司引入新的外国投资者战略投资,属于备案范围的,应于证券登记结算机构证券登记后30日内办理变更备案手续,填报《变更申报表》。

(四)外商投资企业改制为股份公司应注意的问题

外商投资股份有限公司是依据《关于设立外商投资股份有限公司若干问题的暂行规定》设立的,全部资本由等额股份构成,股东以其所认购的股份对公司承担责任,公司以全部财产对公司债务承担责任,中外股东共同持有公司股份的企业法人。

根据《关于设立外商投资股份有限公司若干问题的暂行规定》《外商投资准入管理指引手册》(2008年版)等的规定,改制为外商投资股份有限公司应特别注意以下事项:

(1)以发起方式设立外商投资股份有限公司,除应符合《公司法》规定的发起人的条件外,其中至少有一个发起人应为外国股东。

(2)已设立的中外合资经营企业、中外合作经营企业、外资企业,如果有最近连续3年的盈利记录,可申请变更为外商投资股份有限公司。但其减免税等优惠期限,不再重新计算。

(3)已设立的国有企业、集体所有制企业,如果营业时间至少5年并有最近连续3年的盈利记录,外国股东以可自由兑换的外币购买并持有该企业的股份占该企业注册资本的25%以上,企业的经营范围符合外商投资企业产业政策的,也可申请转变为外商投资股份有限公司。

(4)已设立的股份有限公司,可通过增资扩股或转股发行外国股东持有的股份等方式,申请变更为外商投资股份有限公司。

(5)一般情况下,外商投资股份有限公司的中方发起人不得为自然人。但如中方自然人原属于境内内资公司的股东,因外国投资者并购境内公司的原因导致中方自然人成为中外合资经营企业的中方投资者的,该中方投资者的股东身份可以保留。

(6)外商投资股份有限公司的外国股东可以是"外国的公司、企业和其他经济组织或个人",包括外国有限合伙制企业以及其他非公司性质的组织。

(五)外商投资股份有限公司上市需要符合的特别条件

根据对外贸易经济合作部、中国证券监督管理委员会发布的《关于上市公司涉

及外商投资有关问题的若干意见》第 2 条的规定,外商投资股份有限公司上市发行股票需要符合以下条件:

(1)外商投资股份有限公司在境内发行股票(A 股与 B 股)必须符合外商投资产业政策及上市发行股票的要求。

(2)首次公开发行股票并上市的外商投资股份有限公司,除符合《公司法》等法律、法规及中国证监会的有关规定外,还应符合下列条件:① 申请上市前三年均已通过外商投资企业联合年检;② 经营范围符合《指导外商投资方向暂行规定》与《外商投资产业指导目录》的要求;③ 上市发行股票后,其外资股占总股本的比例不低于10%(需要说明的是,上市后,外资股占总股本的比例不低于10%的规定,已经不再严格适用,但尚未被明确废止);④ 按规定需由中方控股(包括相对控股)或对中方持股比例有特殊规定的外商投资股份有限公司,上市后应按有关规定的要求继续保持中方控股地位或持股比例;⑤ 符合发行上市股票有关法规要求的其他条件。

(3)外商投资股份有限公司首次公开发行股票并上市,除向中国证监会提交规定的材料外,还应提供通过联合年检的外商投资股份有限公司的批准证书和营业执照。

(4)外商投资股份有限公司首次发行股票后,其增发股票及配股,应符合前述第(2)项规定的条件以及增发股票与配股的有关规定。

(5)外商投资股份有限公司首次发行股票及增发或配、送股票完成后,应到外经贸部办理法律文件变更手续。

关于外商投资股份有限公司首次公开发行股票前的审批部门及权限,目前的要求是,首次公开发行股票前不需要商务部审批,只需在发行完后报商务部备案,权限下放至省级商务部门。

(六)外商投资企业改制上市应关注的问题及解决方案

有关外商投资企业改制上市应关注的问题及解决方案,总结如下(见表3-27)。

表 3-27　外商投资企业上市问题分析表

问题	解决方案
股权结构	实践中,外商投资股份有限公司的外方投资者出于合理避税考虑或为符合相关政策规定,往往通过在英属维尔京群岛、开曼群岛等地设立壳公司,再由该壳公司对中国大陆投资,形成外商投资股份有限公司与最终出资方之间存在两层甚至两层以上股权关系的股权架构。 　　监管部门在审核中重点关注该等股权架构存在的原因和合理性。如拟上市外商投资股份有限公司存在多层股权架构,需在申请文件中对其形成原因和合理性进行充分披露,若难以解释其合理性,则需依法进行清理。

（续表）

问题		解决方案
关联交易	委托关联方采购或销售	实践中，有些外商投资企业原材料采购及产品销售均委托控股股东、实际控制人或其控制的企业进行，外商投资企业只负责进行加工生产，在业务上依赖于控股股东、实际控制人及其控制的其他企业，不符合首次公开发行股票并上市的条件，应予以规范和整改，即终止与控股股东、实际控制人及其控制的其他企业的委托采购或销售关系，改由拟上市公司直接进行采购或销售。 如委托采购或销售是由于境外采购成本较低，或境外原材料质量优于境内等原因，且交易金额不大，对拟上市公司的经营影响不大，该关联交易可以继续进行，交易双方应签署书面委托合同，并按照公司章程规定的关联交易定价原则和程序合理确定交易价格。
	关联方代收代付	代收代付过程中存在境外关联方截留利润的风险，及代收代付发生的财务费用难以准确反映在拟上市公司的财务报表中，影响对拟上市公司财务状况的判断，因此应尽量避免代收代付的关联交易。 对于该问题，应由拟上市公司直接与境外供应商或客户进行结算，如直接结算客观上存在困难，可以由拟上市公司在香港等地设立境外子公司，并由子公司代为支付或收取境外款项。
商标、专利实施许可		实践中，有些外商投资企业在改制上市前未取得独立的商标或专利的所有权，而是无偿使用其控股股东、实际控制人或其控制的其他企业拥有所有权的商标或专利技术，该种情形对拟上市外商投资企业的资产完整性及生产经营的稳定性存在不利影响，需进行规范。 一般情况下可以采取的措施包括控股股东或其他关联方将其商标或专利转让给拟上市公司，或控股股东或其他关联方以该专利或商标所有权对拟上市公司增资。
同业竞争的主要解决方法		（1）直接将竞争方注销。如实际控制人设立竞争方的目的已经实现或竞争方基本上已无实际生产经营，或处于亏损状态，一般可以考虑采用此种方式。 （2）拟上市公司收购竞争方的资产或股权。 收购竞争方资产，即由拟上市公司收购竞争方与竞争业务相关的生产设备及存货等资产，同时获得竞争方的客户资源。如竞争方还存在其他资产，或者实际控制人需保留竞争方的主体资格，则可以采用收购其资产的方式，使其不再具备与拟上市公司进行竞争的条件，同时在主体资格存续至经营期满后将其注销。 收购竞争方股权，即由拟上市公司与竞争方的股东签署股权转让协议，受让竞争方股权。拟上市公司收购竞争方股权的比例应以能够控制竞争方、将竞争方纳入拟上市公司合并财务报表为最低限度。

（续表）

问题	解决方案
	收购规模如达到《〈首次公开发行股票并上市管理办法〉第十二条发行人最近3年内主营业务没有发生重大变化的适用意见——证券期货法律适用意见第3号》规定的指标，需依照规定在收购完成后运行一定的时间。 （3）拟上市公司吸收合并竞争方。采用此种方式解决同业竞争问题时应注意依照《公司法》《关于外商投资企业合并与分立的规定》等相关规定，履行公告债权人等程序。 （4）将与竞争方相竞争的资产或股权转让给无关联关系的第三方。如拟上市公司由于特定的原因，无法收购竞争方的资产或股权，或收购竞争方的资产或股权对其发展意义不大，则可以采用该种方法。需要注意的是，受让第三方必须是与拟上市公司无关联关系的第三方；将竞争方资产或股权转让给第三方而不是拟上市公司，需要有合理的理由。 （5）拟上市公司与竞争方进行市场划分。拟上市公司的实际控制人为降低生产成本、合理利用资源及开拓新兴市场，在全球设立多家公司进行生产经营，导致在中国境内设立的公司与其实际控制人控制的其他企业之间存在同业竞争，该种情形下可采用此方式。需要注意的是，由于此种方式的效果取决于竞争方是否履行市场划分的协议，存在竞争方违反市场划分协议损害拟上市公司利益的风险，且划分市场使拟上市公司的发展受到一定限制，该种解决方式在近年来已基本上不被采用。 （6）避免同业竞争的承诺。在拟上市公司与其控股股东、实际控制人及其控制的其他企业不存在同业竞争或已采取有效措施解决了同业竞争的情形，为避免将来可能发生的同业竞争对拟上市公司利益造成损害，实践中通常要求拟上市公司的控股股东、实际控制人明确作出避免潜在同业竞争的书面承诺。

七、台湾地区上市公司在大陆上市

（一）政策背景

台湾地区上市公司在大陆上市的政策背景如表3-28所示。

表3-28 台湾地区上市公司在大陆上市的政策背景

政策适用范围	政策具体内容
大陆	国务院《关于扩大对外开放积极利用外资若干措施的通知》中规定：支持外商投资企业拓宽融资渠道。外商投资企业可以依法依规在主板、中小企业板、创业板上市，在新三板挂牌，以及发行企业债券、公司债券、可转换债券和运用非金融企业债务融资工具进行融资。

(续表)

政策适用范围	政策具体内容
台湾地区	2010年6月29日,海峡两岸关系协会和台湾海峡交流基金会签订了《海峡两岸经济合作框架协议(一)》,该协议的目标为:加强和增进双方之间的经济、贸易和投资合作;促进双方货物和服务贸易进一步自由化,逐步建立公平、透明、便利的投资及其保障机制;扩大经济合作领域,建立合作机制。

(二)上市方案分析

目前,台湾地区上市公司在大陆上市的方案主要有两种:一是单主体上市,即"母公司台湾地区退市、子公司大陆上市";二是双主体上市,即"台湾地区母公司不动,大陆子公司上市"。

1.单主体上市

采用单主体上市方案在大陆上市的台湾地区上市公司,需遵循以下上市流程(见表3-29)。

表3-29 单主体上市流程详解

流程	解析
确定大陆子公司为拟上市公司	《证券法》第12条第1款规定,设立股份有限公司公开发行股票,应当符合《公司法》规定的条件。因此,在大陆发行股票的主体,必须是根据《公司法》设立的股份有限公司。
台湾地区母公司退市、回购发行在外的股份	台湾地区公司需要完全脱离台湾证券交易所,履行退市程序。该步骤应由台湾地区母公司或由台湾地区母公司委托台湾地区律师完成,以回购发行在外的股份。
母子公司地位互换	将台湾地区母公司股东持有的台湾地区母公司的股权转让给大陆子公司,使大陆子公司成为台湾地区母公司的股东,即原台湾地区母公司成为原大陆子公司的子公司,母子地位互换;同时,将台湾地区母公司对大陆子公司的股权转让给台湾地区母公司的股东,使台湾地区母公司的股东直接持有大陆子公司的股权。 转让完成后,原大陆子公司成为原台湾地区母公司的股东;原台湾地区母公司的股东直接持有大陆拟上市公司的股权;原台湾地区母公司及其下属其他资产成为原大陆子公司的资产,大陆公司进行资产整合,成为整个集团的母公司。

(续表)

流程	解析
大陆拟上市公司改制为股份有限公司	根据《公司法》《证券法》《首次公开发行股票并上市管理办法》的规定,有权通过发行股份募集资金的公司法人需为股份有限公司。因此,需将大陆子公司改制为股份有限公司。改制后,拟上市公司的法律地位是"外商投资股份有限公司"。
包装大陆拟上市公司	改制完成后,拟上市公司需要经过证券公司的上市辅导、上市保荐等程序,最终上报中国证监会并接受上市审查。

2.双主体上市

采用双主体上市方案在大陆上市的台湾地区上市公司,需遵循以下上市流程(见表3-30)。

表3-30 双主体上市流程详解

流程	解析
确定大陆子公司为拟上市公司	《证券法》第12条第1款规定,设立股份有限公司公开发行股票,应当符合《中华人民共和国公司法》规定的条件。因此,在大陆发行股票的主体,必须是根据《公司法》设立的股份有限公司。
大陆拟上市公司改制为股份有限公司	根据《公司法》《证券法》《首次公开发行股票并上市管理办法》的规定,有权通过发行股份募集资金的公司法人需为股份有限公司。因此,需将大陆子公司改制为股份有限公司。改制后,拟上市公司的法律地位是"外商投资股份有限公司"。
划分市场、避免同业竞争	由于台湾地区母公司仍在台湾证券交易所上市交易,若与大陆拟上市公司在业务上存在相似性,会导致同业竞争情形的产生,因此需要对市场界限或业务界限作出明确区分,即签订市场分割协议。通过合理划分大陆拟上市公司与台湾地区上市公司的市场区域,或对产品品种或等级进行划分,也可对产品的不同生产或销售阶段进行划分,或将与大陆拟上市公司存在同业竞争的业务委托给大陆拟上市公司经营等,以避免同业竞争情况的发生。
包装大陆拟上市公司	改制完成后,拟上市公司需要经过证券公司的上市辅导、上市保荐等程序,最终上报中国证监会并接受上市审查。

(三)上市方案比较

有关单主体上市和双主体上市两种方案的优劣比较,总结如下(见表3-31)。

表 3-31　单主体上市和双主体上市方案优劣比较表

项目	单主体上市	双主体上市
上市结构	整个集团成为大陆公司且上市	集团中存在大陆上市公司和台湾地区上市公司
法律地位	外商投资股份有限公司	外商投资股份有限公司
融资渠道	失去台湾地区融资渠道,只拥有大陆融资渠道	共享大陆、台湾地区双融资渠道
操作难度	涉及台湾地区退市、股权转让、资产重组等程序,程序较复杂	与大陆一般 IPO 程序相似,程序较简便
公司治理	适用《公司法》,集团可实行统一的公司治理规范	适用《公司法》和台湾地区相关规定,需分别实行公司治理规范
财务制度	适用会计准则,集团可实行统一的财税制度、资本制度	适用大陆与台湾地区不同的会计准则,需分别实行财税制度、资本制度
应对监管	大陆证券监管机构	大陆、台湾地区证券监管机构
同业竞争	可能存在,但合并报表,影响较小	明显存在,需签订市场分割协议
关联交易	很可能存在,需论证公允性或减少和避免关联交易	很可能存在,需论证公允性或减少和避免关联交易
市值管理	整个集团在大陆上市,市值更高	台湾地区市值一般不如大陆市值高
所需时间	资产整合过程复杂,所需时间较长	所需时间相对较短

(四)需重点关注的问题

台湾地区上市公司在大陆上市,应重点关注以下方面的问题(见表 3-32)。

表 3-32　重点问题分析表

重点问题	分析
大陆拟上市公司的选择	无论是选择单主体上市还是双主体上市,在选择大陆拟上市公司时,均应选择"重要子公司",因为"重要子公司"是集团利润的主要来源,将其作为大陆上市公司,有利于更好地展示公司实力,获得更高市值。
股份改制	改制股份有限公司除需满足《公司法》有关股份有限公司设立的要求外,还需要满足《关于设立外商投资股份有限公司若干问题的暂行规定》等法律、法规的相关要求,同时取得外商主管部门的同意批复。
同业竞争	在单主体上市方案下,因台湾地区母公司成为大陆上市主体的子公司,需进行合并报表,因此一般不存在同业竞争问题。 在双主体上市方案下,台湾地区公司经营模式多为"台湾地区接单、大陆生产销售",即在大陆设立子公司,由子公司负责生产产品。因此台湾地区公司与大陆子公司主营业务重合,存在同业竞争情形,需要签订"市场、业务分割协议"。

(续表)

重点问题	分析
关联交易	由于台湾地区公司在大陆设立公司主要是生产产品,而销售是以台湾地区公司名义进行的,台湾地区与大陆之间容易产生大量的"经常性关联交易"。上市公司不得无偿或以明显不公平的条件要求关联公司为其提供商品、服务或其他资产,因此需要证明关联交易的必要性、公允性,且减少和避免关联交易。
其他独立性要求	上市公司应保持资产、人员、财务、机构的独立性,且本身应当具有完整的业务体系和独立经营的能力。以单主体上市时,在资产的重新整合过程中,应当确保大陆拟上市公司符合上述要求;以双主体上市时,应在保证台湾地区母公司仍符合台湾地区上市条件的前提下,进行资产的合理布局,以使大陆拟上市公司符合上述要求。
知识产权	主要为品牌、专利、专有技术。 许多台资企业的品牌、专利、专有技术等都在台湾地区公司。一般来说,以单主体上市,最好将优质品牌、专利、专有技术等转让至大陆拟上市公司,以保证大陆上市公司的资产独立性和技术链条完整性;以双主体上市,应综合考虑台湾地区上市公司和大陆拟上市公司的市场实际需求,以及业务、市场划分情况等,进行合理布局。

八、境内自然人是否可对外资股份公司增资

根据目前的实务案例,境内自然人可以对外资股份公司增资,法律分析如下:

(1)《公司法》第一章、第四章、第五章和第178条就股份有限公司的设立和发起人资格、股份有限公司的股份发行和转让、股份有限公司增资等事项进行了规定,并未禁止自然人投资参股中外合资股份有限公司。

(2)根据《关于设立外商投资股份有限公司若干问题的暂行规定》第1条"……外国的公司、企业和其他经济组织或个人(以下简称外国股东),按照平等互利的原则,可与中国的公司、企业或其他经济组织(以下简称中国股东)在中国境内,共同举办外商投资股份有限公司"的规定,限制了境内自然人投资设立外商投资股份有限公司的主体资格,但并未明确禁止境内自然人以增资的方式成为已设立外商投资股份有限公司股东的主体资格。

(3)商务部作为《关于设立外商投资股份有限公司若干问题的暂行规定》的颁布机构,也已就此作出了无禁止性规定的批复。

九、境内自然人成为外商投资企业股东的突破

上海市浦东新区人民政府于 2010 年 4 月 13 日颁布了《境内自然人在浦东新区投资设立中外合资、中外合作经营企业试行办法》，自 2010 年 5 月 1 日起施行，试行期为两年。根据《境内自然人在浦东新区投资设立中外合资、中外合作经营企业试行办法》的规定，持有中华人民共和国居民身份证的境内居民（境内自然人）可以在浦东新区与外国公司、企业、其他经济组织或者个人共同投资设立中外合资、中外合作经营企业。

对于境内自然人的条件，《境内自然人在浦东新区投资设立中外合资、中外合作经营企业试行办法》要求应当具有完全民事行为能力，并且符合国家法律、法规对自然人成为股东的其他规定。在投资领域方面，《境内自然人在浦东新区投资设立中外合资、中外合作经营企业试行办法》明确规定了境内自然人投资设立的中外合资、中外合作经营企业的投资领域应限于《外商投资产业指导目录》规定的鼓励、允许类项目。若外商投资企业变更使境内自然人成为中外合资、中外合作经营企业股东的，也应当适用《境内自然人在浦东新区投资设立中外合资、中外合作经营企业试行办法》，这意味着不仅新设立的中外合资、中外合作经营企业可以由境内自然人投资，已经设立的外资企业也可以通过变更实现股权由境内自然人持有。

《境内自然人在浦东新区投资设立中外合资、中外合作经营企业试行办法》的颁布打破了《中华人民共和国中外合资经营企业法》和《中华人民共和国中外合作经营企业法》对于中国投资者仅限于公司、企业和其他经济组织等非自然人实体的规定，进一步放开了境内自然人可采用的股权投资形式。《关于外国投资者并购境内企业的规定》第 54 条规定：被股权并购境内公司的中国自然人股东，经批准，可继续作为变更后所设外商投资企业的中方投资者。这意味着通过外资并购方式导致内资企业变更为中外合资、中外合作经营企业的情况下，允许境内自然人成为股东，而在新设或者非外资并购的其他股权收购方式下，境内自然人不得成为中外合资、中外合作经营企业的股东。《境内自然人在浦东新区投资设立中外合资、中外合作经营企业试行办法》的颁布发展、延续了《关于外国投资者并购境内企业的规定》的做法，使境内自然人可以从新设公司阶段开始成为中外合资、中外合作经营企业的股东。

《境内自然人在浦东新区投资设立中外合资、中外合作经营企业试行办法》还明确规定了境内自然人在浦东新区投资设立中外合资、中外合作经营企业的审批登记由浦东新区商务委员会和上海市工商行政管理局浦东新区分局在各自的审批和登记权限内分别负责办理。

2012 年 3 月 21 日，上海市工商行政管理局发布了《关于贯彻〈国家工商行政管理总局关于支持上海"十二五"时期创新驱动、转型发展的意见〉的实施意见》，其中规定：积极有效利用外资。支持外国投资者以境外人民币出资设立外商投资

企业。在总结浦东新区试点经验的基础上,将境内自然人出资设立中外合资、中外合作企业模式扩大到全市范围。进一步落实《海峡两岸经济合作框架协议》,支持两岸扩大经贸往来,支持台商投资企业来沪发展。至此,境内自然人在整个上海市范围内,均具备外商投资企业投资人资格。

除上海市外,北京市中关村国家自主创新示范区、深圳市允许境内自然人参与投资高新技术企业类型的外商投资企业,厦门自由贸易试验区等实现类似突破。

十、取得境外居留权的中国公民持有股权的属性

(一) 取得境外永久居留权后在境内投资

目前,我国法律、法规对于中国公民在取得境外居留权后进行的境内投资的股权性质并没有明确的规定,实务中存在地方政府的特别规定和个案的自由解释,从实务中的实例可以得出的结论是:当事人既可以选择设立内资企业,也可以选择设立外资企业。此种自相矛盾的混乱局面,应尽快通过立法明确和统一。

有一种观点(身份说)认为,取得境外永久居留权的中国公民在境外投资参照"华侨"的有关规定,享受相应的外商投资企业待遇,其实这是对法律规定的误解。"取得境外永久居留权的中国公民"可以参照外资待遇,但是此观点混淆了"取得境外永久居留权的中国公民"和"华侨"的概念。《中华人民共和国归侨侨眷权益保护法》第2条第1款明确规定,华侨是指定居在国外的中国公民。只有定居在国外的中国公民才是华侨,如果仅是取得境外永久居留权但不在国外定居,则不是华侨,其享受华侨待遇是没有充分法律依据的。

持有此种观点的人还引用了国家外汇管理局综合司《关于取得境外永久居留权的中国自然人作为外商投资企业外方出资者有关问题的批复》作为依据,该批复指出:中国公民取得境外永久居留权后回国投资举办企业,参照执行现行外商直接投资外汇管理法规。中国公民在取得境外永久居留权前在境内投资举办的企业,不享受外商投资企业待遇。但因该批复针对的是外汇管理,所以不能据此认定企业的性质。

此外,还有资金来源说、混合说等观点,均没有充分的法律依据。

综上所述,中国公民即使取得境外永久居留权,除非定居国外,否则其在中国境内的投资都不应被界定为外资股。

(二) 在境内投资后取得境外永久居留权

根据《关于外国投资者并购境内企业的规定》第55条"境内公司的自然人股东变更国籍的,不改变该公司的企业性质"的规定,取得境外永久居留权也不改变公司的性质。国家外汇管理局综合司《关于取得境外永久居留权的中国自然人作为外商投资企业外方出资者有关问题的批复》对此问题的规定也十分明确。

十一、控股股东位于境外

对于发行人控股股东位于境外且持股层次复杂的,保荐机构和发行人律师应当对发行人设置此类架构的原因、合法性及合理性、持股的真实性、是否存在委托持股、信托持股、是否有各种影响控股权的约定、股东的出资来源等问题进行核查,说明发行人控股股东和受控股股东、实际控制人支配的股东所持发行人的股权权属是否清晰,以及发行人如何确保其公司治理和内控的有效性,并发表明确意见。[1]

十二、夫妻共同设立公司

夫妻双方共同出资设立公司的,应当以各自所有的财产作为注册资本,并各自承担相应的责任。因此,夫妻双方登记注册公司时应当提交财产分割证明,未进行财产分割的,应当认定为夫妻双方以共同共有财产出资设立公司,在夫妻关系存续期间,夫或妻名下的公司股份属于夫妻双方的共有财产,作为共同共有人,夫妻双方对该财产享有平等的占有、使用、收益和处分的权利。

根据最高人民法院《关于适用〈中华人民共和国婚姻法〉若干问题的解释(一)》第17条第(二)项的规定,夫或妻非因日常生活需要对夫妻共同财产作出重要处理决定,夫妻双方应当平等协商,取得一致意见。他人有理由相信其为夫妻双方共同意思表示的,另一方不得以不同意或不知道为由对抗善意第三人。因此,夫或妻一方转让共同共有的公司股权的行为,属于对夫妻共同财产作出重要处理,应当由夫妻双方协商一致并共同在股权转让协议、股东会决议和公司章程修正案上签名。

夫妻双方共同共有公司股权的,夫或妻一方与他人订立股权转让协议的效力问题,应当根据案件事实,结合另一方对股权转让是否明知、受让人是否为善意等因素进行综合分析。如果能够认定另一方明知股权转让,且受让人是基于善意,则股权转让协议对于另一方具有约束力。

此外,最高人民法院《关于适用〈中华人民共和国婚姻法〉若干问题的解释(二)》第16条对股东离婚分割夫妻共同财产时股权的处理进行了明确,此处不再赘述。

十三、合伙企业

随着《中华人民共和国合伙企业法》(以下简称《合伙企业法》)的修订,合伙企业作为发行人的股东已没有法律障碍,原来存在的不能开户的问题也随着《证券登

---

[1] 参见《首发业务若干问题解答(一)》问题12。

记结算管理办法》的修订而彻底解决。

需要注意的是,目前在已成功上市的案例中,作为股东的合伙企业,除专门从事创业投资业务的有限合伙企业外,已出现多家由发行人的员工、高级管理人员直接设立的合伙企业。

担任发行人股东的有限合伙企业应该依法成立和运营,比如合伙人不得超过50人。计算公司直接、间接股东人数时,合伙企业计算为一人,但明显为了规避"二百人"要求的除外,是否认定为"规避",应根据《合伙企业法》、合伙协议以及具体情况作实质判断。合伙企业的实际控制人推定为全体普通合伙人,但合伙协议另有约定的可从其约定。

根据《公开发行证券的公司信息披露内容与格式准则第26号——上市公司重大资产重组》第15条第(三)项的规定,对于作为股东的合伙企业,应当穿透披露至最终出资人,同时还应披露合伙人、最终出资人与参与本次交易的其他有关主体的关联关系(如有);交易完成后合伙企业成为上市公司第一大股东或持股5%以上股东的,还应当披露最终出资人的资金来源,合伙企业利润分配、亏损负担及合伙事务执行(含表决权行使)的有关协议安排,本次交易停牌前6个月内及停牌期间合伙人入伙、退伙、转让财产份额、有限合伙人与普通合伙人转变身份的情况及未来存续期间内的类似变动安排(如有)。

鉴于合伙企业的合伙人安排非常灵活,还应关注合伙企业的真实性、合法性,是否存在代持关系,合伙人之间是否存在纠纷、诉讼等。

以上论述的是合伙企业是否可以成为公司的股东,而同样需要高度关注的另一个问题是:发行人是否可以成为合伙企业的合伙人。关注此问题的原因是基于《合伙企业法》的"国有独资公司、国有企业、上市公司以及公益性的事业单位、社会团体不得成为普通合伙人"的规定,因此,如果发行人已经投资合伙企业并担任普通合伙人,必须在上市前解决。《合伙企业法》第53条规定:退伙人对基于其退伙前的原因发生的合伙企业债务,承担无限连带责任。第91条规定:合伙企业注销后,原普通合伙人对合伙企业存续期间的债务仍应承担无限连带责任。根据以上规定,中介机构需对合伙企业的债务详细论证和分析,确保基本不存在或有负债或者虽然存在但风险可控。考虑到论述的难度和可信程度,最明智的方法是,如果公司未来有上市打算,就不要以普通合伙人的身份投资合伙企业,如果确有必要,也不要以发行人主体直接投资,可以设立子公司操作,这样最多只是在子公司层面承担无限责任,从母公司的角度,风险仍然是有限和可控的。

关于国有控股公司是否能够成为合伙企业的普通合伙人,存在一定争议。从《公司法》和《合伙企业法》的角度,规定清晰明确,不存在障碍。争论本身在一定程度上折射出现阶段国有资产和国有企业管理相关法律规定模糊混乱的现状。

十四、社团法人

《中华人民共和国民法通则》将法人分为两类:一是企业法人;二是机关、事业单位和社会团体法人,又称为非企业法人。

2017年10月1日起施行的《中华人民共和国民法总则》将法人分为三类,其中两类为营利法人和非营利法人。以取得利润并分配给股东等出资人为目的成立的法人为营利法人;为公益目的或者其他非营利目的成立,不向出资人、设立人或者会员分配所取得利润的法人为非营利法人。非营利法人包括事业单位、社会团体、基金会、社会服务机构等。

《社会团体登记管理条例》规定,社会团体,是指中国公民自愿组成,为实现会员共同意愿,按照其章程开展活动的非营利性社会组织。社会团体应当具备法人条件。社会团体不得从事营利性经营活动。社会团体从事营利性经营活动的,由登记管理机关给予警告,责令改正,可以限期停止活动,并可以责令撤换直接负责的主管人员;情节严重的,予以撤销登记;构成犯罪的,依法追究刑事责任;有违法经营额或者违法所得的,予以没收,可以并处违法经营额1倍以上3倍以下或者违法所得3倍以上5倍以下的罚款。

根据上述规定,社会团体法人不得从事营利性经营活动,其对外投资营利法人行为本身不符合法律规定,因而社团法人作为上市公司股东或实际控制人均存在重大法律障碍。

十五、交叉持股

(一)交叉持股的含义

交叉持股是指在不同的企业之间互相持有股权,互为股东的现象。交叉持股可能发生在两个公司之间,即公司A直接持有公司B的股权,公司B也持有公司A的股权;交叉持股也可能发生在多个公司之间,即多个公司形成循环持股的结构。实务中,如果交叉持股涉及的主体较多,可能形成复杂的放射状或网状股权结构。

近年来,在重组并购领域发生过多个交叉持股的案例,如常林股份有限公司重大资产置换及发行股份购买资产并募集配套资金项目、风帆股份有限公司发行股份及支付现金购买资产并募集配套资金项目、亚威股份有限公司发行股份及支付现金购买资产并募集配套资金项目等,因交叉持股比例均较小,参考价值有限。而在IPO领域,交叉持股的案例极为少见。

(二)法律规定的空白

交叉持股问题在我国法律规定领域还是空白,仅在《证券公司设立子公司试行规定》中有所涉及,该规定第 10 条规定:子公司不得直接或者间接持有其控股股东、受同一证券公司控股的其他子公司的股权或股份,或者以其他方式向其控股股东、受同一证券公司控股的其他子公司投资。但该规定仅适用于证券公司及其子公司,对于其他亟须规范的投资公司和上市公司并没有涉及。

(三)交叉持股可能存在的问题

1. 虚增资本

两个或多个公司之间的交叉持股会导致资本虚增,因为事实上只是同一资金在两个或多个公司之间来回流动,每流动一次都会导致两个企业同时增加资本额。例如 A 公司原有 200 万元注册资本,再向 B 公司定向增发 200 万元的股份,同时 B 公司也向 A 公司增发 200 万元的股份。两个公司资本总额增加到 400 万元,但事实上等于 A 公司与 B 公司相互退还了出资,两个公司的净资本根本没有增加。这实际上违反了公司法的法定资本原则,对公司债权人产生了严重的损害,因此可能会在上市审查时受到规制和质疑。

2. 股权结构不清晰

交叉持股会影响发行人的股权清晰程度,使得股权结构错综复杂。如果交叉持股涉及的持股比例较高,交叉持股还可能影响对控股股东和实际控制人的认定。

3. 诱发内幕交易和关联交易

交叉持股往往与特殊的利益安排相关联,因而上市过程中必定会引发证监会的特殊关注。大股东、实际控制人以及管理层往往以交叉持股为手段进行关联交易,而这种关联交易的背后往往是利益输送。

4. 可能形成行业垄断

公司之间的交叉持股可以建立策略联盟,维系彼此之间的生产、供销等关系,以强化竞争优势,但同时也可能形成垄断联合,特别是在具有竞争关系的公司之间,有可能发生利用交叉持股排挤其他竞争对手、牟取垄断利润的情形。

(四)交叉持股的解决方法

根据前述,在发行人及其控股子公司之间应避免交叉持股现象。一般情况下,解决交叉持股有以下三种方法:

1. 股权转让

解决交叉持股最常见的方法是一方转让持有另一方的股权,来清理交叉持股。

2. 以现金方式收购股权

除了股权转让外,在上市公司重组过程中,以现金收购股权也是解决交叉持股的办法之一。但是这种方法仅限于上市公司重组,对于首发企业而言,并不适用。

3. 维持现状

避免交叉持股主要是为了避免对公司治理产生的不利影响,所以只要能够

合理解释交叉持股不会对股东的利益造成损害,证监会还是认可存在交叉持股的现象的。关于交叉持股,可以主要向证监会说明:

(1)持股比例较低,对公司治理结构不会产生不利影响。

(2)委托第三方行使影响较小的股份表决权或者承诺放弃股份表决权,避免对公司经营决策产生较大影响。

(3)承诺通过股份减持或者股权转让的方式来清理交叉持股。

十六、预防私募投资(PE)腐败

在主板上市规则和创业板上市规则中,监管部门分别针对突击入股特别是私募投资机构突击入股做了相应的制度设计和安排,实务审核中"相对宽松、定向紧缩"。所谓"相对宽松",是指在宏观上对私募投资行业奉行自我管理为主、行业管理为辅、行政管理为次的监管原则;所谓"定向紧缩",是指在微观上对私募投资机构的投资环节予以特别关注,严防"PE腐败",严审利益输送事项。

监管部门主要的审核方法是推行"终极追溯",即对IPO涉及私募投资机构的核查及披露要求已追溯至该私募投资机构终极出资自然人,同时将"国家公职人员、公职人员亲属、银行从业人员亲属、中介人员亲属"这四类人员作为重点关注对象,进行充分的信息披露,包括私募投资基金基本情况、财务状况、投资项目列表,作为合伙人的法人、自然人的背景简历、财务状况,等等。

核查的重点是该私募投资机构与发行人及其他股东、中介有无关联关系、有无特殊协议及安排、是否存在利用有限合伙规避股东人数不超过200人的限制、是否具备投资发行人的资格、注册资本或实际缴付出资额是否远高于投资于发行人的资金额、认购发行人增资是否仅为其投资项目之一等事项。

十七、股权激励

《首发管理办法》和《创业板管理办法》对于拟上市公司的基本要求是股权清晰稳定,因此公司在申报材料前必须权属明确,不存在不确定性。《公开发行证券的公司信息披露内容与格式准则第28号——创业板公司招股说明书》第37条规定:发行人应披露正在执行的对其董事、监事、高级管理人员、其他核心人员、员工实行的股权激励(如员工持股计划、限制性股票、股票期权)及其他制度安排和执行情况。即对于创业板来说,拟上市公司允许实施股权激励,但是如果股权激励的后续安排影响到企业股权结构的清晰和稳定,创业板公司应在申报前实施完或终止实施股权激励计划。

拟上市公司如果在上市之前需要对部分高级管理人员、核心技术人员进行股权激励,为避免因为股权激励事项影响公司整体上市进程,应注意以下问题:

(一)股权清晰稳定

根据相关法律规定和证监会的审核要求,公司申请上市,股权应该清晰,不存在重大权属纠纷。公司上市申报前,股权激励计划一般均需行权完毕,并取消限制股份权利的约定。在公司上市申报后,可以通过采取签署其他权利限制协议的方式,继续对激励对象进行约束。在申报期间仍存在正在执行的股权激励计划的案例,目前仅能检索到一家创业板公司在申报期间仍在执行限制性股票股权激励计划,但该公司在证监会反馈后通过大股东回购的方式对激励股权进行了清理。

(二)股东人数不超过200人

公司采用持股平台的方式实施股权激励的,根据证监会的审核口径,持股平台需要穿透核查计算公司股东人数,即对公司的直接股东和间接股东核查穿透至自然人或国资公司,合并后的股东总人数不得超过200人。

(三)个人所得税

根据《关于完善股权激励和技术入股有关所得税政策的通知》等法律、法规的规定:

(1)对于2016年9月1日《关于完善股权激励和技术入股有关所得税政策的通知》生效前完成的和不符合《关于完善股权激励和技术入股有关所得税政策的通知》递延纳税条件的股权激励,股权激励对象需按照"工资、薪金所得"(3%~45%的税率)在取得股权激励时缴纳个人所得税。

(2)对于符合《关于完善股权激励和技术入股有关所得税政策的通知》递延纳税条件的股权激励,股权激励对象在取得股权激励时可暂不纳税,在转让该股权时按照"财产转让所得"(20%的税率)缴纳个人所得税。

《关于完善股权激励和技术入股有关所得税政策的通知》规定的递延纳税条件如下:

①属于境内居民企业的股权激励计划。

②股权激励计划经公司董事会、股东(大)会审议通过。未设股东(大)会的国有单位,经上级主管部门审核批准。股权激励计划应列明激励目的、对象、标的、有效期、各类价格的确定方法、激励对象获取权益的条件、程序等。

③激励标的应为境内居民企业的本公司股权。股权奖励的标的可以是技术成果投资入股到其他境内居民企业所取得的股权。激励标的股票(权)包括通过增发、大股东直接让渡以及法律法规允许的其他合理方式授予激励对象的股票(权)。

④激励对象应为公司董事会或股东(大)会决定的技术骨干和高级管理人员,激励对象人数累计不得超过本公司最近6个月在职职工平均人数的30%。

⑤股票(权)期权自授予日起应持有满3年,且自行权日起持有满1年;限制性股票自授予日起应持有满3年,且解禁后持有满1年;股权奖励自获得奖励之日起

应持有满3年。上述时间条件须在股权激励计划中列明。

⑥股票(权)期权自授予日至行权日的时间不得超过10年。

⑦实施股权奖励的公司及其奖励股权标的公司所属行业均不属于《股权奖励税收优惠政策限制性行业目录》的范围。公司所属行业按公司上一纳税年度主营业务收入占比最高的行业确定。

(3) 对于通过持股平台进行股权激励是否符合递延纳税的条件,《关于完善股权激励和技术入股有关所得税政策的通知》没有明确规定,实务中尚无统一结论,一般认为无法直接适用。

(四) 股份支付

公司股权激励一般需要按照股份支付的相关要求进行会计处理,即股权激励价格低于公允价格的部分需计入公司的成本或费用,公司财务报表中的利润将因此减少。股份支付基本要素如表3-33所示。

表3-33 股权支付基本要素表

事项	具体说明
适用情形	(1) 发行人取得职工和其他方提供的服务。向员工(包括高级管理人员)、特定供应商等低价发行股份以换取服务的,应作为股份支付进行核算。高级管理人员间接入股或受让发行人股份,也属于股份支付。如高级管理人员设立持股平台,以该平台间接入股,或从发行人大股东受让取得发行人股份。 (2) 服务有对价。
可以不适用的情形	(1) 基于股东身份取得股份,如向实际控制人增发股份,或对原股东配售股份,尽管有时配售比例不一。 (2) 对近亲属转让或发行股份,原则上不作股份支付,该交易多为赠与性质。 (3) 高级管理人员原持有子公司股权,整改规范后改为持有发行人股份,该交易与获取服务无关,不属于股份支付。
确定公允价值方式	公允价值的确认要由发行人和会计师进行专业判断,一般参照如下标准: (1) 采用估值模型。估值模型应当符合《企业会计准则第22号——金融工具确认和计量》的规定,一般包括现金流折现法、相对价值法及其他合理的估值方法。 (2) 参考同期引入私募股权投资机构的价格,同期一般指前后一年内。 (3) 按评估值。 (4) 按净资产值。

（续表）

事项	具体说明
相关费用的处理	（1）对于授予后立即可行权的股份支付，应当在授予日按照公允价值计入相关成本或费用，相应增加资本公积。 （2）存在等待期的股份支付，可在等待期内分期摊销，即应当在等待期的每个资产负债表日，按照授予日的公允价值，将当期取得的服务计入相关成本或费用和资本公积，对后续实际行权的数量进行调整。 （3）证监会审核时，不鼓励将股份支付的费用分期摊销，主要是考虑如果允许分期计入，存在利用调整锁定期操纵利润的可能。 （4）除另发文规定外，股份支付相关费用可作为非经常性损益扣除，但 IPO 净利润以"扣非后孰低"为标准，所以仍需考虑股份支付处理对公司财务报表的影响，以免企业利润不符合上市条件。
其他	（1）高级管理人员入股距申报 IPO 时间较长（如已间隔一年半以上），且入股价格不低于入股时企业每股净资产的，可考虑不作为股份支付处理。 （2）已过会企业，对报告期内涉及的高级管理人员取得股份的处理原则上不作变动。 （3）通过持股平台进行的股权激励，一般也作为股份支付处理。

实务中，基于企业发展考虑，部分首发企业上市前通过增资或转让股份等形式实现高级管理人员或核心技术人员、员工、主要业务伙伴持股。首发企业股份支付成因复杂，公允价值难以计量，与上市公司实施股权激励相比存在较大不同。对此，首发企业及中介机构需重点关注以下方面。

发行人报告期内为获取职工和其他方提供服务而授予股份的交易，在编制申报会计报表时，应按照《企业会计准则第 11 号——股份支付》相关规定进行处理。

（1）具体适用情形

对于报告期内发行人向职工（含持股平台）、客户、供应商等新增股份，以及主要股东及其关联方向职工（含持股平台）、客户、供应商等转让股份，均应考虑是否适用《企业会计准则第 11 号——股份支付》。对于报告期前的股份支付事项，如对期初未分配利润造成重大影响，也应考虑适用《企业会计准则第 11 号——股份支付》。

通常情况下，解决股份代持等规范措施导致股份变动，家族内部财产分割、继承、赠与等非交易行为导致股权变动，资产重组、业务并购、持股方式转换、向老股东同比例配售新股等导致股权变动等，在有充分证据支持相关股份获取与发行人获得其服务无关的情况下，一般无需作为股份支付处理。

对于为发行人提供服务的实际控制人／老股东以低于股份公允价值的价格增资入股事宜，如果根据增资协议，并非所有股东均有权按各自原持股比例获得新增股份，对于实际控制人／老股东超过其原持股比例而获得的新增股份，应属于股份支付;如果增资协议约定,所有股东均有权按各自原持股比例获得新增股份,但股东之间转让新增股份受让权且构成集团内股份支付,导致实际控制人/老股东超过其原持股比例获得的新增股份,也属于股份支付。对于实际控制人/老股东原持股比例,应按照相关股东直接持有与穿透控股平台后间接持有的股份比例合并计算。

(2)确定公允价值

存在股份支付事项的,发行人及申报会计师应按照企业会计准则规定的原则确定权益工具的公允价值。在确定公允价值时,可合理考虑入股时间阶段、业绩基础与变动预期、市场环境变化、行业特点、同行业并购重组市盈率水平、股份支付实施或发生当年市盈率与市净率指标等因素的影响;也可优先参考熟悉情况并按公平原则自愿交易的各方最近达成的入股价格或相似股权价格确定公允价值,如近期合理的PE入股价;也可采用恰当的估值技术确定公允价值,但要避免采取有争议的、结果显失公平的估值技术或公允价值确定方法,如明显增长预期下按照成本法评估的每股净资产价值或账面净资产。

(3)计量方式

确认股份支付费用时,对增资或受让的股份立即授予或转让完成且没有明确约定服务期等限制条件的,原则上应当一次性计入发生当期,并作为偶发事项计入非经常性损益。对设定服务期等限制条件的股份支付,股份支付费用可采用恰当的方法在服务期内进行分摊,并计入经常性损益。

(4)披露与核查

发行人应在招股说明书及报表附注中披露股份支付的形成原因、权益工具的公允价值及确认方法。保荐机构及申报会计师应对首发报告期内发生的股份变动是否适用《企业会计准则第11号——股份支付》进行核查,并对以下问题发表明确意见:股份支付相关权益工具公允价值的计量方法及结果是否合理,与同期可比公司估值是否存在重大差异及原因;对于存在与股权所有权或收益权等相关的限制性条件的,相关条件是否真实、可行,服务期的判断是否准确,服务期各年/期确认的员工服务成本或费用是否准确;发行人报告期内股份支付相关会计处理是否符合《企业会计准则》的相关规定。[①]

十八、对赌协议

(一)对赌协议的含义和内容

对赌协议,又被称为价值调整协议,是一种带有附加条件的价值评估方式。对赌协议是投资方与融资方在达成协议时,双方对于未来不确定的情况进行的约定。如果约定的条件出现,企业未来的获利能力达到某一标准,融资方可以行使一种权

---

① 参见《首发业务若干问题解答(二)》问题1。

利,用以补偿企业价值被低估的损失;如果约定的条件未出现,则投资方行使另外一种权利,用以补偿高估企业价值的损失。可见,对赌的评判标准是企业未来的价值,而赌注大多为股权、期权认购权或投资额等。对赌协议的本质是投资者就企业经营中"执行层面的不确定性"进行风险补偿。问题在于这种特殊性质的赌注可能导致企业股权结构、经营方式、人事任免甚至企业控制权发生重大变化,对企业影响深远。

国外对赌协议通常涉及财务绩效、非财务绩效、赎回补偿、企业行为、股票发行和管理层去向六个方面的条款。与国外对赌协议不同,国内企业通常只采用财务绩效条款,而且一般都以单一的"净利润"为标尺,以"股权"为筹码,其区别只是条款的设计。国内企业的对赌协议包含三个要素:企业盈利目标、股权交易量和股权交易价格。当被投资企业未达到约定盈利水平时,企业原股东(管理层)需向投资方低价转让一定数量的股份或是企业原股东(管理层)高价购回投资者持有的股份。因此,国内对赌协议主要涉及的是股权转让方面的内容以及由此带来的问题。

(二)对赌协议的合法性问题

关于对赌协议的合法性问题,一直存在很大的争议,主要有正反两方面的不同意见。

1. 认可对赌协议合法性一方的主要理由

(1)现行国内法并没有关于对赌协议的相应规定,也没有相应的禁止性规定。根据民法的基本原则,法律不禁止的民事行为,当事人双方可根据"意思自治"原则处理,只要不违反公共利益和善良风俗,就应认定该行为合法。而对赌协议作为一种特殊的协议,是当事人双方意思自治的结果,因此应当承认其合法性。

(2)对赌协议遵循了权利义务对等的原则。因为风投企业承担了一定的资本投资成本和机会成本,而被投资企业基于风投企业的投资获得了现金资源,取得了相应的利益。

(3)现实中出现的某些对赌协议已被市场所接受,例如东华合创增发、并购涉及的对赌协议被监管机构所认可。因此,应当承认对赌协议的合法性。

2. 否认对赌协议合法性一方的主要理由

(1)对赌协议不当地放大了股东的风险,同时违背了风险与利润对等的公平原则。

(2)某些对赌条款有变相借贷之嫌,有违股份公司股东同股同权地承担风险责任的基本原则。

(3)对赌协议造成实际控制人或控股股东股权的不稳定。

但令人遗憾的是,目前广泛应用的相当一部分对赌条款(还包括条款清单、补充协议中的特别条款)其实在法律效力上处于未生效、效力待定甚至无效状态。如果发生争议,将得不到或很有可能得不到法律的支持,风险投资人的基本利益也很难得到保障。

从目前的司法实践来看,最高人民法院对于"对赌第一案"(海富投资诉甘肃世恒对赌协议案)的判决在一定程度上肯定了对赌协议的效力。该案中,最高人民法院认为:《增资协议书》第 7 条第(二)项规定的业绩对赌条款,即如果世恒公司实际净利润低于 3 000 万元,则海富公司有权从世恒公司处获得补偿并约定了计算公式,使得海富公司的投资可以取得相对固定的收益,该收益脱离了世恒公司的经营业绩,损害了公司利益和公司债权人利益,根据《中华人民共和国公司法》第 20 条和《中华人民共和国中外合资经营企业法》第 8 条的规定认定《增资协议书》中的这部分条款无效,即认定企业作为对赌一方的相关对赌条款无效。但是最高人民法院确认了在《增资协议书》中,原股东迪亚公司与投资方海富公司之间对赌条款的效力,认为迪亚公司对于海富公司的补偿承诺并不损害公司及公司债权人的利益,不违反法律、法规的禁止性规定,是当事人的真实意思表示,是有效的。总结来说:

(1)在对赌的主体是投资方和目标企业的情况下,该对赌条款损害了公司及公司债权人的利益,违反《公司法》关于不得滥用股东权利损害公司及债权人利益的规定,结合《合同法》关于合同无效的规定,司法实践中认定该条款无效。

(2)在对赌的主体为投资方与原股东的情况下,对赌条款若为双方真实意思表示,不违反法律、法规的强制性规定,未损害公司及债权人利益,司法实践中确认其有效。

上海市第一中级人民法院在"上海瑞沨股权投资合伙企业与连云港鼎发投资有限公司等股权转让合同纠纷案"的判决中,确定了法院应根据尊重当事人意思自治、鼓励交易、维护公共利益、保障商事交易的过程正义等原则来确定"对赌条款"的法律效力。同时确定了对赌协议中的估值调整的标准本身(诸如经营业绩或上市等)并不会对对赌协议的效力产生影响,法院主要还是根据上述原则来进行评判。

(三)对赌协议和公司发行上市

1. 原则上申报上市材料前应该解除对赌协议并充分披露

私募股权投资对赌协议正成为 A 股 IPO 审核过程中的高压线。监管层目前正密切关注发行人存在的私募投资对赌协议问题,并要求保荐机构敦促发行人在上会之前须对私募投资对赌协议进行清理。监管层在 2018 年的保荐代表人培训中多次明确指出:对赌协议在上会前必须终止执行。具体而言,上市时间对赌、股权对赌协议、业绩对赌协议、董事会一票否决权安排、企业清算优先受偿协议五类私募股权投资对赌协议已成为 IPO 审核的禁区。在此政策要求下,部分发行人的私募投资对赌协议得到了有效的清理并成功过会。

事实上,并非所有的对赌协议对发行人 IPO 均构成实质性障碍。尤其是在新三板中,股转公司在结合实际情况的基础上,允许对赌协议的存在,但是需要满足监管要求。2016 年 8 月 8 日全国中小企业股份转让系统有限责任公司发布的《挂牌公司股票发行常见问题解答(三)——募集资金管理、认购协议中特殊条款、特殊类型挂牌公司融资》对认购协议中存在特殊条款的监管要求作出以下说明:"(一)认购协议应当经过挂牌公司董事会与股东大会审议通过。(二)认购协议不存在以下情形:1.挂牌公司作为特殊条款的义务承担主体。2.限制挂牌公司未来股票发行融资的价格。3.强制要求挂牌公司进行权益分派,或不能进行权益分派。4.挂牌公司未来再融资时,如果新投资方与挂牌公司约定了优于本次发行的条款,则相关条款自动适用于本次发行认购方。5.发行认购方有权不经挂牌公司内部决策程序直接向挂牌公司派驻董事或者派驻的董事对挂牌公司经营决策享有一票否决权。6.不符合相关法律法规规定的优先清算权条款。7.其他损害挂牌公司或者挂牌公司股东合法权益的特殊条款。"

不过,多数形式的私募投资对赌协议由于有损上市公司股权以及经营的稳定性,而导致 IPO 审核时"不被认可"。

对赌协议清理的最终结果是:发行人及其全体股东确认,各方未与任何主体签署或达成以发行人经营业绩、发行上市等事项作为标准,以发行人股权归属变动、股东权利优先性变动、股东权利内容变动等作为实施内容的有效的或将生效的协议或类似的对赌安排。

值得一提的是,部分发行人未对对赌协议进行充分披露,加大了监管层审核难度。监管层对于对赌协议本身是否完整、是否已经完全披露,比如对实践中确实存在未披露的代持问题等表现出特别关注。由于国内私募投资机构入股的价格相对较高,入股的同时承担了巨大的风险,使得一些私募投资机构不愿意放弃对赌协议,从而导致部分发行人隐瞒了对赌协议的实际情况。

2. 对赌协议中股权转让的特别问题

对于已经履行完毕或者申报前即将履行完毕的对赌协议,如果可能涉及特殊主体的股权转让,应予以特别关注,比如,涉及国有资产的,要关注是否得到国有资产管理部门的批准管理;涉及外国投资者的,要关注境外支付;涉及外资企业的,要关注商务部的审批问题。

3. 对赌协议履行中的税务问题

税务机关不一定认可对赌协议,在履行对赌协议低价转让股权时有可能被要求进行纳税调整,即视同按照正常评估价格进行股权转让,故而存在相应的税务风险。此问题相当重要,但是鉴于税务问题不在本章的研究范围之内,在此不赘述。

十九、股东人数问题

(一) 法律依据

(1)《公司法》于 2005 年修订前,对于募集设立股份有限公司的规定是:设立股份有限公司,应当有 5 人以上为发起人,其中须有过半数的发起人在中国境内有住所。国有企业改建为股份有限公司的,发起人可以少于 5 人,但应当采取募集设立方式。2005 年《公司法》修订后,规定设立股份有限公司的人数不得超过 200 人。

(2)《证券法》第 10 条规定:"公开发行证券,必须符合法律、行政法规规定的条件,并依法报经国务院证券监督管理机构或者国务院授权的部门核准;未经依法核准,任何单位和个人不得公开发行证券。有下列情形之一的,为公开发行:……(二)向特定对象发行证券累计超过二百人的……"因而股东人数超过 200 人的,可能涉嫌非法公开发行股票。

(3)《非上市公众公司监督管理办法》中明确规定,股票向特定对象发行或者转让导致股东人数累计超过 200 人且其股票未在证券交易所上市交易的股份有限公司,属于非上市公众公司,受到该法规的监管,其股票定向发行或转让导致股东人数累计超过 200 人的行为,须向证监会申请核准。

(4)《非上市公众公司监管指引第 4 号——股东人数超过 200 人的未上市股份有限公司申请行政许可有关问题的审核指引》规定:对于股东人数已经超过 200 人的未上市股份有限公司(以下简称 200 人公司),符合本指引规定的,可申请公开发行并在证券交易所上市、在全国中小企业股份转让系统(以下简称全国股份转让系统)挂牌公开转让等行政许可。对 200 人公司合规性的审核纳入行政许可过程中一并审核,不再单独审核。

(二) 一般标准

目前实务中对企业 IPO 过程中股东人数问题的一般标准是:发行人的实际股东人数不得超过 200 人。如存在以代持或间接持股的形式规避股东人数问题的,应穿透计算代持或持股平台实际权益人的人数。《非上市公众公司监管指引第 4 号——股东人数超过 200 人的未上市股份有限公司申请行政许可有关问题的审核指引》中指出:股份公司股权结构中存在工会代持、职工持股会代持、委托持股或信托持股等股份代持关系,或者存在通过"持股平台"间接持股的安排以致实际股东超过 200 人的,在依据本指引申请行政许可时,应当已经将代持股份还原至实际股东、将间接持股转为直接持股,并依法履行了相应的法律程序。强制还原或转为直接持股,意味着股东人数需要穿透计算。

代持的认定相对容易理解,对于持股平台,笔者认为,以下两种情况属于常见的持股平台:①企业用于员工激励成立的持股公司或合伙企业;②专门为投资发行而成立的投资公司或合伙企业。中介机构需结合股东的设立时间、设立目的、股权结构、经营情况,与发行人的实际控制人、董事、监事、高级管理人员及员工的关系等因素,对股东是否属于持股平台进行判断。

对于目前比较常见的私募基金股东而言,一般观点是不需要进行穿透计算,其依据是《非上市公众公司监管指引第 4 号——股东人数超过 200 人的未上市股份有限公司申请行政许可有关问题的审核指引》的规定:以私募股权基金、资产管理计划以及其他金融计划进行持股的,如果该金融计划是依据相关法律法规设立并规范运作,且已经接受证券监督管理机构监管的,可不进行股份还原或转为直接持股。上述规定仅限于股东人数不超过 200 人的公司在申请首次公开发行或全国中小企业股份转让系统挂牌时无须进行还原或转为直接持股,并不代表股东人数无须穿透计算。该问题的把握标准有待监管部门进一步明确。

(三) 例外情况

股东人数超过 200 人但不存在上市障碍的两种例外情况是:第一,2005 年《公司法》修订前设立的定向募集公司;第二,城市商业银行股东超过 200 人,如果形成过程不涉及违规并经过监管机构核准,不构成障碍。

新三板公司转 IPO 的股东人数问题对于在全国中小企业股份转让系统挂牌的公司,由于其属于非上市公众公司,适用《非上市公众公司监督管理办法》和《非上市公众公司监管指引第 4 号——股东人数超过 200 人的未上市股份有限公司申请行政许可有关问题的审核指引》的相关规定,其股票定向发行或转让导致股东人数累计超过 200 人的行为已经获得监管部门的批准,因而在 IPO 时不存在障碍。当然,中介机构需要对企业符合《非上市公众公司监管指引第 4 号——股东人数超过 200 人的未上市股份有限公司申请行政许可有关问题的审核指引》的相关要求进行论证:①公司依法设立且合法存续;②股权清晰;③经营规范;④公司治理与信息披露制度健全。

二十、被吊销营业执照企业的法定代表人任职问题

(一) 法律责任

有关被吊销营业执照企业的法定代表人任职资格的法律法规规定总结如下(见表3-34)。

表3-34 被吊销营业执照企业的法定代表人任职资格相关法律法规一览表

文件名称	内容
《公司法》第 146 条第 1 款第(四)项	担任因违法被吊销营业执照、责令关闭的公司、企业的法定代表人,并负有个人责任的,自该公司、企业被吊销营业执照之日起未逾 3 年,不得担任公司的董事、监事和高级管理人员。
《企业法人法定代表人登记管理规定》第 4 条第(五)、(六)项	担任因经营不善破产清算的企业的法定代表人或者董事、经理及因违法被吊销营业执照企业的法定代表人,负有个人责任的,自该企业破产清算完结或被吊销营业执照之日起未逾 3 年,不得担任法定代表人。

（续表）

文件名称	内容
国家工商行政管理总局《关于建立全国工商行政管理系统黑牌企业数据库的通知》	黑牌企业数据库由全国工商行政管理系统2001年1月1日以来吊销营业执照的企业信息汇总而成。具体数据包括企业名称、营业执照注册号、吊销原因（违法事实）、吊销依据、吊销日期和吊销机关，以及吊销企业法定代表人姓名及其身份证号码，投资人名称（姓名）及其营业执照注册号（身份证号码），2004年7月1日（含）以后吊销的企业是否注销。

（二）实务中对于被吊销营业执照企业的法定代表人的限制操作

企业营业执照被吊销后，对于其法定代表人任职资格的限制，工商部门有两种做法：

1.自动锁定

2005年国家工商行政管理总局发布了《关于建立全国工商行政管理系统黑牌企业数据库的通知》，要求各地工商局将被吊销企业的信息上传至总局，被吊销营业执照企业的法定代表人的身份信息也被录入该系统，实施全国联网共享。被列入到"黑名单"的法定代表人，其身份将被锁定，在3年内对其实施任职限制。

2.审查锁定

对于被吊销营业执照的企业的法定代表人，工商机关在对其实施任职限制前会进行告知，法定代表人提出审查申请的，工商机关经过审查认定后会告知法定代表人认定结果，对于被认定为须承担责任的法定代表人，工商机关实施任职限制，期限届满后由系统自动解除限制。该做法在实施任职限制之前设立了告知、审查及认定环节，但在操作上较为繁琐，实务中较少采用。

需要特别说明的是，企业营业执照被吊销后仍应当到有关部门办理相应的清算、注销手续，在办理完毕相关手续之前法定代表人无法在"黑名单"中解锁，因此，对于被吊销营业执照的企业，如果未按照法定程序办理注销手续，法定代表人任职资格限制的时间可能会超过3年。

（三）对于拟上市公司董事、监事、高级管理人员及实际控制人曾是被吊销营业执照公司的法定代表人且吊销时间未满3年的解决方法

根据法律法规的相关规定，未办理年检而被吊销营业执照的公司，其法定代表人应负有个人责任，但有一种例外情况，即"年检期间法定代表人无法正常履行职权"，也就是说法定代表人无法正常履行职权是免除责任的唯一理由。

因此，对于拟上市公司的董事、监事、高级管理人员及实际控制人存在曾经担任过被吊销营业执照公司的法定代表人而距吊销时间又未满3年的，实务中一般需要分三步处理：首先，举证证明年检期间该法定代表人无法正常履行职权；其次，由当地工商机关出具相关证明，证明该法定代表人对于企业未依法年检不负有个人责任；最后，由作出处罚的行政机关认定该处罚不是基于企业的"重大违法行为"。

二十一、国有企业职工持股的相关规定

国有企业职工持股问题相对复杂,既有政策的变动,又有每个企业的具体实际情况,此处不充分展开,仅从法规的角度分析(在具体案例中,应根据包括但不限于如下规定对具体案例进行逐项复核)。

表 3-35 国有企业职工持股规定一览表

文件名称	文号	针对事项	部分重要规定摘录
国务院办公厅转发国务院国有资产监督管理委员会《关于规范国有企业改制工作意见》的通知	国办发〔2003〕96号	参与限制	向本企业经营管理者转让国有产权方案的制订,由直接持有该企业国有产权的单位负责或其委托中介机构进行,经营管理者不得参与转让国有产权的决策、财务审计、离任审计、清产核资、资产评估、底价确定等重大事项,严禁自卖自买国有产权。
		资金来源	经营管理者筹集收购国有产权的资金,要执行《贷款通则》的有关规定,不得向包括本企业在内的国有及国有控股企业借款,不得以这些企业的国有产权或实物资产作标的物为融资提供保证、抵押、质押、贴现等。
		禁止条款	经营管理者对企业经营业绩下降负有责任的,不得参与收购本企业国有产权。
国务院办公厅转发国务院国有资产监督管理委员会《关于进一步规范国有企业改制工作实施意见》的通知	国办发〔2005〕60号	持股数量限制	国有及国有控股大型企业实施改制,应严格控制管理层通过增资扩股以各种方式直接或间接持有本企业的股权。为探索实施激励与约束机制,经国有资产监督管理机构批准,凡通过公开招聘、企业内部竞争上岗等方式竞聘上岗或对企业发展作出重大贡献的管理层成员,可通过增资扩股持有本企业股权,但管理层的持股总量不得达到控股或相对控股数量。
		参与限制	管理层成员拟通过增资扩股持有企业股权的,不得参与制订改制方案、确定国有产权折股价、选择中介机构,以及清产核资、财务审计、离任审计、资产评估中的重大事项。
		资金来源	管理层持股必须提供资金来源合法的相关证明,必须执行《贷款通则》的有关规定,不得向包括本企业在内的国有及国有控股企业借款,不得以国有产权或资产作为标的物通过抵押、质押、贴现等方式筹集资金,也不得采取信托或委托等方式间接持有企业股权。

(续表)

文件名称	文号	针对事项	部分重要规定摘录
		限制条款	存在下列情况之一的管理层成员，不得通过增资扩股持有改制企业的股权： (1) 经审计认定对改制企业经营业绩下降负有直接责任的； (2) 故意转移、隐匿资产，或者在改制过程中通过关联交易影响企业净资产的； (3) 向中介机构提供虚假资料，导致审计、评估结果失真，或者与有关方面串通，压低资产评估值以及国有产权折股价的； (4) 违反有关规定，参与制订改制方案、确定国有产权折股价、选择中介机构，以及清产核资、财务审计、离任审计、资产评估中重大事项的； (5) 无法提供持股资金来源合法相关证明的。
国务院国有资产监督管理委员会《关于规范国有企业职工持股、投资的意见》	国资发改革〔2008〕139号	持股限制	职工入股原则限于持有本企业股权。国有企业集团公司及其各级子企业改制，经国资监管机构或集团公司批准，职工可投资参与本企业改制，确有必要的，也可持有上一级改制企业股权，但不得直接或间接持有本企业所出资各级子企业、参股企业及本集团公司所出资其他企业股权。科研、设计、高新技术企业科技人员确因特殊情况需要持有子企业股权的，须经同级国资监管机构批准，且不得作为该子企业的国有股东代表。
		冲突解决方法	国有企业中已持有上述不得持有的企业股权的中层以上管理人员，自《关于规范国有企业职工持股、投资的意见》印发后1年内应转让所持股份，或者辞去所任职务。
国务院国有资产监督管理委员会关于实施《关于规范国有企业职工持股、投资的意见》有关问题的通知	国资发改革〔2009〕49号	转让限制	国有企业要从投资者利益出发，着眼于国有资产保值增值，结合企业发展战略，围绕主业，优先受让企业中层以上管理人员所持国有控股子企业股权，对企业中层以上管理人员持有的国有参股企业或其他关联企业股权原则上不应收购。企业中层以上管理人员所持股权不得向其近亲属，以及这些人员所有或者实际控制的企业转让。

（续表）

文件名称	文号	针对事项	部分重要规定摘录
国务院国有资产监督管理委员会、财政部、中国证券监督管理委员会关于印发《关于国有控股混合所有制企业开展员工持股试点的意见》的通知	国资发改革〔2016〕133号	企业类型	（1）主业处于充分竞争行业和领域的商业类企业。 （2）股权结构合理，非公有资本股东所持股份应达到一定比例，公司董事会中有非公有资本股东推荐的董事。 （3）公司治理结构健全，建立市场化的劳动人事分配制度和业绩考核评价体系，形成管理人员能上能下、员工能进能出、收入能增能减的市场化机制。 （4）营业收入和利润90%以上来源于所在企业集团外部市场。 中央企业二级（含）以上企业以及各省、自治区、直辖市及计划单列市和新疆生产建设兵团所属一级企业原则上暂不开展员工持股试点。违反国有企业职工持股有关规定且未按要求完成整改的企业，不开展员工持股试点。
		员工入股	员工范围：参与持股人员应为在关键岗位工作并对公司经营业绩和持续发展有直接或较大影响的科研人员、经营管理人员和业务骨干，且与本公司签订了劳动合同。 出资：员工入股应主要以货币出资，并按约定及时足额缴纳。员工以科技成果出资入股的，应提供所有权属证明并依法评估作价，及时办理财产权转移手续。 入股价格：员工入股价格不得低于经核准或备案的每股净资产评估值。国有控股上市公司员工入股价格按证券监管有关规定确定。 持股比例：员工持股比例应结合企业规模、行业特点、企业发展阶段等因素确定。员工持股总量原则上不高于公司总股本的30%，单一员工持股比例原则上不高于公司总股本的1%。企业可采取适当方式预留部分股权，用于新引进人才。国有控股上市公司员工持股比例按证券监管有关规定确定。 持股方式：持股员工可以个人名义直接持股，也可通过公司制企业、合伙制企业、资产管理计划等持股平台持有股权。通过资产管理计划方式持股的，不得使用杠杆融资。持股平台不得从事除持股以外的任何经营活动。

（续表）

文件名称	文号	针对事项	部分重要规定摘录
		转让限制	实施员工持股,应设定不少于 36 个月的锁定期。在公司公开发行股份前已持股的员工,不得在公司首次公开发行时转让股份,并应承诺自上市之日起不少于 36 个月的锁定期。锁定期满后,公司董事、高级管理人员每年可转让股份不得高于所持股份总数的 25%。
财政部、科技部、国务院国有资产监督管理委员会关于印发《国有科技型企业股权和分红激励暂行办法》的通知	财资〔2016〕4 号	企业类型	国有科技型企业,是指中国境内具有公司法人资格的国有及国有控股未上市科技企业(含全国中小企业股份转让系统挂牌的国有企业、国有控股上市公司所出资的各级未上市科技子企业),具体包括: (1)国家认定的高新技术企业。 (2)转制院所企业及所投资的科技企业。 (3)高等院校和科研院所投资的科技企业。 (4)纳入科技部"全国科技型中小企业信息库"的企业。 (5)国家和省级认定的科技服务机构。
		激励对象	激励对象为与本企业签订劳动合同的重要技术人员和经营管理人员,具体包括: (1)关键职务科技成果的主要完成人,重大开发项目的负责人,对主导产品或者核心技术、工艺流程做出重大创新或者改进的主要技术人员。 (2)主持企业全面生产经营工作的高级管理人员,负责企业主要产品(服务)生产经营的中、高级经营管理人员。 (3)通过省、部级及以上人才计划引进的重要技术人才和经营管理人才。 企业不得面向全体员工实施股权或者分红激励。 企业监事、独立董事不得参与企业股权或者分红激励。
		股权激励	激励股权来源: (1)向激励对象增发股份。 (2)向现有股东回购股份。 (3)现有股东依法向激励对象转让其持有的股权。 激励总额限制: 大型企业的股权激励总额不超过企业总股本的 5%;中型企业的股权激励总额不超过企业总股本的 10%;小、微型企业的股权激励总额不超过企业总股本的 30%,且单个激励对象获得的激励股权不得超过企业总股本的 3%。

(续表)

文件名称	文号	针对事项	部分重要规定摘录
			转让限制： 　　股权激励的激励对象，自取得股权之日起，5年内不得转让、捐赠，特殊情形按以下规定处理： 　　(1)因本人提出离职或者个人原因被解聘、解除劳动合同，取得的股权应当在半年内全部退回企业，其个人出资部分由企业按上一年度审计后净资产计算退还本人。 　　(2)因公调离本企业的，取得的股权应当在半年内全部退回企业，其个人出资部分由企业按照上一年度审计后净资产计算与实际出资成本孰高的原则返还本人。 　　在职激励对象不得以任何理由要求企业收回激励股权。
		分红激励	激励标准： 　　企业实施项目收益分红，应当依据《中华人民共和国促进科技成果转化法》，在职务科技成果完成、转化后，按照企业规定或者与重要技术人员约定的方式、数额和时限执行。 　　企业未规定、也未与重要技术人员约定的，按照以下标准执行： 　　(1)将该项职务科技成果转让、许可给他人实施的，从该项科技成果转让净收入或者许可净收入中提取不低于50%的比例； 　　(2)利用该项职务科技成果作价投资的，从该项科技成果形成的股份或者出资比例中提取不低于50%的比例； 　　(3)将该项职务科技成果自行实施或者与他人合作实施的，应当在实施转化成功投产后连续3至5年，每年从实施该项科技成果的营业利润中提取不低于5%的比例。 分红限制： 　　激励对象获得的岗位分红所得不高于其薪酬总额的2/3。激励对象自离岗当年起，不再享有原岗位分红权。
国务院国有资产监督管理委员会《关于在部分中央企业开展分红权激励试点工作的通知》	国资发改革〔2010〕148号	企业类型	(1)注册于中关村国家自主创新示范区内中央企业所属高新技术企业、院所转制企业及其他科技创新型企业(以下简称试点企业)。上市公司及已实施股权激励的企业暂不参与分红权激励试点。

第三章　主体资格　107

（续表）

文件名称	文号	针对事项	部分重要规定摘录
			（2）试点企业应当制订明确的发展战略，主业突出、成长性好，内部管理制度健全；人事、劳动、分配制度改革取得积极进展；具有发展所需的关键技术、自主知识产权和持续创新能力。 （3）实施岗位分红权的试点企业近3年研发费用占企业年销售收入比例均在2%（含）以上，且研发人员人数不低于在岗职工总数的10%。
		激励方式	试点企业实施分红权激励，主要采取岗位分红权和项目收益分红两种方式。 　　（1）岗位分红权激励：企业实施重大科技创新和科技成果产业化的，可以实施岗位分红权激励，按照岗位在科技成果产业化中的重要性和贡献，相应确定激励总额和不同岗位的分红标准。 　　适用企业：岗位序列清晰、岗位职责明确、业绩考核规范的大中型企业（含中央企业所属的科研事业单位）。 　　激励对象：原则上限于在科技创新和科技成果产业化过程中发挥重要作用的企业核心科研、技术人员和管理骨干。激励对象应当在该岗位上连续工作1年以上。根据企业的行业特点和人才结构，参与岗位分红权激励的激励对象原则上不超过本企业在岗职工总数的30%。 　　限制：企业年度岗位分红权激励总额不得高于当年税后利润的15%，激励对象个人岗位分红权所得不得高于其薪酬水平与岗位分红之和的40%。离开激励岗位的激励对象自离岗当年起，不得享有原岗位分红权。 　　（2）项目收益分红激励：企业通过自行投资、合作转化、作价入股、成果转让等方式实施科技成果产业化，可以科技成果产业化项目形成的净收益为标的，采取项目收益分成方式对激励对象实施激励。 　　激励对象：科技成果项目的主要完成人，重大开发项目的负责人，对主导产品或者核心技术、工艺流程作出重大创新或改进的核心技术人员，项目产业化的主要经营管理人员。

（续表）

文件名称	文号	针对事项	部分重要规定摘录
			限制：激励对象个人所获激励原则上不超过激励总额的30%。
		持股限制	试点企业不得面向全体员工实施分红权激励。中央企业负责人暂不纳入分红权激励范围。企业监事、独立董事、企业控股股东单位的经营管理人员不得参与试点企业的分红权激励。

二十二、"产学研"问题

（一）重点关注的问题

对于有高校背景及"产学研"合作关系的发行人，监管部门重点关注如下法律问题：

1. 核心高级管理人员兼职问题

公司核心人员在高校兼职是否与担任公司职务冲突，是否影响公司独立性，公司人员是否独立。

2. 合作研发技术成果归属

公司与其他科研机构合作研发的具体过程，形成的技术成果及知识产权的权属约定，技术成果对公司经营的作用，以及校企共有技术对公司经营的影响。

3. 核心技术的独立性问题

公司的核心技术是否为公司独立研发，是否为高校教师的职务技术成果，是否对高校存在重大依赖，公司核心技术是否存在纠纷或潜在的纠纷。

（二）初步解决思路

（1）发行人和高校签署框架性的《产学研合作协议》，通过协议，明确约定校企人员兼职、技术合作范围、技术合作的方式、科研经费分配及费用承担、技术成果归属、知识产权申请、发行人的优先权等方面的内容。

（2）高校出具确认函或签署相关协议，支持发行人上市，对其教师在公司历史上形成的技术成果进行确认。

（3）对部分教师兼职行为的合法性进行论述。《关于积极发展、规范管理高校科技产业的指导意见》规定，各高校要制定相关政策，鼓励科研人员和教职工积极参与科技成果转化和产业化工作。要在学校和产业之间建立开放的人员流动机制。高校可根据实际需要向企业委派技术骨干和主要管理人员，这部分人员仍可保留学校事业编制。国务院《关于印发实施〈中华人民共和国促进科技成果转化法〉若干规定的通知》规定，高等院校科技人员在履行岗位职责、完成本职工作的前提下,经征得单位同意,可以兼职到企业等从事科技成果转化活动,或者离岗创业。科技部、教育部《关于充分发挥高等学校科技创新作用的若干意见》规定,鼓励和支持高校师生兼职创业,处理好相关的知识产权、股权分配等问题,处理好兼职创业与正常教学科研的关系。

(4)核心人员尽早从高校辞职,在公司专职任职。

(5)重点论述发行人在人员、技术方面的独立性和知识产权方面的合法性。

二十三、工商登记效力问题

公司登记行为属于依申请的行政行为,行政机关在行政许可程序中仅对申请人提供的相关材料是否符合法定条件进行判定,作出准予登记或不予登记的决定。因此,只要申请人提交的材料符合《公司法》及《中华人民共和国公司登记管理条例》所规定的公司登记条件,工商局就应当予以公司登记;申请人应当对申请文件、材料的真实性负责。工商登记材料不涉及实质性审查,工商局不具有确认权利归属或法律关系的裁量权。工商登记材料只能起到一定程度的证明、参考、指引作用,不能成为认定权利、确认合法性、确保不存在争议的唯一证据。综上所述,工商登记只能起到"证权"的作用,不能起到"设权"的作用。一般意义上,除非涉及国有资产或外资,需要经前置批准才能生效,如果没有特殊约定,涉及股权的法律文件签署即生效。但因为上市强调"股权清晰",因此必须保证工商登记记载的股东与实际股东完全一致。

二十四、三类股东

三类股东,通常是指"资产管理计划、信托计划、契约性基金",一般结构如图3-1所示。

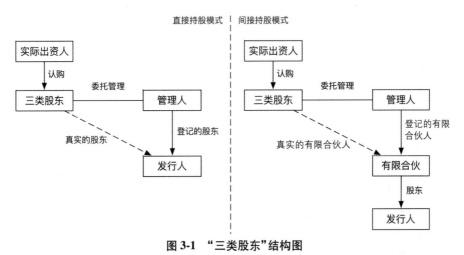

图3-1 "三类股东"结构图

鉴于三类股东在法律关系上存在委托管理人代持股份/份额的情形,并且三类股东的实际出资人出资和变动情况较难通过公示途径查询,拟上市公司如存在三类股东,较难核实其股权的清晰稳定和是否存在重大权属纠纷。而且,还可能产生衍生股份代持、股东不适格、关联关系和关联交易难核实、利益输送、短线交易、变相突破限售等问题。因此,拟上市公司的直接或间接股东中如存在三类股东,一般在公司申请上市之前需要通过控股股东或实际控制人回购股权、转让给其他方等方式进行"清理"。

但公司申请上市,并非绝对不能存在三类股东,有条件的允许存在三类股东的主要要求如下:

(1)三类股东本身需合法合规:一是依法设立,并完成了相关的核准、备案等手续;二是日常运营中合法合规。

(2)实际出资人可以穿透核查,需满足发行人股权清晰稳定并不存在重大权属纠纷的要求:一是需要满足股东适格性的要求;二是实际出资人变动的情况真实合法;三是实际出资人和拟上市公司的控股股东、实际控制人、董事、监事、高级管理人员和其他核心人员不存在关联关系;四是出资的资金来源合法合规,不存在权属纠纷;五是不存在委托代持或其他代他人持有的安排。

(3)关注三类股东及实际出资人,及其对外投资的其他企业,是否与拟上市公司及其供应商和客户等存在关联交易或资金往来,是否存在利益输送。

(4)三类股东的持股比例不宜超过5%,即不宜成为拟上市公司的主要股东。一般证监会等监管部门对非主要股东的核查标准较为宽松。

(5)持股结构:采用间接持股模式较为常见,直接持股模式尚未有相关案例,不建议三类股东直接成为拟上市公司的直接股东,结构越简单越好。

(6)资管计划,尤其是公募基金子公司和持牌金融机构担任管理人的资管计划获得证监会的认可度最高,同样受证监会管辖的契约型基金也较易获得认可,但是受银监会监管的信托计划能否得到证监会的认可,存在较大的不确定性。

(7)三类股东取得拟上市公司股权的程序合法合规。

(8)合法合规的三类股东,可不进行股份还原或转为直接持股,但须做好相关的信息披露。如果需要还原股份,则拟上市公司穿透后的股东人数应合计不超过200人。

2018年1月,证监会在其官方发布的"新闻发布会问答环节"明确了新三板挂牌企业申请IPO时存在"三类股东"的监管政策,具体如下:

一是基于《证券法》《公司法》和《首发管理办法》的基本要求,公司的稳定性与控股股东、实际控制人的明确性是基本条件,为保证拟上市公司的稳定性、确保控股股东履行诚信义务,要求公司控股股东、实际控制人、第一大股东不得为三类股东。

二是鉴于目前管理部门对资管业务正在规范过程中,为确保三类股东依法设立并规范运作,要求其已被纳入金融监管部门有效监管范围。

三是为从源头上防范利益输送行为,防控潜在风险,从严监管高杠杆结构化产品和层层嵌套的投资主体,要求存在上述情形的发行人提出符合监管要求的整改计划,并对三类股东作穿透式披露,同时要求中介机构对发行人及其利益相关人是否直接或间接在三类股东中持有权益进行核查。

四是为确保能够符合现行锁定期和减持规则,要求三类股东对其存续期作出合理安排。

发行人及中介机构对于三类股东的核查及披露应注意以下方面:

第一,中介机构应核查确认公司控股股东、实际控制人、第一大股东不属于三类股东。

第二,中介机构应核查确认发行人的三类股东依法设立并有效存续,已纳入国家金融监管部门有效监管,并已按照规定履行审批、备案或报告程序,其管理人已依法注册登记。

第三,发行人应根据《关于规范金融机构资产管理业务的指导意见》披露三类股东相关过渡期安排,以及相关事项对发行人持续经营的影响。中介机构应当对前述事项核查并发表明确意见。

第四,发行人应当按照首发信息披露准则的要求对三类股东进行信息披露。中介机构应对控股股东、实际控制人、董事、监事、高级管理人员及其近亲属,本次发行的中介机构及其签字人员是否直接或间接在三类股东中持有权益进行核查并发表明确意见。

第五,中介机构应核查确认三类股东已作出合理安排,可确保符合现行锁定期和减持规则要求。①

二十五、私募股东

拟上市公司引进私募基金不是必经程序,但一般在上市申报前,企业出于资金需求或引入资源等原因,均会引入私募基金投资机构。企业 IPO 主要关注如下与私募基金投资机构相关的事项。

(一)信息披露

对拟上市公司中的私募基金,披露的最基本信息包括:持股时间、持股方式、持股比例、普通合伙人及有限合伙人的基本信息。但是关于私募基金的普通合伙人及有限合伙人是否披露到终极自然人或国务院国有资产监督管理委员会等,没有明确的法律规定,各案例操作也不尽一致,但一般均会进行穿透核查并存留相关底稿。

---

① 参见《首发业务若干问题解答(一)》问题 6。

(二) 私募基金的合法合规性

证监会要求中介机构需核查公司的机构股东是否为私募基金,如是,需核查是否已经履行了相关的登记备案程序,即在公司 IPO 申报前已经完成了备案工作;如不是,需说明具体的认定原因。一般根据如下核心要素(见表 3-36)认定公司的机构股东是否为私募基金。

表 3-36 私募基金核心要素认定表

核心要素	私募基金	其他机构
资金来源	以非公开方式向投资人募集资金。	企业自有资金。
目的	以投资活动为目的,一般经营范围包含"投资管理"等字样,对外投资较多。	主营业务一般为投资管理之外的业务,对外投资系业务发展需要。
管理	基金管理人管理,收取管理费、利润分红、绩效薪酬等。	企业自我管理。
组织形式	一般是有限合伙,普通合伙人一般是有限公司或有限合伙。	一般是有限公司,如果是有限合伙,普通合伙人一般是自然人。
合伙人人数	合伙人的人数一般较多。	如是合伙企业,合伙人数一般较少。
合伙人关系	一般无关联关系。	一般为亲属或朋友。

(三) 穿透核查

在 IPO 的审核中,"穿透核查"的审核标准一直没有明确的规定,一般认为如果拟上市公司中存在机构投资者,需要至少"对于发行人机构投资者的股权结构予以披露"和"核查是否存在规避未经核准向特定对象发行证券累计超过 200 人的情形"。

因此,中介机构均需穿透核查拟上市公司的机构股东,从而得出相关股东属于如下情况之一:一是无须穿透核查并合并计算投资者人数的私募基金;二是需要穿透核查并合并计算投资者人数的持股平台;三是其他机构股东。

(四) 国有股东认定

存在国有性质主体参与的合伙制私募基金在被投资企业 A 股上市时,合伙制私募基金是否被认定为国有股东,直接关系到是否需要履行国有股管理手续和国有股转持义务,意义重大。

1.国有股东认定的主要相关法律法规见表3-37。

表3-37 国有股东认定的主要相关法律法规表

文件名称	相关条文
《中华人民共和国企业国有资产法》	第5条规定:"本法所称国家出资企业,是指国家出资的国有独资企业、国有独资公司,以及国有资本控股公司、国有资本参股公司。"
国务院关于印发《划转部分国有资本充实社保基金实施方案》的通知	划转范围。将中央和地方国有及国有控股大中型企业、金融机构纳入划转范围。公益类企业、文化企业、政策性和开发性金融机构以及国务院另有规定的除外。
《企业国有资产交易监督管理办法》	第4条规定:"本办法所称国有及国有控股企业、国有实际控制企业包括:(一)政府部门、机构、事业单位出资设立的国有独资企业(公司),以及上述单位、企业直接或间接合计持股为100%的国有全资企业;(二)本条第(一)款所列单位、企业单独或共同出资,合计拥有产(股)权比例超过50%,且其中之一为最大股东的企业;(三)本条第(一)、(二)款所列企业对外出资,拥有股权比例超过50%的各级子企业;(四)政府部门、机构、事业单位、单一国有及国有控股企业直接或间接持股比例未超过50%,但为第一大股东,并且通过股东协议、公司章程、董事会决议或者其他协议安排能够对其实际支配的企业。"
国务院国有资产监督管理委员会关于施行《上市公司国有股东标识管理暂行规定》有关问题的函	持有上市公司股份的下列企业或单位应按照《上市公司国有股东标识管理暂行规定》(国资发产权〔2007〕108号)标注国有股东标识: (1)政府机构、部门、事业单位、国有独资企业或出资人全部为国有独资企业的有限责任公司或股份有限公司。 (2)上述单位或企业独家持股比例达到或超过50%的公司制企业;上述单位或企业合计持股比例达到或超过50%,其中之一为第一大股东的公司制企业。 (3)上述(2)中所述企业连续保持绝对控股关系的各级子企业。 (4)以上所有单位或企业的所属单位或全资子企业。

2.私募机构是否属于国有股东的实践分析

虽然上述相关法律法规规定并未提及合伙企业,但为慎重起见,实务中倾向于不直接仅依据私募机构组织形式是合伙企业而认定其不属于国有股东。

同时,对有限合伙制私募机构是否属于国有股东的认定标准不明确,不同地方的国资监管部门的做法也不一致,而有限合伙制私募机构中包含国有成分的情形非常多,因此,建议认定有限合伙制私募机构是否属于国有股东,应征询主管部门的意见。

一般情况下,对于普通合伙人是国有独资或国有控股,或国有独资或国有控股的有限合伙人单一或合计持有份额比例大于50%的私募机构,基于普通合伙人对合伙企业具有绝对的控制权和持有份额比例考虑,倾向于认定为国有股东;对于普通合伙人不属于国有独资或国有控股企业,有限合伙人中国有独资或国有控股单一或合计持有的份额比例低于50%,倾向于认定为非国有股东。

(五)特殊约定条款

实践中,私募投资企业一般会在投资时与拟上市公司和/或其股东签署投资协议,特别约定对赌条款、业绩补偿条款、公司治理条款等。鉴于公司申请上市需要满足发行人股权清晰稳定并不存在重大权属纠纷、公司治理机制健全等要求,在公司申报IPO前,一般最晚在向主管证监局报送辅导验收前,会签署补充协议提前终止特殊约定,未来如果公司撤回上市申请材料或上市被否决,则特殊约定自动恢复法律效力。

二十六、股权代持

股权代持又称委托持股、隐名投资、股权挂靠,是指实际出资人(即被代持人)与名义出资人(即代持人)以协议或其他形式约定,由名义股东以其自己名义代实际出资人履行股东权利和义务,由实际出资人履行出资义务并享有权益的一种权利义务安排。股权代持关系具有隐秘性、复杂性,虽然最高人民法院《关于适用〈中华人民共和国公司法〉若干问题的规定(三)》第25条已经从法律层面肯定了股权代持协议的效力,但股权代持问题对于拟IPO企业来说仍然属于资本运作的一项法律障碍,是证监会及其他监管机构必定核查的问题之一,需要进行清理和规范。

对于股权代持清理的必要性,主要涉及的法律法规是《首发管理办法》第13条和《创业板管理办法》第15条,即发行人的股权清晰,控股股东和受控股股东、实际控制人支配的股东持有的发行人股份不存在重大权属纠纷。另外,上市公司在进行重大资产重组时也必须清理股权代持问题,《上市公司重大资产重组管理办法》第11条规定:"上市公司实施重大资产重组,应当就本次交易符合下列要求作出充分说明,并予以披露:……(四)重大资产重组所涉及的资产权属清晰,资产过户或者转移不存在法律障碍,相关债权债务处理合法……"

由此可见,股权清晰是公司IPO以及上市公司实施重大资产重组的条件之一。

(一)监管机构的审核要点

股权代持具有隐秘性,未经充分尽职调查或核查,股权代持关系的形成、演变及解除过程难以被他方完整掌握,若显名股东和隐名股东之间产生分歧或善意第三人介入,则会存在权属纠纷或潜在纠纷的可能性;另外,股权代持关系的存续期内,很有可能在历史沿革中存在多次增资、减资、股权转让等影响股权结构的事项,掺杂着委托持股、瑕疵出资等特殊情形,因此,证监会对股权代持关系的清理和规范问题格外关注。

总体来说,监管机构对股权代持问题的审核要点主要围绕以下方面:

（1）历史沿革中历次股权代持形成的真实原因及合理性，代持关系是否真实；

（2）规范委托持股的过程是否真实、合法、有效，是否存在纠纷或潜在纠纷；

（3）目前公司股权权属是否清晰。

（二）律师核查与清理股权代持的实务要点

律师在核查与清理股权代持时应注意以下要点（见表3-38）。

表3-38 股权代持核查与清理的实务要点分析

核查要点		核查对象与方法
阶段	具体内容	
股权代持行为的形成	股权代持形成的原因	（1）需要对发行人/标的公司、实际出资人和名义出资人进行访谈，了解委托持股形成的原因，并取得其书面确认。 （2）需获取实际出资人的简历（针对自然人）情况（包括学历及专业背景、主要任职经历、相关亲属关系情况等）、工商登记资料（针对非自然人）情况，以进一步判断经访谈确认的原因的合理性。 （3）需分析委托持股发生时的法律法规之规定，对委托持股形成的原因及其合法合规性有更清晰的了解。比如有的公司历史上存在股权代持情形的主要原因系因《公司法》对有限责任公司股东人数50人的上限规定，为激励员工而选择了股权代持。
	被代持人身份适格性	（1）访谈了解被代持人简历基本情况，包括学历及专业背景、主要任职经历等，并了解其相关亲属关系情况，以判断被代持人是否存在因被代持人身份不合法而不能直接持股的情形。法律法规规定的不得对企业出资、成为企业股东的情形如下：①在政府部门或其他参照公务员管理的单位担任党政领导干部、公务员的人员（含高等学校党政领导干部）；②军人；③国有企业领导干部；④违背竞业禁止规定的人员；⑤外籍人士或机构（国家规定了外商投资准入负面清单；中外合资、合作企业的中方代表不得为自然人；境外主体并购境内企业股权应取得有权商务部门核准）；⑥发行人的主要客户或供应商。发行人的主要客户或供应商通过股权代持方式成为发行人的实际股东，容易造成关联方非关联化，关联交易非关联化，可能引起利益输送等问题，不符合《首发管理办法》规定的披露要求。但是发行人的主要客户或供应商担任发行人股东又非禁止性规定，从隐名股东变为显名股东后，只要充分披露关联关系、关联交易的必要性及公允性，并履行关联交易的决策程序，亦符合证监会的审核要求。 （2）针对具有可疑身份的实际出资人进行具体分析，但鉴于法律法规规定的不得对企业出资、成为企业股东的情形往往有限定前提，或对主体资格进行明确限定，因此，当实际出资人具有可疑身份时不可直接否定，而要充分论证，谨慎核查。

(续表)

核查要点		核查对象与方法
阶段	具体内容	
	代持的合法合规性	(1) 在因代持人存在身份和资格限制性规定的情况下,有关代持的合法合规性通常与被代持人的身份适格性相关联,如律师无法论证实际出资人可以通过委托持股的方式参与企业投资,则合法合规性就难以解释。律师需要通过走访相关公安局或派出所、法院等部门及原(现)任职单位及主管单位的方式,了解违法违规、刑事处罚情况。同时,实务操作中一般也要求实际股东出具相关承诺函,确认其不存在被行政处罚、刑事处罚的情况,且不存在重大涉诉事项等。 (2) 在股东人数不符合《公司法》规定的情况下,根据已有案例主要存在以下两种解决方案:第一,仅说明存在瑕疵,然后通过股权代持的清理说明股权清晰、股权不存在重大权属纠纷;第二,援引《中华人民共和国行政处罚法》第 29 条第 1 款的规定,"违法行为在二年内未被发现的,不再给予行政处罚",论证该瑕疵已超过两年,且未被工商行政主管部门予以处罚,从而该法律瑕疵对公司不构成不利影响。 (3) 若与外商投资相关,例如境外主体委托境内主体持股,则律师需要核查所投资主体经营的相关业务是否属于外商投资允许或鼓励类产业,如属于该等类型的产业,需要注意在通过股权转让方式进行股权还原时,委托持股方应依据《关于外国投资者并购境内企业的规定》的规定,就股权并购事宜取得有权商务部门的核准,并对拟收购股权进行评估;如属于限制或禁止外商投资的产业,则存在重大法律风险。 (4) 对于是否存在利用代持规避纳税义务的情形,是否存在相关纳税风险这一问题,主要有以下核查手段:①发行人向当地主管税务机关递交了公司历史沿革中历次股权转让情况的书面报告,包含历次股权转让的价格、相关转让原因背景说明、所涉委托持股关系形成与终止情形等详细情况,税务主管机关出具了《税务违法违规状况证明》,确认未发现公司实际控制人(被代持人)有税务违法违规记录。②发行人、发行人的实际控制人、相关自然人转让方出具声明,发行人的自然人股东未收到任何税务机关就公司历史沿革中曾存在的委托持股及其终止情形所涉股权转让事项发出的重新核定股权转让收入的通知,或者其因股份(权)转让所涉个人所得税欠缴而被稽查的税务通知或税务行政处罚决定。③就历次股权转让(包含解除股权代持涉及的股权转让)的纳税情况予以充分披露,说明实际控制人已就其受委托持股人对外进行的股权转让按相关规定缴纳个人所得税,不存在利用委托持股规避纳税义务的情形,发行人及发行人的实际控制人不存在因历史上委托持股关系被追缴税款或处以行政处罚而对发行人本次发行上市造成实质性障碍的情形。

(续表)

核查要点		核查对象与方法
阶段	具体内容	
股权代持的演变	代持情况的真实性	（1）查阅显名股东和隐名股东之间是否签署代持协议及代持协议的内容，明确是否存在明确的代持与被代持关系，并进行访谈确认。 （2）查明代持股权的出资来源，若资金来源存在借贷关系，还需要对借款人进行访谈，并明确借款人对代持股权不存在争议或权利主张。 （3）核查代持人是否实际享有股东权益。需要关注：①代持期间，是否实施过分红以及分红的实际受益人是否为被代持人；②代持期间，股东会审议事项的表决及签署是否取得被代持人的授权；③代持人在公司经营过程中是否投入资产、设备、资金或派驻相关人员。
股权代持的演变	法律程序完备性	为明确股权代持的演变过程，律师需对代持人和被代持人进行访谈，并结合相关公司内部决议文件、增资协议、股权转让协议、股东名册、增资价款/股权转让价款支付凭证等材料，对公司股权代持情况进行梳理，并由相关股东对实际持股及代持股情况进行书面确认，最好将相关访谈记录或声明进行签字公证。
股权代持的演变	具体演变过程	
股权代持的解除	解除过程的保障性	股权代持的解除方式主要分为三种：一是代持人将所代持的股权转让给被代持人或其控制的主体（无偿），进行股权还原；二是被代持人将实际出资额转让给代持人（有偿），使名义股东成为实际股东；三是代持人将所代持的股权转让给被代持人指定的主体（有偿），通常情况下，代持人从指定股权受让主体取得股权转让价款后，再转付给被代持人。需要注意的是，第一种、第三种方式类似于股东对外转让股权，需要履行有限公司内部决议程序，其他股东有优先购买权，且在第三种方式下，如以取消股权代持为目的，代持人需要取得被代持人的指示，否则受让方可能构成善意取得，代持人可能构成无权处分。 在解除股权代持时，最好签署解除协议，双方对委托持股的变化过程进行确认，并明确解除事宜或相应后续安排。需要注意的是，签署股权代持解除协议并不以之前签有股权代持协议为前提，相较而言，在解除股权代持时签署解除协议并进行公证的做法更加有保障。
股权代持的解除	代持清理的彻底性	关于股权代持是否清理彻底的问题，目前比较惯常的做法是，发行人目前所有股东均出具书面承诺，确认其为公司实际股东和最终持有人，所持公司股份权属完整，没有质押、冻结、重大权属纠纷或其他限制性第三人权利，股东权利行使没有障碍和特别限制，不存在委托持股、信托持股或其他类似安排的情形。

二十七、职工持股会或工会

对于历史沿革中曾存在工会、职工持股会持股情形的，发行人及中介机构应从以下方面进行规范和核查。

考虑到发行条件对发行人股权清晰、控制权稳定的要求,发行人控股股东或实际控制人存在职工持股会或工会持股情形的,应当予以清理。

对于间接股东存在职工持股会或工会持股情形的,如不涉及发行人实际控制人控制的各级主体,发行人不需要清理,但应予以充分披露。

对于工会或职工持股会持有发行人子公司股份,经保荐机构、发行人律师核查后认为不构成发行人重大违法违规的,发行人不需要清理,但应予以充分披露。①

二十八、人数较多自然人股东的核查要求

对于历史沿革中曾存在自然人股东人数较多情形的,保荐机构、发行人律师应当核查历史上自然人股东入股、退股(含工会、职工持股会清理等事项)是否按照当时有效的法律法规履行了相应程序,入股或股权转让协议、款项收付凭证、工商登记资料等法律文件是否齐备,并抽取一定比例的股东进行访谈,就相关自然人股东股权变动的真实性、所履行程序的合法性,是否存在委托持股或信托持股情形,是否存在争议或潜在纠纷发表明确意见。对于存在争议或潜在纠纷的,保荐机构、发行人律师应对相关纠纷对发行人股权清晰稳定的影响发表明确意见。发行人以定向募集方式设立股份公司的,中介机构应以有权部门就发行人历史沿革的合规性、是否存在争议或潜在纠纷等事项的意见作为其发表意见的依据。②

第三节 实际控制人

一、确定实际控制人的意义

关于实际控制人的认定问题,是实务中的难点之一,在监管部门的反馈意见中,实际控制人的认定与出资、历史沿革、独立性、持续盈利能力等均是最常见的问题,其难度首先在于法律规定的不明确、法律规定和实务操作的冲突;其次在于实际控制人的认定问题"兹事体大",提出此问题和要求的主要出发点是保持报告期内和可预期未来股权、公司控制权相对稳定,直接相关业绩是否可以连续计算、股份锁定、法人治理结构、公司历史沿革等重大问题,因此各方都非常重视;最后是因为股东变动较为常见,公司治理的权力制衡形式多种多样,难以一言以蔽之。

二、实际控制人和控股股东的含义和解释

表3-39列举了相关法律法规有关控股股东和实际控制人的定义,并进行了分析说明。

---

① 参见《首发业务若干问题解答(一)》问题2。
② 参见《首发业务若干问题解答(一)》问题2。

第三章 主体资格 119

表 3-39 控股股东和实际控制人法律定义对照表

依据	控股股东	备注	实际控制人	分析说明
《公司法》	控股股东，是指其出资额占有限责任公司资本总额50%以上或者其持有的股份占股份有限公司股本总额50%以上的股东；出资额或者持有股份的比例虽然不足50%，但依其出资额或者持有的股份所享有的表决权已足以对股东大会、股东会的决议产生重大影响的股东。	分为"绝对控股"和"相对控股"两种。"相对控股"，一般而言，应该反证被证据或者持股东目无相反证据或者持股30%以上，或者能决定董事会半数人选，但无定论。	虽不是公司的股东，但通过投资关系、协议或者其他安排，能够实际支配公司行为的人。	强调"不是公司的股东"，但此点在上市实践中已经被突破；另有一种见解认为，上述情况两个不同层面得出的不同定义，所以并不矛盾，也无突破可言。类似情况下的突破也有案例：如把"公司"解释为"合并报表范围内的公司"，把"未分配利润"解释为"看合并报表"。不能确定的是解释权利的来源问题。
《上市公司章程指引》	控股股东，是指其持有的普通股（含表决权恢复的优先股）占公司股本总额50%以上的股东；持有股份的比例虽然不足50%，但依其持有的股份所享有的表决权已足以对股东大会的决议产生重大影响的股东。	同《公司法》的规定。	虽不是公司的股东，但通过投资关系、协议或者其他安排，能够实际支配公司行为的人。	同《公司法》的规定。
《上海证券交易所上市公司控股股东、实际控制人行为指引》	控股股东，是指其持有公司股份占公司股本总额50%以上的股东；或其持有股份的比例虽然不足50%，但依其表决权已足以对股东大会所享有的股份所享有的决议产生重大影响的股东。	同《公司法》的规定。	虽不是公司股东，但通过投资关系、协议或者其他安排，能够实际控制、影响公司行为的人。	同《公司法》的规定。

(续表)

依据	控股股东	备注	实际控制人	分析说明
《深圳证券交易所股票上市规则》	控股股东,指其持有的股份占公司股本总额50%以上的股东;或者持有股份的比例虽然不足50%,但依其持有的股份所享有的表决权已足以对股东大会的决议产生重大影响的股东。	同《公司法》的规定。	通过投资关系、协议或者其他安排,能够实际支配公司行为的自然人、法人或者其他组织。	不再强调"不是公司股东",相似乎认可了"控股股东"同时为公司实际控制人的可能性。
《深圳证券交易所创业板股票上市规则》	控股股东,指其持有的股份占公司股本总额50%以上的股东;或者持有股份的比例虽然不足50%,但依其持有的股份所享有的表决权已足以对股东大会的决议产生重大影响的股东。	同《公司法》的规定。	虽不是公司的控股股东,但通过投资关系、协议或者其他安排,能够实际支配公司行为的人。	如果仅根据《公司法》的规定,实际控制人不可能是公司的控股股东;但在实务中,对实际控制人的认定采用这一最基本的字面含义,因此,实际控制人既有可能是公司的控股股东(特别是在自然人为第一大股东持股超过50%的情况下),也有可能是公司的其他股东。
《上市公司收购管理办法》	本办法所称一致行动,是指投资者通过协议、其他安排,与其他投资者共同扩大其所能够支配的一个上市公司股份表决权数量的行为或者事实。 在上市公司的收购及相关股份权益变动活动中有一致行动情形的投资者,互为一致行动人。如无相反证据,投资者有下列情形之一的,为一致行动人: (1)投资者之间有股权控制关系; (2)投资者受同一主体控制; (3)投资者的董事、监事或者高级管理人员中的主要成员,同时担任董事、监事或者高级管理人员; (4)投资者参股另一投资者,可以对参股公司的重大决策产生重大影响。			家族控制,夫妻或近亲属可以确定为一致行动人,视为公司的实际控制人(非共同控制)。

(续表)

依据	控股股东	备注	实际控制人	分析说明
	(5) 银行以外的其他法人、组织和自然人为投资者取得相关股份提供融资安排。 (6) 投资者之间存在合伙、合作、联营等其他经济利益关系。 (7) 持有投资者30%以上股份的自然人,与投资者持有同一上市公司股份。 (8) 在投资者任职的董事、监事及高级管理人员,与投资者持有同一上市公司股份。 (9) 持有投资者30%以上股份的自然人和在投资者任职的董事、监事及高级管理人员,其父母、配偶、子女及其配偶、兄弟姐妹等亲属,与投资者持有同一上市公司股份。 (10) 在上市公司任职的董事、监事、高级管理人员及前项所述亲属所持或者其自己或前项所述亲属直接或者间接控制的企业同时持有本公司股份,或者与其他组织持有本公司股份。 (11) 上市公司董事、监事、高级管理人员和员工与其所控制或者委托其他法人或者其他组织持有本公司股份。 (12) 投资者之间具有其他关联关系。	一致行动人应当合并计算其所持有的股份。投资者计算其所持有的股份,应当包括登记在其名下的股份,也包括登记在其一致行动人名下的股份。一致行动人认为其与他人不应被视为一致行动人的,可以向中国证监会提供相反证据。		家族控制,夫妻或近亲属可以确定为一致行动人,视为对公司的实际控制人(非共同控制)。
《首次公开发行股票并上市管理办法》第十二条"实际控制人没有发生变更"的理解和适用——证券期货法律适用意见第1号			公司控制权是能够对股东大会的决议产生重大影响或者能够实际支配公司行为的权力,其渊源是对公司的直接或间接的股权投资关系,也需要根据个案的实际情况,综合公司对发行人股东大会、董事会决议的实质影响,对董事和高级管理人员的提名及任免所起的作用等因素进行分析判断。	从字面意思理解,似乎认可了"控股股东"同时为公司实际控制人,以及"非控股股东"也可以为公司的实际控制人。

三、认定实际控制人的较为混乱的现状

认定实际控制人的情形,相对上市审核的其他问题显得复杂和混乱。在极个别案例中,相关方关注的并非是否真的发生了实际控制人的变更,而是"绝对不能影响业绩的连续计算"。此类情况下,认定过程就异化为如何面对既定的事实推导出需要的结论,因此混乱、多样化和差异化甚至矛盾是难以避免的,笔者将实际控制人的认定初步归纳为以下几种情形(见表3-40)。

表 3-40　实际控制人认定类型表

认定结论和方法	相反或类似的情形
根据股权认定存在实际控制人、认定无实际控制人、认定共同控制。	专门认定特定主体不是实际控制人。
从各个角度正向说明有实际控制人、某(些)主体是实际控制人。	从各个角度反向说明无实际控制人、某(些)主体不是实际控制人。
签署一致行动协议。合作合同安排了共同控制制度。	签署不一致行动协议。
控股股东股权分散,主张无实际控制人。	控股股东股权分散,认定其第一大股东为实际控制人。
第一大股东变更被认定为实际控制人变更。	第一大股东变更,但管理层被认定为实际控制人,所以主张实际控制人没有变更。
实际控制人为第一大股东。	实际控制人不是第一大股东。
股权转让后短期又转回不影响业绩连续计算。	主张划转不影响业绩连续计算。
四人创业团队共同为实际控制人。	核心创业人和第一大股东之控制人共同控制。
对认定的结论坚持到底。	中途(再次申报)改变以前的认定。

这些特别案例的直接参照意义不大,所以此处不详细说明对这些案例的实际处理和认定过程。以下重点探讨认定实际控制人的法定依据,实务中各方进行认定的常见依据和考察内容。

四、如何进行判断和认定

(一)判断的依据

随着《〈首次公开发行股票并上市管理办法〉第十二条"实际控制人没有发生

变更"的理解和适用——证券期货法律适用意见第 1 号》(以下简称《证券期货法律适用意见第 1 号》)的出台,认定标准得到了较大程度的统一,既然有了权威性规定,就应该以此作为标准。对于该意见没有涵盖的部分,以该意见的原则精神进行认定。

认定实际控制人的标准是以事实为依据,以法律为准绳,事实就是"股权投资关系、对发行人股东大会和(或)董事会决议的实质影响、对董事和高级管理人员的提名及任免所起的作用",法律依据是《公司法》《首发管理办法》和《证券期货法律适用意见第 1 号》。

(二) 判断的原则

(1) 实质重于形式,控股比例等仅为判断的因素之一,不是必然的前提,因此还应根据具体情况进行分析。

(2) 高度尊重立法本意,判断实际控制人的目的是避免因为公司控制权发生变化而给公司持续发展和持续盈利能力带来重大不确定性。因此判断的依据不仅在于历史的"稳定",而且更要关注未来的"维稳",如果没有股权方面的直接保证,则务必采取足够有效措施保证在可预计的未来(最低 3 年)不发生实际控制人的变更。

(3) 除非有相反证据,股权投资关系的证明力最大、按照控股关系追溯出实际控制人、第一大股东变更推定为实际控制人发生变更。不过这些结论也并不绝对,可以被协议控制、其他安排、控制外资企业董事会一半以上董事席位的第二大股东等推翻。

(4) 除非有非常确定的真实性证明(如当年的公证文件、提交主管部门的法律文件、法院判决、法定继承),否则务必慎重仅依赖"一致行动协议""代持关系"对报告期内作出"实际控制人没有发生变动"的结论,同时一般来说,也不鼓励这些特殊安排(锁定未来除外)。

(5) 认定实际控制人应一直追溯到自然人、国资管理部门或集体企业等特别主体。

(三) 判断的过程

一般来说,判断的过程就是从控股股东向上追溯的过程,一直追溯到个人、代表国家投资的主体或一个没有实际控制权的集体,如股权非常分散的集体企业、上市公司等,追溯过程中的中间载体也需要披露。

(四) 三种特殊类型实际控制人的规定

以下总结三种特殊类型实际控制人的有关规定(见表 3-41)。

表 3-41　三种特殊类型实际控制人分析对照表

类型	法定要求	备注
共同拥有公司控制权	（1）每人都必须直接持有公司股份和/或者间接支配公司股份的表决权。 （2）发行人公司治理结构健全、运行良好，多人共同拥有公司控制权的情况不影响发行人的规范运作。 （3）多人共同拥有公司控制权的情况，一般应当通过公司章程、协议或者其他安排以明确，有关章程、协议及安排必须合法有效、权利义务清晰、责任明确，该情况在最近三年内且在首发后的可预期期限内是稳定、有效存在的，共同拥有公司控制权的多人没有出现重大变更。 （4）发行审核部门根据发行人的具体情况认为发行人应该符合的其他条件。 发行人及其保荐人和律师应当提供充分的事实和证据证明多人共同拥有公司控制权的真实性、合理性和稳定性，没有充分且有说服力的事实和证据证明的，其主张不予认可。	（1）相关股东采取股份锁定等有利于公司控制权稳定措施的，发行审核部门可将该等情形作为判断构成多人共同拥有公司控制权的重要因素。 （2）如果发行人最近三年内持有、实际支配公司股份表决权比例最高的人发生变化，且变化前后的股东不属于同一实际控制人，视为公司控制权发生变更。 （3）发行人最近三年内持有、实际支配公司股份表决权比例最高的人存在重大不确定性的，比照前述规定执行。 （4）在具体项目中，存在认定某某家族为某公司的实际控制人一说，或者认定几个自然人（实为家族成员）为某公司的实际控制人，未明确区分共同控制或一致行动人的单一控制。一致行动人是在收购过程中出现的特殊界定，在认定实际控制人时可以参考《上市公司收购管理办法》，但是具体的说法还应以《公司法》及《证券期货法律适用意见第1号》为依据。
不存在拥有公司控制权的人或者公司控制权的归属难以判断	难以判断的，如果符合以下情形，可视为公司控制权没有发生变更： （1）发行人的股权及控制结构、经营管理层和主营业务在首发前三年内没有发生重大变化。 （2）发行人的股权及控制结构不影响公司治理有效性。 （3）发行人及其保荐人和律师能够提供证据充分证明。	相关股东采取股份锁定等有利于公司股权及控制结构稳定措施的，发行审核部门可将该等情形作为判断公司控制权没有发生变更的重要因素。

(续表)

类型	法定要求	备注
国有资产无偿划转或者重组情形下的豁免	因国有资产监督管理需要,国务院或者省级人民政府国有资产监督管理机构无偿划转直属国有控股企业的国有股权或者对该等企业进行重组等导致发行人控股股东发生变更的,如果符合以下情形,可视为公司控制权没有发生变更： (1) 有关国有股权无偿划转或者重组等属于国有资产监督管理的整体性调整,经国务院国有资产监督管理机构或者省级人民政府按照相关程序决策通过,且发行人能够提供有关决策或者批复文件。 (2) 发行人与原控股股东不存在同业竞争或者大量的关联交易,不存在故意规避《首发管理办法》规定的其他发行条件的情形。 (3) 有关国有股权无偿划转或者重组等对发行人的经营管理层、主营业务和独立性没有重大不利影响。 按照国有资产监督管理的整体性调整,国务院国有资产监督管理机构直属国有企业与地方国有企业之间无偿划转国有股权或者重组等导致发行人控股股东发生变更的,比照前述规定执行,但是应当经国务院国有资产监督管理机构批准并提交相关批复文件。	不属于第(1)种、第(2)种规定情形的国有股权无偿划转或者重组等导致发行人控股股东发生变更的,视为公司控制权发生变更。

(五) 实务中各中介机构形成实际控制人认定结论的主要依据和特别情况举例

有关实务中各中介机构形成实际控制人认定结论的主要依据和特别情况举例如下(见表3-42)。

表3-42 实际控制人依据分析表

结论	认定的主要依据	特别情况举例
基本认定	1.是否为发行人第一大股东,是否担任发行人董事会董事一职,其对发行人的实际控制主要为对股东大会以及董事会的控制(即使其未担任董事长职务,但只要对股东大会以及董事会有控制力即可);发行人的其他股东之间不存在关联关系或其他共同控制关系。除实际控制人以外的任何股东均不可能单独对股东大会的决议产生实质性控制,其相互间亦不存在对股东大会的决议产生实质性控制的关联关系或共同控制关系,实际控制人对发行人股东大会具有实质性的控制力。	案例一： 第一大股东持股比例为25%以上,实际控制人则是仅为持股7%的小股东： (1) 实际控制人与其他三位股东签订了一致行动人协议,确定该股东是发行人的实际控制人。其他三位股东同时约定在发行人经营决策及股东大会投票表决时与发行人实际控制人保持一致,并将股东大会表决权委托给该股东行使。如协议各方担任董事,在董事会开会时,其他三位股东与该实际控制人保持一致。

(续表)

结论	认定的主要依据	特别情况举例
	2.其他股东的股份比例相对分散： （1）分别列出持有发行人5%以上股份的股东及股份比例；说明各人持有的股份共计占发行人总股本的比例低于第一大股东的股份比例。 （2）除持有发行人5%以上股份的股东外，其他股东持有的股份更为分散，共计占发行人总股本的比例亦低于第一大股东持有的股份比例。 3.作出股份锁定的承诺，以保证发行人控制架构的稳定性。 （1）发行人控股股东、实际控制人作出承诺： ①自本公司股票在上市之日起36个月内不转让或者委托他人管理本人直接或间接持有的本公司公开发行股票前已发行的股份，也不由公司回购本人直接或间接持有的本公司公开发行股票前已发行的股份。 ②在承诺①期满后，若本人担任本公司的董事、监事或高级管理人员，本人同意在担任上述职务期间，每年转让的股份不超过本人直接或间接持有的本公司股份总数的25%；离职后半年内，不转让本人直接或间接持有的本公司的股份。 （2）由发行人的其他股东作出相应的股份锁定承诺：自发行人股票在创业板上市之日起36个月内不转让或由发行人回购其所持有的发行人股份。因此，自发行人股票在创业板上市之日起36个月内及其后的一定期限内，现有的相关股份锁定安排能够保持发行人控制架构的稳定性。	（2）证明一致行动人合并共同持有发行人的股权比例超过持有发行人股权比例最高的股东，且第一大股东未发生过变更。 （3）由协议之外的股东书面确认，其均知悉该股东自发行人设立之日起即为发行人的实际控制人，且知悉有一致行动人，在发行人历次股东大会、董事会上，均在知悉该种情况的前提下行使表决权。 （4）证明发行人实际控制人对公司董事会、管理层有实质影响。 案例二： 股权短期转让又转回不影响实际控制人变更的认定： 第一大股东曾将40%以上的股权转让给某投资公司，在完成工商变更手续后，由于某投资公司一直未支付转让款，后经协商一致，某投资公司将所要转让的股权连同另外持有的部分股权一并转还给该股东。这期间（不到一年），某投资公司在董事会选任时并没有取得董事会的多数席位，主要管理人员也未发生变化，内部运作模式和内控机制均未发生任何实质性的变化。因此，虽然期间股权发生变动，但该变动没有造成股东对公司董事会控制力的实际转移，没有影响公司在同一管理层领导下的持续经营，因此，可以证明该控股股东变更事宜没有造成公司实际控制人在最近三年内的变更。
共同控制	1.发行人公司治理结构健全、运行良好，多个股东共同拥有发行人控制权的情况不影响发行人的规范运作。 2.共同控制人之间已经签署相关协议，明确双方对发行人共同控制的安排，该情况在最近三年内且在首发后的可预期期限内是稳定、有效存在的，共同拥有控制权的多人没有出现重大变更。该种共同控制安排的协议合法有效、权利义务清晰、责任明确。	案例一： 因股权转让导致的原实际控制人不再成为第一大股东的情形： 原第一大股东A拥有发行人48%的股权，第二大股东B拥有发行人32%的股权，后A将其24%的股份转让给其儿子a，使B成为第一大股东，但A和a仍然合计持有公司最高比例的股份。因此仍然认定A和a为实际控制人。理由是：

(续表)

结论	认定的主要依据	特别情况举例
	3.采取股份锁定措施,有利于发行人控制权的稳定。 4.签订一致行动协议(即使有一方退出一致行动协议,只要退出一方的股份仅占极少的一部分,并且之后签订的一致行动协议的各方股份总额能够大于50%,不影响对公司股份表决权的支配),协议合法有效;限售期承诺,以保证至少在三年内且在首发后能够保持该种共同控制的稳定和有效。 5.发行人不存在最近三年持有、实际支配发行人股份表决权比例最高的人发生变化的情形。	(1)B与其他股东之间并不存在一致行动关系,同时由B作出股份锁定的承诺,因此不会对公司的控制权产生影响。 (2)A和a一直担任公司董事长、董事等重要职务,对公司的经营管理具有连续性。 (3)A和a对股东大会和董事会决议具有实质性影响,对董事、监事、总裁的任免起到关键作用。 (4)A和a对共同拥有发行人控制权作出明确的约定和安排,内容合法有效,保证在最近两年内且在本次发行后的可预期期限内控制权的稳定和有效存在。 (5)该种股权转让是在实际控制人内部的转让,变化前后的股东属于同一实际控制人。 案例二: 夫妻共同作为发行人的实际控制人的情形: (1)夫妻之间共同拥有所投资公司的控制权,是基于婚姻关系依据《中华人民共和国婚姻法》的规定形成的法定共同共有,而非需要依赖公司章程、协议或者其他安排予以明确。夫妻双方对发行人股份的共同控制权在其婚姻关系存续期间是稳定和有效的。 (2)夫妻双方对发行人股东大会、董事会决议有实质影响并能形成控制,对发行人董事和高级管理人员的提名及任免能够起到决定性的作用。 (3)同时由夫妻双方出具承诺函,确认他们之间不存在涉及夫妻共同财产分割以及个人财产确认的任何协议和相关安排。
无控制人	1.发行人最近三/两年内不存在拥有公司控制权的人。 (1)发行人股权结构分散(最近三/两年内,发行人股权结构未发生任何变化,股权结构一直维持比较分散的状态)。	案例: 几位主要股东虽具有亲属关系,但并不构成实际控制人的认定: (1)由股东出具确认函,确认几位股东自成为发行人股东以来,各自均独

(续表)

结论	认定的主要依据	特别情况举例
	（2）发行人任何单一股东均无法控制股东大会或对股东大会决议产生决定性影响。 （3）发行人任何单一股东均无法控制董事会,公司任何股东均无法单独通过实际支配公司股份表决权决定董事会半数以上成员的选任,通过实际支配的股份单独决定不了公司重大事项。 （4）发行人的股东间无一致行动（发行人股东在历次股东大会进行表决前均没有一致行动的协议或意向,或其表决权受到其他股东控制或影响的情形）。 2.发行人最近三/两年内的控制权没有发生变更。 （1）发行人股权结构最近三/两年内未发生变化。 （2）发行人最近三/两年内董事没有发生重大变化。 （3）发行人最近三/两年内高级管理人员没有发生重大变化。 （4）发行人最近三/两年内主营业务没有发生变化。 （5）发行人最近三/两年内经营业绩稳定（公司在股权较为分散、没有实际控制人的情形下,仍能保持发行人经营决策的有效性和经营业绩的稳定）。 （6）发行人股东承诺锁定股份。	立行使表决权,彼此间不存在一致行动的情形。 （2）几位股东各自与其他发行人股东之间不存在通过协议、其他安排,与其他股东共同扩大其所能够支配的发行人股份表决权数量的行为或者事实。通过对历次股东会、股东大会的表决情况的核查,能够确认上述事实。 （3）确认发行人的经营方针及重大事项的决策应由全体股东充分讨论后确定,不能仅由这几位股东共同决定或受该几位股东的实质影响,也不存在由其他股东单独或联合共同决定或受这些股东的实质影响。 （4）根据公司股权结构、股东表决权行使情况、发行人的经营方针及重大事项的决策形成、董事会人员组成及决策规则等事实,发行人无实际控制人。

（六）《首发业务若干问题解答（一）》的相关内容

根据《首发业务若干问题解答（一）》的要求,发行人及中介机构应从以下方面把握实际控制人的认定。

实际控制人是拥有公司控制权的主体。在确定公司控制权归属时,应当本着实事求是的原则,尊重企业的实际情况,以发行人自身的认定为主,由发行人股东予以确认。保荐机构、发行人律师应通过对公司章程、协议或其他安排以及发行人股东大会（股东出席会议情况、表决过程、审议结果、董事提名和任命等）、董事会（重大决策的提议和表决过程等）、监事会及发行人经营管理的实际运作情况的核查对实际控制人认定发表明确意见。

发行人股权较为分散但存在单一股东控制比例达到30%的情形的,若无相反的证据,原则上应将该股东认定为控股股东或实际控制人。存在下列情形之一的,保荐机构应进一步说明是否通过实际控制人认定而规避发行条件或监管并发表专项意见:①公司认定存在实际控制人,但其他股东持股比例较高与实际控制人持股比例接近的,且该股东控制的企业与发行人之间存在竞争或潜在竞争的;②第一大股东持股接近30%,其他股东持股比例不高且较为分散,公司认定无实际控制人的。

法定或约定形成的一致行动关系并不必然导致多人共同拥有公司控制权的情况,发行人及中介机构不应为扩大履行实际控制人义务的主体范围或满足发行条件而作出违背事实的认定。通过一致行动协议主张共同控制的,无合理理由的(如第一大股东为纯财务投资人),一般不能排除第一大股东为共同控制人。实际控制人的配偶、直系亲属,如其持有公司股份达到5%以上或者虽未超过5%但是担任公司董事、高级管理人员并在公司经营决策中发挥重要作用,除非有相反证据,原则上应认定为共同实际控制人。

共同控制人签署一致行动协议的,应当在协议中明确发生意见分歧或纠纷时的解决机制。对于作为实际控制人亲属的股东所持的股份,应当比照实际控制人自发行人上市之日起锁定36个月。保荐机构及发行人律师应重点关注最近三年内公司控制权是否发生变化,存在为满足发行条件而调整实际控制人认定范围嫌疑,应从严把握,审慎进行核查及信息披露。

实际控制人为单名自然人或有亲属关系多名自然人,实际控制人去世导致股权变动,股份受让人为继承人的,通常不视为公司控制权发生变更。其他多名自然人为实际控制人,实际控制人之一去世的,保荐机构及发行人律师应结合股权结构、去世自然人在股东大会或董事会决策中的作用、对发行人持续经营的影响等因素综合判断。

实际控制人认定中涉及股权代持情况的,发行人、相关股东应说明存在代持的原因,并提供支持性证据。对于存在代持关系但不影响发行条件的,发行人应在招股说明书中如实披露,保荐机构、发行人律师应出具明确的核查意见。如经查实,股东之间知晓代持关系的存在,且对代持关系没有异议、代持的股东之间没有纠纷和争议,则应将代持股份还原至实际持有人。

发行人及中介机构通常不应以股东间存在代持关系、表决权让与协议、一致行动协议等为由,认定公司控制权未发生变动。[①]

五、实际控制人的认定应适度宽松

实际控制人的问题无疑相当重要,对此没有"完美"的解决方案,无非是利害的抉择。笔者认为,对于实际控制人的认定应适度宽松,理由如下:

---

① 参见《首发业务若干问题解答(一)》问题10。

(一) 立法本意

从《证券期货法律适用意见第1号》的立法意图看,监管层关注实际控制人问题的主要原因是,避免公司上市后公司控制权发生变动给公司的持续发展和持续盈利能力带来重大不确定性,据此可以得出结论:对上市前实际控制人认定的审核标准针对的应是未来,而不是核查过去(目前《首发管理办法》重点考查的是历史,当然实务中也要求未来的股权锁定之类的类似安排),过去实际控制人的有效控制之优劣已经通过业绩不言自明,无须赘言。

(二) 股东权利

为了使报告期内实际控制人不发生变化,很多股东签署了一致行动协议甚至托管协议。不可否认这些协议的积极意义,但这些协议是否也有负面效应呢? 权利固然可以放弃和自由处置,但此种还未面对具体问题就提前约定一致的做法,并不是法人治理结构健全的标志。更重要的是,此种做法有可能侵害没有参加签署协议的股东(特别是上市后的中小投资者)的合法利益。

(三) 经济人的理性

控制权发生变动,固然会有因为经营方针和管理层变动而给公司持续发展和持续盈利能力带来重大不确定性的风险,但是此种风险归根到底是企业的经营风险之一,是否有提前锁定的必要? 维护股民利益固然重要,但是否有必要代其认定和锁定"主事者",退一步说,收购者本身也是经济人,对是否改变经营方针和团队也会作出理性的选择。

(四) 变化的必要

公司在运营过程中遇到困境十分常见,走出困境很可能需要经营方针和管理团队的变化,此种情况下控制权的稳定反而可能成为公司走出困境的阻力。当年使公司成功上市的积极因素,其后也可能成为公司发展的消极因素,此种情况下,"维稳"异化成"维旧"和"维腐":此种锁定是否也会妨碍更理性、更进步的决定的产生? 是否有利于建立纠错机制?

六、"无实际控制人"结论应审慎得出

根据《证券期货法律适用意见第1号》第4条的规定,可以得出监管规定关于"无实际控制人"情况的基本态度:①可能存在公司无实际控制人或者公司控制权的归属难以判断的情形;②在①所述情形中,满足一定条件可视为公司控制权没有发生变更;③相关股东采取股份锁定等有利于公司股权及控制结构稳定措施是判断公司控制权没有发生变更的重要因素。实务中不乏认定无实际控制人而成功过会的先例。

(一) "无实际控制人"的结论应审慎得出的理由

1. 法律规定没有排除"没有投资关系、协议或者其他安排,也能实际支配公司

行为"的可能

根据《公司法》等法律、法规的规定,实际控制人是"通过投资关系、协议或者其他安排,能够实际支配公司行为的人",即实际控制人的认定需同时满足两个要件:形式标准(存在投资关系、协议或者其他安排)和实质标准(能够实际支配公司行为)。对这两个要件要做实事求是的正确理解:①形式要件不应被理解为充分条件,而应被理解为必要条件;不应被理解为仅限于积极行为,而应被理解为也包括历史原因、人格魅力等。②实质标准高于形式标准。

综上所述,即使一个主体并没有通过股权、协议或者其他安排,但是由于历史和现实的原因,也能够实际支配公司行为,则该主体就是公司的实际控制人。

2.监管部门"维稳"的立法本意要求应该存在实际控制人

根据《证券期货法律适用意见第1号》的规定,判断实际控制人的目的是"旨在以公司控制权的稳定为标准,判断公司是否具有持续发展、持续盈利的能力,以便投资者在对公司的持续发展和盈利能力拥有较为明确预期的情况下作出投资决策"。如果一个公司宣布自己没有实际控制人,就等于间接宣布自己不符合上市标准:没有实际控制人=没有人能决定公司经营方针、决策和经营管理层="公司经营方针、决策和经营管理层"不能保证稳定或者由内部人控制=该公司在持续盈利能力方面或者法人治理方面可能不符合上市标准。

3.《首发管理办法》的规定把实际控制人的存在视为必然的前提

《首发管理办法》规定"实际控制人没有发生变更",没有变更的前提是必然存在实际控制人。

4.现实的角度

在激烈的市场竞争中,一个没有实际控制人的公司,会使公司的经营决策、发展方向等处于不稳定的状态,其经营业绩和持续盈利能力也很可能是不稳定的,此种不稳定有可能构成上市的实质性障碍。因此,不存在控股股东及实际控制人而又成功上市的案例,不具有普遍参考意义。

因为股权的分散和不存在特别约定,但是据此就得出没有人能"实际支配公司行为",可能有些主观和武断。相当一部分公司领导人持有的公司股份并不多,没有绝对控股,但由于历史、现实、人格魅力、人脉关系、技术、市场等原因,完全能够实际支配公司行为,也应该被认定为实际控制人。

综上所述,认定"无实际控制人"的结论应该慎重得出。

(二)对公司经营稳定性的特别关注

虽有以上论述,但如果根据实际情况,确实要得出"无实际控制人"的结论,则应重点论述公司无实际控制人的情形不会影响公司的经营稳定性,因为公司无控股股东和实际控制人,上市后公司控制权仍存在发生变动的风险,也就决定了公司所有重大行为必须民主决策,由全体股东充分讨论后确定,虽避免了因单个股东控制引起决策失误而导致公司出现重大损失的可能性,但也存在决策延缓的风险。

可以选取的角度是：①公司股东承诺公司上市后锁定股份。②公司无实际控制人的情形不影响公司治理和公司内部控制的有效性。③公司在历史沿革中形成了决策习惯和良好的协调关系。可以从股权结构形成时间长短、历届董事会决议、历年业绩等方面说明经营稳定，可以规避治理结构上的风险。④公司已采取有效措施，确保公司经营决策的稳定性和避免内部人控制。

七、"一股独大"的思考

所谓"一股独大"，是指公司上市前控股股东持股比例非常高，甚至达到90%的情况。此类情况不仅在国有企业存在，民营企业中也大量存在。

实务操作层面对此问题的认识发生过重大变化。在五年前或更早之前，监管部门反对"一股独大"，认为此为公司治理结构的重大缺陷，容易引发道德风险，可能会严重损害新投资者的利益。因此，有的省、市批准成立股份公司的标准之一为"3+2>1"，即第二大股东和第三大股东所持股份之和大于第一大股东所持股份。此种设计的目的是不言而喻的：如果第一大股东滥用股东地位，第二大股东和第三大股东就可以联合起来夺取公司的控制权。

上述做法的本意是好的，但此种安排是否符合经济运行和效率优先的规律呢？2005年深圳证券交易所的一份调研报告得出了和监管层原有推测截然相反的结论：股权集中度越高的企业，经营业绩越好。此后，上市政策对"一股独大"逐渐不再限制。

虽有上述结论，但为了切实防范控股股东滥用控股地位损害社会公众投资者的利益，仍然有必要对"一股独大"公司的法人治理结构作出有效的安排。类似安排不应千篇一律，应该结合公司的具体情况具体安排。目前《上市公司章程指引》实际上是半强制的，留给公司自行创新的空间并不大，比较常见的防范措施主要是增加董事会和高级管理人员非家族成员比例、增加独立董事在董事会中比例等。

八、一致行动人

一致行动人采取一致行动的目的是为了共同扩大其所能够支配的一个上市公司股份表决权的数量，通常表现为获得或巩固对上市公司的控制权，从而成为共同拥有上市公司控制权的共同实际控制人。但需要注意的是，并非所有一致行动都能直接形成控制上市公司的结果，存在一致行动，不能直接推论出一致行动人为共同实际控制人，即一致行动是认定实际控制人的重要条件，但并非充分条件。因此，了解一致行动人的形成、认定、解除等问题，对于全面理解和认定实际控制人具有重要意义。

（一）一致行动人的理解和认定

有关一致行动人的理解和认定分析如表3-43所示。

表 3-43 一致行动人理解和认定分析表

依据	法律含义	核心要点	适用范围	认定情形		否定途径
				法定情形	协议安排	
协议、合同、关联关系或其他方式	一致行动，是指投资者通过协议、其他安排，与其他投资者共同扩大其所能够支配一个上市公司股份表决权数量的行为或者事实。一致行动人应当合并计算其所持有的股份。投资者计算其所持有的股份，应当包括登记在其名下的股份，也包括登记在其一致行动人名下的股份。	一致行动的核心不在于"一致"，而在于"行动"，即从上市公司控制的角度开展一致行动。	一致行动的概念规定于《上市公司收购管理办法》第83条。尽管如此，一致行动人的适用不仅限于上市公司收购，还适用于IPO和上市公司及控股股东（实际控制人）的行为规范治理等。同时，一致行动人的适用也不仅限于其增持行为，其为了"扩大"对上市公司股份表决权数量的表明、减持行为同样适用。	在上市公司的收购及相关股份权益变动活动中有一致行动、互为一致行动人。如无相反证据，投资者有下列情形之一的，为一致行动人：（1）投资者之间有股权控制关系；（2）投资者受同一主体控制；（3）投资者的董事、监事或者高级管理人员中的主要成员，同时在另一个投资者担任董事、监事或者高级管理人员；（4）投资者参股另一投资者，可以对参股公司的重大决策产生重大影响；（5）银行以外的其他法人、其他组织和自然人为投资者取得相关股份提供融资安排；（6）投资者之间存在合伙、合作、联营等其他经济利益关系；（7）持有投资者30%以上股份的自然人，与投资者持有同一上市公司股份；	除法定情形外，投资者可通过签署协议，扩大其所能够支配的一个上市公司股份表决权的数量。需要注意的是：（1）这里广义的"协议"是广义的合意，既包括一致行动协议，也包括公司章程等书面文件。（2）在12种法定情形下，一致行动者也可以同时签署一致行动协议，但投资者解除其一致行动者的一致行动协议所签署的一致行动协议仍属于法定一致行动的情形，则其解除一致行动的行为不会影响其一致行动关系的继续存续。	对于12种法定情形，投资者一致认为其他人不应被视为一致行动人的，可以向证监会提供相反证据。值得注意的是，这里提及的"相反证据"应为明确、具体、有实际事项或案例可以佐证的"相关事项/案例有实际支持而非简单的底稿的文字分析。

(续表)

依据	法律含义	核心要点	适用范围	认定情形		否定途径
				法定情形	协议安排	
				(8)在投资者任职的董事、监事及高级管理人员,与投资者持有同一上市公司股份; (9)持有投资者30%以上股份的自然人和在投资者任职的董事、监事及高级管理人员,配偶的父母、配偶、子女及其配偶,配偶的父母、兄弟姐妹及其配偶等亲属,与投资者持有同一上市公司股份; (10)在上市公司任职的董事、监事、高级管理人员及其前项所述亲属同时持有本公司股份的,或者与其自己或者其前项所述亲属直接或者间接控制的企业同时持有本公司股份; (11)上市公司董事、监事、高级管理人员和员工与其所控制或者委托的法人或者其他组织持有本公司股份; (12)投资者之间具有其他关联关系。		

(二) 一致行动人认定的特别情况

对于一致行动人的认定,有以下两类特别情况,具体分析如下(见表 3-44)。

表 3-44　一致行动人特别情况分析表

情形	认定的主要依据	示例
同居俨如配偶	香港《证券及期货条例》。依据内地法律的规定,上市公司董事、监事、高级管理人员多年的同居对象能否被认定为配偶仍然值得商榷。将多年稳定的同居对象认定为配偶是出于尊重事实的必要,可以说是一致行动人判断标准更灵活地适用于现代生活关系的一种变通。	案例: 上市公司 A 拟收购公司 B,A 的总经理 a 和监事 b 分别持有 A 一定比例的股份,且 a 和 b 存在长期同居关系,根据香港《证券及期货条例》的规定,a 被披露为 b 的配偶。
同一家族但非一致行动人	一致行动人的认定可由投资者提出相反证据,因此即使表面关系符合一致行动人的法定情形,但若确实没有一致行动,而是独立行动,则可以认定为非一致行动人。	案例: 拟上市公司 A 的董事长为 a(实际控制人),总裁为 b,a 和 b 为亲兄弟关系(X 氏兄弟)。在 IPO 过程中,A 发生股权变动,其持股平台将所持有 A 的部分股权转让给四位 X 氏家族成员:c(b 的儿子)、d(a 的二儿子)、e(a 的大儿子的配偶)、f(与 a、b 同辈的另一兄弟的儿子)。本次股权转让,受让股权的四位家族成员并未被互相认定为一致行动人的理由: (1)X 氏兄弟的子女目前已成年,对事物已形成了自己的判断和认知能力,未来在涉及公司发展的重大事项上可以独立地行使投票、表决的权利。 (2)受让股权的四位家族成员虽为实际控制人 a 的晚辈,但彼此年龄差距悬殊,生活工作环境差异较大,四人均已形成了对事物独立的判断和认知能力。 (3)d 为实际控制人 a 与前妻之子,双方离婚时约定 d 由其母亲抚养,并跟随母姓,a 此次将部分股权划入 d 名下,实为对 d 在感情和经济方面的补偿。 (4)c、d 长期在国外大学学习,具有一定的专业知识和技能;e 参加工作多年,本次对其股权转让主要是出于对其在婚姻关系方面的利益保障;f 为 B 公司(与 A 不存在任何关联关系)的股东和总经理。四人无论是在经济上还是生活上均完全独立自主,不依赖实际控制人 a。

(三) 一致行动人在公司 IPO 阶段及上市后的具体应用

有关一致行动人在公司 IPO 阶段及上市后的具体应用分析如下(见表 3-45)。

表 3-45　一致行动人具体应用分析表

阶段	应用目的	示例
IPO 阶段	证明拟上市公司的实际控制人一直保持稳定,并将在公司上市后持续稳定。	案例: 　　拟上市公司 A 的股东 a、b、c 分别持股 26%、12% 和 24%,为论述公司 A 的实际控制人一直稳定并将在上市后持续稳定,且能够对公司 A 的董事会、股东(大)会以及管理层的提名和任免有实质的控制力,a、b、c 共同签署一致行动协议,约定了提名权、表决权以及有关股份锁定的承诺等一致行动条款。
IPO 阶段	证明不存在一致行动关系。	案例: 　　拟上市公司 A,其创始人股东、董事长 a 持股 35%,另有两家新增机构投资者,均分别持股 29%,论证 A 的实际控制人未发生变化的要点为: 　　(1) 两家机构投资者不为控股股东; 　　(2) 两家机构投资者在董事会中人数较少,合计不超过半数,且不在高级管理人员中委派人员; 　　(3) a 虽然仅持股 35%,但其在董事会中委派董事的人数过半,同时在高级管理人员中也委派了人员; 　　(4) 两家机构投资者仅为获得投资所得股息及资本利得,并不以控制公司为目的; 　　(5) 两家机构投资者承诺并经中介机构核查确认,其不存在一致行动关系; 　　(6) 两家机构投资者承诺在公司上市前乃至上市后的 36 个月内不通过协议或其他安排建立一致行动关系。
上市后阶段	继续维持一致行动关系。 公司上市后需要继续维持一致行动关系的常见目的: (1) 集中控制权,避免控制力下降; (2) 股东持股较为分散,为避免公司在重组中出现实际控制人变动的情况。	案例: 　　主板上市公司 A 在上市后不断进行并购重组,目前单一大股东已非原实际控制人,其实际控制人为第二、三、四大股东所构成的一致行动人。在此后的各种重大资产重组中,上市公司 A 均需表现出"因存在一致行动关系而保证实际控制人未发生变化"的法律定性,否则会构成借壳上市。

(四) 一致行动协议的主要内容

协议安排是除一致行动的法定情形外,投资者之间形成一致行动关系最为常见的方式。由于一致行动的目的是为了体现投资者对上市公司控制权的"取舍",使投资者实现共同扩大其所能够支配的上市公司股份表决权数量,因此在协议中明确一致行动的范围、一致行动的期限以及行为不一致时的救济和预防措施等问题至关重要。在实践中,一致行动协议多体现为狭义的"一致行动协议",在分析一致行动协议的主要内容时也仅围绕狭义的"一致行动协议"展开(见表 3-46)。

表 3-46 一致行动协议主要内容分析表

条款事项	主要内容	示例
一致行动的范围	协议各方在处理有关公司经营发展且需要经公司股东(大)会审议批准的重大事项时采取一致行动。	各方应在公司股东(大)会中通过举手表决或书面表决的方式就下列职权的行使保持一致: (1)共同提案; (2)共同投票表决决定公司的经营计划和投资方案; (3)共同投票表决制订公司的年度财务预算方案、决算方案; (4)共同投票表决制订公司的利润分配方案和弥补亏损方案; (5)共同投票表决制订公司增加或减少注册资本的方案以及发行公司债券的方案; (6)共同投票表决聘任或者解聘公司(总)经理,或根据(总)经理的提名,共同投票表决聘任或解聘公司副(总)经理、财务负责人,决定上述人员的薪酬事项; (7)共同投票表决决定公司内部管理机构的设置; (8)共同投票表决制定公司的基本管理制度; (9)任何一方不能参加股东(大)会时,应委托他方参加会议并将一致行动的意思表示传达给被委托方;若各方均不能参加股东(大)会,应共同委托同一他方参加会议并行使能反映其一致行动意思表示的投票表决权; (10)共同行使在股东(大)会中的其他职权。
股东(大)会会前沟通	若一致行动协议中的某方拟就有关公司经营发展的重大事项向股东(大)会提出议案,应事先与其他方进行充分的沟通协商,在取得各方的一致意见后,以共同名义向股东(大)会提出议案。	
行动不一致的处理方式	若协议各方经过充分沟通协商后,对有关公司经营发展的重大事项行使何种表决权仍无法达成一致意见,则协议各方在股东(大)会上对该等重大事项共同投弃权票(或协议各方应一致按照 x 方的意向进行表决)。	

(续表)

条款事项	主要内容	示例
一致行动的有效期	一致行动协议效力的存续期间。	情况1： 本协议的有效期限自【　】年【　】月【　】日起至【　】年【　】月【　】日止；协议到期后其有效性自动延续，除非各方达成解除本协议的一致意见。 情况2： 本协议的有效期限自【　】年【　】月【　】日起至【　】年【　】月【　】日止；协议到期后其有效性自动终止，除非各方达成续约的一致意见。 情况3： 本协议的有效性永续存在，除非各方达成解除本协议的一致意见。
共同的承诺	协议各方就有关公司经营发展的某些事项所作出的一致承诺，例如锁定期、禁止单方增持或减持公司股份等。	各方承诺，若其将所持有的公司的全部或部分股权对外转让，则该等转让须以受让方同意承继本协议项下的义务并代替出让方签署新的一致行动协议作为股权转让的生效条件之一。
违约处理	协议各方违反协议约定和有关承诺应当承担的法律责任。	若任何一方违反本协议的约定，守约方可要求违约方支付【一定金额】的违约金，且各方确认，该金额为一致行动中因一方违约而导致的合理损失；若守约方另有证据证明其本次损失的实际金额大于该约定金额，则违约金应以其所主张的实际损失为准。

（五）一致行动协议的解除

一致行动协议的解除是指通过协议或其他类似安排，与其他投资者解除支配一个上市公司股份表决权数量的合意。具体表现为通过协议约定或其他方式终止原有一致行动协议或类似安排所约定的采取一致行动的相关权利和义务，从而按各自的意愿行使投票权或表决权。一致行动人通常采取签署相应《一致行动人协议解除协议书》/《解除一致行动协议书》（以下简称《解除协议书》）的方式对解除一致行动予以明确约定，且《解除协议书》应符合投资者在签署原一致行动协议时所出具的相关承诺（如有）。另外，为解除原一致行动协议，上市公司应就上述《解除协议书》所签署的事项进行公告，并对该次一致行动协议解除对上市公司实际控制权的影响以及是否导致其实际控制人变更一并公告说明。

1.一致行动协议解除的主要原因

一致行动协议解除的原因主要为以下三种，具体分析见表3-47。

表 3-47　一致行动协议解除的主要原因分析表

解除原因	分析	示例
一致行动无法得到有效履行	一致行动的表现形式是各方积极地进行合作,以形成相同的意思表示,行使上市公司的投票权或表决权,若该表现形式无法实现,一致行动就无法得到有效履行,因而需要解除一致行动。	案例: 上市公司 A 的实际控制人 a 于 2000 年 12 月与 A 公司的 34 名自然人股东及 1 名法人股东签署了一致行动协议。2016 年 2 月,A 公司发布《关于实际控制人解除一致行动协议的公告》,解除上述一致行动协议,理由如下: (1)上述一致行动协议的签署距今时间较长,一致行动人中已有多人退休、离职或长期定居国外,难以保持日常联系,取得一致行动存在客观困难。 (2)截至本次解除一致行动协议之日,实际控制人 a 直接持有 A 公司的股份总数占 A 公司目前总股本的 24.6%,a 的一致行动人持有的股份总数仅占 A 公司目前总股本的 4.2%,其一致行动人的持股比例较低,a 已无须通过一致行动协议维持其在 A 公司的实际控制地位。
一致行动的目的无法实现	一致行动的目的通常表现为获得或巩固一致行动人对上市公司的控制权,若该目的无法实现(如上市公司的实际控制人已发生变更或无须以一致行动取得并巩固控制权),一致行动也失去了存在的必要,因而需要解除一致行动协议。	案例: 股东 a、b、c、d 各自持有上市公司 A 24.3%的股份,同为 A 公司的控股股东和实际控制人。2013 年,b 出具《关于不再作为公司实际控制人成员的声明和承诺》,退出一致行动,其余三人在维持了一段时间的共同控制后,也于 2015 年签署了《关于〈一致行动协议〉的解除协议》,理由如下: (1)A 公司获得证监会核准,向 B 公司等发行对象发行股份购买其所持有的 C 公司 100%的股权,B 公司因此持有 A 公司 40%的股份,成为 A 公司的控股股东; (2)e、f、g 合计持有 B 公司 100%的股权,成为 A 公司的实际控制人; (3)b、c、d 合计持有 A 公司 11%的股份,已不再是 A 公司的实际控制人。
一致行动协议期限届满	一致行动协议往往会约定履行期限,期限届满,若无其他补充约定,一致行动协议将被解除。	案例: 上市公司 A 的股东 a、b、c 于 2010 年签署《一致行动协议》,约定:《一致行动协议》于 2014 年 2 月 18 日到期。 2014 年 2 月 19 日,A 公司发布《关于一致行动人签署解除一致行动协议的公告》:股东 a、b、c 同意不再续签《一致行动协议》,并签署了《〈一致行动协议〉之解除协议》(以下简称《解除协议》),原《一致行动协议》项下的一致行动关系及各项权利义务自各方在《解除协议》上签字后立即终止;原《一致行动协议》解除后,各方各自按照法律、法规及公司章程的规定,行使各项权利,履行相关义务。

2.中介机构(保荐机构、律师事务所)对解除一致行动协议的核查要点

若解除一致行动协议涉及实际控制人变更等重大事项,或解除一致行动协议的时间发生在保荐机构的持续督导期间,则需要相关中介机构(保荐机构、律师事务所)针对解除一致行动协议的事实出具专项意见。在此种情况下,相关中介机构需要核查的要点及内容主要包括如下方面(见表3-48)。

表3-48 解除一致行动协议的核查要点分析表

核查要点		内容分析	示例
解除一致行动协议的合法合规性		(1)解除一致行动协议是否符合《合同法》《公司法》《证券法》《上市公司收购管理办法》等相关法律、法规及规范性文件的规定; (2)解除一致行动协议是否违反一致行动人作出的相关具体承诺; (3)一致行动协议有效期内是否存在一致行动人违反一致行动协议约定的情形。	
解除一致行动协议后实际控制人的认定	实际控制人未发生变更	采取一致行动所形成的相同的意思表示分为两种情况: (1)一致行动人共同形成相同的意思表示; (2)部分一致行动人的意思表示以某个或另一部分一致行动人的意思表示为准,从而形成相同的意思表示。 在第(2)种情况下,一致行动是为了巩固某个或某部分一致行动人的实际控制人地位,只有该某个或某部分一致行动人被认定为实际控制人。因此,在不存在其他导致实际控制人变更事实的前提下,解除一致行动协议,并不会导致实际控制人的变更。	案例: 上市公司A的股东a、b、c于2011年签署《A公司股东持股表决协议》,约定就A公司的股份转让、股东大会投票表决、董事、监事和高级管理人员候选人的提名和选举、提案权与临时股东大会召集权(以下简称"表决事项")保持一致意见,成为一致行动人。该协议签署时,a、b、c合计持有A公司32.5%的股份,系A公司共同实际控制人。 2013年,a、b、c又共同与d、e、f签署《一致行动协议》,约定d、e、f在作为A公司的股东期间,就表决事项以a、b、c已经达成的一致意见为准并行使相应权利。 2015年,a、b、c、d、e、f签署《关于〈一致行动协议〉的解除协议》,解除2013年签署的《一致行动协议》,终止该一致行动关系及各项权利义务。在该解除协议签署前后,a、b、c为A公司实际控制人的情况并未发生变化。
	实际控制人发生变更	在一致行动人被认定为共同实际控制人的情况下,解除一致行动协议,原一致行动人所持有的上市公司股份将不再合并计算,从而导致实际控制人发生变更。	案例: 上市公司A的股东a、b签有《一致行动协议》,成为A公司的共同实际控制人。后两人签署《解除协议书》,约定解除一致行动关系及基于一致行动关系所作出的相关承诺,a作为A公司第一大股东成为A公司的实际控制人。 据此,《解除协议书》签署前后,A公司的实际控制人由a、b变更为a。

(续表)

核查要点	内容分析	示例
上市公司无实际控制人	在上市公司股权分散的情况下,解除一致行动协议,可能会导致上市公司无实际控制人。	案例: 上市公司 A 的股东 a、b、c 因曾签有《一致行动协议》而在当时被认定为共同实际控制人。a、b、c 均未在 A 公司的董事会及管理层任职,其后签署《解除一致行动协议》,因各自持股比例相当且比例均较小而均不能被认定为 A 公司的实际控制人。A 公司的其他股东 d 虽为第一大股东,但其提名的董事候选人能否通过股东大会的选举尚存在不确定性,暂不能对董事会和股东大会产生绝对影响,亦无法认定为 A 公司的实际控制人。 据此,a、b、c 在解除一致行动关系后,A 公司无实际控制人。
一致行动人承诺的履行情况	基于一致行动的目的,投资者建立一致行动关系通常发生在某些特定时点,如 IPO、上市公司进行重大资产重组或其他资本运作之时等。签署一致行动协议通常会确立一致行动人作为共同实际控制人或实际控制人的身份,因此一致行动人通常需要签署相关声明和承诺。例如,在 IPO 过程中,基于实际控制人的身份,一致行动人会签署有关股份锁定、避免同业竞争等内容的承诺。在解除一致行动协议时,中介机构需要核查一致行动人作出的上述承诺的内容、期限及履行情况,从而判断解除一致行动协议的合法合规性。	

第四节 历 史 沿 革

一、上市前重组的含义、要求和需要注意的问题

(一)上市前重组的基本含义

上市前重组,就是发生在公司申报上市材料之前的重组,主要是指出于上市目的,通过股权重组和资产整合的方式,将公司股权、业务、资产、人员、机构和财务进行合理调整及有效组合,使公司完全符合上市标准的工作过程。此阶段的工作可以分为两个方面:一是纠正、调整和规范历史遗留问题;二是按照上市标准重组公司。

（二）上市前重组的基本要求

上市前重组有以下基本要求：
（1）形成清晰的业务发展战略目标，合理配置存量资源。
（2）突出主营业务，通过整合主营业务形成完整的产供销体系，形成核心竞争力和持续发展的能力。
（3）形成完整的业务体系和直接面向市场独立经营的能力，符合"五独立"标准。
（4）避免同业竞争，规范关联交易。
（5）股权关系清晰，不存在法律障碍，不存在股权纠纷隐患。
（6）建立公司治理的基础，即股东大会、董事会、监事会以及经理层的规范运作。
（7）建立健全有效的内部控制制度，能够保证财务报告的可靠性、生产经营的合法性和运营的效率与效果。

（三）上市前重组需要注意的问题

上市前重组需要注意以下问题：
（1）对历史遗留问题，要切实解决，充分披露，不能流于形式，带病申报或者轻率形成难以自圆其说、明显不通的结论；对于公司的现状，既要解决明显不符合审核标准的浅层次问题，也要充分考虑诸如上市必要性等深层次问题，还要为形成企业的核心竞争力和持续盈利能力打下良好的基础。
（2）不能形成新的上市瑕疵，比如导致产生巨额或者不公允的关联交易、形成新的同业竞争等；重组的程序要合法，过程要真实。
（3）除非确有必要或企业同意，不能影响业绩的连续计算。
（4）引进新投资者的时间需要和重组结合考虑。原则上最好是在有限责任公司阶段完成，待股权结构稳定后再整体变更为股份有限公司。如果是在股份有限公司阶段引进新投资者，则应注意"同次发行的同种类股票，每股的发行条件和价格应当相同"。某案例中没有"同次同价"，公司的解释是，同一次引进的股东对公司的贡献不同，所以不同价"在原则上"不违反公司法的要求。此种说法有些牵强，每一位新股东对公司的贡献不可能是一样的，如果此种说法成立，则可以推导出"同次发行的同种类股票，每股的发行条件和价格应当不相同"。

二、业绩连续计算

业绩的连续计算问题和判断企业的持续盈利能力问题的共同点，都是要处理好"发展"和"稳定"的关系。企业的发展和时间的推移必然带来人员、资产、产品和服务、业务和技术、市场、管理方式、规模的发展变化。如果处理好发展和稳定的关系，则这些发展和变化会使企业越做越强，在竞争中脱颖而出；如果处理得不好，从回顾的角度讲是导致业绩不能连续计算，从展望未来的角度讲是持续盈利能力遭到质疑。

业绩是否能连续计算,应该本着"实质重于形式"的原则,监管层不会因为合理的变化而否认业绩连续计算,企业不应该为了跳跃式发展而丧失稳健。业绩是否能够连续计算,衡量和判断的核心是人员、资产、产品和服务、业务和技术、市场、管理方式、规模等基本要素的变化是否是正常的、非根本性的、内因发展规律性的,如果是,则不应中断业绩的连续计算;如果不是,则应该慎重判断。

《首发管理办法》要求"发行人最近3年内主营业务和董事、高级管理人员均没有发生重大变化,实际控制人没有发生变更"。《创业板管理办法》要求"发行人最近两年内主营业务和董事、高级管理人员均没有发生重大变化,实际控制人没有发生变更"。因此,可以看出,主营业务、董事和高级管理人员、实际控制人是业绩连续计算的三个基本标准。对于"3年""两年"的理解,已在《首发业务若干问题解答(一)》中明确为24个月、36个月。此外,该解答中阐明,有限公司按原账面净资产折股变更为股份有限公司的,持续经营时间可从有限公司成立之日起算,如有限公司以经评估的净资产折股的,则不可连续计算。实际控制人问题详见本章第三节,以下从主营业务、董事和高级管理人员两个角度进行阐述。

(一) 主营业务

主营业务是发行人持续盈利能力的基础,也是监管机关审核关注的重中之重。目前的发行审核实务中,主板发行人从事两种不同业务的情况还是存在的,而创业板要求却有所不同。

《创业板管理办法》第13条规定,发行人应当主要经营一种业务,其生产经营活动符合法律、行政法规和公司章程的规定,符合国家产业政策及环境保护政策。

同一种业务是指同一类别业务或相关联、相近的集成业务:①与发行人主营业务相关或上下游相关业务。②源自同一核心技术或同一原材料(资源)的业务。③面向同类销售客户、同类业务原材料供应商的业务。一种业务之外经营其他不相关业务,最近两个会计年度以合并报表计算时符合以下标准:其他业务收入占营业收入总额的比例不超过30%,其他业务利润占利润总额的比例不超过30%。视对发行人主营业务的影响情况,提示风险。上述口径同时适用于募集资金运用的安排。

对于主营业务是否发生重大变化,可以从以下角度进行理解:①主营业务的性质、内容不能有实质性的改变,比如不能原来是通信产业,后改为软件产业。②对上下游业务的拓展需审慎判断,过度的开拓也是变更,量变可能导致质变;可以从业务模式、管理模式、销售模式等方面论证,上下游业务之间的衍生可以认定为没有发生变更。③主营业务的运作模式不宜有实质性变更,比如原来主要是自营,后改为特许专卖形式。④与收购一个已经运营成熟的公司并由此开展新业务相比,公司从无到有发展起来的业务更容易解释,因为该种情形下公司的持续盈利能力更为可信。⑤规模是否发生重大变化,主要看产能、销量、营业收入、净利润、总资产、净资产等重要指标是否前后变化较大。⑥技术方面主要看核心技术、主要生产工艺等是否发生重大变化。⑦客户方面主要看大客户或客户结构是否发生重大变化。⑧营销方面主要看销售体系、品牌推广、产品定价和主要市场等是否发生重大变化。⑨生产方面主要看生产流程、供应链是否发生重大变化。⑩募投项目的实施不会使业务结构转型。

1. 资产变动的规模

发行人在发行上市前,对同一控制权人下的资产进行重组,因为"有利于避免同业竞争、减少关联交易、优化公司治理、确保规范运作,对于提高上市公司质量,发挥资本市场优化资源配置功能,保护投资者特别是中小投资者的合法权益,促进资本市场健康稳定发展,具有积极作用",所以被监管部门所支持。为此证券监管部门发布了《〈首次公开发行股票并上市管理办法〉第十二条发行人最近3年内主营业务没有发生重大变化的适用意见——证券期货法律适用意见第3号》,主要内容见表3-49。

表3-49 同一控制下重组分析表

事项	具体分析
规范对象	"同一公司控制权人下相同、类似或相关业务的重组"限于:被重组方应当自报告期期初或成立之日(期初或者成立即控制,报告期内追溯调整,保荐机构和会计师要对追溯调整期的内容进行尽职调查)起即受同一公司控制权人控制,且业务内容与拟发行主体重组前的业务具有相关性(相同、类似行业或同一产业链的上下游)。
整合方式	操作方式上避免简单粗暴,不建议采用清算、人员吸收的方式,该方式无法并表。不管采取何种方式进行重组,均应关注对拟发行主体资产总额、营业收入、利润总额的影响情况: (1)发行人收购被重组方股权。 (2)发行人收购被重组方的经营性资产。 (3)公司控制权人以被重组方股权或经营性资产对发行人进行增资。 (4)发行人吸收合并被重组方。
指标比例	(1)被重组方重组前一个会计年度末的资产总额或前一个会计年度的营业收入或利润总额达到或超过重组前发行人相应项目100%的,为便于投资者了解重组后的整体运营情况,发行人重组后运行一个会计年度后方可申请发行。 (2)被重组方重组前一个会计年度末的资产总额或前一个会计年度的营业收入或利润总额达到或超过重组前发行人相应项目50%,但不超过100%的,保荐机构和发行人律师应按照相关法律法规对首次公开发行主体的要求,将被重组方纳入尽职调查范围并发表相关意见。发行申请文件还应按照《公开发行证券的公司信息披露内容与格式准则第9号——首次公开发行股票并上市申请文件》附录第四章和第八章的要求,提交会计师关于被重组方的有关文件以及与财务会计资料相关的其他文件。 (3)被重组方重组前一个会计年度末的资产总额或前一个会计年度的营业收入或利润总额达到或超过重组前发行人相应项目20%的,申报财务报表至少须包含重组完成后的最近一期资产负债表。

(续表)

事项	具体分析
计算口径	（1）被重组方重组前一个会计年度与重组前发行人存在关联交易的,资产总额、营业收入或利润总额按照扣除该等交易后的口径计算。 （2）发行人提交首发申请文件前一个会计年度或一期内发生多次重组行为的,重组对发行人资产总额、营业收入或利润总额的影响应累计计算。
申报报表编制	（1）重组属于同一控制下的企业合并事项的,被重组方合并前的净损益应计入非经常性损益,并在申报财务报表中单独列示。 （2）重组属于同一公司控制权人下的非企业合并事项,且被重组方重组前一个会计年度末的资产总额或前一个会计年度的营业收入或利润总额达到或超过重组前发行人相应项目20%的,在编制发行人最近三年及一期备考利润表时,应假定重组后的公司架构在申报报表期初即已存在,并由申报会计师出具意见。

2. 同一控制下的企业合并

根据企业会计准则的规定,同一控制下企业合并需满足严格的限定条件,要求参与合并的企业在合并前后均受同一方或者相同多方最终控制且该控制并非暂时性的。

相同的多方,通常是指根据投资者之间的协议约定,在对被投资者的生产经营决策行使表决权时发表一致意见的两个或两个以上的投资者。

控制并非暂时性,是指参与合并的各方在合并前后较长时间内受同一方或相同多方最终控制,较长的时间通常是指一年以上(含一年)。

《企业会计准则实施问题专家工作组意见》载明,通常情况下,同一控制下的企业合并是指发生在同一企业集团内部企业之间的合并。除此之外,一般不作为同一控制下的企业合并。在认定相同的多方作为实际控制人时,不认可委托的持股或者代持股份等在法律上存在瑕疵的安排。在实际执行中,对同一控制下的企业合并要严格审查,在发行人、会计师、律师出具充分意见的基础上,如符合同一控制下企业合并条件的,最终控制的相同多方持股应占绝对多数,一般情况下可按照51%以上掌握。

根据《企业会计准则第20号——企业合并》的规定,合并日,是指合并方实际取得对被合并方控制权的日期。

同时满足以下要求的,通常可认为实现了控制权的转移：

（1）企业合并合同或协议已经获得股东大会等通过。

（2）企业合并事项需经过国家有关主管部门审批,已获得批准。

（3）参与合并各方已经办理了必要的财产转移手续。

（4）合并方或购买方已支付了合并价款的大部分(一般应超过50%),并且有能力、有计划支付剩余款项。

（5）合并方或购买方实际上已经控制了被合并方或购买方的财务和经营决策,

并享有相应的利益、承担相应的风险。

3. 非同一控制下的企业合并

发行人在报告期内存在非同一控制下的企业合并,应关注被合并方对发行人资产总额、营业收入或利润总额的实际影响。以主板为例,发行人在实际执行中应符合以下要求(见表3-50)。

表3-50 重组后运营时间表

类型	资产、收入、利润任何一个超过100%	资产、收入、利润在50%~100%之间	资产、收入、利润在20%~50%之间	资产、收入、利润小于20%
收购非同一控制下相同、相似产品或者同一产业链的上下游的企业或资产	运营36个月	运营24个月	运营一个会计年度	不受影响
收购非同一控制下非相关行业企业或资产	运营36个月		运营24个月	不受影响

4. 关于同一控制和主营业务发生重大变化的认定

企业合并过程中,对于合并各方是否在同一控制权下认定需要重点关注的内容,以及部分按相关规定申请境内发行上市的红筹企业如存在协议控制或类似特殊安排,在合并报表编制和信息披露方面应突出的内容,应从以下方面进行把握。

对于同一控制下企业合并,发行人应严格遵守相关会计准则规定,详细披露合并范围及相关依据,对特殊合并事项予以重点说明。

(1)遵循相关会计准则等规定

①发行人企业合并行为应按照《企业会计准则第20号——企业合并》的相关规定进行处理。其中,同一控制下的企业合并,参与合并的企业在合并前后均受同一方或相同的多方最终控制且该控制并非暂时性的。

根据《〈企业会计准则第20号——企业合并〉应用指南》的解释,"同一方",是指对参与合并的企业在合并前后均实施最终控制的投资者。"相同的多方",通常是指根据投资者之间的协议约定,在对被投资单位的生产经营决策行使表决权时发表一致意见的两个或两个以上的投资者。"控制并非暂时性",是指参与合并的各方在合并前后较长的时间内受同一方或相同的多方最终控制。较长的时间通常指一年以上(含一年)。

②根据《企业会计准则实施问题专家工作组意见》的解释,通常情况下,同一控制下的企业合并是指发生在同一企业集团内部企业之间的合并。除此之外,一般不作为同一控制下的企业合并。

③在对参与合并企业在合并前控制权归属认定中,如存在委托持股、代持股份、协议控制(VIE模式)等特殊情形,发行人应提供与控制权实际归属认定相关的

充分事实证据和合理性依据,中介机构应对该等特殊控制权归属认定事项的真实性、证据充分性、依据合规性等予以审慎判断、妥善处理和重点关注。

(2)红筹企业协议控制下合并报表编制的信息披露

《企业会计准则第33号——合并财务报表》第7条第1款规定:"合并财务报表的合并范围应当以控制为基础予以确定。"第8条规定:"投资方应当在综合考虑所有相关事实和情况的基础上对是否控制被投资方进行判断……"

部分按相关规定申请境内发行上市的红筹企业,如存在协议控制架构或类似特殊安排,将不具有持股关系的主体(以下简称被合并主体)纳入合并财务报表合并范围。

在此情况下,发行人应充分披露协议控制架构的具体安排,包括协议控制架构涉及的各方法律主体的基本情况、主要合同的核心条款等;分析披露被合并主体设立目的、被合并主体的相关活动以及如何对相关活动作出决策、发行人享有的权利是否使其目前有能力主导被合并主体的相关活动、发行人是否通过参与被合并主体相关活动而享有可变回报、发行人是否有能力运用对被合并主体的权利影响其回报金额、投资方与其他各方的关系;结合上述情况和会计准则规定,分析披露发行人合并依据是否充分,详细披露合并报表编制方法。保荐机构及申报会计师应对上述情况进行核查,就合并报表编制是否合规发表明确意见。[①]

在主营业务方面,若发行人在报告期内发生业务重组,则其主营业务是否发生重大变化,要依据被重组业务与发行人是否受同一控制分别进行判断。如为同一控制下业务重组,应按照《〈首次公开发行股票并上市管理办法〉第十二条发行人最近3年内主营业务没有发生重大变化的适用意见——证券期货法律适用意见第3号》的相关要求进行判断和处理。如为非同一控制下业务重组,通常包括收购被重组方股权或经营性资产、以被重组方股权或经营性资产对发行人进行增资、吸收合并被重组方等行为方式,发行人、中介机构可关注以下因素:

(1)重组新增业务与发行人重组前的业务是否具有高度相关性,如同一行业、类似技术产品、上下游产业链等;

(2)业务重组行为对实际控制人控制权掌控能力的影响;

(3)被合并方占发行人重组前资产总额、资产净额、营业收入或利润总额的比例,业务重组行为对发行人主营业务变化的影响程度等。

实务中,通常按以下原则判断非同一控制下业务重组行为是否会引起发行人主营业务发生重大变化:

(1)对于重组新增业务与发行人重组前业务具有高度相关性的,被重组方重组前一个会计年度末的资产总额、资产净额或前一个会计年度的营业收入或利润总额,达到或超过重组前发行人相应项目100%,则视为发行人主营业务发生重大变化;

---

① 参见《首发业务若干问题解答(二)》问题10。

(2)对于重组新增业务与发行人重组前业务不具有高度相关性的,被重组方重组前一个会计年度末的资产总额、资产净额或前一个会计年度的营业收入或利润总额,达到或超过重组前发行人相应项目50%,则视为发行人主营业务发生重大变化。

对主营业务发生重大变化的,应根据《首次公开发行股票并上市管理办法》《首次公开发行股票并在创业板上市管理办法》的规定,符合相关运行时间要求。

对于重组新增业务与发行人重组前业务具有高度相关性的,被重组方重组前一个会计年度末的资产总额、资产净额或前一个会计年度的营业收入或利润总额达到或超过重组前发行人相应项目50%,但未达到100%的,通常不视为发行人主营业务发生重大变化,但为了便于投资者了解重组后的整体运营情况,原则上发行人重组后运行满12个月后方可申请发行。

12个月内发生多次重组行为的,重组对发行人资产总额、资产净额、营业收入或利润总额的影响应累计计算。

对于发行人报告期内发生的业务重组行为,应在招股说明书中披露发行人业务重组的原因、合理性以及重组后的整合情况,并披露被收购企业收购前一年的财务报表。保荐机构应当充分关注发行人业务重组的合理性、资产的交付和过户情况、交易当事人的承诺情况、盈利预测或业绩对赌情况、人员整合、公司治理运行情况、重组业务的最新发展状况等。[①]

(二) 董事、高级管理人员变动问题

董事、高级管理人员没有发生重大变化是企业发行上市的条件之一,应高度重视。目前尚无量化的绝对数指标,应具体问题具体分析,主要关注董事、高级管理人员的变动对发行人经营的连续性、稳定性的影响,主要的考虑因素是变动原因、相关人员的岗位和作用、对生产经营的影响等。

实务中,董事和高级管理人员变动主要有三种情形:一是人数不变而人员调整;二是人数增加;三是人数减少。如果是人数增加,而人数增加的理由主要是为了加强公司规范治理和满足企业首发上市的要求,比如根据上市公司规范要求设立董事会以及增加财务总监和董事会秘书的情形。人数减少的情况是比较少见的,如果存在则需要重点解释原因。另外,国有企业董事、高级管理人员在任职期内由于组织安排导致的变化,不轻易认定为重大变化。

如果董事、高级管理人员在变动之后,能够有充分证据证明公司的生产经营是持续的且没有发生重大变化,公司的盈利能力和增长趋势也没有明显的波动,那么就应认为企业因为核心人员变动的风险已经基本消除,没有必要等待完整的报告期。

一般来说,应从以下方面(见表3-51)对董事、高级管理人员变动问题予以说明和解释,判断的标准仍然是实质重于形式,具体问题具体分析。

[①] 参见《首发业务若干问题解答(二)》问题11。

表 3-51　董事、高级管理人员变动对上市影响分析表

关注因素	判断和说明
变动主体	目前重点关注董事和高级管理人员的变动,对监事的变动关注相对较少。
变动比例	如果报告期内变化比例超过 1/3,还需要进一步说明和分析。
变动人员的岗位和作用;变动人员与控股股东和实际控制人的关系	董事长、总经理、财务总监等关键岗位人员的变动要特别关注。同样,与经营模式特色紧密相关的职位变动亦应注意。如以渠道制胜的企业,营销负责人的变动尤应关注;又如以研发技术优势见长的企业,对其研发负责人的变动同样应给予高度关注。
老成员的留守	如果原来的高级管理人员多数留任,变动的原因是引进外来人才,则此种变动更容易解释。
新成员的来源	如果新的董事和高级管理人员原来就在公司任职,也担任管理职位,则应认定为没有发生重大变动。
变动原因	公司生产经营发展的特殊需要、国有单位上级机关指定等原因导致的人员变动。 是否为公司正常换届、是否因为公司内部矛盾等。
变动后果	相关变动对公司生产经营、决策的连续性和稳定性的影响。
其他方面	相比执行董事的变动,非执行董事的变动对公司生产经营、决策连续性和稳定性的影响较小。

根据《首次公开发行股票并上市管理办法》《首发业务若干问题解答(一)》的规定,针对董事、高级管理人员变动问题,发行人及中介机构应从以下方面进行核查披露。

发行人应当按照要求披露董事、高级管理人员的变动情况。中介机构对上述人员是否发生重大变化的认定,应当本着实质重于形式的原则,综合两方面因素分析:一是最近 3 年内的变动人数及比例,在计算人数比例时,以董事和高级管理人员合计总数作为基数;二是上述人员因离职或无法正常参与发行人的生产经营是否导致对发行人生产经营产生重大不利影响。

如果最近 3 年内发行人的董事、高级管理人员变动人数比例较大,或董事、高级管理人员中的核心人员发生变化,对发行人的生产经营产生重大不利影响的,应视为发生重大变化。

变动后新增的董事、高级管理人员来自原股东委派或发行人内部培养产生的,原则上不构成人员的重大变化。发行人管理层因退休、调任等原因发生岗位变化的,不轻易认定为重大变化,但发行人应当披露相关人员变动对公司生产经营的影响。[①]

---

① 参见《首发业务若干问题解答(二)》问题 17。

三、股权变动

股权变动在形式上包括股权转让和受让,在主体上包括公司和控股子公司。在此主要讨论两个方面的问题:一是如何合规地进行股权变动;二是监管部门对股权变动的关注和相应的查证说明。

(一)合规地进行股权变动

股权变动合规性表现为程序要件和实体要件两个方面,具体分析如下(见表3-52)。

表3-52 股权变动要件分析表

要件	具体内容	分析
程序要件	通知符合公司章程的规定	按照公司章程的时间要求通知各位股东参会,此要件常常被忽略,但是如果发生争议,甚至可能是主张股东会无效的理由之一。
	动议不得表决	动议,就是没有在会议通知中列明临时提出的议题,此类议题可以讨论,但是不能表决。
	股东会批准	严格地说,除非公司章程特别规定,有限公司股东之间相互转让股权无须其他股东批准。但办理工商登记时需要提交股东会决议,因此该批准还是需要的。
	修订公司章程	股东是公司章程的主要记载事项,因此股东变更后需要相应地修改公司章程。
	签发出资证明	出资证明是股东身份的证明文件之一,在实际工作中并不常见。
	工商变更登记	工商登记不是决定股权归属的要件,但为了保证交易安全和流程完整,变更登记是必要的。
实体要件	有权部门的批准(如需要)	比如外商投资企业变更股东,需要商务部(局、委)先行批准;国有资产转让,需要履行批准或其他相应程序。
	买卖双方意思表示真实、合法	这是民事活动的基本原则,也适用于股权变动。
	对外转让的情况下,其他股东放弃优先购买权	此为《公司法》对有限责任公司的直接规定,主要是基于"人合"的属性。
	价款给付等合同履行	对价的支付常常涉及合同的顺利履行和后续衔接工作,因此也应重视。

(二) 监管部门对股权变动的关注点

监管部门对公司的历史沿革、股权变动问题从来都是高度关注的。通过案例总结,监管层主要关注如下方面(见表 3-53),并要求详细披露全过程。

表 3-53　股权变动关注事项分析表

关注事项	分析说明
关联关系	要求披露公司(含控股子公司)、公司的关联人(特别是控股股东和高级管理人员)与股权受让(或转让方)的股东、董事、高级管理人员是否存在关联关系。
股东会决议	此为程序性要求。
转让事由	转让事由即转让股权的原因,从积极的角度讲应该是有利于增强公司盈利能力,从消极的角度讲不能存在利益输送等违法目的。
合意	是否为双方真实意思表示。
转让价格和定价依据	理论上如果不涉及国有资产、集体资产,则股权转让的价格应该由当事人双方自行决定,赠送也不违法。但是价格的合理性仍然需要各方关注,此合理性的判断要具体问题具体分析,比如公司创始人转让股权给公司的功勋员工和高级管理人员,无偿也是可以合理解释的,但如果对外无偿转让,则涉嫌利益输送,难以自圆其说。一般而言,价格有原始出资额、净资产价格、评估值、市场估值四种。
支付价款来源	与出资来源的合法性判断类似,对于支付价款的来源问题,在公司的股权变动中十分重要。 主要关注转让价款来源的合法性、合理性、真实性,以及是否存在内部控制缺失而使用公司资金的情况。
实际履行情况	上级审批、评估备案、招拍挂程序、工商登记等。
股权过户以及未及时办理工商变更登记	虽然工商登记不是判断股权变动生效的要件,但工商登记变更仍然是判断股权转让是否依法完成的最终标准且有公示效应,因此应该及时办理完成。如果不能及时办理完成,必须提供真实可信的解释说明,否则容易令人怀疑交易的真实性及是否会发生回转。
是否涉及国有资产或集体资产	如涉及这两个主体,特别是国有资产,需要符合国有股权管理相关规定。
是否涉及工会或职工持股会	如涉及,是否有工会成员或者职工持股会成员同意确认的签字文件。
是否存在重大权属纠纷、合法合规、真实有效	对问题的总体回顾性要求,既为明确结论性意见,又为兜底性披露要求。
是否存在纠纷和潜在风险	对问题的总体前瞻性要求,既为明确结论性意见,又为兜底性披露要求。

(三) 禁售期内股转

《公司法》第141条对禁售期有如下规定(见表3-54)。

表3-54 各主体禁售期对照表

主体	限售规定
发起人	发起人持有的本公司股份,自公司成立之日起一年内不得转让。公司公开发行股份前已发行的股份,自公司股票在证券交易所上市交易之日起一年内不得转让。
公司董事、监事、高级管理人员	任职期间每年转让的股份不得超过其所持有本公司股份总数的25%;所持本公司股份自公司股票上市交易之日起一年内不得转让;离职后半年内,不得转让其所持有的本公司股份。

(1)上述规定属于禁止性规定,违反无效。从立法目的看,该规定旨在防范发起人利用公司设立谋取不正当利益,并通过转让股份逃避发起人可能承担的法律责任。但在实践中,该条规定约束了资金的融通,限制了股权的流通性,使股份公司丧失了通过股权交易调整公司股本结构、提高资源配置效率的机会,也是基于此,《公司法》将限制期限从三年修改为一年。

(2)在已过会案例中,存在两种至少形式上直接违反上述规定的情形,但是均有比较合适的理由:一是按照2008年9月16日国务院国有资产监督管理委员会发布的《关于规范国有企业职工持股、投资的意见》的规定进行了股权规范;二是规范职工委托持股过程中,转让方转让代持股权,中介机构认为"就股份转让实质分析,不违反《公司法》第141条的规定"。

(3)预转让合同是合法有效的。预转让,是指为公司成立一年后转让股份而预先签订合同并约定一年期满后再办理股权过户手续的行为。此类行为和合同合法有效,原因如下:

①《公司法》规定禁售期是针对实际转让股份,并不禁止发起人附期限的法律行为。

② 在股份转让行为中,实质上存在两种行为:一是股权转让的债权行为,即当事人之间的合同订立行为;二是股份转让的权利变动行为,即合同生效后履行合同的股份变动行为。《公司法》所禁止的发起人转让股份是对股份变动行为的禁止,不是对签订合同行为的禁止。一年内不得转让并不意味着一年内不得为一年后的股份转让签订合同。只要一年内并未实际交付股份,并不引起法律上的股东变更,发起人仍然是公司的股东,一旦产生公司发起责任,承担责任的仍是原发起人,原发起人并不免除责任。当事人的该类股权转让协议是在法律规定范围内的一种预期转让,不损害公共利益和第三人利益;而且在该种转让下,出让方放弃的是股权(包含自益权和共益权),是对自己权利的处分,但仍须承担股东的责任和义务,这进一步说明了该类股权转让行为的无害性,应认定该约定对当事人双方有效。

③ 此类合同是否因违反《公司法》第141条的规定而无效,取决于合同对股份变动如何约定,如果约定股权变动发生在公司成立后一年内,则构成违法并导致无效;如果约定在一年之后股权变动,应为合法有效。

(4)人民法院的强制执行。如果发起人股份的转让并非出于股东意愿,而是法院在执行程序过程中需要采取的强制措施,则同样不违反《公司法》关于禁售期限的规定。根据立法本意,禁售期限只适用于依照当事人意思自治协议转让的情形,而法院在强制执行案件中转让发起人股份,是为了债权人利益而实施的国家行为,不存在发起人借设立股份有限公司投机牟利的动机。为了防止发起人故意规避《公司法》第141条的规定,人为"制造"诉讼,借法院之手提前转让其持有的公司发起人股份,法院在操作中应当把握这样一个原则,即只有当作为被执行人的发起人无其他财产可供执行时,才能强制执行发起人持有的尚在《公司法》规定的禁售期内的股份。

(5)除《公司法》第141条对禁售期的规定外,股东在公司上市后转让上市公司股份的行为还受到交易所减持规则及其申报时减持承诺的限制。违反减持规则或减持承诺的转让行为是否有效,在实务中极具争议,只能根据具体情况进行分析论证。

(四) 股权公开转让导致的擅自发行股票罪

股权公开转让的行为可能构成我国《刑法》规定的"擅自发行股票罪"。如果发行人历史沿革中有过类似活动,需要从刑事犯罪角度进行分析判断。

1. 非上市公司转让股权的法律规范与发展历程

国家法律及相关政策对非上市公司的股权能否转让、如何转让一直都有限制性规定,经历了以下三个阶段。

第一个阶段,1998年至2002年为严令禁止。1998年国务院办公厅《转发证监会关于〈清理整顿场外非法股票交易方案〉的通知》、2003年证监会《关于处理非法代理买卖未上市公司股票有关问题的紧急通知》、2004年证监会《关于进一步打击以证券期货投资为名进行违法犯罪活动的紧急通知》均规定,禁止从事非上市公司的股权交易,除进行股权整体转让外,严厉禁止代理和买卖非上市公司股票。

第二个阶段,2003年至2006年为托管引导。全国一些城市相继开展股权登记托管业务,2003年,上海成立股权托管中心与上海联合产权交易所。2004年,上海市发展和改革委员会、上海市国有资产监督管理委员会、上海市工商行政管理局发布《关于进一步规范本市发起设立股份有限公司审批、登记和备案相关事项的通知》(已失效),要求国有股权必须到上海联合产权交易所交易,到股权托管登记中心登记,对于私有股权,采取自愿进场交易原则。

第三个阶段,2006年至今为明确规范。《证券法》规定,公开发行证券,应依法报经国务院证券监督管理机构或国务院授权的部门核准,并规定向不特定对象或者向特定对象发行证券累计超过200人的,属于公开发行证券。2006年国务院办公厅发布的《关于严厉打击非法发行股票和非法经营证券业务有关问题的通知》

规定:第一,严禁擅自公开发行股票。向不特定对象发行股票或向特定对象发行股票后股东累计超过200人的,为公开发行,应依法报经证监会核准。第二,严禁变相公开发行股票。非公开发行股票及其股权转让,不得采用广告、公告、广播、电话、传真、信函、推介会、说明会、网络、短信、公开劝诱等公开方式或变相公开方式向社会公众发行。

由此可见,对于非上市公司的非法股权交易,国家一直给予否定评价。

2. 股权公开转让行为的违法性特征分析

股权公开转让行为的违法性特征可以从以下方面进行分析(见表3-55)。

表3-55 股权公开转让行为的违法性特征分析表

违法特征	分析
受让人属于不特定对象	区分特定对象与不特定对象,应当结合投资者的选择程序、承担风险能力与人数等因素综合分析。通常情况下,出让方委托中介机构面向社会公众采用推广会等方式进行宣传,随后筛选出合适的投资人,审查投资人的资产价值与申报财产内容的真实性、是否具备识别并承担风险能力等内容,明确提示投资风险,有明确的人数和资金总量的限制。对于符合上述条件的,应当认定为属于特定对象,相反,对于不设定任何标准和人数条件,不考察投资人的具体情况,只要出资即予以接纳的,应当认定为属于非特定对象的范围。
采用公开形式转让股权	判断公开与非公开方式的标准,是区分信息沟通渠道是否畅通。非公开发行是指基于相互信任与意思自治原则,双方能够交流获取真实有效的信息,无须借助第三方来传递信息达到沟通目的。公开发行由于面向社会公众且信息不对称,出让方需要借助中介力量,利用广告、公告、广播、电话、推介会、说明会、网络等方式传递信息,以达到吸引投资人获取资金的目的。
转让股权的运作模式不规范	由于涉及社会公众权益,公开转让股权必须接受多方面的监管,要求运作模式必须合法规范,包括中介机构的主体资格、签订合同的内容、披露信息的要求、财务情况公开、区分收费账户与公司账户、按约履行权利义务等。
托管形式不影响行为的违法性	托管中心是从事非上市股份有限公司股权集中托管、过户、查询、分红等业务的股权托管登记服务机构,主要职能是股权托管、登记与服务。托管中心作为第三方组织,对于股权转让行为只负责登记备案而没有审核及监督义务,托管登记的形式,仅证实双方确有股权转让行为,而不能证明股权转让行为本身合法与否。

(五)国有法人股转让未进场交易的法律后果

如果发行人在历史上出现过国有法人股权(股份,下同)未进场即交易的情形,必须引起高度重视,因为此问题涉及股权转让交易是否生效的问题,发行人股权是否稳定、清晰的发行条件问题,还涉及仅有省级人民政府确认,是否能够有效解决法律风险的现行处置方法合法性等问题。以下仅分析股权转让交易"是否生效"问题。

1. 有关企业国有股权(股份)转让的法律规定

企业国有股权(股份)是企业国有资产的重要表现形式。国有股权(股份)是关系到国有资产出资人权益的重大事项之一,是国家获得投资收益的一种方式。自20世纪90年代以来,我国颁布实施了许多有关国有资产管理方面的规范性文件。其中涉及国有股权(股份)转让的主要内容有:一是关于国有资产转让的基本原则和要求;二是关于国有资产转让的决定权限或备案制度;三是关于国有资产转让的程序和方式;四是关于国有资产转让的禁止性、限制性规范;五是关于违反规定的法律责任。主要条款有《国有资产评估管理办法》第3条,《中华人民共和国拍卖法》第28条,《中华人民共和国企业国有资产法》第53条,《金融企业国有资产转让管理办法》第11条、第28条,《企业国有资产交易监督管理办法》第7条、第8条、第11条、第12条、第13条。

综合以上各项规定,可以将国有股权(股份)转让的基本规范归纳为以下三个方面的程序(见表3-56)。

表3-56 国有股权(股份)转让程序表

程序	基本规定
决策、审批程序	(1)由履行出资人职责的机构决定。根据我国现有的管理模式,履行出资人职责的机构分为三种形式:一是国务院国有资产监督管理委员会和地方人民政府国有资产监督管理委员会;二是国务院和地方人民政府授权的其他部门、机构;三是履行出资人职责的机构委派股东代表参加的股东(大)会。 (2)如果转让致使国家对该企业不再具有控股地位的,须由国有资产监管机构报请本级人民政府批准。
评估、定价程序	(1)申报立项。需要进行资产评估的国有企业,应当向国有资产管理部门申报立项,经过国有资产管理部门的审批后,委托符合法律规定、具有法定资质的评估机构依法进行资产评估。 (2)清查资产。委托人应当按照评估范围,对待评估资产的实有数量与质量情况进行实地盘点,并将结果分类登记。资产评估机构根据企业的会计报表、统计报表、财务目录及各种相关台账记录等资料,对企业的资产情况、债权债务情况及经营情况,进行全面的清查与审核;对企业资产进行严格的产权界定,同时还需要就与资产评估有关的方面进行社会调查,以便对企业未来的经济效益作出准确的预测。 (3)评定估算。评估机构在核实鉴定后,根据不同的评估目的与对象,依照有关评估的法律、法规、政策等规定,考虑到影响资产价值的各种因素,运用科学的评估方法,选择适当的评估参数,独立、公正、合理地评估出待评估资产的真实价值。 (4)验证确认。国有资产管理部门接到评估报告及有关资料后,会同有关机关审核、验证、确认资产评估结果的真实性、合法性以及科学性。 (5)合理确定最低转让价格。在交易过程中,当转让底价低于评估结果的90%时,应当经转让行为批准单位书面同意。

(续表)

程序	基本规定
进场交易、公开竞价程序	（1）非上市公司国有股权（股份）的转让应当在依法设立的省级以上（含省级）产权交易机构公开进行；上市公司国有股份的转让应当通过依法设立的证券交易系统进行，另外还须遵循国家有关国有股减持的规定。 （2）公开披露转让信息，广泛征集受让方。征集产生两个以上受让方的，采用拍卖、招投标等公开竞价的交易方式。从严控制直接协议转让。

国有股权转让如果符合以下特殊要求（表3-57），可以不进场交易转让。

表3-57 国有股权转让不进场交易情形表

转让方式	法律规定	具体情形
非公开协议转让	《企业国有资产交易监督管理办法》第31条	涉及主业处于关系国家安全、国民经济命脉的重要行业和关键领域企业的重组整合，对受让方有特殊要求，企业产权需要在国有及国有控股企业之间转让的，经国资监管机构批准，可以采取非公开协议转让方式。
		同一国家出资企业及其各级控股企业或实际控制企业之间因实施内部重组整合进行产权转让的，经该国家出资企业审议决策，可以采取非公开协议转让方式。
无偿划转	《企业国有产权无偿划转管理暂行办法》	第2条第1款规定：本办法所称企业国有产权无偿划转，是指企业国有产权在政府机构、事业单位、国有独资企业、国有独资公司之间的无偿转移。
		第5条规定：被划转企业国有产权的权属应当清晰。权属关系不明确或存在权属纠纷的企业国有产权不得进行无偿划转。被设置为担保物权的企业国有产权无偿划转，应当符合《中华人民共和国担保法》的有关规定。有限责任公司国有股权的划转，还应当遵循《中华人民共和国公司法》的有关规定。
		第18条规定：有下列情况之一的，不得实施无偿划转：（一）被划转企业主业不符合划入方主业及发展规划的；（二）中介机构对被划转企业划转基准日的财务报告出具否定意见、无法表示意见或保留意见的审计报告的；（三）无偿划转涉及的职工分流安置事项未经被划转企业的职工代表大会审议通过的；（四）被划转企业或有负债未有妥善解决方案的；（五）划出方债务未有妥善处置方案的。

2. 转让无效的法律分析

涉及国有资产转让的强制性规范,首先是管理性强制规范,但在一定程度上也是效力性强制规范,笔者倾向于认为其中有关进场交易的规定应当属于效力性强制规范。相关法律分析如下(见表3-58)。

表3-58 认定国有资产转让未进场交易无效法律分析表

认定无效的角度	认定无效的理由和法律分析
调整对象	关于国有资产转让的程序性规定中,决策、审批程序和评估、定价程序是转让行为正式实施之前的法定前置程序,规范的对象是国有资产转让方(履行出资人职责的机构),一般不会涉及其他当事人,体现了强制性规范的管理性目的。而进场交易、公开竞价程序则是直接针对转让行为本身,规范的对象包括国有资产转让方、受让方、产权交易机构等。相关当事人之间所构建的转让交易关系,是否实行了进场交易,是否实现了等价有偿,是否公开、公平、公正,直接影响到转让行为的法律效力。因此,强制性规范的效力性在这一环节比较突出。
法律解释方法	通过体系解释、法意解释及目的解释等方法,可以得出有关进场交易的规定属于效力性强制规范的结论。《中华人民共和国企业国有资产法》涉及交易行为无效的仅有第72条,该条规定:在涉及关联方交易、国有资产转让等交易活动中,当事人恶意串通,损害国有资产权益的,该交易行为无效。该条规定与《合同法》第52条第(二)项的规定完全一致,无非是起到强调的作用。但不能仅以此认为,只有被认定为恶意串通损害国有资产权益的才可确认转让行为无效。因为全国人大常委会法工委对该条的释义是:"当事人恶意违反程序进行的交易活动,自始不具有法律效力,已经进行的财产转让、转移等行为无效,财产状况应该恢复到行为发生前的状态。"结合上述法条释义和相关规定,运用体系解释和法意解释的方法,已经可以判断出有关进场交易的规定具有效力性强制规范的性质。若再基于经济法的公法属性,从国有资产法律、法规的立法目的考量,对这一问题的认识无疑就会更为清晰。
公共利益条款	确认《中华人民共和国企业国有资产法》实施以前违反国有资产转让强制性规范的行为无效,可以援用《合同法》关于损害社会公共利益的条款,援用社会公共利益标准衡量行政规章中的各类禁止性规定是否关系社会公共利益的维护;同时审慎判断社会公共利益在具体案件中的存在与否。如果交易行为违反了规章或其他法律文件中有关交易程序的强制性规定,而这种交易程序恰恰是为了使社会公共利益不受侵害,那么法院可以考虑援用违反社会公共利益条款认定交易行为无效。

(六)离婚引起的股权变动

股权是财产权的一部分,在婚姻关系存续期间,一方或者双方取得的股权如无特别约定,应属于夫妻共同财产;即使是一方婚前已经取得的股权,如无特别约定,股权增值部分仍属夫妻共同财产。因此,如果发行人股东离婚,需要处理好相应的包括股权在内的财产分割事宜,避免可能存在的潜在纠纷。

持股少于5%的股东离婚而使股权发生变动,一般不需要重点解释。持股5%以上的股东,甚至是控股股东、实际控制人离婚,如果发生在报告期内,则各方需要高度关注下述问题;如果在审核过程中发生婚变,很可能需要撤回材料。

离婚引起的股权变动需要关注如下要点:

(1)财产分割在法律角度的合法性和公允性。关于婚姻财产权利的认定和具体分割方式,详见《婚姻法》及其三个司法解释,此处不赘述,仅提示需要关注财产分割方式是否合法和公允,是否侵害了婚姻关系中相对弱势一方的合法权益,涉案股权是否已经包括在分割财产范围内,是否存在持股一方为不适当目的低价转让股权情形。对于采取诉讼方式解除婚姻,特别是判决还未最终生效或虽然生效但另一方坚持申诉、申请再审的,更应从实体角度公允判断。

(2)其他股东对涉案股权处理方案的意见。对于有限公司阶段股东离婚引起的股权变动,如果夫妻中一方不是发行人股东,即使夫妻双方协商一致将部分或者全部股权转让给该股东的配偶,发行人其他股东仍有优先购买权,需关注此种情况下对该优先购买权的保护。

(3)是否有可能涉及《一致行动人协议》,比如是否需要将因为离婚分割股权而成为发行人新股东的自然人也作为协议的签署方;是否有可能涉及实际控制人变更问题,比如是否需要采取特定期间特别委托授权的方式保证此方面没有发生不利变化。这些问题不可一概而论,必须结合实际控制人的认定理由具体分析。

(4)关注离婚后的法人治理结构,是否会导致董事、高级管理人员的重大变化,影响业绩连续计算。

(5)股权变更的法律文件、变更依据的证据文件。对于在报告期内离婚的股东,中介机构应该重点核查其判决离婚或者协议离婚的法律依据,比如离婚协议书、法院判决书以及离婚证等文件。此外,应核对确认相应的关于财产分割的文件(包括财产分割协议书、法院判决书等文件)是否确实对发行人股权分割事宜进行了清晰、明确、完整的处置。

四、增资

在公司报告期内增资十分常见,以下从股东和净资产是否发生变化方面作如下分类(见表3-59)。

表3-59 增资类型表

情形	股东不变	引进新股东
净资产不变	资本公积、未分配利润转增股本	(此情况不存在)
净资产增加	原有股东新出资	新股东出资

监管部门对于增资问题较多关注或者要求补充披露、核查的主要方面是:相应的股东会、董事会决议,自然人增资方的履历和资金来源;法人增资方穿透后的实际权益持有人、注册资本、法定代表人、各新增股东与发行人、控股股东、实际控制人及其控制的其他企业以及发行人董事、监事、高级管理人员的关联关系;增资的定价依据;有无影响股权稳定的协议安排;在拟公开发行之际增资的必要性;如何保障定价公允和程序公正;增资是否损害发行人及其他股东利益等。

另外,同股同价也是常见的增资问题。《公司法》第126条规定:股份的发行,实行公平、公正的原则,同种类的每一股份应当具有同等权利。同次发行的同种类股票,每股的发行条件和价格应当相同;任何单位或者个人所认购的股份,每股应当支付相同价额。此规定适用于股份有限公司,对于有限责任公司没有明确规定。因此可以得出结论:对于有限责任公司,即使同一次发行,也允许不同的价格条件;对于股份有限公司,同一次发行的价格条件必须一致。

已经有多家已过会公司在有限责任公司阶段存在同一次增资中股东价格条件不同的情形,监管部门主要关注程序上是否合法,需要中介机构发表明确意见,也关注同股不同价的原因,但此问题一般都能得到合理的解释,主要是股东对公司的贡献不同。

五、减资

(一)减资情形

减资包括两种情形:一是实质减资,即公司将减少的注册资本按比例返还给股东;二是名义减资,一般发生在公司净资产小于注册资本的情况下,即公司用减少的注册资本弥补亏损,并未实际返还给股东。

企业上市报告期内均有盈利要求,不可能发生报告期内名义减资的情形,因此下文的减资均指实质减资。

报告期内实质减资的情况非常罕见,对上市也可能有严重的负面影响,因为现有股东减少对公司的投资,可以合理推论为公司没有上市融资的必要。但已有案例,在报告期最后一年将6亿元注册资本减少一半。不过该案例有如下特殊情况:

(1)减掉的一半注册资本是股东承诺但尚未出资到位的出资(分期出资中未到位的部分),即不减少公司现有资产,本质上是放弃第二次出资,在法律形式上体现为股东承诺出资部分的注册资本减少。

(2)放弃第二次出资的原因是,如果该出资到位,发行人目前的业务规模和盈利状况,发行后合理的净资产规模约为6亿元左右。如果发行人在募足31亿元注册资本后再实施公开发行,发行人的净资产规模相对于业务规模将偏大,导致发行后净资产收益率过度稀释。因为上述两个可以合理解释的理由,该次减资没有成为公司的上市障碍,监管部门仅关注了减资的法律程序、相关债务的处理、减资对公司经营资质和经营能力的影响等技术细节问题。

（二）减资流程

减资必须严格按照《公司法》规定的流程操作，具体如图3-2所示。

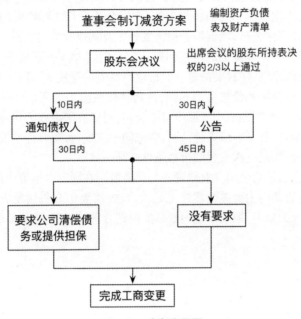

图 3-2　减资流程图

（三）减资税务分析

1. 个人所得税

根据国家税务总局《关于个人终止投资经营收回款项征收个人所得税问题的公告》和《股权转让所得个人所得税管理办法（试行）》等相关法律、法规的规定，个人股东减资视同股权转让，按照股权转让所得缴纳20%的个人所得税。

2. 企业所得税

根据国家税务总局《关于企业所得税若干问题的公告》等相关法律、法规的规定，企业股东从被投资企业撤回或减少投资中取得的资产分为如下三个部分：

（1）投资收回，相当于初始出资的部分，无须纳税；

（2）股息所得，相当于被投资企业累计未分配利润和累计盈余公积按减少实收资本比例计算的部分，该部分属于企业间的股息所得，按规定可以免缴企业所得税；

（3）投资资产转让所得，即企业股东从被投资企业撤回或减少投资，取得的资产中，扣除投资收回和股息所得的部分。该部分属于股权转让所得，一般需要缴纳25%的企业所得税。

3. 其他税收

企业减资,若涉及以非货币性资产返还投资,可能会产生增值税、土地增值税、契税等税种的纳税义务。

六、整体变更

有限责任公司整体变更为股份有限公司,在法律属性上是公司组织形式的变化,不是新设立的股份有限公司,也不是募集设立,更不是发起设立。大多数发行人在报告期内都存在整体变更的法律行为,择其重点问题(其中税务问题详见第七章第二节"税务")探讨如下。

(一)折股比例问题

有限责任公司整体变更为股份有限公司,根据 2004 年修正的《公司法》的规定,"折合的股份总额应当相当于公司净资产额";2005 年修订的《公司法》要求"折合的实收股本总额不得高于公司净资产额",即原来的要求是"等于",现在的要求是"不得高于",此种变化的主要目的是防止出资不实和虚增股本。

表 3-60 折股比例相关法律规定一览表

法律名称	《公司法》(1993 年)	《公司法》(2005 年修订)	《公司法》(2013 年修正、2018 年修正)
生效时间	1994 年 7 月 1 日— 2005 年 12 月 31 日	2006 年 1 月 1 日— 2014 年 2 月 28 日	2014 年 3 月 1 日— 至今
相关规定	折合的股份总额应当相当于公司净资产额。	折合的实收股本总额不得高于公司净资产额。	折合的实收股本总额不得高于公司净资产额。

是否"打折"变更取决于公司的具体情况,要结合股票发行价格、计划融资额、发行后股权结构等综合考虑。总的来说。"打折"折股有利于提高每股净资产收益率,进而提高每股价格,但"打折"折股比例过大则涉嫌人为提高财务比率,同时因为"打折"折股降低了股份总数,在发行后相同股权比例结构下,与"不打折"折股相比,有可能(仅仅是可能,因为每股股价相对提高了)降低募集资金金额。

2005 年修订的《公司法》生效之前,在有限责任公司整体变更为股份有限公司过程中不存在折股比例问题,因为 1993 年《公司法》的规定十分具体、明确,即"相当于",也就是严格地按 1:1 的比例折股。2005 年修订的《公司法》生效后,折股比例的规定发生了重大变化,从"相当于"变为"不得高于",可见允许"小于",即允许"打折"折股,由此产生折股比例问题。

此处要探讨的问题是,有国有股股东的有限责任公司,在 2005 年修订的《公司法》生效后直至目前,特别是在 2006 年 1 月 1 日(2005 年《公司法》生效日)至 2008 年 1 月 31 日(《股份有限公司国有股权管理暂行办法》失效日)之间,进行整体变更,折股比例是否应受《股份有限公司国有股权管理暂行办法》第12条规定的不得低于65%的规定限制。探讨此问题的意义主要在于:虽然该规定已经被废止,但尚无新的相关规定,实践中存在争议,因此仍有进一步明确的必要。

虽然近年业内都在遵循65%的折股下限的限制,但是有限责任公司整体变更中的折股比例问题不应受《股份有限公司国有股权管理暂行办法》的调整,该规定不适用于整体变更。折股比例以2005年12月31日为界,分别适用旧、新《公司法》的规定即可,理由如下(见表3-61)。

表3-61 折股比例问题分析表

理由分类	《股份有限公司国有股权管理暂行办法》	《公司法》	说明
调整对象	国有企业改组设立股份公司和新建设立股份公司。	现有有限责任公司整体变更为股份公司。	《股份有限公司国有股权管理暂行办法》规定的两种情况不包括有限责任公司整体变更。
立法本意	国有资产保值增值,防止国有资产流失。	资本充实,出资到位。	立法本意不同。立法本意可以合理解释《股份有限公司国有股权管理暂行办法》中以评估值为基础,"如不全部折股,则折股方案须与募股方案和预计发行价格一并考虑",以及其他相关规定。
法律冲突	不得低于65%。	折合的股份总额应当相当于公司净资产额(1993年《公司法》);折合的实收股本总额不得高于公司净资产额(2005年修订的《公司法》)。	如果认定《股份有限公司国有股权管理暂行办法》适用于整体变更,则《股份有限公司国有股权管理暂行办法》和新、旧《公司法》都存在法律上的冲突,应属无效;此种冲突不属于"特别法优于普通法",因为从立法本意角度看,《股份有限公司国有股权管理暂行办法》作为特别法,其规定的比例应高于《公司法》的规定才能自圆其说,而实际上是明显低于《公司法》的规定。
计价依据	评估确认后净资产。	审计值,不允许评估调账。	计价基础不同。 在整体变更中,不管折股比例是多少,在变更前后,原股东对应持有的净资产的绝对值都是不变的;即不管比例是否低于65%,都不会导致国有资产的流失。 《股份有限公司国有股权管理暂行办法》中因为以评估值为基数还要打折,因此和原来的账面值相比,新公司的净资产的总额是变化的。

（续表）

理由分类	《股份有限公司国有股权管理暂行办法》	《公司法》	说明
前后法律主体	前后非同一法律主体：在改组设立情况下，原主体注销或导致出现新公司；新建设立情况下，必然导致出现新法律主体。	变更前后为同一法律主体。	从法律主体的角度也说明整体变更是《公司法》规定的特殊企业重组形式，《股份有限公司国有股权管理暂行办法》不适用于整体变更。

另外，通常由于公司实收资本过低或者公司未分配利润为负，会出现公司净资产少于公司注册资本的情形，为了公司顺利实现股改，通常有以下处理方式（见表3-62）。

表3-62 公司净资产少于注册资本股改方式情况表

公司净资产少于注册资本的原因	处理方式	
实收资本过低	增加公司实收资本	需注意考量增加实收资本的具体数额，以保证实收资本增加完成后，公司净资产大于或等于注册资本，建议将注册资本未实缴部分全部补足，以满足公司登陆新三板或者IPO时法律、法规对于公司注册资本必须全部实缴的要求。
	减少公司注册资本	采用该种方式操作上较为繁琐，且必须经过45天的公告期，时间相对较长，但可以在一定程度上免除公司补足认缴注册资本的义务。
未分配利润为负，即公司存在一定程度的亏损	无偿向公司赠与财产	公司股东赠与，计入公司资本公积；公司股东以外的人赠与，计入公司营业收入。
	公司扭亏为盈	改善公司经营状况，以增加公司净资产。

（二）折股基数问题

《公司法》的规定和上市的要求是以"净资产"为折股基数，各类资产也不得按照评估值调整。如果按照评估值调账，因为会计计量基础发生变更，会导致违反历史成本原则，业绩因此不能连续计算。2005年国家工商行政管理总局颁布的《公司注册资本登记管理规定》则要求进行评估（该规定的主要目的是保证公司股本的充实和真实）。两者存在一定的矛盾，解决办法是"既评估又审计"，评估值不得低于经审计净资产，然后商请工商局准许以审计净资产值验资，各类资产都按原账面值进入股份公司账目。但是，《公司注册资本登记管理规定》（2014年）第13条中删除了对于公司净资产评估作价的规定,与《公司法》的规定相统一,即从2014年3月1日起,整体变更无须再进行资产评估。因此,前述以"审计值"折股还是以"评估值"折股的争议也失去了存在的基础。

虽然按照审计值整体变更是基本操作规程,但是此种操作方法有可能造成国有资产流失,有可能为上市后的内幕交易提供现实基础,假设如下:

(1)公司有国有股股东(是否控股对本案分析结论没有影响)。

(2)公司有一块土地(或类似资产,窖藏名酒也适用),账面值很低,但现在有巨额增值,这些增值将在以后年度中逐年释放为盈利,毫无疑问,除非明示放弃,这些利益应该属于现有股东(此增值的性质和以前年度利润完全不同)。

(3)按照账面值整体变更(是否打折对本案分析结论没有影响),导致巨额增值在任何重要方面都没有得到任何体现。

(4)发行股份数一定的情况下,发行价格取决于每股盈余和市盈率倍数,而此处的每股盈余并没有公允体现巨额增值。

(5)发行上市成功。

此案例中,巨额增值为新、老股东共享,而新股东并没有为此直接支付对价,因此可以推论此案中发生了国有资产流失。同时,知晓存在此类巨额增值的人、可以控制何时将此类巨额增值变现为利润的人,完全可以据此进行股票买卖操作,获取不当利益。

如果以上分析成立,则在发行上市过程中可能已经发生了难以测算的国有资产流失,因此,必须找出合适理由,否定上述分析。

需要说明的是,"65%折股底线不适用于整体变更"和"整体变更中没有按照评估值调账导致国有资产流失"两个命题之间存在紧密联系,联系的关键点之一在于决定股价的要素。但是从逻辑上不能同时否定这两个命题,即否认其中一个命题即等于承认了另外一个命题,而无论哪一个命题成立,都值得我们进一步思考。

(三) 留存资本公积金问题

在整体变更的具体办理过程中,少数地方工商行政管理局(比如上海)会有特别要求:有限责任公司整体变更为股份有限公司视为有限责任公司以资本公积金、盈余公积金、未分配利润转增注册资本,应执行《公司法》第168条第2款的规定,即:"法定公积金转为资本时,所留存的该项公积金不得少于转增前公司注册资本的百分之二十五。"此种情况下,按净资产1:1比例折股是不可能的,要留出相应部分计入股份有限公司的盈余公积科目。

上述要求是不正确的,《公司法》第168条的规定不适用于整体变更。现将《公司法》第9条第1款、第95条和第168条第2款的规定进行对比和分析说明(见表3-63)。

表 3-63　留存资本公积问题分析表

《公司法》条款	具体规定	分析说明
第 9 条第 1 款	有限责任公司变更为股份有限公司,应当符合本法规定的股份有限公司的条件。	强调变更时要符合股份有限公司的条件,没有说需要符合其他的规定。
第 95 条	有限责任公司变更为股份有限公司时,折合的实收股本总额不得高于公司净资产额。	此处使用的是"折合"而不是"转为",不同的用词表示不同的性质和适用情形。本条的"不得高于"的含义应该理解为包括等于或小于。"留存的该项公积金不得少于转增前公司注册资本的百分之二十五"的规定使"等于"不可能,间接否认了第 95 条。
第 168 条第 2 款	法定公积金转为资本时,所留存的该项公积金不得少于转增前公司注册资本的 25%。	此处的"转为",应理解为在同一公司形式下的变更,或为有限责任公司阶段内,或为股份有限公司阶段内,只是不适用于导致公司组织形式的整体变更。

(四) 未分配利润为负

未分配利润是指企业实现的净利润经过弥补亏损、提取盈余公积和向投资者分配利润后留存在企业的、历年结存的利润。

有限责任公司在整体变更为股份有限公司折股时,其主要原理是用原来的有限责任公司的净资产作价出资,公司整体变更为股份有限公司。在未分配利润为负的情况下,如果公司的盈余公积能够补足未分配利润,可以直接进行折股。如果盈余公积不足以弥补未分配利润,此时不建议直接折股。此时有两种方式可以选择:一是推迟股改,用下一年的利润弥补历年形成的未分配利润亏损;二是减资。

关于未分配利润是否构成 IPO 障碍,《首发管理办法》明确规定,最近一期末不能有未弥补亏损,即申报前的最近一期不能有未弥补亏损,同时也表明,在申报前两期是允许未分配利润为负的,只要在最后一期弥补完毕就行。

(五) 分期出资不到位情况下是否可以整体变更

在有限责任公司出资尚未完全到位的情况下,虽然《公司法》对此没有直接规定,但仍不宜作整体变更,因为整体变更后已无法再实际履行有限责任公司阶段的出资义务,但股东的出资义务又不能因为整体变更而免除,所以对公司和股东均存在法律隐患。另外,在分期出资不到位的情况下,整体变更可能导致变更后的注册资本低于变更前的注册资本,相当于变相的减资;即使因为未分配利润、资本公积、盈余公积等数额较大而没有发生降低的情况,又在事实上相当于使用三项留存填补出资缺口,但这种填补本身没有履行法律程序。

综上所述,为慎重起见,在司法解释没有就此问题进行明确规定之前,应在有限责任公司阶段全部出资到位以后再进行整体变更。

(六) 变更时可否增加股东问题

因为整体变更中法律主体的连续性,所以有限责任公司的股东也就是变更后股份有限公司的股东,各股东的持股比例保持不变,不能增加股东。

但是,因为 2005 年修订的《公司法》和 1993 年《公司法》对有限责任公司、股份有限公司的股东人数的规定不同(见表 3-64),且现实生活中存在较多隐名投资行为,因此,业内曾有尝试在整体变更的同时,将原来的隐名股东、代持股东浮现为显名股东的案例。

表 3-64 两种类型公司股东人数对照表

股东人数的规定	有限责任公司	股份有限公司
《公司法》(1993 年发布)	2 人以上 50 人以下(国有独资除外)	5 人以上
《公司法》(2005 年修订)	50 人以下(国有独资除外)	2 人以上 200 人以下

具体举例如下:A 公司成立于 2005 年修订的《公司法》生效前,在工商局注册的股东有 40 名(显名股东),另外还有 50 名由显名股东代持股份的隐名股东。在整体变更时,这些股东也是股份有限公司的股东,因此,股份有限公司的股东为 90 名,各股东持股比例和在有限责任公司阶段真实的股权比例相同。

与股权转让、成立持股公司等清理方法相比,上述做法可能更加合理,理由如下:

(1)因为是否为公司股东的判断不以工商注册为标准,而是以出资、是否行使股东权利、承担股东义务的实质性要件为标准进行判断,因此,隐名股东的股东权利受到法律的确认和保护。

(2)除非为规避法律禁止性规定或者逃避法定前置审批,隐名投资不违反法律规定,只是不符合《公司注册资本登记管理规定》"股东或者发起人应当以自己的名义出资"的规定。

(3)在整体变更过程中,从隐名股东变为显名股东,是从不规范到规范的合法行为,本质上是隐名股东的确权行为;变更结束后的股东权利状态既符合法律规定,又体现了全体出资者的本意。

(4)此种确权行为最大限度地体现了全体出资者的本意,体现和保护了全体出资者的权利,也符合《公司法》的规定。

(5)如果此种股东人数变化发生在有限责任公司阶段,则违反了《公司法》规定的股东人数"五十个以下"的规定;如果用股权转让等形式,则在大多数情况下不符合全体投资者的初衷,转让、受让双方的意思表示也有可能是不真实的,名为规范实为夺权。

(6) 此种操作方法固然没有直接的法律依据,但确为对《公司法》不甚明确之处的符合立法本意的处置,与股权转让等操作方法相比,被认为是最优的选择。

(七) 变更后合同、权证更名

在有限责任公司阶段,公司对外以自己的名义签署了各类合同,并以自己的名义办理了各种权利证照,在变更后如果没有更名,除特殊情况外不会对上市造成法律障碍。因为在整体变更前后,法律主体没有发生改变,因此对有限责任公司阶段签署的合同,在变更完成后,股份有限公司自然就成为这些合同的履行主体,没有必要特意变更。对于权利证照则应及时办理更名,如果未能及时办理完成,则应考察取得权利的法律依据,判断是否存在不能继续取得确权和授权的法律障碍。

(八) 有限责任公司整体变更与企业整体改制为股份公司的区别

有关有限责任公司整体变更与企业整体改制为股份公司的区别,参见表3-65。

表3-65 整体变更与整体改制对照表

事项	整体变更	整体改制
折股基数	审计后的净资产折股	以评估值验资、折股
业绩连续计算	可以	不能
变更前企业形式	有限责任公司	可以是有限责任公司,也可以是国有企业、集体企业、事业单位
债权债务	由变更后的股份公司自然承继	债务转移需要获得债权人的同意
涉及资产	所有资产纳入股份公司的范围	可能剥离非经营性资产,只将经营性资产纳入股份公司范围

(九) 拟上市公司整体变更时无验资报告

对于拟上市公司整体变更时无验资报告,需关注两个方面的问题:第一,因为无验资报告无法确定出资是否缴足,因此需要就此补充证据和说明,仅凭省级人民政府的确认不充分;第二,在无验资报告的情况下完成工商注册属于违规行为,原则上需请国家工商局确认当地工商主管单位行政行为的效力。

(十) 资本公积转增股本

根据《公司法》的规定,股份有限公司以超过股票票面金额的发行价格发行股份所得的溢价款以及国务院财政部门规定列入资本公积金的其他收入,应当列为公司资本公积金。公司的公积金用于弥补公司的亏损、扩大公司生产经营或者转为增加公司资本。但是,资本公积金不得用于弥补公司的亏损。

资本公积转增注册资本(股本)是公司在股本演变过程中常见的增加注册资本(股本)的方式之一,资本公积可用于转增股本的金额看的是母公司资产负债表中资本公积的期末数据,深圳证券交易所中小板要求分配方案中涉及资本公积转增股本的,应当披露转增金额是否超过报告期末"资本公积—股本溢价"的余额。需要说明的是,若利润增长速度无法与"转增"的比例同步上升,则有相关财务指标被摊薄的风险。

通常情况下,资本公积作为股东权益由公司全体股东按照出资比例享有。资本公积转增注册资本最常见的方式也为各股东按其出资比例同比例转增。关于资本公积是否可以非同比例转增注册资本(股本),笔者认为需要分情况讨论:

(1)有限责任公司因具有"人合性",可以在全体股东一致同意的前提下将资本公积非同比例转增注册资本。

(2)股份公司作为"资合性"公司应当遵守《公司法》第126条的规定,同股同权,在资本公积转增股本时,股东只能按照持股比例进行转增。

七、国有企业改制的基本流程

关于国有企业改制的相关法律、法规繁多,以下仅列出基本流程(表3-66),进一步内容可参见本书第九章"专项问题"的"国资"部分。

表3-66 国有企业改制基本流程表

步骤	备注
取得有权国有资产管理部门同意改制的文件	—
清产核资、审计	由国有资产管理部门委托审计、评估机构。
资产评估	
取得有权国有资产管理部门对国有资产评估结果的核准	—
将审计、资产评估、职工安置方案向全体职工公示	—
制订改制方案,并经过内部决策通过	—
取得有权国有资产管理部门对改制方案的批准	如转让国有产权致使国家失去控股地位的,还应当取得本级人民政府批准。
有权国有资产管理部门对于该次出售进行公告公示	企业国有产权转让首次信息公告时的挂牌价不得低于经备案或者核准的转让标的资产评估结果。公告中应包含以下主要信息:①转让标的挂牌价格、价款支付方式和期限要求;②对转让标的企业职工有无继续聘用要求;③产权转让涉及的债权债务处置要求;④对转让标的企业存续发展方面的要求。

(续表)

步骤	备注
如在规定的公告期限内未征集到意向受让方,转让方可以在不低于评估结果90%的范围内设定新的挂牌价再次进行公告。如新的挂牌价低于评估结果的90%,转让方应当重新获得产权转让批准机构批准后,再发布产权转让公告	—
有权国有资产管理部门组织公开竞价出售活动	只产生一个符合条件的意向受让方的,由产权交易机构组织交易双方按挂牌价与买方报价孰高原则直接签约。
签署三方《产权转让协议》	企业、国有资产管理部门与国有产权受让人签署三方协议。
向当地人民政府请示转让事宜	包括国有产权转让合同、企业的债务处理、人员安置等事项。
取得当地人民政府的同意批复	—
取得有权机关关于国有资产转让的确认文件	确认国有产权转让,已履行了国有资产评估、评估结果确认、公开交易、产权过户、有权部门审批等必备程序,符合当时法律、法规和有关政策的规定,不存在潜在的纠纷。
进行产权交易结算	—

八、债务承担和有限责任的突破

无论是否为上市目的,企业的资产重组都应遵循诚实信用的基本原则,依法对债权人承担责任,不能损害债权人的合法权益。

监管部门的观点是:国有企业资产给了发行人,若原企业未清算注销,则需要明确可能涉及发行人需要承担的债务金额。该观点可以看作对资产重组过程中各方责任的分析和明确。根据《关于审理与企业改制相关的民事纠纷案件若干问题的规定》(特别是第6条、第7条、第35条)的规定可知,对于侵害债权人利益的企业重组,债权人可以否定公司法人独立人格,突破有限责任,直接向改制后的新公司主张债权。

因此,资产重组过程中应高度关注依法保护债权人合法权益问题,以免导致发行人在一定程度上承担连带责任,侵害投资者的利益。保护的主要方式是:第一,及时履行通知、公告义务;第二,履行已经签署的合同中的特别、直接约定;第三,依法完善重组程序;第四,在实体上无规避、逃废债的故意和不当行为。

九、在审期间分红或转增股本

首发企业在审期间现金分红、分派股票股利或资本公积转增股本的,根据《首发业务若干问题解答(二)》的规定,应做以下处理。

从首发在审企业提出现金分红方案的时间上看,可以分为两类:一类是初次申报时就已提出了现金分红方案;另一类是在审期间提出现金分红方案。对于第一类首发企业,原则上要求发行人现金分红实际派发完毕后方可上发审会。对于第二类情形,即发行人初次申报时披露"本次公开发行前的未分配利润由发行完成后的新老股东共享",但在审核期间又提出向现有老股东现金分红的,按如下原则处理:

(1)发行人如拟现金分红的,应依据公司章程和相关监管要求,充分论证现金分红的必要性和恰当性,以最近一期经审计的财务数据为基础,测算和确定与发行人财务状况相匹配的现金分红方案,并履行相关决策程序。如存在大额分红并可能对财务状况和新老股东利益产生重大影响的,发行人应谨慎决策。

(2)发行人的现金分红应实际派发完毕并相应更新申报材料后再安排发审会。

(3)已通过发审会的企业,基于审核效率考虑,原则上不应提出新的现金分红方案。

(4)保荐机构应对发行人在审核期间进行现金分红的必要性、合理性、合规性进行专项核查,就实施现金分红对发行人财务状况、生产运营的影响进行分析并发表核查意见。

在新股发行常态化背景下,审核周期已大幅缩短,为保证正常审核进度,发行人在审期间原则上不应提出分派股票股利或资本公积转增股本的方案,避免因股本变动影响发行审核秩序。①

十、主要经营一种业务

《首次公开发行股票并在创业板上市管理办法》规定,"发行人应当主要经营一种业务"。"一种业务"可界定为"同一类别业务"或相关联、相近的集成业务。中介机构核查判断是否为"一种业务"时,应充分考虑相关业务是否系发行人向产业上下游或相关业务领域自然发展或并购形成,业务实质是否属于相关度较高的行业类别,各业务之间是否具有协同效应等,实事求是进行把握。

对于发行人确属在一种业务之外经营其他不相关业务的,在最近两个会计年度以合并报表计算同时符合以下标准,可认定符合创业板主要经营一种业务的发行条件:

---

① 参见《首发业务若干问题解答(二)》问题26。

（1）主要经营的一种业务之外的其他业务收入占营业收入总额的比重不超过30%；

（2）主要经营的一种业务之外的其他业务利润占利润总额的比重不超过30%。

对于其他业务，应视对发行人主营业务的影响情况，充分提示风险或问题，上述要求同时适用于募集资金运用的安排。[①]

---

① 参见《首发业务若干问题解答（一）》问题24。

第四章 独 立 性

第一节 独立性的五个方面

一、独立性的五个方面

根据2006年《首发管理办法》第14条的规定,在独立性方面,"发行人应当具有完整的业务体系和直接面向市场独立经营的能力",包括资产、人员、财务、机构、业务五个方面,即"五独立",并且不得有其他严重缺陷(见表4-1)。

表4-1 "五独立"内容分析表

要求	具体标准	补充说明
资产完整	生产型企业应当具备与生产经营有关的生产系统、辅助生产系统和配套设施,合法拥有与生产经营有关的土地、厂房、机器设备以及商标、专利、非专利技术的所有权或者使用权,具有独立的原料采购和产品销售系统;非生产型企业应当具备与经营有关的业务体系及相关资产。	对于生产型企业而言,公司应该拥有独立的研发、生产、供应、销售能力,原则上发行人应当具有独立的土地使用权,如以租赁方式合法取得土地使用权的,应明确租赁期及付费方式,以及到期后公司的优先选择权;公司的商标、专有技术及其他资产权属应由公司独立享有,不存在与股东单位或其他单位共用的情况。另外,公司股东的出资已足额到位,且相关资产的权属变更手续已办理完毕;公司对资产拥有所有权、完全的控制权和支配权;公司的资产未以任何形式被控股股东及其控制的企业占用。
人员独立	发行人的总经理、副总经理、财务负责人和董事会秘书等高级管理人员不得在控股股东、实际控制人及其控制的其他企业中担任除董事、监事以外的其他职务,不得在控股股东、实际控制人及其控制的其他企业领薪;发行人的财务人员不得在控股股东、实际控制人及其控制的其他企业中兼职。	发行人的董事、监事、总经理、副总经理、财务责任人、董事会秘书等人员的产生均应是独立的,要按照《公司法》及其他法律、法规、规范性文件、公司规章规定的程序进行。董事、非由职工代表出任的监事由股东大会选举产生;总经理由董事会聘任;副总经理、财务负责人等高级管理人员由总经理提名并经董事会聘任;董事会秘书由董事长提名,董事会聘任。公司不存在大股东超越公司董事会和股东大会职权作出的人事任免决定。公司应建立独立的人事档案、人事聘用和任免制度以及考核、奖罚制度,与公司员工签订劳动合同,建立独立的工资管理、福利和社会保障体系。

(续表)

要求	具体标准	补充说明
财务独立	发行人应当建立独立的财务核算体系，能够独立作出财务决策，具有规范的财务会计制度和对分公司、子公司的财务管理制度；发行人不得与控股股东、实际控制人及其控制的其他企业共用银行账户。	发行人应设立独立的财务会计部门，配备专职财务管理人员。公司根据现行会计制度及相关法规、条例，结合公司实际情况制定财务管理制度等内部财务会计管理制度，建立独立、完整的财务核算体系，能够独立作出财务决策，具有规范的财务会计制度和对分公司、子公司的财务管理制度。控股股东应尊重公司财务的独立性，不得干预公司的财务、会计活动。发行人不存在货币资金或其他资产被股东单位或其他关联方占用的情况。
机构独立	发行人应当建立健全的内部经营管理机构，独立行使经营管理职权，与控股股东、实际控制人及其控制的其他企业间不得有机构混同的情形。	公司组织机构不存在与控股股东、实际控制人及其控制的其他企业间"两块牌子、一套人马"或"混合经营、合署办公"的情形。公司的各职能部门与法人股东相关部门没有隶属关系，人员没有相互兼职，管理经营完全独立于控股股东、实际控制人。
业务独立	发行人的业务应当独立于控股股东、实际控制人及其控制的其他企业，与控股股东、实际控制人及其控制的其他企业间不得有同业竞争或者显失公平的关联交易。	发行人应该拥有独立、完整的采购体系、生产体系、销售体系和研发设计体系，不存在需要依赖股东及其他关联方进行生产经营活动的情况。公司的控股股东及其全资或控股企业，在产品销售或原材料采购方面的交易额，占发行人主营业务收入或外购原材料金额的比例（原则上）应不超过30%，企业与控股股东及其全资或控股企业之间不应存在同业竞争。原则上不得与控股股东或关联方订立委托经营、租赁经营等协定。同时，控股股东以非货币性资产出资的，应办理产权变更手续，明确界定该资产的范围。

2015年修订的《首发管理办法》删除了"独立性"一节，仅在"信息披露"一章中规定：发行人应当在招股说明书中披露已达到发行监管对公司独立性的基本要求。此后，同业竞争和关联交易问题将不再作为IPO发行条件来审核，而将成为信息披露的重点监管内容。

2015年《创业板管理办法》的修订内容主要是删除了第二章"发行条件"部分的原第16条：发行人资产完整，业务及人员、财务、机构独立，具有完整的业务体系和直接面向市场独立经营的能力。与控股股东、实际控制人及其控制的其他企业间不存在同业竞争，以及严重影响公司独立性或者显失公允的关联交易。修订的核心是将独立性的相关要求从创业板上市条件调整为信息披露的监管要求。

将独立性从发行上市条件改为信息披露的要求，实质上大幅降低了发行上市的门槛。此前，同业竞争和关联交易等独立性问题是在审核实践中导致上市申请被否的重要因素，为了满足同业竞争和关联交易方面的上市条件，过往不少企业在申请上市前尤其是在整体改制为股份有限公司之前,会进行收购或剥离等资产重组,导致上市前重组工作量大,上市项目时间跨度长。然而,将独立性从发行上市条件中删除,可以预期,之后上市项目审核的重点将集中在信息披露的质量方面。

二、独立性的分类

独立性可以分为对内独立性和对外独立性。

对内独立性不足,表现为对主要股东的依赖或主要日常管理完全受制于控股股东,双方存在大量关联交易,交易价格亦有失公允。实务中,发行人的主要资产依赖控股股东或实际控制人的情况较为普遍。

《首发管理办法》(2006年)第15条规定:发行人的资产完整。生产型企业应当具备与生产经营有关的生产系统、辅助生产系统和配套设施,合法拥有与生产经营有关的土地、厂房、机器设备以及商标、专利、非专利技术的所有权或者使用权,具有独立的原料采购和产品销售系统;非生产型企业应当具备与经营有关的业务体系及相关资产。虽然2015年修订后的《首发管理办法》取消了将"独立性"作为首发上市的条件,但在实践中证监会仍会关注。如无充分合理的理由,将发行人持续经营所必需的资产置于发行人体系之外的做法并不可取,由此带来持续的关联交易也会成为审核关注的重点内容。

对外独立性不足,表现为在技术和业务上对其他公司的依赖、对单一客户或供应商的依赖,这方面的问题往往与行业集中度有关。本章所述独立性主要指对内独立性。

第二节 关联交易

一、关联交易的内容

根据《深圳证券交易所股票上市规则》第10.1.1条的规定,上市公司的关联交易,是指上市公司或者其控股子公司与上市公司关联人之间发生的转移资源或者义务的事项,包括:①购买或者出售资产;②对外投资(含委托理财、委托贷款、对子公司投资等);③提供财务资助;④提供担保;⑤租入或者租出资产;⑥签订管理方面的合同(含委托经营、受托经营等);⑦赠与或者受赠资产;⑧债权或者债务重组;⑨研究与开发项目的转移;⑩签订许可协议;⑪购买原材料、燃料、动力;⑫销售产品、商品;⑬提供或者接受劳务;⑭委托或者受托销售;⑮关联双方共同投资;⑯其他通过约定可能造成资源或者义务转移的事项。

可见,大多数商业合作、往来都有可能构成关联交易。关联交易具有两面性,从消极的角度看,可能导致利润转移、粉饰业绩、侵害中小股东权利、影响公司的独立性;从积极的角度看,具有高效、优质、持续和稳定的优点。因此,上市审核标准中对同业竞争和关联交易持有不同的态度,对前者是"禁止",对后者是"规范"。

关联交易规范的核心三要件是:第一,关联交易应当具备必要性和合理性,在实体上必须市场化定价和运作;第二,在程序上必须严格遵循公司章程和相应制度的规定;第三,关联交易的占比及变化趋势应当符合监管要求。总的来说就是要尽可能发挥其积极作用,坚决避免其负面作用。

二、有关关联方的相关规定比较

对关联方进行界定的规定主要体现在《深圳证券交易所股票上市规则》《上海证券交易所股票上市规则》《上市公司信息披露管理办法》及《企业会计准则第36号——关联方披露》中,具体内容的对比如表4-2所示。

表4-2 有关关联方的相关规定对比

具体内容	文件名称	《深圳证券交易所股票上市规则》	《上海证券交易所股票上市规则》	《上市公司信息披露管理办法》	《企业会计准则第36号——关联方披露》
关联交易		关联交易,是指上市公司或者其控股子公司与上市公司关联人之间发生的转移资源或者义务的事项。	关联交易,是指上市公司或者其控股子公司与上市公司关联人之间发生的转移资源或者义务的事项。	关联交易,是指上市公司或者其控股子公司与上市公司关联人之间发生的转移资源或者义务的事项。	关联方交易,是指关联方之间转移资源、劳务或义务的行为,而不论是否收取价款。
关联法人	母公司	直接或者间接地控制上市公司的法人或者其他组织。	直接或者间接地控制上市公司的法人或者其他组织。	直接或者间接地控制上市公司的法人。	该企业的母公司。
关联法人	同被控制的兄弟公司	由前项所述法人直接或者间接控制的除上市公司及其控股子公司以外的法人或者其他组织。	由前项所述法人直接或者间接控制的除上市公司及其控股子公司以外的法人或者其他组织。	由前项所述法人直接或者间接控制的除上市公司及其控股子公司以外的法人。	与该企业受同一母公司控制的其他企业。

(续表)

具体内容		《深圳证券交易所股票上市规则》	《上海证券交易所股票上市规则》	《上市公司信息披露管理办法》	《企业会计准则第36号——关联方披露》
	被关联自然人控制的公司	由上市公司的关联自然人直接或者间接控制的，或者担任董事、高级管理人员的，除上市公司及其控股子公司以外的法人或者其他组织。	由上市公司的关联自然人直接或者间接控制的，或者由关联自然人担任董事、高级管理人员的除上市公司及其控股子公司以外的法人或其他组织。	关联自然人直接或者间接控制的，或者担任董事、高级管理人员的，除上市公司及其控股子公司以外的法人。	该企业主要投资者个人、关键管理人员或者与其关系密切的家庭成员控制、共同控制或施加重大影响的其他企业。①
	法人股东	持有上市公司5%以上股份的法人或者其他组织及其一致行动人。	持有上市公司5%以上股份的法人或者其他组织。②	持有上市公司5%以上股份的法人或者一致行动人。	对该企业实施共同控制的投资方。 对该企业施加重大影响的投资方。③
关联自然人	自然人股东	直接或者间接持有上市公司5%以上股份的自然人。	直接或者间接持有上市公司5%以上股份的自然人。	直接或者间接持有上市公司5%以上股份的自然人。	该企业的主要投资者个人。
	本公司高级管理人员	上市公司董事、监事及高级管理人员。	上市公司董事、监事和高级管理人员。	上市公司董事、监事及高级管理人员。	该企业的关键管理人员。
	母公司高级管理人员	直接或间接地控制上市公司的法人的董事、监事及高级管理人员。	直接或者间接控制上市公司的法人的董事、监事和高级管理人员。	直接或者间接地控制上市公司的法人的董事、监事及高级管理人员。	该企业母公司的关键管理人员。

---

① 《上市公司信息披露管理办法》《深圳证券交易所股票上市规则》《上海证券交易所股票上市规则》比《企业会计准则第36号——关联方披露》规定要广，关联自然人包括了母公司的高级管理人员，《企业会计准则第36号——关联方披露》则包括"施加重大影响"。

② 《上海证券交易所股票上市规划》中不包含"一致行动人"。

③ 《上市公司信息披露管理办法》《深圳证券交易所股票上市规则》《上海证券交易所股票上市规则》的规定比《企业会计准则第36号——关联方披露》宽泛，因为证监会规定的是5%以上的股东。

（续表）

文件名称 具体内容	《深圳证券交易所股票上市规则》	《上海证券交易所股票上市规则》	《上市公司信息披露管理办法》	《企业会计准则第36号——关联方披露》
股东和本公司高级管理人员的亲属	直接或者间接持有上市公司5%以上股份的自然人和上市公司董事、监事及高级管理人员关系密切的家庭成员，包括配偶、父母及配偶的父母、兄弟姐妹及其配偶、年满18周岁的子女及其配偶、配偶的兄弟姐妹和子女配偶的父母。	直接或者间接持有上市公司5%以上股份的自然人和上市公司董事、监事及高级管理人员关系密切的家庭成员，包括配偶、年满18周岁的子女及其配偶、父母及配偶的父母、兄弟姐妹及其配偶、配偶的兄弟姐妹、子女配偶的父母。	直接或者间接持有上市公司5%以上股份的自然人和上市公司董事、监事及高级管理人员关系密切的家庭成员，包括配偶、父母、年满18周岁的子女及其配偶、兄弟姐妹及其配偶，配偶的父母、兄弟姐妹，子女配偶的父母。	该企业的主要投资者个人的关系密切的家庭成员；该企业或其母公司的关键管理人员关系密切的家庭成员。①
兜底条款	中国证监会、深圳证券交易所或者上市公司根据实质重于形式的原则认定的其他与上市公司有特殊关系，可能造成上市公司对其利益倾斜的法人、其他组织和自然人。	中国证监会、上海证券交易所或者上市公司根据实质重于形式原则认定的其他与上市公司有特殊关系，可能导致上市公司利益对其倾斜的法人、其他组织或自然人。	中国证监会、证券交易所或者上市公司根据实质重于形式的原则认定的其他与上市公司有特殊关系，可能或者已经造成上市公司对其利益倾斜的法人和自然人。	该企业的子公司；该企业的合营企业；该企业的联营企业。②

---

① 《上市公司信息披露管理办法》《深圳证券交易所股票上市规则》《上海证券交易所股票上市规则》的规定不包含母公司关键管理人员的家庭成员。

② 《上市公司信息披露管理办法》《深圳证券交易所股票上市规则》《上海证券交易所股票上市规则》规定了兜底条款，《企业会计准则第36号——关联方披露》则明确指明子公司、合营公司和联营公司。

（续表）

文件名称 具体内容	《深圳证券交易所股票上市规则》	《上海证券交易所股票上市规则》	《上市公司信息披露管理办法》	《企业会计准则第36号——关联方披露》
时效条款	根据与上市公司或其关联人签署的协议或者作出的安排，在协议或者安排生效后，或在未来12个月内，具有上述情形之一的； 过去12个月内，曾经具有上述情形之一的。	根据与上市公司或者其关联人签署的协议或者作出的安排，在协议或者安排生效后，或在未来12个月内，将具有上述情形之一的； 过去12个月内，曾经具有上述情形之一的。	在过去12个月内或者根据相关协议安排在未来12个月内，存在上述情形之一的。	—
国有资产管理的例外规定	受同一国有资产管理机构控制而形成兄弟公司的，不因此构成关联关系，但该法人的董事长、总经理或者半数以上的董事是上市公司董事、监事及高级管理人员的除外。	受同一国有资产管理机构控制的兄弟公司，不因此而形成关联关系，但该法人的法定代表人、总经理或者半数以上的董事兼任上市公司董事、监事或者高级管理人员的除外。	—	同受国家控制而不存在其他关联方关系的企业，不构成关联方。

三、亲属

发行人和上市公司的亲属问题主要涉及独立董事、关联自然人、发行审核委员会委员和一致行动人。图4-1将以独立董事的亲属范围为标准，比较其他几种关联人的亲属范围。

根据《关于在上市公司建立独立董事制度的指导意见》的规定，独立董事的直系亲属包括配偶、父母、子女等，主要社会关系包括兄弟姐妹、岳父母、儿媳女婿、兄弟姐妹的配偶、配偶的兄弟姐妹等。

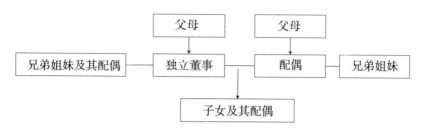

图 4-1 独立董事直系亲属及主要社会关系图

关联自然人、发行审核委员会委员和一致行动人的亲属范围相对于独立董事有所不同,具体情况如表 4-3 所示。

表 4-3 关联自然人、发行审核委员会委员、一致行动人亲属范围表

关系人	对应亲属定义	增加内容	减少内容	法律依据
关联自然人	配偶、年满18周岁的子女及其配偶、父母及配偶的父母、兄弟姐妹及其配偶、配偶的兄弟姐妹、子女配偶的父母。	子女配偶的父母。	—	《上海证券交易所股票上市规则》《深圳证券交易所股票上市规则》
发行审核委员会委员	配偶、父母、子女、兄弟姐妹、配偶的父母、子女的配偶、兄弟姐妹的配偶。	—	配偶的兄弟姐妹。	《中国证券监督管理委员会发行审核委员会办法》
一致行动人	父母、配偶、子女及其配偶、配偶的父母、兄弟姐妹及其配偶、配偶的兄弟姐妹及其配偶。	配偶的兄弟姐妹及其配偶。	—	《上市公司收购管理办法》

四、关注关联交易对发行上市的影响

关联交易历来是发行上市审核关注的要点。在具体判断、分析个案时可以从以下方面(见表 4-4)逐项对比分析,寻找最适合的解决方法。

表 4-4 关联交易关注点分析表

关注方面	价值取向
必要性	应该是公司正常经营需要的,不能涉嫌利益输送。
性质	不能存在商业以外的目的和动机。
数量	没有量化的指标,从绝对额的角度,还应参考以前的 30% 为上限的基本标准。

(续表)

关注方面	价值取向
趋势	是否交易金额越来越低、交易范围越来越窄、交易对象越来越少。
重要性	公司盈利能力的核心作用因素不是通过关联交易实现的,比如业务链的核心环节不能依赖关联方。
完整性	业务链是否完整,是否只是集团业务的一个环节。
可替代性	完全可以通过非关联交易替代解决,即依赖性不强。
批准程序合法性	按照公司章程规定的程序合法批准,关联方回避表决。
公允性	有足够的证据证明交易价格和条件的公允,不能缺失市场价和市场标准,不存在利用关联交易操纵利润的行为。
充分披露	按照招股说明书等上市规则的要求真实、准确、完整地披露。
会计处理	根据《企业会计准则》的规定妥善进行账务处理。
真实性	不允许实质关联方非关联化处理。
是否为战略投资者	战略投资者投资的目的是建立长期稳定的合作关系,由此导致关联交易几乎是不可避免的,对于这类关联交易,监管部门一般持相对宽容的态度,但不能存在利益输送,也不能存在发行人的业务依赖关联交易的情况。
占比	不仅要看该项关联交易占发行人同类业务的比例,还要看占交易对方的收入和成本的比例。
独立性	综合判断关联交易不影响发行人在资产、人员、财务、机构、业务五个方面的独立性。

除此以外,还应关注如下方面:

(1)公司章程中未明确规定对外担保的审批权限和审议程序,存在为控股股东、实际控制人及其控制的其他企业进行违规担保的情形。

(2)公司未建立严格的资金管理制度,存在资金被控股股东、实际控制人及其控制的其他企业以借款、代偿债务、代垫款项或者其他方式占用的情形。

(3)公司或股东通过保留采购、销售机构,垄断业务渠道等方式干预公司的业务经营。

(4)公司依托或委托控股股东进行采购、销售,而不拥有独立的决策权。

(5)从事生产经营的公司不拥有独立的产、供、销系统,且主要原材料和产品销售依赖股东及其控股企业。

(6) 专为公司生产经营提供服务设施,未重组进入公司。

(7) 主要为公司进行专业化服务,未由关联方采取出资或出售等方式纳入公司,或转由关联的第三方经营。

(8) 具有自然垄断性的供水、供电、供气、供暖等服务,未能有效地保证交易和定价的公允。

(9) 公司与主发起人或第一大股东(追溯至实际控制人)及其关联股东、其控制的企业法人存在经营性业务(受)委托经营、(承)发包等行为。

(10) 公司与董事、监事、高级管理人员及其亲属设立的公司,公司与自然人控股股东和实际控制人共同设立的公司。

2019年,证监会通过《首发业务若干问题解答(一)》对发行人与控股股东、实际控制人之间涉及房产租赁、知识产权授权的关联交易提出了要求,中介机构须对相关情况是否对发行人资产完整和独立性构成重大影响发表意见,并对审核关注的关联交易信息披露标准进行了明确。①

五、关联交易的审议及披露程序

对于关联交易的审议及披露程序,相关规则主要集中于深圳证券交易所和上海证券交易所股票上市规则中,具体比较情况如表4-5所示。

表4-5 关联交易的审议及披露程序表

文件名称 具体内容	《深圳证券交易所 股票上市规则》	《上海证券交易所 股票上市规则》
董事会审议	上市公司董事会审议关联交易事项时,关联董事应当回避表决,也不得代理其他董事行使表决权。该董事会会议由过半数的非关联董事出席即可举行,董事会会议所作决议须经非关联董事过半数通过。出席董事会的非关联董事人数不足3人的,上市公司应当将该交易提交股东大会审议。	上市公司董事会审议关联交易事项时,关联董事应当回避表决,也不得代理其他董事行使表决权。该董事会会议由过半数的非关联董事出席即可举行,董事会会议所作决议须经非关联董事过半数通过。出席董事会会议的非关联董事人数不足3人的,公司应当将交易提交股东大会审议。

---

① 参见《首发业务若干问题的解答(一)》问题14、问题16。

(续表)

文件名称 具体内容	《深圳证券交易所股票上市规则》	《上海证券交易所股票上市规则》
关联董事	(1)交易对方； (2)在交易对方任职，或者在能直接或者间接控制该交易对方的法人或者其他组织、该交易对方直接或者间接控制的法人或者其他组织任职； (3)拥有交易对方的直接或者间接控制权的； (4)交易对方或者其直接或者间接控制人的关系密切的家庭成员； (5)交易对方或者其直接或者间接控制人的董事、监事和高级管理人员的关系密切的家庭成员； (6)中国证监会、深圳证券交易所或者上市公司认定的因其他原因使其独立的商业判断可能受到影响的人士。	(1)为交易对方； (2)为交易对方的直接或者间接控制人； (3)在交易对方任职，或者在能直接或间接控制该交易对方的法人或其他组织、该交易对方直接或者间接控制的法人或其他组织任职； (4)为交易对方或者其直接或者间接控制人的关系密切的家庭成员； (5)为交易对方或者其直接或者间接控制人的董事、监事或高级管理人员的关系密切的家庭成员； (6)中国证监会、上海证券交易所或者上市公司基于实质重于形式原则认定的其独立商业判断可能受到影响的董事。
股东会审议	股东大会审议关联交易事项时，关联股东应当回避表决。	上市公司股东大会审议关联交易事项时，关联股东应当回避表决。
关联股东	(1)交易对方； (2)拥有交易对方直接或者间接控制权的； (3)被交易对方直接或者间接控制的； (4)与交易对方受同一法人或者自然人直接或者间接控制的； (5)在交易对方任职，或者在能直接或者间接控制该交易对方的法人单位或者该交易对方直接或者间接控制的法人单位任职的(适用于股东为自然人的)； (6)因与交易对方或者其关联人存在尚未履行完毕的股权转让协议或者其他协议而使其表决权受到限制或者影响的； (7)中国证监会或者深圳证券交易所认定的可能造成上市公司对其利益倾斜的法人或者自然人。	(1)为交易对方； (2)为交易对方的直接或者间接控制人； (3)被交易对方直接或者间接控制； (4)与交易对方受同一法人或其他组织或者自然人直接或间接控制； (5)因与交易对方或者其关联人存在尚未履行完毕的股权转让协议或者其他协议而使其表决权受到限制和影响的股东； (6)中国证监会或者上海证券交易所认定的可能造成上市公司利益对其倾斜的股东。

（续表）

具体内容	文件名称	《深圳证券交易所股票上市规则》	《上海证券交易所股票上市规则》
应当及时披露的关联交易	关联自然人	上市公司与关联自然人发生的交易金额在30万元以上的关联交易,应当及时披露。公司不得直接或者通过子公司向董事、监事、高级管理人员提供借款。	上市公司与关联自然人发生的交易金额在30万元以上的关联交易(上市公司提供担保除外),应当及时披露。公司不得直接或者间接向董事、监事、高级管理人员提供借款。
	关联法人	上市公司与关联法人发生的交易金额在300万元以上,且占上市公司最近一期经审计净资产绝对值0.5%以上的关联交易。	上市公司与关联法人发生的交易金额在300万元以上,且占公司最近一期经审计净资产绝对值0.5%以上的关联交易(上市公司提供担保除外)。
	关联人	上市公司与关联人发生的交易(上市公司获赠现金资产和提供担保除外)金额在3 000万元以上,且占上市公司最近一期经审计净资产绝对值5%以上的关联交易。	上市公司与关联人发生的交易(上市公司提供担保、受赠现金资产、单纯减免上市公司义务的债务除外)金额在3 000万元以上,且占上市公司最近一期经审计净资产绝对值5%以上的关联交易。
	担保	上市公司为关联人提供担保的,不论数额大小,均应当在董事会审议通过后提交股东大会审议。	上市公司为关联人提供担保的,不论数额大小,均应当在董事会审议通过后及时披露,并提交股东大会审议。
披露时应提交的文件		(1)公告文稿; (2)与交易有关的协议书或者意向书;董事会决议、独立董事意见及董事会决议公告文稿(如适用);交易涉及的政府批文(如适用);中介机构出具的专业报告(如适用); (3)独立董事事前认可该交易的书面文件; (4)独立董事意见; (5)深圳证券交易所要求提供的其他文件。	(1)公告文稿; (2)与交易有关的协议或者意向书;董事会决议、决议公告文稿和独立董事的意见(如适用);交易涉及的有权机关的批文(如适用);证券服务机构出具的专业报告(如适用); (3)独立董事事前认可该交易的书面文件; (4)独立董事的意见; (5)上海证券交易所要求的其他文件。

(续表)

文件名称 \ 具体内容	《深圳证券交易所股票上市规则》	《上海证券交易所股票上市规则》
其他法律规定		
《公司法》	公司的控股股东、实际控制人、董事、监事、高级管理人员不得利用其关联关系损害公司利益。给公司造成损失的,应当承担赔偿责任。 上市公司董事与董事会会议决议事项所涉及的企业有关联关系的,不得对该项决议行使表决权,也不得代理其他董事行使表决权。该董事会会议由过半数的无关联关系董事出席即可举行,董事会会议所作决议须经无关联关系董事过半数通过。出席董事会的无关联关系董事人数不足3人的,应将该事项提交上市公司股东大会审议。	
《企业会计准则第36号——关联方披露》	企业无论是否发生关联方交易,均应当在附注中披露与母公司和子公司有关的下列信息: (1)母公司和子公司的名称。母公司不是该企业最终控制方的,还应当披露最终控制方名称。母公司和最终控制方均不对外提供财务报表的,还应当披露母公司之上与其最相近的对外提供财务报表的母公司名称。 (2)母公司和子公司的业务性质、注册地、注册资本(或实收资本、股本)及其变化。 (3)母公司对该企业或者该企业对子公司的持股比例和表决权比例。	
	企业与关联方发生关联方交易的,应当在附注中披露该关联方关系的性质、交易类型及交易要素。交易要素至少应当包括: (1)交易的金额。 (2)未结算项目的金额、条款和条件,以及有关提供或取得担保的信息。 (3)未结算应收项目的坏账准备金额。 (4)定价政策。	
	关联方交易应当分别关联方以及交易类型予以披露。类型相似的关联方交易,在不影响财务报表阅读者正确理解关联方交易对财务报表影响的情况下,可以合并披露。	

六、关联交易的解决方法

实务中较为常见的关联交易解决方法如表4-6所示。

表 4-6 关联交易的解决方法一览表

解决方法	说明
主体非关联化	真实的转让、注销、并购,或者设立子公司完成原来关联方的业务。
业务整合	购买发生关联交易所对应的资产和渠道等资源,将关联交易涉及的业务整合并入上市公司体系。
程序合法	应严格按照公司章程和公司制度对关联交易进行审批和表决。
实体公允	有足够的证据表明交易的价格遵循市场定价机制。

需要说明的是,公司业务发展规划、募股资金运用、收购兼并、合并、分立、对外投资、增资等活动,也应遵从上述关联交易的规定。

七、目标公司去关联化的思考

目前,在首发中去关联化的主要方法有转让、收购、注销、吸收合并等。如果仅从消除关联交易的效果看,注销比转让要彻底,因转让行为本身的合理性、公允性和真实性都容易引起质疑,反而增加了治理风险与监管难度。吸收合并的方式也能保证消除关联交易的效果,但操作程序和成本较高。

需要强调的是,上述解决方法和解决的结果应是真实、有效的,不能仅仅在形式上消除,在本质上仍然存在关联关系,特别是不能使用代持等方法进行不当规避。比如某企业业务为路桥和建材生产,该企业将产品卖给了第三非关联方,非关联方采购产品主要是给该企业的大股东建房,是典型的关联交易非关联化。

去关联化需要关注如下方面:

(1)非关联化后,相关方与发行人持续的交易情况;报告期内被转让的,需要披露转让后的情况,如转让后的股东、转让交割、规范运作、与发行人交易情况、是否存在亲属关系(实质判断,不拘泥于会计准则的定义)、是否存在重大违法违规等;如果关联方被注销,则要关注历史情况,包括合法合规性、经营业绩的影响、注销后资产和负债的处置;该转让对发行人报告期内经营业绩的影响。

(2)为了规避相关规定而剥离的业务,如规避跨省环保核查。

(3)考察发行人已经剥离的业务最近三年是否存在违法违规情形。

(4)判断相关业务是否应纳入或剥离上市主体,不能仅考虑该业务的直接经济效益,要同时考虑到该业务对公司的间接效益,正常情况(已持续经营)下不鼓励资产剥离,为梳理同业竞争及关联交易进行的相关安排不能影响业绩计算的合理性、连续性。

(5)保荐机构和发行人律师核查:非关联化的真实性和合法性,是否存在委托等代理持股情形;非关联化的理由是否合理;非关联化对发行人的独立性、改制方案完整性以及生产经营的影响;非关联化后的交易是否公允;受让主体的身份;非关联化后持续交易情况,非关联化的标的是否存在重大违法行为。

(6)关注如下特别规避行为:通过一个非关联方(过桥主体)将一个关联交易分解为两个非关联交易;非关联方利益输送。

第三节 同业竞争

一、禁止性规定

发行上市的基本要求之一是发行人的业务应当独立于控股股东、实际控制人及其控制的其他企业,与控股股东、实际控制人及其控制的其他企业间不存在同业竞争。尽管2015年修订《首次公开发行股票并上市管理办法》时删除了独立性条款,但同业竞争仍然是IPO独立性问题的审核要点。

二、同业竞争现行有效的法律规制

现行有效的规定中涉及同业竞争法律规制的主要内容如表4-7所示。

表4-7 同业竞争现行有效的法律规制表

文件名称	文号	条款内容
《首次公开发行股票并上市管理办法》(2018年修正)	中国证券监督管理委员会令第32号	第42条规定:发行人应当在招股说明书中披露已达到发行监管对公司独立性的基本要求。
《首次公开发行股票并在创业板上市管理办法》(2018年修正)	中国证券监督管理委员会令第99号	第34条规定:发行人应当在招股说明书中披露已达到发行监管对公司独立性的基本要求。
《公开发行证券的公司信息披露内容与格式准则第1号——招股说明书》	中国证券监督管理委员会公告〔2015〕32号	第51条规定:发行人应披露已达到发行监管对公司独立性的下列基本要求:……(五)业务独立方面。发行人的业务独立于控股股东、实际控制人及其控制的其他企业,与控股股东、实际控制人及其控制的其他企业间不存在同业竞争或者显失公平的关联交易。…… 第52条规定:发行人应披露是否存在与控股股东、实际控制人及其控制的其他企业从事相同、相似业务的情况。对存在相同、相似业务的,发行人应对是否存在同业竞争作出合理解释。 第53条规定:发行人应披露控股股东、实际控制人作出的避免同业竞争的承诺。

(续表)

文件名称	文号	条款内容
《公开发行证券的公司信息披露内容与格式准则第28号——创业板公司招股说明书》	中国证券监督管理委员会公告〔2015〕33号	第49条规定:发行人应披露已达到发行监管对公司独立性的下列基本要求:……(五)业务独立方面。发行人的业务独立于控股股东、实际控制人及其控制的其他企业,与控股股东、实际控制人及其控制的其他企业间不存在同业竞争或者显失公平的关联交易。…… 第50条规定:发行人应披露是否存在与控股股东、实际控制人及其控制的其他企业从事相同或相似业务的情况。对存在相同或相似业务的,发行人应对是否存在同业竞争作出合理解释。 第51条规定:发行人应披露控股股东、实际控制人作出的避免同业竞争的承诺。
《公开发行证券公司信息披露的编报规则第12号——公开发行证券的法律意见书和律师工作报告》	证监发〔2001〕37号	第38条"关联交易及同业竞争"规定:(一)发行人是否存在持有发行人股份5%以上的关联方,如存在,说明发行人与关联方之间存在何种关联关系。……(六)发行人与关联方之间是否存在同业竞争。如存在,说明同业竞争的性质。(七)有关方面是否已采取有效措施或承诺采取有效措施避免同业竞争。(八)发行人是否对有关关联交易和解决同业竞争的承诺或措施进行了充分披露,以及有无重大遗漏或重大隐瞒,如存在,说明对本次发行上市的影响。

证监会《首发业务若干问题解答(一)》中就同业竞争的审核关注要点进行了明确,具体标准的口径与以往有所变化。①

三、同业竞争及竞争方的判断

根据《股票发行审核标准备忘录第1号——发行股票公司信息披露》(已废止,但仍具有参考意义)的规定,同业竞争是指一切直接、间接地控制公司或对公司有重大影响的自然人或法人及其控制的法人单位(以下简称"竞争方")与公司从事相同、相似的业务。对于是否存在同业竞争,应根据业务的性质、产品的类型、消费群体的构成、业务之间的客户对象、市场的地域性、业务的市场差别以及对公司

---

① 参见《首发业务若干问题解答(一)》问题15。

的客观影响等方面进行判断。

根据《股票发行审核标准备忘录第1号——发行股票公司信息披露》及规制同业竞争现行有效的规章的规定,同业竞争重点关注的主体是发行人的控股股东、实际控制人及其控制的其他企业。但因为没有能够直接操作且更明确的竞争方认定标准,因此在认定某主体是否属于竞争方时,应本着实质重于形式的原则进行,对如下主体也应该保持高度敏感:

1.持股5%以上的非控股股东(主要股东)

实践中,股份有限公司的股权大多较为分散,在IPO过程中,持股5%以上的非控股股东被视为发行人的主要股东和对发行人具有重要影响的关联方,因此其与发行人从事相同、近似的业务同样会影响发行人的独立性。目前,基于审慎考虑,监管部门已将持股5%以上的非控股股东纳入其审核范围。

2.发行人控股股东、实际控制人的近亲属

如果控股股东和实际控制人的亲属从事与发行人相同或近似的业务,则目前审核的标准是:直系亲属必须进行整合,其他亲属的业务之前与发行人的业务是一体化经营后来分开的应进行整合,若业务关系特别紧密也应进行整合;若亲属关系不紧密、业务关系不紧密、各方面都独立运作(包括商标等)的,可考虑不纳入发行主体;旁系亲属鼓励纳入,不纳入要作充分论证,同时做好尽职调查,如实信息披露。

3.发行人的董事、高级管理人员及其直系亲属

《公司法》第148条第1款规定,董事、高级管理人员不得"未经股东会或者股东大会同意,利用职务便利为自己或者他人谋取属于公司的商业机会,自营或者为他人经营与所任职公司同类的业务"。另外,根据《保荐人尽职调查工作准则》第32条的规定,保荐人需要"调查高管人员的其他对外投资情况,包括持股对象、持股数量、持股比例以及有关承诺和协议;核查高管人员及其直系亲属是否存在自营或为他人经营与发行人同类业务的情况,是否存在与公司利益发生冲突的对外投资,是否存在重大债务负担"。因此,需要核查发行人的董事、高级管理人员及其直系亲属是否构成发行人的竞争方,从而避免对发行人上市造成实质性障碍。

随着《首发业务若干问题解答(一)》的发布,对于竞争方的认定问题,形成了新的审核标准:仅关注发行人控股股东或实际控制人及其近亲属控制的企业,对于近亲属控制的企业,如能充分证明其与发行人在历史沿革、资产、人员、业务、技术、财务等方面基本独立且报告期内较少交易或资金往来,销售渠道、主要客户供应商较少重叠,也不构成同业竞争。另外,如果控股股东、实际控制人的其他亲属在上述各方面存在较强关联,也可能被认定为同业竞争。

四、同业竞争的解决方法

同业竞争是上市的障碍,因此,如果判断发行人存在同业竞争的情形,必须采

取各种措施解决。

表 4-8 同业竞争的解决方法分析表

基本措施	解决方法
拿进来	收购竞争业务,但不得运用首次发行的募集资金来收购。对于同一控制下的关联方间的同业竞争,可采用业务合并的处理方式。
	收购竞争公司股权,纳入合并会计报表。
	同一控制人用竞争公司的股权对公司增资。
	吸收合并竞争公司。
送出去	对非关联方转让竞争方公司的股权。
	竞争方对非关联方转让业务。
停业	竞争方改变经营范围,放弃竞争业务。
	公司改变经营范围,放弃竞争业务。
未来的安排	在有关股东协议、公司章程等文件中规定避免同业竞争的措施。
	控股股东、实际控制人等出具不竞争承诺。

需说明的是,公司在采取相应措施时应保证不致因开展业务发展规划、募集资金运用、收购、兼并、合并、分立、对外投资、增资等活动,而产生新的同业竞争。

五、业务合并

前文提及,对于同一控制下的关联方间的同业竞争,可采用业务合并的处理方式。业务合并是指根据《企业会计准则第 20 号——企业合并》的规定,以合并业务相关净资产在被收购方的原账面价值作为记账基础,交易价格与净资产金额的价差,作增加或减少收购方的资本公积,资本公积余额不足冲减的,应冲减留存收益。交易中可进行评估,但不接受评估调账,不能改变历史成本计量原则,记账时评估增值应冲减所有者权益,保证业绩计算的连续性。该处理方法在解决同一控制下关联方间的关联交易问题时也同样适用。

在 IPO 实务中,同一控制下的业务合并主要是为了解决同业竞争或重大关联交易问题,业务合并后,IPO 企业整合了同一实际控制人下的相同或上下游业务,发行人主营业务没有发生重大变化。

业务合并相对于一般的股权收购方式具有一定的优势。一方面,对于关联方存在其他业务的情况,业务合并可选择性地将发行人需要的业务纳入上市范围;另一方面,业务合并规避了关联方存在的历史沿革、税收风险或其他重要的法律瑕疵。从税务角度,企业合并的会计处理方式避免了确认高额转让所得的股东纳税义务。从合规性的角度,涉及业务合并的方案应注意以下几点:

（1）根据《〈首次公开发行股票并上市管理办法〉第十二条发行人最近3年内主营业务没有发生重大变化的适用意见——证券期货法律适用意见第3号》的相关规定，发行人报告期内存在对同一公司控制权人下相同、类似或相关业务进行重组情况的，应关注重组对发行人资产总额、营业收入或利润总额的影响情况，对经营性相关资产的合并，必须注意尽量不要触碰重大资产重组的相关规定，否则可能增加核查任务及延误申报。

（2）适用企业合并的会计处理方式，应当符合企业会计准则对经营性相关资产或资产组合必须构成业务的要求，且和发行人业务相关。

（3）从具体操作方式角度，业务合并过程中对生产线、设备、土地、厂房等宜采取合理价格收购合并的方式，涉及土地增值税纳税义务的，应提前进行测算；对被合并方的专利或非专利技术、商标等一般可以采取较低价格收购的方式。

（4）业务合并实施后，应该作为报告期内的偶发性关联交易披露。

对于合并企业是否属于同一控制的认定问题，《首发业务若干问题解答（二）》中要求，如存在委托持股、代持股份、协议控制等特殊情形的，需提供与控制权实际归属认定相关的充分事实证据和合理性依据，中介机构应当审慎判断、充分披露。

第五章 持续盈利能力

从我国发行上市审核的政策导向看,对于判断一个企业是否符合上市条件,核心的判断标准包括两个方面,即保护投资者的合法权益和社会公共利益。具体而言,保护投资者的合法权益引申出发行人具有足够的"优质、持续盈利能力";保护社会公共利益引申出发行人从股权到运营的合法性问题。

目前的监管理念强调信息披露,但仅从审核标准角度,并未降低对盈利能力(特别是报告期内盈利能力)的关注程度。"盈利能力交给市场判断"的说法并不等于"在审核阶段不判断盈利能力"。恰恰相反,鉴于现有的信息披露程度还不足以保护投资者的合法权益,审核部门短期内不会放松对持续盈利能力的实质判断及监管。

在《公开发行证券的公司信息披露内容与格式准则第1号——招股说明书》和《首次公开发行股票并上市管理办法》《首次公开发行股票并在创业板上市管理办法》中,规定了大量与风险、持续盈利能力相关的规定,在反馈意见中,这两方面的问题也是数量多、难度大。在被否决的案例中,与此问题直接、间接相关的比率也非常高。

综上所述,"优质持续盈利能力"和"合法性"是上市标准的重中之重,所有相关法规和实务中的上市规定和要求,无不是围绕这两点进行的。本章重点探讨影响优质持续盈利能力的因素。

一、申报期内业绩下滑

业绩下滑是指拟上市公司在申报期内扣除非经常性损益后的利润总额呈下降趋势。随着注册制的推进,IPO 的审核重点转为信息披露和风险判断,企业上市必须业绩连续增长的要求已经被取消,允许企业在报告期内存在一定的波动,但业绩仍然是考虑企业 IPO 的最重要指标之一,因业绩下滑被否的案例仍较为常见。

一般情况下,拟上市公司主要因为宏观经济、行业周期、自身经营等客观原因引起业绩下滑,在可预见的未来公司业绩会逐渐变好,目前公司仍符合发行条件,并充分披露了业绩下滑的原因、风险,则不会直接构成 IPO 的实质性障碍。结合《首发业务若干问题解答(二)》的内容,证监会的审核口径一般如表 5-1 所示。

表 5-1 业绩下滑审核口径表

业绩下滑幅度	审核口径
>50%	发行人存在最近一年(期)经营业绩较报告期最高值下滑幅度超过50%情形的,发行人及中介机构应全面分析经营业绩下滑幅度超过50%的具体原因,审慎说明该情形及相关原因对持续盈利能力是否构成重大不利影响。如无充分相反证据或其他特殊原因能够说明发行人仍能保持持续盈利能力,一般应重点关注并考虑该情形的影响程度。
≤50%	发行人存在最近一年(期)经营业绩较报告期最高值下滑幅度未超过50%情形的,发行人及中介机构应区分以下不同情况予以论证核查: (1)对于发行人因经营能力或经营环境发生变化导致经营业绩出现下滑的情形,发行人应充分说明经营能力或经营环境发生变化的具体原因,变化的时间节点、趋势方向及具体影响程度;正在采取或拟采取的改善措施及预计效果,结合前瞻性信息或经审核的盈利预测(如有)情况,说明经营业绩下滑趋势是否已扭转,是否仍存在对持续盈利能力产生重大不利影响的事项;保荐机构应对上述情况予以充分核查,获取明确的证据,并发表明确意见。在论证、核查和充分证据的基础上,合理判断该情形的影响程度。 (2)对于发行人认为自身属于强周期行业的情形,发行人应结合所处行业过去若干年内出现的波动情况,分析披露该行业是否具备强周期特征;比较说明发行人收入、利润变动情况与行业可比上市公司情况是否基本一致;说明行业景气指数在未来能够改善,行业不存在严重产能过剩或整体持续衰退。结合上述要求,保荐机构应对发行人属于强周期行业的依据是否充分发表专项核查意见。满足以上条件的,其业绩下滑可不认定为对持续盈利能力构成重大不利影响的情形。 (3)对于发行人报告期因不可抗力或偶发性特殊业务事项导致经营业绩下滑的情形(如自然灾害造成的一次性损失、大额研发费用支出、并购标的经营未达预期导致巨额商誉减值、个别生产线停产或开工不足导致大额固定资产减值、个别产品销售不畅导致大额存货减值、债务人出现危机导致大额债权类资产减值或发生巨额坏账损失、仲裁或诉讼事项导致大额赔偿支出或计提大额预计负债、长期股权投资大幅减值等),发行人应说明不可抗力或偶发性特殊业务事项产生的具体原因及影响程度,最近一期末相关事项对经营业绩的不利影响是否已完全消化或基本消除;结合前瞻性信息或经审核的盈利预测(如有)情况,说明特殊业务事项是否仍对报告期后经营业绩产生影响进而影响持续盈利能力。保荐机构应对特殊业务事项是否影响发行人持续盈利能力发表专项核查意见。若特殊业务事项的不利影响在报告期内已完全消化或基本消除,披露的前瞻性信息或经审核的盈利预测(如有)未出现重大不利变化,其业绩下滑可不认定为对持续盈利能力构成重大不利影响的情形。

企业业绩下滑,如果反映出的是生产经营模式不可持续、客户集中度较高、单一客户重大依赖、应收账款金额较大、毛利率高于同行、对单一产品严重依赖等问题,则被否和被中止审查的概率会大大提高。

二、优质持续盈利能力

优质持续盈利能力,决定了对社会投资者的回报,是判断企业价值的核心标准。"优质"的含义是指该种盈利能力:一是有稳定的预期;二是盈利增长快,成长性好;三是符合国家产业政策;四是建立在高技术或者独特管理方式基础上;五是本质上能够提高生产效率,创造高增值财富;六是该种盈利能力依赖的核心竞争力应是企业独创;七是符合建设创新型国家的大方向;八是符合人类社会文明发展的大趋势。

为了表述方便,以下使用"优质持续盈利能力"一语时,略去"优质"二字。

三、持续盈利能力、核心竞争力、风险因素三者之间的关系

本书不拟过多探讨"核心竞争力",不是核心竞争力不重要,而是持续盈利能力是企业具备核心竞争力的表现形式。在此意义上,讨论持续盈利能力就是讨论核心竞争力,并且持续盈利能力的范围大于核心竞争力。

风险和持续盈利能力是一个问题的两个方面:风险之所在,持续盈利能力将严重受损;降低风险,无疑持续盈利能力就会大大增强。因此,讨论风险也就是讨论持续盈利能力,即通过讨论风险的方式讨论影响持续盈利能力的因素,进而可以据此判断企业是否具有核心竞争力。

在此不详细逐条论述风险因素,因为:第一,律师不擅长风险的个案分析,律师所擅长的法律风险分析只是风险中很小的一部分,并且是风险这个本来已经很消极的因素中的消极方面:规避了法律风险不能直接盈利,但消灭了商业风险则可以直接创造价值。第二,离开体系的研究去谈具体风险的细节,无助于加强本书的完整性和准确性。第三,建立一个在逻辑上使风险的研究系统化、规律化的体系是非常有意义的,这样在面对具体的案例时,可以据此逐项思考。第四,体系的研究是艰苦的,个案的研究是有趣的;但离开体系的研究,个案的分析很可能是零散的、混乱的。

四、风险模型

以下是一个两维空间的风险模型体系,每一维各五个因素,25个交集即为25大类的风险。这两维分别是:一维是公司自身生产要素的集合,即人员主体(包括股东、高级管理人员、核心员工、全体劳动者等)、资产(资金、固定资产、无形资产、负债)、技术、经营和管理(包括内控制度、盈利模式、运营方式、交易结构等)、产品

和服务,共五大类。可以概括为:谁(主体)使用什么材料工具(资产),采用何种方法(技术),如何组织(经营和管理),最后做出了什么(产品和服务)。另一维是公司的外部主体的集合,在这一维中,没有再对生产要素进行分解罗列,而是对全部主体进行分类,因为任何风险都发生在公司和一定主体之间,离开特定主体的事件(如空间的存在和时间的流逝)不属于本书研究的对象。这些主体分为因素自身、国家和公众、竞争者、客户和消费者、供应商五大类。其中,设置"因素自身"一项的原因是:第一,从哲学的角度看,任何事情都是相辅相成的,自身就包括了其否定因素,此否定因素应该被辩证地重视;第二,自身生产要素的集合本身也有在本要素范围内结合具体情况反思的必要。

五、风险模型的法规实证研究

经过如上分析得出了表5-2,相关法规及实务案例中的风险内容都可以经过分析、分解后填入此表。

表 5-2　上市法律规范文件中列明的风险类型表

风险因素	因素自身	国家和公众	竞争者	客户和消费者	供应商
人员主体(股东、高级管理人员、核心员工等)	对单个核心员工的重大依赖。核心管理团队不稳定或其他核心人员变动影响公司持续经营的风险。控股股东或实际控制人利用控制地位损害公司利益的风险。因股权分散或实际控制人控制的股份比例较低可能导致控制权变化的风险。股东间关于股权的协议安排可能导致公司控制权变化的风险。	例如劳动用工成本因规范缴纳基数和税务局征税而大幅上升的风险。	对人员的管理是否有缺陷,是否存在核心员工流失的风险。	关联交易不公允导致利益输送等风险。	关联交易不公允导致利益输送、供应商替发行人承担费用以帮助发行人粉饰业绩等风险。

（续表）

风险因素	因素自身	国家和公众	竞争者	客户和消费者	供应商
资产（资金、设备、土地、负债）	经营场所过度集中或分散；主要资产减值准备计提不足的风险；主要资产价值大幅度波动的风险；因固定资产折旧大量增加而导致的利润下滑风险；自然灾害风险等。无形资产占净资产比例过高导致资产结构不合理的风险；实际募集资金超过预计数额的运用风险；项目存在资金缺口的风险。发行人在用的商标、专利以及特许经营权等重要资产的取得或者使用存在重大不利变化的风险。	两年内不开发土地收归国有等政策风险。	重要资产依赖租赁对持续经营能力的影响等风险。	应收坏账计提不充分，以放宽账期的方式增加收入等风险。	过度依赖某一重要原材料、产品或服务的风险；资金周转能力较差导致的流动性风险；现金流状况不佳或债务结构不合理导致的偿债风险。主要产品或主要原材料价格波动。应收款项过多、账龄过长导致的流动性风险；对外投资的风险。供应商不再能够提供合格或者足够优惠的原材料。
技术	技术产业化与市场化存在重大不确定性。技术不成熟、技术尚未产业化；缺乏核心技术；技术面临被淘汰。发行人在用的专有技术的取得或者使用存在重大不利变化的风险。	专利技术被强制许可的风险。	技术缺乏有效保护或保护期限短；产品或技术面临被淘汰。	技术应用不能得到市场认可的风险。	核心技术依赖他方许可对持续经营能力的影响等风险。

(续表)

风险因素	因素自身	国家和公众	竞争者	客户和消费者	供应商
经营和管理（内控制度、盈利模式、运营方式、交易结构等）	经营模式发生变化，经营业绩不稳定；内部控制有效性不足导致的风险；非经常性损益或合并财务报表范围以外的投资收益金额较大导致净利润大幅波动的风险；投资项目在市场前景、技术保障、产业政策、环境保护、土地使用、融资安排、与他人合作等方面存在的问题；因营业规模、营业范围扩大或者业务转型而导致的管理风险、业务转型风险。	行业经营环境的变化；由于财政、金融、税收、土地使用、产业政策、行业管理、环境保护等方面的法律、法规、政策变化引致的风险；安全生产、汇率变化、外贸环境。发行人的行业地位或发行人所处的经营环境已经或者将发生重大变化。	管理模式、经营模式被复制的风险。	运营模式和合作方式被客户抛弃或不认可的风险。内控制度欠缺导致的第三方回款、现金支付等风险。	供应商不认可交易运营模式，合作难以为继；内控制度欠缺发生的不规范的票据流转、资金拆借等风险。
产品和服务	商业周期或产品生命周期的影响；产品面临被淘汰。发行人的经营模式、产品或服务的品种结构已经或者将发生重大变化。	产品已经不完全符合国家产业政策方向。公众对业务营销模式开始反感和不信任。	公司品牌优势无法有效维持或增强；创新模式缺乏持续性、稳定性，对公司经营业绩产生不利影响。市场饱和或市场分割；市场占有率下降。	产品或服务的市场前景、行业经营环境的变化；过度依赖单一市场；主要产品价格波动；因产能扩大而导致的产品销售风险。	供应商无法满足新产品或新服务的需求；依赖供应商导致议价能力偏弱，产品或服务缺乏市场竞争力等风险。

六、关于客户集中问题

审核对于客户集中问题的关注，源自《首次公开发行股票并上市管理办法》对影响持续盈利能力情况的列举——发行人最近一个会计年度的营业收入或净利润对存在重大不确定性的客户存在重大依赖。

对于客户集中问题的理解,可以分为集中程度和集中原因两个维度。

就集中程度而言,单一客户占收入或利润的比例达到或超过50%的,认定构成重大依赖(这里的"单一客户",并非指法人或其他形式主体,而是根据客户的控制关系和商业实质进行归集后的概念,例如,某一首发企业的多个客户同属于一个集团,在考虑客户集中问题时应将多个客户归结为一个客户整体)。实务中,单一客户占收入或利润的比例超过50%的情况相对少见,但前五大客户或前十大客户的集中度较高,也会成为证监会反馈意见关注的问题。但是,集中程度高并不一定成为持续盈利能力的影响因素,是否影响持续盈利能力,还要结合集中原因的维度来综合考虑。

就集中原因而言,目前审核唯一接受的原因就是特殊行业(如电力、电网、电信、石油、银行、军工等)分布集中而导致的客户集中。在充分论证该原因的基础上①,即使存在单一大客户的重大依赖,也往往能够得到审核的认可。除此之外的其他集中原因,其背后是否存在关联关系和利益输送,交易是否公允并可持续,都可能引起质疑。

七、关于净利润主要来自合并报表范围以外的投资收益问题

净利润主要来自合并报表范围以外的投资收益问题,源自《首次公开发行股票并上市管理办法》对影响持续盈利能力的列举——发行人最近一个会计年度的净利润主要来自合并财务报表范围以外的投资收益。对于该问题的认定,《首发业务若干问题解答(二)》中明确,发行人最近一个会计年度的投资收益不得超过合并报表净利润的50%。该解答还规定了三个条件,在三个条件同时满足的前提下,投资收益占比较高也不会构成对持续盈利能力的影响。这三个条件是:(1)扣除合并报表范围外的投资收益后仍符合发行条件及首发财务指标;(2)被投资企业的主营业务与发行人主营业务具有高度相关性;(3)充分披露相关投资的基本情况及对发行人的影响。②

八、关于发行人持续盈利能力的判断标准

从近年来审核理念变化的情况看,对于持续盈利能力的判断越来越强调发行人和中介机构的信息披露。在科创板的规则体系中,更是删除了"持续盈利能力"的表述,转而强调"持续经营能力"。《首发业务若干问题解答(二)》中列举了十种影响或丧失持续经营能力的情形,基本涵盖了实务中经常遇到的情况,包括:(1)行业受国家政策或国际贸易条件影响存在重大不利变化风险;(2)行业周期性衰退、产能过剩、市场容量骤减、增长停滞等;(3)行业准入门槛低、竞争激烈,且发行人在

---

① 参见《首发业务若干问题解答(二)》问题13。
② 参见《首发业务若干问题解答(二)》问题14。

技术、资金、规范效应方面不具明显优势;(4)行业上下游供求关系发生重大变化,原材料采购价格或产品售价出现重大不利变化;(5)业务转型导致营收、毛利、成本费用及盈利水平出现重大不利变化,且最近一期经营业绩尚未出现明显好转趋势;(6)重要客户本身发生重大不利变化,对发行人业务稳定性和持续性产生重大不利影响;(7)由于工艺过时、产品落后、技术更迭、研发失败等原因导致市场占有率下降,重要资产或主要生产线出现重大减值风险,主要业务停滞或萎缩;(8)发行人多项业务数据或财务指标呈现恶化趋势,短期内没有好转迹象;(9)对发行人业务经营或收入实现有重大影响的商标、专利、专有技术以及特许经营权等重要资产或技术存在重大纠纷或诉讼,已经或未来将对发行人财务状况或经营成果产生重大影响;(10)其他明显影响或丧失持续经营能力的情形。对于上述持续经营能力影响事项的判断,无疑将是中介机构职业风险和责任之所在。[①]

九、过会后业绩下滑问题

在目前的审核形势下,对于企业持续盈利能力的关注已经不限于发审会前的业绩情况,企业通过发审会后的业绩下滑也可能对发行上市产生影响。《首发业务若干问题解答(二)》对过会后业绩下滑的处理标准进行了明确,以此控制拟上市公司过会后业绩变脸的问题。

根据《首发业务若干问题解答(二)》的要求,过会企业业绩下滑的按下滑幅度分三类处理:(1)下滑幅度不超过30%的,发行人需提供专项分析报告,说明其核心业务、经营环境、主要指标是否发生重大不利变化,中介机构需核查其持续盈利能力有无重大不利影响因素并出具核查意见。前述材料补充完整并且核查结果仍符合发行条件基础的,将安排后续核准发行工作。(2)下滑幅度超过30%但不超过50%的,发行人应提供下一年度盈利预测报告及专项分析报告,中介机构出具专项核查意见,在业绩下滑趋势已经扭转,持续盈利能力或持续经营能力及发行条件均未发生重大不利影响的情况下,将安排后续核准发行工作。(3)下滑幅度超过50%的,暂不安排核准发行事项,待业绩恢复并趋稳后再行处理或重新安排上发审会。[②]

---

① 参见《首发业务若干问题解答(二)》问题15。
② 参见《首发业务若干问题解答(二)》问题24。

第六章　募集资金运用

一、三个宏观问题

（一）重要性

募集资金运用是公司上市的目的之一，对公司未来的盈利能力有十分重要的影响，因此其重要性不言而喻。如果公司和各中介机构对此问题重视不够，常常涉嫌拼凑项目或者盲目扩张，就有可能被监管部门否决。

（二）综合性

募集资金运用是若干个投资项目的综合经营行为，其所涉及的法律风险、商业风险也是综合性的，由此可以得出结论：相应的监管审查也应该是综合性的。与首发上市相关的绝大多数重要问题都在募集资金运用的审核工作中有所体现，比如主营业务、持续盈利能力、合法性、同业竞争、关联交易等，均有不同程度的涉及。因此，在募集资金运用的准备工作中，应该体现综合、全面的思考，不宜简单割裂。

（三）实质性审查

募集资金运用问题在本质上是公司未来的盈利能力问题，除了程序性标准、较少的客观标准和少量的合法性审查以外，主要是监管部门的主观判断，即鲜明地体现了实质性审查的特点。表6-1说明了对募集资金运用的审查和对募集资金运用以外问题的审查的主要区别。

表6-1　不同审查类型对照分析表

监管部门	考察的盈利能力期间	审核重点	否决的主要因素	审核的标准
募集资金运用问题的审查	未来	可能性、可行性	可信性	主要是主观判断
其他重要问题的审查	历史	真实、准确、完整、合法	可容忍性	相对固定明确

二、证监会对于募集资金信息披露的要求

2015年修订的《首发管理办法》删除了"募集资金运用"一节的内容，调整其为信息披露的要求，证监会对此调整的说明为："长期以来，证监会对募集资金使用问题进行严格监管，要求募集资金原则上用于主营业务、筹资额不能超过投资项目的

资金需求额、投资项目应当符合国家产业政策、投资管理、环境保护、土地管理的规定,同时还要就募集资金投资项目是否符合国家产业政策和审批程序征求国家发改委意见,从实际运行效果看,事前把关的做法极大地增加了发行人的成本,降低了行政审批的效率。从境外成熟市场的做法看,募集资金使用是企业的财务安排,事前只需要进行充分的信息披露。为降低企业融资成本,提高行政许可效率,支持实体经济发展,拟取消募集资金使用方面的门槛,改为信息披露要求。"虽然这样的调整意味着发行审核委员会无法将违反募集资金使用条件作为否决公司首次公开发行股票申请的理由,但这并不意味着监管标准的降低和中介机构工作量的减少,反而是通过信息披露强化约束,加强监管。根据《公开发行证券的公司信息披露内容与格式准则第1号——招股说明书》以及《公开发行证券的公司信息披露内容与格式准则第28号——创业板公司招股说明书》整理有关募集资金使用的信息披露要求如表6-2、表6-3所示。

表6-2 主板募集资金信息披露要求表

事项	具体披露要求
应披露的事项	预计募集资金数额; 募集资金原则上应用于主营业务;按投资项目的轻重缓急顺序,列表披露预计募集资金投入的时间进度及项目履行的审批、核准或备案情况; 若所筹资金不能满足项目资金需求的,应说明缺口部分的资金来源及落实情况。
	保荐人及发行人律师对募集资金投资项目是否符合国家产业政策、环境保护、土地管理以及其他法律、法规和规章规定出具的结论性意见。
	募集资金专项存储制度的建立及执行情况。
	董事会对募集资金投资项目可行性的分析意见,并说明募集资金数额和投资项目与企业现有生产经营规模、财务状况、技术水平和管理能力等相适应的依据。
	募集资金投资项目实施后不产生同业竞争或者对发行人的独立性不产生不利影响。
用于扩大现有产品产能的募集资金	发行人应结合现有各类产品在报告期内的产能、产量、销量、产销率、销售区域,项目达产后各类产品新增的产能、产量,以及本行业的发展趋势、有关产品的市场容量、主要竞争对手等情况对项目的市场前景进行详细的分析论证。
用于新产品开发生产的募集资金	发行人应结合新产品的市场容量、主要竞争对手、行业发展趋势、技术保障、项目投产后新增产能情况,对项目的市场前景进行详细的分析论证。
募集资金投入导致发行人生产经营模式发生变化	发行人应结合其在新模式下的经营管理能力、技术准备情况、产品市场开拓情况等,对项目的可行性进行分析。

(续表)

事项	具体披露要求
发行人原固定资产投资和研发支出很少、本次募集资金将大规模增加固定资产投资或研发支出	应充分说明固定资产变化与产能变动的匹配关系,并充分披露新增固定资产折旧、研发支出对发行人未来经营成果的影响。
直接投资于固定资产项目的募集资金(视实际情况,根据重要性原则披露)	投资概算情况,预计投资规模,募集资金的具体用途,包括用于购置设备、土地、技术以及补充流动资金等方面的具体支出。
	产品的质量标准和技术水平,生产方法、工艺流程和生产技术选择,主要设备选择,核心技术及其取得方式。
	主要原材料、辅助材料及燃料的供应情况。
	投资项目的建设完工进度、竣工时间及达产时间、产量、产品销售方式及营销措施。
	采取的环保措施以及环保设备和资金投入情况。
	投资项目的选址,拟占用土地的面积、取得方式及土地用途,投资项目有关土地使用权的取得方式、相关土地出让金、转让价款或租金的支付情况,以及有关产权登记手续的办理情况。
	项目的组织方式、实施进展情况。
用于合资经营或合作经营的募集资金	合资或合作方的基本情况,包括名称、法定代表人、住所、注册资本、实收资本、主要股东、主营业务,与发行人是否存在关联关系;投资规模及各方投资比例;合资或合作方的出资方式;合资或合作协议的主要条款以及可能对发行人不利的条款。
	拟组建的企业法人的基本情况,包括设立、注册资本、主营业务、组织管理和控制情况。不组建企业法人的,应详细披露合作模式。
用于向其他企业增资或收购其他企业股份的募集资金	拟增资或收购的企业的基本情况及最近一年及一期经具有证券期货相关业务资格的会计师事务所审计的资产负债表和利润表。
	增资资金折合股份或收购股份的评估、定价情况。
	增资或收购前后持股比例及控制情况。
	增资或收购行为与发行人业务发展规划的关系。
用于收购资产的募集资金	拟收购资产的内容。
	拟收购资产与发行人主营业务的关系。
	若收购的资产为在建工程的,还应披露在建工程的已投资情况、尚需投资的金额、负债情况、建设进度、计划完成时间等。
	募集资金向实际控制人、控股股东及其关联方收购资产,如果对被收购资产有效益承诺的,应披露效益无法完成时的补偿责任。

(续表)

事项	具体披露要求
用于偿还债务的募集资金	应披露债务产生的原因及用途、偿债的总体安排及对发行人财务状况、偿债能力和财务费用的具体影响。
用于补充营运资金的募集资金	应披露补充营运资金的必要性和管理运营安排,说明对公司财务状况及经营成果的影响和对提升公司核心竞争力的作用。

表6-3 创业板募集资金信息披露要求表

事项	具体披露要求
应披露的事项	募集资金的具体用途,简要分析募集资金具体用途的可行性及与发行人现有主要业务、核心技术之间的关系。
	投资概算情况。发行人所筹资金如不能满足预计资金使用需求的,应说明缺口部分的资金来源及落实情况;如所筹资金超过预计募集资金数额的,应说明相关资金在运用和管理上的安排。
	募集资金具体用途所需的时间周期和时间进度。
	募集资金运用涉及履行审批、核准或备案程序的,应披露相关的履行情况。
	募集资金运用涉及环保问题的,应披露可能存在的环保问题、采取的措施及资金投入情况。
	募集资金运用涉及新取得土地或房产的,应披露取得方式、进展情况及未能如期取得对募集资金具体用途的影响。
	募集资金运用涉及与他人合作的,应披露合作方基本情况、合作方式、各方权利义务关系。
	募集资金向实际控制人、控股股东及其关联方收购资产,如果对被收购资产有效益承诺的,应披露效益无法完成时的补偿责任。
	募集资金的专户存储安排。
	应披露董事会对募集资金投资项目可行性的分析意见,并说明募集资金数额和投资项目与企业现有生产经营规模、财务状况、技术水平和管理能力等相适应的依据。
用于偿还债务的募集资金	应披露债务产生的原因及用途、偿债的总体安排及对发行人财务状况、偿债能力和财务费用的具体影响。
用于补充营运资金的募集资金	应披露补充营运资金的必要性和管理运营安排,说明对公司财务状况及经营成果的影响和对提升公司核心竞争力的作用。
发行人使用自有资金或其他资金已先期投资于募集资金具体用途	应披露募集资金具体用途的启动及进展情况、发行人已投资的资金来源、本次募集资金拟投资的资金数额。

三、应重点关注的问题

表 6-4 是对募集资金运用问题核心监管因素进行的简单汇总分类。

表 6-4　募集资金重点关注问题一览表

基本分类	具体关注内容
合法性	(1) 符合国家产业政策、投资管理、环境保护、土地管理等法律、法规和规章制度的规定以及行业的发展导向。 (2) 环境保护问题的合法、合规审查。 (3) 办理完成投资项目核准及备案法律手续。 (4) 募集资金应有明确的使用方向,(原则上) 用于主营业务,并有明确用途。 (5) 不得有法律法规禁止的情形。 (6) 不会产生同业竞争或者对发行人的独立性产生不利影响。 (7) 建立募集资金专项存储制度,募集资金应存放于董事会决定的专项账户中。
必要性	(1) 是否确有必要,是否能起到改善财务结构、提高市场占有率、实现产业上下游延伸等作用。 (2) 从公司财务角度,是否确实需要资金。 (3) 是否能够增强企业的核心竞争力。 (4) 除了市场分析,还须从公司和项目本身的角度作必要和可行性分析。 (5) 已经取消募集资金金额"不得超过净资产两倍"的限制,募集资金到位后也可以用于偿还(用于此项目的)前期的银行借款。 (6) 募集资金数额不得超过项目需求量。
操作的可行性	(1) 项目实施的条件,募集资金到位后能否顺利实施,比如是否已经取得配套的土地(一般要求签订出让合同),有关产品的认证或审批、批文,项目是否取得环境保护批文等。 (2) 如果涉及其他合作者,是否妥善确定、落实相关的合作条件和方式。 (3) 募集资金数额和投资项目应当与发行人现有生产经营规模、财务状况、技术水平和管理能力等相适应。 (4) 是否有足够的核心技术及业务人员,是否有足够的技术及规模化生产工艺储备等。

(续表)

基本分类	具体关注方面
盈利的可能性	(1)制定募集资金投资项目的可行性研究报告,说明拟投资项目是否具有较好的市场前景和盈利能力,可以有效防范投资风险,提高募集资金使用效益。 (2)市场竞争(容量)情况、销售(消化产能)的保障措施、收入和利润预测的可靠性。 (3)规模化生产和成本的判断。 (4)经营模式是否发生变更和是否可信。 (5)合理的投资回收周期。 (6)与公司的主营业务和长期发展目标一致,无重大跨行业风险。 (7)募集资金投入后,固定资产变化与产能变动的匹配关系。 (8)形成的资产折旧、研发支出对发行人未来经营成果的影响。 (9)是否存在本质上开展了新业务,如果是,要充分关注由此产生的不确定性,比如轻资产公司使用募集资金进行生产建设投资。

四、中小板发行上市募集资金运用策划

(一)保荐人指导、策划募投项目时的基本原则

根据《保荐人尽职调查工作准则》对募集资金运用调查的要求,在策划募集资金投资项目过程中应注意以下两点:

1.符合国家基本政策——产业政策、投资政策、土地政策、环境保护政策

保荐机构主要是从较宏观、中观的方面为中小企业选择募投项目提供决策依据,排除因为国家产业政策限制、公司发展战略不清晰造成的投资项目选择方向性失误。中小企业的募集资金投资项目应当符合国家产业政策、固定资产投资、环境保护、土地管理以及其他规定。企业应了解当前国家重点鼓励发展的产业、产品和技术,所在行业的发展导向,以及国家明确限制或禁止的领域、产品或技术工艺等。募投项目不能是限制类、淘汰类,要关注国家发展和改革委员会最新的法规指引以及外商投资产业政策等法规政策。

对此部分内容,许多保荐代表人开始以为不需要花费太多精力去关注,但在个别股权融资项目因为国家产业政策、土地政策、环境保护政策等原因被否决后,已经将该部分内容列为首先要严格把关的内容;如果遇到企业选择投资的项目预测效益非常好,但有可能不符合国家基本政策的某个方面时,保荐人应当寻求制定国家相关政策的监管部门或行业内专家的"专业意见",给予企业该方面的信息与业务指导,帮助企业把好"基本政策关"。

2. 符合公司发展战略、专业化的主营方向

企业的募投项目应与企业长远发展目标一致,募投项目是最终实现公司长远发展战略的必经之路,保荐人应当参加企业关于"公司发展战略"的研讨会、董事会等所有重要会议。实际工作中,保荐代表人一定要非常清楚企业的战略目标是否可行,募集资金投资项目的选择是否有助于企业实现自身制定的发展战略;另外,保荐人同时还应能够在一定程度上把握宏观经济、产业周期变化的规律,在宏观经济、产业周期的高涨期寻找募集资金投资项目时,应相对谨慎一些。

(二)保荐人指导、策划募投项目时应关注的要点

1. 关注项目实施的迫切性

(1)募投项目是实现公司发展战略和长远规划的需要。

(2)公司自有资金不足以支持募投项目的实施。

(3)实施主体的选择:母公司,或控股子公司,或设立新子公司,或与合作方共同开发。

(4)公司应避免发生利益输送和损害公司其他中小股东利益的情况。

2. 关注项目实施时机的选择

(1)所有法律、法规所需要的批准文件已办理完毕或有办理完毕的合理预期。

(2)应在申报前完成项目的审批、核准或备案。

(3)应在申报前取得募投项目所需土地(一般应签订土地转让协议)。

(4)应在申报前取得环境保护批文(个别情况下最迟不晚于反馈意见回复时)。

(5)募投项目产品应取得必要的市场准入资质,如生产许可证、产品认证证书等。

(6)募投项目建设期和达产期不宜过长,一般应在3~4年内完全达产,并且要注意长期投资项目与中短期投资项目的匹配。

(7)外部环境:应关注同行业竞争对手的投资动向,对整个行业竞争发展格局应有所了解。

3. 关注投资的有效性

(1)产能利用充分,不存在产能有较大闲置的情况。

(2)新增固定资产投资规模与企业实际需求相匹配。

(3)对企业生产效率有显著提高作用。

4. 投资风险的可控性

(1)募投项目投资规模与公司生产经营水平相适应。

(2)市场销售预期稳定。

5. 投资项目的可行性

(1)发行人有能力生产。公司已掌握募投项目产业化技术;公司已有足够的管理人员、专业技术人员来保证项目的顺利实施;公司能保证募投产品所需核心零部件的采购,有足够能力采购到所需要的重要原材料。

(2)发行人有能力实现销售并盈利。募投产品有足够的市场容量;募投产品有比较优势或某种适销性;公司有消化新增产能的营销措施(网络、销售信用政策)。

(三)保荐人在募集资金投资项目策划中应规避的问题

1. 募集资金运用

(1)募集资金不宜投资全新产品。中小企业由于其资产、资金、收入、产能较小,且常常缺乏足够的流动资金,新产品在技术、生产、销售等方面存在诸多不确定因素,如果投资全新产品,则要面临很大的不确定性。因此,一般情况下,保荐人不应赞成拟发行人投资全新产品,但如果在技术上有一定把握,可将35%以内的募集资金投资全新产品,将投资风险控制在一定范围内。

(2)募集资金投资研发项目或营销网络要进行充分的调查、研究,要更慎重,不宜大规模一步投资到位,要循序渐进。研发项目的投资收益很难衡量,营销网络的大额投资则可能改变企业的销售模式,尤其是原来以贴牌生产为主的企业,如果想建立自己的营销网络,更要考虑已有的网络经销商对自己的强力抵制。因此,对于中小企业,如果要将募集资金投资营销网络,保荐人应建议企业一定要避免与强势企业形成激烈同业竞争,尤其是将营销网络建设到国外市场时,更不能低估国外利益集团的强烈抵制。

(3)募集资金投资项目导致企业生产模式发生重大转变时,要做具体财务测算,应比较两种不同盈利模式对企业盈利能力、发展前景的不同影响。中小企业都想迅速做强、做大,许多轻资产运营的中小企业上市后都进行了大量固定资产投资,扩建厂房、生产线,上市后总资产收益率、净资产收益率大幅下降,这类中小企业能否顺利度过转型期受很多因素的影响,保荐机构应仔细分析企业的优势、劣势,比较不同投资项目安排对企业未来各项财务指标的不同影响,对企业管理团队的经营管理能力有足够的了解,才能对企业是否合适做转型项目投资给出较客观、准确的预估计,对企业选择投资方向给出专业的指导意见。

(4)募集资金不可以大量补充流动资金。募集资金若用来补充流动资金,一般不宜超过募集资金的10%,如果将超过30%的募集资金用于补充流动资金,在经验上很难获得公众投资者的认可,他们会认为企业效益好且缺乏流动资金时可以寻求银行业金融机构的流动资金贷款,而效益好的企业一般都会赢得银行的青睐,没有获得银行贷款,会使人对企业的实际经营情况、发展前景产生怀疑。对此,建议保荐代表人一定要把住"补充流动资金"关,适当投入流动资金。

(5)除避免同业竞争外,募集资金应慎重收购实际控制人、控股股东及其关联方资产。若为避免同业竞争而收购大股东资产,需解释为什么在公司成立时不直接注入相关资产,而在事后才进行收购;同样,如果募集资金用来收购实际控制人、控股股东及其关联方资产,也需要给出特别充分的理由,如上下游一体化,规模协调消除同业竞争,或消除或减少关联交易。如果不是上述原因,收购资产很难获得监管部门、公众投资者的认可。此外,这类关联收购的估值定价也是一个难题,保荐机构对拟收购资产的核查责任很大。

（6）募集资金投资项目不应产生同业竞争,也不应对公司独立性产生影响。同业竞争一直是 IPO 的禁区,募集资金如果对公司独立性产生不利影响也会引起监管部门的重点关注。

2. 募投项目投资规模

（1）募集资金投资规模不宜过大。募集资金投资规模应与企业目前的生产经营、财务状况、管理水平相适应,以不超过企业申报前一年净资产的两倍为宜。

（2）募集资金投资项目中,前期铺底流动资金不应过大。在某些项目中,反馈意见会要求解释前期铺底资金的合理性问题。

（3）募集资金可以用来置换企业对募集资金投资项目的前期自有资金投入和归还银行贷款。以募集资金置换预先已投入募集资金投资项目的自筹资金的,应当经上市公司董事会审议通过、注册会计师出具鉴证报告,以及独立董事、监事会、保荐人发表明确同意意见并履行信息披露义务后方可实施。

募集资金还贷,所指的贷款是指募集资金投资项目所发生的贷款(如购买固定资产或土地的银行贷款)。

3. 募集资金投资项目经济指标

（1）募集资金投资项目的预算应明确、细化、稳健,且经得起推敲。

（2）募集资金投资项目市场前景分析应当与业务和技术章节的相关数据一致,不能相互矛盾误导投资者。

（3）募集资金投资项目的投资收益预测应当谨慎,不能随意夸大。

五、项目核准、备案的相关法律、法规

2016 年 11 月 30 日,国务院颁布了《企业投资项目核准和备案管理条例》,该条例是我国固定资产投资领域第一部行政法规。作为《企业投资项目核准和备案管理条例》的实施细则,2017 年 3 月 8 日,国家发展和改革委员会印发了《企业投资项目核准和备案管理办法》,这两个规定对企业投资项目的核准和备案的范围、权限、流程、要求、时限、事中事后管理、法律责任等方面进行了调整。2018 年 1 月 4 日,国家发展和改革委员会发布了《企业投资项目事中事后监管办法》,此文件是"放管服"改革的又一具体落实,企业投资项目主要管理方式从事前监督转为事中事后监管。在此之前,以《政府核准投资项目管理办法》(已失效)为法律依据。对以上有关项目核准、备案的文件分析如下。

（一）核准制度

企业投资项目核准的相关规定如表 6-5 所示。

表 6-5 核准制度相关规定表

分类	《企业投资项目核准和备案管理条例》	《政府核准投资项目管理办法》	说明
核准范围	第 3 条规定：对关系国家安全、涉及全国重大生产力布局、战略性资源开发和重大公共利益等项目，实行核准管理。具体项目范围以国务院颁布的《政府核准的投资项目目录》（以下简称《核准目录》）确定的投资项目目录执行……	第 2 条第 1 款规定：实行核准制的投资项目范围和项目核准机关的核准权限，由国务院颁布的《政府核准的投资项目目录》（以下简称《核准目录》）确定……	根据《企业投资条例》和《企业投资管理办法》的规定，涉及国家安全、战略性资源开发和重大公共利益、生产力布局等项目，实行核准和备案管理，对于其余项目实行备案管理，具体项目范围依照《政府核准的投资项目目录(2016年本)》。
核准的申请文件	第 6 条规定：企业办理项目核准手续，应当向核准机关提交项目申请书；由国务院核准的项目，向国务院投资主管部门提交项目申请书。项目申请书应当包括下列内容：（一）企业基本情况；（二）项目情况，包括项目名称、建设地点、建设规模、建设内容等；（三）项目资源利用和生态环境影响分析以及对经济和社会影响分析；（四）项目申请书对项目申请书内容的真实性负责。法律、行 第 17 条规定：企业办理项目核准手续，应当按照本办法第 22 条规定制项目申请报告，取得第 22 条规定依法第 23 条规定报送。 第 19 条规定：项目申请报告应当主要包括以下内容：（一）拟建项目情况；（二）项目单位情况；（三）资源利用和生态环境影响分析；（四）经济和社会影响分析。 第 22 条规定：项目申请报告送国家法律法规规定附具以下文件：	第 9 条规定：项目单位应当向项目核准机关报送项目申请报告（一式5份）…… 第 10 条规定：项目申请报告应当主要包括以下内容：（一）项目单位情况；（二）拟建项目情况；（三）资源利用和生态环境影响分析；（四）经济和社会影响分析。 第 12 条规定：项目单位在报送项目申请报告时，应当根据国家行政主管部门的规定附送以下文件：（一）城乡规划行政主管部门出具的选址意见书（仅指以划拨方式提供	《企业投资项目核准和备案管理办法》删去了《政府核准和备案项目管理办法》规定的环境影响评价审批文件和节能审查意见，即企业需要提交的核准申请文件，除了申请报告外，仅需要城乡规划行政主管部门出具的选址意见书（仅指以划拨方式提供国有土地使用权的项目）；国土资源主管部门出具的用地（海洋）行政主管部门的用海）预审意见（国土资源主管部门明确可以不进行用地预审的情形除外），以及法律、行政法规规定需要办理的其他相关手续。

(续表)

分类	《企业投资项目核准和备案管理条例》	《企业投资项目核准和备案管理办法》	《政府核准投资项目管理办法》	说明
	政法规规定办理相关手续作为项目核准前置条件的,企业应当提交已经办理相关手续的证明文件。	（一）城乡规划行政主管部门出具的选址意见书（仅指以划拨方式提供国有土地使用权的项目）;（二）国土资源行政主管部门出具的国有土地（用海）预审意见（国土资源主管部门明确可以不进行用地预审的情形除外）;（三）法律、行政法规规定需要办理的其他相关手续。	国有土地使用权的项目）;（二）国土资源行政主管部门出具的用地的用地预审意见,在已批准的建设用地范围内进行改扩建的项目,可以不进行用地预审）;（三）环境保护行政主管部门出具的节能审查意见;（四）节能审查机关出具的节能审查意见;（五）根据有关法律法规规定应当提交的其他文件。	
核准申请报告	第7条第1款就规定：项目申请书由企业自主组织编制,任何单位和个人不得强制企业委托中介服务机构编制项目申请书。	第21条规定：项目申请报告可以由项目单位自行编写,也可以由项目单位自主委托具有相关经验和能力的工程咨询单位编写。任何单位和个人不得强制项目单位委托中介服务机构或者其他机构编制项目申请报告。项目单位应按照项目申请报告通用文本和行业示范文本的要求委托编制项目申请报告。工程咨询单位接受委托编制有关文件,应当做到依法、独立、客观、公正,对其编制的文件负责。	第9条规定：……项目申请报告应当由项目单位自主选择具备相应资质的工程咨询机构编制,其中由国家发展和改革委员会核准的项目,其项目申请报告应当由具备相应资质的甲级工程咨询机构编制。	为了有效防止曾经出现过的"红顶中介"扰乱市场秩序,滋生腐败的情况,《企业投资项目核准和备案管理办法》和《企业投资项目核准和备案条例》取消了《政府核准投资项目管理办法》规定的应当由具备相应资质的工程咨询机构编制,取而代之规定了任何单位和个人不得强制企业委托中介机构编制项目申请书。

(续表)

分类	《企业投资项目核准和备案管理条例》	《企业投资项目核准和备案管理办法》	《政府核准投资项目管理办法》	说明
核准机关的审查范围	第9条第1、2款规定：核准机关应当从下列方面对项目进行审查：（一）是否危害经济安全、社会安全、生态安全等国家安全；（二）是否符合相关发展建设规划、技术标准和产业政策；（三）是否合理开发并有效利用资源；（四）是否对重大公共利益产生不利影响。项目涉及有关地方人民政府职责的，核准机关应当书面征求其意见，被征求意见单位应当及时书面回复。	第35条规定：项目核准机关应当从以下方面对项目进行审查：（一）是否危害经济安全、社会安全、生态安全等国家安全；（二）是否符合相关发展建设规划、技术标准和产业政策；（三）是否合理开发并有效利用资源；（四）是否对重大公共利益产生不利影响。项目核准机关应当制定审查工作细则，明确审查具体内容、审查标准、审查程序，注意事项及不当行为需要承担的后果等。	第23条规定：项目主要根据以下条件对项目进行审查：（一）符合国家法律法规和宏观调控政策；（二）符合发展规划、产业政策、技术政策和准入标准；（三）合理开发并有效利用资源；（四）不影响我国经济安全和生态安全，特别是项目建设地的公众利益不产生重大不利影响；（五）对公众利益、经济安全、生态安全，特别是项目建设地的公众利益不产生重大不利影响。	《企业投资项目核准和备案管理办法》和《企业投资条例》明确《企业投资项目核准和备案管理办法》规定了核准机关从是否危害国家安全、是否符合相关发展建设规划、技术标准和产业政策，是否合理开发并有效利用资源以及是否对重大公共利益产生不利影响等四个方面进行审查。
评估	第9条第3款规定：核准机关委托中介服务机构对项目进行评估的，应当明确评估重点，除项目情况复杂的，评估时限不得超过30个工作日，评估费用由核准机关承担。	第26条规定：项目正式受理项目申报后4个工作日内，应当按照有关规定委托具有相应资质的工程咨询机构进行评估。项目核准机关根据项目具体情况，提出评估重点，应当编制项目咨询机构与项目的工程咨询时限，明确评估时限。工程咨询机构为同一人单位，存在控股，管理关系或者负责人为同一人的，该工程咨询机构不得承担该项目的评估工作。	第16条规定：项目核准机关在正式受理申报材料后，如有必要，应在4个工作日内按照有关规定委托有相应资质的工程咨询机构进行评估。编制项目申请报告的工程咨询机构不得承担同一项目的评估工作。工程咨询机构与项目单位存在控股、管理关系或者负责人为同一人的，不得承担该项目咨询项目的评估。	《企业投资项目核准和备案管理办法》和《企业投资条例》明确《企业投资项目核准和备案管理办法》规定了项目核准机关在受理评估项目后需要评估的，评估时间不得超过30个工作日，评估费用由核准机关承担。

(续表)

分类	《企业投资项目核准和备案管理条例》	《企业投资项目核准和备案管理办法》	《政府核准投资项目管理办法》	说明
核准时限	第10条规定：核准机关应当自受理申请之日起20个工作日内，作出是否予以核准的决定；项目情况复杂或者需要征求有关单位意见的，经本级行政机关负责人批准，可以延长核准期限，但延长的期限不得超过40个工作日。核准机关对委托中介服务机构对	评估工作。工程咨询机构与项目单位存在控股、管理关系或者负责人为同一人的，该工程咨询机构不得承担该项目的评估工作。接受委托承担项目情况复杂的，评估时间不得超过30个工作日。接受委托的工程咨询机构应当在项目核准机关规定的时间内提出评估报告，并对评估结论承担责任。项目核准机关履行核准程序后，可以延长复评估的时限。项目情况复杂的，可以延长不得超过60个工作日。评估报告与核准文件一并存档备查。评估费用由委托评估的项目核准机关承担，评估机构及其工作人员不得收取项目单位的任何费用。第31条规定：项目核准机关应当在正式受理申报材料后20个工作日内作出是否予以核准的决定，或向上级项目核准机关提出审核意见。项目情况复杂或者征求有关单位意见，经本行政机关主要负责人批准，可以延长核准时限，但延长的时限不得超过40个工作日，并应当将延期期限和理由书面告知项目	评估工作。接受委托的工程咨询机构应当在项目核准机关规定的时间内提出评估报告，并对评估结论承担责任。评估费用由委托评估的项目核准机关承担，评估机构及其工作人员不得收取项目单位的任何费用。第19条规定：项目核准机关应当在正式受理申报材料后20个工作日内予以核准的决定，或向上级项目核准机关提出审核意见。20个工作日内不能做出决定的，经本人批准，可以延长10个工作日，并应当告知项目单位延长期限的理由。	《企业投资项目核准和备案管理条例》和《企业投资项目核准和备案管理办法》明确了核准和备案管理办法的时限不得超过40个工作日；取得核准后向核准机关申请延期开工建设的，核准机关应当自受理申请之日起20个工作日内作出决定，并且开工建设只能延期一次，期限最长不得超过1年。

(续表)

分类	《企业投资项目核准和备案管理条例》	《企业投资项目核准和备案管理办法》	《政府核准投资项目管理办法》	说明
	项目进行评估的，评估时间不计入核准期限。核准机关对项目予以核准的，应当向企业出具核准文件；不予核准的，应当书面通知企业并说明理由。由国务院投资主管部门根据国务院的决定向企业出具核准文件或者不予核准的书面通知。 第12条规定：项目核准机关作出予以核准决定或者同意变更决定之日起2年内未开工建设，需要延期开工建设的，企业应当在2年期限届满的30个工作日前，向核准机关申请延期开工建设。国家对项目延期开工建设另有规定的，依照其规定。开工建设只能延期一次，期限最长不得超过1年。国家对项目延期开工建设另有规定的，依照其规定。	单位。项目核准机关需要委托评估或进行专家评议的，所需时间不计算在前款规定的期限内。项目核准机关应当将咨询评估或专家评议所需时间书面告知项目单位。 第38条第1款规定：项目自核准机关出具项目核准文件或同意项目变更决定2年内未开工建设，需要延期开工建设的，项目单位应当在2年期限届满的30个工作日前，向项目核准机关申请延期开工建设。项目核准机关应当在受理申请之日起20个工作日内，作出是否同意延期开工建设的决定，并出具相应文件。开工建设只能延期一次，期限最长不得超过1年。国家对项目延期开工建设另有规定的，依照其规定。	项目核准机关需要委托评估和进行专家评议的，所需时间不计算在前款规定的期限内。项目核准机关应当将咨询评估和专家评议所需时间书面告知项目单位。 第25条规定：项目核准文件自印发之日起有效期2年。在有效期内未开工建设的，项目单位应当在有效期届满前的30个工作日之前向原项目核准机关申请延期，原项目核准机关应当在有效期届满前作出是否准予延期的决定。在有效期内未开工建设也未按照规定向原项目核准机关申请延期的，原项目核准文件自动失效。	

(二) 备案制度

《政府核准投资项目管理办法》未对备案制度进行具体规定,因此备案的具体手续属于《企业投资项目核准和备案管理条例》和《企业投资项目核准和备案管理办法》新增的内容,具体规定如表6-6所示。

表6-6 备案制度相关规定情况表

分类	《企业投资项目核准和备案管理条例》	《企业投资项目核准和备案管理办法》
备案时间和方式	第13条规定:"实行备案管理的项目,企业应当在开工建设前通过在线平台将下列信息告知备案机关:……"	第39条规定:实行备案管理的项目,项目单位应当在开工建设前通过在线平台将相关信息告知项目备案机关,依法履行投资项目信息告知义务,并遵循诚信和规范原则。
备案内容	第13条第1、2款规定:实行备案管理的项目,企业应当在开工建设前通过在线平台将下列信息告知备案机关:(一)企业基本情况;(二)项目名称、建设地点、建设规模、建设内容;(三)项目总投资额;(四)项目符合产业政策的声明。企业应当对备案项目信息的真实性负责。	第40条规定:项目备案机关应当制定项目备案基本信息格式文本,具体包括以下内容:(一)项目单位基本情况;(二)项目名称、建设地点、建设规模、建设内容;(三)项目总投资额;(四)项目符合产业政策声明。项目单位应当对备案项目信息的真实性、合法性和完整性负责。
备案完成标志	第13条第3款规定:备案机关收到本条第1款规定的全部信息即为备案;企业告知的信息不齐全的,备案机关应当指导企业补正。	第41条规定:项目备案机关收到本办法第40条规定的全部信息即为备案。项目备案信息不完整的,备案机关应当及时以适当方式提醒和指导项目单位补正。项目备案机关发现项目属产业政策禁止投资建设或者依法应实行核准管理,以及不属于固定资产投资项目、依法应实施审批管理、不属于本备案机关权限等情形的,应当通过在线平台及时告知企业予以纠正或者依法申请办理相关手续。
备案证明	第13条第4款规定:企业需要备案证明的,可以要求备案机关出具或者通过在线平台自行打印。	第42条规定:项目备案相关信息通过在线平台在相关部门之间实现互通共享。项目单位需要备案证明的,可以通过在线平台自行打印或要求备案机关出具。
发生较大变更	第14条规定:已备案项目信息发生较大变更的,企业应当及时告知备案机关。	第43条规定:项目备案后,项目法人发生变化,项目建设地点、规模、内容发生重大变更,或者放弃项目建设的,项目单位应当通过在线平台及时告知项目备案机关,并修改相关信息。

(三)监督管理和法律责任

《企业投资项目核准和备案管理办法》和《企业投资项目核准和备案管理条例》强调了对于项目的事中事后监管和法律责任。2018年1月4日,国家发展和改革委员会公布了《企业投资项目事中事后监管办法》,对事中事后监管进行了更为详细的规定。项目事中事后监管,是指各级发展改革部门对项目开工前是否依法取得核准批复文件或者办理备案手续,并在开工后是否按照核准批复文件或者备案内容进行建设的监督管理。

1. 事中事后分级监管

各级发展改革部门对项目实施分级分类监督管理。对已经取得核准批复文件的项目,由核准机关实施监督管理;对已经备案的项目,由备案机关实施监督管理。对项目是否依法取得核准批复文件或者办理备案手续,由项目所在地县级以上地方发展改革部门实施监督管理。

表6-7 项目投资监管相关规定情况表

分类	《企业投资项目事中事后监管办法》		《企业投资项目核准和备案管理办法》
	对核准项目的监管	对备案项目的监管	
监管范围	第6条规定:核准机关对本机关已核准的项目,应当对以下方面进行监督管理:(一)是否通过全国投资项目在线审批监管平台(以下简称在线平台),如实、及时报送项目开工建设、建设进度、竣工等建设实施基本信息;(二)需要变更已核准建设地点或者对已核准建设规模、建设内容等作较大变更的,是否按规定办理变更手续;(三)需要延期开工建设的,是否按规定办理延期开工建设手续;(四)是否按照核准的建设地点、建设规模、建设内容等进行建设。	第13条规定:备案机关对本机关已备案的项目,应当对以下方面进行监督管理:(一)是否通过在线平台如实、及时报送项目开工建设、建设进度、竣工等建设实施基本信息;(二)是否属于实行核准管理的项目;(三)是否按照备案的建设地点、建设规模、建设内容进行建设;(四)是否属于产业政策禁止投资建设的项目。	第46条规定:……项目核准、备案机关应当根据法律法规和发展规划、产业政策、总量控制目标、技术政策、准入标准及相关环保要求等,对项目进行监管。城乡规划、国土(海洋)资源、环境保护、节能审查、安全监管、建设、行业管理等部门,应当履行法律法规赋予的监管职责,在各自职责范围内对项目进行监管。金融监管部门应当加强指导和监督,引导金融机构按照商业原则,依法独立审贷。审计部门应当依法加强对国有企业投资项目、申请使用政府投资资金的项目以及其他公共工程项目的审计监督。

(续表)

分类	《企业投资项目事中事后监管办法》		《企业投资项目核准和备案管理办法》
	对核准项目的监管	对备案项目的监管	
在线监测	第7条规定:核准机关应当根据行业特点、监管需要和简易、可操作的原则,制定、上线核准项目报送建设实施基本信息的格式文本,并对报送的建设实施基本信息进行在线监测。	第14条规定:备案机关应当根据行业特点、监管需要和简易、可操作的原则,制定、上线备案项目报送建设实施基本信息的格式文本,并对报送的建设实施基本信息进行在线监测。	第46条第1款规定:项目核准和备案机关、行业管理、城乡规划(建设)、国家安全、国土(海洋)资源、环境保护、节能审查、金融监管、安全生产监管、审计等部门,应当按照谁审批谁监管、谁主管谁监管的原则,采取在线监测、现场核查等方式,依法加强对项目的事中事后监管。
现场核查	第8条规定:核准机关对其核准的项目,应当在项目开工后至少开展一次现场核查。	第16条规定:备案机关对其备案的项目,应当根据"双随机一公开"的原则,结合投资调控实际需要,定期制定现场核查计划。对列入现场核查计划的项目,应当在项目开工后至少开展一次现场核查。列入现场核查计划的项目数量比例,由备案机关根据实际确定。	
	第21条规定:各级发展改革部门对项目的现场核查,可以自行开展,也可以发挥工程咨询单位等机构的专业优势,以委托第三方机构的方式开展。委托第三方机构开展现场核查的,应当建立核查机构名录,制订核查工作规范,加强对核查工作的指导和监督。委托第三方机构开展现场核查的经费由委托方承担。		
处罚方式	第9条规定:已开工核准项目未如实、及时报送建设实施基本信息的,核准机关应当责令项目单位予以纠正;拒不纠正的,给予警告。	第17条规定:已开工备案项目未如实、及时报送建设实施基本信息的,备案机关应当责令项目单位予以纠正;拒不纠正的,给予警告。	第51条规定:项目单位有下列行为之一的,相关信息列入项目异常信用记录,并纳入全国信用信息共享平台:(一)应申请办理项目核准但未依法取得核准文件的;(二)提供虚假项目核准或备案信息,或者未依法将项目信息告知备案机关,或者已备案项目信息变更未告知备案机关的;(三)违反法律法规擅自开工建设的;(四)不按
	第10条规定:项目未按规定办理核准批复文件、项目变更批复文件或者批复文件失效后开工建设的,核准机关应当依法责令停止建设或者责令停产,并依法处以罚款。	第18条规定:项目建设与备案信息不符的,备案机关应当责令限期改正;逾期不改正的,依法处以罚款并列入失信企业名单,向社会公开。	

(续表)

分类	《企业投资项目事中事后监管办法》		《企业投资项目核准和备案管理办法》
	对核准项目的监管	对备案项目的监管	
		对于有关部门依法认定项目建设内容属于产业政策禁止投资建设的,备案机关应当依法责令停止建设或者责令停产并恢复原状,并依法处以罚款。	照批准内容组织实施的;(五)项目单位未按本办法第50条规定报送项目开工建设、建设进度、竣工等基本信息,或者报送虚假信息的;(六)其他违法违规行为。
	第11条第1款规定:项目未按照核准的建设地点、建设规模、建设内容等进行建设的,核准机关应当依法责令停止建设或者责令停产,并依法处以罚款。	第19条规定:县级以上地方发展改革部门发现本行政区域内的已开工项目应备案但未依法备案的,应当报告对该项目有备案权限的机关,由备案机关责令其限期改正;逾期不改正的,依法处以罚款并列入失信企业名单,向社会公开。	
	第12条规定:县级以上地方发展改革部门发现本行政区域内的项目列入《政府核准的投资项目目录》,但未依法办理核准批复文件、项目变更批复文件或者批复文件失效后开工建设的,应当报告对该项目有核准权限的机关,由核准机关依法责令停止建设或者责令停产,并依法处以罚款。	第20条规定:对本行政区域内的已开工项目,经有关部门依法认定属于产业政策禁止投资建设的,县级以上发展改革部门应当依法责令停止建设或者责令停产并恢复原状,并依法处以罚款。	
监管方式	第25条规定:各级发展改革部门对项目的行政处罚信息,应当通过在线平台进行归集,并通过在线平台和"信用中国"网站向社会公开。 对在项目事中事后监管中形成的项目异常名录和失信企业名单,应当通过在线平台与全国信用信息平台共享,通过"信用中国"网站向社会公开,并实施联合惩戒。		第49条规定:各级项目核准、备案机关的项目核准或备案信息,以及国土(海洋)资源、城乡规划、水行政管理、环境保护、节能审查、安全监管、建设、工商等部门的相关手续办理信息、审批结果信息、监管(处罚)信息,应当通过在线平台实现互通共享。

2. 法律责任

《企业投资项目事中事后监管办法》对于违反规定的项目的法律责任,均依照《企业投资项目核准和备案管理条例》执行。《企业投资项目核准和备案管理条例》和《企业投资项目核准和备案管理办法》规定的法律责任如表6-8所示。

表6-8 企业投资法律责任相关规定情况表

情形	《企业投资项目核准和备案管理条例》	《企业投资项目核准和备案管理办法》
未按规定办理核准手续的项目,未按照核准的建设地点、建设规模、建设内容等进行建设的项目	第18条规定:实行核准管理的项目,企业未依照本条例规定办理核准手续开工建设或者未按照核准的建设地点、建设规模、建设内容等进行建设的,由核准机关责令停止建设或者责令停产,对企业处项目总投资额1‰以上5‰以下的罚款;对直接负责的主管人员和其他直接责任人员处2万元以上5万元以下的罚款,属于国家工作人员的,依法给予处分。 以欺骗、贿赂等不正当手段取得项目核准文件,尚未开工建设的,由核准机关撤销核准文件,处项目总投资额1‰以上5‰以下的罚款;已经开工建设的,依照前款规定予以处罚;构成犯罪的,依法追究刑事责任。	第56条规定:实行核准管理的项目,企业未依法办理核准手续开工建设或者未按照核准的建设地点、建设规模、建设内容等进行建设的,由核准机关责令停止建设或者责令停产,对企业处项目总投资额1‰以上5‰以下的罚款;对直接负责的主管人员和其他直接责任人员处2万元以上5万元以下的罚款,属于国家工作人员的,依法给予处分。项目应视情况予以拆除或者补办相关手续。 以欺骗、贿赂等不正当手段取得项目核准文件,尚未开工建设的,由核准机关撤销核准文件,处项目总投资额1‰以上5‰以下的罚款;已经开工建设的,依照前款规定予以处罚;构成犯罪的,依法追究刑事责任。
未依法备案的项目,建设与备案信息不符的项目	第19条规定:实行备案管理的项目,企业未依照本条例规定将项目信息或者已备案项目的信息变更情况告知备案机关,或者向备案机关提供虚假信息的,由备案机关责令限期改正;逾期不改正的,处2万元以上5万元以下的罚款。	第57条规定:实行备案管理的项目,企业未依法将项目信息或者已备案项目信息变更情况告知备案机关,或者向备案机关提供虚假信息的,由备案机关责令限期改正;逾期不改正的,处2万元以上5万元以下的罚款。
属于产业政策禁止投资建设的项目	第20条规定:企业投资建设产业政策禁止投资建设项目的,由县级以上人民政府投资主管部门责令停止建设或者责令停产并恢复原状,对企业处项目总投资额5‰以上10‰以下的罚款;对直接负责的主管人员和其他直接责任人员处5万元以上10万元以下的罚款,属于国家工作人员的,依法给予处分。法律、行政法规另有规定的,依照其规定。	第58条规定:企业投资建设产业政策禁止投资建设项目的,由县级以上人民政府投资主管部门责令停止建设或者责令停产并恢复原状,对企业处项目总投资额5‰以上10‰以下的罚款;对直接负责的主管人员和其他直接责任人员处5万元以上10万元以下的罚款,属于国家工作人员的,依法给予处分。法律、行政法规另有规定的,依照其规定。

第七章 规范运行

《首发管理办法》和《创业板管理办法》均对发行人"规范运行"问题进行了专门规定,其内容主要包括公司治理结构,董事、监事和高级管理人员任职资格,内部控制制度,发行人重大违法行为,对外担保,资金管理制度等。根据上述规定,本章对在实务中具有典型意义的29个问题进行分析和总结。

一、重大违法行为

《证券法》将"最近三年无重大违法行为"作为公司发行新股的条件之一,《首发管理办法》第18条对此规定进行了细化,明确列举了六种情形,其中第二种情形是"最近36个月内违反工商、税收、土地、环保、海关以及其他法律、行政法规,受到行政处罚,且情节严重"。《创业板管理办法》第20条对《首发管理办法》的六种情形进行了概括,保留了"损害投资者合法权益和社会公共利益的重大违法行为"和"未经法定机关核准,擅自公开或者变相公开发行证券,或者有关违法行为虽然发生在三年前,但目前仍处于持续状态的情形",并将主体从《首发管理办法》中的"发行人"扩大到了"发行人及其控股股东、实际控制人",对这些主体的重大违法行为的核查范围参照《首发管理办法》第18条的规定。

根据《首发管理办法》的规定认定"重大违法行为"的难点在于,其规定的六种情形中对行政处罚"情节严重"的判断;根据《创业板管理办法》的规定认定"重大违法行为"的难点在于对"重大"的判断。何谓"情节严重",何谓"重大",目前尚无明确定义。除了《首发管理办法》中列明的情况外,实务中可以根据如下标准确认违法行为是否"情节严重"或"重大":

(1)如果行政机关作为处罚依据的法律规定中有明确的"情节严重"或"重大"的界定,以该界定为准。

(2)如果行政机关作为处罚依据的法律规定中没有直接界定,但是规定了"情节严重"或"重大"的处罚区间,若实际发生的行政处罚在此区间,则构成情节严重或重大违法行为。

(3)凡被行政机关处以罚款以上行政处罚的行为,原则上都被视为重大违法行为,但行政机关依法认定不属于重大违法行为且能够依法作出合理说明的除外。

(4)作出处罚的机关对该行为性质的认定证明。严格地说,作出处罚的机关是否有权作出公司的违法行为不构成"情节严重"或"重大"的认定和作出此种认定的法律依据和法律标准都是存疑的,但是该机关的此种认定仍具有重要的参考意义。

(5)近三年重大违法行为的起算时点,法律、行政法规或规章有规定的从其规定;无规定的,从行为发生之日起计算;行为有连续或继续状态的,从终了之日起计算。如违法发行股票,在清理完成后三年,以改正日为时点计算。

(6)《首发管理办法》有"涉嫌犯罪被司法机关立案侦查,尚未有明确结论意见"的否决规定,未明确对行政处罚已经作出但公司对行政处罚决定不服,正在行政复议或提起行政诉讼的情形如何处置,原则上不影响对重大违法行为的认定,但可以申请暂缓作出决定,等待生效法律裁定作出后再行认定。

(7)控股股东、实际控制人受刑罚处罚,应认定为重大违法行为。犯罪行为的起算时间不能简单限定为36个月,参照董事、监事、高级管理人员任职资格的要求;依据职务行为、个人行为、犯罪的性质、犯罪行为与发行人的紧密度、犯罪主观意识、刑期长短、个人(企业)的诚信等对发行人的影响程度作综合判断。

(8)依据前述内容仍无法判断"情节严重"或"重大"的情况在实务中时有发生,此时应根据违规行为的性质、情节、社会危害性等因素进行综合判定,论证其是否属于"情节严重"或"重大"。除了发行人的说明,保荐机构、律师事务所等中介机构要对此发表专业意见,必要时也可根据违法行为的性质,聘请司法鉴定机构等权威机构发表专业意见。

实务中,对发行人及其控股股东、实际控制人的合规性问题,发行人和中介机构应从以下方面进行把握。

(1)"重大违法行为"是指发行人及其控股股东、实际控制人违反国家法律、行政法规,受到刑事处罚或情节严重行政处罚的行为。认定重大违法行为应考虑以下因素:

第一,存在贪污、受贿、侵占财产、挪用财产或者破坏社会主义市场经济秩序等刑事犯罪,原则上应认定为重大违法行为。

第二,被处以罚款以上行政处罚的违法行为,如有以下情形之一且中介机构出具明确核查结论的,可以不认定为重大违法:①违法行为显著轻微、罚款数额较小;②相关处罚依据未认定该行为属于严重;③有权机关证明该行为不属于重大违法。但违法行为导致严重环境污染、重大人员伤亡、社会影响恶劣等并被处以罚款以上行政处罚的,不适用上述情形。

(2)发行人合并报表范围内的各级子公司,对发行人主营业务收入或净利润不具有重要影响的(占比不超过50%),其违法行为可不视为发行人本身存在相关情形,但其违法行为导致严重环境污染、重大人员伤亡或社会影响恶劣的除外。

(3)最近三年重大违法行为的起算时点,从刑罚执行完毕或行政处罚决定作出之日起计算。

(4)保荐机构和发行人律师应对发行人及其控股股东、实际控制人是否存在上述事项进行核查,并对是否构成重大违法行为及发行上市的法律障碍发表明确意见。①

二、行政处罚两年时效问题

《中华人民共和国行政处罚法》(如下简称《行政处罚法》)第 29 条规定:"违法行为在二年内未被发现的,不再给予行政处罚。法律另有规定的除外。前款规定的期限,从违法行为发生之日起计算;违法行为有连续或者继续状态的,从行为终了之日起计算。"

国务院法制办公室《对湖北省人民政府法制办公室〈关于如何确认违法行为连续或继续状态的请示〉的复函》中明确了"违法行为的连续状态",是指当事人基于同一个违法故意,连续实施数个独立的行政违法行为,并触犯同一个行政处罚规定的情形。

因此,如果发行人历史上存在违法行为,且违法行为发生的时间超过两年,则应进一步关注该违法行为是否属于"有连续或者继续状态"的情况,如果不属于或者虽然属于但该违法行为自终了之日起已经超过两年,则可以得出"违法行为已经超过追责时效期限,不应再被追究行政法律责任"的结论。

三、任职限制

(一)董事、监事、高级管理人员任职限制

有关董事、监事、高级管理人员任职限制的法律规定总结如下(见表 7-1)。

表 7-1　董事、监事、高级管理人员任职限制规定表

文件名称	内容
《公司法》	第 51 条第 4 款规定:董事、高级管理人员不得兼任监事。 第 70 条第 1 款规定:国有独资公司监事会成员不得少于 5 人,其中职工代表的比例不得低于 1/3,具体比例由公司章程规定。 第 146 条第 1 款规定:有下列情形之一的,不得担任公司的董事、监事、高级管理人员:(一)无民事行为能力或者限制民事行为能力;(二)因贪污、贿赂、侵占财产、挪用财产或者破坏社会主义市场经济秩序,被判处刑罚,执行期满未逾 5 年,或者因犯罪被剥夺政治权利,执行期满未逾 5 年;(三)担任破产清算的公司、企业的董事或者厂长、经理,对该公司、企业的破产负有个人责任的,自该公司、企业破产清算完结之日起未逾 3 年;(四)担任因违法被吊销营业执照、责令关闭的公司、企业的法定代表人,并负有个人责任的,自该公司、企业被吊销营业执照之日起未逾 3 年;(五)个人所负数额较大的债务到期未清偿。

---

① 参见《首发业务若干问题解答(一)》问题 11。

(续表)

文件名称	内容
《首发管理办法》	第16条规定:发行人的董事、监事和高级管理人员符合法律、行政法规和规章规定的任职资格,且不得有下列情形:(一)被中国证监会采取证券市场禁入措施尚在禁入期的;(二)最近36个月内受到中国证监会行政处罚,或者最近12个月内受到证券交易所公开谴责;(三)因涉嫌犯罪被司法机关立案侦查或者涉嫌违法违规被中国证监会立案调查,尚未有明确结论意见。
《创业板管理办法》	第19条规定:发行人的董事、监事和高级管理人员应当忠实、勤勉,具备法律、行政法规和规章规定的资格,且不存在下列情形:(一)被中国证监会采取证券市场禁入措施尚在禁入期的;(二)最近三年内受到中国证监会行政处罚,或者最近一年内受到证券交易所公开谴责的;(三)因涉嫌犯罪被司法机关立案侦查或者涉嫌违法违规被中国证监会立案调查,尚未有明确结论意见的。
《深圳证券交易所中小企业板上市公司规范运作指引》	第3.2.3条规定:董事、监事和高级管理人员候选人存在下列情形之一的,不得被提名担任上市公司董事、监事和高级管理人员:(一)《公司法》第146条规定的情形之一;(二)被中国证监会采取证券市场禁入措施,期限尚未届满;(三)被证券交易所公开认定为不适合担任上市公司董事、监事和高级管理人员,期限尚未届满;(四)本所规定的其他情形。董事、监事和高级管理人员候选人存在下列情形之一的,公司应当披露该候选人具体情形、拟聘请相关候选人的原因以及是否影响公司规范运作:(一)最近三年内受到中国证监会行政处罚;(二)最近三年内受到证券交易所公开谴责或者三次以上通报批评;(三)因涉嫌犯罪被司法机关立案侦查或者涉嫌违法违规被中国证监会立案调查,尚未有明确结论意见。以上期间,应当以公司董事会、股东大会等有权机构审议董事、监事和高级管理人员候选人聘任议案的日期为截止日。
《上海证券交易所上市公司董事选任与行为指引》	第10条第1款规定:除第11条规定外,有下列情形之一的,不得被提名为董事候选人:(一)三年内受中国证监会行政处罚;(二)三年内受证券交易所公开谴责或两次以上通报批评;(三)处于中国证监会认定的市场禁入期;(四)处于证券交易所认定不适合担任上市公司董事的期间。 第11条第1款规定:上市公司的在任董事出现第10条第1款第(一)、(二)项规定的情形之一,董事会认为该董事继续担任董事职务对公司经营有重要作用的,可以提名其为下一届董事会的董事候选人,并应充分披露提名理由。

（续表）

文件名称	内容
《全国中小企业股份转让系统股票挂牌条件适用基本标准指引》	三、公司治理机制健全,合法规范经营 …… 4. 公司现任董事、监事和高级管理人员应具备《公司法》规定的任职资格,履行《公司法》和公司章程规定的义务,且不应存在以下情形: （1）最近 24 个月内受到中国证监会行政处罚,或者被中国证监会采取证券市场禁入措施且期限尚未届满,或者被全国中小企业股份转让系统有限责任公司认定不适合担任挂牌公司董事、监事、高级管理人员; （2）因涉嫌犯罪被司法机关立案侦查或者涉嫌违法违规被中国证监会立案调查,尚未有明确结论意见。

(二)上市公司独立董事任职限制

有关上市公司独立董事任职限制的法律规定如下(见表7-2)。

表7-2 独立董事任职限制规定表

文件名称	内容
《公司法》	第 146 条第 1 款规定:有下列情形之一的,不得担任公司的董事、监事、高级管理人员:(一)无民事行为能力或者限制民事行为能力;(二)因贪污、贿赂、侵占财产、挪用财产或者破坏社会主义市场经济秩序,被判处刑罚,执行期满未逾 5 年,或者因犯罪被剥夺政治权利,执行期满未逾 5 年;(三)担任破产清算的公司、企业的董事或者厂长、经理,对该公司、企业的破产负有个人责任的,自该公司、企业破产清算完结之日起未逾 3 年;(四)担任因违法被吊销营业执照、责令关闭的公司、企业的法定代表人,并负有个人责任的,自该公司、企业被吊销营业执照之日起未逾 3 年;(五)个人所负数额较大的债务到期未清偿。
《中华人民共和国公务员法》	第 2 条第 1 款规定:本法所称公务员,是指依法履行公职、纳入国家行政编制、由国家财政负担工资福利的工作人员。 第 44 条规定:公务员因工作需要在机关外兼职,应当经有关机关批准,并不得领取兼职报酬。 第 59 条规定:公务员应当遵纪守法,不得有下列行为:……(十六)违反有关规定从事或者参与营利性活动,在企业或者其他营利性组织中兼任职务…… 第 107 条第 1 款规定:公务员辞去公职或者退休的,原系领导成员、县处级以上领导职务的公务员在离职 3 年内,其他公务员在离职两年内,不得到与原工作业务直接相关的企业或者其他营利性组织任职,不得从事与原工作业务直接相关的营利性活动。

(续表)

文件名称	内容
《上海证券交易所股票上市规则》	被交易所公开认定其不适合担任上市公司董事、监事、高级管理人员。
《深圳证券交易所创业板上市公司规范运作指引》	第3.2.3条第1、2款规定:董事、监事和高级管理人员候选人存在下列情形之一的,不得被提名担任上市公司董事、监事和高级管理人员:(一)《公司法》第146条规定的情形之一;(二)被中国证监会采取证券市场禁入措施,期限尚未届满;(三)被证券交易所公开认定为不适合担任上市公司董事、监事和高级管理人员,期限尚未届满;(四)本所规定的其他情形。董事、监事和高级管理人员候选人存在下列情形之一的,公司应当披露该候选人具体情形、拟聘请该候选人的原因以及是否影响公司规范运作,并提示相关风险:(一)最近三年内受到中国证监会行政处罚;(二)最近三年内受到证券交易所公开谴责或者三次以上通报批评;(三)因涉嫌犯罪被司法机关立案侦查或者涉嫌违法违规被中国证监会立案调查,尚未有明确结论意见。
《关于在上市公司建立独立董事制度的指导意见》	一、上市公司应当建立独立董事制度 …… (二)……独立董事原则上最多在5家上市公司兼任独立董事,并确保有足够的时间和精力有效地履行独立董事的职责。…… 三、独立董事必须具有独立性 下列人员不得担任独立董事:(一)在上市公司或者其附属企业任职的人员及其直系亲属、主要社会关系(直系亲属是指配偶、父母、子女等;主要社会关系是指兄弟姐妹、岳父母、儿媳女婿、兄弟姐妹的配偶、配偶的兄弟姐妹等);(二)直接或间接持有上市公司已发行股份1%以上或者是上市公司前十名股东中的自然人股东及其直系亲属;(三)在直接或间接持有上市公司已发行股份5%以上的股东单位或者在上市公司前五名股东单位任职的人员及其直系亲属;(四)最近一年内曾经具有前三项所列举情形的人员;(五)为上市公司或者其附属企业提供财务、法律、咨询等服务的人员;(六)公司章程规定的其他人员;(七)中国证监会认定的其他人员。 四、独立董事的提名、选举和更换应当依法进行、规范地运行 ……(三)……中国证监会在15个工作日内对独立董事的任职资格和独立性进行审核。对中国证监会持有异议的被提名人,可作为公司董事候选人,但不作为独立董事候选人……(四)独立董事每届任期与该上市公司其他董事任期相同,任期届满,连选可以连任,但是连任时间不得超过6年。(五)独立董事连续三次未亲自出席董事会会议的,由董事会提请股东大会予以撤换。……

（续表）

文件名称	内容
《上海证券交易所上市公司独立董事备案及培训工作指引》	第 10 条规定：独立董事候选人应具备上市公司运作的基本知识，熟悉相关法律、行政法规、部门规章及其他规范性文件，具有 5 年以上法律、经济、财务、管理或者其他履行独立董事职责所必需的工作经验，并已根据中国证监会《上市公司高级管理人员培训工作指引》及相关规定取得独立董事资格证书。独立董事候选人在提名时未取得独立董事资格证书的，应书面承诺参加最近一次独立董事资格培训，并取得独立董事资格证书。 第 11 条规定：独立董事候选人任职资格应符合下列法律、行政法规和部门规章的要求：(一)《中华人民共和国公司法》关于董事任职资格的规定；(二)《中华人民共和国公务员法》关于公务员兼任职务的规定；(三)中央纪委、中央组织部《关于规范中管干部辞去公职或者退(离)休后担任上市公司、基金管理公司独立董事、独立监事的通知》的规定；(四)中央纪委、教育部、监察部《关于加强高等学校反腐倡廉建设的意见》关于高校领导班子成员兼任职务的规定；(五)中国保监会《保险公司独立董事管理暂行办法》的规定；(六)其他法律、行政法规和部门规章规定的情形。 第 12 条规定：独立董事候选人应具备独立性，不属于下列情形：(一)在上市公司或者其附属企业任职的人员及其直系亲属和主要社会关系；(二)直接或间接持有上市公司已发行股份1%以上或者是上市公司前十名股东中的自然人股东及其直系亲属；(三)在直接或间接持有上市公司已发行股份 5%以上的股东单位或者在上市公司前五名股东单位任职的人员及其直系亲属；(四)在上市公司实际控制人及其附属企业任职的人员；(五)为上市公司及其控股股东或者其各自的附属企业提供财务、法律、咨询等服务的人员，包括提供服务的中介机构的项目组全体人员、各级复核人员、在报告上签字的人员、合伙人及主要负责人；(六)在与上市公司及其控股股东或者其各自的附属企业具有重大业务往来的单位担任董事、监事或者高级管理人员，或者在该业务往来单位的控股股东单位担任董事、监事或者高级管理人员；(七)近一年内曾经具有前六项所列举情形的人员；(八)其他本所认定不具备独立性的情形。 第 13 条规定：独立董事候选人应无下列不良记录：(一)近三年曾被中国证监会行政处罚；(二)处于被证券交易所公开认定为不适合担任上市公司董事的期间；(三)近三年曾被证券交易所公开谴责或两次以上通报批评；(四)曾任职独立董事期间，连续两次未出席董事会会议，或者未亲自出席董事会会议的次数占当年董事会会议次数 1/3 以上；(五)曾任职独立董事期间，发表的独立意见明显与事实不符。 第 14 条规定：已在五家境内上市公司担任独立董事的，不得再被提名为其他上市公司独立董事候选人。 第 15 条规定：在拟候任的上市公司连续任职独立董事已满 6 年的，不得再连续任职该上市公司独立董事。

（续表）

文件名称	内容
	第16条规定：以会计专业人士身份被提名为独立董事候选人的，应具备较丰富的会计专业知识和经验，并至少符合下列条件之一：(一)具有注册会计师执业资格；(二)具有会计、审计或者财务管理专业的高级职称、副教授职称或者博士学位；(三)具有经济管理方面高级职称，且在会计、审计或者财务管理等专业岗位有5年以上全职工作经验。 第17条规定：上市公司独立董事任职后出现本节规定的不符合独立董事任职资格情形的，应自出现该等情形之日起30日内辞去独立董事职务。未主动要求辞职的，上市公司董事会应在2日内启动决策程序免去其独立董事职务。 第18条规定：因独立董事提出辞职导致独立董事占董事会全体成员的比例低于1/3的，提出辞职的独立董事应继续履行职务至新任独立董事产生之日。该独立董事的原提名人或上市公司董事会应自该独立董事辞职之日起90日内提名新的独立董事候选人。
《深圳证券交易所独立董事备案办法》	第4条规定：独立董事候选人应当符合下列法律、行政法规、部门规章、规范性文件和本所业务规则有关独立董事任职资格、条件和要求的相关规定：(一)《公司法》有关董事任职资格的规定；(二)《中华人民共和国公务员法》的相关规定(如适用)；(三)《指导意见》的相关规定；(四)中共中央纪委《关于规范中管干部辞去公职或者退(离)休后担任上市公司、基金管理公司独立董事、独立监事的通知》的相关规定(如适用)；(五)中共中央组织部《关于进一步规范党政领导干部在企业兼职(任职)问题的意见》的相关规定(如适用)；(六)中共中央纪委、教育部、监察部《关于加强高等学校反腐倡廉建设的意见》的相关规定(如适用)；(七)中国人民银行《股份制商业银行独立董事和外部监事制度指引》等的相关规定(如适用)；(八)中国证监会《证券公司董事、监事和高级管理人员任职资格监管办法》等的相关规定(如适用)；(九)中国银监会《银行业金融机构董事(理事)和高级管理人员任职资格管理办法》《融资性担保公司董事、监事、高级管理人员任职资格管理暂行办法》等的相关规定(如适用)；(十)中国保监会《保险公司董事、监事和高级管理人员任职资格管理规定》《保险公司独立董事管理暂行办法》等的相关规定(如适用)；(十一)本所主板、中小企业板及创业板《上市公司规范运作指引》等业务规则的相关规定；(十二)其他法律、行政法规、部门规章和规范性文件等有关独立董事任职资格、条件和要求的规定。 第5条规定：独立董事候选人应当具备上市公司运作相关的基本知识，熟悉相关法律、行政法规、部门规章、规范性文件及本所业务规则，具有5年以上法律、经济、管理、会计、财务或者其他履行独立董事职责所必需的工作经验。 第7条规定：独立董事候选人应当具有独立性，下列人员不得担任独立董事：(一)在上市公司或者其附属企业任职的人员及其直系亲属和主要社会关系；(二)直接或间接持有上市公司已发行股份1%以上或

(续表)

文件名称	内容
	者是上市公司前十名股东中的自然人股东及其直系亲属;(三)在直接或间接持有上市公司已发行股份5%以上的股东单位或者在上市公司前五名股东单位任职的人员及其直系亲属;(四)在上市公司控股股东、实际控制人及其附属企业任职的人员及其直系亲属;(五)为上市公司及其控股股东、实际控制人或者其各自附属企业提供财务、法律、咨询等服务的人员,包括但不限于提供服务的中介机构的项目组全体人员、各级复核人员、在报告上签字的人员、合伙人及主要负责人;(六)在与上市公司及其控股股东、实际控制人或者其各自的附属企业有重大业务往来的单位任职的人员,或者在有重大业务往来单位的控股股东单位任职的人员;(七)最近12个月内曾经具有前六项所列情形之一的人员;(八)最近12个月内,独立董事候选人、其任职及曾任职的单位存在其他影响其独立性情形的人员;(九)本所认定不具有独立性的其他人员。前款第(四)项、第(五)项及第(六)项中的上市公司控股股东、实际控制人的附属企业,不包括根据《股票上市规则》和《创业板股票上市规则》第10.1.4条规定,与上市公司不构成关联关系的附属企业。 第8条规定:独立董事候选人应无下列不良记录:(一)被中国证监会采取证券市场禁入措施,期限尚未届满的;(二)被证券交易所公开认定不适合担任上市公司董事、监事和高级管理人员,期限尚未届满的;(三)最近36个月内因证券期货违法犯罪,受到中国证监会行政处罚或者司法机关刑事处罚的;(四)因涉嫌证券期货违法犯罪,被中国证监会立案调查或者被司法机关立案侦查,尚未有明确结论意见的;(五)最近36个月内受到证券交易所公开谴责或三次以上通报批评的;(六)作为失信惩戒对象等被国家发改委等部委认定限制担任上市公司董事职务的;(七)在过往任职独立董事期间因连续三次未亲自出席董事会会议或者因连续两次未能亲自出席也不委托其他董事出席董事会会议被董事会提请股东大会予以撤换,未满12个月的;(八)本所认定的其他情形。 第10条规定:独立董事候选人最多在五家上市公司(含本次拟任职上市公司、深沪证券交易所上市公司、境外证券交易所上市公司)兼任独立董事。 第11条规定:以会计专业人士身份被提名的独立董事候选人,应当具备丰富的会计专业知识和经验,并至少符合下列条件之一:(一)具备注册会计师资格;(二)具有会计、审计或者财务管理专业的高级职称、副教授或以上职称、博士学位。 第12条规定:独立董事提名人在提名候选人时,除遵守本办法第4条至第11条的规定外,还应当重点关注独立董事候选人是否存在下列情形:(一)过往任职独立董事期间,连续两次未亲自出席董事会会议或者连续12个月未亲自出席董事会会议的次数超过期间董事会会议总数的1/2的;(二)过往任职独立董事期间,未按规定发表独立董事意见或发表的独立意见经证实明显与事实不符的;(三)同时在超过五家公司担任董事、监事或高级管理人员的;(四)过往任职独立董事任期届满前

(续表)

文件名称	内容
	被上市公司提前免职的;(五)最近36个月内受到中国证监会以外的其他有关部门处罚的;(六)可能影响独立董事诚信勤勉和独立履职的其他情形。独立董事候选人存在上述情形之一的,其提名人应当披露具体情形、仍提名该候选人的理由、是否对上市公司规范运作和公司治理产生影响及应对措施。
《股份制商业银行独立董事和外部监事制度指引》	第1条规定:商业银行的独立董事、外部监事应当具备较高的专业素质和良好信誉,且同时应当满足以下条件:(一)具有本科(含本科)以上学历或相关专业中级以上职称;(二)具有5年以上的法律、经济、金融、财务或其他有利于履行独立董事、外部监事职责的工作经历;(三)熟悉商业银行经营管理相关的法律法规;(四)能够阅读、理解和分析商业银行的信贷统计报表和财务报表。 第2条规定:下列人员不得担任商业银行的独立董事、外部监事:(一)持有该商业银行1%以上股份的股东或在股东单位任职的人员;(二)在该商业银行或其控股或者实际控制的企业任职的人员;(三)就任前三年内曾经在该商业银行或其控股或者实际控制的企业任职的人员;(四)在该商业银行借款逾期未归还的企业的任职人员;(五)在与该商业银行存在法律、会计、审计、管理咨询等业务联系或利益关系的机构任职的人员;(六)该商业银行可控制或通过各种方式可施加重大影响的其他任何人员;(七)上述人员的近亲属。本指引所称近亲属是指夫妻、父母、子女、祖父母、外祖父母、兄弟姐妹。 第3条规定:有下列情形之一的,不得担任商业银行的独立董事、外部监事:(一)因犯有贪污、贿赂、侵占财产、挪用财产罪或者破坏市场经济秩序罪,被判处刑罚,或者因犯罪被剥夺政治权利的;(二)担任因经营不善破产清算的公司、企业的董事或者厂长、经理,并对该公司、企业的破产负有个人责任的;(三)担任因违法被吊销营业执照的公司、企业的法定代表人,并负有个人责任的;(四)个人所负数额较大的债务到期未清偿的;(五)因未能勤勉尽职被原任职单位罢免职务的;(六)曾经担任高风险金融机构主要负责人且不能证明其对金融机构撤销或资产损失不负有责任的。 第4条规定:国家机关工作人员不得兼任商业银行独立董事、外部监事。 第5条规定:独立董事、外部监事不得在其他商业银行兼职。
《证券公司董事、监事和高级管理人员任职资格监管办法》	第10条规定:取得独立董事任职资格,除应当具备本办法第8条规定的基本条件外,还应当具备以下条件:(一)从事证券、金融、法律、会计工作5年以上;(二)具有大学本科以上学历,并且具有学士以上学位;(三)有履行职责所必需的时间和精力。 第11条规定:独立董事不得与证券公司存在关联关系、利益冲突或者存在其他可能妨碍独立客观判断的情形。下列人员不得担任证券公司

(续表)

文件名称	内容
	独立董事:(一)在证券公司或其关联方任职的人员及其近亲属和主要社会关系人员;(二)在下列机构任职的人员及其近亲属和主要社会关系人员:持有或控制证券公司5%以上股权的单位、证券公司前五名股东单位、与证券公司存在业务联系或利益关系的机构;(三)持有或控制上市证券公司1%以上股权的自然人,上市证券公司前十名股东中的自然人股东,或者控制证券公司5%以上股权的自然人,及其上述人员的近亲属;(四)为证券公司及其关联方提供财务、法律、咨询等服务的人员及其近亲属;(五)最近一年内曾经具有前四项所列举情形之一的人员;(六)在其他证券公司担任除独立董事以外职务的人员;(七)中国证监会认定的其他人员。
《银行业金融机构董事(理事)和高级管理人员任职资格管理办法》	第9条规定:金融机构拟任、现任董事(理事)和高级管理人员出现下列情形之一的,视为不符合本办法第8条第(二)项、第(三)项、第(五)项规定之条件:(一)有故意或重大过失犯罪记录的;(二)有违反社会公德的不良行为,造成恶劣影响的;(三)对曾任职机构违法违规经营活动或重大损失负有个人责任或直接领导责任,情节严重的;(四)担任或曾任被接管、撤销、宣告破产或吊销营业执照机构的董事(理事)或高级管理人员的,但能够证明本人对曾任职机构被接管、撤销、宣告破产或吊销营业执照不负有个人责任的除外;(五)因违反职业道德、操守或者工作严重失职,造成重大损失或者恶劣影响的;(六)指使、参与所任职机构不配合依法监管或案件查处的;(七)被取消终身的董事(理事)和高级管理人员任职资格,或受到监管机构或其他金融管理部门处罚累计达到两次以上的;(八)有本办法规定的不具备任职资格条件的情形,采用不正当手段获得任职资格核准的。 第10条规定:金融机构拟任、现任董事(理事)和高级管理人员出现下列情形之一的,视为不符合本办法第8条第(六)项、第(七)项规定之条件:(一)本人或其配偶有数额较大的逾期债务未能偿还,包括但不限于在该金融机构的逾期贷款;(二)本人及其近亲属合并持有该金融机构5%以上股份,且从该金融机构获得的授信总额明显超过其持有的该金融机构股权净值;(三)本人及其所控股的股东单位合并持有该金融机构5%以上股份,且从该金融机构获得的授信总额明显超过其持有的该金融机构股权净值;(四)本人或其配偶在持有该金融机构5%以上股份的股东单位任职,且该股东单位从该金融机构获得的授信额明显超过其持有的该金融机构股权净值,但能够证明相应授信与本人或其配偶没有关系的除外;前项规定不适用于企业集团财务公司;(五)存在其他所任职务与其在该金融机构拟任、现任职务有明显利益冲突,或明显分散其在该金融机构履职时间和精力的情形。本办法所称近亲属包括配偶、父母、子女、兄弟姐妹、祖父母、外祖父母、孙子女、外孙子女。

(续表)

文件名称	内容
	第11条规定：除不得存在第9条、第10条所列情形外，金融机构拟任、现任独立董事还不得存在下列情形：（一）本人及其近亲属合并持有该金融机构1%以上股份或股权；（二）本人或其近亲属在持有该金融机构1%以上股份或股权的股东单位任职；（三）本人或其近亲属在该金融机构、该金融机构控股或者实际控制的机构任职；（四）本人或其近亲属在不能按期偿还该金融机构贷款的机构任职；（五）本人或其近亲属任职的机构与本人拟（现）任职金融机构之间存在因法律、会计、审计、管理咨询、担保合作等方面的业务联系或债权债务等方面的利益关系，以至于妨碍其履职独立性的情形；（六）本人或其近亲属可能被该金融机构主要股东、高管层控制或施加重大影响，以至于妨碍其履职独立性的其他情形。
《保险公司董事、监事和高级管理人员任职资格管理规定》	第30条规定：保险机构董事、监事或者高级管理人员有下列情形之一的，其任职资格自动失效：（一）获得核准任职资格后，保险机构超过两个月未任职；（二）从该保险公司离职；（三）受到中国保监会禁止进入保险业的行政处罚；（四）出现《公司法》第147条第1款或者《保险法》第82条规定的情形。
《关于规范中管干部辞去公职或者退（离）休后担任上市公司、基金管理公司独立董事、独立监事的通知》	二、中管干部辞去公职或者退（离）休后三年内，不得到与本人原工作业务直接相关的上市公司、基金管理公司担任独立董事、独立监事，不得从事与本人原工作业务直接相关的营利性活动。中管干部辞去公职或者退（离）休后可以到与本人原工作业务不直接相关的上市公司、基金管理公司担任独立董事、独立监事。 三、中管干部辞去公职或者退（离）休后三年内按照规定担任上市公司、基金管理公司独立董事、独立监事的，必须由拟聘任独立董事、独立监事的公司征得该干部原所在单位党组（党委）同意，并由该干部原所在单位党组（党委）征求中央纪委、中央组织部意见后，再由拟聘任独立董事、独立监事的公司正式任命。 中管干部辞去公职或者退（离）休三年后担任上市公司、基金管理公司独立董事、独立监事的，应由本人向其所在单位党组（党委）报告，并由其所在单位党组（党委）向中央组织部备案，同时抄报中央纪委。
《关于规范财政部工作人员在企业兼职行为的暂行办法》	财政部副处级以上干部均不可在外兼职或担任独立董事职务。

(续表)

文件名称	内容
《关于进一步规范党政领导干部在企业兼职(任职)问题的意见》	一、现职和不担任现职但未办理退(离)休手续的党政领导干部不得在企业兼职(任职)。 二、对辞去公职或者退(离)休的党政领导干部到企业兼职(任职)必须从严掌握、从严把关,确因工作需要到企业兼职(任职)的,应当按照干部管理权限严格审批。 辞去公职或者退(离)休后三年内,不得到本人原任职务管辖的地区和业务范围内的企业兼职(任职),也不得从事与原任职务管辖业务相关的营利性活动。 辞去公职或者退(离)休后三年内,拟到本人原任职务管辖的地区和业务范围外的企业兼职(任职)的,必须由本人事先向其原所在单位党委(党组)报告,由拟兼职(任职)企业出具兼职(任职)理由说明材料,所在单位党委(党组)按规定审核并按照干部管理权限征得相应的组织(人事)部门同意后,方可兼职(任职)。 辞去公职或者退(离)休后三年后到企业兼职(任职)的,应由本人向其原所在单位党委(党组)报告,由拟兼职(任职)企业出具兼职(任职)理由说明材料,所在单位党委(党组)按规定审批并按照干部管理权限向相应的组织(人事)部门备案。 三、按规定经批准在企业兼职的党政领导干部,不得在企业领取薪酬、奖金、津贴等报酬,不得获取股权和其他额外利益;兼职不得超过一个;所兼任职务实行任期制的,任期届满拟连任必须重新审批或备案,连任不超过两届;兼职的任职年龄界限为70周岁。 四、按规定经批准到企业任职的党政领导干部,应当及时将行政、工资等关系转入企业,不再保留公务员身份,不再保留党政机关的各种待遇。不得将行政、工资等关系转回党政机关办理退(离)休;在企业办理退(离)休手续后,也不得将行政、工资等关系转回党政机关。 五、按规定经批准在企业兼职(任职)的党政领导干部,要严格遵纪守法,廉洁自律,禁止利用职权和职务上的影响为企业或个人谋取不正当利益。党政领导干部在企业兼职期间的履职情况、是否取酬、职务消费和报销有关工作费用等,应每年年底以书面形式报所在单位党委(党组)。
《关于加强高等学校反腐倡廉建设的意见》	二、完善制度深化改革,加强管理和监督 …… (九)加强对领导干部的管理和监督。学校党政领导班子成员应集中精力做好本职工作,除因工作需要、经批准在学校设立的高校资产管理公司兼职外,一律不得在校内外其他经济实体中兼职。确需在高校资产管理公司兼职的,须经党委(常委)会集体研究决定,并报学校上级主管部门批准和上级纪检监察部门备案,兼职不得领取报酬。学校党政领导班子成员不得在院系等所属单位违规领取奖金、津贴等;除作为技术完成人,不得通过奖励性渠道持有高校企业的股份。要加强对领导干部遵守党的政治纪律、贯彻落实科学发展观、执行民主集中制、遵守廉洁自律规定和执行党风廉政建设责任制等情况的监督。

(三) 兼职的限制规定

有关兼职限制的相关法律规定如表 7-3 所示。

表 7-3　兼职限制规定表

文件名称	内容
《公司法》	第 69 条规定：国有独资公司的董事长、副董事长、董事、高级管理人员，未经国有资产监督管理机构同意，不得在其他有限责任公司、股份有限公司或者其他经济组织兼职。
《证券法》	第 133 条规定：国家机关工作人员和法律、行政法规规定的禁止在公司中兼职的其他人员，不得在证券公司中兼任职务。
《证券公司监督管理条例》	第 23 条第 1 款规定，合规负责人不得在证券公司兼任负责经营管理的职务。
《关于规范国有企业职工持股、投资的意见》	四、规范国有企业与职工持股、投资企业的关系 …… (十一) 国有企业中层以上管理人员，不得在职工或其他非国有投资者投资的非国有企业兼职；已经兼职的，自本意见印发后 6 个月内辞去所兼任职务。
《深圳证券交易所创业板上市公司规范运作指引》	第 2.1.3 条规定，上市公司的经理人员、财务负责人、营销负责人和董事会秘书在控股股东单位不得担任除董事以外的其他职务。
《上市公司治理准则》	第 69 条规定，上市公司的高级管理人员在控股股东不得担任除董事、监事以外的其他行政职务。
《关于上市公司总经理及高层管理人员不得在控股股东单位兼职的通知》	一、上市公司的总经理必须专职，总经理在集团等控股股东单位不得担任除董事以外的其他行政职务。
《上市公司章程指引》	第 126 条规定：在公司控股股东单位担任除董事、监事以外其他行政职务的人员，不得担任公司的高级管理人员。

四、董事、高级管理人员的忠实、勤勉义务

各中介机构应高度关注董事、高级管理人员的诚信问题，高度关注董事、高级管理人员是否按照《公司法》和《首发管理办法》的规定履行忠实、勤勉义务，是否违反竞业禁止的规定和约定。

除了从改制、出资、历史沿革 (子公司及兄弟公司)、资金往来等方面关注董事、高级管理人员的忠实、勤勉义务外，还应关注高级管理人员的竞业禁止义务，

比如国企管理人员新设公司收购原公司的情形、高级管理人员与发行人共设公司的情形、高级管理人员持股公司与发行人存在大量交易的情形,以及破产企业与高级管理人员的关系等问题。如果董事、高级管理人员之前在其他上市公司任职,必须关注其在上市公司任职期间是否受到过证监会、证券交易所的行政处罚或者谴责。

表 7-4 是《公司法》对董事、高级管理人员的基本要求,是相关主体行为的底线。

表 7-4 董事、高级管理人员法律义务一览表

文件名称	内容
《公司法》	第 21 条第 1 款规定:公司的控股股东、实际控制人、董事、监事、高级管理人员不得利用其关联关系损害公司利益。
	第 146 条规定:有下列情形之一的,不得担任公司的董事、监事、高级管理人员:(一)无民事行为能力或者限制民事行为能力;(二)因贪污、贿赂、侵占财产、挪用财产或者破坏社会主义市场经济秩序,被判处刑罚,执行期满未逾 5 年,或者因犯罪被剥夺政治权利,执行期满未逾 5 年;(三)担任破产清算的公司、企业的董事或者厂长、经理,对该公司、企业的破产负有个人责任的,自该公司、企业破产清算完结之日起未逾 3 年;(四)担任因违法被吊销营业执照、责令关闭的公司、企业的法定代表人,并负有个人责任的,自该公司、企业被吊销营业执照之日起未逾 3 年;(五)个人所负数额较大的债务到期未清偿。公司违反前款规定选举、委派董事、监事或者聘任高级管理人员的,该选举、委派或者聘任无效。董事、监事、高级管理人员在任职期间出现本条第 1 款所列情形的,公司应当解除其职务。
	第 147 条规定:董事、监事、高级管理人员应当遵守法律、行政法规和公司章程,对公司负有忠实义务和勤勉义务。董事、监事、高级管理人员不得利用职权收受贿赂或者其他非法收入,不得侵占公司的财产。
	第 148 条规定:董事、高级管理人员不得有下列行为:(一)挪用公司资金;(二)将公司资金以其个人名义或者以其他个人名义开立账户存储;(三)违反公司章程的规定,未经股东会、股东大会或者董事会同意,将公司资金借贷给他人或者以公司财产为他人提供担保;(四)违反公司章程的规定或者未经股东会、股东大会同意,与本公司订立合同或者进行交易;(五)未经股东会或者股东大会同意,利用职务便利为自己或者他人谋取属于公司的商业机会,自营或者为他人经营与所任职公司同类的业务;(六)接受他人与公司交易的佣金归为己有;(七)擅自披露公司秘密;(八)违反对公司忠实义务的其他行为。董事、高级管理人员违反前款规定所得的收入应当归公司所有。

(续表)

文件名称	内容
《首发管理办法》	第14条规定:发行人已经依法建立健全股东大会、董事会、监事会、独立董事、董事会秘书制度,相关机构和人员能够依法履行职责。
	第15条规定:发行人的董事、监事和高级管理人员已经了解与股票发行上市有关的法律法规,知悉上市公司及其董事、监事和高级管理人员的法定义务和责任。
	第16条规定:发行人的董事、监事和高级管理人员符合法律、行政法规和规章规定的任职资格,且不得有下列情形:(一)被中国证监会采取证券市场禁入措施尚在禁入期的;(二)最近36个月内受到中国证监会行政处罚,或者最近12个月内受到证券交易所公开谴责;(三)因涉嫌犯罪被司法机关立案侦查或者涉嫌违法违规被中国证监会立案调查,尚未有明确结论意见。

五、共同设立公司

实务中,存在一些发行人在经营中与其控股股东、实际控制人或董事、监事、高级管理人员及其亲属直接或间接共同设立公司的情形。针对这一情形,发行人及中介机构应从以下方面进行披露和核查:

(1)发行人应当披露相关公司的基本情况,包括但不限于公司名称、成立时间、注册资本、住所、经营范围、股权结构、最近一年又一期主要财务数据及简要历史沿革。

(2)中介机构应当核查发行人与上述主体共同设立公司的背景、原因和必要性,说明发行人出资是否合法合规、出资价格是否公允。

(3)如发行人与共同设立的公司存在业务或资金往来的,还应当披露相关交易的交易内容、交易金额、交易背景以及相关交易与发行人主营业务之间的关系。中介机构应当核查相关交易的真实性、合法性、必要性、合理性及公允性,是否存在损害发行人利益的行为。

如公司共同投资方为董事、高级管理人员及其近亲属,中介机构应核查说明公司是否符合《公司法》第148条的规定,即董事、高级管理人员未经股东会或者股东大会同意,不得利用职务便利为自己或者他人谋取属于公司的商业机会,自营或者为他人经营与所任职公司同类的业务。[①]

---

① 参见《首发业务若干问题解答(一)》问题20。

六、企业间借贷

(一) 种类分析

企业间借贷合同,是指金融机构之外的企业法人相互之间或者企业法人与非法人其他组织之间以及非法人其他组织相互之间订立的,由一方向另一方给付一定数量的货币,并要求接受给付的一方在约定的期限内归还相同数量的货币,同时支付一定数量的利息(资金占用费)或利润的合同。上述金融机构指银行、信用社、信托投资公司、金融租赁公司、证券公司、保险公司、基金公司、财务公司等。

《贷款通则》第61条规定,企业之间不得违反国家规定办理借贷或者变相借贷融资业务。非金融企业之间的借贷形式总体上分为两类:一是以借款合同的形式直接体现的借贷合同;二是以非借款合同方式所形成的变相借贷合同。前者的表现形式是双方以协议形式直接确定借贷关系,协议内容对借款数额、利息、还款期限、违约责任等加以明确,有的还设定了保证、抵押等担保条款,并有担保人参与签订协议。后者的表现形式比较模糊和复杂,大致可以细分为以下几种(见表7-5)。

表7-5 各类型间接借贷分析表

间接借贷的形式	表现形式	法律分析
联营形式的借贷	当事人签订联营协议,虽约定共同经营某一项目,但内容却约定其中一方只负责出资和监督资金的使用情况,不参与具体经营活动,不论经营项目盈亏,出资方均按期收回本息,或按期收取固定利润。	这种出资人不承担亏损的保底条款被最高人民法院的司法解释认定为借贷关系。如合作开发房地产合同约定提供资金的当事人不承担经营风险,只收取固定数额货币的,应当认定为借款合同。
投资形式的借贷	投资者并不对所投资的项目或对被投资的企业法人承担经营风险,也不以所投入的资金对被投资法人承担民事责任,无论被投资项目盈利或亏损,均按期收回本息或固定利润。	出资人投入的资金并非股权而是债权,这种投资关系在司法实践中被认定为借贷关系。
存单形式的借贷	出资人直接将款项交予用资人使用,或通过金融机构将款项交予用资人使用,金融机构向出资人出具存单或进账单、对账单或与资人签订存款合同,出资人从用资人或从金融机构取得或约定取得本金及利息。	最高人民法院《关于审理存单纠纷案件的若干规定》第6条规定,此类存单纠纷案件为以存单为表现形式的借贷纠纷案件。

(续表)

间接借贷的形式	表现形式	法律分析
票据形式的借贷	从释放自有资金的角度讲,通过签发出票、背书转让实现的票据支付功能本身也蕴含了融资功能,形成实质上的企业借贷。	《中华人民共和国票据法》第10条规定:票据的签发、取得和转让,应当遵循诚实信用的原则,具有真实的交易关系和债权债务关系。票据的取得,必须给付对价,即应当给付票据双方当事人认可的相对应的代价。因此,我国法律禁止纯粹融资性票据。
融资租赁形式的借贷	出租人并不具有金融业务的经营权,其出资向借贷人购买租赁物后,在提供给承租人使用的同时,把租赁物的所有权也一并出让给承租人,承租人只需承担一次性或分期付清租金的义务。	融资租赁是指有金融业务经营权的出租人(一般指金融租赁公司或信托公司)根据承租人对供货人或出卖人的选择,从出卖人那里购买租赁物,提供给承租人使用,承租人按期向出租人支付租金。承租人只有在合同期满并付清租金之后,才取得租赁物的所有权。 融资租赁形式的租赁关系,其实质是借贷关系。
补偿贸易方式的借贷	补偿贸易合同直接约定由一方向另一方提供资金,另一方必须限期归还或分批归还本金,并无偿提供一部分货物作为利息或利润。有的补偿贸易合同还约定接受资金一方必须以优惠价向对方提供货物,对购销关系双方另行结算。	补偿贸易是指一方在信贷的基础上,从国外另一方买进机器、设备、技术、原材料或劳务,约定在一定期限内,用其生产的产品、其他商品或劳务,分期清偿贷款的一种贸易方式。其主要特点是: (1)贸易与信贷结合,一方购入设备等商品是在对方提供信贷的基础上,或由银行介入提供信贷。 (2)贸易与生产相联系。设备进口与产品出口相联系,出口机器设备方同时承诺回购对方的产品,在大多数情况下,交换的商品是利用其设备制造出来的产品。 (3)贸易双方是买卖关系,设备的进口方不仅承担支付的义务,而且承担付息的责任,对设备拥有完全的所有权和使用权。 一方向另一方提供货币并要求对方归还货币的合同,在本质上仍是借贷合同。

（续表）

间接借贷的形式	表现形式	法律分析
委托理财形式的借贷	一些非金融机构或没有经过许可的一般有限公司作为受托人的，以各种方式吸引机构投资者投资于证券、信托、国债、基金、外汇、期货、黄金等理财产品，当事人双方在合同中约定，委托人将资产交由受托人进行投资管理，受托人无论盈亏均保证委托人获得固定本息回报，超额投资收益均归受托人所有（约定保证本息固定回报条款）。	委托理财，是指委托人将自己拥有的财产或财产权利委托他人管理、处分以获取收益，受托人获取报酬的行为。广义的委托理财关系包括委托代理和信托。委托代理是指受托人以委托人名义经营管理委托财产，所有后果由委托人承担。信托则是受托人以自己的名义管理和处分信托资产。 委托理财形式的借贷属于"名为委托理财、实为借贷关系"之情形，应认定双方成立借款合同关系。
买卖赊欠形式的借贷	企业之间在进行商品和劳务交易时，常常由于各自的生产和经营周期与交易对方的周期不对称，一时出现资金短缺，使交易受阻。在买方暂时缺乏可用资金，而卖方又确信其资信可靠的情况下，就会自发产生赊销商品、延期付款的商业信用行为。在实际交易过程中，一般采用卖方收回价格优惠承诺或买方直接支付逾期利息的方式处理。	这种自发的商业信用活动解决了商品交易中资金短缺的困难，从形式上看，它只是商品交易方式的一种变通，但从实质上看，它是一种金融活动，是卖方为买方提供了一笔购买货物的资金，其实质仍是借款合同。
空买空卖形式的借贷	所谓"空买空卖"，是指买卖双方都没有货款进出，只就进出之间的差价结算盈亏。其表现形式一般为，"买方"向对方"预付货款"后，到了一定的期限，又向对方收回"货款"及利息或"违约金"，双方都不打算交付和接收所"买卖"的货物，或者根本就不存在所"买卖"的货物。	双方实施的实际上是一种借款行为。

(续表)

间接借贷的形式	表现形式	法律分析
虚拟回购形式的借贷	在签订买卖标的物(常见的有债券等,也可以是其他一切法律上可以转让的权益)合同后,卖方从买方取得货币,但并不把标的物交给对方,或者根本没有标的物。但到了合同约定的期限,卖方又以更高的价格把并不存在的标的物从买方模拟"买回"。	双方给付和收回的只有货币,并无其他标的物,因此这也是一种借贷,严格来讲,这是属于"空买空卖"的一种特殊借贷形式。放出回购款,未收回有价证券,实际上与金融机构之间的拆借无异,属于"假回购,真拆借"。实践中,无效的证券回购交易是一种有效的同业资金拆借行为,这种做法得到了《国务院批转中国人民银行关于进一步做好证券回购债务清偿工作请示的通知》的认可,该通知认定"证券回购实际上已演变为资金拆借"。当然,认定为资金拆借的前提应当是证券回购双方当事人均属于金融机构,如果当事人一方或者双方不是金融机构,则属于"假回购、真借贷",是一种变相借贷行为。

(二)违规性分析

《贷款通则》规定,"企业之间不得违反国家规定办理借贷或者变相借贷融资业务","企业之间擅自办理借贷或者变相借贷的,由中国人民银行对出借方按违规收入处以1倍以上至5倍以下罚款,并由中国人民银行予以取缔"。

2015年8月6日,最高人民法院公布了《关于审理民间借贷案件适用法律若干问题的规定》(以下简称《民间借贷司法解释》),该解释第11条规定:法人之间、其他组织之间以及它们相互之间为生产、经营需要订立的民间借贷合同,除存在《合同法》第52条、本规定第14条规定的情形外,当事人主张民间借贷合同有效的,人民法院应予支持。该条规定从根本上打破了过去认定企业间借贷无效的传统理念,这也意味着企业间正当的资金拆借行为有了合法的依据。

(三)法律效力分析

关于企业间借贷合同的"效力问题",在《民间借贷司法解释》出台之前,主流观点认为是无效的。理由是,尽管《中华人民共和国民法通则》(以下简称《民法通则》)和《合同法》等均未对企业间借贷的合法性及效力问题作出明确规定,但对此问题,历来的政策特别是部门规章是不允许的。但是《民间借贷司法解释》出台之后,企业之间为生产、经营需要订立的民间借贷合同可以被认定为有效。

表7-6 借贷合同法律效力分析表

法律规定	法律分析
《贷款通则》第21条规定:贷款人必须经中国人民银行批准经营贷款业务,持有中国人民银行颁发的《金融机构法人许可证》或《金融机构营业许可证》,并经工商行政管理部门核准登记。 第73条规定:行政部门、企事业单位、股份合作经济组织、供销合作社、农村合作基金会和其他基金会擅自发放贷款的;企业之间擅自办理借贷或者变相借贷的,由中国人民银行对出借方按违规收入处以1倍以上至5倍以下罚款,并由中国人民银行予以取缔。 最高人民法院《关于对企业借贷合同借款方逾期不归还借款的应如何处理问题的批复》规定:企业借贷合同违反有关金融法规,属无效合同。 《合同法》第52条规定:有下列情形之一的,合同无效:(一)一方以欺诈、胁迫的手段订立合同,损害国家利益;(二)恶意串通,损害国家、集体或者第三人利益;(三)以合法形式掩盖非法目的;(四)损害社会公共利益;(五)违反法律、行政法规的强制性规定。 《合同法》第十二章"借款合同"。 《合同法司法解释(一)》第4条规定:《合同法》实施以后,人民法院确认合同无效,应当以全国人大及其常委会制定的法律和国务院制定的行政法规为依据,不得以地方性法规、行政规章为依据。	《合同法》及最高人民法院《关于适用〈中华人民共和国合同法〉若干问题的解释(一)》[以下简称《合同法司法解释(一)》]自1999年施行,根据上位法优于下位法、后法优于前法的原则,应优先于《贷款通则》和《关于对企业借贷合同借款方逾期不归还借款的应如何处理问题的批复》;且《合同法》第十二章"借款合同"中并未对借贷双方的主体作出限制;另外,根据《合同法司法解释(一)》的规定,《贷款通则》属于部门规章,不能成为认定合同无效的依据;公司之间的借款是各方的真实意思表示,并不违反法律、行政法规的强制性规定,符合《合同法》关于合同成立的实质要件,不属于无效合同的范畴,属于有效合同。

(续表)

法律规定	法律分析
《民间借贷司法解释》第11条规定:法人之间、其他组织之间以及它们相互之间为生产、经营需要订立的民间借贷合同,除存在《合同法》第52条、本规定第14条规定的情形外,当事人主张民间借贷合同有效的,人民法院应予支持。	(1)《民间借贷司法解释》第11条适用的前提、借贷合同生效的要件需为"为生产、经营需要订立",即借贷合同的目的被严格限制。由此可见,立法者对企业间借贷的合法性虽在一定程度上予以明确,但仍非常慎重。 (2)虽然《民间借贷司法解释》未将"出借人不应以放贷业务为常态、常业"在条文中予以列明,但在司法实践中,除《合同法》第52条和《民间借贷司法解释》第14条规定的法定无效事由外,人民法院对企业从事经常性放贷业务同样持否定态度。时任最高人民法院审判委员会专职委员杜万华在对《民间借贷司法解释》的通报会中指出:"正常的企业间借贷一般是为解决资金困难或生产急需偶然为之,但不能以此为常态、常业。作为生产经营型企业,如果以经常放贷为主要业务,或者以此作为其主要收入来源,则有可能导致该企业的性质发生变异,质变为未经金融监管部门批准从事专门放贷业务的金融机构。生产经营型企业从事经常性放贷业务,必然严重扰乱金融秩序,造成金融监管紊乱。这种行为客观上损害了社会公共利益,必须从效力上作出否定性评价。" (3)根据最高人民法院《关于认真学习贯彻适用〈最高人民法院关于审理民间借贷案件适用法律若干问题的规定〉的通知》的规定,关于《民间借贷司法解释》施行以前成立的民间借贷合同,适用当时的司法解释民间借贷合同无效而适用本规定有效的,适用本规定。因此,此类合同的效力问题应优先适用《民间借贷司法解释》,不受案件受理时间的影响。

(四)合理性分析

在当今市场经济条件下,要充分尊重市场经济主体的意志,强调企业之间的真实意思表示,应当允许企业之间进行借贷,以便取长补短,调剂余缺,其根本目的在于搞活和发展我国金融市场。最重要的是,放开企业间借贷,可以使企业间借贷的交易成本降低,资金流通路径畅通,符合市场经济规律,可以提高资源配置的效率,有利于资源的合理配置,这是市场经济发展的必然选择。在企业之间发生的无偿借款,或者企业以其自有资金为其他企业解决资金困难或生产急需,同时约定的利息又不超过国家法定同期银行贷款利率上限所进行的借贷行为,且用于合法的用途;或者银行信誉好的企业接受银行信誉差的企业的委托,从银行等金融机构贷款后进行转贷,中间无加息牟利,从而进行的企业之间的借贷行为,不但没有损害国家和社会利益,反而促进了企业经济的发展,增进了企业之间的相互协作,应视为有效行为加以保护。认定企业间的借贷合同有效,不仅符合《合同法》原理,且在现行有关政策、立法及司法解释方面均有相应的依据。

分析判断企业间借贷不能忽视的社会经济现状是:中小企业贷款难是普遍存在的现象,企业发展又急需资金,因此,应该对企业之间为正常生产经营而发生的资金拆借持宽容的态度。目前的审核实践说明,监管部门对此也相对宽容,基本不会构成上市的实质性障碍。

通过对已经过会公司实务工作的总结,在申请发行上市过程中,对借贷行为应当重点从以下方面进行说明:

(1) 借款行为是否损害公司和股东利益。
(2) 借贷的目的和用途,是否在公司有闲置资金的情况下仍然借贷。
(3) 借款的金额、对象和利息约定。总的来说,金额越小越好,对象越集中越好,不收利息更简单;如果是发行人借贷给大股东,不管是否收取利息,都会造成另外一个问题,即资金占用。
(4) 借款行为的性质是否属于变相借贷,如果是,分析该种行为的实质是否合法。
(5) 是否已产生纠纷或者可能产生纠纷。
(6) 是否已经自行纠正,是否已经归还。
(7) 结清后是否发生新的不规范借贷行为。
(8) 是否已经建立了一系列财务内控决策机制,并据此规范运行。

(五) 基本解决方法

拟上市公司若存在企业间借贷情形,为了避免对上市工作造成实质性障碍,应从以下方面对该种情形予以解决。

(1) 尽快偿还。
(2) 参照前述"合理性分析"部分对应当重点说明的问题进行认真核查和详细说明。
(3) 如果资金占用的根本原因是对特定关联方的依赖,则应彻底解决关联交易。
(4) 如果是股东借款,而公司正好有利润分配计划,可以考虑使用股利冲抵。
(5) 直接占用是违规行为,但是如果采取委托贷款方式,虽然会增加手续费成本,但是行为合法。
(6) 对公司内控和公司治理的分析。资金占用问题常常会暴露出公司在内部控制和法人治理结构方面的缺陷或弱点,因此,除了解决已经发生的资金占用问题外,还应建立、强化和实际执行相应的规章制度,用规则和公司运行模式保证今后不再发生新的资金占用情况。对于发生过资金占用的股东,特别是控股股东,应该出具相应的承诺,保证不再发生类似情况。

(7)借款给控股股东是否影响企业独立性。如果资金拆借行为发生在具有关联关系的关联方之间,尤其是发生在发行人和控股股东之间,则除了上述方面外,还应重点考虑发行人的独立性问题:①具体说明借款的原因和必要性,例如是否因为公司发展过快,资金不足造成的;为什么不采取增资的方式,而采取借款的方式;是否存在利益输送;等等。②说明借款利率的合理性,即是否低于或者合理高于同期银行存贷利率。③借款用途,比如是否用于主营业务和正常生产经营。④是否按照公司章程的约定履行必要的批准程序。⑤可由控股股东作出书面承诺,承诺控股股东及其控制的其他企业今后不以借款、代偿债务、代垫款项或者其他任何方式占用发行人及其子公司的资金,如相关方违反本承诺给发行人及其子公司造成损失的,由其赔偿一切损失;同时控股股东承诺,若发行人因在本次发行上市前与关联方之间发生的相互借款行为而被政府主管部门处罚的,其愿意对发行人因受到该等处罚而产生的经济损失予以全额补偿。⑥如果发行人实际控制人本身的经营能力较差,除发行人外,实际控制人其余资产的业绩较差,则应重点关注未来产生资金占用问题的可能性和避免措施。

七、内部职工借款

如果发行人(含控股子公司)在报告期内存在向职工借款的情形,则应在如下方面进行说明和解释:

(1)当地金融监管机构(中国人民银行)对此问题的定性:不是向社会不特定对象进行的融资行为,属于不规范的企业内部资金运作行为,不属于重大违规行为和非法集资行为,也不属于非法金融业务活动,不予行政处罚。

(2)借款纯属自愿并且归还完毕,不存在纠纷及潜在纠纷。

(3)法律分析:与法人和自然人之间借贷关系相关的法律、法规包括:

①《民间借贷司法解释》第12条规定:法人或者其他组织在本单位内部通过借款形式向职工筹集资金,用于本单位生产、经营,且不存在《合同法》第52条、本规定第14条规定的情形,当事人主张民间借贷合同有效的,人民法院应予支持。

②最高人民法院《关于如何确认公民与企业之间借贷行为效力问题的批复》规定:公民与非金融企业之间的借贷属于民间借贷。只要双方当事人意思表示真实即可认定有效。

(4)发行人全体股东签署《承诺书》承诺:"公司接受员工提供的借款不存在任何纠纷或潜在纠纷,也不存在被处罚或被追究相关责任的风险,若发生纠纷或因被处罚而产生经济损失,由公司全体股东共同承担责任。"

(5)排除非法集资的核查。1999年1月27日,中国人民银行发布了《关于取缔非法金融机构和非法金融业务活动中有关问题的通知》，对非法集资的概念及特点作出了详细的规定。非法集资是指单位或者个人未依照法定程序经有关部门批准，以发行股票、债券、彩票、投资基金证券或其他债权凭证的方式向社会公众筹集资金，并承诺在一定期限内以货币、实物及其他方式向出资人还本付息或给予回报的行为。

在必要的情况下，特别是提供借款的主体较多时，中介机构应该核查确认借款行为是否属于非法集资。《关于取缔非法金融机构和非法金融业务活动中有关问题的通知》规定了判断非法集资的基本标准，主要看是否符合如下特点：

（1）未经有关部门依法批准，包括没有批准权限的部门批准的集资以及有审批权限的部门超越权限批准的集资。

（2）承诺在一定期限内给出资人还本付息。还本付息的形式除以货币形式为主外，还包括以实物形式或其他形式。

（3）向社会不特定对象即社会公众筹集资金。

（4）以合法形式掩盖非法集资的性质。

最高人民法院刑二庭于2010年4月对非法集资案作出了具体说明，体现了慎重从宽的司法理念：

（1）要求准确界定非法集资与民间借贷、商业交易的政策法律界限。未经社会公开宣传，在单位职工或者亲友内部针对特定对象筹集资金的，一般可以不认定为非法集资。

（2）要求准确把握非法集资罪与非罪的界限，如资金主要用于生产经营及相关活动，行为人有还款意愿，能够及时清退集资款项，情节轻微，社会危害不大的，可以免予刑事处罚或者不作为犯罪处理。

（3）对于"边缘案""踩线案"及罪与非罪界限一时难以划清的案件，要从有利于促进企业生存发展、保障员工生计、维护社会和谐稳定的高度，依法妥善处理，可定罪可不定罪的，原则上不按犯罪处理。特别对于涉及企业、公司法定代表人、技术人员因政策界限不明而实施的轻微违法犯罪，更要依法慎重处理。

八、环境保护

原环境保护部发文取消企业上市环保核查后，企业的环保压力并没有减轻，相反监管层越来越重视环境保护问题，对存在环保问题的拟上市公司，基本上是"一票否决"，企业的上市环保核查变成了日常环保核查，对此必须予以重视。随着2014年修订的《中华人民共和国环境保护法》及相关配套法规的实施，企业的环保义务和责任逐渐加大，而中介机构作为非专业的第三方，在核查拟上市公司的环保问题时，工作要求更高。以下内容从中介机构的核查事项、核查内容、核查文件、尽职调查、信息披露方面分别对拟上市公司的环保问题进行介绍。

(一)核查事项

中介机构对发行人的环保问题的核查事项,主要有以下方面:

(1)核查发行人生产经营活动是否符合有关环保要求;是否发生过环保事故或重大群体性的环保事件,发行人有关污染处理设施的运转是否正常有效。

(2)发行人的已完成项目、在建项目和拟投资项目是否符合环保要求。

(3)发行人近三年是否因违反环境保护方面的法律、法规和规范性文件而被处罚。

(4)国家环保政策的变化是否会给发行人带来实质性影响。

(5)发行人有关环保投入、环保设施及日常治污费用是否与处理公司生产经营所产生的污染相匹配。

(6)企业存在污染情形的,是否采取有效措施保障人身安全、周边环境安全。

(7)企业尤其是涉及重污染行业的企业,是否取得了相关环保部门的批复或验收文件,并向相关环保部门进行询证和访谈。

(8)曾发生过环保事故或因环保问题受到处罚的,除详细披露相关情况外,保荐人和发行人律师还需要对其是否构成重大违法行为出具意见。

(二)核查内容

中介机构对发行人的环保问题的核查内容,主要有以下方面:

(1)发行人的主要生产项目(包括已经建设完成的项目、在建项目和拟投资建设项目)在建设前是否已经按照相关规定取得了环境影响报告书,并取得了主管环保部门以及行业主管部门(如果有的话)的批准意见。对申报时仍未建成的项目,核查环评批复中的环保要求执行情况;建成后,是否进行了"三同时"验收,并取得主管环保部门验收合格的文件。

(2)核查发行人的排污许可证,验证其是否有效,并根据发行人的业务规模,验证发行人的项目情况及排污总量是否在排污许可证的许可范围内;查阅发行人签订的排污协议、污染物处理协议,并核查该等协议是否有效执行;查阅发行人报表,了解发行人每年在环保方面的支出情况。

(3)核查发行人的拟投资项目(包括募集资金投资项目)是否已经按照相关规定取得了环境影响报告书,并取得了主管环保部门以及行业主管部门(若适用)的批准意见。

(4)通过向主管环保部门询证或访谈等方式,核查发行人三年内是否存在严重环保方面的违法事宜,三年内是否受过行政处罚。

(5)实地走访发行人的项目现场,对项目现场周边居民进行访谈,核查是否存在环境污染以及环境污染治理措施的落实情况。

(6)取得第三方专业中介机构出具的环保评估文件。

(7)查询环保部门公布的相关信息以及有关公司环保问题的媒体报道。

(三) 核查文件

中介机构需要核查的主要文件是：发行人最近三年的环保监测报告、排污达标证明文件、排污许可证、排污缴费凭证、环境污染事故的资料及其治理文件、环境保护"三同时"制度执行情况报告和环保部门的验收文件；环境影响评估机构颁发给发行人的环境体系认证证书、资质证书等文件；发行人日常生产经营中的废水排放、废气排放、废渣排放的指标和噪声污染的检测文件；发行人提供的有关其受到环境行政处罚的文件，以及律师根据发行人的审计报告等，侧面了解到的关于发行人因为环境行政处罚而缴纳罚款的资料；中介机构走访和访谈环保部门的记录文件，实地检查发行人是否存在环境污染及环境治理措施落实情况的记录文件；第三方机构出具的环保评估等文件。

(四) 尽职调查的范围

按照相关规定，中介机构对发行人环保问题的尽职调查主要包括以下方面：

(1) 核查项目的"环境影响评价"批复、环评验收及"三同时"验收文件，确保生产项目在环保方面的合法合规性；

(2) 排污申报登记与排污许可证及排污费用支出情况；

(3) 是否需要办理主要污染物总量控制手续，以及排放是否符合要求；

(4) 日常经营中污染物排放是否合法合规，是否存在环境纠纷、违法处罚及突发环境事件的情况；

(5) 工业固体废物处置和危险废物是否按照相关法规的要求进行登记申报，是否进行了无害化处理；

(6) 环保设施运行是否真实有效；

(7) 生产中是否使用违禁物质，生产项目是否符合产业政策；

(8) 环境保护的内控机制是否完善，相关信息披露和应急预案是否完成。

需要注意的是，环保部门批复文件和相关证书，不是中介机构免责的足够充分的理由。对于明显存在的严重瑕疵甚至违法事实，中介机构应该有自己的独立判断。在环保尽职调查中，对重污染行业企业和非重污染行业企业，都需要按照核查事项类别进行核查，只是对非重污染行业企业的核查力度和范围较重污染行业企业相对宽松。

中介机构如在尽职调查过程中发现发行人尚未取得许可证（如排污许可证）的，发行人应当说明情况，及时办理相关许可证；中介机构应走访发行人所在地环境保护主管部门，证实发行人（及其下属机构）能依据我国现行环境保护相关法律、法规从事生产经营活动，未发生过环境污染事故和环境纠纷，亦无任何涉及环境保护的行政处罚；由发行人出具书面承诺，承诺积极按照当地政府的规定，尽快取得许可证；由控股股东出具书面承诺，承诺如因发行人尚未取得相关证明而被相关政府部门处罚，并因此给发行人造成损失的，控股股东承诺全额承担该等损失。

(五)信息披露

关于环保问题的信息披露,发行人及中介机构应关注以下事项:

发行人应当在招股说明书中充分做好相关信息披露,包括:生产经营中涉及环境污染的具体环节、主要污染物名称及排放量、主要处理设施及处理能力;报告期内,发行人环保投资和相关费用成本支出情况,环保设施实际运行情况,报告期内环保投入、环保相关成本费用是否与处理公司生产经营所产生的污染相匹配;募投项目所采取的环保措施及相应的资金来源和金额等;公司生产经营与募集资金投资项目是否符合国家和地方环保要求,发行人若发生环保事故或受到行政处罚的,应披露原因、经过等具体情况,发行人是否构成重大违法行为,整改措施及整改后是否符合环保法律法规的有关规定。

在对发行人全面系统核查基础上,保荐机构和发行人律师应对发行人生产经营总体是否符合国家和地方环保法规和要求发表明确意见,发行人曾发生环保事故或因环保问题受到处罚的,保荐机构和发行人律师应对是否构成重大违法行为发表明确意见。[①]

九、产业政策

产业政策是指政府通过对资源在各产业间和产业部门内部配置过程的干预,调节市场机制的缺陷和不足,使资源得到合理配置,从而促进经济增长和优化经济结构的手段与策略。产业政策是向社会公布国家鼓励的产业、技术、产品目录,引导企业技术改造、新品开发的方向,遏制低水平重复建设;同时,也成为指导财政、金融、税收、物价、土地、进出口等政府部门制定相应政策、指导社会投资方向的依据。产业政策既有鼓励的产业、技术、产品目录内容,也有限制和禁止的内容。

在企业发行上市过程中,需要格外关注产业政策变化。对于适应国家产业政策变化需要的企业,应当突出强调企业符合国际产业政策需要的事实,此处不再赘述。但是对于不符合最新国家产业政策的企业,需要对此进行说明,主要有以下几点:一是所涉及的国家产业政策是什么,该项政策是否影响企业未来的发展。二是国家产业政策对企业经营的影响有哪些,是否会对企业的经营业绩以及持续盈利能力产生影响。三是企业募集资金运用是否符合国家产业政策。四是说明企业自身发展已经足够完善,不会受到国家产业政策的影响,对本次发行亦不产生实质性影响。

上市受限产业主要有:一是国家发展和改革委员会产业目录中限制发展或要求淘汰的产业。二是受到宏观政策调控限制的产业。三是受特别政策限制的产业,如媒体的采编等内容制作环节业务、风景名胜区的门票经营业务(在目前已上

---

① 参见《首发业务若干问题解答(一)》问题19。

市的景区类旅游公司中,有的公司由于历史原因已实际将门票经营业务纳入了上市公司的业务范围)。四是不能履行信息披露最低标准的有保密要求的企业。

(一)上市相关法律法规关于产业政策的规定

在现行与上市相关的证券监管法律法规中,有关产业政策的规定如表7-7所示。

表7-7　上市相关法律法规中产业政策一览表

文件名称	相关条文
《证券法》	第51条规定:国家鼓励符合产业政策并符合上市条件的公司股票上市交易。
《首次公开发行股票并上市管理办法》	第11条规定:发行人的生产经营符合法律、行政法规和公司章程的规定,符合国家产业政策。
《上市公司证券发行管理办法》	第10条规定:上市公司募集资金的数额和使用应当符合下列规定:……(二)募集资金用途符合国家产业政策和有关环境保护、土地管理等法律和行政法规的规定……
《首次公开发行股票并在创业板上市管理办法》	第13条规定:发行人应当主要经营一种业务,其生产经营活动符合法律、行政法规和公司章程的规定,符合国家产业政策及环境保护政策。

根据表7-7可知,资本市场融资要符合国家产业政策,具体可归纳为发行人的生产经营要符合产业政策。

(二)国家主要产业政策

根据国家宏观调控的需要,国家产业政策在不同时期会有不同的调整和变化。目前的国家产业政策最基本的是,围绕国家"十三五"规划,实现"十三五"规划的目标。目前"十三五"规划的总体部署为"以创新、壮大、引领为核心,紧密结合'中国制造2025'战略实施,坚持走创新驱动发展道路,促进一批新兴领域发展壮大并成为支柱产业,持续引领产业中高端发展和经济社会高质量发展。立足发展需要和产业基础,大幅提升产业科技含量,加快发展壮大网络经济、高端制造、生物经济、绿色低碳和数字创意等五大领域,实现向创新经济的跨越"。2005年制定和实施的《促进产业结构调整暂行规定》继续有效,2013年修正了《产业结构调整指导目录(2011年本)》,现阶段各行业的具体产业政策主要是在前述"一个规定、一个目录"的基础上制定出来的。根据国务院有关部委颁发的文件,具体产业政策一般名为"产业发展政策"或"指导目录""指导意见",如《2017年度水利先进实用技术重点推广指导目录》《首台(套)重大技术装备推广应用指导目录(2017年版)》《重点新材料首批次应用示范指导目录(2018年版)》《生物柴油产业发展政策》等。从规划内容看,加快产业结构调整和淘汰落后产能是根本目标,旨在完成产业结构调整和未来的长远发展。资本市场要配合"保增长、保民生、保稳定"的任务,这与产业振兴规划的目标是一致的。

根据《促进产业结构调整暂行规定》的规定,《产业结构调整指导目录》是引导投资方向,政府管理投资项目,制定和实施财税、信贷、土地、进出口等政策的重要依据。《产业结构调整指导目录》原则上适用于我国境内的各类企业。其中外商投资按照《外商投资准入特别管理措施(负面清单)(2018年版)》执行。《产业结构调整指导目录》是修订外商投资系列指导文件的主要依据之一。

《产业结构调整指导目录(2011年本)》(2013年修正)由鼓励类、限制类和淘汰类三类产业组成。不属于鼓励类、限制类和淘汰类的产业,但符合国家有关法律、法规和政策规定的,为允许类产业。允许类产业不列入《产业结构调整指导目录》。

因此,判断发行人产业或项目是否符合国家产业政策,主要是对照其所属行业及募集资金用途是否符合《产业结构调整指导目录》及具体产业政策的规定,不得为限制类或淘汰类。如为十大产业振兴规划内的产业,还需要详细对照规划及规划实施细则的要求。

(三)对相关产业政策的把握

根据《促进产业结构调整暂行规定》的规定,我国产业结构调整的目标是:推进产业结构优化升级,促进一、二、三产业健康协调发展,逐步形成以农业为基础、高新技术产业为先导、基础产业和制造业为支撑、服务业全面发展的产业格局,坚持节约发展、清洁发展、安全发展,实现可持续发展。

根据上述产业结构调整的目标以及相关产业政策,结合资本市场的融资实践,对相关产业政策的把握应注意以下几方面:

(1)发行人的产业及项目要符合以下产业方向:重点发展现代农业、能源、交通、水利和信息等基础产业、先进制造业、现代服务业和高新技术产业;从严控制工艺技术落后、不利于产业结构优化升级、低水平重复建设比较严重、生产能力明显过剩、不利于安全生产及高能耗、高污染的产业及项目。

(2)发行人为外商投资企业的,应符合外商投资产业政策,经营范围符合《指导外商投资方向规定》《鼓励外商投资产业目录(2019年版)》和《外商投资准入特别管理措施(负面清单)(2019年版)》的要求。根据规定,只有鼓励类和允许类的外商投资产业才能在资本市场融资。

(3)关注节能、环保、土地等方面的政策性文件,关注产业政策的调整或变动。

①根据国务院《关于印发〈"十三五"生态环境保护规划〉的通知》、国务院《关于化解产能严重过剩矛盾的指导意见》、国务院办公厅《关于多措并举着力缓解企业融资成本高问题的指导意见》及国务院办公厅《国家标准化体系建设发展规划(2016—2020年)》等文件的规定,化解产能严重过剩的矛盾是当前和今后一段时期推进产业结构调整的工作重点。目前钢铁、水泥、电解铝、平板玻璃、船舶等行业产能严重过剩,为了调整优化产业结构,煤炭、钢铁、水泥、平板玻璃等产能过剩行业实行产能等量或减量置换。坚持以转变发展方式为主线,把化解产能严重过剩

矛盾作为产业结构调整的重点,按照尊重规律、分业施策、多管齐下、标本兼治的总原则,立足当前,着眼长远,着力加强宏观调控和市场监管,坚决遏制产能盲目扩张;着力发挥市场机制作用,完善配套政策,"消化一批、转移一批、整合一批、淘汰一批"过剩产能;着力创新体制机制,加快政府职能转变,建立化解产能严重过剩矛盾长效机制,推进产业转型升级。因此,竞争激烈、产能过剩的小行业企业将得不到产业政策的扶持及资本市场的支持,但是对于产能过剩行业中有市场、有效益的企业不搞"一刀切"。

②房地产企业融资要从严把握。根据《产业结构调整指导目录(2011年本)》的规定,限制别墅类房地产开发项目。国务院办公厅《关于促进房地产市场健康发展的若干意见》明确规定,支持房地产开发企业合理的融资需求,主要针对的是以中低价位、中小套型普通商品住房建设为主的房地产企业。《关于调整住房供应结构稳定住房价格的意见》规定,自2006年6月1日起,凡新审批、新开工的商品住房建设,套型建筑面积90平方米以下住房(含经济适用住房)面积所占比重,必须达到开发建设总面积的70%以上。

(四) 对某些特殊行业产业政策的把握

针对某些特殊行业的产业政策,应从以下方面进行把握:

(1)根据国家有关主管部门的意见,风景名胜区门票收入不能作为上市公司的主要收入。因此,除了早在1997年就上市的峨眉山(000888)、黄山旅游(600054)由于历史原因已实际将门票经营纳入上市公司的业务范围外,目前国家风景名胜区旅游公司暂不能上市。

(2)根据《关于规范新闻出版业融资活动的实施意见》《关于非公有资本进入文化产业的若干决定》和《文化产业振兴规划》等有关规定,文化传媒行业融资应遵循以下原则:

①经批准,试点报业集团、出版集团、期刊集团、音像电子出版集团的编辑出版业务,可以合作的方式在全国新闻出版系统融资。

②经批准,试点发行集团可按现代企业制度的原则,设立有限责任公司或股份有限公司,吸收国有资本、非国有资本和境外资本,集团国有资本应不低于51%的股份。发行集团设立的股份有限公司条件成熟时,经批准,可申请上市发行股票募集资金。

③经批准,印刷集团可按现代企业制度的原则,设立有限责任公司或股份有限公司,吸收国有资本、非国有资本和境外资本,由集团国有资本控股。印刷集团设立的股份有限公司条件成熟时,可申请上市发行股票募集资金。

④非公有资本可以投资参股下列领域国有文化企业:出版物印刷、发行,新闻出版单位的广告、发行,广播电台和电视台的音乐、科技、体育、娱乐方面的节目制作,电影制作、发行、放映。上述文化企业国有资本必须控股51%以上。

⑤非公有资本可以建设和经营有线电视接入网,参与有线电视接收端数字化

改造,从事上述业务的文化企业国有资本必须控股51%以上。非公有资本可以控股从事有线电视接入网社区部分业务的企业。

(3)军工企业的融资,由于受国家相关保密规定的限制,在信息披露方面,需要进行脱密处理,必须获得国防科技主管部门关于豁免信息披露的批准。但如果企业要求豁免太多,将影响该企业是否合适作为公众公司的判断。

(4)公用事业类公司由于受政府的管制,并无定价权,也无区域内的竞争对手,对政府存在高度依赖,并非市场化经营主体,在上市必要性方面受到质疑。

(五)对高新技术产业政策的把握

对于重点高新技术企业,应注意以下方面:

1.高新技术企业的税收优惠

(1)根据《高新技术企业认定管理办法》和《高新技术企业认定管理工作指引》的规定,高新技术企业应积极申请高新技术企业认定,才能获得企业所得税优惠;过往已认定的仍在有效期内的高新技术企业资格依然有效,但在重新认定合格后方可依照《中华人民共和国企业所得税法》(以下简称《企业所得税法》)及《中华人民共和国企业所得税法实施条例》(以下简称《企业所得税法实施条例》)等有关规定享受企业所得税优惠政策。

(2)对原依法享受企业所得税定期减免税优惠未期满的高新技术企业,可依照国务院《关于实施企业所得税过渡优惠政策的通知》的有关规定执行。

(3)对经济特区和上海浦东新区新设立并按新认定办法认定的高新技术企业,按国务院《关于经济特区和上海浦东新区新设立高新技术企业实行过渡性税收优惠的通知》的有关规定执行。

2. 关于高新技术企业的认定范围

《国家重点支持的高新技术领域》列举了八大领域,分别为电子信息、生物与新医药、航空航天、新材料、高技术服务、新能源与节能、资源与环境、先进制造与自动化。同时,《高新技术企业认定管理工作指引》细化了高新技术企业的认定条件和程序。另外,根据《"十三五"国家科技创新规划》的规定,国家致力于构建具有国际竞争力的现代产业技术体系(包括现代农业技术、新一代信息技术、先进制造技术、新材料技术、清洁高效能源技术、现代交通技术与装备、先进高效生物技术、现代食品制造技术),健全支撑民生改善和可持续发展的技术体系(包括生态环保技术、资源高效循环利用技术、人口健康技术、新型城镇化技术、公共安全与社会治理技术),发展保障国家安全和战略利益的技术体系(包括海洋资源开发利用技术、空天探测、开发和利用技术,深地极地技术)。

如上所述,合乎产业政策是资本市场融资的一个重要前提条件,企业及有关中介机构不可掉以轻心,务必对企业所处的行业背景、产业政策和发展前景有清晰的认识。

(六)部分重要、综合性产业政策

针对部分重要、综合性产业政策的总结见表7-8。

表 7-8 重要宏观产业政策表

文号	文件名称
中发〔2005〕14 号	中共中央、国务院《关于深化文化体制改革的若干意见》
发改环资〔2010〕991 号	国家发展改革委、科技部、工业和信息化部、公安部、财政部、环境保护部、商务部、海关总署、国家税务总局、国家工商行政管理总局、国家质检总局《关于推进再制造产业发展的意见》
—	《十大产业振兴规划》
发改环资〔2010〕801 号	国家发展改革委、中国人民银行、银监会、证监会《关于支持循环经济发展的投融资政策措施意见的通知》
国发〔2010〕9 号	国务院《关于进一步做好利用外资工作的若干意见》
发改环资〔2009〕2441 号	国家发展改革委、科技部、工业和信息化部、财政部、住房城乡建设部、国家质检总局关于印发《半导体照明节能产业发展意见》的通知
国办发〔2009〕45 号	国务院办公厅《关于印发促进生物产业加快发展若干政策的通知》
发改办环资〔2012〕3480 号	国家发展改革委办公厅《关于请推荐当前国家鼓励发展的环保设备(产品)的通知》
财发〔2015〕42 号	财政部关于印发《农业综合开发扶持农业优势特色产业促进农业产业化发展的指导意见》的通知
国办发〔2017〕74 号	国务院办公厅转发国家发展改革委、商务部、人民银行、外交部《关于进一步引导和规范境外投资方向指导意见》的通知
国发〔2017〕39 号	国务院《关于促进外资增长若干措施的通知》
国办发〔2016〕57 号	国务院办公厅《关于石化产业调结构促转型增效益的指导意见》
国发〔2010〕32 号	国务院《关于加快培育和发展战略性新兴产业的决定》

十、经营范围

公司在发行上市过程中可能涉及的经营范围问题主要有两方面,即公司超范围经营问题和分公司经营范围问题。

(一)公司超范围经营问题

虽然《公司法》和 2016 年修订的《中华人民共和国公司登记管理条例》(以下简称《公司登记管理条例》)均未对公司超范围经营的法律责任进行规定,也不再明确制止公司的超范围经营,但在 2005 年之前存在超范围经营的公司可能会因此受到处罚,因为根据 1994 年发布的《公司登记管理条例》第 71 条的规定:公司超出核准登记的经营范围从事经营活动的,由公司登记机关责令改正,并可处以 1 万元以上10万元以下的罚款;情节严重的,吊销营业执照。如果在2005年之前曾因为超范围经营受过处罚的,可以要求相关部门出具证明,说明情况,证明该公司并不存在重大违法行为。

(二) 分公司经营范围问题

总公司经营范围应当囊括分公司经营范围。按照《公司登记管理条例》第46条第3款及《企业经营范围登记管理规定》第12条第1款的规定,分公司(分支机构)的经营范围不得超出公司的经营范围。对于审批机关单独批准分支机构经营前置许可经营项目的,《企业经营范围登记管理规定》第12条第2款已作出明确指引:审批机关单独批准分支机构经营前置许可经营项目的,企业应当凭分支机构的前置许可经营项目的批准文件、证件申请增加相应经营范围,并在申请增加的经营范围后标注"(分支机构经营)"字样。

(三) 有关经营范围方面的相关规定

有关经营范围的法律法规总结如下(见表7-9)。

表7-9 经营范围相关法律法规一览表

文件名称	条款内容
《中华人民共和国民法通则》	第42条规定:企业法人应当在核准登记的经营范围内从事经营。
《公司登记管理条例》	第22条规定:公司申请登记的经营范围中属于法律、行政法规或者国务院决定规定在登记前须经批准的项目的,应当在申请登记前报经国家有关部门批准,并向公司登记机关提交有关批准文件。 第46条规定:分公司的登记事项包括:名称、营业场所、负责人、经营范围。分公司的名称应当符合国家有关规定。分公司的经营范围不得超出公司的经营范围。
《企业经营范围登记管理规定》	第12条规定:不能独立承担民事责任的分支机构(以下简称分支机构),其经营范围不得超出所隶属企业的经营范围。法律、行政法规或者国务院决定另有规定的除外。审批机关单独批准分支机构经营前置许可经营项目的,企业应当凭分支机构的前置许可经营项目的批准文件、证件申请增加相应经营范围,并在申请增加的经营范围后标注"(分支机构经营)"字样。分支机构经营所隶属企业经营范围中前置许可经营项目的,应当报经审批机关批准。法律、行政法规或者国务院决定另有规定的除外。

十一、境外业务和资产的核查

研发、生产类企业可能涉及原材料采购、资产、业务环节以及销售业务全部或者部分来源于境外的情形,且境内拟上市公司通常采用在相关境外业务所在地投资设立子公司的方式,提高在境外从事相关业务的便捷性。在这种情形下,境内拟上市公司必然涉及部分业务和资产在境外,因此在对这类拟上市公司进行核查时,应更加关注对其境外业务和资产的核查,核查内容和注意事项如表 7-10 所示。

表 7-10　境外业务和资产的核查内容及注意事项

核查内容	核查过程	注意事项
境外政策	查询中国驻外国大使馆网站,了解当地环境保护、税收、外汇等法律规定以及相关行业法规要求。	—
生产、经营的合法合规性	实地走访境外业务、资产(境外子公司)所在地的主要主管部门,包括但不限于外贸、矿业、税务、工业、环保等部门,就境外子公司的资产、经营、生产许可、纳税、环保等事宜对上述部门相关人员进行访谈并取得访谈笔录。	在境外走访过程中,应有独立第三方的翻译人员陪同,保证相关访谈提纲、交谈内容的真实、准确和完整,降低可能被误导、遗漏、虚假陈述的风险。同时,相关访谈提纲、访谈笔录的原件及翻译件应有翻译机构的盖章和随同翻译人员的签字。
生产、经营的真实性	实地走访境外子公司主要生产场所,对境外子公司的高级管理人员、主要供应商进行访谈,核实境外子公司生产经营真实性,了解境外子公司从原材料采购到生产、销售各环节的经营情况;走访境外子公司及同行业公司的原材料采购点以及当地的银行网点。	
资质	查阅发行人提供的并经有资质的翻译机构翻译的有关境外子公司资产、生产许可、税务、环保等主要证照中文译本,以及境外子公司所在地主管部门出具的证明文件中文译本,对境外律师出具的《法律意见书》所载内容的真实性进行复核。	有关境外资产、生产许可、税务、环保等主要证照中文译本、境外子公司所在地主管部门出具的证明文件中文译本应经有资质的翻译机构翻译并加盖公章。
境外律师法律意见	查阅境外律师出具的并经有资质的翻译机构翻译的《法律意见书》中文译本或中英文译本。	境外《法律意见书》应按要求经境外所在地有权机构公证并经大使馆认证。
现金交易合法性(如有)	由于现金交易对发行人成本控制及核算可能产生重大影响,从而导致发行人的内部控制制度可能无法保证成本控制和核算的真实、准确和完整性,因而在存在境外现金交易的情形下,需要重点核查这方面的问题。 需要就现金交易的规范性监管关注该外国是否存在类似我国的《现金管理暂行条例》《境内机构外币现钞收付管理办法》等法律、法规。 若境外子公司所在地设置了银行网点,使银行转账作为支付方式具有可操作性,应要求合伙供应商开具银行账户,并逐渐由现金支付调整为主要以银行转账方式进行货款结算。 了解、核实主要生产经营场所所在地在报告期内的银行网点设置情况。 由境外律师就现金交易合法性出具法律意见。 由相关境外当地货币管理部门、外汇部门出具合规证明。	若在报告期内现金交易比例较高,需要说明发行人如何通过严格的内部控制制度保证成本控制和核算的真实、准确和完整性,如何保证业绩的真实性;中介机构如何对上述问题进行尽职调查从而审慎得出结论。

十二、前置许可和后置许可

(一)前置许可

前置许可,是指当事人在办理当前许可事项时,必须已经获得上一环节的许可证件,具有上一环节资质的情形。也就是说,企业在申请办理登记时,必须就某些特殊事项获得有关部门的审批,才能获得批准。依据国家工商行政管理总局《关于调整工商登记前置审批事项目录的通知》的规定,为了推进工商注册制度便利化,国家工商行政管理总局推进工商登记前置审批改为后置登记,目前为止还保留了32项工商登记前置审批事项(见表7-11)。

表7-11 前置许可审批事项一览表

编号	类别	项目
1	金融保险	设立证券公司
2		设立证券交易所、证券登记结算机构
3		设立外国证券类机构驻华代表机构
4		设立外国银行代表处
5		设立中资银行业金融机构及其分支机构
6		设立外资银行营业性机构及其分支机构
7		设立非银行金融机构(分支机构)
8		设立期货交易场所
9		设立期货专门结算机构
10		设立保险公司及其分支机构
11		设立外国保险机构驻华代表机构
12		设立专属自保组织和相互保险组织
13		设立融资性担保机构
14	烟草	烟草专卖生产企业许可
15		烟草专卖批发企业许可
16	枪支弹药、爆炸物	民用爆炸物品生产许可
17		民用枪支(弹药)制造、配售许可
18		爆破作业单位许可
19	出版、广播	设立出版物进口经营单位
20		设立出版单位
21		境外出版机构在境内设立办事机构
22		境外广播电影电视机构在华设立办事机构
23		卫星电视广播地面接收设施安装许可

(续表)

编号	类别	项目
24	危险化学品	危险化学品经营许可
25		新建、改建、扩建生产、储存危险化学品(包括使用长输管道输送危险化学品)建设项目安全条件审查;新建、改建、扩建储存、装卸危险化学品的港口建设项目安全条件审查
26	其他	烟花爆竹生产企业安全生产许可
27		快递业务经营许可
28		营利性民办学校(营利性民办培训机构)办学许可
29		制造、销售弩或营业性射击场开设弩射项目
30		保安服务许可
31		设立及变更涉及国家规定实施准入特别管理措施的外商投资企业
32		设立经营个人征信业务的征信机构

(二)后置许可

后置许可,是指企业向工商行政管理部门申请登记时,经营项目不需报经有关部门先行批准,待营业执照颁发后,企业实际从事此项目经营时必须经有关部门审批同意的情形。也就是说,企业在申请登记时,一般应当作出相关承诺,递交《承诺书》,承诺在取得营业执照之后就会申请取得该经营项目的许可证书,然后依法经营。企业在发行上市过程中应当及时审核是否已经取得了相关的后置许可证书。

国家多次发布《关于取消和调整一批行政审批项目等事项的决定》,将若干项依据有关法律设立的工商登记前置审批事项改为后置审批。目前后置审批的项目概况如表 7-12 所示。

表 7-12 后置许可审批事项一览表

类别	项目
农林牧渔	饲料及饲料添加剂生产;采伐林木;木材经营(加工);水产养殖、捕捞;种子生产;国家重点保护野生植物经营;建立固定狩猎场所;兽药生产许可证核发;兽药经营许可证核发;农业机械维修技术;国家重点保护水生野生动物驯养繁殖;设立饲料添加剂、添加剂预混合饲料生产企业;生猪定点屠宰;在林区经营(加工)木材;出售、收购国家二级保护野生植物;国家重点保护陆生野生动物驯养繁殖;转基因农作物种子生产。
矿产资源	矿产资源勘查;取水;煤炭开采。
市政及建设	设立燃气供应企业;设立供水单位;承装(修)电力设施;房地产开发;建筑施工;建筑中介;建设工程质量检测;房屋拆迁;物业管理;工程勘察、设计;测绘;地质灾害防治工程勘察设计施工监理;城市园林绿化;城镇集体所有制企业设立、合并、分立、停业、迁移或者主要登记事项变更审批。

（续表）

类别	项目
公共安全	设立民用射击场；制造、销售弩；生产销售安全技术防范产品；公章刻字业；生产销售商用密码产品；销售计算机信息系统安全专用产品。
卫生	化妆品生产；消毒产品生产；生产、销售放射性同位素与射线装置；食品经营；公共场所经营（其中的美容美发、洗浴经营应办理前置许可手续）；公共场所卫生许可（不含公园、体育场馆、公共交通工具卫生许可）；口岸卫生许可证核发；营利性医疗机构；互联网药品交易服务；药品、医疗器械互联网信息服务；食品生产；食品流通；餐饮服务；消毒产品生产企业（一次性使用医疗用品的生产企业除外）；饮用水供水；生产、经营第一类易制毒化学品中的非药品类易制毒化学品。
劳动	设立职业技能鉴定机构；设立中外合作职业技能培训机构；保安培训；拖拉机驾驶培训学校、驾驶培训班。
金融保险	进出口黄金及铸造、发行金银质地纪念币；证券交易服务机构；保险经纪、代理、公估；发行企业债券；设立期货公司；设立公募基金管理公司；设立证券金融公司；设立保险资产管理公司及其分支机构；设立保险集团公司及保险控股公司；经营流通人民币；装帧流通人民币；银行、农村信用社、兑换机构等结汇、售汇业务市场准入、退出；保险、证券公司等非银行金融机构外汇业务市场准入、退出；非金融机构经营结汇、售汇业务。
邮政、电信	经营邮政通信业务；无线电台(站)设置及研制生产进口无线电发射设备；外商投资经营电信业务；电信业务经营；经营邮政通信业务。
环境保护	生产、加工业；危险废物经营；拆船业；城市生活垃圾清扫、收集、运输、处理及建筑垃圾处置；公共场所中的餐饮、洗浴经营；废弃电器电子产品处理；危险废物经营；拆船厂设置环境影响报告书；从事城市生活垃圾经营性清扫、收集、运输、处理服务。
广播、电影、电视	生产、安装、销售卫星电视广播地面接收设施；广播电视节目及电视剧制作；有线电视站、共用天线设计、安装；外商投资广告企业设立分支机构；电影发行单位设立、变更业务范围或者兼并、合并、分立；电影放映单位设立、变更业务范围或者兼并、合并、分立；设立广播电视节目制作经营单位；设立内资电影制片单位；电影制片单位以外的单位独立从事电影摄制业务。
文化、文物	设立营业性演出经营主体；文物经营；修复、复制、拓印馆藏文物；设立中外合资经营、中外合作经营演出经纪机构；设立中外合资经营、中外合作经营演出场所经营单位；港、澳特区投资者在内地投资设立合资、合作、独资经营的演出经纪机构；港、澳特区投资者在内地投资设立合资、合作、独资经营的演出场所经营单位；台湾地区投资者在大陆投资设立合资、合作经营的演出经纪机构；台湾地区投资者在大陆投资设立合资、合作经营的演出场所经营单位；设立内资演出经纪机构；设立中外合资、合作经营的娱乐场所；设立内资文艺表演团体；设立内资娱乐场所；设立互联网上网服务营业场所经营单位；设立经营性互联网文化单位；港、澳特区服务提供者在内地设立互联网上网服务营业场所；港、澳特区服务提供者在内地设立由内地方控股的合资演出团体；拍卖企业经营文物；文物商店设立。

（续表）

类别	项目
民政	殡葬业;生产装配假肢和矫形器(辅助器具)企业。
中介服务	会计师事务所从事证券、期货相关业务;会计代理记账;自费出国留学中介;质量检验;计量器具检定;报关;专利代理;认证业务;因私出入境中介服务机构资格认定;价格评估机构资质认定;设立资产评估机构;设立会计师事务所及其分支机构;中介机构从事会计代理记账业务;设立人才中介服务机构及其业务范围;设立旧机动车鉴定评估机构;设立认证机构;设立专利代理机构;投资咨询机构、财务顾问机构、资信评级机构从事证券服务业务;设立保险公估机构;资产评估机构从事证券服务。
贸易	进出口国际贸易管理货物;小轿车经营;批发食盐;成品油经营;军品出口;进出口商品检验鉴定业务;食盐定点生产、碘盐加工企业;经营高危险性体育项目;石油成品油批发经营;石油成品油零售经营;烟花爆竹批发;烟花爆竹零售;粮食收购。
制造、加工	设计、制造、安装民用核承压设备;计量器具制造、修理;特种设备设计、制造、安装、改造、维修、检验检测;道路机动车辆生产;承装(承修、承试)电力设施;民用航空器维修;新建棉花加工;民用核安全设备设计、制造、安装和无损检验。
运输	国际海上运输业务及海运辅助业务经营;国际船舶管理业务经营;国内水路运输业务、水路运输服务业务经营;港口经营;道路客运经营;出租汽车经营;经营港口理货业务;从事国际道路运输;道路运输站(场)经营业务;机动车维修经营业务;机动车驾驶员培训业务;铁路运输企业;从事内地(大陆)与港澳特区、台湾地区间海上运输业务;设立引航及验船机构;从事海洋船舶船员服务业务。
旅游	旅行社经营出境旅游业务资格;外商投资旅行社业务;旅行社业务经营许可证;旅行社经营边境游。
新闻出版	从事出版物批发业务;从事出版物零售业务;设立从事包装装潢印刷品和其他印刷品印刷经营活动的企业;印刷业经营者兼营包装装潢和其他印刷品印刷经营活动;设立音像制作单位;设立电子出版物制作单位;设立音像复制单位;设立电子出版物复制单位;设立可录光盘生产企业。
其他	设立免税店;设立计划生育技术服务机构;制作国徽、国旗;生产、销售警察警用标志、制式服装和警械;设立市场专营企业;旅馆业特种行业;鲜茧收购资格;举办健身气功活动。

十三、特殊行业的资质许可

随着我国国防事业的日益强盛,监管部门认可并鼓励军工企业充分利用资本市场的融资优势,推动我国国防事业的现代化建设。

1.军工企业基本业务资质

中介机构服务于军工企业对接资本市场的项目时,必须关注军工企业的业务资质问题。我国军工生产企业的基本资质主要包括武器装备质量管理体系认证证书、保密资格单位证书、装备承制单位注册证书和武器装备科研生产许可证。具体分析见表7-13。

表7-13 军工企业基本业务资质情况表

资质	具体内容	主管机关
国军标质量管理体系认证	《武器装备质量管理条例》第46条第2、3款规定:国务院国防科技工业主管部门和总装备部在各自的职责范围内,组织对武器装备测试和校准试验室实施认可,对质量专业人员实施资格管理。未通过质量管理体系认证的单位,不得承担武器装备研制、生产、维修任务。	国务院国防科技工业主管部门、国务院有关部门和中国人民解放军总装备部,在各自的职责范围内负责武器装备质量的监督管理工作。
武器装备科研生产单位保密资质认证	根据《武器装备科研生产单位保密资格审查认证管理办法》第5条的规定,武器装备科研生产单位保密资格分为一级、二级、三级三个等级。一级保密资格单位可以承担绝密级科研生产任务;二级保密资格单位可以承担机密级科研生产任务;三级保密资格单位可以承担秘密级科研生产任务。	国家军工保密资格认证委负责审查、审批一级保密资格申请单位;省(区、市)军工保密资格认证委审查、审批本地区二级、三级保密资格申请单位。
武器装备科研生产许可证认证	根据《武器装备科研生产许可实施办法》的规定,国防科技工业主管部门依据企事业单位的申请,通过颁发武器装备科研生产许可证的形式,依法赋予其从事武器装备科研生产活动的资格。	国家国防科技工业局武器装备科研生产许可证管理办公室负责第一类许可(包括同时申请第一类、第二类许可)的受理工作;各省、自治区、直辖市国防科技工业管理部门负责第二类许可的受理工作。
装备承制单位资格名录认证	军方为确定申请承担装备承制任务的单位是否持续满足要求所进行的系统、独立、客观的检查、资格评价。	原则上按照现行驻厂军事代表管理体制,由驻厂军事代表机构负责受理。没有派驻军事代表的,由主要采购单位受理。经各军兵种军代局同意后报总装备部综合计划部批准,由各军兵种军代局组织实施。

2. 中介机构保密资质

根据《军工涉密业务咨询服务安全保密监督管理办法(试行)》等的规定,对军工涉密业务提供咨询、审计、法律、评估、评价、招标等服务的法人单位或其他组织,应当具备相应的安全保密条件,并在国防科技工业管理部门备案,符合条件的,列入《军工涉密业务咨询服务单位备案名录》,并发放《军工涉密业务咨询服务安全保密条件备案证书》。从事军工涉密业务咨询服务的人员(包括外聘专家)应当通过国家国防科技工业局组织的军工涉密业务咨询服务安全保密专项培训和考核,获得相应的《安全保密培训证书》。同时,军工单位与咨询服务单位需签订安全保密协议,明确保密内容、保密要求、保密期限、违约责任等,并严格遵守保密协议的相关条款,不对外披露任何涉密信息。

3. 军工企业对接资本市场的特殊审批程序

根据国家国防科技工业局《涉军企事业单位改制重组上市及上市后资本运作军工事项审查工作管理暂行办法》的规定,已取得武器装备科研生产许可的企事业单位(以下简称"涉军企事业单位")对接资本市场,还需履行特定的军工事项审查程序。

《涉军企事业单位改制重组上市及上市后资本运作军工事项审查工作管理暂行办法》第6条第(三)项规定,"上市公司收购涉军资产(企业)、涉军上市公司发行股份或现金收购资产、上市公司出让涉军资产、涉军资产置换",须履行军工事项审查程序。第18条规定:申报单位在重组方案确定后,应及时向国防科工局提交申报材料,履行规定的审查程序。未通过国防科工局军工事项审查,涉军企事业单位不得自行实施重组。第20条规定:首次公开发行股票,应在方案完成后及时向国防科工局申报;采用其他交易方式的,应在上市公司证券停牌后15个工作日内(不需停牌的,在公告预案前),向国防科工局申报,履行规定的军工事项审查程序,并接受国防科工局指导。未通过国防科工局军工事项审查,上市公司不得公告有关预案,以及召开董事会、股东大会履行法定程序。正式方案出现重大调整的项目,须重新履行军工事项审查程序。第34条规定:未取得武器装备科研生产许可,但控股子公司取得武器装备科研生产许可的企事业单位实施本办法规定的改制、重组、上市及上市后资本运作行为,按照本办法履行军工事项审查程序。

由此可见,军工企业无论是通过首次公开发行股票方式还是通过重组并购方式对接资本市场,都必须取得国防科工局的审批。

十四、行业监管基本法律环境

在进行每个项目的具体工作时,从企业合规经营的角度,有必要检索和研究与该项目有关的环保、产业政策、行业监管等相关的法律规定,表7-14是以基本金属行业为例进行的行业监管法律检索。

表 7-14　金属行业相关法律规定一览表

事项	文件名称	主要内容
取得	《中华人民共和国矿产资源法》	矿产资源属于国家所有，国家对矿产资源的勘查、开采实行许可证制度。从事矿产资源勘查和开采的各方，需要有与采矿规模相适应的资金、设备和技术人员，并向有关机构申请登记，以取得探矿权或采矿权。国家实行探矿权、采矿权有偿取得制度；但是，国家对探矿权、采矿权有偿取得的费用，可以根据不同情况规定予以减缴、免缴。
	《中华人民共和国矿产资源法实施细则》	设立矿山企业，必须符合国家规定的资质条件，并依照法律和国家有关规定，由审批机关对其矿区范围、矿山设计或者开采方案、生产技术条件、安全措施和环境保护措施等进行审查，审查合格的，方予批准。
	《关于深化探矿权采矿权有偿取得制度改革有关问题的通知》	探矿权、采矿权全面实行有偿取得制度。国家出让新设探矿权、采矿权，除按规定允许以申请在先方式或以协议方式出让的以外，一律以招标、拍卖、挂牌等市场竞争方式出让。探矿权、采矿权人应按照国家有关规定及时足额向国家缴纳探矿权、采矿权价款。对以资金方式一次性缴纳探矿权、采矿权价款确有困难的，经探矿权、采矿权审批登记管理机关批准，可在探矿权、采矿权有效期内分期缴纳。
有效期	《矿产资源勘查区块登记管理办法》	勘查许可证有效期最长为 3 年；但是，石油、天然气勘查许可证有效期最长为 7 年。需要延长勘查工作时间的，探矿权人应当在勘查许可证有效期届满的 30 日前，到登记管理机关办理延续登记手续，每次延续时间不得超过 2 年。探矿权人逾期不办理延续登记手续的，勘查许可证自行废止。
	《矿产资源开采登记管理办法》	采矿许可证有效期，按照矿山建设规模确定：大型以上的，采矿许可证有效期最长为 30 年；中型的，采矿许可证有效期最长为 20 年；小型的，采矿许可证有效期最长为 10 年。采矿许可证有效期满，需要继续采矿的，采矿权人应当在采矿许可证有效期届满的 30 日前，到登记管理机关办理延续登记手续。采矿权人逾期不办理延续登记手续的，采矿许可证自行废止。
使用费	《探矿权采矿权使用费减免办法》	符合减免条件的公司可向国土资源部申请减免探矿权和采矿权使用费。减免幅度为：(1) 探矿权使用费：第一个勘查年度可以免缴，第二至第三个勘查年度可以减缴 50%；第四至第七个勘查年度可以减缴 25%。(2) 采矿权使用费：矿山基建期和矿山投产第一年可以免缴，矿山投产第二至第三年可以减缴 50%；第四至第七年可以减缴 25%；矿山闭坑当年可以免缴。

(续表)

事项	文件名称	主要内容
补偿费	《矿产资源补偿费征收管理规定》	矿产资源补偿费按照矿产品销售收入的一定比例计征。采矿权人应当于每年的 7 月 31 日前缴纳上半年的矿产资源补偿费;于下一年度的 1 月 31 日前缴纳上一年度下半年的矿产资源补偿费。企业缴纳的矿产资源补偿费列入管理费用。采矿权人在特定情形下,经省级人民政府地质矿产主管部门会同同级财政部门批准,可以减缴或免缴矿产资源补偿费。减缴的矿产资源补偿费超过应当缴纳的矿产资源补偿费 50%的,须经省级人民政府批准。批准减缴矿产资源补偿费的,应当报国务院地质矿产主管部门和国务院财政部门备案。
税收	《中华人民共和国资源税暂行条例》	在中华人民共和国领域及管辖海域开采矿产品的单位和个人应缴纳资源税。纳税人具体适用的税率,由财政部商国务院有关部门,根据纳税人所开采或者生产应税产品的资源品位、开采条件等情况,在规定的税率幅度内确定。
安全生产	《中华人民共和国矿山安全法》	国务院劳动行政主管部门和县级以上地方各级人民政府劳动行政主管部门负责对矿山安全工作进行监督管理。矿山开采必须具备保障安全生产的条件,建立、健全安全管理制度,采取有效措施改善职工劳动条件,加强矿山安全管理工作,保证安全生产。
	《中华人民共和国矿山安全法实施条例》	
	《非煤矿矿山企业安全生产许可证实施办法》	非煤矿矿山企业必须依照规定取得安全生产许可证。企业未取得安全生产许可证的,不得从事生产活动。
	《安全生产许可证条例》	
环境保护	《中华人民共和国环境保护法》	产生环境污染和其他公害的单位,必须把环境保护工作纳入计划,建立环境保护责任制度。采取有效措施,防治在生产建设或者其他活动中产生的废气、废水、废渣、医疗废物、粉尘、恶臭气体、放射性物质以及噪声、振动、光辐射、电磁辐射等对环境的污染和危害。
	《中华人民共和国土地管理法》	任何企业和个人对于在生产建设过程中,因挖损、塌陷、压占等造成破坏的土地,需要采取整治措施,使其恢复到可供利用状态。复垦后的土地必须达到法律规定的复垦标准,且须经有关土地管理部门和有关行业管理部门验收及批准后才能使用。
	《中华人民共和国森林法》	在经营中,占用林区的采矿公司均须缴纳森林植被恢复费。
	《中华人民共和国森林法实施条例》	
	《森林植被恢复费征收使用管理暂行办法》	

十五、互联网资质

(一) 电信业务概述

《中华人民共和国电信条例》第7条规定:国家对电信业务经营按照电信业务分类,实行许可制度。经营电信业务,必须依照本条例的规定取得国务院信息产业主管部门或者省、自治区、直辖市电信管理机构颁发的电信业务经营许可证。未取得电信业务经营许可证,任何组织或者个人不得从事电信业务经营活动。可见,经营电信业务需要取得许可证。《中华人民共和国电信条例》第8条规定:电信业务分为基础电信业务和增值电信业务。基础电信业务,是指提供公共网络基础设施、公共数据传送和基本话音通信服务的业务。增值电信业务,是指利用公共网络基础设施提供的电信与信息服务的业务。电信业务分类的具体划分在本条例所附的《电信业务分类目录》中列出。国务院信息产业主管部门根据实际情况,可以对目录所列电信业务分类项目作局部调整,重新公布。因此,经营电信业务具体应取得何种许可证,应参考《电信业务分类目录》。

根据《电信业务分类目录(2015年版)》的规定,增值电信业务分为两类:第一类是基于设施和资源类的业务;第二类是基于公共应用平台类的业务,主要又可以分为六个小类,包括B21在线数据处理与交易处理业务、B22国内多方通信服务业务、B23存储转发类业务、B24呼叫中心业务、B25信息服务业务、B26编码和规程转换业务。根据增值电信业务经营许可证中不同的业务种类,产生了以字母缩写代称的ICP(Internet content provider)证、SP(Service Provider)证、ISP(Internet service provider)证、EDI(Electronic Data Interchange)证,等等。因此,企业取得"增值电信业务经营许可证"并不意味着其可从事所有的增值电信业务,而是要看该证所核准的业务种类。

本书只分析增值电信业务中几类主要业务所需取得的经营资质问题。

(二) 判断电信业务经营资质的法律规定

与电信业务经营资质有关的法律规定总结如下(见表7-15)。

表7-15 有关电信业务经营资质的法律规定

文件名称	具体内容
《中华人民共和国电信条例》	第7条规定:国家对电信业务经营按照电信业务分类,实行许可制度。经营电信业务,必须依照本条例的规定取得国务院信息产业主管部门或者省、自治区、直辖市电信管理机构颁发的电信业务经营许可证。未取得电信业务经营许可证,任何组织或者个人不得从事电信业务经营活动。
《互联网信息服务管理办法》	第3条规定:互联网信息服务分为经营性和非经营性两类。经营性互联网信息服务,是指通过互联网向上网用户有偿提供信息或者网页制作等服务活动。非经营性互联网信息服务,是指通过互联网向上网用户无偿提供具有公开性、共享性信息的服务活动。 第4条第1款规定:国家对经营性互联网信息服务实行许可制度;对非经营性互联网信息服务实行备案制度。

通过表 7-15 可以看出,即使提供了互联网信息服务,若为非经营性质,经营者只需进行备案,无须取得经营许可证。

(三)重点电信业务的经营资质分析

1. 在线数据处理与交易处理业务

在线数据处理与交易处理业务的资质问题应关注以下方面(见表 7-16)。

表 7-16　在线数据处理与交易处理业务资质分析表

事项	B21 在线数据处理与交易处理业务
增值电信业务经营许可证	EDI(Electronic Data Interchange)许可证,是指业务种类中含有"在线数据处理与交易处理业务"的增值电信业务经营许可证。
界定标准	在线数据处理与交易处理业务是指利用各种与公用通信网或互联网相连的数据与交易/事务处理应用平台,通过公用通信网或互联网为用户提供在线数据处理和交易/事务处理的业务。在线数据处理与交易处理业务包括交易处理业务、电子数据交换业务和网络/电子设备数据处理业务。
案例	(1)交易处理业务如:天猫、京东商城、淘宝、百度外卖、携程、滴滴出行、众筹、P2P 网络借贷、家政服务 APP 等。 (2)电子数据交换业务如:海关报税 EDI。 (3)网络/电子设备数据处理业务如:M2M 和消费电子设备、可穿戴设备等数据处理和管理平台、阿里智能、京东智能、华为智能等。
特别关注要点	(1)原在实体店销售的商品转为线上销售属于渠道的延伸,不属于该业务范畴,即电商并非都需要 EDI 证。例如美的官网在线销售的电器为其公司自有产品,属于渠道的延伸,并非为交易双方提供"在线数据处理与交易处理"服务,即并非在提供电信服务,因此不需要取得 EDI 证。 (2)平台提供商只是为买卖双方提供交易平台,不直接收取买方购买商品或服务的费用,只收取平台占用费或佣金。 (3)若平台运营主体与交易一方签订了劳动合同,则仅需要网站备案即可。如神州专车,不属于交易双方以外独立第三方,为单向向消费者提供信息服务,且神州专车司机以公司员工的身份领取薪酬,因此神州专车并非在提供"在线数据处理与交易处理"服务。相比较,滴滴出行、Uber 作为独立于交易双方的第三方服务平台,为交易双方提供了"在线数据处理与交易处理"服务,应当取得 EDI 证。 (4)《关于促进互联网金融健康发展的指导意见》将互联网金融分为互联网支付、网络借贷、股权众筹融资、互联网基金销售、互联网保险、互联网信托、互联网消费金融等。其中网络借贷、股权众筹融资应申请在线数据处理与交易处理业务,其他的进行网站备案即可。

2. 信息服务业务

信息服务业务的资质问题应关注以下方面(见表 7-17)。

表 7-17　信息服务业务资质分析表

事项	B25 信息服务业务
增值电信业务经营许可证	ICP 证和 SP 证
界定标准	信息服务业务是指通过信息采集、开发、处理和信息平台的建设,通过公用通信网或互联网向用户提供信息服务的业务。信息服务的类型按照信息组织、传递等技术服务方式,主要包括信息发布平台和递送服务、信息搜索查询服务、信息社区平台服务、信息即时交互服务、信息保护和处理服务等。 (1)信息发布平台和递送服务是指建立信息平台,为其他单位或个人用户发布文本、图片、音视频、应用软件等信息提供平台的服务。平台提供者可根据单位或个人用户需要向用户指定的终端、电子邮箱等递送、分发文本、图片、音视频、应用软件等信息。如58同城、新浪网、优酷、百度文库、高德地图、P2P视频(直播)等。 值得注意的是,是否在线支付并不作为业务判断的原则。 (2)信息搜索查询服务是指通过公用通信网或互联网,采取信息收集与检索、数据组织与存储、分类索引、整理排序等方式,为用户提供网页信息、文本、图片、音视频等信息检索查询服务。如百度、搜狗搜索等。 需要注意的是,某网站或某 APP 平台的内部搜索功能,或仅提供单一垂直领域和本地化搜搜功能不属于此业务范畴。 (3)信息社区平台服务是指在公用通信网或互联网上建立具有社会化特征的网络活动平台,可供注册或群聚用户同步或异步进行在线文本、图片、音视频交流的信息交互平台。如新浪微博、QQ 空间、人人网、微信朋友圈、豆瓣网、知乎等。 (4)信息即时交互服务是指利用公用通信网或互联网,并通过运行在计算机、智能终端等的客户端软件、浏览器等,为用户提供即时发送和接收消息(包括文本、图片、音视频)、文件等信息的服务。信息即时交互服务包括即时通信、交互式语音服务(IVR),以及基于互联网的端到端双向实时话音业务(含视频话音业务)。如 QQ、微信、来往、陌陌等。 (5)信息保护和处理业务是指利用公用通信网或互联网,通过建设公共服务平台以及运行在计算机、智能终端等的客户端软件,面向用户提供终端病毒查询、删除,终端信息内容保护、加工处理以及垃圾信息拦截、免打扰等服务。如 360 在线杀毒、腾讯手机管家、百度手机卫士、垃圾信息拦截、免打扰服务等。

(续表)

事项	B25 信息服务业务
ICP 证与 SP 证的区别	ICP 证与 SP 证均属于 B25 类的许可证,为网络用户提供信息服务。区别在于,ICP 证所涉服务基于互联网,SP 证所涉服务基于非互联网(一般为移动网)。 (1)许可证表述不同。ICP 证的业务种类表述会注明"仅限互联网信息服务",SP 证的业务种类表述会注明"不含互联网信息服务"。 (2)业务不同。如果企业仅通过互联网信息服务获利,而不通过移动网为手机等终端用户提供移动网信息服务(比如短信验证、彩信彩铃推送等),其只需取得 ICP 证。如果企业向用户既提供互联网信息服务又提供移动网信息服务,其必须同时具备 ICP 证和 SP 证。 但是,需要特别注意的是,有 APP 并不一定意味着是移动网信息服务,比如,知乎既有网站也有 APP 客户端,但其提供的都是互联网服务。具有短信验证服务并不意味着一定需要 SP 证,因为该短信验证服务可能是委托第三方合格主体代为发送的。

十六、开具合法合规证明的注意事项

在发行人要求主管部门开具"36 个月内依法经营"证明过程中,需要注意如下事项。

(一)法律依据

拟上市公司需开具合法合规证明的法律依据如表 7-18 所示。

表 7-18　开具合法合规证明法律依据表

文件名称	具体内容
《首次公开发行股票并上市管理办法》	第 11 条规定:发行人的生产经营符合法律、行政法规和公司章程的规定,符合国家产业政策。 第 18 条规定:发行人不得有下列情形:……(二)最近 36 个月内违反工商、税收、土地、环保、海关以及其他法律、行政法规,受到行政处罚,且情节严重……(五)涉嫌犯罪被司法机关立案侦查,尚未有明确结论意见……
《首次公开发行股票并在创业板上市管理办法》	第 13 条规定:发行人应当主要经营一种业务,其生产经营活动符合法律、行政法规和公司章程的规定,符合国家产业政策及环境保护政策。 第 20 条第 1 款规定:发行人及其控股股东、实际控制人最近三年内不存在损害投资者合法权益和社会公共利益的重大违法行为。

(二)需要取得合法合规证明的部门

根据《首发管理办法》的规定,必须取得工商、税收、土地、环保、海关五个部门开具的合法合规证明。但上述五个部门未必能涵盖发行人全部生产经营活动,故一般而言,发行人还需从如下部门取得合法合规证明:人社局、住建局、安监局、质监局、国土局、房管局、消防局、出入境检验检疫局。若拟上市公司的生产经营活动还有其他主管部门,则公司还应向该主管部门申请开具合法合规证明。

(三)需证明的时间期间

根据前述法律依据,拟上市公司开具合法合规证明的最短期间应为最近36个月内。但在实际操作中,对拟上市公司一般要求开具近三年及一期(即报告期)内的合法合规证明。对于部分公司已经开具了报告期的合法合规证明,但在证监会排队等候并需补充后续会计期间资料的情况,通常要求补充开具后续期间的合法合规证明,也可以重新开具最近36个月内合法合规证明。

(四)需证明的内容

需证明的内容主要包括两个方面:一是未违反各政府部门相关法律、法规;二是未受到过相关部门作出的行政处罚。证明内容中建议不要出现"暂未发现""未发现"等模糊措辞,而是应采用"未违反""未受到""没有""无"等肯定措辞。

(五)需开具证明的主体

主板/中小板项目,根据《首发管理办法》的规定,需发行人、发行人的子公司(控股子公司和其他联营企业)取得相关证明。创业板项目,根据《创业板管理办法》的规定,在前述基础上,还需控股股东、实际控制人所在地的相关主管机关出具证明,若控股股东、实际控制人为自然人,则有可能需要取得其户籍所在地/居住地公安机关(派出所)出具的无刑事犯罪证明、税务机关(税务所)出具的无违规证明。

(六)证明的格式要求

关于证明的格式,部分地区(比如上海市),各部门通常有固定格式;但有些地区因较少出具该类文件,格式上可能不一致,但最好能做到以下几个方面:

(1)文件的上方,以红色字体标注相关部门名称,即以所谓的"红头文件"形式出具。

(2)文件的名称,可为《证明》《证明函》《无违规证明》等,最好不要用《文件》《说明》《声明》等名称。

(3)关于份数,最好要求出具三份,公司、律师和券商各留存一份;如相关部门不予配合,则一份即可。

十七、违规票据融资

票据融资是指企业将未到期的商业票据（银行承兑汇票或商业承兑汇票）转让给银行，取得扣除贴现利息后的资金以实现融资目的的行为。

票据融资并不都构成违规，只有当企业开具的承兑汇票是建立在无真实交易的基础之上，而后又将其用于贴现的行为时，才构成违规票据融资。

许多拟上市公司存在违规票据融资的问题，需要进行规范整改。

(一) 需要关注的问题

票据融资的违规行为并不一定构成首发上市的实质性障碍，但要求违规票据融资的规模不能太大，金额过大会引起审核的质疑，在披露及解决方案上需要谨慎。

违规票据融资行为最好发生在报告期期初或期外，并且得到了及时解决。

(二) 解决思路

拟上市公司若存在违规票据融资行为，为防止其构成首发上市的实质性障碍，应从以下几个方面予以解决：

(1) 需要强调发行人进行票据融资行为的动机，一般为解决发行人发展中资金短缺、融资难的问题。

(2) 及时履行票据的义务，不存在逾期票据及欠息情况，不存在潜在纠纷事项。

(3) 企业在清理完违规票据融资后，不能再进行该行为。

(4) 控股股东和实际控制人需要签署承诺函，承诺承担违规票据融资带来的一切可能的损失并且保证以后不再发生类似情况。

(5) 中介机构需要对该行为出具核查意见，证明该行为尽管触犯了相关法律、法规，但不会受到刑事处罚，不属于重大违规违法行为。

十八、商业汇票

商业汇票是由出票人签发的，委托付款人在指定日期无条件支付确定的金额给收款人或者持票人的票据。

企业在发展过程中，因受限于企业经营和资产规模、融资渠道、银行授信额度、银行放贷程序及资金监管要求、销售或采购结算政策等原因，在融资及资金使用和周转方面受到不同程度的限制，不能满足企业实际生产经营需求，因此，企业有时会通过与关联方或者供应商、客户进行虚拟交易的方式，向相关方开具无真实商业交易的承兑汇票，以实现资金融通及其他经营需要。

《中华人民共和国票据法》第10条规定：票据的签发、取得和转让，应当遵循诚实信用的原则，具有真实的交易关系和债权债务关系。票据的取得，必须给付对价,即应当给付票据双方当事人认可的相对应的代价。因此,企业开具无真实交易的承兑汇票的行为,其性质属于不规范使用票据的行为。

在企业发行上市过程中,对于其开具无真实交易的承兑汇票的行为是否合法合规,是否存在受到有关部门行政处罚、刑事处罚或发生追索权纠纷等民事纠纷的风险,是否构成重大违法违规,是否违反"合法规范经营"的上市条件,以及企业是否应采取相应的规范、防范措施及规范、防范措施的有效性等相关事宜均会受到证券监管部门的关注。因此,在企业存在开具无真实交易承兑汇票的情况下,建议企业采取以下措施进行规范:

(1)根据企业经营实际情况建立健全并不断完善关联交易管理制度、对外担保管理制度、防范控股股东及关联方占用企业资金制度、投资决策管理制度、财务管理制度、资金使用审批制度等一系列企业管理制度和内部控制制度,从而杜绝不规范使用资金情况的发生。

(2)逐步清理已经开具的无真实交易的承兑汇票,在上市申报基准日前或上市申报前,最晚于上市审核反馈之前解付已经开具的无真实交易的承兑汇票,且自不规范使用票据的行为被发现并开始规范之日起,不再发生开具无真实交易的承兑汇票的行为。

(3)充分利用国家现行的关于鼓励中小企业发展的有利政策,积极拓宽融资渠道,从根本上解决企业融资及资金周转和使用问题,消除企业发生不规范使用票据的行为基础。

(4)在可能因不规范使用票据的行为导致企业产生损失的情况下,由控股股东、实际控制人及其一致行动人以书面形式作出承诺,承诺由其承担相关损失,以免除不规范使用票据的行为可能给企业带来的不利影响,保障中小投资者和债权人的利益。

十九、商业贿赂

近年来,各种权力寻租导致的商业贿赂等腐败问题不断浮出水面,IPO监管层对商业贿赂问题的重视程度也日渐提高,已有多家上市公司因涉嫌行贿被起诉和处罚,涉嫌商业贿赂的拟上市公司也难逃被否决和处罚的命运。

(一)法律规定

在IPO审核过程中,对商业贿赂的认定,主要以以下法律、法规的规定为依据(见表7-19)。

表 7-19 禁止商业贿赂法律、法规规定表

文件名称	具体内容
《中华人民共和国反不正当竞争法》	第 7 条第 1、2 款规定:经营者不得采用财物或者其他手段贿赂下列单位或者个人,以谋取交易机会或者竞争优势:……经营者在交易活动中,可以以明示方式向交易相对方支付折扣,或者向中间人支付佣金。经营者向交易相对方支付折扣、向中间人支付佣金的,应当如实入账。接受折扣、佣金的经营者也应当如实入账。
《关于禁止商业贿赂行为的暂行规定》	第 2 条规定:经营者不得违反《反不正当竞争法》第 8 条(现行《反不正当竞争法》第 7 条——编者注)规定,采用商业贿赂手段销售或者购买商品。本规定所称商业贿赂,是指经营者为销售或者购买商品而采用财物或者其他手段贿赂对方单位或者个人的行为。前款所称财物,是指现金和实物,包括经营者为销售或者购买商品,假借促销费、宣传费、赞助费、科研费、劳务费、咨询费、佣金等名义,或者以报销各种费用等方式,给付对方单位或者个人的财物。第 2 款所称其他手段,是指提供国内外各种名义的旅游、考察等给付财物以外的其他利益的手段。 第 3 条规定:经营者的职工采用商业贿赂手段为经营者销售或者购买商品的行为,应当认定为经营者的行为。 第 8 条规定:经营者在商品交易中不得向对方单位或者其个人附赠现金或者物品。但按照商业惯例赠送小额广告礼品的除外。违反前款规定的,视为商业贿赂行为。
《首次公开发行股票并上市管理办法》	第 11 条规定:发行人的生产经营符合法律、行政法规和公司章程的规定,符合国家产业政策。 第 17 条规定:发行人的内部控制制度健全且被有效执行,能够合理保证财务报告的可靠性、生产经营的合法性、营运的效率与效果。 第 18 条规定:发行人不得有下列情形:(一) 最近 36 个月内未经法定机关核准,擅自公开或者变相公开发行过证券;或者有关违法行为虽然发生在 36 个月前,但目前仍处于持续状态;(二) 最近 36 个月内违反工商、税收、土地、环保、海关以及其他法律、行政法规,受到行政处罚,且情节严重;(三) 最近 36 个月内曾向中国证监会提出发行申请,但报送的发行申请文件有虚假记载、误导性陈述或重大遗漏;或者不符合发行条件以欺骗手段骗取发行核准;或者以不正当手段干扰中国证监会及其发行审核委员会审核工作;或者伪造、变造发行人或其董事、监事、高级管理人员的签字、盖章;(四) 本次报送的发行申请文件有虚假记载、误导性陈述或者重大遗漏;(五) 涉嫌犯罪被司法机关立案侦查,尚未有明确结论意见;(六) 严重损害投资者合法权益和社会公共利益的其他情形。

根据前述规定,若拟上市公司存在商业贿赂问题,则证监会对于公司是否合法合规经营以及是否已建立健全并有效执行其内部控制制度将存在重大合理怀疑,

同时对于财务数据的真实性也将产生重大合理怀疑。这些重大合理怀疑都将导致公司不满足"发行条件"中关于"主体资格"和"规范运行"的要求,从而对公司首次发行股票产生重大的实质性障碍。

(二)商业贿赂的认定标准

一般情况下,认定商业贿赂主要把握两个标准:一是"账外给好处";二是"无道理用钱"。

"账外给好处"即业务往来中存在部分财务没有如实入账的情形,对于此种情形,《中华人民共和国反不正当竞争法》作出了明文规定。需要注意的是,"如实入账"已不再仅仅是对交易一方的要求,而是对交易双方的明确要求。

"无道理用钱"是指公司对费用的支出虽然已经如实入账,但是对该行为是否真实、是否具有合理性存在怀疑。例如,对于销售费用是否偏高,是否符合行业惯例,市场推广费或学术推广费是否必要、合理,主办会议和会议规模是否匹配等问题存在怀疑。此类情形存在一个特殊情况,即《关于禁止商业贿赂行为的暂行规定》第8条中所述的"按照商业惯例赠送小额广告礼品的除外",但关于"小额广告礼品"尚无明确的法律规定,属于一个合理性的判断。

随着监管层对商业贿赂重视程度的提高,越来越多的上市公司和拟上市公司在公司章程、员工持股计划管理办法等规范性文件中增加了"不得利用职权收受贿赂或者其他非法收入,不得侵占公司财产""协助党委加强党风建设和组织协调反腐败工作"等条款,以规范企业的经营管理活动,规避商业贿赂行为的发生。

二十、诉讼和仲裁

对于发行人存在的诉讼和仲裁事项,可以从如下角度进行分析(见表7-20),避免对上市工作造成拖延等不利影响。

表7-20 诉讼、仲裁事项对公司上市影响分析表

问题和性质	分析
是否已经结案	对已经审结的案件,简要说明即可。但应核查该案件的经过,以及对公司生产经营的影响,并关注其是否存在潜在的未被发现的风险。
原告还是被告	从上市角度,做原告优于做被告,当然也要合理考察经营模式、交易结构甚至市场地位是否存在问题。 在未审结的案件中,公司做原告时,需详细了解事件经过及对公司的影响,判断是否存在反诉可能;公司做被告时,应予重点关注,特别是应当判断对公司生产经营的影响,应尽量量化并在会计上足额计提相应的或有负债。

(续表)

问题和性质	分析
案由性质	常见的案由如合同纠纷、侵权纠纷。 需要重点关注的是:(1)涉及股权的纠纷,可能影响发行人股权结构及其稳定性,甚至是对实际控制人的认定;(2)涉及重要资产的诉讼,如发行人在用的土地、房产、商标、专利、专有技术以及特许经营权等重要资产或者技术的取得或者使用存在重大不利变化风险的,可能直接对发行人的持续经营造成重大影响。
涉案金额影响	涉案金额不大且对公司未来经营影响较小,可以予以适当关注。 涉案金额较大或对公司未来经营影响较大,需要进行审慎核查,以作出进一步判断。参照《上海证券交易所股票上市规则》的规定,涉案金额超过1 000万元,并且占公司最近一期经审计净资产绝对值10%以上的重大诉讼、仲裁事项,应重点关注;参照《深圳证券交易所股票上市规则》的规定,涉案金额占公司最近一期经审计净资产绝对值10%以上,且绝对金额超过1 000万元的,应重点关注。
核查方法	应到当地司法机构、仲裁部门进行实地走访和全面调查,确认公司是否存在相关的诉讼、仲裁,以及相关诉讼、仲裁的具体情况。
披露方法	参照《公开发行证券的公司信息披露内容与格式准则第1号——招股说明书》的规定,应客观陈述基本案情、诉讼或仲裁请求、判决及执行情况、对发行人的影响。
整改措施	公司是否采取措施避免诉讼、仲裁的再次发生。
对结果的预测	从事实和法律角度对可能的裁判结果进行预测。
对结果的分析	详细估计诉讼或仲裁对公司生产经营尤其是财务数据的影响,充分足额计提或有负债,并作重大风险提示。 如果涉案金额较大或者对公司影响很大,控股股东可以出具承诺,承担败诉可能带来的损失。 发行人公司内部需完善相关风险管控机制,特定行业应建立法务部门,加强合规性管理,从源头上控制未来发生类似纠纷的风险。

对于发行人的诉讼或仲裁事项,发行人及中介机构应从以下方面进行核查和信息披露。

(1)发行人应当在招股说明书中披露对股权结构、生产经营、财务状况、未来发展等可能产生较大影响的诉讼或仲裁事项,包括案件受理情况和基本案情,诉讼或仲裁请求,判决、裁决结果及执行情况,诉讼或仲裁事项对发行人的影响等。如诉讼或仲裁事项可能对发行人产生重大影响,应当充分披露发行人涉及诉讼或仲裁的有关风险。

(2)保荐机构、发行人律师应当全面核查报告期内发生或虽在报告期外发生但仍对发行人产生较大影响的诉讼或仲裁的相关情况,包括案件受理情况和基本案情、诉讼或仲裁请求、判决、裁决结果及执行情况、诉讼或仲裁事项对发行人的影响等。提交首发申请至上市期间,保荐机构、发行人律师应当持续关注发行人诉讼或仲裁的进展情况。发行人是否新发生诉讼或仲裁事项。发行人诉讼或仲裁的重大进展情况以及新发生的对股权结构、生产经营、账务状况、未来发展等可能产生较大影响的诉讼或仲裁事项,应当及时补充披露。

(3) 发行人控股股东、实际控制人、控股子公司、董事、监事、高级管理人员和核心技术人员涉及的重大诉讼或仲裁事项比照上述标准执行。

(4) 涉及主要产品、核心商标、专利、技术等方面的诉讼或仲裁可能对发行人生产经营造成重大影响,或者诉讼或仲裁可能导致发行人实际控制人变更,或者其他可能导致发行人不符合发行条件的情形,保荐机构和发行人律师应在提出明确依据的基础上,充分论证该等诉讼、仲裁事项是否构成首发的法律障碍并审慎发表意见。①

二十一、法律风险

2017年11月12日,第十届中国上市公司法律风险指数发布会在北京召开。此次论坛发布了《2016中国上市公司法律风险指数报告》。本次进入测评的上市公司达到3 032家。

通过对上市公司2016年的表现的测评,发现法律风险指数(企业法律风险成本指数=法律风险成本/企业净利润)与2015年相比有较大幅度下降,跌幅达到5.08%。测评的各项主要指标如违规事件、被追究责任高级管理人员人次、诉讼次数、被出具非标准审计报告份数等,较2015年均有所下降。

在证监会设定的18个行业门类中,11个行业法律风险有所下降,其中制造业下降明显。参与测评的3 032家上市公司中,制造业占1 896个,占比56.3%。制造业的风险降低直接导致整体法律风险的下降。但制造业上市公司整体位于法律风险指数排名较高的风险区域。

上市公司违规次数是上市公司法律风险状况的直接反映,是衡量上市公司法律风险水平的显性指标。测评显示,在进入测评的3 032家公司中,总计有176家公司出现了违规,占所有公司总数的5.8%。违规公司的数量较2015年的181家有着较小幅度的减少。金融业出现违规次数最高,国有控股公司中,违规公司所占比例为6.49%,较2015年有所增加。

根据以上分析,我们可以得出如下结论:第一,目前上市公司的法律风险管理水平虽然有所提高,但是整体堪忧;第二,仅从危害程度角度,此问题的严重性似乎并不低于实际控制人变动、出资不实、违规借贷等问题;第三,确有必要对此问题予以关注和建立行之有效的规范考核制度,并考虑是否有必要作为发行条件之一,可类比参照内部控制制度。

---

① 参见《首发业务若干问题解答(一)》问题13。

二十二、法人治理结构

最新的审核理念越来越强调对发行人法人治理结构的考察,主要有如下要求:

(1)发行人应在招股说明书中进一步细化披露下列内容,主要包括:

①公司股东大会、董事会、监事会、独立董事、董事会秘书制度的建立时间及主要内容,说明相关制度是否符合证监会发布的有关上市公司治理的规范性文件的要求,是否存在差异。

②报告期股东大会、董事会、监事会的实际运行情况,包括但不限于会议召开次数、出席会议情况及决策事项。说明"三会"的召开、决议的内容及签署是否符合相关制度要求,是否存在管理层、董事会等违反《公司法》、公司章程及相关制度等要求行使职权的行为。

③独立董事、外部监事(如有)出席相关会议及履行职责的情况;如独立董事(外部监事)对有关决策事项曾提出异议的,则需披露该事项的内容、独立董事(外部监事)的姓名及所提异议的内容。

④公司战略、审计、提名、薪酬与考核等各专门委员会的设立时间、人员构成及实际发挥作用情况。

公司针对其股权结构、行业等特点建立了保证其内控制度完整、合理、有效和保证公司治理完善的具体措施。

(2)中介机构切实履行尽职调查义务,通过与公司高级管理人员及员工谈话、查阅有关材料并调取公司章程、公司治理相关制度及"三会"会议记录、纪要,核查了解发行人内部组织结构、"三会"实际运行情况,并就下列事项发表明确意见,包括但不限于:

①发行人公司章程是否符合《公司法》《证券法》及证监会和交易所的有关规定,董事会授权是否合规,公司章程的修改是否符合法定程序并进行工商变更登记。

②发行人组织机构是否健全、清晰,其设置是否体现分工明确、相互制约的治理原则。

③发行人是否依法建立健全公司股东大会、董事会、监事会、独立董事、董事会秘书制度,公司战略、审计、提名、薪酬与考核等各专门委员会是否实际发挥作用。

④报告期发行人是否存在违法违规、资金占用、违规担保等情况;"三会"和高级管理人员的职责及制衡机制是否有效运作,发行人建立的决策程序和议事规则是否民主、透明,内部监督和反馈系统是否健全、有效。

⑤独立董事的任职资格、职权范围等是否符合有关规定,有无不良记录;独立董事、外部监事(如有)是否知悉公司相关情况,是否在董事会决策和发行人经营管理中实际发挥作用。

保荐机构、发行人律师应结合核查情况,就发行人是否建立健全且良好运行其组织机构、现代企业制度发表明确意见。

二十三、控股型公司上市

控股型公司是指不直接从事生产经营业务,而是凭借持有其他公司的股份,进行资本营运的公司。控股型公司的主要特点是公司业务主要由下属各控股子公司具体负责经营,母公司主要负责对控股子公司的控制与管理,公司利润主要来源于对子公司的投资所得,现金股利分配的资金主要来源于子公司的现金分红。如控股型公司不能对子公司进行有效的管控,势必无法保证母公司的持续经营能力。

目前,相关法律、法规未对控股型公司上市作出限制性规定,控股型公司上市已不存在任何法律上的障碍。但是,以控股型公司作为拟上市公司,需要在母公司(拟上市公司)对子公司管理、控制方面予以额外的关注。

以下列举了部分控股型公司上市的案例。

表7-21 控股型公司上市案例表

主板	中国联通(600050)、中远海控(601919)、大秦铁路(601006)、招商轮船(601872)、太平洋(601099)、华夏银行(600015)、中国中车(601766)、中国电建(601669)、新天然气(603393)、仁和药业(000650)、青海明胶(000606)、东安动力(600178)、华鲁恒升(600426)、万科(000002)、招商地产(000024)、宜华健康(000150)、苏宁环球(000718)、国兴地产(000838)
中小板	宁波银行(002142)、三特索道(002159)、长青集团(002616)、崇达技术(002815)
创业板	瑞普生物(300119)、迪安诊断(300244)

从对相关案例的审核态度来看,子公司的分红情况、管理制度和公司章程中规定的分红条款,以及上述制度能否保证发行人未来具备持续稳定的现金分红能力是监管部门对控股型公司上市关注的重点;除此之外,母公司能否确保对子公司的研发投入、生产组织、采购销售、质量控制等各项生产经营决策具有控制力并进行制度安排,也可能引起关注。

控股型公司对子公司的管控因具体业务不同而各有侧重,但整体上包括以下方面(见表7-22)。

表7-22 控股型公司对子公司的管控分析表

管控事项	具体分析
分红及财务管控	首先,在分红管控方面,控股型公司应注意以下两方面: (1)制度化的分红安排:母公司应在各子公司的章程和其他财务制度中明确分红的安排,包括但不限于分红条件、分红比例、分红时间、分红程序等; (2)分红历史记录:母公司的财务部门对在报告期内子公司的历年分红情况有详细的记录。 其次,母公司需对子公司的财务实施有效管控:包括财务人员的配备,对资产、资金、现金及费用开支的管理等方面。

(续表)

管控事项	具体分析
人力资源管控	(1)控股型公司应对各子公司的法人、董事、监事、高级管理人的任免享有决定权,必要的关键岗位,可由控股型公司直接指派。 (2)在绩效考核、薪酬管理、奖惩晋升等方面,控股型公司应保证对各子公司的有效控制。 (3)控股型公司应对下属子公司的人力资源的管理制定统一的规范性制度。
经营管控	控股型公司应根据具体情况对子公司的生产、采购、销售、对外投资、融资等日常经营活动进行制度化管理,特别是在决策权限的划分上,达到特定标准的重大经营行为应由母公司进行决策,必要时由董事会、股东大会进行审议。
质量管控	控股型公司应加强对子公司质量管理方面的监督,比如质量管理部门的设置、质量管理规范、质量标准和质量控制流程、具体的产品质量控制和检验等。控股型公司可定期对各控股子公司的质量控制体系进行评估检查,并定期复查产品质量。

二十四、注销主体的合规性

在上市项目中,公司因为生产经营合规性的需要,可能对下属子公司予以清算注销;出于规避不适当的关联交易、同业竞争的原因,也有可能对关联方予以注销清理。对于报告期内有注销主体的情况,中介机构和拟上市公司应关注注销程序的合规性问题。

从法律规定看,根据《公司法》第 183 条、第 184 条、第 185 条、第 186 条、第 187 条、第 188 条的规定,注销公司依法按如下步骤组织清算后,方能办理注销登记,公告终止公司:①依法成立清算组;②公告并通知债权人申报债权,依法对债权进行登记;③清算组接管公司,展开清算工作;④清算组全面清理公司财产、编制资产负债表和财产清单;⑤清算组制订清算方案,并报股东会、股东大会或者人民法院确认;⑥根据股东会、股东大会或者人民法院确认的清算方案分配公司财产;⑦制作清算报告,报股东会、股东大会或者人民法院确认后,申请注销公司登记,公告公司终止。

从实务操作看,公司注销流程主要分为六步:第一,工商注销备案;第二,注销登报公告;第三,国税注销;第四,地税注销;第五,工商注销;第六,银行注销(销户)。

只有经过合法的清算、注销程序,公司才能从法律意义上消灭,公司及负有清算责任的清算主体才能免除相关的法律责任。如果报告期内的相关主体不能正常履行上述注销程序,可能受到吊销营业执照的行政处罚;未在规定时间内注销的企业会被工商部门列入黑名单,以后该企业去工商、税务部门办理任何事务都要经过严格的筛选审核;被吊销企业法定代表人、股东会被工商局列入黑名单,在 3 年内无法使用自己的名义再注册公司;法定代表人会被税务部门列入监控黑名单,如再注册公司,将被税务机关追缴补税罚款。上述情况都会对公司上市造成一定的负面影响。

从对企业上市监管核查的角度,除了注销程序的合规性外,建议中介机构:第一,对报告期内注销主体的合规经营情况进行核查,包括注销主体的历史沿革情况、经营业务及资质、财务往来情况、行政处罚事项、纳税情况等,必要时请主管政府部门开具报告期内至注销时点期间的合法合规证明;第二,合理解释注销的原因,保证披露信息真实、准确、完整。

二十五、承诺函

拟上市公司及其董事、监事、高级管理人员需要准备的承诺文件种类繁多,根据《上海证券交易所股票上市规则》《深圳证券交易所股票上市规则》《深圳证券交易所创业板股票上市规则》《上市公司监管指引第 4 号——上市公司实际控制人、股东、关联方、收购人以及上市公司承诺及履行》《关于进一步推进新股发行体制改革的意见》及《上市公司日常信息披露工作备忘录第 7 号——新股发行上市后相关主体承诺履行等事项的信息披露规范要求》等的规定,发行人、发行人股东、实际控制人、发行人的董事、监事、高级管理人员及其他核心技术人员,以及本次发行的保荐人及证券服务机构等需要作出的重要承诺、签章主体如表 7-23 所示。

表 7-23 重要承诺列举表

承诺类型	对应承诺文件的签章主体
避免同业竞争	控股股东及实际控制人
股份锁定	全体股东
稳定股价措施	公司、控股股东、非独立董事、高级管理人员
信息披露赔偿	公司、控股股东及实际控制人、董事、监事、高级管理人员
5%以上股东持股及减持意向	5%以上股东及一致行动人
未履行承诺的约束措施	公司、控股股东及实际控制人、董事、监事、高级管理人员
规范和减少关联交易	控股股东及实际控制人
填补被摊薄即期回报的措施	公司、董事、高级管理人员
招股书真实性、准确性、完整性	公司、董事、监事、高级管理人员
股本演变情况	董事、监事、高级管理人员签字,公司盖章
自然人股东声明与承诺	自然人股东
核心技术人员声明与承诺	核心技术人员

(续表)

承诺类型	对应承诺文件的签章主体
财务人员声明与承诺	财务人员
社保、公积金	控股股东及实际控制人
公司声明和承诺	公司盖章
中介机构声明	各中介机构及项目人员签字盖章

二十六、安全生产

公司上市过程中,安全生产是证监会关注的重点问题,主要涉及公司生产可持续性、拟上市公司是否已被处罚或存在被处罚的风险、投资者对公司未来发生事故风险的预期状况等。因此,证监会审核IPO项目时,往往会对化工、制造、铸造等生产类企业的安全生产状况进行检查,着重核查报告期内甚至是期外发生的安全生产事故情况。

(一)中介机构重点核查事项

发行阶段的安全生产问题,根据相关文件的规定,需要从以下方面展开:

(1)核查发行人是否依法具备安全生产制度,是否设置了安全生产管理机构或者配备专职安全生产管理人员;是否按规定足额缴存和使用安全生产费用和安全生产风险抵押金;公司日常安全生产、安全施工防护、风险控制等安全事项的合法合规性。

(2)核查发行人的建设项目是否履行了"三同时"制度,是否进行了安全生产论证及办理了预评价手续。

(3)核查发行人是否有办理安全生产许可证的必要,如有,是否依法办理了安全生产许可证。

(4)关注发行人实际经营情况是否符合职业病防治或特种行业安全生产有关法规。

(5)关注发行人曾发生的安全生产事故或因安全生产受到的处罚,除详细披露相关情况外,保荐人和发行人律师还需要对发行人是否构成重大违法行为出具意见,并应取得相关安监部门的意见。

(二)中介机构核查文件

为完成上述核查任务,中介机构需要核查的文件主要有安全生产许可证(如有)、安全验收批准文件,包括公司安全生产责任制度、安全生产规章制度和操作规章、安全培训制度等在内的发行人的安全生产制度;发行人主要负责人和安全管理人员相关资格证书或参与培训证明文件,以及特种作业人员花名册及操作资格证书;公司按规定缴存和使用安全生产费用和安全生产风险抵押金的情况说明;建设项目施工单位的资质证明文件、安全设计审查意见书、竣工试运行方案及其方案文件、安全验收评价报告。

(三) 安监部门核查的范围和内容

按照安监部门有关安全生产的工作程序要求,对发行人安全生产事项的核查主要包括八个方面的内容(见表7-24),对这些实体问题的核查,也应成为中介机构关注的内容。安监部门的证明文件与其他政府主管部门的证明文件一样,并非为中介机构能够免责的充分理由,对于明显存在的严重瑕疵甚至违法事实,中介机构应该有自己的独立判断。

表 7-24 安全生产核查事项和内容一览表

核查事项	核查内容
目标职责	(1)企业应根据自身安全生产实际,制定总体和年度安全生产与职业卫生目标文件,并纳入企业总体生产经营目标; (2)企业应定期对安全生产与职业卫生目标、指标实施情况进行评估和考核,并结合实际及时进行调整; (3)企业应落实安全生产组织领导机构,成立安全生产委员会,并应按照有关规定设置安全生产和职业卫生管理机构,或配备相应的专职或兼职安全生产和职业卫生管理人员,按照有关规定配备注册安全工程师,建立健全从管理机构到基层班组的管理网络; (4)核查企业是否建立健全安全生产和职业卫生责任制、安全生产投入保障制度、安全文化建设、安全生产信息化建设。
制度化管理	(1)企业应建立安全生产和职业卫生法律法规、标准规范的管理制度,编制齐全适用的岗位安全生产和职业卫生操作规程,明确主管部门,确定获取的渠道、方式,及时识别和获取可适用的、有效的法律法规、标准规范,建立安全生产和职业卫生法律法规、标准规范清单和文本数据库; (2)企业应每年至少评估一次安全生产和职业卫生法律法规、标准规范、规章制度、操作规程的适用性、有效性和执行情况; (3)企业应根据评估结果、安全检查情况、自评结果、评审情况、事故情况等,及时修订安全生产和职业卫生规章制度、操作规程。
教育培训	(1)企业应建立健全安全教育培训制度,按照有关规定进行培训,培训大纲、内容、时间应满足有关标准的规定; (2)企业应对各级管理人员、从业人员、进入企业从事服务和作业活动的承包商、供应商的从业人员和接收的中等职业学校、高等学校实习生进行教育培训,确保其具备正确履行岗位安全生产和职业卫生职责的知识与能力。

(续表)

核查事项	核查内容
现场管理	(1)企业应按照有关规定进行建设项目安全生产、职业病危害评价,严格履行建设项目安全设施和职业病防护设施建设、验收、运行、维修、检验、拆除、报废程序; (2)企业应依法合理进行生产作业组织和管理,加强对从业人员作业行为的安全管理,对设备设施、工艺技术以及从业人员作业行为等进行安全风险辨识,采取相应的措施,控制作业行为安全风险; (3)建立承包商、供应商等安全管理制度; (4)企业应为从业人员提供符合职业卫生要求的工作环境和条件,为接触职业病危害的从业人员提供个人使用的职业病防护用品,建立健全职业卫生档案和健康监护档案、职业病危害告知、职业病危害项目申报、职业病危害检测与评价体系。
安全风险管理	(1)建立健全全员安全风险辨识、评估、控制制度; (2)企业应建立隐患排查治理制度,按照有关规定组织开展隐患排查治理工作,及时发现并消除隐患,实行隐患闭环管理。
应急管理	(1)企业应在开展安全风险评估和应急资源调查的基础上,建立生产安全事故应急预案体系,配备应急救援组织、应急设施、装备和物资,建立应急救援信息系统; (2)企业应对应急准备、应急处置工作进行评估; (3)发生事故后,企业应根据预案要求,立即启动应急响应程序,按照有关规定报告事故情况,并开展先期处置。
事故管理	企业应建立事故报告程序、内部事故调查和处理制度、事故档案和管理台账。
持续改进	企业应根据安全生产标准化管理体系的自评结果和安全生产预测预警系统所反映的趋势,以及绩效评定情况,客观分析企业安全生产标准化管理体系的运行质量,及时调整完善相关制度文件和过程管控,持续改进,不断提高安全生产绩效。

(四)安全生产相关规定

有关安全生产的相关规定列举如下(见表7-25)。

表7-25 安全生产相关规定一览表

文件名称	实施日期
《中华人民共和国安全生产法》(2014年修正)	2002年11月1日
《安全生产许可证条例》(2014年修订)	2004年1月13日
《生产安全事故应急预案管理办法》(2016年修订)	2016年7月1日
《生产安全事故罚款处罚规定(试行)》(2015年修正)	2011年11月1日

(续表)

文件名称	实施日期
《安全生产违法行为行政处罚办法》(2015年修正)	2008年1月1日
《生产安全事故信息报告和处置办法》	2009年7月1日
《安全生产事故隐患排查治理暂行规定》	2008年2月1日
《生产安全事故报告和调查处理条例》	2007年6月1日
《生产经营单位安全培训规定》(2015年修正)	2006年3月1日
《建设项目安全设施"三同时"监督管理办法》	2011年2月1日
《建设工程安全生产管理条例》	2004年2月1日

二十七、新三板转板

新三板转板是指在全国股份转让系统挂牌的公司,达到股票上市条件的,可以直接向证券交易所申请上市交易的行为。本部分主要从此种发行上市方式的法律依据、基本流程、法律风险及信息披露与核查要点方面进行介绍。

(一)法律依据

1.国务院《关于全国中小企业股份转让系统有关问题的决定》

二、建立不同层次市场间的有机联系

在全国股份转让系统挂牌的公司,达到股票上市条件的,可以直接向证券交易所申请上市交易……

2.《全国中小企业股份转让系统业务规则(试行)》

4.4.1 挂牌公司发生下列事项,应当向全国股份转让系统公司申请暂停转让,直至按规定披露或相关情形消除后恢复转让:

……

(三)向中国证监会申请公开发行股票并在证券交易所上市,或向证券交易所申请股票上市;

……

4.5.1 挂牌公司出现下列情形之一的,全国股份转让系统公司终止其股票挂牌:

(一)中国证监会核准其公开发行股票并在证券交易所上市,或证券交易所同意其股票上市;

……

3.《全国中小企业股份转让系统挂牌公司暂停与恢复转让业务指南(试行)》

一、暂停转让申请

(一)挂牌公司根据《业务规则》第4.4.1条第(三)项至第(七)项规定情形申请股票暂停转让的,应按照下列流程,办理暂停转让申请业务:

1. 挂牌公司准备申请材料,并报主办券商审查。申请材料包括:
……
(2) 中国证监会出具的受理函和挂牌公司内部决策文件[《业务规则》第4.4.1条第(三)项适用];
……

2. 主办券商应对申请材料的完备性、相关内容的准确性和一致性进行审查;审查无误后,主办券商最晚应于T-1日(T日为暂停转让生效日,且为转让日)15点30分前将加盖主办券商公章的《暂停(恢复)转让申请表》和其他证明材料(如需)的电子扫描件通过电子邮件(电邮地址:ywbl@neeq.com.cn)发送至全国中小企业股份转让系统有限责任公司(以下简称"全国股转公司")。

3. 挂牌公司应在T-1日20点前披露股票暂停转让公告。此后,应当至少每10个转让日披露一次未能复牌的原因和相关事件的进展情况。

4. T日挂牌公司股票暂停转让生效。

(二) 基本流程

新三板挂牌企业申报IPO的基本流程如表7-26。

表7-26　新三板挂牌企业申报IPO基本流程表

序号	IPO事项	新三板事项
1	IPO筹备,确定中介机构,进行尽职调查及问题整改	—
2	签署IPO辅导协议,向证监局申请备案,进入IPO辅导阶段	发布关于上市辅导备案的提示性公告
3	准备IPO申报文件(招股说明书、保荐工作报告、法律意见书、律师工作报告、审计报告),履行中介机构内核程序	—
4	向证监会申报IPO,取得证监会的受理通知	发布暂停转让的公告
5	补充披露,证监会问询、反馈,中介机构及公司进行回复	—
6	通过证监会发行审核委员会的上市审核	发布终止挂牌公告,启动终止挂牌程序,股转系统终止其股票挂牌
7	路演、询价与定价,发布上市公告书,正式发行上市	—

需要说明的是,如挂牌企业因申报IPO已经暂停在新三板转让,但未通过证监会发行审核委员会的审核,或自行撤销申报材料的,应当在全国中小企业股份转让

系统公告恢复转让。

(三) 法律风险及信息披露与核查要求

1. IPO 申报文件内容与全国中小企业股份转让系统公告文件内容不一致的更正要求

若挂牌公司申请 IPO 的申报文件与在全国中小企业股份转让系统指定信息披露平台披露的定期报告内容不一致,应当及时进行更正,披露内容包括:

(1) 更正公告。更正公告中应明确具体更正内容,且更正时间不得晚于招股说明书的披露时间。若定期报告中存在重要的前期差错,更正公告内容还应包括以下方面:前期差错更正事项的性质及原因;逐个列报前期财务报表中受影响的项目名称和更正金额;前期差错更正事项对公司财务状况和经营成果的影响及更正后的财务指标;若存在无法追溯重述的情况,应当说明该事实和原因以及对前期差错开始进行更正的时点、具体更正情况;公司董事会和管理层对更正事项的性质及原因的说明。

(2) 更正后的定期报告。挂牌公司应当对受更正事项影响的最近两个会计年度定期报告以及最近一期定期报告进行更正。

(3) 会计师事务所说明。定期报告涉及重要前期差错更正的,挂牌公司应当披露会计师事务所出具的专项说明。

更正文件涉及挂牌公司首次信息披露内容的,需参照前述内容进行更正,并提供主办券商出具的专项说明,如涉及会计师事务所或律师事务所披露文件更正,应由会计师事务所或律师事务所出具专项说明。

2. 发行人及中介机构需要注意的其他信息披露及核查要求

发行人曾为或现为新三板挂牌公司的,应说明并简要披露其在挂牌过程中,以及挂牌期间在信息披露、股权交易、董事会或股东大会决策等方面的合法合规性,披露摘牌程序的合法合规性(如有),是否存在受到处罚的情形。保荐机构及发行人律师应对上述事项进行核查并发表意见。

此外,对于新三板挂牌公司因二级市场交易产生的新增股东,原则上应对持股 5%以上的股东进行披露和核查。如新三板挂牌公司的股东中包含被认定为不适格股东的,发行人应合并披露相关持股比例,合计持股比例较高的,应披露原因及其对发行人生产经营的影响。[①]

二十八、注册地的选择——IPO 扶贫政策

2016 年 9 月 8 日,证监会公布了《关于发挥资本市场作用服务国家脱贫攻坚战略的意见》(以下简称《脱贫意见》),规定满足条件的企业申请首次公开发行股票

---

① 参见《首发业务若干问题解答(一)》问题 22。

并上市的,"即报即审、审过即发"。据此,扶贫企业比一般企业申报 IPO 的周期大大缩短,无须在证监会排队等待审核,过会后无须等待即可直接领取批文。

(一)适用条件

IPO 扶贫政策的适用条件主要规定于《脱贫意见》中,具体分析如下(见表7-27)。

表7-27 IPO 扶贫政策适用条件情况表

《脱贫意见》的规定		分析
注册地和主要生产经营地均在贫困地区且开展生产经营满3年、缴纳所得税满3年	申请首次公开发行股票并上市的,适用"即报即审、审过即发"	(1)主要适用于原本就在贫困地区的企业,其主要生产经营地(包括生产地或办公地)均需设置在贫困地区; (2)仅是在贫困地区设立壳公司的企业不适用《脱贫意见》; (3)结合首次公开发行股票并上市的条件,"满三年"系指三个完整的会计年度,而非36个月。
注册地在贫困地区、最近一年在贫困地区缴纳所得税不低于2 000万元且承诺上市后3年内不变更注册地		(1)主要适用于迁址至贫困地区的企业; (2)根据2016年9月29日中国证监会办公厅扶贫办培训会议精神,"最近一年"是指最近一个完整的会计年度,而非最近12个月; (3)企业要达到税收2 000万元,按照一般企业所得税税率25%计算,净利润需高于8 000万元;按照高新技术企业所得税优惠税率15%计算,净利润需高于13 333.33万元; (4)企业享受的税收优惠待遇和财政补贴是否需在计算所得税时扣除尚无明确规定。

(二)迁址风险

采用迁址方式以期享受 IPO 扶贫政策的企业,存在一定程度的法律风险,主要为以下方面:

(1)《脱贫意见》尚未出台实施细则,具体的要求仍不明确。

(2)企业迁址可能存在审批难度。满足《脱贫意见》适用条件的企业,对原注册地的税收、就业等均有较大贡献,企业在决策前,需要和政府、税务等主管机关充分沟通,并取得其同意。

(3)企业迁址后,人力资源、业务模式等与贫困地区是否配套存在较大不确定性,生产经营的稳定性可能会受到不利影响。

(4)脱贫地区脱贫摘帽后,是否仍可适用《脱贫意见》存在不确定性。虽然根据2016年9月29日证监会办公厅扶贫办培训会议精神,贫困地区脱贫摘帽后不影响政策的连续,但截至目前,仍未有相关细则出台。

(5)证监会对 IPO 扶贫企业的审核标准没有降低,审核环节没有减少。《脱贫意见》出台后,证监会对来自贫困地区的企业的审核标准并没有降低,被否决、被取消审核和通过的案例均有,只是在审核进度上给予了优先权。

(三)适用建议

结合企业的实际情况,综合考虑风险和收益,慎重选择。

二十九、访谈核查

访谈是上市项目中中介机构对发行人的主要尽职调查手段之一,主要包括访谈发行人的股东、董事、监事、高级管理人员、供应商、客户和其他特定事项涉及的相关主体。以走访发行人供应商和客户为例,访谈的基本流程和主要工作如表 7-28 所示。

表 7-28 访谈核查主要工作内容表

流程	主要工作
准备	(1)确定被访谈对象: ①会计师申报的审计报告初稿基本完成后,根据审定的数据确定重要供应商和客户名单。 ②一般需覆盖相关交易总量的 60%~80%(含终端客户),其中集中度高的,建议走访相关交易总量的 90%~100%,非常分散的,不得低于相关交易总量的 50%。 ③必须包含发行人报告期年度排名前二十、交易金额波动较大、新增或不再合作、有关联关系等对发行人有重要影响的供应商和客户(含终端客户)。 (2)确定被访谈人:被访谈对象的主要股东或高级管理人员、授权的个人、主要业务人员。 (3)确定访谈目的:核实供应商和客户是否真实存在,与发行人交易是否真实,交易价格是否合理公允,与发行人是否存在关联关系。 (4)撰写走访记录提纲,主要应包含如下内容: ①访谈基本情况:访谈人与被访谈人、访谈对象、访谈时间和地点。 ②被访谈对象基本情况:营业执照上的基本信息、股权架构、实际控制人、董事、监事、高级管理人员名单等。 ③被访谈对象与发行人及其董事、监事、高级管理人员、中介机构之间的关联关系。 ④业务部分:被访谈对象的年度财务数据、与发行人的合作模式(含业务合同主要条款)、与发行人合作的交易金额及占比情况(发行人报告期内),以及被访谈对象与其他主体的同类交易情况、应收应付款金额、纠纷或潜在纠纷情况、未来合作计划等。 ⑤确认其他重大变化或异常情况。
时间	一般在申报前半年进行。

（续表）

流程	主要工作
方式	（1）券商、会计师和律师分别委派代表，共同参与。 （2）安排集中走访。 （3）发行人提前和供应商及客户沟通走访时间、访谈内容及要求，并陪同完成走访。
要求	（1）访谈记录需要被访谈人签名。 （2）访谈记录需加盖被访谈对象公章，如不能加盖公章，可以要求其加盖业务章或合同章。 （3）取得被访谈人的名片（需加盖被访谈对象公章）、身份证复印件（需签字或加盖被访谈对象公章）和接受访谈的授权委托书的原件。 （4）访谈人与被访谈人在挂有被访谈对象明显标识处合影。 （5）在访谈地点（被访谈对象的生产经营场所）实地拍照，查看其生产经营现状及与发行人有合作的相关产品的现状。 （6）如果被访谈人或被访谈对象拒绝访谈，或拒绝签名、盖章、提供其他证明文件，访谈人需制作走访记录，记录走访实际情况，并由访谈人签字。 （7）保留走访行程的车票复印件。 （8）收集被访谈对象最新营业执照、公司章程/合伙协议、业务资质，与发行人的业务合同、付款凭证及发票等资料。

第八章 会计与税务

第一节 会　计

一、会计问题的本质和关键

(一) 会计问题的本质是公司的经营问题

会计是对公司经营活动最全面的核算和反映,财务问题(比如财务数据不达标、财务比率不稳健、现金流不正常等)本质上主要是公司的生产经营问题。解决财务与会计问题的关键是改善公司的盈利能力和提高公司的核心竞争力。

(二) 会计问题的关键是正确适用准则

财务会计问题的灵活性和创造性远不如投行问题和法律问题,上市过程中的财务问题主要是发行人正确适用企业会计准则核算企业经营成果,会计师事务所正确适用审计准则出具审计报告。一般情况下,会计报告应为无保留意见的标准审计报告,个别情况下是带有说明的无保留意见的审计报告。

《企业会计准则——基本准则》自 2007 年 1 月 1 日起施行,发行人只需申报三年又一期财务报告。《首发管理办法》"财务与会计"一节的内容十分详尽具体,在此仅明确一个技术细节问题:主板和创业板的净利润均强调"以扣除非经常性损益前后较低者为计算依据",即采取"不利解释"。非经常性损益的范围以《公开发行证券的公司信息披露解释性公告第 1 号——非经常性损益》为准,通常包括以下项目:

(1) 非流动性资产处置损益,包括已计提资产减值准备的冲销部分;

(2) 越权审批,或无正式批准文件,或偶发性的税收返还、减免;

(3) 计入当期损益的政府补助,但与公司正常经营业务密切相关,符合国家政策规定、按照一定标准定额或定量持续享受的政府补助除外;

(4) 计入当期损益的对非金融企业收取的资金占用费;

(5) 企业取得子公司、联营企业及合营企业的投资成本小于取得投资时应享有被投资单位可辨认净资产公允价值产生的收益;

(6) 非货币性资产交换损益;

(7) 委托他人投资或管理资产的损益;

(8) 因不可抗力因素,如遭受自然灾害而计提的各项资产减值准备;
(9) 债务重组损益;
(10) 企业重组费用,如安置职工的支出、整合费用等;
(11) 交易价格显失公允的交易产生的超过公允价值部分的损益;
(12) 同一控制下企业合并产生的子公司期初至合并日的当期净损益;
(13) 与公司正常经营业务无关的或有事项产生的损益;
(14) 除同公司正常经营业务相关的有效套期保值业务外,持有交易性金融资产、交易性金融负债产生的公允价值变动损益,以及处置交易性金融资产、交易性金融负债和可供出售金融资产取得的投资收益;
(15) 单独进行减值测试的应收款项减值准备转回;
(16) 对外委托贷款取得的损益;
(17) 采用公允价值模式进行后续计量的投资性房地产公允价值变动产生的损益;
(18) 根据税收、会计等法律、法规的要求对当期损益进行一次性调整对当期损益的影响;
(19) 受托经营取得的托管费收入;
(20) 除上述各项之外的其他营业外收入和支出;
(21) 其他符合非经常性损益定义的损益项目。

二、操纵利润的常见方法

为了实现上市的目的,有的企业采取各种方法操纵利润,比较常见的方法是增加利润,粉饰业绩;也有的企业为了体现利润增长的连续性,压低当年利润转移到下一年实现的情形。以下列举一些操纵利润的常见方法。

1. 通过挂账处理,进行利润操纵

根据会计制度的规定,企业所发生的该处理的费用,应在当期立即处理并计入损益。但有些企业,为了达到利润操纵的目的,尤其是为了使当期盈利,故意不遵守规则,通过挂账等方式降低当期费用,以实现虚增利润之目的。

(1) 应收账款尤其是3年以上的应收账款长期挂账。应收账款是企业因销售产品、提供劳务及其他原因,应向购货方或接受劳务的单位收取的款项,是企业的销售业务,也是企业的主营业务,因此,一般而言,应收账款能否收回,对企业业绩影响很大。但对于3年以上的应收账款,收回的可能性极小,按规定应转入坏账,准备并计入当期损益。

(2) 存在企业为了虚增销售收入而虚列应收账款的情况,因此,对于由"应收账款"科目而导致的利润操纵一定要引起特别注意。

(3) 待处理财产损失长期挂账,比如在建工程长期挂账,主要体现在大部分企业在自行建造固定资产时,都会对外部分融入资金。而借款需按期计提利息,按会计制度规定,这部分借款利息在在建工程没有办理竣工手续之前应予以资本化。如果企业在建工程完工了而不进行竣工决算,利息就可计入在建工程成本,这样一方面可以使当期费用减少(财务费用减少),另一方面又可以少提折旧,就可以从两个方面来虚增利润。

(4)该摊费用不摊。对于企业来说,待摊费用和递延资产实质上是已经发生的一项费用,应在规定期限内摊入有关科目,计入当期损益。但一些企业则为了某种目的少摊,甚至不摊。

2. 通过变更折旧方式操纵利润

企业对固定资产正确地计提折旧,对计算产品成本(或营业成本)、计算损益都将产生重大影响。在影响计提折旧的因素中,折旧的基数、固定资产的净残值两项指标比较容易确定,但在固定资产使用年限的确定上却较难把握。事实上,固定资产折旧除有形磨损外,还有无形磨损,而且企业和行业不同,磨损情况也不相同,因此,企业往往有足够的理由变更固定资产折旧方式。同时,变更固定资产折旧方式只会影响会计利润,却不会影响应税利润。因为会计准则和税收法规确认收入和费用的特点及标准不同,税法对各类固定资产折旧另有规定,企业降低折旧率只会增加会计利润却不会增加应税利润,对企业现金流量也不会产生影响。

3. 通过非经常性收入进行利润操纵

(1)其他业务利润。其他业务是企业在经营过程中发生的一些零星的收支业务,其他业务不属于企业的主要经营业务,但对于一些企业而言,对企业总体利润的贡献不容忽视。

(2)投资收益。投资是指企业为通过分配来增加财富,或为谋求其他利益,而把资产让渡给其他单位所获得的另一项资产。因此,投资通常是企业的部分资产转给其他单位使用,通过其他单位使用投资者投入的资产创造效益后分配取得的,或者通过投资改善贸易关系等达到获取利益的目的。当然,在证券市场上进行投资所取得的收益,实际上是对购入证券的投资者投入的所有现金的再次分配的结果,主要表现为价差收入,以使资本增值。但企业往往利用投资收益的手段,达到掩盖企业亏损的目的。

(3)关联交易引致的营业外收支净额。关联交易是指存在关联关系的经济实体之间的购销业务。倘若关联交易以市价作为交易的定价原则,则不会对交易的双方产生异常影响。而事实上,有些企业的关联交易采取了协议定价原则,定价的高低一定程度上取决于企业的需要,使利润在关联企业之间转移。

在主营业务收入中,直接制造虚增是比较困难的(也容易被注册会计师查出),企业可以通过对"其他业务收入"的调整来影响利润总额。其他业务收入包括材料销售、技术转让、代购代销、包装物出租等收入。在这种操作中,并不采用一般商品的购销,因为一般商品交易存在市场公允价格,按规定需按公允价格调整。企业可以通过向关联人出售劳务活动来增加"其他业务收入"。与一般商品不同,有些劳务活动是独特的,很难找到公允价格,这些劳务活动主要有出售已有的研究开发成果、提供加工服务、提供经营管理服务等,直接收取收入;另外也可以通过直接或间接让关联单位为其负担某些费用的方式减少费用开支,增加利润。

(4)调整以前的年度损益。在利润表中,"以前年度损益调整"科目反映的是企业调整以前年度损益事项而对本年度利润的影响额。

(5)补贴收入。对于需要利润达标而又未能通过自我努力实现必要的利润的企业,可能会向当地政府争取补贴收入。地方政府从本地经济与上市指标角度考虑可能会大力相助,政府可以只出一份准予补贴的文件,不必立即支付补贴金额,企业按规定计算应收的补贴,借记"应收补贴款",贷记"补贴收入",顺利地增加利润总额。

(6)转让研究开发活动。会计制度规定,自行开发过程中发生的费用,计入当期费用。如果是自行开发并按法律程序申请取得的无形资产,按依法取得时发生的注册费、聘请律师费等费用,借记"无形资产",贷记"银行存款"等科目。尽管这部分活动计入了费用,开发企业仍可转让其研究开发的成果,按实际取得的转让收入,借记"银行存款",贷记"其他业务收入",结转转让无形资产的摊余价值,借记"其他业务支出"(由于允许计入无形资产的开发费用很少,其他业务支出金额很少)。因此企业可以通过关联交易,对其花费很少的研究活动,收取大量费用来增加本年收入(虽然这种转让不一定会为受让的关联方带来利益)。

4. 通过变更投资收益核算方法进行利润操纵

企业对外进行长期股权投资,一般使用两种方法核算投资收益,即成本法和权益法。使用哪种方法核算投资收益有明确的规定,但事实上一些企业却违反法律、法规的规定,肆意变更投资收益核算方法,以达到操纵利润的目的。比如将长期投资收益核算方法由成本法改为权益法,投资企业就可以按照占被投资企业股权份额核算投资收益(即使实际上没有红利所得)。同时,所得税法则是根据投资企业是否从被投资企业分得红利及红利多少来征税的。因此,在被投资企业盈利的情况下,将投资收益核算方法由成本法改为权益法,一方面可以虚增当期利润,另一方面无须为这些增加的利润缴纳所得税。

5. 其他方法的利润操纵

(1)选择会计政策(会计估计)。企业对存货成本的计算若采用不适当的方法或任意分摊存货成本,就可能降低销售成本,增加营业利润。如按定额成本法计算产品成本,应将定额成本与实际成本的差异按比例在期末产品、库存产品和本期销售产品之间分摊,但有的企业为了达到利润操纵的目的,定额成本差异只在期末产品和库存产品之间分摊,本期销售产品不分摊产品定额成本差异,从而达到虚增本期利润的目的。

也有一些企业任意改变存货发出核算方法,如在物价上涨的情况下,把加权平均法改为先进先出法,以期达到高估本期利润的效果。更有甚者,故意虚列存货,或隐瞒存货的短缺或毁损。

(2)费用任意递延。如把当期的财务费用和管理费用列为递延资产,从而达到减少当期费用以进行利润操纵。

(3)对外负债的不当计算。一些企业通过对外欠款在当期漏计、少计或不计利息费用或少估应付费用等方法来隐瞒真实财务状况。

(4)非真实销售收入。一些企业通过混淆会计期间,以把下期销售收入提前计入当期,或错误运用会计原则,将非销售收入列为销售收入,或虚增销售业务等方法,来增加本期利润以达到利润操纵之目的。

(5)利用销售调整增加本期利润。一些企业在本年内(一般是年末)向外销售商品,同时私下协议于下一年以销售退回的方式收回,从而增加本年的主营业务收入及主营业务利润。虽然这会导致下一年销售收入的减少(冲减退回期的销售收入),但可以满足短期利益要求。

(6)向关联方出租资产与土地使用权来增加收益。会计制度对出售资产要求必须以公允价格成交,而且需要结转资产的成本,一般来说,通过公允价格处置长期资产不一定会得到净收益。由于会计制度对租金收入合理性的规定较少,所以上市公司往往通过向关联方出租长期资产的方式由外部转移收入,取得确定的大额收入(与关联方交易经常用的另一种方法是出售公司的长期股权投资,此问题在后面讲述)。

(7)向关联方借款融资,降低财务费用。对于资产负债率较高的上市公司来说,每年要负担固定的借款利息成本(记入财务费用),为了降低财务费用从而提高主营业务利润,公司可以通过向关联方借款来减少对银行的负债,因为向关联方借款的利息支出可以在双方之间灵活确定是否支出、何时支出、支出金额。

三、企业上市过程中的部分会计核算问题及对策

在为发行人进行三年又一期的审计工作中,常常会遇到会计基础薄弱、处理不合规、政策选择失误等情况,表8-1列举了部分有代表性的问题和解决的建议,在此摘录,供参考。

表8-1 部分会计问题分析表

问题概述	问题内容	建议
会计记录不齐全、不完整	历史年度会计记录尤其是历史交易的支持性凭证(合同或者协议)等缺失。	企业需要提前整理会计记录,确保会计记录及相关支持性凭证的完整。

（续表）

问题概述	问题内容	对策建议
大量以现金支付的交易引致审计跟踪困难	有可能无法提供审计需要的支持性凭证。	企业需要提前查清历史交易，对于现金交易，提前准备合同、协议、收款凭证等支持性凭据，或者考虑在审计过程中配合取得与相关交易方的函证。
收入、成本截止性差异	常见的操纵利润的手段，收入和成本的确认，以现金收付或开出/收到发票为基础确认。	按照权责发生制进行调整，企业需要与审计师提前沟通，在会计师帮助下尽快汇总并修正申报期间各期收入及成本的截止性错误。
关联交易会计处理及披露	定价有失公允并因此存在税务风险。	企业需提前整理关联方清单，统计历史各期关联交易，对比关联交易与第三方交易对价是否相近。
资产减值准备充分计量	未对资产的可回收性进行系统分析和评价，资产减值准备可能被低估。	企业需要提前准备审计分析所需要的有关资料（如应收账款账龄、存货销售价格等）。
研发费用资本化	内部研发费用全部费用化，没有按照会计准则进行资本化。	根据要求区分研究和开发阶段并进行适当的资本化。
佣金及回扣的确认及处理	佣金及回扣按照现金收付原则进行会计处理。	企业需在佣金及回扣对应的销售交易确认收入时点，确认由此引致的佣金及回扣。
职工福利	部分企业未按照政策规定为职工足额缴纳各项社保费用。	可咨询主管机构，了解社保计提政策，对照历史期间职工社保缴纳情况，匡算历史期间未足额缴纳社保的金额。
股权激励计划	会计处理复杂有可能对公司财务报表有较大影响，不仅会减少当年的利润，还会影响公司以后几年的利润。	设计股权激励计划时应充分考虑对公司财务状况的影响，必要时咨询会计师。
长账龄往来账目清理	部分企业存在长账龄的应收款，也有应付款。	可以提前启动对账程序，对无法收回的长账龄应收款项，足额计提坏账准备或考虑予以核销；对长账龄无须支付的负债，在取得必要支持性凭据的情况下，考虑予以核销并确认收入。营业外收入不要长期挂在账上。

四、监管层高度关注的财会事项和政策把握

实务中,监管层高度关注的财会事项和政策把握主要体现在以下方面,详见表8-2。

表8-2 部分会计政策要点把握一览表

关注事项	关注要点和政策把握
财务分析	(1)三年又一期财务报表的编制。 (2)《企业会计准则解释第3号》对利润表的调整,列示其他综合收益和综合收益总额。 (3)《企业会计准则——应用指南》《公开发行证券的公司信息披露编报规则第15号——财务报告的一般规定》和《公开发行证券的公司信息披露规范问答第7号——新旧会计准则过渡期间比较财务会计信息的编制和披露》的规定。 (4)计算正确,报表项目之间勾稽关系准确。
合并财务报表	(1)合并范围:拥有其半数以下表决权但纳入合并范围的子公司;拥有其半数以上表决权但未纳入合并范围的子公司;关注亏损的子公司(或联营企业),是否存在故意不将其纳入合并范围的情况。 (2)有限合伙基金的报表合并问题:根据《企业会计准则第33号——合并财务报表》的相关规定,合并财务报表的合并范围应当以控制为基础予以确定。判断是否构成控制应当考虑以下因素:①投资方是否具有主导被投资方的能力。该标准与执行合伙事务的权力并不绝对对应,应结合合伙企业内部表决权的控制情况及投资方是否具有实质性权力来综合判断。②投资方自被投资方取得的回报可能会随着被投资方的业绩而变动。实务中,普通合伙人和有限合伙人的收入分配机制不同,可变回报的判断往往是一个相对的概念,需要结合具体情况进行认定。③运用主导被投资方的能力而影响回报。该标准是标准①的延续,强调投资方能够以其对被投资方的控制力来影响其获得的回报收入。④投资方与其他方的关系。在判断是否控制被投资方时,应当确定投资方是以主要责任人还是代理人的身份行使决策权,在其他方拥有决策权的情况下,还需要确定其他方是否以其代理人的身份代为行使决策权。代理人作为代表其他方行使权力的第三方,并不控制被投资方。 (3)资不抵债子公司超额亏损。 (4)《企业会计准则解释第3号》对利润表的调整。
现金流量表	(1)关注经营活动现金净流量与营业利润不匹配、相差过大的情况。 (2)关注经营活动现金净流量为负的情况。 (3)关注现金净流量为负的情况。

(续表)

关注事项	关注要点和政策把握
财务分析——收入	(1) 收入分析。 (2) 收入的确认条件:主要风险和报酬转移;没有保留通常与所有权相联系的继续管理权,也没有对已售出商品实施有效控制;收入的金额能够可靠计量;经济利益很可能流入企业;成本能够可靠计量。 (3) 应阅读公司的相关报告。 (4) 收入来源的持续性可运用趋势百分比分析。收入持续性分析考虑的因素:客户分析——集中程度、依赖性及稳定性;收入的集中程度或对单个部门的依赖性;市场在地理上的分散程度;关注毛利率的变化;关注综合收益。
财务分析——应收账款	(1) 应收账款构成:主要客户;账龄分析。 (2) 应收账款趋势。 (3) 坏账准备计提。
财务分析——存货	(1) 企业应当采用先进先出法、加权平均法或者个别计价法确定发出存货的实际成本。取消了确定发出存货成本的后进先出法。 (2) 资产负债表日,存货应当按照成本与可变现净值孰低计量。 (3) 特殊行业的存货盘点问题(如水产养殖、化工行业)。
财务分析——长期股权投资	(1) 对子公司长期股权投资的核算由权益法改为成本法。 (2) 长期股权投资初始投资成本的调整,商誉每年作减值测试。 (3) 超额亏损的确认。
财务分析——企业合并	(1) 企业合并的类型。 (2) 同一控制下企业合并,合并前利润应单独列示,作为非经常损益。 (3) 非同一控制下企业合并,商誉的确认。
关于同一控制下的企业合并问题	(1) 根据《企业会计准则第20号——企业合并》第5条第1款的规定,同一控制下的企业合并须满足严格的限定条件,要求参与合并的企业在合并前后均受同一方或相同的多方最终控制且该控制并非暂时性的。 (2) 根据《〈企业会计准则第20号——企业合并〉应用指南》的规定,同一方,是指对参与合并的企业在合并前后均实施最终控制的投资者。相同的多方,通常是指根据投资者之间的协议约定,在对被投资单位的生产经营决策行使表决权时发表一致意见的两个或两个以上的投资者。控制并非暂时性的,是指参与合并的各方在合并前后较长的时间内受同一方或相同的多方最终控制。较长的时间通常指1年以上(含1年)。

(续表)

关注事项	关注要点和政策把握
	(3)根据《企业会计准则实施问题专家工作组意见》的规定,通常情况下,同一控制下的企业合并是指发生在同一企业集团内部企业之间的合并。除此之外,一般不作为同一控制下的企业合并。在认定相同的多方作为实际控制人时,不认可委托持股或代持股份等在法律上存在瑕疵的安排。 在实际执行中,对该种同一控制下的企业合并会进行严格审查。在发行人、会计师、律师出具充分意见的基础上,如果符合同一控制下的企业合并条件,最终控制的相同多方持股应占绝对多数,一般持股51%以上。 (4)根据《企业会计准则第20号——企业合并》的规定,合并日,是指合并方实际取得对被合并方控制权的日期。企业合并应当同时满足下列要求:企业合并合同或协议已获股东大会等通过;企业合并事项需要经过国家有关主管部门审批的,已获得批准;参与合并各方已经办理了必要的财产转移手续;合并方或购买方已支付了合并价款的大部分(一般应超过50%),并且有能力、有计划支付剩余款项;合并方或购买方实际上已经控制了被合并方或被购买方的财务和经营政策,并享有相应的利益,承担相应的风险。 (5)发行人报告期内存在非同一控制下的企业合并,应关注被合并方对发行人资产总额、营业收入或利润总额的实际影响。
财务分析——投资性房地产	(1)对投资性房地产采用公允价值模式计量的条件。 (2)采用公允价值模式计量的,不对投资性房地产计提折旧或进行摊销,应当以资产负债表日投资性房地产的公允价值为基础调整其账面价值,公允价值与原账面价值之间的差额计入当期损益。 (3)企业对投资性房地产的计量模式一经确定,不得随意变更。宜采用公允价值模式计量的投资性房地产,不得从公允价值模式转为成本模式。
财务分析——固定资产	(1)可选用的折旧方法包括年限平均法、工作量法、双倍余额递减法和年数总和法等。 (2)固定资产是否和公司的生产能力相匹配。 (3)募投项目购入固定资产的,关注折旧对公司未来盈利的影响。 (4)固定资产金额特别小的。
财务分析——无形资产	(1)无形资产的范围:作为投资性房地产的土地使用权、企业合并中形成的商誉。 (2)分类:使用寿命有限的无形资产、使用寿命不确定的无形资产不应摊销。 (3)允许部分开发费用资本化,开发阶段的支出确认为无形资产的条件(五个条件)。 (4)允许部分无形资产的摊销金额计入成本。

(续表)

关注事项	关注要点和政策把握
财务分析——资产减值	(1)资产减值损失已经确认,在以后会计期间不得转回。 (2)因企业合并形成的商誉和使用寿命不确定的无形资产,无论是否存在减值迹象,每年都应当进行减值测试。 (3)表明资产可能发生了减值现象。
财务分析——职工薪酬	(1)关注职工辞退福利产生的预计负债。 (2)存在解除与职工的劳动关系的计划,满足预计负债确认条件的,应当确认职工辞退福利。 (3)是否涉及股份支持(激励)。
财务分析——债务重组	(1)不属于公司日常经营的业务,应予以重点关注。 (2)债务重组对当期损益的影响应作为非经常性损益。 (3)债务重组损益计入营业外收入或营业外支出。
财务分析——非货币性资产交换	(1)不属于公司日常性的业务,应予以重点关注。 (2)非货币性资产交换对当期损益的影响为非经常性损益。
财务分析——或有事项	(1)区分预计负债和或有负债,预计负债归入损益,或有负债进行披露。 (2)企业不应当确认或有资产。
财务分析——政府补助	(1)分类:资产相关的政府补助;收益相关的政府补助。 (2)政府补助的金额,是否对企业的盈利能力产生重大影响。 (3)政府补助是否有相应的批准文件。 (4)政府补助是否按照权责发生制的原则需要作为递延收益。
财务分析——借款费用	(1)借款费用开始、暂停、停止资本化的时点。 (2)专门借款利息费用全部资本化。 (3)一般借款利息费用符合条件也可资本化。 (4)关注是否存在利用借款费用大量资本化操纵利润的情形。
财务分析——所得税	(1)是否采用资产负债表债务法核算所得税。 (2)税收优惠的相关批准文件是否合理合法。 (3)资产负债表日,企业应当对递延所得税资产的账面进行复核。如果未来期间很可能无法获得足够的应纳税额用以抵扣递延所得税资产的利益,应当减记递延所得税的账面价值。
财务分析——金融工具	(1)金融资产在初始确认时划分为四类:交易性金融资产和指定为以公允价值计量且其变动计入当期损益的金融资产;持有至到期投资(摊余成本计量);贷款和应收款项;可供出售的金融资产。 (2)判断是否存在利用金融工具分类或重分类进行利润操纵的情形。 (3)金融资产发生减值的客观证据。

(续表)

关注事项	关注要点和政策把握
会计分析——会计政策、会计估计变更和差错更正	(1)会计政策变更→追溯调整法。 (2)会计估计变更→未来适用法。 (3)重要的前期差错更正→追溯重述法。 (4)管理层对同一事项在报告期间所采用的会计政策和所作的会计估计应前后一致。 (5)重点关注会计政策和会计估计前后不一致的现象。 (6)《公开发行证券的公司信息披露规范问答第7号——新旧会计准则过渡期间比较财务会计信息的编制和披露》的要求。
每股收益	(1)是否按证监会的有关规定计算和披露每股收益。 (2)关注基本每股收益、稀释每股收益、全面摊薄每股收益相差过大的情况。 (3)基本每股收益:归属于普通股股东的净利润除以发行在外的普通股的加权平均数。 (4)稀释每股收益:调整后归属于普通股股东的报告每期净利润除以调整后发行在外普通股的加权平均数。
财务分析——关联方披露	(1)关联方的认定:一方控制、共同控制另一方或对另一方施加重大影响,以及两方或两方以上同受一方控制、共同控制或重大影响的,构成关联方。 (2)关联方交易,是指关联方之间转移资源、劳务或义务的行为,而不论是否收取价款。关联方交易的监管理念:企业只有在提供确凿证据的情况下,才能披露关联方交易是公平交易(《企业会计准则第36号——关联方披露》第12条)。 (3)《公开发行证券的公司信息披露内容与格式准则第1号——招股说明书》要求披露的关联方比《企业会计准则第36号——关联方披露》的相应要求更严格:持有5%以上股份的主要股东。 (4)关联方资金占有、担保问题。 (5)关注利用关联交易或关联交易非关联化而操纵利润的情形。
关于发行人利润主要来自子公司的问题	发行人利润主要来源于子公司,现金分红能力取决于子公司的分红。对于报告期内母公司报表净利润不到合并报表净利润50%的情形,审核中按以下标准掌握: (1)发行人应补充披露报告期内子公司的分红情况。 (2)发行人应补充披露子公司的财务管理制度和公司章程中规定的分红条款,并说明上述财产管理制度、分红条款能否保证发行人未来具备现金分红能力。 (3)请保荐机构和会计师对上述问题进行核查,并就能否保证发行人未来具备分红能力明确发表意见。

五、补充信息披露实务举例汇总

表 8-3 为部分实务典型问题的分类汇总。其中进一步的补充披露信息是近年审核重点关注的问题,这些问题具有典型意义,既遵循了法律的原则规定,又体现了实务工作关注的要点。在实务工作中,最好在申报材料前对表 8-3 所列问题和其他问题都已采取了各种补救办法,并且尽可能积极主动地披露,不能解决的也要大幅降低其风险,并能提供合情合理的说明。

表 8-3 部分会计问题补充披露分析表

项目	关注点	发行人和中介机构补充披露的基本要求
存货	存货增长的合理性	导致某年末存货大幅增加的具体因素和影响数。 结合成本结转流程、发出商品核算方式等,分析说明并披露存货增长较快的原因。
	大量采购存货必要性	报告期内公司采购大量××材料和××材料,某年对××材料计提××万元跌价准备;在"业务与技术"一节中披露采购××材料和××材料的原因。
	申报期间存货的增减变动对发行人经营的影响,存货跌价政策对发行人损益的影响	说明报告期内每月末的库存商品余额变化情况,三年又一期报告期末库存商品中过季商品的金额、占库存商品的比例,公司对过季商品如何处理。说明报告期内存货跌价准备的计提是否充分。 结合行业特点补充分析报告期内存货金额变动的原因并补充披露存货减值计提政策,以及是否符合谨慎性原则,是否已足额计减值准备。
	存货的明细、各项周转指标与行业情况比较	说明并披露报告期期末存货明细,并结合市场发展、行业竞争状况、公司的生产模式及物流管理,分析存货周转能力。
	成本降低的原因	××类、××类成本逐年降低,说明并披露原材料成本下降对产品成本的影响,同期主要原材料市场的价格变化情况。
	存货跌价准备计提是否充分	公司生产所需主要原材料 A 原料的价格某年年末跌至不到上一年第三季度的一半,且公司第三季度大量购入了 A 原料。结合各种主要产品的单价、成本、毛利率、销量走势等变化情况,说明并披露报告期内是否已充分计提存货跌价准备。

(续表)

项目	关注点	发行人和中介机构补充披露的基本要求
无形资产开发支出、研究开发费	内部研发费用、无形资产中开发支出的明细内容,费用资本化依据	(1)报告期发生的内部研究开发项目支出总额。 (2)说明计入无形资产与开发支出的明细项目的情况,所处阶段及研发费用资本化的依据。 (3)招股说明书未披露研发费用的金额、构成情况。 (4)补充披露"预付账款"中预付研发费用的背景、协议和目的。 (5)披露研发模式以及研发费用的内容和变动原因。 (6)披露内部研究开发项目的研究阶段支出与开发阶段支出的区分标准,确认无形资产开发支出的依据;根据《公开发行证券的公司信息披露内容与格式准则第28号——创业板公司招股说明书》第44条的要求披露无形资产的相关内容。 (7)分析说明并披露公司科技开发费的构成明细情况、报告期内科技开发的变动情况及原因。 (8)结合研究开发阶段的特点,说明并披露划分研究阶段和开发阶段、研究开发支出资本化的会计政策,开发阶段支出可以确认为无形资产的具体条件。会计师进行核查并对与研究开发支出相关的会计处理是否符合《企业会计准则第6号——无形资产》明确发表意见。 (9)说明并披露正在从事的研发项目进展情况,拟达到的目标对发行人业务的影响。
	明确无形资产的产权关系,避免产生相关法律障碍	(1)办妥商标和专利权的所有权人名称变更手续,并披露办理情况和承诺期限。 (2)保荐机构在《发行保荐工作报告》中提到发行人关联方某公司在国内注册了三个名称为"TTT"的注册商标,并于某年某月某日将该三个商标无偿转让给了发行人。在招股说明书中补充披露某公司转让该商标的原因,与该转让行为相关的协议内容、条件,并予以明确列示。 (3)补充提供公司拥有的各项发明专利和实用新型专利的专利权证书,保荐机构和律师核查公司拥有的各项专利权证书是否已过户到发行人名下。

(续表)

项目	关注点	发行人和中介机构补充披露的基本要求
税收问题	关注发行人纳税情况的披露是否充分、完整	(1)补充披露某年度和某某年度营业税金为零的原因。 (2)在"主要税种纳税情况的说明"中列示各年度本期应缴税的金额。 (3)提供各子公司近三年又一期的所得税纳税申报表,并请当地税收征管机构出具关于子公司纳税情况的证明。
	关注历次股权转让过程中纳税义务的履行情况是否存在潜在税务风险	对公司股东历次股权转让、以未分配利润转增股本和整体变更为股份公司时,是否履行了纳税义务进行核查并发表意见、补充披露。
	关注税收行政处罚对发行人损益的影响、发行人的销售模式和内控存在的风险	发行人某年因未代扣代缴个人所得税、假发票、不合法发票受到税务部门的行政处罚: (1)补充提供税务局对公司因纳税问题所受处罚是否构成重大违法行为的意见。 (2)补充说明对上述处罚所涉及事项的会计处理方法,保荐机构及申报会计师进行核查并发表意见。 (3)补充披露发行人销售模式可能存在的税务风险,保荐机构及申报会计师进行核查并发表意见。 (4)在招股说明书"重大事项提示"中补充披露受到行政处罚的事实。 (5)针对上述处罚事项对发行人的内部控制重新进行核查,并对其内部控制的完整性、合理性和有效性发表明确的评估意见。
	关注享受税收优惠是否符合国家税收法规的相关规定	(1)保荐机构、发行人律师详细说明公司享受所得税税收优惠是否符合国家税收相关法律规定。 (2)报告期内发行人及子公司执行的所得税政策与国家税收政策不完全一致的,发行人存在被追缴税收的风险。会计师核查发行人报告期内不符合国家统一税收政策的税收优惠的具体金额、对相应会计年度发行人财务状况可能产生的具体影响。保荐机构核查发行人是否需要提供省级税务主管部门关于发行人税收优惠的证明。对以上内容进行补充披露并补充提供相关证明。

(续表)

项目	关注点	发行人和中介机构补充披露的基本要求
	报告期应缴税费明细及变动原因,以及公司实际缴纳税额与现金流量表、资产负债表、利润表相关项目之间的勾稽关系,关注发行人依法纳税情况	(1)补充说明所享受税收优惠是否符合国家税收法规的相关规定,报告期应缴税费明细及变动原因,以及公司实际缴纳税额与现金流量表、资产负债表、利润表相关项目之间的勾稽关系,并补充提供税务局出具的发行人最近三年又一期依法纳税的证明。 (2)发行人在报告期内缴纳的各项税费波动较大,保荐机构结合"支付的各项税费""营业税金及附加""应交税费"等项目核查波动原因并作出说明。发行人主张部分设计合同免征营业税,保荐机构核查发行人适用的税收政策是否符合国家统一税收政策的规定,对以上内容进行补充披露。
	发行人是否存在税收风险	针对发行人报告期三年所得税优惠可能存在被追缴的风险: (1)在"重大事项提示"中明确披露由发行前的股东或实际控制人承担补缴税款的责任。 (2)将某年和次一年度享受的所得税优惠计入非经常性损益。 报告期内发行人及其子公司执行的所得税政策与国家税收政策不完全一致,发行人存在被追缴税收的风险,追缴金额为××万元的,实际控制人对报告期内可能被追缴的税收金额作出承担相应补缴责任的承诺。补充提供税务主管部门关于发行人报告期内纳税情况的证明,保荐机构和律师进行核查并发表意见。
	分析发行人是否对某项税收优惠过度依赖,从而分析其业绩增长能力、持续发展能力	在"财务会计信息与管理层分析"中补充披露某年和次一年度假设不享受所得税优惠的备考利润表。保荐机构及申报会计师对上述问题进行核查并发表意见。
	提供相应税务机关出具的纳税证明资料	(1)提供某年第二季度的企业所得税预缴纳税申报表。 (2)补充提供税务局出具的发行人最近三年又一期依法纳税的证明。保荐机构及申报会计师对上述问题进行核查并发表意见。

(续表)

项目	关注点	发行人和中介机构补充披露的基本要求
职工工资	发行人是否足额为职工缴纳了社保及住房公积金等	（1）补充披露发行人为职工缴纳住房公积金的情况。 （2）补充披露发行人及其下属公司缴纳住房公积金的有关情况。 （3）披露发行人劳动用工制度情况，保荐机构及律师进行核查并发表明确意见。披露偿还某公司垫付社保资金的会计处理方法。 （4）保荐机构、发行人律师对发行人是否为全体员工按规定办理社会保险和住房公积金的缴纳手续进行核查并发表意见。
	分析职工薪酬增减变化的原因	（1）保荐机构核查某年年末应付职工薪酬的余额较上一年年末大幅下降的原因，并进行补充披露。 （2）结合发行人报告期内员工、核心人员的变动情况，逐年分析说明并披露报告期内人员工资及福利费用大幅增加的原因。
	各项资产减值准备计提是否充分	（1）发行人对合并财务报表范围内的子公司之间及母子公司之间发生的应收款项，除有客观证据表明其发生了减值外，未计提坏账准备。会计师核查应收款坏账准备计提的充分性并发表明确意见。 （2）结合固定资产和无形资产的取得情况，补充披露某年度上半年及前一年度发行人未对固定资产和无形资产计提减值准备的原因。会计师对相关会计政策是否符合谨慎性原则发表意见。保荐机构对发行人主要资产是否存在减值情况以及减值准备计提的充分性发表意见。 （3）发行人报告期内应收账款增幅很大，某年上半年末超过 2.3 亿元；预付款项余额较大，某年上半年末超过 2.3 亿元。详细说明并披露应收账款的变动原因、可回收性、是否充分计提坏账准备和预付账款计提坏账准备及计提方法的情况，并作充分风险提示。会计师进一步核查应收款项、预付账款等是否已根据稳健性原则计提坏账准备。

(续表)

项目	关注点	发行人和中介机构补充披露的基本要求
财务状况分析	固定资产折旧年限制定依据与行业比较,对发行人损益的影响	(1)说明并披露房屋及建筑物使用年限的确定依据及对公司业绩的影响。 (2)在"财务会计信息与管理层分析"中补充披露最近一期末主要固定资产的类别、折旧年限、原价、净值,并结合固定资产的取得、平均使用年限的变化、尚可使用年限、成新率、使用状态等,分析说明报告期各期末固定资产的变动情况及原因,并与公司产品产能的变化情况进行对比分析,说明匹配情况。 (3)在招股说明书"财务会计信息与管理层分析"中补充披露公司租赁生产设备和购买原租赁设备的有关情况,报告期租赁资产占全部固定资产账面原值、账面净值的比例,购买设备的账面价值、评估增值及原因,并详细说明上述事项的会计处理情况及对公司报告期财务状况和经营成果的具体影响。 (4)补充披露固定资产折旧年限与同行业已上市公司相比的差异对发行人财务状况和经营成果的影响。
	发行人资产负债率等各项指标,分析其财务状况、偿债能力	(1)分类列表披露担保合同的主要内容,包括但不限于是否为关联方、担保对方的财务状况等。 (2)详细说明上述公司与发行人是否存在直接或间接的关联关系,如有,详细说明。 (3)结合资产负债、应收账款可收回性、或有负债等因素,充分披露并提示偿债风险等。保荐机构对前述事项进行核查后出具专项说明;保荐机构、发行人律师就对外担保事项是否履行了合法的程序、目前是否已经解除、是否影响发行人生产经营、是否损害发行人利益、是否已建立健全有效的防范风险的制度发表专项意见。
	其他	说明并披露某年工程物资大幅增加的原因、用途、使用情况及其对发行人经营成果的影响。
收入和业绩	发行人产品的销售模式、销售收入确认方式、结算方式、信用政策以及定价机制,并结合行业情况分析销售收入增长的原因	(1)详细披露产品销售模式与代理分销模式的销售收入确认方式、结算方式、信用政策以及定价机制,结合行业情况补充分析销售收入增长的原因。保荐机构和申报会计师进行核查并发表意见。 (2)详细披露预算制专业化临床学术推广模式和收入的确认方式、结算方式、信用政策以及定价机制,并结合行业情况补充分析销售收入高速增长的原因。保荐机构及申报会计师对上述问题进行核查并发表意见。

（续表）

项目	关注点	发行人和中介机构补充披露的基本要求
		（3）会计师核查发行人不同业务收入类型的收入构成，结合发行人的业务特点，充分披露每一种业务类型的收入确认方式、流程、会计政策，说明发行人的收入确认是否符合《企业会计准则第14号——收入》的有关规定。对相关内容进行补充披露。 （4）补充披露与某公司在代理方面的协议安排、收入分成模式、款项结算方式、代销费用确定方法，并披露报告期内代销费用的金额。 （5）导致某年年末预收账款余额大幅增长的具体因素和影响数，并说明公司具体的销售结算政策及报告期该政策的变化情况。 （6）结合公司的核心产品、新产品类型及销售单价、数量等，分析并披露软件产品的销售收入构成。 （7）详细披露报告期内软件产品销售、技术服务及系统集成各年度收入确认的具体方法，收入确认的截止性是否恰当。如出现单独确认的，对单笔金额较大的，详细披露，并请保荐机构、申报会计师予以核查。 （8）结合与客户的结算方式等，说明并披露公司是否存在免费承诺等可能产生沉淀保证金的因素，导致产生无法收回的应收账款，请保荐机构予以核查并发表专项意见。 （9）保荐机构和会计师根据公司具体的业务流程、销售结算政策、签订的合同金额、确认销售收入的原则等具体因素，核查某年和次一年度是否存在延迟或提前确认销售收入的情形，并明确发表意见。 （10）发行人主要通过经销商销售商品，列表说明并披露报告期各期经销商的销售情况，包括但不限于产品名称、销售数量、销售价格、销售总金额、销售模式以及是否存在销售折让，保荐机构及申报会计师就发行人主要销售合同进行核查并发表专项意见。
	申报期间业绩比较，分析发行人业绩的成长性	（1）补充分析公司报告期第三年经营业绩与上一年度相比能否保持增长，保荐机构及申报会计师进行核查并发表意见。 （2）结合业务特点、经营模式补充披露报告期内各项业务收入增长波动较大的原因，并针对××产品收入报告期第二年比上一年增长幅度较大而同期数量下降的情况，补充披露原因。 （3）发行人报告期第二年净利润增长速度与销售收入的增长速度不匹配。保荐机构和申报会计师进行核查并发表意见。

(续表)

项目	关注点	发行人和中介机构补充披露的基本要求
	发行人申报期间销售模式、分部区域、业务类型等变化,分析发行人经营风险和业绩增长的稳定性	(1)公司报告期内连锁门店(尤其是直营店)撤店的数量呈上升趋势,按地区分析说明直营店、加盟店的盈利能力,依照直营店和加盟店的分类,进一步披露开店日期、撤店日期、撤店原因、撤销门店的数量呈上升趋势的原因、因撤店带来的相关损失等情况。 (2)报告期内,公司加盟商数量呈上升趋势,但某年上半年有四家加盟商退出。①说明并披露对加盟商、加盟店进行管理的内部控制措施,结合报告期内加盟商、加盟店退出的情况分析对公司发展前景有利和不利的影响,加盟商存在的可能影响公司正常经营的风险因素。②详细披露公司加盟商与加盟店之间的关系,列表补充披露公司与现有加盟商签订的特许经营合同中约定的加盟期限、合同签订时间、报告期内加盟商的进入、退出等情况,分析说明加盟商的稳定性;并结合公司撤店情况、加盟商退出情况,详细分析公司是否因报告期内的快速扩张而存在较大经营风险。保荐机构对上述内容进行核查并发表意见。 (3)说明并披露报告期内是否存在公司已将商品销售给加盟商但加盟商尚未销售的商品滞销情况,定量分析具体情况以及公司如何解决该问题。按照公司的会计政策,会计师说明公司对已销售给加盟商但加盟商尚未销售的商品,在商品销售给加盟商后确认销售收入是否符合收入确认的相关原则。 (4)进一步分析论证并披露购置店铺方式是否优于租赁店铺方式,募集资金涉及的加盟店与目前的加盟方式不同存在的风险、对财务状况的影响。保荐机构进行核查并发表意见。 (5)结合报告期内网络销售情况、占销售总额的比例,说明下一步是否有计划加大网络销售。保荐机构进行核查并发表意见。
	以应收账款的年末余额增减变化、信用政策、周转率增减变化,结合行业水平分析发行人的经营情况	(1)发行人报告期应收账款金额较大,且周转率低于同行业平均水平。①结合公司具体业务特点、信用政策及收入增长等因素量化分析报告各期末应收账款金额较大及变动的原因。②补充分析截至某年6月30日超出信用期仍未收回的应收账款情况。③详细说明制定坏账准备计提政策的理由和依据,以及坏账计提比例的确定是否符合谨慎性原则、是否已足额计提坏账准备。④补充分析应收账款坏账计提比例与同行业的比较情况。⑤详细分析应收账款周转率低于同行业平均水平的原因。

(续表)

项目	关注点	发行人和中介机构补充披露的基本要求
		保荐机构及申报会计师对上述问题进行核查并发表意见。 (2)结合同行业情况及采购方的支付特点,说明次一年度上半年应收账款占销售收入比例较其他年度大的原因,保荐机构和申报会计师进行核查并发表意见。 (3)报告期内应收账款增长较快,发行人认为是采取"宽松的信用政策"所致。披露公司采取宽松的信用政策的具体条款,并结合报告期内预收账款变动情况、客户的付款时点和付款方式,详细分析信用政策是否得到有效执行;会计师对应收账款的坏账准备计提是否充分发表意见。在"重大事项提示"和"风险因素"中,以数据充分揭示坏账风险。 (4)结合公司的财务管理制度、赊销制度、内部控制制度等,分析说明并披露次一年度6月30日应收账款比上年末大幅增加的原因。 (5)说明截至次一年度7月末公司应收账款的构成、比例、余额及账龄结构情况,单个客户余额较大的,应单独列示。
	从发行人制定的会计政策、会计估计分析发行人应收账款坏账准备政策的谨慎性及应收账款的资产质量	(1)发行人已披露"本报告期会计估计变更:根据董事会决议,报告期第二年公司将应收账款坏账准备的确认标准和计提方法由原来的个别认定法变更为账龄分析法",会计师核查将应收账款坏账准备的计提方法作为会计估计变更是否准确,必要时予以更正。 (2)报告期内,各期末应收账款余额占流动资产比例较大,增长较快。在招股说明书"风险因素"中补充披露:①结合发行人信用政策、结算方式及收入增长等因素量化分析报告期各期末应收账款余额变动的原因。②结合金融危机导致报告期下游客户付款能力下降的情况,详细说明金融危机对发行人报告期财务状况的具体影响。③制定坏账准备计提政策的理由和依据,以及报告期内各期记入资产减值损失的坏账准备金额。④导致应收账款周转率逐年下降的具体因素及影响数,并与同行业其他公司进行比较分析。 (3)分析说明并披露报告期内应收账款周转率和存货周转率波动较大的原因。

(续表)

项目	关注点	发行人和中介机构补充披露的基本要求
		（4）说明并披露分销的流程、收入确认的时点，会计师对分销的情况进行核查并就收入确认是否符合《企业会计准则第14号——收入》明确发表意见。报告期内发行人应收账款余额较大，就应收账款涉及的以下问题进行进一步分析说明和补充披露：①结合市场发展、行业竞争状况、公司的销售模式及赊销政策、期后回款情况，分析应收账款周转能力。②结合应收账款的构成、比例、账龄、信用期、主要债务人，分析报告期应收账款的变动情况及原因。③客户未按合同约定在结算期内结算款项的情况，具体分析应收账款发生坏账的风险，说明一年内应收账款按0.5%的比率计提坏账准备是否谨慎合理。④报告期内对境外客户应收账款的情况，结合当前经济形势，进一步分析汇率变动及客户回款能力对公司财务状况的影响。会计师、保荐机构就上述问题进行核查并发表意见。
	以应收账款周转率指标分析发行人的经营情况	结合经营情况说明应收账款周转率偏低的原因。
	根据产品售价、成本等因素，分析发行人的发展趋势	结合产品售价、影响成本变动的因素，从产品、销售模式进一步分析说明报告期内影响毛利率变动的因素及程度。保荐机构对上述情况予以分析并发表意见。
	从发行人主要销售对象分析其经营风险	补充披露导致某年前五大客户销售额占营业收入的比重较其他年度明显增加的具体因素。
	从发行人所占市场份额分析其在行业内的发展趋势、业务的稳定性和成长性	（1）说明并披露行业内主要企业及其市场份额、行业利润率水平的变动趋势及变动原因，保荐机构分析并发表意见。 （2）保荐机构从发行人业务及其所处行业的实际出发，就金融危机对公司下游客户财务状况的影响、募集资金投资项目新增折旧、发行人市场占有率较低以及未来税收优惠到期等具体因素，在发行人成长性专项意见中对发行人未来成长趋势进行审慎、量化分析，发表明确意见，并在招股说明书中作重大事项提示。保荐机构认为发行人成长性突出的，分析合理充分的依据。 （3）招股说明书披露发行人在××领域拥有明显的产品优势、技术优势和新产品储备，是××行业的领导者，在国内市场占有率第一。保荐机构对以上情况审慎核查、发表意见、提供充分合理的依据，并在招股说明书中披露。

(续表)

项目	关注点	发行人和中介机构补充披露的基本要求
	其他关注事项	(1)说明并披露在制定产品标准、外包环节过程中的内部管理风险,采取了哪些措施维护产品的质量;上游行业发展现状对公司发展前景的有利和不利影响,生产商存在的可能影响公司正常经营的风险因素;前五大供应商集中度较高对公司经营情况的影响。 (2)补充披露销售人员推销款项与销售回款挂钩制度的具体内容、会计处理方法以及实施《风险金暂行管理制度》后的会计处理方法,保荐机构及申报会计师进行核查并发表意见。 发行人在"其他重要事项"部分披露的正在履行、将要履行的重要合同金额与保荐机构在《发行保荐工作报告》中披露的数据存在差异的,保荐机构应对截至某年6月30日正在履行、将要履行的合同金额进行核查后加以说明。会计师核查已签订的合同,按完工百分比确认每年收入的金额、尚未确认的合同金额。 (3)补充披露报告期内营业收入中某公司代销收入的金额及所占比例、现销收入的金额及所占比例;对于各业务分布收入,应分别列示发行人(母公司)和子公司的收入金额及比例。发行人还应结合营销模式补充说明公司代销收入的确认方法、母公司和子公司各项业务收入的分成方式。
毛利率和业绩	结合各类产品的销售价格、成本等因素分析毛利率增减变动对发行人业绩的影响(内因分析)	(1)报告期内××产品毛利率持续上升,其他产品毛利率波动较大。结合各类产品的销售价格、成本等因素定量分析并披露毛利率变动的原因。 (2)发行人报告期内主营业务收入中"其他产品"占比较大,而毛利率较低。在"财务会计信息与管理层分析"中详细说明主营业务收入中"其他产品"的详细内容和金额,并分析其毛利率较低的原因。 (3)保荐机构核查、进一步定量分析毛利率变化的相关因素及影响程度,对相关内容进行补充披露。 (4)发行人在逐步提高主要产品价格,但其主要产品的原材料价格在某年呈下降趋势,补充披露其某年1—6月综合毛利率低于上一年的原因,保荐机构分析发行人当年及未来的成长性。 (5)发行人报告期内毛利率波动较大,按照不同业务类别,分析说明并披露报告期内相关毛利率变动情况及原因。

(续表)

项目	关注点	发行人和中介机构补充披露的基本要求
	从申报期间的毛利率分析发行人的业绩水平(比较)	针对发行人报告期内综合毛利率某年度上半年及前一年度均下降的情况,以及三块主营业务的毛利率在某年上半年均出现下降的情况,详细披露原因。
	从行业角度分析发行人的业绩水平(外因分析)	(1)补充分析公司产品毛利率明显高于同行业平均水平的原因,请保荐机构及申报会计师进行核查并发表意见。 (2)保荐机构分析我国××行业发展状况及行业盈利、毛利率水平,国内主要竞争对手(如×××公司)的收入、利润、毛利率、数量等情况,适当披露相关信息,并说明发行人盈利水平高于行业平均水平的原因。 (3)报告期内发行人主营业务毛利率波动较大。①结合产品收入构成、销量、价格、单位成本等具体因素,在招股说明书"风险因素"中详细披露导致报告期内主营业务毛利率波动较大的因素,以及上述因素可能对发行人将来产生的具体影响。②对主要产品在报告期内的毛利率及其变化趋势与同行业生产同类产品的其他公司进行对比分析,若存在差异,详细说明差异形成的原因,并在招股说明书"财务会计信息与管理层分析"中补充披露。
费用	申报期间的费用,尤其是销售费用、管理费用在各年度之间变动趋势的合理性以及与行业水平比较的合理性	(1)说明:①三年又一期内销售费用、管理费用的主要明细项目(包括但不限于研发费、广告费、赞助费、门店租金等费用)变动趋势及对公司盈利状况的影响。②报告期第三年已投入广告和计划广告的全部情况,报告期第三年聘××作为形象代言人的代言费用情况,相关费用是否已在利润表中确认。③公司研究开发费用在一年内的投入是否均衡,报告期第三年1—6月的研究开发费用投入情况。会计师和保荐机构进行核查。 (2)导致报告期第一年费用占营业收入的比例大幅增加、报告期第二年占比又大幅下降的具体因素。 (3)进一步分析说明报告期第二年管理费用、财务费用上升的原因,请会计师予以核查。 (4)分析说明并披露报告期内管理费用大幅上升的原因,保荐机构、申报会计师予以核查。 (5)补充披露销售费用金额逐年上升的原因以及销售费用占营业收入比例与同行业上市公司相比较的情况,如变动较大,补充分析原因。保荐机构及申报会计师进行核查并发表意见。 (6)说明报告期内销售费用、管理费用的主要明细项目及变动趋势、对盈利状况的影响,请保荐机构分析并发表意见。

(续表)

项目	关注点	发行人和中介机构补充披露的基本要求
	与该企业经营有关的某几项重要费用占销售费用、管理费用比例的合理性	(1)说明现金流量表中差旅费与咨询顾问费支出占各年度销售费用支出比例波动的原因,以及各年度销售费用占销售收入比例波动的原因,保荐机构和申报会计师进行核查并发表意见。 (2)发行人主要产品为××食品,说明并披露主要产品的消费群体和主要广告投放媒体,报告期内各期销售费用尤其是广告费用的内容、金额、占收入比例、变动情况分析、与营业收入的变动趋势是否一致。 (3)保荐机构及申报会计师核查发行人销售费用与营业收入是否配比,与同行业情况是否一致,发表明确意见。
	其他	披露 A 有限公司为发行人及其子公司代理广告业务的具体情况,包括主要客户、业务运营情况、广告媒体及渠道、宣传效果、发行人广告业务占某业务收入的比例等。
现金流量	经营性现金流量为负数的原因及改进措施	发行人近两年又一期的经营活动净现金流量均为负数,具体分析面临的现金流压力及拟采取的措施。
	三张主表之间的内在勾稽关系引申的发行人的潜在财务风险	补充说明发行人报告期内经营活动产生的现金流量与同期净利润不匹配的原因,并结合行业情况补充披露某年1—6月现金及现金等价物净增加额为负的原因,以及由此可能产生的流动性风险和偿债风险。保荐机构及申报会计师进行核查并发表意见
非经常性损益	非经常性损益计算及数据的一致性、合理性	(1)披露其他流动负债的主要内容和金额,计算并列示最近三年又一期扣除非经常性损益后的净利润金额。 (2)严格按照《公开发行证券的公司信息披露解释性公告第 1 号——非经常性损益》编制非经常性损益明细表,列示主要项目的计算过程,请会计师进行核查并发表意见。 (3)招股说明书中"归属于母公司股东的扣除非经常性损益后的净利润"数据前后不一致,说明不一致的原因并更正披露。

(续表)

项目	关注点	发行人和中介机构补充披露的基本要求
会计处理的合规性说明	重大事项会计处理的合规性说明	（1）会计师对发行人子公司××资产的会计处理是否符合企业会计准则的规定进行核查并明确发表意见。 （2）发行人报告期内归属于母公司股东的合并净利润与母公司净利润差距较大，其中某年上半年母公司净利润高于归属于母公司股东的合并净利润。补充披露各项差异的具体原因。 （3）补充披露某工程财政贴息的到账情况，会计师应就相关会计处理是否符合企业会计准则的规定发表意见。 （4）说明某年某月某日将非进行企业合并的某公司纳入合并范围的依据及对合并财务报表的影响，请会计师进行核查并出具说明。 （5）说明报告期内的委托理财及类似的投资行为的金额、收益及相关会计处理情况，保荐机构和申报会计师进行核查并发表意见。 （6）说明各资产重组事项的会计处理情况，包括但不限于相关资产的确认时点、入账金额、报告期内计提折旧的金额、计提资产减值准备的情况，以及相关会计处理的依据等。会计师对发行人会计处理是否符合企业会计准则的相关规定以及会计处理的一致性进行核查，并发表意见。 （7）按照《企业会计准则解释第3号》的有关规定，在申报利润表中补充披露综合收益相关金额，并请会计师核查。 （8）会计师结合递延所得税资产的确认依据，就发行人应收账款坏账准备的计提政策和比例是否稳健发表意见。 （9）补充披露"其他应收款"中应收控股股东××万元和"其他应收款"中应付控股股东××万元的原因与内容。 （10）补充披露"其他应收款"中某公司代××万元的原因及内容。 （11）补充披露其他应付款金额较大及变动原因。 （12）说明并披露发行人与某公司是否存在直接或间接的关联关系，并披露报告期内与某公司的资金、业务往来情况，某年某月某日其他应收款确认应收某公司××万元保证金的性质及原因。保荐机构、会计师进行核查并出具专项意见。

(续表)

项目	关注点	发行人和中介机构补充披露的基本要求
	重要会计科目说明	(1)披露发行人受限制货币资金产生的原因、金额。 (2)披露应付票据、应付账款、预付款项的构成、形成原因及性质。
	合并范围的合规性	(1)说明并披露:①A公司、B公司的合并日及确定依据;②收购B公司股权属于非同一控制下企业合并的确认依据及对财务报表的影响;③报告期第一年是否已将A公司纳入合并报表范围,会计师进行核查并出具专项说明。 (2)发行人申报材料显示,C公司51%股权的转让于报告期第三年6月30日后基本完成。说明C公司不纳入发行人合并财务报表对发行人资产状况及经营成果的具体影响。
原始报表和申报报表	(1)无差异是不正常的,说明作假;有差异没有关系,披露即可。 (2)大幅调增报告期利润的:①取得充足证据,说明该差异的真实性;②由于差异产生的补缴税款事项,需要取得税务主管部门的相关文件,确认不对补缴税款进行处罚;③实际控制人、控股股东承诺:如因补缴税款事项而遭到罚款,由其承担。 (3)"原始财务报表"是公司当年度向税务部门实际报送的财务报表。	(1)报告期第一年和报告期第二年发行人原始财务报表与申报财务报表存在差异。保荐机构、会计师说明其他应付款中"计提应付未付产品成本调增"的原因,说明营业收入和营业成本跨期调整的对应关系。 (2)补充提供报告期第三年原始利润表,补充披露A会计师事务所报告期第一年审计报告、B会计师事务所报告期第三年审计报告所附报表与原始财务报表不相符的原因。请保荐机构及申报会计师进行核查并发表意见。

六、股利分配政策要求

(一) 利润分配的依据

根据财政部《关于编制合并会计报告中利润分配问题的请示的复函》的规定,编制合并会计报表的公司,其利润分配以母公司的可供分配的利润为依据。合并会计报表中可供分配利润不能作为母公司实际分配利润的依据。

如公司亏损或累计未分配利润为负,按照《公司法》的规定无法进行现金分红或者送股,但由于资本公积转增股本质上是一种股东权益的账务调整,并不属于

"利润分配",所以即使公司亏损或累计未分配利润为负,也可以进行资本公积转增股本。

深圳证券交易所主板、创业板、中小板的规范运作指引还指出,为避免超分配情形,应以合并报表、母公司报表中可供分配利润"孰低"的原则来确定具体的利润分配比例。

(二) 利润分配相关政策要求

各上市公司对于利润分配的要求不一,在制订利润分配方案之前,公司应当仔细梳理公司章程的要求。

公司还应注意在招股说明书和其他公开披露文件中作出的承诺以及股东回报计划等。

证监会、上海证券交易所、深圳证券交易所对利润分配政策也作出了相关要求,具体要求见表8-4。

表8-4 证监会对利润分配相关规定

证监会对利润分配相关规定
《上市公司监管指引第3号——上市公司现金分红》第3条规定:上市公司制定利润分配政策时,应当履行公司章程规定的决策程序。董事会应当就股东回报事宜进行专项研究论证,制定明确、清晰的股东回报规划,并详细说明规划安排的理由等情况。上市公司应当在公司章程中载明以下内容:(一)公司董事会、股东大会对利润分配尤其是现金分红事项的决策程序和机制,对既定利润分配政策尤其是现金分红政策作出调整的具体条件、决策程序和机制,以及为充分听取独立董事和中小股东意见所采取的措施。(二)公司的利润分配政策尤其是现金分红政策的具体内容,利润分配的形式,利润分配尤其是现金分红的期间间隔,现金分红的具体条件,发放股票股利的条件,各期现金分红最低金额或比例(如有)等。
第4条规定:上市公司应当在章程中明确现金分红相对于股票股利在利润分配方式中的优先顺序。具备现金分红条件的,应当采用现金分红进行利润分配。采用股票股利进行利润分配的,应当具有公司成长性、每股净资产的摊薄等真实合理因素。
第5条规定:上市公司董事会应当综合考虑所处行业特点、发展阶段、自身经营模式、盈利水平以及是否有重大资金支出安排等因素,区分下列情形,并按照公司章程规定的程序,提出差异化的现金分红政策:(一)公司发展阶段属成熟期且无重大资金支出安排的,进行利润分配时,现金分红在本次利润分配中所占比例最低应达到80%;(二)公司发展阶段属成熟期且有重大资金支出安排的,进行利润分配时,现金分红在本次利润分配中所占比例最低应达到40%;(三)公司发展阶段属成长期且有重大资金支出安排的,进行利润分配时,现金分红在本次利润分配中所占比例最低应达到20%;公司发展阶段不易区分但有重大资金支出安排的,可以按照前项规定处理。
第6条规定:上市公司在制定现金分红具体方案时,董事会应当认真研究和论证公司现金分红的时机、条件和最低比例、调整的条件及其决策程序要求等事宜,独立董事应当发表明确意见。独立董事可以征集中小股东的意见,提出分红提案,并直接提交董事会审议。股东大会对现金分红具体方案进行审议前,上市公司应当通过多种渠道主动与股东特别是中小股东进行沟通和交流,充分听取中小股东的意见和诉求,及时答复中小股东关心的问题。

(续表)

证监会利润分配相关规定
第7条规定:上市公司应当严格执行公司章程确定的现金分红政策以及股东大会审议批准的现金分红具体方案。确有必要对公司章程确定的现金分红政策进行调整或者变更的,应当满足公司章程规定的条件,经过详细论证后,履行相应的决策程序,并经出席股东大会的股东所持表决权的2/3以上通过。
《上市公司证券发行管理办法》第8条第(五)项规定:最近3年以现金方式累计分配的利润不少于最近3年实现的年均可分配利润的30%。
《关于进一步落实上市公司现金分红有关事项的通知》第1条规定:上市公司应当进一步强化回报股东的意识,严格依照《公司法》和公司章程的规定,自主决策公司利润分配事项,制定明确的回报规划,充分维护公司股东依法享有的资产收益等权利,不断完善董事会、股东大会对公司利润分配事项的决策程序和机制。 第2条规定:上市公司制定利润分配政策尤其是现金分红政策时,应当履行必要的决策程序。董事会应当就股东回报事宜进行专项研究论证,详细说明规划安排的理由等情况。上市公司应当通过多种渠道充分听取独立董事以及中小股东的意见,做好现金分红事项的信息披露,并在公司章程中载明以下内容:(一)公司董事会、股东大会对利润分配尤其是现金分红事项的决策程序和机制,对既定利润分配政策尤其是现金分红政策作出调整的具体条件、决策程序和机制,以及为充分听取独立董事和中小股东意见所采取的措施。(二)公司的利润分配政策尤其是现金分红政策的具体内容,利润分配的形式,利润分配尤其是现金分红的期间间隔,现金分红的具体条件,发放股票股利的条件,各期现金分红最低金额或比例(如有)等。首次公开发行股票公司应当合理制定和完善利润分配政策,并按照本通知的要求在公司章程(草案)中载明相关内容。保荐机构在从事首次公开发行股票保荐业务中,应当督促首次公开发行股票公司落实本通知的要求。 第3条规定:上市公司在制定现金分红具体方案时,董事会应当认真研究和论证公司现金分红的时机、条件和最低比例、调整的条件及其决策程序要求等事宜,独立董事应当发表明确意见。股东大会对现金分红具体方案进行审议时,应当通过多种渠道主动与股东特别是中小股东进行沟通和交流,充分听取中小股东的意见和诉求,并及时答复中小股东关心的问题。 第4条规定:上市公司应当严格执行公司章程确定的现金分红政策以及股东大会审议批准的现金分红具体方案。确有必要对公司章程确定的现金分红政策进行调整或者变更的,应当满足公司章程规定的条件,经过详细论证后,履行相应的决策程序,并经出席股东大会的股东所持表决权的2/3以上通过。 第6条规定:首次公开发行股票公司应当在招股说明书中做好利润分配相关信息披露工作:(一)披露公司章程(草案)中利润分配相关内容。(二)披露董事会关于股东回报事宜的专项研究论证情况以及相应的规划安排理由等信息。(三)披露公司利润分配政策制定时的主要考虑因素及已经履行的决策程序。利润分配政策中明确不采取现金分红或者有现金分红最低比例安排的,应当进一步披露制定相关政策或者比例时的主要考虑因素。发行人利润主要来源于控股子公司的,应当披露控股子公司的财务管理制度、章程中利润分配条款内容以及能否保证发行人未来具备现金分红能力。发行人应结合自身生产经营情况详细说明未分配利润的使用安排情况。(四)披露公司是否有未来3年具体利润分配计划。如有,应当进一步披露计划的具体内容、制定的依据和可行性。发行人应结合自身生产经营情况详细说明未分配利润的使用安排情况。(五)披露公司长期回报规划的具体内容,以及规划制定时主要考虑因素。分红回报规划应当着眼于公司

(续表)

证监会利润分配相关规定

的长远和可持续发展,在综合分析企业经营发展实际、股东要求和意愿、社会资金成本、外部融资环境等因素的基础上,充分考虑公司目前及未来盈利规模、现金流量状况、发展所处阶段、项目投资资金需求、本次发行融资、银行信贷及债权融资环境等情况,建立对投资者持续、稳定、科学的回报机制,保持利润分配政策的连续性和稳定性。(六)在招股说明书中作"重大事项提示",提醒投资者关注公司发行上市后的利润分配政策、现金分红的最低比例(如有)、未来3年具体利润分配计划(如有)和长期回报规划,并提示详细参阅招股说明书中的具体内容。保荐机构应当在保荐工作报告中反映发行人利润分配政策的完善情况,对发行人利润分配的决策机制是否符合本规定,对发行人利润分配政策和未来分红规划是否注重给予投资者合理回报、是否有利于保护投资者合法权益等发表明确意见。

第7条规定:拟发行证券的上市公司应制定对股东回报的合理规划,对经营利润用于自身发展和回报股东要合理平衡,要重视提高现金分红水平,提升对股东的回报。上市公司应当在募集说明书或发行预案中增加披露利润分配政策尤其是现金分红政策的制定及执行情况、最近3年现金分红金额及比例、未分配利润使用安排情况,并作"重大事项提示",提醒投资者关注上述情况。保荐机构应当在保荐工作报告中对上市公司利润分配政策的决策机制是否合规、是否建立了对投资者持续、稳定、科学的回报机制,现金分红的承诺是否履行,本通知的要求是否已经落实发表明确意见。对于最近3年现金分红水平较低的上市公司,发行人及保荐机构应结合不同行业和不同类型公司的特点和经营模式、公司所处发展阶段、盈利水平、资金需求等因素说明公司现金分红水平较低的原因,并对公司是否充分考虑了股东要求和意愿、是否给予了投资者合理回报以及公司的现金分红政策是否符合上市公司股东利益最大化原则发表明确意见。

《上市公司章程指引》第152条规定:公司分配当年税后利润时,应当提取利润的10%列入公司法定公积金。公司法定公积金累计额为公司注册资本的50%以上的,可以不再提取。公司的法定公积金不足以弥补以前年度亏损的,在依照前款规定提取法定公积金之前,应当先用当年利润弥补亏损。公司从税后利润中提取法定公积金后,经股东大会决议,还可以从税后利润中提取任意公积金。公司弥补亏损和提取公积金后所余税后利润,按照股东持有的股份比例分配,但本章程规定不按持股比例分配的除外。股东大会违反前款规定,在公司弥补亏损和提取法定公积金之前向股东分配利润的,股东必须将违反规定分配的利润退还公司。公司持有的本公司股份不参与分配利润。公司应当在公司章程中明确现金分红相对于股票股利在利润分配方式中的优先顺序,并载明以下内容:(一)公司董事会、股东大会对利润分配尤其是现金分红事项的决策程序和机制,对既定利润分配政策尤其是现金分红政策作出调整的具体条件、决策程序和机制,以及为充分听取独立董事和中小股东意见所采取的措施。(二)公司的利润分配政策尤其是现金分红政策的具体内容,利润分配的形式,利润分配尤其是现金分红的期间间隔,现金分红的具体条件,发放股票股利的条件,各期现金分红最低金额或比例(如有)等。

注释:公司应当以现金的形式向优先股股东支付利息,在完全支付约定的股息之前,不得向普通股股东分配利润。

第153条规定:公司的公积金用于弥补公司的亏损、扩大公司生产经营或者转为增加公司资本。但是,资本公积金将不用于弥补公司的亏损。法定公积金转为资本时,所留存的该项公积金将不少于转增前公司注册资本的25%。

第154条规定:公司股东大会对利润分配方案作出决议后,公司董事会须在股东大会召开后两个月内完成股利(或股份)的派发事项。

(续表)

证监会利润分配相关规定

《关于加强社会公众股股东权益保护的若干规定》"四、上市公司应实施积极的利润分配办法"规定:(一)上市公司的利润分配应重视对投资者的合理投资回报。(二)上市公司应当将其利润分配办法载明于公司章程。(三)上市公司董事会未做出现金利润分配预案的,应当在定期报告中披露原因,独立董事应当对此发表独立意见;上市公司最近3年未进行现金利润分配的,不得向社会公众增发新股、发行可转换公司债券或向原有股东配售股份。(四)存在股东违规占用上市公司资金情况的,上市公司应当扣减该股东所分配的现金红利,以偿还其占用的资金。

《公开发行证券的公司信息披露内容与格式准则第1号——招股说明书》第120条规定:发行人应披露最近3年股利分配政策、实际派利分配情况以及发行后的股利分配政策。

第121条规定:发行人应披露本次发行完成前滚存利润的分配安排和已履行的决策程序。若发行前的滚存利润归发行前的股东享有,应披露滚存利润的审计和实际派发情况,同时在招股说明书首页对滚存利润中由发行前股东单独享有的金额以及是否派发完毕作"重大事项提示"。

《公开发行证券的公司信息披露内容与格式准则第2号——年度报告的内容与格式》第29条规定:公司应当披露报告期内普通股利润分配政策,特别是现金分红政策的制定、执行或调整情况,说明利润分配政策是否符合公司章程及审议程序的规定,是否充分保护中小投资者的合法权益,是否由独立董事发表意见,是否有明确的分红标准和分红比例;以及利润分配政策调整或变更的条件和程序是否合规、透明。公司应当披露近3年(包括本报告期)的普通股股利分配方案(预案)、资本公积金转增股本方案(预案);同时,列表披露近3年(包括本报告期)普通股现金红利分配的金额及占归属于上市公司普通股股东的净利润的比例。公司以其他方式进行现金分红的,应当单独披露该种方式计入现金分红的金额和比例。公司应当披露报告期内现金分红政策的制定及执行情况,并对下列事项进行专项说明:(一)是否符合公司章程的规定或者股东大会决议的要求;(二)分红标准和比例是否明确和清晰;(三)相关的决策程序和机制是否完备;(四)独立董事是否履职尽责并发挥了应有的作用;(五)中小股东是否有充分表达意见和诉求的机会,中小股东的合法权益是否得到了充分保护等。对现金分红政策进行调整或变更的,还应当对调整或变更的条件及程序是否合规和透明等进行详细说明。对于报告期内盈利且母公司可供普通股股东分配利润为正但未提出普通股现金利润分配方案预案的公司,应当详细说明原因,同时说明公司未分配利润的用途和使用计划。优先股股息分配政策及分配情况按第七节的要求进行披露。

第51条规定:公司应当披露报告期内优先股的利润分配情况,包括股息率及分配金额、是否符合分配条件和相关程序、股息支付方式、股息是否累积、是否参与剩余利润分配等。同时,列表披露近3年(含报告期)优先股分配金额与分配比例,对于因本会计年度可分配利润不足而累积到下一会计年度的差额或可参与剩余利润分配的部分应当单独说明。优先股的利润分配政策调整或变更的,公司应当披露原因和变更的程序。报告期内盈利且母公司未分配利润为正,但未对优先股进行利润分配的,公司应当详细披露原因以及未分配利润的用途和使用计划。如公司章程中涉及优先股分配的其他事项,公司应当予以说明。

《公开发行证券的公司信息披露内容与格式准则第3号——半年度报告的内容与格式》第30条规定:如公司董事会在审议半年度报告时拟定利润分配预案、资本公积金转增股本预案的,公司应当说明上述预案是否符合公司章程及审议程序的规定,是否充分保护中小投资者的合法权益,是否由独立董事发表意见。

表 8-5　上海证券交易所、深圳证券交易所对利润分配的相关规定

上海证券交易所、深圳证券交易所对利润分配的相关规定
《上海证券交易所上市公司现金分红指引》第 3 条第 2 款规定：上市公司采用股票股利进行利润分配的，应当以给予股东合理现金分红回报和维持适当股本规模为前提，并综合考虑公司成长性、每股净资产的摊薄等因素。 　　第 4 条规定：上市公司应当结合所处行业特点、发展阶段和自身经营模式、盈利水平、资金需求等因素，选择有利于投资者分享公司成长和发展成果、取得合理投资回报的现金分红政策。上市公司在拟定现金分红方案时应当听取有关各方的意见。本所鼓励上市公司通过公开征集意见或召开论证会等方式，与股东特别是持有上市公司股份的机构投资者、中小股东就现金分红方案进行充分讨论和交流。涉及股价敏感信息的，公司还应当及时进行信息披露。 　　第 5 条规定：本所鼓励上市公司每年度均实施现金分红，但存在累计未分配利润为负等特殊情形的除外。 　　第 6 条规定：上市公司一般可以选择以下四种股利政策之一，作为现金分红政策：(一)固定金额政策：确定在未来一段期间内每年发放的现金红利为固定金额。(二)固定比率政策：按实现的可分配利润的固定比例发放现金红利。(三)超额股利政策：在按固定金额政策或固定比率政策支付股利的基础上，如同时满足利润增长和可支配现金增加等条件时，向股东附加发放额外现金红利。预期盈利稳定增长的公司在运用该股利政策时，可以在固定金额股利的基础上，确定目标股利成长率，以保证公司的现金红利水平逐年定率递增。(四)剩余股利政策：上市公司根据未来投资项目和资金来源测算出所需的内部筹资额，从未分配利润中予以扣除后，将剩余的未分配利润作为现金红利分配给股东。 　　第 7 条规定：上市公司应当在年度报告"董事会报告"部分中详细披露现金分红政策的制定及执行情况。 　　第 8 条规定：上市公司在特殊情况下无法按照既定的现金分红政策或最低现金分红比例确定当年利润分配方案的，应当在年度报告中披露具体原因以及独立董事的明确意见。公司当年利润分配方案应当经出席股东大会的股东所持表决权的 2/3 以上通过。 　　第 9 条规定：采用剩余股利政策的上市公司，在披露具体利润分配方案时，应当披露未来投资项目的基本情况，包括资金来源、预计收益率，以及是否建立除因不可抗力外达不到预计收益率的内部问责机制等事项。公司在后续年度报告中还应当对涉及投资项目的实际收益和预计收益情况进行比对披露。已建立相关内部问责机制的公司，如实际收益率低于预计收益率，还应当说明内部问责机制的执行情况。公司年度内拟分配的现金红利总额（包括中期已分配的现金红利）与年度归属于上市公司股东的净利润之比不低于 30% 的，可免于披露本条所述事项。 　　第 10 条规定：上市公司年度报告期内盈利且累计未分配利润为正，未进行现金分红或拟分配的现金红利总额（包括中期已分配的现金红利）与当年归属于上市公司股东的净利润之比低于 30% 的，公司应当在审议通过年度报告的董事会公告中详细披露以下事项：(一)结合所处行业特点、发展阶段和自身经营模式、盈利水平、资金需求等因素，对于未进行现金分红或现金分红水平较低原因的说明；(二)留存未分配利润的确切用途以及预计收益情况；(三)董事会会议的审议和表决情况；(四)独立董事对未进行现金分红或现金分红水平较低的合理性发表的独立意见。

（续表）

上海证券交易所、深圳证券交易所对利润分配的相关规定
《深圳证券交易所主板上市公司规范运作指引》第7.6.3条规定：上市公司制定利润分配政策时，应当履行公司章程规定的决策程序。董事会应当就股东回报事宜进行专项研究论证，制定明确、清晰的股东回报规划，并详细说明规划安排的理由等情况。上市公司应当在公司章程中载明以下内容：（一）公司董事会、股东大会对利润分配尤其是现金分红事项的决策程序和机制，对既定利润分配政策尤其是现金分红政策作出调整的具体条件、决策程序和机制，以及为充分听取独立董事和中小股东意见所采取的措施。（二）公司的利润分配政策尤其是现金分红政策的具体内容，利润分配的形式，利润分配尤其是现金分红的期间间隔，现金分红的具体条件，发放股票股利的条件，各期现金分红最低金额或者比例（如有）等。 　　第7.6.4条规定：上市公司应当在章程中明确现金分红相对于股票股利在利润分配方式中的优先顺序。具备现金分红条件的，应当采用现金分红进行利润分配。 　　第7.6.5条规定：上市公司在制定现金分红政策时，董事会应当综合考虑所处行业特点、发展阶段、自身经营模式、盈利水平以及是否有重大资金支出安排等因素。在制定现金分红具体方案时，董事会应当认真研究和论证公司现金分红的时机、条件和最低比例、调整的条件及其决策程序要求等事宜，独立董事应当发表明确意见。 　　第7.6.6条规定：上市公司在制定和执行现金分红政策过程中出现下列情形的，独立董事应当发表明确意见：（一）公司章程中没有明确、清晰的股东回报规划或者具体的现金分红政策；（二）公司章程规定不进行现金分红；（三）公司章程规定了现金分红政策，但无法按照既定现金分红政策确定当年利润分配方案；（四）公司在年度报告期内有能力分红但不分红尤其是连续多年不分红或者分红水平较低；（五）公司存在大比例现金分红；（六）本所认定的其他情形。 　　第7.6.8条规定：上市公司拟以半年度财务报告为基础进行现金分红，且不送红股或者不进行资本公积转增股本的，半年度财务报告可以不经审计。

　　《深圳证券交易所中小企业板上市公司规范运作指引》和《深圳证券交易所创业板上市公司规范运作指引》对利润分配也作出了相关规定，此处不再一一列举。

七、评估验资复核总结

（一）相关法律规定

与评估验资有关的法律规定总结如表8-6所示。

表8-6　评估验资规定表

文件名称	文号	内容
财政部、中国证券监督管理委员会《关于从事证券期货相关业务的资产评估机构有关管理问题的通知》	财企〔2008〕81号	规定了资产评估机构取得证券业务评估资格的申请条件；资产评估机构分支机构的设立；资产评估机构的合并、分立、重大事项报备、年度报备、日常管理；证券评估资格的撤回等。

(续表)

文件名称	文号	内容
财政部、证监会《关于会计师事务所从事证券期货相关业务有关问题的通知》	财会〔2012〕2号	规定了会计师事务所从事证券、期货相关业务资格的申请条件;具有证券资格的会计师事务所的合并、分立和转制,重大事项报备,年度报备;会计师事务所证券资格的监管等。
证监会关于发布《公开发行证券的公司信息披露内容与格式准则第9号——首次公开发行股票并上市申请文件》的通知	证监发行字〔2006〕6号	附录:《首次公开发行股票并上市申请文件目录》第八章8-4"发行人设立时和最近三年及一期的资产评估报告(含土地评估报告)";第八章8-5"发行人的历次验资报告"。
《公开发行证券的公司信息披露内容与格式准则第1号——招股说明书》	中国证券监督管理委员会公告〔2015〕32号	第89条规定:发行人在设立时以及在报告期内进行资产评估的,应扼要披露资产评估机构名称及主要评估方法,资产评估前的账面值、评估值及增减情况,增减变化幅度较大的,应说明原因。 第90条规定:发行人应扼要披露设立时及以后历次验资报告,简要说明历次资本变动与资金到位情况。 第133条规定:承担评估业务的资产评估机构应在招股说明书正文后声明:"本机构及签字注册资产评估师已阅读招股说明书及其摘要,确认招股说明书及其摘要与本机构出具的资产评估报告无矛盾之处。本机构及签字注册资产评估师对发行人在招股说明书及其摘要中引用的资产评估报告的内容无异议,确认招股说明书不致因上述内容而出现虚假记载、误导性陈述或重大遗漏,并对其真实性、准确性和完整性承担相应的法律责任。"声明应由签字注册资产评估师及所在资产评估机构负责人签名,并由资产评估机构加盖公章。
《首次公开发行股票并上市管理办法》(2018年修正)	中国证券监督管理委员会令第32号	第6条规定:为证券发行出具有关文件的证券服务机构和人员,应当按照本行业公认的业务标准和道德规范,严格履行法定职责,并对其所出具文件的真实性、准确性和完整性负责。

(续表)

文件名称	文号	内容
《中华人民共和国证券法》(2014年修正)	中华人民共和国主席令第43号	第20条第2款规定:为证券发行出具有关文件的证券服务机构和人员,必须严格履行法定职责,保证其所出具文件的真实性、准确性和完整性。 第173条规定:证券服务机构为证券的发行、上市、交易等证券业务活动制作、出具审计报告、资产评估报告、财务顾问报告、资信评级报告或者法律意见书等文件,应当勤勉尽责,对所依据的文件资料内容的真实性、准确性、完整性进行核查和验证。其制作、出具的文件有虚假记载、误导性陈述或者重大遗漏,给他人造成损失的,应当与发行人、上市公司承担连带赔偿责任,但是能够证明自己没有过错的除外。

(二)审核指引

(1)首发申请文件中应提供发行人设立时以及报告期内的资产评估报告,应提供发行人设立时及以后历次验资报告。

(2)对于评估报告、验资报告的复核:

①三年内涉及资本项目变动(增资、股权转让等)的所有验资、评估都要复核,但是与日常业务相关的评估报告可以不复核,如仅购买某些生产设备;

②三年之前的,原则上可以不复核;

③虽在三年之前,但有重大影响的报告也要复核,如涉及股份公司设立等资本变动。

(3)出具相关报告的资产评估机构或验资机构不具备证券从业资格或证券从业资格被注销以及机构被解散的:

①若相关资产评估在报告期内且与发行人增加注册资本相关的则需要具有证券从业资格的评估机构对上述资产评估报告进行复核,并提供复核报告;

②若相关验资在报告期内则需要具有证券从业资格的验资机构对上述验资报告进行复核,并提供复核报告。

(4)对于资产评估与调账:

①多数企业为保持财务一致性,未根据评估结果调账;证监会不要求一定要评估(国有企业等有特殊规定的除外),没有进行评估不构成上市的实质性障碍;

②如果公司评估调整之后重新运行三年申请首发是没有问题的,即自评估调账之日起公司视同新设;

③同一控制下的业务重组可以根据评估值确定交易价格,但是同样不能评估调账,因为会计基础不能发生变化。

(5)对于国有资产评估,需要重点关注以下方面:
①是否遵守了《国有资产评估管理办法》及资产评估准则;
②是否履行了立项、评估、确认程序;
③选用的评估方法是否恰当、谨慎;
④是否存在评估增值幅度较大的资产项目;
⑤持续经营企业的评估调账问题;
⑥审计中的资产质量问题不能用评估或出资来替代解决;
⑦报告期内是否存在没有资格的评估机构问题,尤其是对收购资产的评估。
(6)对于无形资产的评估,需要根据《公司法》第27条第2款的规定,对无形资产应当评估作价,核实财产,不得高估或者低估作价;法律、行政法规对评估作价有规定的,从其规定。
(7)申报期之外的实收资本、股本存在重大违规情形的,应当由申报会计师进行验资复核。
(8)承担报告期内且与发行人增加注册资本相关的资产评估业务的评估机构和承担发行人股份有限公司设立时及最后一次验资业务的验资机构应在招股说明书正文后发表声明。若该机构不具备证券从业资格或证券从业资格被注销以及机构被解散的,由为其进行复核的具有证券从业资格的机构签署声明。
(9)承担评估和验资业务的机构被吸收合并的,招股说明书正文后的声明由相关存续机构出具,承担相关评估和验资业务的人员已经离职的,由相关评估和验资机构出具说明。
(10)保荐机构应对相关资产评估机构和验资机构的变动情况及是否具有证券从业资格等进行尽职调查。
(11)对于不强制要求提供的资产评估报告和验资报告,证监会发行监管部门在审核中若发现相关资产评估和验资存在严重问题的,可以要求发行人在申报文件中补充提供。

八、关联方披露概述

关联方关系及其交易的披露,有助于会计信息使用者了解企业真实的财务状况和经营成果。《企业会计准则第36号——关联方披露》规范了关联方关系及其交易的披露。关联方一般是指有关联的各方。关联方关系是指有关联的各方之间存在的内在联系。根据《企业会计准则第36号——关联方披露》的规定,一方控制、共同控制另一方或对另一方施加重大影响,以及两方或两方以上同受一方控制、共同控制或重大影响的,构成关联方。关联方具有以下特征:
(1)关联方涉及两方或多方。关联方关系是有关联的双方或多方之间的相互关系,关联方关系必须存在于两方或多方之间。
(2)关联方以各方之间的影响为前提,这种影响包括控制或被控制、共同控制或被共同控制、施加重大影响或被施加重大影响,即建立控制、共同控制和施加重大影响是关联方存在的主要特征。《企业会计准则第 36 号——关联方披露》所称的"控制""共同控制"和"重大影响"与《企业会计准则第 2 号——长期股权投资》等的规定相同。

(一)关联方关系的认定

关联方关系的存在是以控制、共同控制或重大影响为前提条件的。在判断是否存在关联方关系时,应当遵守实质重于形式的原则。《企业会计准则第 36 号——关联方披露》第 3 条是判断关联方关系是否存在的基本标准,界定了构成企业关联方关系的有关方面。

表 8-7 会计准则中关联主体说明

关联方	说明
该企业的母公司	不仅包括直接或间接地控制该企业的其他企业,也包括能够对该企业实施直接或间接控制的单位等。 (1)某一个企业直接控制一个或多个企业。例如,母公司控制一个或若干个子公司,则母公司与子公司之间即为关联方关系。 (2)某一个企业通过一个或若干个中间企业间接控制一个或多个企业。例如,母公司通过其子公司,间接控制子公司的子公司,表明母公司与其子公司的子公司之间存在关联方关系。 (3)一个企业直接地与通过一个或若干中间企业间接地控制一个或多个企业。例如,母公司对某一企业的投资虽然没有达到控股的程度,但由于其子公司也拥有该企业的股份或权益,如果母公司与其子公司对该企业的投资之和达到拥有该企业一半以上表决权资本的控制权,则母公司直接或间接地控制该企业,表明母公司与该企业之间存在关联方关系。
该企业的子公司	包括直接或间接地被该企业控制的其他企业,也包括直接或间接地被该企业控制的企业、单位、基金等特殊目的实体。
与该企业受同一母公司控制的其他企业	两个或多个企业如果有相同的母公司,它们的财务和经营政策都由该母公司决定,各个被投资企业之间由于受相同母公司的控制,可能为自身利益而进行的交易受到某种限制。因此,《企业会计准则第 36 号——关联方披露》规定与该企业受同一母公司控制的两个或多个企业之间构成关联方关系。
对该企业实施共同控制的投资方	共同控制包括直接的共同控制和间接的共同控制。需要强调的是,对企业实施直接或间接共同控制的投资方与该企业之间是关联方关系,但投资方之间并不能仅仅因为共同控制了同一家企业而视为存在关联方关系。例如,A、B、C 三个企业共同控制 D 企业,从而 A 企业和 D 企业、B 企业和 D 企业以及 C 企业和 D 企业成为关联方关系。如果不存在其他关联方关系,A 企业和 B 企业、A 企业和 C 企业以及 B 企业和 C 企业之间不构成关联方关系。

(续表)

关联方	说明
对该企业施加重大影响的投资方	重大影响包括直接的重大影响和间接的重大影响。对企业实施重大影响的投资方与该企业之间是关联方关系,但投资方之间并不能仅仅因为对同一家企业具有重大影响而视为存在关联方关系。例如,A企业和C企业均能够对B企业施加重大影响,如果A企业和C企业不存在其他关联方关系,则A企业和C企业不构成关联方关系。
该企业的合营企业	合营企业,指按照合同规定经营活动由投资双方或若干方共同控制的企业。合营企业的主要特点在于投资各方均不能对被投资企业的财务和经营政策单独作出决策,必须由投资各方共同作出决策。因此,合营企业是以共同控制为前提的,两方或多方共同控制某一企业时,该企业则为投资者的合营企业。例如,A、B、C、D企业各占F企业表决权资本的25%,按照合同规定,投资各方按照出资比例控制F企业,由于出资比例相同,F企业由A、B、C、D企业共同控制,在这种情况下,A企业和F企业、B企业和F企业、C企业和F企业以及D企业和F企业之间构成关联方关系。
该企业的联营企业	联营企业,指投资者对被投资企业具有重大影响,但该被投资企业不是投资者的子公司或合营企业的企业。联营企业和重大影响是相联系的,如果投资者能对被投资企业施加重大影响,则该被投资企业视为投资者的联营企业。
该企业的主要投资者个人及与其关系密切的家庭成员	主要投资者个人,是指能够控制、共同控制一个企业或者对一个企业施加重大影响的个人投资者。 (1)某一企业与其主要投资者个人之间的关系。例如,张某是A企业的主要投资者,则A企业与张某构成关联方关系。 (2)某一企业与其主要投资者个人关系密切的家庭成员之间的关系。例如,A企业的主要投资者张某的儿子与A企业构成关联方关系。
该企业或其母公司的关键管理人员及与其关系密切的家庭成员	关键管理人员,是指有权力并负责计划、指挥和控制企业活动的人员。通常情况下,企业关键管理人员负责管理企业的日常经营活动,并且负责制订经营计划、战略目标、指挥调度生产经营活动等,主要包括董事长、董事、董事会秘书、总经理、总会计师、财务总监、主管各项事务的副总经理以及行使类似职能的人员等。 (1)某一企业与其关键管理人员之间的关系。例如,A企业的总经理与A企业构成关联方关系。 (2)某一企业与其关键管理人员关系密切的家庭成员之间的关系。例如,A企业的总经理张三的儿子与A企业构成关联方关系。

(续表)

关联方	说明
该企业主要投资者个人、关键管理人员或与其关系密切的家庭成员控制、共同控制或施加重大影响的其他企业	与主要投资者个人或关键管理人员关系密切的家庭成员,是指在处理与企业的交易时可能影响该个人或受该个人影响的家庭成员,例如父母、配偶、兄弟、姐妹和子女等。判断与主要投资者个人或关键管理人员关系密切的家庭成员是否为一个企业的关联方,应当视他们在处理与企业交易时的互相影响程度而定。对于这类关联方,应当根据主要投资者个人、关键管理人员或与其关系密切的家庭成员对企业的实际影响力具体分析判断。 (1)某一企业与受该企业主要投资者个人控制、共同控制或施加重大影响的其他企业之间的关系。例如,A企业的主要投资者H拥有甲企业60%的表决权资本,则A企业和甲企业存在关联方关系。 (2)某一企业与受该企业主要投资者个人关系密切的家庭成员控制、共同控制或施加重大影响的其他企业之间的关系。例如,A企业的主要投资者乙的妻子拥有C企业60%的表决权资本,则A企业和C企业存在关联方关系。 (3)某一企业与受该企业关键管理人员控制、共同控制或施加重大影响的其他企业之间的关系。例如,A企业的关键管理人员D控制了丙企业,则A企业和丙企业存在关联方关系。 (4)某一企业与受该企业关键管理人员关系密切的家庭成员控制、共同控制或施加重大影响的其他企业之间的关系。例如,A企业的财务总监Y的妻子是丁企业的董事长,则A企业和丁企业存在关联方关系。 企业设立的企业年金基金也构成企业的关联方。

(二)关联方关系界定的例外情况

控制、共同控制和重大影响是判断关联方关系的基本标准,因此,不符合标准的应当排除在外。具体而言,仅与企业存在下列关系的各方,不构成企业的关联方。

表8-8 会计准则中非关联方表

情形	说明
与该企业发生日常往来的资金提供者、公用事业部门、政府部门和机构,以及与该企业发生大量交易而存在经济依存关系的单个客户、供应商、特许商、经销商和代理商之间,不构成关联方关系	企业在日常经营活动中,往往与资金提供者、公用事业部门、与企业发生大量交易的供应商、代理商、购买者等,往来比较密切,与国有企业、政府部门和机构也有较多的联系,但是如果上述各方之间不存在控制和被控制、共同控制和被共同控制、施加重大影响和被施加重大影响,则不构成关联方关系。

(续表)

情形	说明
与该企业共同控制合营企业的合营者之间,通常不构成关联方关系	如果两个企业按照合同分享一个合营企业的控制权,某个企业单方面无法作出合营企业的经营和财务决策,而合营企业是一个独立的法人,合营方各自对合营企业有重大影响,但各合营者无法影响其他合营者。在没有其他关联关系的情况下,仅因为某一合营企业的共同合营者,不能认定各合营者之间是关联方。
仅仅同受国家控制而不存在控制、共同控制或重大影响关系的企业,不构成关联方关系	在我国,国家控制的企业如国有企业不同于《企业会计准则第36号——关联方披露》所称的存在控制、共同控制、重大影响关系的企业,国有企业都是独立法人和市场主体,实行自主经营、自负盈亏,相互之间不存在《企业会计准则第36号——关联方披露》所指的控制、共同控制或重大影响关系,不符合关联方关系。此外,如果将仅受国家控制,但不存在控制、共同控制或重大影响关系的企业都视为关联方,这些企业之间的交易都作为关联交易来处理,在实务中无法操作,而且会扭曲关联方及其交易的本质,掩盖真正的关联方及其交易。
受同一方重大影响的企业之间不构成关联方	例如,同一个投资者的两家联营企业之间不构成关联方,仅拥有同一位关键管理人员的两家企业之间不构成关联方。例如,某人既是一家企业的关键管理人员,同时又能对另一家企业实施重大影响,在不存在其他关联方关系的情况下,这两家企业不构成关联方。

(三)关联方交易的判断

关联方交易,是指关联方之间转移资源、劳务或义务的行为,不论是否收取价款。这一定义的要点有:

(1)按照关联方定义,构成关联方关系的企业之间、企业与个人之间的交易,即通常是在关联方关系已经存在的情况下,关联各方之间的交易。

(2)资源或义务的转移是关联方交易的主要特征,一般情况下,在资源或义务转移的同时,风险和报酬也相应转移。

(3)关联方之间资源或义务的转移价格是了解关联方交易的重要方面。

(四)关联方交易的类型

《企业会计准则第36号——关联方披露》列举了关联方交易的类型。判断交易是否属于关联方交易,应以交易是否发生为依据,而不是以是否收取价款为前

提。关联方的交易类型主要有:

(1)购买或销售商品。购买或销售商品是关联方交易较常见的交易事项,例如,企业集团成员之间互相购买或销售商品,从而形成了关联方交易。

(2)购买或销售除商品以外的其他资产,例如,母公司出售给其子公司设备或建筑物等。

(3)提供或接受劳务,例如,A企业是B企业的联营企业,A企业专门从事设备维修服务,B企业的所有设备均由A企业负责维修,B企业每年向A企业支付设备维修费用。

(4)担保。担保包括在借贷、买卖、货物运输、加工承揽等经济活动中,为了保障债权实现而实行的担保等。当存在关联方关系时,一方往往为另一方提供其在借款、买卖等经济活动中所需要的担保。

(5)提供资金(贷款或股权投资),例如,企业从其关联方取得资金,或权益性资金在关联方之间的增减变动等。

(6)租赁。租赁通常包括经营租赁和融资租赁等,关联方之间的租赁合同也是主要的交易事项。

(7)代理。代理主要是依据合同条款,一方可为另一方代理某些事务,如代理销售货物,或代理签订合同等。

(8)研究与开发项目的转移。在存在关联方关系时,有时某一企业所研究与开发的项目会由于一方的要求而放弃或转移给其他企业。例如,B公司是A公司的子公司,A公司要求B公司停止对某一新产品的研究和试制,并将B公司研究的现有成果转给A公司最近购买的、研究与开发能力超过B公司的C公司继续研制,从而形成关联方交易。

(9)许可协议。当存在关联方关系时,关联方之间可能达成某项协议,允许一方使用另一方商标等,从而形成了关联方之间的交易。

(10)代表企业或由企业代表另一方进行债务结算。

(11)关键管理人员薪酬。企业支付给关键管理人员的报酬,也是一项主要的关联方交易。

关联方交易还包括就某特定事项在未来发生或不发生时所作出的采取相应行动的任何承诺,例如(已确认及未确认的)待执行合同。

(五)关联方的披露

《企业会计准则第36号——关联方披露》要求,企业财务报表中应披露所有关联方关系及其交易的相关信息,具体内容包括:

1. 企业无论是否发生关联方交易,均应当在附注中披露与该企业之间存在控制关系的母公司和子公司的有关信息

关联方关系存在于母公司和子公司之间的,应当披露母公司和所有子公司的名称,母公司和子公司的业务性质、注册地、注册资本(或实收资本、股本)及其变

化,以及母公司对子公司的持股比例和表决权比例。在披露母公司名称时,母公司不是该企业最终控制方的,还应当披露最终控制方的名称。母公司和最终控制方均不对外提供财务报表的,还应当披露母公司之上与其最相近的对外提供财务报表的公司名称。

2. 企业与关联方发生关联方交易的,应当在附注中披露该关联方关系的性质、交易类型及交易要素

关联方关系的性质,是指关联方与该企业的关系,即关联方是该企业的子公司、合营企业、联营企业等。交易类型通常包括购买或销售商品、购买或销售除商品以外的其他资产、提供或接受劳务、担保、提供资金(贷款或股权投资)、租赁、代理、研究与开发项目的转移、许可协议、代表企业或由企业代表另一方进行债务结算、关键管理人员薪酬。交易要素至少应当包括:交易的金额;未结算项目的金额、条款和条件,以及有关提供或取得担保的信息;未结算应收项目的坏账准备金额;定价政策。关联方交易的金额应当披露相关比较数据。

关联方交易的披露应遵循重要性原则。对企业财务状况和经营成果有影响的关联方交易,应当区分关联方以及交易类型予以披露;不具有重要性的,类型相似的非重大交易可合并披露,但以不影响财务报表阅读者正确理解企业财务状况、经营成果为前提。判断关联方交易是否重要,不应以交易金额的大小作为判断标准,而应当以交易对企业财务状况和经营成果的影响程度来确定。

3. 对外提供合并财务报表的,对于已经包括在合并范围内各企业之间的交易不予披露

合并财务报表是将集团作为一个整体来反映与其有关的财务信息,在合并财务报表中,将企业集团作为一个整体看待,企业集团内的交易已不属于交易,并且已经在编制合并财务报表时予以抵消。因此,《企业会计准则第36号——关联方披露》规定,对外提供合并财务报表的,除了应按上述要求进行披露外,对于已经包括在合并范围内各企业之间的交易不予披露。

九、拟上市公司会计政策和会计估计变更的关注要点

现行会计准则原则性导向的制定基础,赋予了企业根据实际情况合理变更会计政策和会计估计的选择权,同时也给一些意图利用不合理的会计政策和会计估计变更操纵利润、粉饰财务报表,以迎合发行上市需要的拟上市公司可乘之机,使之成为目前较常见的舞弊方式之一。对此,中介机构往往难以找到有说服力的理由和证据予以证明,使得审计的难度和风险加大。

针对拟上市公司会计政策和会计估计变更,需要重点关注下列方面。

(一)内部控制制度是否健全有效

健全有效的内部控制制度,是保证财务信息真实准确的基础。因此,IPO 业务

承接阶段就应首先评估企业的内部控制基本情况、具有审批权限的管理者是否具备专业知识和专业判断能力，提早发现内部控制制度缺失，防范固有风险。中介机构应重点关注相关内部控制制度的合理性及对重大错报风险的影响。

(二) 分析企业会计政策和会计估计变更的合理性

分析企业会计政策和会计估计变更的合理性应主要关注以下几点：一是企业进行会计政策变更，是否具备能够提供更可靠相关会计信息的客观环境和条件；二是企业是否存在通过其他不符合准则的措施变更会计政策、违背会计信息的质量要求的情况；三是企业进行会计估计变更，是否取得了真实可靠、充分客观的证据；四是关注变更结果是否可验证。

(三) 分析企业会计政策和会计估计变更相关会计处理的正确性

准确区分两种性质的变更，并按要求进行正确会计处理，防范不顾客观事实的账务处理而进行财务操纵的情形。会计政策变更采用追溯调整法，无法区分是会计政策变更还是会计估计变更时、难以确定累积影响数的会计政策变更均按会计估计变更处理；会计估计变更采用未来适用法。要检查企业是否严格执行上述适用原则，是否根据盈利目标的需要主观操纵会计处理。如对明确应追溯调整的会计政策变更的情形，为财务目标需求而以影响数难以确定或性质难以区分等为由，采用未来适用法进行会计处理。

严防滥用变更核算起点进行财务操纵。一般情况下，会计估计变更应自该估计变更经董事会等相关机构正式批准后生效，如需提交股东大会审议，不得早于股东大会审议日。会计政策追溯调整，应当从可追溯调整的最早期间期初开始应用变更后的会计政策。审计时要关注是否按照上述时限进行处理，是否存在影响重大的人为操纵情形。

关注是否存在应变更而未变更的情形。包括应当获取而未获取，以及已获取而未采用相关资料信息的情况等。例如，本年度根据经营环境变化变更坏账比例，以符合坏账实际发生情况。但该项经营环境变化在上年度已经发生明显变更迹象，企业却未进行变更；再如，企业因客观条件改变而变更折旧年限，而相关因素前期已经存在。如果上述情况企业不能合理解释，中介机构需要进一步评估错报风险并对以前年度进行复核，并分析是否与盈利操纵动机相关。上述情形属于会计差错而应进行正确调整，即重大应予追溯并披露，若不重大可以当期更正但仍需要披露。

(四) 关注企业是否存在利用会计政策和会计估计变更操纵盈利的动机

根据会计准则，企业进行会计政策变更，只有国家统一规定变更和变更后会计信息更可靠两种情形。会计估计的变更，只有当估计的基础发生变化，如获取了新信息等，才应当变更。即除国家统一规定外，会计政策及会计估计的变更，只能是以因经济环境和客观情况发生改变、需要提供更相关可靠会计信息为出发点。中介机构需要结合相关审计程序关注变更动机是否与上述原因相关,是否存在操纵盈利的舞弊动机。

1. 关注变更原因的合理性

关注企业会计政策和会计估计变更是否符合会计准则的原则性规定,是否存在没有客观原因的随意变更或频繁变更的情形。例如,企业在经营环境没有重大变化的情况下,将坏账准备的会计估计比例或方法予以变更,从而增加当期利润;在没有合理依据的情况下,将重要生产设备由加速折旧法改为直线法,从而通过减少折旧计提增加收益。上述情形均不符合会计准则的要求,存在利润操纵的嫌疑。

2. 关注变更的动机和目的

关注企业是否存在需要满足特定盈利目标的业绩压力或美化财务报表的动机。例如根据企业是否需要满足 IPO 发行上市、股权激励等包括成长性、总体及持续盈利能力等各种特定预期盈利要求,来判断是否进行会计政策和会计估计变更。

3. 进行分析性复核

分析企业主要经营指标与同行业、以前年度相比是否存在重大差异,以及存在重大差异的原因;分析业绩增长等财务指标是否依赖于会计政策和会计估计变更,如果不进行变更是否导致财务趋势呈不利影响等。根据分析结果和影响程度,判断企业是否存在操纵利润的可能。

十、会计政策、会计估计变更或会计差错更正对企业首发上市申请的影响

实务中,部分首发企业存在在报告期内变更会计政策、会计估计或更正会计差错的情况,该种情况的存在可能会对企业的首发上市申请造成不利影响。因此,针对会计政策、会计估计变更或会计差错更正事宜,发行人及中介机构应重点关注以下方面。

发行人在申报前的上市辅导和规范阶段,如发现存在不规范或不谨慎的会计处理事项并进行审计调整的,应当符合《企业会计准则第 28 号——会计政策、会计估计变更和差错更正》和相关审计准则的规定,并保证发行人提交首发申请时的申报财务报表能够公允地反映发行人的财务状况、经营成果和现金流量。申报会计师应按要求对发行人编制的申报财务报表与原始财务报表的差异比较表出具审核报告并说明差异调整原因,保荐机构应核查差异调整的合理性与合规性。

同时,报告期内发行人会计政策和会计估计应保持一致性,不得随意变更,若有变更应符合企业会计准则的规定。变更时,保荐机构及申报会计师应关注是否有充分、合理的证据表明变更的合理性,并说明变更会计政策或会计估计后,能够提供更可靠、更相关的会计信息的理由;对会计政策、会计估计的变更,应履行必要的审批程序。如无充分、合理的证据表明会计政策或会计估计变更的合理性,或者未经批准擅自变更会计政策或会计估计的,或者连续、反复地自行变更会计政策或

会计估计的,视为滥用会计政策或会计估计。

首发材料申报后,发行人如存在会计政策、会计估计变更事项,应当依据《企业会计准则第28号——会计政策、会计估计变更和差错更正》的规定,对首次提交的财务报告进行审计调整或补充披露,相关变更事项应符合专业审慎原则,与同行业上市公司不存在重大差异,不存在影响发行人会计基础工作规范性及内控有效性情形。保荐机构和申报会计师应当充分说明专业判断的依据,对相关调整变更事项的合规性发表明确的核查意见。在此基础上,发行人应提交更新后的财务报告。

首发材料申报后,发行人如出现会计差错更正事项,应充分考虑差错更正的原因、性质、重要性与累积影响程度。对此,保荐机构、申报会计师应重点核查以下方面并明确发表意见:会计差错更正的时间和范围,是否反映发行人存在故意遗漏或虚构交易、事项或者其他重要信息,滥用会计政策或者会计估计,操纵、伪造或篡改编制财务报表所依据的会计记录等情形;差错更正对发行人的影响程度,是否符合《企业会计准则第28号——会计政策、会计估计变更和差错更正》的规定,发行人是否存在会计基础工作薄弱和内控缺失,相关更正信息是否已恰当披露等问题。

首发材料申报后,如因会计基础薄弱、内控重大缺陷、盈余操纵、前次审计严重疏漏、滥用会计政策或者会计估计以及恶意隐瞒或舞弊行为,导致重大会计差错更正的,应视为发行人在会计基础工作规范及相关内控方面不符合发行条件。

发行人应在招股说明书中披露重要会计政策、会计估计变更或会计差错更正情形及其原因。[①]

十一、内控有效性

《首次公开发行股票并上市管理办法》和《首次公开发行股票并在创业板上市管理办法》均要求发行人内部控制制度健全且被有效执行。但在实务中,存在部分首发企业在提交申报材料的审计截止日前存在财务内控不规范情形,如为满足贷款银行受托支付要求,在无真实业务支持情况下,通过供应商等取得银行贷款或为客户提供银行贷款资金走账通道(简称"转贷"行为);向关联方或供应商开具无真实交易背景的商业票据,通过票据贴现后获得银行融资;与关联方或第三方直接进行资金拆借;通过关联方或第三方代收货款;利用个人账户对外收付款项;出借公司账户为他人收付款项等。针对此种情形,中介机构应从以下方面进行把控。

(1)保荐机构上市辅导期间,应会同申报会计师、律师,要求发行人按照现行法规、规则、制度要求对涉及问题进行整改或纠正,在提交申报材料前强化发行人内部控制制度建设及执行有效性检查。具体要求可从以下方面把握:

---

① 参见《首发业务若干问题解答(二)》问题19。

①首发企业申请上市成为公众公司,需要建立、完善并严格实施相关财务内部控制制度,保护中小投资者合法权益。拟上市公司在报告期内作为非公众公司,在财务内控方面存在上述不规范情形的,应通过中介机构上市辅导完成整改或纠正(如收回资金、结束不正当行为等措施)和相关内控制度建设,达到与上市公司要求一致的财务内控水平。

②对首次申报审计截止日前报告期内存在的上述内控不规范情形,中介机构应根据有关情形发生的原因及性质、时间及频率、金额及比例等因素,综合判断是否构成对内控制度有效性的重大不利影响,是否属于主观故意或恶意行为并构成重大违法违规。

③发行人已按照程序完成相关问题整改或纠正的,中介机构应结合此前不规范情形的轻重或影响程度的判断,全面核查、测试并确认发行人整改后的内控制度是否已合理、正常运行并持续有效,出具明确意见。

④首次申报审计截止日后,发行人原则上不能再出现上述内控不规范和不能有效执行情形。

⑤发行人的对外销售结算应自主独立,内销业务通常不应通过关联方或第三方代收货款,外销业务如因外部特殊原因确有必要通过关联方或第三方代收货款的,应能够充分提供合理性证据,不存在审计范围受到限制的重要情形。

⑥连续12个月内银行贷款受托支付累计金额与相关采购或销售(同一交易对手、同一业务)累计金额基本一致或匹配的,不视为上述"转贷"行为。

(2)中介机构对发行人财务内控不规范情形及整改纠正、运行情况的核查,一般需注意以下方面:

①关注发行人前述行为信息披露充分性,如对相关交易形成原因、资金流向和使用用途、利息、违反有关法律法规具体情况及后果、后续可能影响的承担机制、整改措施、相关内控建立及运行情况等。

②关注前述行为的合法合规性,由中介机构对公司前述行为违反法律法规(如《票据法》《贷款通则》《外汇管理条例》《支付结算办法》等)的事实情况进行说明认定,是否属于主观故意或恶意行为并构成重大违法违规,是否存在被处罚情形或风险,是否满足相关发行条件的要求。

③关注发行人对前述行为财务核算是否真实、准确,与相关方资金往来的实际流向和使用情况,是否通过体外资金循环粉饰业绩。

④不规范行为的整改措施,发行人是否已通过收回资金、纠正不当行为方式改进制度、加强内控等方式积极整改,是否已针对性建立内控制度并有效执行,且申报后未发生新的不合规资金往来等行为。

⑤前述行为不存在后续影响,已排除或不存在重大风险隐患。

⑥中介机构能够对前述行为进行完整核查,能够验证相关资金来源或去向,能够确认发行人不存在业务虚构情形,并发表明确意见,确保发行人的财务内控在提

交申报材料的审计截止日后能够持续符合规范性要求,能够合理保证公司运行效率、合法合规和财务报告的可靠性,不存在影响发行条件的情形(审计截止日为经审计的最近一期资产负债表日)。①

十二、收入确认

(一)收入确认原则

企业销售商品时,能否确认收入,关键要看该销售是否同时符合或满足以下五个条件,在具体分析时,应遵循实质重于形式的原则,注重会计人员的职业判断。

1. 企业已将商品所有权上的主要风险和报酬全部转移给购买方

风险主要指商品由于贬值、损坏、报废等造成的损失;报酬是指商品中包含的未来经济利益,包括商品因增值以及直接使用该商品所带来的经济利益。如果一项商品发生的任何损失均不需要本企业承担,带来的经济利益也不归本企业所有,则意味着该商品所有权上的风险和报酬已转移给购买方。

判断一项商品所有权上的主要风险和报酬是否已转移给购买方,需视不同情况而定。主要风险和报酬是相对于次要风险和报酬而言的,如果企业仅仅是保留了所有权上的次要风险,则销售成立,相应的收入应予以确认。

2. 企业既没有保留通常与所有权相联系的继续管理权,也没有对已售出商品实施控制

(1)继续管理权

①与所有权有关的继续管理权。

②与所有权无关的继续管理权。

(2)对售出商品实施有效控制(主要指售后回购)

①如果回购价已在合同中定明,体现在商品所有权上的主要风险和报酬就没有转移给购买方,同时又对商品实施控制,所以在企业销售该产品时,不应确认收入。

②如果回购价为回购当日的市场价,尽管体现在商品所有权中的主要风险和报酬已经转移给了购买方,但由于企业对售出商品实施了控制,所以在销售该商品时,不应确认销售收入。

3.收入的金额能够可靠地计量

收入能否可靠地计量是确认收入的基本前提。企业在销售商品时,售价通常已经确定,但销售过程中由于某些不确定因素,也有可能出现售价变动的情况,则在新的售价未确定之前,即使款项已经收到,也不应确认收入,而应将实际收到的

---

① 参见《首发业务若干问题解答(二)》问题16。

款项作为预收账款处理。在新的售价确定后,再按预收款销售产品的有关规定,进行确认收入、补收或退回多收款项的账务处理。

4.相关的经济利益很可能流入企业

经济利益是指直接或间接流入企业的现金或现金等价物。在销售商品的交易中,与交易相关的经济利益即为销售商品的价款。很可能,是指经济利益流入企业的可能性超过50%。销售商品的价款能否有把握收回,是收入确认的一个重要条件。企业在销售商品时,如估计价款收回的可能性不大,即使收入确认的其他条件均已满足,也不应当确认收入。

5.相关已发生或将发生成本能够可靠地计量

根据收入和费用相配比的原则,与同一项销售有关的收入和成本应在同一会计期间予以确认。因此,如果成本不能可靠地计量,即使其他条件均已满足,相关的收入也不能确认,如已收到价款,收到的价款应确认为一项负债。

(二)收入的具体确认方法

1.无须安装的一般商品销售

无须经过复杂的安装验收的商品销售,基本可在发出商品(无退货情况)或商品验收时确认收入。

上门自提的,以客户或其委托的第三方运货出门为收入确认时点,可等同于发货时间;送货上门的,以买方签收为收入确认时点;邮寄或快递的,以快递公司或对方确认已收到的时间为收入确认时点,运输在途的应以已发货但未确认收货的清单为依据作为发出商品的确认。

出口销售中,均应在装船出海、船舷离港时确认收入,为具备可操作性,应以取得提单为收入确认时点,以发货单、报关单、提单等为收入确认依据。

2.需安装的商品销售

需安装的商品销售主要适用于安装工艺及程序复杂、需经过现场调试或试生产、安装过程存在毁损风险或对操作人员构成危险等情形,需安装完成并经客户验收合格后方可确认收入。

3.完工百分比法

不论是收入准则还是建造合同准则,规定完工百分比法的使用基本需要满足两个条件,即成本能够可靠计量和完工进度能够可靠确认。确定完工进度的参照标准主要有三个,即已发生的成本占比、已发生的工作量占比和实际测定进度。完工百分比法相比较其他确认方法在使用上更为复杂,具有相当的模糊性,对财务人员的职业判断依赖性更高。基于上述原因,完工百分比法更容易被用来操纵和调节收入和利润。

依据会计准则的规定,对于使用完工百分比法需要满足的条件是:第一,成本的归集和测算是否准确、合理,财务制度是否健全,是否有人为操纵的情形;第二,完工进度的确定依据是否准确、合理,是否有合同依据,是否有内外部证据的支持,而且证监会尤其强调以合同相对方或第三方的证据作为支撑,如发包方或者监理方的工程进度确认;第三,与同行业上市公司或者行业管理相比,确认的比例和进度是否合理。

(三)现金交易、第三方回款和经销商模式

实务中,部分首发企业会由于其行业特点或经营模式等原因而存在现金交易、第三方回款或经销商模式情形。针对这些情形,发行人及中介机构应保持高度关注,并采取必要的措施避免或减少其对发行人IPO的不利影响。

1. 现金交易

企业在正常经营活动中发生的现金销售或现金采购,通常情况下应考虑是否同时符合以下条件:①现金交易情形符合行业经营特点或经营模式(如线下商业零售、向农户采购、日常零散产品销售或采购支出等);②现金交易的客户或供应商不是关联方;③现金交易具有可验证性,且不影响发行人内部控制有效性,申报会计师已对现金交易相关内部控制有效性发表明确核查意见;④现金交易比例及其变动情况整体处于合理范围内,近三年一期一般不超过同行业平均水平或与类似公司不存在重大差异(如能获取可比数据);⑤现金管理制度与业务模式匹配且执行有效,如企业与个人消费者发生的商业零售、门票服务等现金收入通常能够在当日或次日缴存公司开户银行,企业与单位机构发生的现金交易仅限于必要的零星小额收支,现金收支业务应账账一致、账款一致。

如发行人报告期存在现金交易,保荐机构及申报会计师通常应关注并核查以下方面:①现金交易的必要性与合理性,是否与发行人业务情况或行业惯例相符,与同行业或类似公司的比较情况;②现金交易的客户或供应商的情况,是否为发行人的关联方;③相关收入确认及成本核算的原则与依据,是否存在体外循环或虚构业务情形;④与现金交易相关的内部控制制度的完备性、合理性与执行有效性;⑤现金交易流水的发生与相关业务发生是否真实一致,是否存在异常分布;⑥实际控制人及发行人董事、监事、高级管理人员等关联方是否与客户或供应商存在资金往来;⑦发行人为减少现金交易所采取的改进措施及进展情况;⑧发行人是否已在招股说明书中充分披露上述情况及风险。结合上述要求,中介机构应详细说明对发行人现金交易可验证性及相关内控有效性的核查方法、过程与证据,对发行人报告期现金交易的真实性、合理性和必要性明确发表意见。符合上述要求的现金交易通常不影响内控有效性的判断。[①]

2. 第三方回款

第三方回款通常是指发行人收到的销售回款的支付方(如银行汇款的汇款方、银行承兑汇票或商业承兑汇票的出票方式或背书转让方)与签订经济合同的往来客户不一致的情况。

[①] 参见《首发业务若干问题解答(二)》问题17。

企业在正常经营活动中存在的第三方回款,通常情况下应考虑是否符合以下条件:

(1)与自身经营模式相关,符合行业经营特点,具有必要性和合理性,例如:①如客户为个体工商户或自然人,其通过家庭约定由直系亲属代为支付货款,经中介机构核查无异常的;②客户为自然人控制的企业,该企业的法定代表人、实际控制人代为支付货款,经中介机构核查无异常的;③客户所属集团通过集团财务公司或指定相关公司代客户统一对外付款,经中介机构核查无异常的;④政府采购项目指定财政部门或专门部门统一付款,经中介机构核查无异常的;⑤通过应收账款保理、供应链物流等合规方式或渠道完成付款,经中介机构核查无异常的;⑥境外客户指定付款,经中介机构核查无异常的。

(2)第三方回款的付款方不是发行人的关联方。

(3)第三方回款与相关销售收入勾稽一致,具有可验证性,不影响销售循环内部控制有效性的认定,申报会计师已对第三方回款及销售确认相关内部控制有效性发表明确核查意见。

(4)能够合理区分不同类别的第三方回款,相关金额及比例处于合理可控范围。

如发行人报告期存在第三方回款,保荐机构及申报会计师通常应重点核查以下方面:①第三方回款的真实性,是否存在虚构交易或调节账龄情形;②第三方回款形成收入占营业收入的比例;③第三方回款的原因、必要性及商业合理性;④发行人及其实际控制人、董事、监事、高级管理人员或其他关联方与第三方回款的支付方是否存在关联关系或其他利益安排;⑤境外销售涉及境外第三方的,其代付行为的商业合理性或合法合规性;⑥报告期内是否存在因第三方回款导致的货款归属纠纷;⑦如签订合同时已明确约定由其他第三方代购买方付款,该交易安排是否具有合理原因;⑧资金流、实物流与合同约定及商业实质是否一致。

同时,保荐机构及申报会计师还应详细说明对实际付款人和合同签订方不一致情形的核查情况,包括但不限于:抽样选取不一致业务的明细样本和银行对账单回款记录,追查至相关业务合同、业务执行记录及资金流水凭证,获取相关客户代付款确认依据,以核实和确认委托付款的真实性、代付金额的准确性及付款方和委托方之间的关系,说明合同签约方和付款方存在不一致情形的合理原因及第三方回款统计明细记录的完整性,并对第三方回款所对应营业收入的真实性发表明确核查意见。

通过上述措施能够证实第三方回款不影响销售真实性的,不构成影响发行条件事项。发行人应在招股说明书营业收入部分充分披露第三方回款相关情况及中介机构的核查意见。[1]

---

[1] 参见《首发业务若干问题解答(二)》问题18。

3. 经销商模式

发行人采取经销商销售模式的,中介机构应重点关注其收入实现的真实性,详细核查经销商具体业务模式及采取经销商模式的必要性,经销商模式下收入确认是否符合企业会计准则的规定,经销商选取标准、日常管理、定价机制(包括营销、运输费用承担和补贴等)、物流(是否直接发货给终端客户)、退换货机制、销售存货信息系统等方面的内控是否健全并有效执行,经销商是否与发行人存在关联关系,对经销商的信用政策是否合理等。

发行人应就经销商模式的相关情况进行充分披露,主要包括:经销商和发行人是否存在实质和潜在关联关系;发行人同行业可比上市公司采用经销商模式的情况;发行人通过经销商模式实现的销售比例和毛利是否显著大于同行业可比上市公司;经销商是否专门销售发行人产品;经销商的终端销售及期末存货情况;报告期内经销商是否存在较多新增与退出情况;经销商是否存在大量个人等非法人实体;经销商回款是否存在大量现金和第三方回款。

出现下述情况时,发行人应充分披露相关情况:发行人通过经销商模式实现的销售毛利率和其他销售模式实现的毛利率的差异较大;给予经销商的信用政策显著宽松于其他销售方式,对经销商的应收账款显著增大;海外经销商毛利率与国内经销商毛利率差异较大。

保荐机构、律师和申报会计师应对经销商业务进行充分核查,并说明发行人经销商销售模式、占比等情况与同行业上市公司是否存在显著差异及原因,对经销商业务的核查方式、核查标准、核查比例、核查证据等应足以支持核查结论。

保荐机构、律师及会计师应当综合利用电话访谈、实地走访、发询证函等多种核查方法,核查发行人报告期内经销商模式下的收入确认原则、费用承担原则及给经销商的补贴或返利情况、经销商的主体资格及资信能力,核查关联关系,结合经销商模式检查与发行人的交易记录及银行流水记录、经销商存货进销存情况、经销商退换货情况。保荐人、律师和申报会计师应对经销商模式下收入的真实性发表明确核查意见。[①]

第二节 税 务

A股首发审核税务问题的直接依据是《首次公开发行股票并上市管理办法》第27条的规定:发行人依法纳税,各项税收优惠符合相关法律法规的规定。发行人的经营成果对税收优惠不存在严重依赖。该条规定表述简单,但实务工作中由于税务问题的专业性强、涉及面广、涉案金额大等原因,存在许多疑难问题,且同一问

---

① 参见《首发业务若干问题解答(二)》问题21。

题的结论常常大相径庭,解决办法也见仁见智。

根据税法的规定和上市审核工作实务,本节从以下十四个方面进行论述。

一、企业重组税收基本结论

企业重组,是指企业在日常经营活动以外发生的法律结构或经济结构重大改变的交易,包括企业法律形式改变、债务重组、股权收购、资产收购、合并、分立等。在公司上市的过程中,会发生很多企业重组活动,这些企业重组活动产生的税务问题非常复杂并且涉及金额巨大,税务机关对此类专项问题也常常难以把握,监管不足。随着时间的推移,企业重组中的税务问题必将越来越多地得到各方的关注。从结果来看,目前已经出现多起企业重组行为事后被征收逾亿元税款的案例,这些被征税的企业始料未及,代价惨重;从上市的角度看,"依法纳税"这一基本要求涵盖了企业重组行为产生的税负,并且此类问题也开始渐入监管层的关注范围。

鉴于本书只研究上市审核标准,因此只对最常见的股权投资活动按照投资取得股权、持有、转让三个步骤分别总结出有关企业所得税和个人所得税的基本结论。需要注意的是,企业重组税法规定(以财政部、国家税务总局《关于促进企业重组有关企业所得税处理问题的通知》及《关于企业重组业务企业所得税处理若干问题的通知》为例)晦涩难懂,并且相关税收政策变化非常大,每个交易的结构和形式也不尽相同,因此以下基本结论仅供参考。①

根据 2011 年 2 月 18 日发布的国家税务总局《关于纳税人资产重组有关增值税问题的公告》(国家税务总局公告 2011 年第 13 号)的规定,纳税人在资产重组过程中,通过合并、分立、出售、置换等方式,将全部或者部分实物资产以及与其相关联的债权、负债和劳动力一并转让给其他单位和个人,不属于增值税的征税范围,其中涉及的货物转让,不征收增值税。

根据 2013 年 11 月 19 日发布的国家税务总局《关于纳税人资产重组有关增值税问题的公告》(国家税务总局公告 2013 年第 66 号)的规定,纳税人在资产重组过程中,通过合并、分立、出售、置换等方式,将全部或者部分实物资产以及与其相关联的债权、负债经多次转让后,最终的受让方与劳动力接收方为同一单位和个人的,仍适用国家税务总局《关于纳税人资产重组有关增值税问题的公告》(国家税务总局公告 2011 年第 13 号)的相关规定,其中货物的多次转让行为均不征收增值税。资产的出让方需将资产重组方案等文件资料报其主管税务机关。

---

① 有进一步需要和研究兴趣的读者可以参考张兰田律师和刘小玮律师的专著《资本业务税法指南》(法律出版社 2018 年版)。

表 8-9 投资活动对应税负分析表

行为	企业所得税		个人所得税	
	法律依据	基本结论	法律依据	基本结论
投资活动取得股权	《关于企业重组业务企业所得税处理若干问题的通知》《关于促进企业重组有关企业所得税处理问题的通知》	此处的投资分为初始投资和增资。如果是非货币资产对外投资，一般情况下适用一般性税务处理，即将投资活动分解为视同销售和投资两种行为。符合特殊条件的，适用特殊性税务处理。特殊性税务处理的条件主要有：(1)具有合理的商业目的，且不以减少、免除或者推迟缴纳税款为主要目的。(2)企业重组后的连续12个月内不改变重组资产原来的实质性经营活动。(3)企业重组中取得股权支付的原主要股东，在重组后连续12个月内，不得转让所取得的股权。(4)资产收购，受让企业收购的资产不低于转让企业全部资产的50%，且受让企业在该资产收购发生时的股权支付金额不低于其交易支付总额的85%。股权收购，收购企业购买的股权不低于被收购企业全部股权的50%，且收购企业在该股权收购发生时的股权支付金额不低于其交易支付总额的85%。	《关于资产评估增值计征个人所得税问题的通知》	个人以评估增值的非货币性资产对外投资取得股权的，对个人取得股权相应股权价值高于该资产原值的部分，属于个人所得，按照"财产转让所得"项目计征个人所得税。税款由被投资企业在个人取得股权时代扣代缴。

(续表)

行为	企业所得税		个人所得税	
	法律依据	基本结论	法律依据	基本结论
持有	《企业所得税法》《企业所得税法实施条例》	来源于境内的所得。符合条件的居民企业之间的股息、红利等权益性投资收益（居民企业直接投资于其他居民企业取得的投资收益）为免税收入；在中国境内设立机构、场所的非居民企业从居民企业取得与该机构、场所有实际联系的股息、红利等权益性投资收益免税收入（此处所指股息、红利等权益性投资收益不包括连续持有居民企业公开发行并上市流通的股票不足12个月取得的投资收益）。	《中华人民共和国个人所得税法》《中华人民共和国个人所得税法实施条例》《关于个人所得税若干政策问题的通知》	股息红利所得。境内居民依法纳税，基准税率为20%。
	《关于企业境外所得税收抵免有关问题的通知》（部分失效）、《企业所得税法》	来源于境外的所得。 (1)居民企业来源于中国境外的应税所得可用限额抵免。 (2)非居民企业在境内发生实际机构、场所与其所有实际联系机构、场所的各项应税所得可用限额抵免。 (3)居民企业从其直接或者间接控制的外国企业分得的来源于中国境外的股息、红利等权益性投资收益，外国企业在境外实际缴纳的所得税税额中属于该项所得负担的部分，可以作为该居民企业的可抵免境外所得税税额，采	《关于规范个人投资者个人所得税征收管理的通知》	如果个人投资者向其投资的企业借款，并在该纳税年度终了后既不归还，又未用于企业生产经营的，对其未归还借款，应比照投资者取得股息、红利所得征收个人所得税；个人投资者以企业资金为本人、家庭成员及其相关人员支付与企业生产经营无关的消费性支出及购买汽车、住房等财产性支出，应认定为对个人投资者的利润分配，应依照"利息、股息、红利所得"项目计征个人所得税。

(续表)

行为	企业所得税		个人所得税	
	法律依据	基本结论	法律依据	基本结论
		用限额抵免（限额抵免是指企业取得的所得已在境外缴纳的所得税额，可以从其当期应纳税额依照《企业所得税法》计算为该项所得应纳税额中抵免。抵免限额的应纳税额；超过抵免限额的部分，可以在以后五个年度内，用每年度抵免限额抵免当年应抵税额后的余额进行抵补）。	《关于股权奖励和转增股本个人所得税征管问题的公告》	非上市及未在全国中小企业股份转让系统挂牌的中小高新技术企业以未分配利润、盈余公积、资本公积向个人股东转增股本，并符合《关于将国家自主创新示范区有关税收试点政策推广到全国范围实施的通知》有关规定的，纳税人可分期缴纳个人所得税；非上市及未在全国中小企业股份转让系统挂牌的其他企业转增股本，应及时扣缴个人所得税。上市公司或在全国中小企业转让系统挂牌的企业转增股本（不含以股票发行溢价形成的资本公积转增股本），按现行有关股息、红利差别化政策执行。
			《关于利息、股息、红利所得征税问题的通知》	已分配挂账但未支付的股利，视为企业对个人投资者的股息分配，应及时扣缴个人所得税。

(续表)

行为	企业所得税		个人所得税	
	法律依据	基本结论	法律依据	基本结论
	《关于企业资产损失税前扣除政策的通知》	资产处置损失和减值损失。企业的股权投资符合下列条件之一的，减除可收回金额后确认的无法收回的股权投资，可以作为股权投资损失在计算应纳税所得额时扣除： (1) 被投资方依法宣告破产、关闭、解散、被撤销，或者被依法注销、吊销营业执照的。 (2) 累计发生巨额亏损，已连续停止经营3年以上，且无重新恢复经营改组计划的。 (3) 对被投资方不具有控制权，投资期限届满或者被投资期限已超过10年，且被投资单位因连续3年经营亏损导致资不抵债的。 (4) 被投资方财务状况严重恶化，累计发生巨额亏损，已完成清算或清算期超过3年以上的。 (5) 国务院财政、税务主管部门规定的其他条件。	《关于资产评估增值计征个人所得税问题的通知》	企业资产评估增值转增个人股本。个人（自然人）股东从被投资企业取得的，以企业资产评估增值转增个人股本的部分，属于个人对企业股东股息、股息、红利性质的分配，按照"利息、股息、红利所得"项目计征个人所得税。税款由企业在转增个人股本时代扣代缴。

(续表)

行为	企业所得税		个人所得税	
	法律依据	基本结论	法律依据	基本结论
转让	《关于贯彻落实企业所得税法若干税收问题的通知》《关于非居民企业所得税源泉扣缴有关问题的公告》《关于非居民企业所得税若干问题的公告》	企业转让股权收入,应于转让股权协议生效且完成股权变更手续时,确认收入的实现。转让股权收入扣除为取得该股权所发生的成本后,为股权转让所得。企业在计算股权转让所得时,不得扣除被投资企业未分配利润等股东留存收益中按该项股权可能分配的金额。 股权转让收入减除股权净值后的余额为股权转让所得应纳税所得额。股权转让收入是指股权转让人转让股权所收取的对价,包括货币形式和非货币形式的各种收入。股权净值是指取得该股权的计税基础。股权转让人投资入股时向中国居民企业实际支付的出资成本,或购买该项股权时向该股权的原转让人实际支付的股权受让成本。 非居民企业通过实施不具有合理商业目的的安排,间接转让中国居民企业股权等财产,规避企业所得税纳税义务的,应按照《企业所得税法》第47条的规定,重新定性该间接转让交易,确认为直接转让中国居民企业股权等财产。	《个人所得税法》《个人所得税法实施条例》；《股权转让所得个人所得税管理办法(试行)》；《关于个人转让上市公司限售股所得征收个人所得税有关问题的通知》	个人股权转让以转让财产的收入额减除财产原值和合理费用后的余额,为应纳税所得额。 对申报的计税依据明显偏低(如平价和低价转让等)且无正当理由的,主管税务机关可参照每股净资产或个人股东享有的股权比例所对应的净资产份额核定。 对个人转让上市公司限售股(股改限售股、新股限售股)取得的所得,按照"财产转让所得",适用20%的比例税率征收个人所得税。

二、居民纳税义务人和非居民纳税义务人的纳税义务

判断居民企业和非居民企业的目的:第一,两类企业的纳税义务不同:居民企业应当就来源于中国境内、境外的所得缴纳企业所得税;非居民企业仅就来源于中国境内的收入缴纳企业所得税。第二,发行人股东、业务涉外的情形越来越多,需要区分居民企业和非居民企业的纳税义务。

(一) 居民企业和非居民企业的判断

根据《企业所得税法》第 2 条[①]和《企业所得税法实施条例》第 4 条[②]的规定,对居民企业和非居民企业的判定见表 8-10。

表 8-10　居民企业和非居民企业的判断标准

对中国的纳税义务	实际管理机构在中国	实际管理机构在外国
注册地在中国	居民企业	居民企业
注册地在外国	居民企业	非居民企业

根据国家税务总局《关于境外注册中资控股企业依据实际管理机构标准认定为居民企业有关问题的通知》第 2 条的规定[③],注册地不是税法意义上的绝对判断依据,实际管理机构是最重要的标准,主要考虑以下因素:高层管理人员和部门履行职责的场所所在地,财务决策和人事决策地点,主要财产、会计账簿、公司印章等,董事或高层管理人员经常居住地。

外国企业法人也有可能成为中国税法意义上的居民企业,并就来自全球的收入对中国政府负有纳税义务。此类问题对于红筹回归等涉外案件具有重要的参考意义。

[①] 《企业所得税法》第 2 条规定:企业分为居民企业和非居民企业。本法所称居民企业,是指依法在中国境内成立,或者依照外国(地区)法律成立但实际管理机构在中国境内的企业。本法所称非居民企业,是指依照外国(地区)法律成立且实际管理机构不在中国境内,但在中国境内设立机构、场所的,或者在中国境内未设立机构、场所,但有来源于中国境内所得的企业。

[②] 《企业所得税法实施条例》第 4 条规定:《企业所得税法》第 2 条所称实际管理机构,是指对企业的生产经营、人员、账务、财产等实施实质性全面管理和控制的机构。

[③] 《关于境外注册中资控股企业依据实际管理机构标准认定为居民企业有关问题的通知》第 2 条规定:境外中资企业同时符合以下条件的,根据《企业所得税法》第 2 条第 2 款和《企业所得税法实施条例》第 4 条的规定,应判定其为实际管理机构在中国境内的居民企业(以下称非境内注册居民企业),并实施相应的税收管理,就其来源于中国境内、境外的所得征收企业所得税。(1)企业负责实施日常生产经营管理运作的高层管理人员及其高层管理部门履行职责的场所主要位于中国境内;(2)企业的财务决策(如借款、放款、融资、财务风险管理等)和人事决策(如任命、解聘和薪酬等)由位于中国境内的机构或人员决定,或需要得到位于中国境内的机构或人员批准;(3)企业的主要财产、会计账簿、公司印章、董事会和股东会议纪要档案等位于或存放于中国境内;(4)企业 1/2(含 1/2) 以上有投票权的董事或高层管理人员经常居住于中国境内。

(二) 非居民企业的纳税义务

根据《企业所得税法》第3条、第4条、第27条和《企业所得税法实施条例》第8条、第91条的规定,将非居民企业的纳税义务要件归纳如下(见表8-11)。

表8-11 非居民企业纳税义务一览表

是否在中国境内设立机构、场所	收入和设立的机构场所的联系	来源	纳税税率
设立	收入和机构场所有实际联系	境内	25%
		境外	25%
	收入和机构场所无实际联系	境内	10%
		境外	无
未设立	—	境内	10%
		境外	无

三、境外注册中资控股企业认定为居民企业的纳税义务

(一) 境外注册中资控股企业认定为居民企业的条件

境外注册中资控股企业("非境内注册居民企业")是指由中国内地企业或者企业集团作为主要控股投资者,在境外注册成立的企业,其因实际管理机构在中国境内而被认定为中国居民企业。

根据国家税务总局《关于境外注册中资控股企业依据实际管理机构标准认定为居民企业有关问题的通知》的规定,境外中资企业符合以下条件的,应判定其为非境内注册居民企业:

(1)企业负责实施日常生产经营管理运作的高层管理人员及其高层管理部门履行职责的场所主要位于中国境内;

(2)企业的财务决策(如借款、放款、融资、财务风险管理等)和人事决策(如任命、解聘和薪酬等)由位于中国境内的机构或人员决定,或需要得到位于中国境内的机构或人员批准;

(3)企业的主要财产、会计账簿、公司印章、董事会和股东会议纪要档案等位于或存放于中国境内;

(4)企业1/2(含1/2)以上有投票权的董事或高层管理人员经常居住于中国境内。

《关于境外注册中资控股企业依据实际管理机构标准认定为居民企业有关问题的通知》也明确指出,对于实际管理机构的判断,应当遵循实质重于形式的原则。

(二)境外注册中资控股企业认定为居民企业的程序

《关于境外注册中资控股企业依据实际管理机构标准认定为居民企业有关问题的通知》规定了境外中资控股企业认定为居民企业的两种路径:境外中资企业可向其实际管理机构所在地或中国主要投资者所在地主管税务机关提出居民企业申请,主管税务机关对其居民企业身份进行初步审核后,层报国家税务总局确认;境外中资企业未提出居民企业申请的,其中国主要投资者的主管税务机关可以根据所掌握的情况对其是否属于中国居民企业作出初步判定,层报国家税务总局确认。

2014年1月29日,国家税务总局颁布了《关于依据实际管理机构标准实施居民企业认定有关问题的公告》,对居民企业认定程序作了两点修订:一是调整了居民企业认定的审核层级。《关于依据实际管理机构标准实施居民企业认定有关问题的公告》规定,居民企业认定申请由主管税务机关对其居民企业身份进行初步判定后,层报省级税务机关确认,不再由国家税务总局审批。二是调整了居民企业认定申请的主管部门。《关于依据实际管理机构标准实施居民企业认定有关问题的公告》将可以多地发起认定申请修订为只向其中国境内主要投资者登记注册地主管税务机关提出居民企业认定申请。

2017年12月29日,国家税务总局《关于公布失效废止的税务部门规章和税收规范性文件目录的决定》废止了《关于境外注册中资控股企业依据实际管理机构标准认定为居民企业有关问题的通知》第7条第1款"境外中资企业可向其实际管理机构所在地或中国主要投资者所在地主管税务机关提出居民企业申请,主管税务机关对其居民企业身份进行初步审核后,层报国家税务总局确认"的内容,以与《关于依据实际管理机构标准实施居民企业认定有关问题的公告》的规定保持一致。

(三)境外注册中资控股企业认定为居民企业的纳税义务

非境内注册居民企业应就其来源于中国境内、境外的所得征收企业所得税,履行居民企业所得税纳税义务,并在向非居民企业支付《企业所得税法》第3条第3款规定的款项时,依法代扣代缴企业所得税。

四、受控外国企业的纳税义务

(一)受控外国企业的概念

受控外国企业是指根据《企业所得税法》第45条的规定,由居民企业,或者由居民企业和居民个人(以下统称中国居民股东,包括中国居民企业股东和中国居民个人股东)控制的设立在实际税负低于《企业所得税法》第4条第1款规定税率水平50%的国家(地区),并非由于合理经营需要对利润不作分配或减少分配的外国企业。

(二) 受控外国企业的判断标准

从我国税法的相关规定来看,构成受控外国企业应满足下列两个条件:一是对该外国企业构成控制;二是满足低税率的要求且不适用免除条款(见表8-12)。

表8-12 受控外国企业的判断标准

文件名称	基本内容
《企业所得税法实施条例》	第117条规定:《企业所得税法》第45条所称控制,包括:(一)居民企业或者中国居民直接或者间接单一持有外国企业10%以上有表决权股份,且由其共同持有该外国企业50%以上股份;(二)居民企业,或者居民企业和中国居民持股比例没有达到第(一)项规定的标准,但在股份、资金、经营、购销等方面对该外国企业构成实质控制。 第118条规定:《企业所得税法》第45条所称实际税负明显低于《企业所得税法》第4条第1款规定税率水平,是指低于《企业所得税法》第4条第1款规定税率的50%。
国家税务总局《关于印发〈特别纳税调整实施办法(试行)〉的通知》(部分失效)	第77条规定:本办法第76条所称控制,是指在股份、资金、经营、购销等方面构成实质控制。其中,股份控制是指中国居民股东在纳税年度任何一天①单层直接或多层间接单一持有外国企业10%以上有表决权股份,且共同持有该外国企业50%以上股份。中国居民股东多层间接持有股份按各层持股比例相乘计算,中间层持有股份超过50%的,按100%计算。 第84条规定:中国居民企业股东能够提供资料证明其控制的外国企业满足以下条件之一的,可免于将外国企业不作分配或减少分配的利润视同股息分配额,计入中国居民企业股东的当期所得:(一)设立在国家税务总局指定的非低税率国家(地区);(二)主要取得积极经营活动所得;(三)年度利润总额低于500万元人民币。
国家税务总局《关于简化判定中国居民股东控制外国企业所在国实际税负的通知》	中国居民企业或居民个人能够提供资料证明其控制的外国企业设立在美国、英国、法国、德国、日本、意大利、加拿大、澳大利亚、印度、南非、新西兰和挪威的,可免于将该外国企业不作分配或者减少分配的利润视同股息分配额,计入中国居民企业的当期所得。

(三) 受控外国企业的纳税义务

根据《企业所得税法》的相关规定,受控外国企业取得的利润中应归属于居民企业的部分,应当计入该居民企业的当期收入,依法缴纳所得税。

需要指出的是,根据国家税务总局《特别纳税调整实施办法(试行)》的规定,

---

① 《特别纳税调整实施办法(征求意见稿)》将"在纳税年度任何一天"修订为"在纳税年度终止日"。

受控外国企业实际分配的利润已根据《企业所得税法》第 45 条的规定征税的,不再计入中国居民企业股东的当期所得;计入中国居民企业股东当期所得已在境外缴纳的企业所得税税款,可按照所得税法或税收协定的有关规定抵免。

跨境涉税涉及内容较多,本书仅选取了上述三个问题进行讨论。①

五、外商投资企业外国投资者投资不足 25%补税问题

由于股权转让、增资等原因,导致外商投资企业的外国投资者投资比率低于 25%,此投资比例的变化可能导致该外资企业面临补税问题,此问题多见于反馈意见中。

多家已过会公司都曾遇到此问题,反馈意见中也要求中介机构明确发表意见。对于该问题,目前尚无系统的总结和定论,以下笔者试图总结此问题的解决方案,主要分为两个部分:第一部分是相关的税法规定,从中可以看出税收减免的规定和发生变化时补税等税务处理的规定;第二部分以第一部分为依据,按照时间等关键因素分类,形成结论意见。

(一)税法依据

相关税收减免的规定和发生变化时补税等税务处理的规定详见表 8-13。

表 8-13　外国投资者投资不足 25%问题税法规定一览表

序号	文件名称	基本内容
1	《中华人民共和国外商投资企业和外国企业所得税法》(以下简称《外商投资企业和外国企业所得税法》)(已失效)	第 8 条规定:"对生产性外商投资企业,经营期在 10 年以上的,从开始获利的年度起,第一年和第二年免征企业所得税,第三年至第五年减半征收企业所得税,但是属于石油、天然气、稀有金属、贵重金属等资源开采项目的,由国务院另行规定。外商投资企业实际经营期不满 10 年的,应当补缴已免征、减征的企业所得税税款。本法施行前国务院公布的规定,对能源、交通、港口、码头以及其他重要生产性项目给予比前款规定更长期限的免征、减征企业所得税的优惠待遇,或者对非生产性的重要项目给予免征、减征企业所得税的优惠待遇,在本法施行后继续执行。从事农业、林业、牧业的外商投资企业和设在经济不发达的边远地区的外商投资企业,依照前两款规定享受免税、减税待遇期满后,经企业申请,国务院税务主管部门批准,在以后的 10 年内可以继续按应纳税额减征 15%至 30%的企业所得税。本法施行后,需要变更前三款的免征、减征企业所得税的规定的,由国务院报全国人民代表大会常务委员会决定。"

---

① 有进一步需要和研究兴趣的读者可以参考张兰田律师和刘小玮律师的专著《资本业务税法指南》(法律出版社 2018 年版)。

(续表)

序号	文件名称	基本内容
2	《中华人民共和国外商投资企业和外国企业所得税法实施细则》（已失效）	第75条规定：《外商投资企业和外国企业所得税法》第8条第2款所说的本法施行前国务院公布的规定，是指国务院发布或者批准发布的免征、减征企业所得税的规定。 第79条规定：依照《外商投资企业和外国企业所得税法》第8条第1款和本细则第75条的规定，已经得到免征、减征企业所得税的外商投资企业，其实际经营期不满规定年限的，除因遭受自然灾害和意外事故造成重大损失的以外，应当补缴已免征、减征的企业所得税税款。
3	《关于外商投资企业合并、分立、股权重组、资产转让等重组业务所得税处理的暂行规定》（已失效）	对重组前的企业根据《外商投资企业和外国企业所得税法》第8条规定已享受的定期减免税，应区分以下情况处理：（一）凡重组前企业的外国投资者持有的股权，在企业重组业务中没有退出，而是已并入或分入合并、分立后的企业或者保留在股权重组后的企业的，不论重组前的企业经营期长短，均不适用《外商投资企业和外国企业所得税法》第8条关于补缴已免征、减征的税款的规定。（二）凡重组前企业的外国投资者在企业重组业务中，将其持有的股权退出或转让给国内投资者的，重组前的企业实际经营期不满适用定期减免税优惠的规定年限的，应依照《外商投资企业和外国企业所得税法》第8条的规定，补缴已免征、减征的企业所得税税款。
4	《关于实施企业所得税过渡优惠政策的通知》	自2008年1月1日起，原享受低税率优惠政策的企业，在新税法施行后5年内逐步过渡到法定税率。其中：享受企业所得税15%税率的企业，2008年按18%税率执行，2009年按20%税率执行，2010年按22%税率执行，2011年按24%税率执行，2012年按25%税率执行；原执行24%税率的企业，2008年起按25%税率执行。 自2008年1月1日起，原享受企业所得税"两免三减半""五免五减半"等定期减免税优惠的企业，新税法施行后继续按原税收法律、行政法规及相关文件规定的优惠办法及年限享受至期满为止，但因未获利而尚未享受税收优惠的，其优惠期限从2008年度起计算。 享受上述过渡优惠政策的企业，是指2007年3月16日以前经工商等登记管理机关登记设立的企业。
5	国家税务总局《关于外商投资企业和外国企业原有若干税收优惠政策取消后有关事项处理的通知》	外国投资者从外商投资企业取得的税后利润直接再投资本企业增加注册资本，或者作为资本投资开办其他外商投资企业，凡在2007年底以前完成再投资事项，并在国家工商管理部门完成变更或注册登记的，可以按照《外商投资企业和外国企业所得税法》及其有关规定，给予办理再投资退税。对在2007年底以用2007年度预分配利润进行再投资的，不给予退税。 外国企业向我国转让专有技术或提供贷款等取得所得，凡上述事项所涉及的合同是在2007年底以前签订，且符合《外

序号	文件名称	基本内容
		商投资企业和外国企业所得税法》规定的免税条件,经税务机关批准给予免税的,在合同有效期内可继续给予免税,但不包括延期、补充合同或扩大的条款。 外商投资企业按照《外商投资企业和外国企业所得税法》规定享受定期减免税优惠,2008年以后,企业生产经营业务性质或经营期发生变化,导致其不符合《外商投资企业和外国企业所得税法》规定条件的,仍应依据《外商投资企业和外国企业所得税法》的规定补缴此前(包括在优惠过渡期内)已经享受的定期减免税税款。
6	《关于政府关停外商投资企业所得税优惠政策处理问题的批复》	关于外商投资企业因国家发展规划调整(包括城市建设规划等)被实施关停并清算,导致其不符合原《外商投资企业和外国企业所得税法》及过渡性政策规定条件税收优惠处理问题,应当补缴或缴回按原《外商投资企业和外国企业所得税法实施细则》第79条规定已享受的企业所得税优惠税款。
7	《关于加强外商投资企业审批、登记、外汇及税收管理有关问题的通知》	外国投资者的出资比例低于25%的外商投资企业,除法律、行政法规另有规定外,其投资总额项下进口自用设备、物品不享受税收减免待遇,其他税收不享受外商投资企业待遇。已享受外商投资企业待遇的外商投资股份有限公司,增资扩股或向外国投资者转让股权后,仍可按有关规定享受外商投资企业待遇。

(二)结论意见

针对外国投资者投资不足25%问题的基本结论总结如表8-14所示。

表8-14 外国投资者投资不足25%问题基本结论表①

情形	实际退出或改变经营性质情形*		摊薄情形**	
	处理情况	文件依据	处理情况	文件依据
2008年1月1日以前	补缴	1、2	不补缴	3
2008年1月1日以后	补缴	4、5、6	不补缴	4、5、6、7***

* 实际退出情形,是指10年内通过股权转让、清算等形式,原投资者在实体意义上退出外资公司,导致外资比例低于25%;改变经营性质,是指10年内企业经营性质发生改变(如从生产性到非生产性的改变)。

** 摊薄情形,是指由于引进新股东进行增资的原因导致外资股份比例被摊薄低于25%的情形。

*** 优惠政策的立法目的是为了吸引外资和生产性投资,所以只要外资在法定期限内未实际退出中国企业、企业的生产经营属性没有改变,就符合享受相应优惠的立法本意。

---

① 表8-14中"文件依据"一列中的数字指表8-13中文件的序号。

(三)需要加以考虑的特殊情形

需要关注和思考的还有一种特殊情形:外商投资上市公司的外国股东解禁后二级市场套现退出导致公司外资比例低于25%,而退出时公司经营期尚不满10年。在此情形下,按照立法的本意,应该补缴相应的优惠税收,但如果补缴相应税款,便会侵害其他投资者的利益。

为维护税法尊严和公司、公司其他股东的利益,可要求前述股东在上市前作出特别的股权锁定承诺(不同于"三年"的承诺,是承诺锁定至公司成立满10年)或者承担补交税款义务的承诺。

已上市公司生产经营性质发生变化的可能性较小,但也不能排除生产性企业转为非生产性企业,所以也应参照上述方法处理。

(四)补税后会计处理

发行人补缴以前年度已减征、免征的企业所得税不适用《企业会计准则第28号——会计政策、会计估计变更和差错更正》的规定,应该在实际补缴税款时计入当期非经常性损益,不做追溯调整。

六、整体变更中的纳税义务

为了连续计算业绩,绝大多数上市公司都经历了从有限责任公司整体变更为股份有限公司的过程,此过程中的企业所得税和个人所得税问题(主要是个人所得税问题)也成了疑难问题,导致疑难的主要原因是法律规定的不明确和地方政府(税务机关)监管尺度的多样性。以下以表格的形式对此问题进行分析和总结(见表8-15、表8-16)。

表8-15 欠税问题实务处理现状一览表

公司和中介机构认为不该缴纳的理由	公司和中介机构认为该缴纳但未缴纳的处理办法
(1)律师认为无征税法律依据,不该缴纳。	(1)地方先缴后返。
(2)当时的地方性规定(特别是针对高技术企业)免予缴纳。	(2)股东承诺承担一切责任。
(3)税务机关同意暂缓缴纳,待分配红利时一并缴纳。	(3)申请免缴和股东承诺。
(4)税务机关同意不存在纳税义务。	(4)申请缓缴和股东承诺。
	(5)由税务机关作出说明*。

*"由税务机关作出说明"的说明内容如下:企业已向我局备案转增股本情况,个人所得税的征管已列入管理,以后再现金分红时或股份转让时按相关规定代扣代缴个人所得税。

(一)目前已过会公司对此问题处理的多样性

是否有主体关注并发表意见。部分已过会项目中,监管机关对此问题没有表示关注,也未要求公司和中介机构明确发表意见;随着时间的推移,最近几年此问题得到了监管层越来越多的关注,反馈意见中也越来越多地要求说明实际情况,并要求中介机构明确发表意见。

是否已缴纳相应税款。在已过会项目中,有的股东缴纳了相应税款,有的股东没有缴纳。

未缴纳税款的实务处理。

表 8-16 仅作一个案例的列示,不作评论。

表 8-16 整体变更纳税义务案例表

上市时招股说明书的披露内容	上市后财政部的处理决定
本次整体变更涉及的净资产折股从法律形式和经济业务实质上来说,股东未取得任何股息红利性质的收益,不是股份制企业送红股或转增注册资本的过程,法人股东××××有限公司无须就上述××××公司改制净资产折股缴纳企业所得税,对于自然人股东也并不适用国家税务总局《关于股份制企业转增股本和派发红股征免个人所得税的通知》关于应缴个人所得税的规定,自然人股东不会产生应纳个人所得税的义务。 我国现行法律、法规没有明确规定有限责任公司变更设立股份有限公司时,其自然人出资人应该缴纳个人所得税。 因此,本次发行保荐机构和发行人律师认为,在有限责任公司整体变更为股份有限公司时没有发生法人和自然人股东的纳税义务。 发行人于××××年××月××日向×××税务局提交了《关于××××有限公司进行股份改制净资产折股涉及个人所得税问题的请示》,就整体改制时"××××有限公司的自然人股东以其持有的常州××××机械有限公司的净资产进行折股不需缴纳个人所得税"的事项提出申请,×××税务局于××××年××月××日书面批复同意了该请示。	财政部发布会计信息质量检查公告认为,××××公司××××年以盈余公积、未分配利润折股,自然人股东未缴纳个人所得税×××万元。针对上述问题,财政部驻××省财政监察专员办事处依法作出处理决定,目前公司已按照要求进行整改,调整会计账务,并补缴相关税款。

(二) 税法对整体变更中股东纳税义务的规定

针对整体变更涉及的税负问题总结出如下基本结论（参见表 8-17）。

表 8-17 整体变更税负基本结论一览表

项事	《企业所得税法》						《个人所得税法》			
	2008年1月1日以前				2008年1月1日以后		外籍个人		中国籍个人	
	内资企业		外资企业		居民企业、非居民企业					
	法律依据	基本规定	法律依据	基本规定	法律依据	基本结论	法律依据	基本规定	法律依据	基本结论
资本公积金转增股本	—	税法未予明确规定	—	—	国家税务总局《关于贯彻落实企业所得税若干税收问题的通知》	（股票溢价部分）不视同利润分配；不调整计税基础	财政部、国家税务总局《关于个人所得税若干政策问题的通知》	外籍个人从外商投资企业取得的股息、红利所得	《关于将国家自主创新示范区有关税收试点政策推广到全国范围实施的通知》第3条、国家税务总局《关于股权奖励和转增股本个人所得税征管问题的公告》第2条	对非上市或未挂牌的股份有限公司以资本公积转增股本的，也应当征收个人所得税，符合《关于将国家自主创新示范区有关税收试点政策推广到全国范围实施的通知》有关规定的，纳税人可享受分期纳税。

（续表）

项事	《企业所得税法》						《个人所得税法》			
	2008年1月1日以前				2008年1月1日以后		外籍个人		中国籍个人	
	内资企业		外资企业		居民企业、非居民企业					
	法律依据	基本规定	法律依据	基本规定	法律依据	基本结论	法律依据	基本规定	法律依据	基本结论*
盈余公积金转增股本（或者注册资本）	国家税务总局《关于企业股权投资业务若干所得税问题的通知》（已失效）第1条	确认所得,如有税率差,补缴所得税	《外商投资企业和外国企业所得税法》（已失效）第19条	免予征税	参照《企业所得税法实施条例》第17条、第83条	视同利润分配,但实际上基本可以免税	—	—	参照《关于股份制企业转增股本和派发红股征免个人所得税的通知》第2条《关于盈余公积金转增注册资本征收个人所得税问题的批复》及国家税务总局《关于股权奖励和转增股本个人所得税征管问题的公告》第2条	习惯上视同利润分配,缴纳所得税,但实际中存在争议。
未分配利润转增股本	国家税务总局《关于企业股权投资业务若干所得税问题的通知》（已失效）第1条	确认所得,如有税率差,补缴所得税	—	—	参照《企业所得税法实施条例》第11条、第83条	视同利润分配,但实际上基本可以免税	—	—	国家税务总局《关于股权奖励和转增股本个人所得税征管问题的公告》第2条	视同利润分配,缴纳所得税。

* 需要注意的是,此类基本结论要结合以下述整体把握,该基本结论是目前实务中的通说,但实际上存在很大程度的法律的不确定性。

从有限公司整体变更为股份有限公司,作为法人股东,其投资方分得的利润在一般情况下是"免税收入",因此整体变更过程中基本上不涉及增加税负的问题。但是个人股东(特别是中国籍公民)则完全不同,情况较为复杂,分析如下。

目前尚无直接明确规范"整体变更"中个人所得税的相关规定,但实务中大量参照适用表 8-17 中规范盈余公积金、资本公积金、未分配利润转增股本的税收规定。某《律师工作报告》中指出:"××有限责任公司变更为股份有限公司,以经审计后的净资产 1∶1 折股,不是股份制企业送红股或转增注册资本的过程,我国现行法律、法规没有规定有限责任公司变更设立股份有限公司时,其自然人出资人应该缴纳个人所得税,本所律师确认××有限责任公司的出资人无须为此缴纳个人所得税。"但该观点因审慎不足,不宜作为定论推广参照。

1. 盈余公积转增股本

《关于股份制企业转增股本和派发红股征免个人所得税的通知》规定:股份制企业用盈余公积金派发红股属于股息、红利性质的分配,对个人取得的红股数额,应作为个人所得征税。《关于盈余公积金转增注册资本征收个人所得税问题的批复》对于从税后利润中提取的法定公积金和任意公积金转增注册资本,视同将盈余公积金向股东分配了股息、红利,股东再以分得的股息、红利增加注册资本。因此,依据国家税务总局《关于股份制企业转增股本和派发红股征免个人所得税的通知》的精神,对属于个人股东分得并再投入公司(转增注册资本)的部分应按照"利息、股息、红利所得"项目征收个人所得税,税款由股份有限公司在有关部门批准增资、公司股东会决议通过后代扣代缴。《关于中关村国家自主创新示范区企业转增股本个人所得税试点政策的通知》规定:企业以未分配利润、盈余公积、资本公积向个人股东转增股本时,应按照"利息、股息、红利所得"项目,适用20%税率征收个人所得税。《关于将国家自主创新示范区有关税收试点政策推广到全国范围实施的通知》将《关于中关村国家自主创新示范区企业转增股本个人所得税试点政策的通知》的规定推广到全国范围实施。国家税务总局《关于股权奖励和转增股本个人所得税征管问题的公告》"二、关于转增股本"部分规定:"(一)非上市及未在全国中小企业股份转让系统挂牌的中小高新技术企业以未分配利润、盈余公积、资本公积向个人股东转增股本,并符合财税〔2015〕116号文件有关规定的,纳税人可分期缴纳个人所得税;非上市及未在全国中小企业股份转让系统挂牌的其他企业转增股本,应及时代扣代缴个人所得税。(二)上市公司或在全国中小企业股份转让系统挂牌的企业转增股本(不含以股票发行溢价形成的资本公积转增股本),按现行有关股息红利差别化政策执行。"因此,在实务操作中,常常据此认定,在整体变更中,如果以盈余公积转增股本,应该按照股息红利所得计征个人所得税。

2. 未分配利润转增股本

根据《关于股权奖励和转增股本个人所得税征管问题的公告》的规定,非上市及未在全国中小企业股份转让系统挂牌的中小高新技术企业以未分配利润向个人股东转增股本,并符合《关于将国家自主创新示范区有关税收试点政策推广到全国范围实施的通知》有关规定的,纳税人可分期缴纳个人所得税;非上市及未在全国中小企业股份转让系统挂牌的其他企业转增股本,应及时代扣代缴个人所得税。

3. 资本公积转增股本

根据《关于股份制企业转增股本和派发红股征免个人所得税的通知》的规定:股份制企业用资本公积金转增股本不属于股息、红利性质的分配,对个人取得的转增股本数额,不作为个人所得,不征收个人所得税。根据《关于原城市信用社在转制为城市合作银行过程中个人股增值所得应纳个人所得税的批复》第2条的规定,国家税务总局《关于股份制企业转增股本和派发红股征免个人所得税的通知》中所表述的"资本公积金"是指股份制企业股票溢价发行收入所形成的资本公积金。将此转增股本由个人取得的数额不作为应税所得征收个人所得税。而与此不相符合的其他资本公积金分配个人所得部分,应当依法征收个人所得税。综上,可以得出不甚严谨的初步结论:资本公积转增股本是否计征个人所得税,主要判断标准是该资本公积形成的原因:如果是溢价出资形成的,则不计征个人所得税;除此以外的原因形成的,仍然计征个人所得税。

需要说明的是,根据《关于股权奖励和转增股本个人所得税征管问题的公告》的规定,对非上市或未在全国中小企业股份转让系统挂牌的股份有限公司以资本公积转增股本的,也应当征收个人所得税,符合《关于将国家自主创新示范区有关税收试点政策推广到全国范围实施的通知》有关规定的,纳税人可享受分期纳税。但根据《关于股份制企业转增股本和派发红股征免个人所得税的通知》和《关于原城市信用社在转制为城市合作银行过程中个人股增值所得应纳个人所得税的批复》的相关规定,股份有限公司股票溢价发行收入所形成的资本公积金转增股本是不征收个人所得税的。笔者认为,《关于股权奖励和转增股本个人所得税征管问题的公告》实际上是收紧了资本公积(股票溢价)转增股本的个人所得税政策。

4. 资产评估增值转增股本

对于因为资产评估增值导致的转增股本,实务中并不常见,为了业绩连续计算,一般情况下,企业都不会以评估值调账。但是,如果发生了以资产评估增值转增股本的情况,应依据如下规定执行:根据《关于资产评估增值计征个人所得税问题的通知》的规定,自然人股东从被投资企业取得的、以企业资产评估增值转增个人股本的部分,属于企业对个人股东股息、红利性质的分配,按照"利息、股息、红利所得"项目计征个人所得税。税款由企业在转增个人股本时代扣代缴。个人不能提供完整、准确财产(资产)原值凭证的,主管税务机关可依法核定其财产原值。

上述征税规定在《关于原城市信用社在转制为城市合作银行过程中个人股增值所得应纳个人所得税的批复》中已有体现,"在城市信用社改制为城市合作银行过程中,个人以现金或股份及其他形式取得的资产评估增值数额,应当按'利息、股息、红利所得'项目计征个人所得税,税款由城市合作银行负责代扣代缴",不过是在《关于资产评估增值计征个人所得税问题的通知》中进行了明确而已。

因此,总的说来,如果在整体变更过程中是以评估值入账,对个人持有的相应的转增股本应该计征个人所得税。

另外,需注意企业资产评估增值后的去向。评估增值转增个人股本的部分征税,未转部分不可征税。比如,某自然人组建的股份公司资产评估增值200万元,董事会决定拿出120万元按照股份比例分配给全体股东作为股本增量,而作为扣缴义务人的股份公司只能就已转增个人股本的120万元分别扣缴个人所得税,而不是就资产评估增值总量200万元扣缴个人所得税。再比如某企业将"资本公积"中的资产评估增值500万元转增资本200万元,某个人股东占公司股份10%,因为该企业在将500万元"资本公积"中的资产评估增值转增资本时,只增加了实收资本200万元,另外300万元转入了"资本公积金——股本溢价",而资本公积金是属于全体股东共有的,因此对于转入"资本公积金——股本溢价"部分是不应该作为每位股东的"利息、股息、红利所得"的,即该企业个人股东缴纳的所得税应为200万元×10%×20%=4万元。当然,以后该个人股东转让该股份时,其计税成本应为20万元而非50万元。同时,并非任何情况下的资产评估增值都可以转增资本。一般来讲,只有国家统一布置的清产核资以及非公司制企业按规定进行公司制改建时,资产评估增值才可以增加所有者权益,且是先计入"资本公积"而非直接增加实收资本。

对于"整体变更中的税务处理"问题,相同地区不同时期及相同地区相同时期的不同企业,都多有不同;同时,针对相同的税法规定,有的地方的税务机关能给出完全相反的结论,对此问题相关主管部门应尽快给出明确具体的规定。

七、股权转让定价问题

在近两三年的反馈意见中,已经不止一次地提到股权转让价格的公允性问题,甚至提出"股权转让价格低于每股净资产的,是否属于偷税行为"。据此可知,监管部门对股权转让价格的关注已经延伸到税法领域,现分析如下。

(一)是否属于偷税行为的认定

根据《中华人民共和国税收征收管理法》(以下简称《税收征收管理法》)第63

条的规定①,偷税行为主要有以下几种:第一,伪造、变造、隐匿、擅自销毁账簿、记账凭证;第二,在账簿上多列支出或者不列、少列收入;第三,经税务机关通知申报而拒不申报;第四,进行虚假的纳税申报,不缴或者少缴应纳税款。因此,股权转让价格低于每股净资产的行为,不属于偷税行为。

(二)不公允的关联交易存在被纳税调整的风险

根据《税收征收管理法》第35条②以及《股权转让所得个人所得税管理办法(试行)》的规定,对申报的计税依据明显偏低且无正当理由的,主管税务机关可以参照每股净资产或个人股东享有的股权比例所对应的净资产份额核定。税务机关一旦发现企业与其关联企业的业务往来中存在不公允和规避税收情形,有权进行合理的调整。因此,明显有失公允的关联交易,可能因为被认定为故意压低股权转让价格、规避税收、转移利润等目的,而存在被税务机关进行纳税调整的风险。

(三)应当高度重视当事人的意思自治

在日常交易中,只要不存在违反法律的行为,就应当以尊重当事人的意思自治为原则,认定交易的合法性。股权转让定价,只要不存在违法行为,就应当尊重当事人的意思自治,确认定价的合法性,即使价格明显低于每股净资产,只要有合理的说明和依据,不宜被过分质疑。

(四)自然人之间以赠与方式转让股权

对于转让方,也就是赠与人来说,因为赠与是无偿法律行为,而股权转让的应纳税所得额是股权转让价款减除股权投资成本和股权交易成本的余额,既然股权转让无收益,也就无须缴纳个人所得税。

对于受让方,也就是受赠人来说,根据《个人所得税法》第2条第1款的规定,应税所得有以下九种:①工资、薪金所得;②劳务报酬所得;③稿酬所得;④特许权使用费所得;⑤经营所得;⑥利息、股息、红利所得;⑦财产租赁所得;⑧财产转让所得;⑨偶然所得。即继承或赠与所得不在《个人所得税法》明示之列。除根据财政

---

① 《税收征收管理法》第63条规定:"纳税人伪造、变造、隐匿、擅自销毁账簿、记账凭证,或者在账簿上多列支出或者不列、少列收入,或者经税务机关通知申报而拒不申报或者进行虚假的纳税申报,不缴或者少缴应纳税款的,是偷税。对纳税人偷税的,由税务机关追缴其不缴或者少缴的税款、滞纳金,并处不缴或者少缴的税款百分之五十以上五倍以下的罚款;构成犯罪的,依法追究刑事责任。扣缴义务人采取前款所列手段,不缴或者少缴已扣、已收税款,由税务机关追缴其不缴或者少缴的税款、滞纳金,并处不缴或者少缴的税款百分之五十以上五倍以下的罚款;构成犯罪的,依法追究刑事责任。"

② 《税收征收管理法》第35条规定:"纳税人有下列情形之一的,税务机关有权核定其应纳税额:(一)依照法律、行政法规的规定可以不设置账簿的;(二)依照法律、行政法规的规定应当设置账簿但未设置的;(三)擅自销毁账簿或者拒不提供纳税资料的;(四)虽设置账簿,但账目混乱或者成本资料、收入凭证、费用凭证残缺不全,难以查账的;(五)发生纳税义务,未按照规定的期限办理纳税申报,经税务机关责令限期申报,逾期仍不申报的;(六)纳税人申报的计税依据明显偏低,又无正当理由的。税务机关核定应纳税额的具体程序和方法由国务院税务主管部门规定。"

部、国家税务总局《关于个人无偿受赠房屋有关个人所得税问题的通知》的规定，在非法定条件下，个人无偿受赠房屋应当按20%计征个人所得税以外，均没有受赠或继承其他财产所得应当缴纳所得税的规定。因此，自然人受赠或继承股权时不缴纳个人所得税。

综上，对于股权转让的无偿赠与，转让方和受让方都不需要缴纳个人所得税。但是需要说明的一种情况是，如果自然人是因企业奖励员工而受赠股权，员工受赠股权的收益应视为"工资、薪金所得"，按专门规定的计算方法计征个人所得税。

八、征收税收滞纳金不具有行政处罚的性质

对上市工作而言，讨论此问题的主要意义在于，通过判断征收税收滞纳金的性质不是行政处罚，进而排除"重大违法行为"，形成不构成上市障碍的结论。

(一) 滞纳金的性质

《税收征收管理法》第32条规定："纳税人未按照规定期限缴纳税款的，扣缴义务人未按照规定期限解缴税款的，税务机关除责令限期缴纳外，从滞纳税款之日起，按日加收滞纳税款万分之五的滞纳金。"滞纳金是纳税人、扣缴义务人不及时履行纳税义务而产生的连带义务。国家对滞纳税款的纳税人、扣缴义务人征收滞纳金，目的是为了保证纳税人、扣缴义务人及时履行缴纳或者解缴税款的义务。从经济角度讲，滞纳金是纳税人、扣缴义务人因占用国家税款所作的补偿；从行政角度讲，滞纳金是国家对不及时履行缴纳或者解缴税款义务的纳税人、扣缴义务人施加的一种加重给付义务，具有执行罚的性质。滞纳金作为执行罚的一种，不同于行政处罚，其与行政处罚最大的区别在于行政处罚只能一次终结，即一事一次性处罚，不能多次适用处罚，不能持续适用后累积终结；执行罚可以一次终结，也可以持续适用多天后累积终结。滞纳金是运用持续适用多天累积终结的计算方法，其只能是执行罚。

除上述法理分析外，如下具体规定也能界定征收滞纳金行为的法律性质不是行政处罚：

(1)《税务行政复议规则》第14条规定："行政复议机关受理申请人对税务机关下列具体行政行为不服提出的行政复议申请：(一)征税行为，包括确认纳税主体、征税对象、征税范围、减税、免税、退税、抵扣税款、适用税率、计税依据、纳税环节、纳税期限、纳税地点和税款征收方式等具体行政行为，征收税款、加收滞纳金，扣缴义务人、受税务机关委托的单位和个人作出的代扣代缴、代收代缴、代征行为……"可见税务机关将征收滞纳金认定为征税行为，并将其与行政处罚行为明确加以区分。

(2)国家税务总局《关于偷税税款加收滞纳金问题的批复》(已失效)中明确："根据《中华人民共和国税收征收管理法》及其实施细则的规定，滞纳金不是处罚，而是纳税人或者扣缴义务人因占用国家税金而应缴纳的一种补偿。"《关于偷税税

款加收滞纳金问题的批复》同样否认了税款滞纳金具有惩罚性,与《税务行政复议规则》不同,该批复把税款滞纳金看作补偿。虽然前述批复已经失效,但对判断税款滞纳金的性质仍具有一定的借鉴意义。

(3)虽然《税收征收管理法》未对税款滞纳金的性质作出明确规定,但是根据该法第32条的规定可知,按日加收滞纳税款万分之五的滞纳金,大体相当于民间借贷的利息成本。这说明,滞纳金具有损害赔偿性,而非惩罚性。

(4)从税收征管的稽查流程中可以更加清晰地看出滞纳金的性质,在税务检查或者稽查后,税务局会出具《税务处理意见书》,其中包括了企业应当补缴的税额以及相应的滞纳金额,在企业无异议后,稽查部门再出具《处罚决定书》,对企业的违法纳税行为进行处罚,该决定书仅包括罚金。

综上所述,征收税收滞纳金不是行政处罚。

(二)滞纳金的计算和起止时间

加收滞纳金的起止时间为纳税人、扣缴义务人应缴纳或者解缴税款期限届满的次日起至实际缴纳或解缴税款当日。滞纳金的计算公式为:应纳滞纳金=应纳税额×滞纳天数×0.05%。

(三)特殊情况下滞纳金的征收管理

1. 关于延期缴纳税款的滞纳金征收问题

根据《税收征收管理法》及《中华人民共和国税收征收管理法实施细则》(以下简称《税收征收管理法实施细则》)的规定,纳税人因有特殊困难,不能按期缴纳税款的,经省、自治区、直辖市的国家税务局、地方税务局批准,可以延期缴纳税款,但是最长不得超过3个月。

办理延期缴纳税款的滞纳金征收有两种情况:经税务机关批准,准予延期缴纳税款的,在批准的期限内不征收滞纳金,包括纳税人办理手续所占用的时间;经税务机关审核,不予批准的,从应缴纳税款期限届满之日起加收滞纳金。

2. 因税务机关责任造成纳税人少缴税款的,如何加收滞纳金

《税收征收管理法》第52条第1款规定:因税务机关的责任,致使纳税人、扣缴义务人未缴或者少缴税款的,税务机关在3年内可以要求纳税人、扣缴义务人补缴税款,但是不得加收滞纳金。《税收征收管理法实施细则》第80条[①]对什么是税务机关的责任作了进一步明确。因此,按照《税收征收管理法》及《税收征收管理法实施细则》的规定,因税务机关的责任造成的未缴、少缴税款,税务机关虽然在3年内可以追征,但是不能加收滞纳金。

3. 关于查补税款的滞纳金征收问题

税务机关检查出纳税人以前纳税期内应纳未纳税款的,对这部分税款,如何征

---

① 《税收征收管理法实施细则》第80条规定:"税收征管法第五十二条所称税务机关的责任,是指税务机关适用税收法律、行政法规不当或者执法行为违法。"

收滞纳金,首先应明确几个期限的性质。第一,按照有关税种的实体法规定,纳税人的应纳税款的纳税期限。这一期限的性质并不因税务检查的进行而发生改变,纳税人超过这一期限没有纳税,就发生了税款滞纳行为。第二,税务机关实施检查后在有关处理决定中规定的责令纳税人限期缴纳税款的期限。这一期限是税务机关为使被检查人及时缴纳税款,根据有关法律法规作出的规定,如果被检查人没有在责令限期缴纳的期限内缴纳税款,税务机关可以依法采取税收强制执行措施。第三,纳税人滞纳税款的时间。按照被检查人实际滞纳税款的天数计算,即从纳税人应纳税款期限届满的次日起至纳税人实际缴纳税款的当日。

4. 关于节假日的滞纳金追征

滞纳金是与税款连带的,如果在确定应纳税款的纳税期限时,遇到了应该顺延的节假日,则从顺延期满的次日起加收滞纳金,但在税款滞纳期间内遇到节假日,不能从滞纳天数中扣除节假日天数。

九、税收优惠合法性问题

(一)税收优惠的混乱状况

虽然国家税务总局三令五申,不得越权制定减免税政策,不得超越权限擅自扩大优惠政策执行范围,但由于种种原因,各地仍存在大量的税收优惠"政策",大多数公司也可能已经享受多种严格意义上没有合法依据的税收优惠。即使存在法律上的瑕疵,但有必要强调的是:

(1)因为执行的是当地普遍适用的优惠政策,公司本身不存在过错。

(2)根据税收合作信赖主义原则,当地政府无权追缴公司已经享受的税收优惠。

(3)从税收公平的角度讲,民营企业享受一些优惠政策是有必要的。对此可参考2010年4月6日《济南日报》刊登的《上市公司税负榜公布 民企高出国企14个百分点》一文。根据严格公允的调查统计,在A股取样的1 700多家上市公司中,具有国企性质的共有992家,占比近六成。更重要的是,992家国企的平均税负仅为10%,同期民企的平均税负高达24%,高出国企14%,表明民企税负重于国企。

对首发企业部分涉税事项,如取得的税收优惠是否属于经常性损益、税收优惠续期申请期间是否可以按照优惠税率预提预缴、外资企业转内资企业补缴所得税费用如何确认归属期间等,发行人和相关中介机构通常应从以下方面进行把握。

发行人依法取得的税收优惠,如高新技术企业、软件企业、文化企业及西部大开发等特定性质或区域性的税收优惠,根据《公开发行证券的公司信息披露解释性公告第1号——非经常性损益》的规定,可以计入经常性损益。

发行人取得的税收优惠到期后,发行人、保荐机构、律师和会计师应对照税收优惠的相关条件和履行程序的相关规定,对拟上市企业税收优惠政策到期后是否能够继续享受优惠进行专业判断并发表明确意见:(1)如果很可能获得相关税收优惠批复,按优惠税率预提预缴经税务部门同意,可暂按优惠税率预提并做风险提示,并说明如果未来被追缴税款,是否有大股东承诺补偿;同时,发行人应在招股说明书中披露税收优惠不确定性风险。(2)如果获得相关税收优惠批复的可能性较小,需按照谨慎性原则按正常税率预提,未来根据实际的税收优惠批复情况进行相应调整。

外商投资企业经营期限未满 10 年转为内资企业的,按税法规定,需在转为内资企业当期,补缴之前已享受的外商投资企业所得税优惠。补缴所得税费用系因企业由外资企业转为内资企业的行为造成,属于该行为的成本费用,应全额计入补缴当期,不应追溯调整至实际享受优惠期间。

发行人补缴税款,符合会计差错更正要求的,可追溯调整至相应期间;对于缴纳罚款、滞纳金等,原则上应计入缴纳当期。[①]

(二)税收优惠程序合法性的判断

表 8-18 是重要的税收优惠程序性管理规定,根据这些规定即可初步判断企业享受的税收优惠政策在程序上是否充分、合法、有效。

表 8-18　税法优惠相关规定一览表

文件名称	文号	内容提要
国家税务总局《关于进一步明确企业所得税过渡期优惠政策执行口径问题的通知》	国税函〔2010〕157 号	居民企业选择适用税率及减半征税的具体界定问题,以及居民企业总分机构的过渡期税率执行问题。
财政部、国家税务总局关于贯彻落实《国务院关于实施企业所得税过渡优惠政策有关问题的通知》	财税〔2008〕21 号	对过渡优惠政策要加强规范管理,不得超越权限擅自扩大过渡优惠政策执行范围。对按照国发〔2007〕39 号文件有关规定适用 15% 企业所得税率并享受企业所得税定期减半优惠过渡的企业,应一律按照国发〔2007〕39 号文件第 1 条第 2 款规定的过渡税率计算的应纳税额实行减半征税。对原适用 24% 或 33% 企业所得税率并享受国发〔2007〕39 号文件规定的企业所得税定期减半优惠过渡的企业,2008 年及以后年度一律按 25% 税率计算的应纳税额实行减半征税。对 2008 年 1 月 1 日后民族自治地方批准享受减免税的企业,一律按《企业所得税法》第 29 条的规定执行,即对民族自治地方的企业减免企业所得税,仅限于减免企业所得税中属于地方分享的部分,不得减免属于中央分享的部分。

[①] 参见《首发业务若干问题解答(二)》问题 5。

(续表)

文件名称	文号	内容提要
国务院《关于实施企业所得税过渡优惠政策的通知》	国发〔2007〕39号	自2008年1月1日起,原享受低税率优惠政策的企业,在新税法施行后5年内逐步过渡到法定税率。自2008年1月1日起,原享受企业所得税"两免三减半""五免五减半"等定期减免税优惠的企业,新税法施行后继续按原税收法律、行政法规及相关文件规定的优惠办法及年限享受至期满为止,但因未获利而尚未享受税收优惠的,其优惠期限从2008年度起计算。继续执行西部大开发税收优惠政策。企业所得税过渡优惠政策与新税法及实施条例规定的优惠政策存在交叉的,由企业选择最优惠的政策执行,不得叠加享受,且一经选择,不得改变。
财政部《关于进一步认真贯彻落实国务院〈关于纠正地方自行制定税收先征后返政策的通知〉的通知》	财税〔2000〕99号	集中税权,严格执行税法和税收管理权限的有关规定,保证国家税收政策的统一性。经报国务院批准,对地方实行的对上市公司企业所得税先按33%的法定税率征收再返还18%(实证15%)的优惠政策,允许保留到2001年12月31日,并提前予以公示。从2002年1月1日起,除法律和行政法规另有规定外,企业所得税一律按法定税率征收。
国务院《关于纠正地方自行制定税收先征后返政策的通知》	国发〔2000〕2号	不得以先征后返或其他减免税手段吸引投资,更不得以各种方式变通税法和税收政策,损害税收的权威。各地区自行制定的税收先征后返政策,从2000年1月1日起一律停止执行。除屠宰税、筵席税、牧业税的管理权限下放到地方外,其他税种的管理权限集中在中央。先征后返政策作为减免税收的一种形式,审批权限属于国务院,各级地方人民政府一律不得自行制定税收先征后返政策。
国务院《关于加强依法治税严格税收管理权限的通知》	国发〔1998〕4号	严格执行国家税法和税收管理权限的有关规定。中央税、共享税以及地方税的立法权都集中在中央,各地区、各部门要依法治税,依法理财,不得越权批准减免税收、缓缴税和豁免欠税。对地方税的减免,也要在中央授权的范围内办理。严禁各种形式的"包税",要坚决杜绝以缓代欠、以代代免的现象,严禁以任何理由豁免纳税人的欠税,凡已经豁免的欠税,要限期追缴入库。

(三)合法性瑕疵的补救

从目前发行审核结果角度看,即使企业享受的税收优惠不完全合法,一般情况下也不会成为上市的障碍,与税收优惠合法性相比,更重要的问题是企业的经营业绩是否对税收优惠存在严重依赖。当然,如果能够主动补缴不合法的优惠税收则无疑更有利于过会,但因为补税成本太大,因此该种做法并不常见。目前实务中较常见的解决办法是进行如下说明和采取如下行动:

(1)说明公司享受税收优惠政策的地方性税收优惠依据的内容;

(2)说明公司的资质和经营活动完全符合地方性税收优惠要求和标准;

(3)说明公司享受的税收优惠政策取得了主管税务机关的批准,并提供了确认文件;

(4)公司主管税务机关表明公司依法纳税的明确态度;

(5)公司控股股东等对可能存在的补缴所得税风险作出承担责任的书面承诺;

(6)公司对存在的税务风险进行"重大事项提示";

(7)公司将对应的税收优惠作为非经常性损益予以列示。

(四)发行人经营成果对税收优惠不存在严重依赖的判断标准

(1)报告期内享受的税收优惠是否合规;

(2)关注享受的税收优惠是否具有持续性;

(3)对于越权审批或无正式批准文件或偶发性的税收返还、减免等,必须计入非经常性损益,且作为非经常性损益扣除后,必须仍符合发行条件;

(4)对于不符合国家法律、法规,扣除后仍符合发行条件的,如果最近一年一期税收优惠占净利润的比例不超过30%,且呈减弱趋势,则可认为对税收优惠不存在严重依赖;

(5)发行人享受的税收优惠下一年度不存在被终止的情形;

(6)若所享受的税收优惠均符合法律、法规的规定,审核中不管金额大小、比例大小,均不判定为税收优惠依赖,比如软件企业的相关税收优惠,但是要关注税收优惠的稳定性和持续性。

十、带征问题

(一)带征(也称为"代征")和核定征收

带征是核定征收的一种方式,由税务机关按照一定的标准、程序和方法,预先核定纳税人的应税所得率,由纳税人按规定进行申报缴纳的收入总额和成本费用等项目的实际发生额,按预先核定的应税所得率计算缴纳所得税的办法。

(二)带征的法定条件

表8-19列明的是规范带征税收征管方式的重要税收规定及执行日期和关于带征条件的主要内容。

表 8-19 带征相关规定一览表

文件名称	执行日期	主要内容(关于带征条件)
《核定征收企业所得税暂行办法》(已失效)	2000年1月1日—2008年1月1日	第2条规定:纳税人具有下列情形之一的,应采取核定征收方式征收企业所得税:一、依照税收法律法规规定可以不设账簿的或按照税收法律法规规定应设置但未设置账簿的;二、只能准确核算收入总额,或收入总额能够查实,但其成本费用支出不能准确核算的;三、只能准确核算成本费用支出,或成本费用支出能够查实,但其收入总额不能准确核算的;四、收入总额及成本费用支出均不能正确核算,不能向主管税务机关提供真实、准确、完整纳税资料,难以查实的;五、账目设置和核算虽然符合规定,但并未按规定保存有关账簿、凭证及有关纳税资料的;六、发生纳税义务,未按照税收法律法规规定的期限办理纳税申报,经税务机关责令限期申报,逾期仍不申报的。
《税收征收管理法》(2015年修正)	2015年4月24日	第35条第1款规定:纳税人有下列情形之一的,税务机关有权核定其应纳税额:(一)依照法律、行政法规的规定可以不设置账簿的;(二)依照法律、行政法规的规定应当设置账簿但未设置的;(三)擅自销毁账簿或者拒不提供纳税资料的;(四)虽设置账簿,但账目混乱或者成本资料、收入凭证、费用凭证残缺不全,难以查账的;(五)发生纳税义务,未按照规定的期限办理纳税申报,经税务机关责令限期申报,逾期仍不申报的;(六)纳税人申报的计税依据明显偏低,又无正当理由的。 第37条规定:对未按照规定办理税务登记的从事生产、经营的纳税人以及临时从事经营的纳税人,由税务机关核定其应纳税额,责令缴纳;不缴纳的,税务机关可以扣押其价值相当于应纳税款的商品、货物。扣押后缴纳应纳税款的,税务机关必须立即解除扣押,并归还所扣押的商品、货物;扣押后仍不缴纳应纳税款的,经县以上税务局(分局)局长批准,依法拍卖或者变卖所扣押的商品、货物,以拍卖或者变卖所得抵缴税款。

(续表)

文件名称	执行日期	主要内容(关于带征条件)
《企业所得税核定征收办法(试行)》	2008年1月1日	第3条规定:纳税人具有下列情形之一的,核定征收企业所得税:(一)依照法律、行政法规的规定可以不设置账簿的;(二)依照法律、行政法规的规定应当设置但未设置账簿的;(三)擅自销毁账簿或者拒不提供纳税资料的;(四)虽设置账簿,但账目混乱或者成本资料、收入凭证、费用凭证残缺不全,难以查账的;(五)发生纳税义务,未按照规定的期限办理纳税申报,经税务机关责令限期申报,逾期仍不申报的;(六)申报的计税依据明显偏低,又无正当理由的。特殊行业、特殊类型的纳税人和一定规模以上的纳税人不适用本办法。上述特定纳税人由国家税务总局另行明确。

需要注意的是,2008年1月1日之前的带征管理适用国家税务总局《核定征收企业所得税暂行办法》的规定,2008年1月1日之后的带征管理适用国家税务总局《企业所得税核定征收办法(试行)》的规定,《企业所得税核定征收办法(试行)》的适用条件与《税收征收管理法》的适用条件基本一致。

(三)带征方式的合法性判断

上市过程中涉及带征的常见情况,一般是发行人的子公司存在带征问题,或者公司在历史沿革中存在带征问题。

带征的合法性判断是一个两难选择,一方面,如果公司主张带征是合法的,在一定程度上就自认了公司财务核算和会计基础的缺陷,此种缺陷本身不能满足上市的法定条件;另一方面,如果公司否认带征的合法性,就将面临补税(还有滞纳金)等问题,同时因为涉嫌未依法纳税也有可能给上市带来法律障碍。根据已过会公司在回答此问题时的反馈意见,有的直接说明"符合当时的法律规定",有的回避了是否合法的明确结论,强调其"合理性"。

(四)基本结论和注意要点

(1)报告期内最多允许第一期(最远一期)是带征方式纳税的;
(2)带征的该年度最好能够按照查账方式计算补税;
(3)其他解决方法可参考税收优惠问题。

十一、社会福利企业税收优惠

研究社会福利企业税收优惠问题的意义在于确定发行人的子公司(如有)享

受相应税收优惠的合法性。

(一)社会福利企业税收优惠宏观方面的法律依据

社会福利企业税收优惠宏观方面的法律依据有《中华人民共和国残疾人保障法》《残疾人就业条例》《关于促进残疾人就业税收优惠政策征管办法的通知》。

(二)福利企业资格的合法性问题

针对福利企业资格的合法性问题作如下总结(参见表8-20)。

表8-20 福利企业资格合法性核对表

合法性问题	内容
符合条件的残疾人职工的范围	持有《中华人民共和国残疾人证》上注明属于视力、听力、言语、肢体、智力和精神残疾的人员,或者是持有《中华人民共和国残疾军人证》(一至八级)的残疾人。
福利企业应具备的条件	企业依法与安置就业的每位残疾人职工签订一年(含)以上的劳动合同或者服务协议,并且安置的每位残疾人职工在单位实际上岗从事全日制工作,且不存在重复就业情况。
	企业提出资格认定申请前一个月的月平均实际安置就业的残疾人职工占本单位在职职工总数的比例达到25%(含)以上,且残疾人职工不少于10人。
	企业在提出资格认定申请的前一个月,通过银行等金融机构向安置的每位残疾人职工实际支付了不低于所在区县(含县级市、旗)最低工资标准的工资。
	企业在提出资格认定申请前一个月,为安置的每位残疾人职工按月足额缴纳所在区县(含县级市、旗)人民政府根据国家政策规定缴纳的基本养老保险、基本医疗保险、失业保险和工伤保险等社会保险。
	企业具有适合每位残疾人职工的工种、岗位。
	企业内部的道路和建筑物符合国家无障碍设计规范。
发行人需要提供的证明	《社会福利企业证书》。
	福利企业的税收减免符合国家有关规定。
	"四表一册"(企业基本情况表、残疾职工工种安排表、企业职工工资表、利税分配使用报表、残疾职工名册)、残疾职工残疾证、企业职工花名册、职工社会保险基金缴纳情况表、民政企业年检合格证书等资料。
	地方有权部门对报告期内福利企业资格合法性以及税收优惠合法性的说明。

十二、政府补贴处理

关于政府补贴,需要解决以下四个方面的问题:

1. 合法性

政府补贴的合法性,通俗地说,公司从政府处拿钱需要有相应的法律依据和批文,并且公司应在实体和程序上符合法律规定的补贴条件。

2. 财务处理

政府补贴应按照补贴的性质和要求进行相应的财务处理。

3. 是否为资本性投入

根据批文中明确的指定用途使用,并且特别注意区分是补助性质还是资本性投入,关注是否负有返还义务,关注形成资产的权利归属。

4. 是否应纳税

企业在收到政府补贴时,应当根据表 8-21 所列规定和其他法律规定,判断是否需要缴纳企业所得税。

表 8-21 补贴收入税务处理一览表

适用时间	企业类型	文件名称	内容	结论
2008 年 1 月 1 日之前	内资企业	财政部、国家税务总局《关于企业补贴收入征税等问题的通知》(已失效)第 1 条	企业取得国家财政性补贴和其他补贴收入,除国务院、财政部和国家税务总局规定不计入损益者外,应一律并入实际收到该补贴收入年度的应纳税所得额	地方财政补贴一律纳入应纳税所得额,缴纳企业所得税;国务院、财政部和国家税务总局规定不计入损益的可以不缴税[如财政部、国家税务总局《关于执行〈企业会计准则〉有关企业所得税政策问题的通知》(已失效)规定,企业按照国务院财政、税务主管部门有关文件的规定,实际收到具有专门用途的先征后返所得税税款,按照会计准则规定应计入取得当期的利润总额,暂不计入取得当期的应纳税所得额]。对企业取得的财政性补贴和其他补贴收入,凡能够提供国务院、财政部或国家税务总局文件的,属于国家有指定用途的补贴收入,经主管税务机关审核,不计入应纳税所得额

（续表）

适用时间	企业类型	文件名称	内容	结论
	外资企业	国家税务总局《关于外商投资企业和外国企业接受捐赠税务处理的通知》（已失效）	企业接受的货币捐赠，应一次性计入企业当年度收益，计算缴纳企业所得税。	没有明确规定，只有关于接受捐赠和搬迁补偿费收入的处理。关于货币捐赠，外资企业一般是按照会计制度的规定作为补贴收入处理，或作为接受捐赠处理，缴纳相应的企业所得税。但如有国务院、财政部和国家税务总局规定不计入损益情形的，也不缴税。
		国家税务总局《关于外商投资企业和外国企业取得搬迁补偿费收入税务处理问题的批复》（已失效）	企业取得搬迁补偿费收入，凡搬迁后不再重置与搬迁前相同或类似性质和用途的固定资产的，根据《中华人民共和国外商投资企业和外国企业所得税法实施细则》第44条的规定，应将上述搬迁补偿费收入加各类拆迁固定资产的变卖收入减除各类拆迁固定资产的折余价值及处置费用后的余额，计入企业当期应纳税所得额，计算缴纳企业所得税。	—
2008年1月1日之后	内资企业	财政部、国家税务总局《关于专项用途财政性资金有关企业所得税处理问题的通知》	企业在2008年1月1日至2010年12月31日期间从县级以上各级人民政府财政部门及其他部门取得的应计入收入总额的财政性资金，凡同时符合以下条件的，可以作为不征税收入，在计算应纳税所得额时从收入总额中减除： （1）企业能够提供资金拨付文件，且文件中规定该资金的专项用途。 （2）财政部门或其他拨付资金的政府部门对该资金有专门的资金管理办法或具体管理要求。 （3）企业对该资金以及该资金发生的支出单独进行核算。	相比2008年1月1日以前，规定了符合相应条件的地方政府补贴可以作为不征税收入，免予缴纳企业所得税。但是需要注意的是，企业不征税收入用于支出所形成的费用，不得在计算应纳税所得额时扣除；企业的不征税收入用于支出所形成的资产，其计算的折旧、摊销不得在计算应纳税所得额时扣除。 如果地方政府补贴不符合《关于专项用途财政性资金有关企业所得税处理问题的通知》规定的三个条件，就应当按照《关于财政性资金、行政事业性收费、政府性基金有关企业所得税政策问题的通知》的规定缴纳企业所得税。

(续表)

适用时间	企业类型	文件名称	内容	结论
		财政部、国家税务总局《关于财政性资金、行政事业性收费、政府性基金有关企业所得税政策问题的通知》	企业取得的各类财政性资金,除属于国家投资和资金使用后要求归还本金的以外,均应计入企业当年收入总额。 对企业取得的由国务院财政、税务主管部门规定专项用途并经国务院批准的财政性资金,准予作为不征税收入,在计算应纳税所得额时从收入总额中减除。 纳入预算管理的事业单位、社会团体等组织按照核定的预算和经费报领关系收到的由财政部门或上级单位拨入的财政补助收入,准予作为不征税收入,在计算应纳税所得额时从收入总额中减除,但国务院和国务院财政、税务主管部门另有规定的除外。	企业的不征税收入用于支出所形成的费用,不得在计算应纳税所得额时扣除;企业的不征税收入用于支出所形成的资产,其计算的折旧、摊销不得在计算应纳税所得额时扣除。

十三、高新技术企业

(一) 与高新技术企业认定相关的规定

有关高新技术企业的相关规定及基本内容如表 8-22 所示。

表 8-22　高新技术企业相关规定一览表

文件名称	内容
《国家重点支持的高新技术领域》	规定了国家重点支持的高新技术领域范围。
《高新技术企业认定管理办法》	对国科发火〔2008〕172 号进行了修订,适当放宽了高新技术企业的认定条件,简化了认定流程,扩充重点支持的高新技术领域等。
《高新技术企业认定管理工作指引》	配合国科发火〔2016〕32 号,对国科发火〔2008〕362 号进行了修订。
《中华人民共和国企业所得税法实施条例》	规定了国家需要重点扶持的高新技术企业的定义和条件。
《中华人民共和国企业所得税法》	国家需要重点扶持的高新技术企业,减按 15% 的税率征收企业所得税。

(二)高新技术企业的税收优惠

有关高新技术企业税收优惠的相关规定及基本内容如表 8-23 所示。

表 8-23　高新技术企业税收优惠相关规定一览表

文件名称	发布时间	文号	内容
国家税务总局《关于进一步明确企业所得税过渡期优惠政策执行口径问题的通知》	2010年4月21日	国税函〔2010〕157号	居民企业被认定为高新技术企业,同时又处于国务院《关于实施企业所得税过渡优惠政策的通知》第1条第3款规定享受企业所得税"两免三减半""五免五减半"等定期减免税优惠过渡期的,其所得税适用税率可以选择依照过渡期适用税率并适用减半征税至期满,或者选择适用高新技术企业的15%税率,但不能享受15%税率的减半征税。 居民企业被认定为高新技术企业,同时又符合软件生产企业和集成电路生产企业定期减半征收企业所得税优惠条件的,其所得税适用税率可以选择适用高新技术企业的15%税率,也可以选择依照25%的法定税率减半征税,但不能享受15%税率的减半征税。
财政部、国家税务总局《关于执行企业所得税优惠政策若干问题的通知》(部分失效)	2009年4月24日	财税〔2009〕69号	国务院《关于实施企业所得税过渡优惠政策的通知》第3条所称不得叠加享受,且一经选择,不得改变的税收优惠情形,限于企业所得税过渡优惠政策与企业所得税法及实施条例中规定的定期减免和减低税率类的税收优惠。企业所得税法及实施条例中规定的各项税收优惠,凡企业符合规定条件的,可以同时享受。
国家税务总局《关于实施高新技术企业所得税优惠有关问题的通知》	2009年4月22日	国税函〔2009〕203号	原依法享受企业所得税定期减免税优惠尚未期满同时符合规定条件的高新技术企业,根据相关规定,在按照新标准取得认定机构颁发的高新技术企业资格证书之后,可以在2008年1月1日后,享受对尚未到期的定期减免税优惠执行到期满的过渡政策。
科技部、财政部、国家税务总局关于修订印发《高新技术企业认定管理工作指引》的通知	2016年6月22日	国科发火〔2016〕195号	对高新技术企业税收优惠政策的适用作出了指引性规定。

(续表)

文件名称	发布时间	文号	内容
科技部、财政部、国家税务总局关于修订印发《高新技术企业认定管理办法》的通知	2016年1月29日	国科发火〔2016〕32号	企业获得高新技术企业资格后,自高新技术企业证书颁发之日所在年度起享受税收优惠。
国务院《关于经济特区和上海浦东新区新设立高新技术企业实行过渡性税收优惠的通知》	2007年12月26日	国发〔2007〕40号	在经济特区和上海浦东新区内于2008年1月1日(含)之后完成登记注册的国家需要重点扶持的高新技术企业享受的过渡性税收优惠是:自取得第一笔生产经营收入所属纳税年度起,第一年至第二年免征企业所得税,第三年至第五年按照25%的法定税率减半征收企业所得税。
国务院《关于实施企业所得税过渡优惠政策的通知》	2007年12月26日	国发〔2007〕39号	企业所得税过渡优惠政策与新税法及实施条例规定的优惠政策存在交叉的,由企业选择最优惠的政策执行,不得叠加享受,且一经选择,不得改变。
《中华人民共和国企业所得税法实施条例》(2019年修正)	2007年12月6日	中华人民共和国国务院令第512号	规定了国家需要重点扶持的高新技术企业的定义和条件。
《中华人民共和国企业所得税法》(2018年修正)	2007年3月16日	中华人民共和国主席令第63号	国家需要重点扶持的高新技术企业,减按15%的税率征收企业所得税。
国务院关于印发实施《国家中长期科学和技术发展规划纲要(2006—2020年)》若干配套政策的通知	2006年2月7日	国发〔2006〕6号	国家高新技术产业开发区内新创办的高新技术企业经严格认定后,自获利年度起两年内免征所得税,两年后减按15%的税率征收企业所得税。
国家税务总局《关于高新技术企业如何适用税收优惠政策问题的通知》	1994年6月29日	国税发〔1994〕151号	规定了被认定为高新技术企业的外商投资企业的企业所得税税收减免优惠政策。

(三)高新技术企业的持续认定问题

绝大多数创业板公司和相当高比例的中小板公司都被认定为高新技术企业,由此可以享受连续三年15%的税收优惠。但最近出现了已上市公司上市当年因未达高新技术企业资格标准需补税的情况,因此,各方中介机构需要对如下两方面问题高度关注。

1. 公司是否符合被认定为高新技术企业的实质条件

根据《高新技术企业认定管理办法》第 11 条的规定,企业必须同时满足表 8-24 所列条件,才能被认定为高新技术企业。因此,各方中介机构应逐条核查,确保公司享受该项税收优惠的真实性和合法性。

表 8-24 高新技术企业认定要求

认定标准	具体要求
注册成立时间	企业申请认定时须注册成立 1 年以上。
自主知识产权	企业通过自主研发、受让、受赠、并购等方式,获得对其主要产品(服务)在技术上发挥核心支持作用的知识产权的所有权。
技术	属于《国家重点支持的高新技术领域》规定的范围。
科技人员比例	企业从事研发和相关技术创新活动的科技人员占企业当年职工总数的比例不低于 10%。
研究开发费用总额占同期销售收入总额的比例	企业近三个会计年度(实际经营期不满 3 年的按实际经营时间计算,下同)的研究开发费用总额占销售收入总额的比例符合如下要求: (1)最近一年销售收入小于 5 000 万元(含)的企业,比例不低于 5%; (2)最近一年销售收入在 5 000 万元至 2 亿元(含)的企业,比例不低于 4%; (3)最近一年销售收入在 2 亿元以上的企业,比例不低于 3%。 其中,企业在中国境内发生的研究开发费用总额占全部研究开发费用总额的比例不低于 60%。
收入占比	近一年高新技术产品(服务)收入占企业同期总收入的比例不低于 60%。
重大安全、重大质量事故和严重环境违法行为	企业申请认定前一年内未发生重大安全、重大质量事故或严重环境违法行为。
其他指标	企业创新能力评价应达到相应要求。

2. 在可预期的未来公司是否将一直符合实质条件

根据《高新技术企业认定管理办法》的规定,高新技术企业资格自颁发证书之日起有效期为 3 年。但即使已被认定为高新技术企业,也不是必然连续 3 年都能享受相应的税收优惠。

表 8-25 取消高新技术企业资格的情形

类型	具体要求
监督管理部门认为企业不再符合认定条件,提请认定机构复核后取消	对已认定的高新技术企业,有关部门在日常管理过程中发现其不符合认定条件的,应提请认定机构复核。复核后确认不符合认定条件的,由认定机构取消其高新技术企业资格,并通知税务机关追缴其不符合认定条件年度起已享受的税收优惠。
企业自身发生与认定条件有关的重大变化	高新技术企业发生更名或与认定条件有关的重大变化(如分立、合并、重组以及经营业务发生变化等)应在 3 个月内向认定机构报告。经认定机构审核符合认定条件的,其高新技术企业资格不变,对于企业更名的,重新核发认定证书,编号与有效期不变;不符合认定条件的,自更名或条件变化年度起取消其高新技术企业资格。
企业存在应当取消高新技术企业资格的行为	已认定的高新技术企业有下列行为之一的,由认定机构取消其高新技术企业资格: (1)在申请认定过程中存在严重弄虚作假行为的; (2)发生重大安全、重大质量事故或有严重环境违法行为的; (3)未按期报告与认定条件有关重大变化情况,或累计两年未填报年度发展情况报表的。 对被取消高新技术企业资格的企业,由认定机构通知税务机关按《税收征收管理法》及有关规定,追缴其自发生上述行为之日所属年度起已享受的高新技术企业税收优惠。

由此可见,若公司被取消高新技术企业资格,无疑会对公司的业绩产生重大影响。因此,各方中介机构应关注在未来 3 年内公司是否存在不能满足表 8-24 所列八项实质条件的现实风险,如果存在,应该作为重大风险,充分披露。

十四、欠缴税款问题

如果发行人存在欠缴税款问题,以前只有补缴完毕才能上市,现在政策有所放宽调整,但仍需要企业详细披露有关情况,然后认定行为的性质。如果偷漏税行为构成违法违规行为时,有主管部门的证明文件也不会被认可,因为各级税务主管部门都有一定的审批权限,不能越权出具证明文件。

整体变更及分红纳税情况也是一个需要充分披露的问题,关注点在于控股股东、实际控制人是否存在巨额税款未缴纳的情况,是否会影响控股股东、实际控制人的合规情况及资格,从而影响发行条件。

第九章 专项问题

第一节 国 资

发行上市涉及大量国资问题,本节从法律规定和实务工作两个角度对国资问题进行系统分类、整理。从法律规定的角度将国有资产管理的规定分为综合监管类规定、流转类规定、改制类规定三大类,对每一类进行细化;从实务工作角度重点讨论了规范国有产权的流转行为、非主营业务资产剥离、国有企业改制、国有股转持、国资参股企业股权转让五个方面的问题。

关于国资问题的基本工作思路和方法是:中介机构进场以后应严格按照包括但不限于本文列举的法律规定进行相关操作,特别是不能忽视程序性规定;如果是历史遗留问题,应该取得省级人民政府、国资管理部门的确认函和无异议函。

一、基本法律框架

有关国有资产管理的各项法律、法规、规章以及规范性文件,数量繁多,部门分散,立法层级跨度大,时间间隔长,甚至存在相互冲突的现象。因此,在对发行人涉及国资问题进行核查的时候,需要细致、到位地对所有与拟上市公司有关的问题进行法律检索,从而及时发现潜在的风险,并采取相应的披露和整改措施。

表 9-1 国有资产相关规定一览表

大类	小类		文件名称	文号
综合监管类规定	基本	一般国有企业资产	《中华人民共和国企业国有资产法》	中华人民共和国主席令第 5 号
			国务院办公厅《关于加强和改进企业国有资产监督防止国有资产流失的意见》	国办发〔2015〕79 号
			《企业国有资产监督管理暂行条例》(2019 年修正)	中华人民共和国国务院令第 378 号
			国务院《关于国有企业发展混合所有制经济的意见》	国发〔2015〕54 号
			国务院《关于改革和完善国有资产管理体制的若干意见》	国发〔2015〕63 号

（续表）

大类	小类		文件名称	文号
流转类规定	登记	事业单位国有资产	《事业单位国有资产管理暂行办法》（2019年修正）	财政部令第36号
			财政部关于印发《中央级事业单位国有资产管理暂行办法》的通知	财教〔2008〕13号
		一般国有企业资产	《企业国有资产产权登记管理办法》	中华人民共和国国务院令第192号
			财政部关于印发《事业单位及事业单位所办企业国有资产产权登记管理办法》的通知	财教〔2012〕242号
			《企业国有资产产权登记管理办法实施细则》	财管字〔2000〕116号
			财政部关于印发《金融类企业国有资产产权登记管理暂行办法》的通知	财金〔2006〕82号
		境外国有资产	国家国有资产管理局关于印发《境外国有资产产权登记管理暂行办法实施细则》的通知	国资企发〔1996〕114号
			国家国有资产管理局、财政部、国家外汇管理局关于印发《境外国有资产产权登记管理暂行办法》的通知	国资境外发〔1992〕29号
	一般主体间的企业国有资产流转	普通有偿转让	《企业国有资产交易监督管理办法》	国务院国有资产监督管理委员会、财政部令第32号
			国务院国有资产监督管理委员会《关于促进企业国有产权流转有关事项的通知》	国资发产权〔2014〕95号
		协议转让	国务院国有资产监督管理委员会《关于中央企业国有产权协议转让有关事项的通知》	国资发产权〔2010〕11号
		无偿划转	国务院国有资产监督管理委员会关于印发《企业国有产权无偿划转管理暂行办法》的通知	国资发产权〔2005〕239号
			国务院国有资产监督管理委员会关于印发《企业国有产权无偿划转工作指引》的通知	国资发产权〔2009〕25号
	特殊主体间的企业国有资产流转	金融企业国有资产转让	《金融企业国有资产转让管理办法》	财政部令第54号
			财政部关于贯彻落实《金融企业国有资产转让管理办法》有关事项的通知	财金〔2009〕178号
		中央级事业单位国有资产处置	财政部关于印发《中央级事业单位国有资产处置管理暂行办法》的通知	财教〔2008〕495号

（续表）

大类	小类	文件名称	文号
企业国有资产流转的细节规定	产权交易规则	国务院国有资产监督管理委员会关于印发《企业国有产权交易操作规则》的通知	国资发产权〔2009〕120号
	评估	《企业国有资产评估管理暂行办法》	国务院国有资产监督管理委员会令第12号
		《国有资产评估管理办法》	中华人民共和国国务院令第91号
		国务院办公厅转发财政部《关于改革国有资产评估行政管理方式加强资产评估监督管理工作意见的通知》	国办发〔2001〕102号
		《国有资产评估管理若干问题的规定》	财政部令第14号
		财政部办公厅《关于开展国有资产评估项目备案管理工作有关问题的通知》	财办企〔2002〕4号
		财政部关于印发《国有资产评估项目备案管理办法》的通知	财企〔2001〕802号
		《金融企业国有资产评估监督管理暂行办法》	财政部令第47号
		财政部关于印发《中央文化企业国有资产评估管理暂行办法》的通知	财文资〔2012〕15号
		国务院国有资产监督管理委员会关于印发《企业国有资产评估项目备案工作指引》的通知	国资发产权〔2013〕64号
	清产核资	《国有企业清产核资办法》	国资委令第1号
		国务院国有资产监督管理委员会关于印发《清产核资工作问题解答（三）》的通知	国资发评价〔2004〕220号
		国务院国有资产监督管理委员会办公厅关于印发《清产核资工作问题解答（二）》的通知	国资厅发评价〔2004〕8号
		国务院国有资产监督管理委员会办公厅关于印发《清产核资工作问题解答（一）》的通知	国资厅评价〔2003〕53号
		国务院国有资产监督管理委员会关于印发《国有企业清产核资工作规程》的通知	国资评价〔2003〕73号
		国务院国有资产监督管理委员会关于印发《国有企业清产核资资金核实工作规定》的通知	国资评价〔2003〕74号

(续表)

大类	小类	文件名称	文号
		国务院国有资产监督管理委员会关于印发《国有企业清产核资经济鉴证工作规则》的通知	国资评价〔2003〕78号
		财政部清产核资办公室《关于国有企业清产核资土地估价有关问题的解答》	财清办〔1996〕191号
		国家国有资产管理局《关于认真做好清产核资中不良资产处置委托工作的通知》	国资产发〔1996〕41号
改制类规定	综合	财政部《关于中央级经营性文化事业单位转制中资产和财务管理问题的通知》	财教〔2009〕126号
		国务院办公厅转发国务院国有资产监督管理委员会《关于规范国有企业改制工作意见的通知》	国办发〔2003〕96号
		国务院办公厅转发国务院国有资产监督管理委员会《关于进一步规范国有企业改制工作实施意见的通知》	国办发〔2005〕60号
		国务院国有资产监督管理委员会《关于进一步贯彻落实〈国务院办公厅转发国资委关于进一步规范国有企业改制工作实施意见的通知〉的通知》	国资发改革〔2006〕131号
		最高人民法院《关于审理与企业改制相关的民事纠纷案件若干问题的规定》	法释〔2003〕1号
		最高人民法院对《商务部关于请确认〈关于审理与企业改制相关的民事纠纷案件若干问题的规定〉是否适用于外商投资的函》的复函	〔2003〕民二外复第13号
	职工持股问题	国务院国有资产监督管理委员会《关于规范国有企业职工持股、投资的意见》	国资发改革〔2008〕139号
		国务院国有资产监督管理委员会《关于实施〈关于规范国有企业职工持股、投资的意见〉有关问题的通知》	国资发改革〔2009〕49号
	主辅分离辅业改制	国资委、劳动和社会保障部、国土资源部《关于进一步规范国有大中型企业主辅分离辅业改制的通知》	国资发分配〔2005〕250号
		国家经贸委、财政部、劳动和社会保障部、国土资源部、中国人民银行、国家税务总局、国家工商行政管理总局、中华全国总工会印发《关于国有大中型企业主辅分离辅业改制分流安置富余人员的实施办法》的通知	国经贸企改〔2002〕859号
		国资委、财政部、劳动保障部、国家税务总局《关于进一步明确国有大中型企业主辅分离辅业改制有关问题的通知》	国资分配〔2003〕21号

二、规范国有产权的流转行为

国有企业在进行上市过程中,一般需要通过合理的重组活动优化企业的股权结构,而这些活动都需要遵守与国有产权流转有关的法律、法规;对于国有企业过去的股权转让行为以及由国有企业改制的公司,也需要对历史上的国有产权流转的合法性进行论证,从而确保企业不存在相关的潜在纠纷和法律风险。

一般而言,国有产权的流转主要可以通过挂牌竞价交易、协议转让和无偿划转三种方式进行。其中挂牌竞价交易和协议转让属于有偿转让,而无偿划转则属于无偿转让。国有产权流转所涉及的法律法规,前述已经进行基本罗列,以下主要从适用范围、总体程序和审批程序三个方面来分析和比较国有产权流转的三种基本方式。

(一)适用范围比较

挂牌竞价、协议转让、无偿划转是国有产权流转的三种方式,三种方式各自的适用范围如表9-2所示。

表9-2 三种国有产权流转方式适用范围对照表

挂牌竞价	协议转让	无偿划转
转让的企业国有产权权属应当清晰。权属关系不明确或者存在权属纠纷的企业国有产权不得转让。被设置为担保物权的企业国有产权转让,应当符合《中华人民共和国担保法》的有关规定。	涉及主业处于关系国家安全、国民经济命脉的重要行业和关键领域企业的重组整合,对受让方有特殊要求,企业产权需要在国有及国有控股企业之间转让的,经国资监管机构批准,可以采取非公开协议转让方式。 同一国家出资企业及其各级控股企业或实际控制企业之间因实施内部重组整合进行产权转让的,经该国家出资企业审议决策,可以采取非公开协议转让方式。 在国有经济结构调整中,拟直接采取协议方式转让国有产权的,应当符合国家产业政策以及国有经济布局和结构调整的总体规划。受让方的受让行为不得违反国家经济安全等方面的限制性或禁止性规定,且在促进企业技术进步、产业升级等方面具有明显优势。标的企业属于国民经济关键行业、领域的,在协议转让企业部分国有产权后,仍应保持国有股东绝对控股地位。 在所出资企业内部的资产重组中,拟采取协议方式转让国有产权的,转让方和受让方应为所出资企业或其全资、绝对控股企业(在目前实践中,即使是协议转让,也要求进场交易,定向产权交易达成协议转让的结果)。	(1)被划转企业国有产权的权属应当清晰。权属关系不明确或存在权属纠纷的企业国有产权不得进行无偿划转。 (2)有下列情况之一的,不得实施无偿划转(由政府直接批准的无偿划转除外): ①被划转企业主业不符合划入方主业及发展规划的; ②中介机构对被划转企业划转基准日的财务报告出具否定意见、无法表示意见或保留意见的审计报告的; ③无偿划转涉及的职工分流安置事项未经被划转企业的职工代表大会审议通过的; ④被划转企业或有负债没有妥善解决方案的; ⑤划出方债务未有妥善处置方案的。

(二) 总体程序比较

三种国有产权流转方式的操作流程对比如表9-3所示。

表9-3 三种国有产权流转方式操作流程对照表

事项		有偿转让		无偿划转	
		挂牌竞价	协议转让	一般程序	特殊程序
	可行性研究	需要	需要	需要	不需要
	职代会	产权转让涉及职工安置事项的，安置方案应当经职工代表大会或职工代表大会审议通过。		所涉及的职工分流安置事项，应当经划转企业职工代表大会审议通过。	不需要
交易前准备	内部决策	应当由转让方按照企业章程和企业内部管理制度进行决策，形成书面决议。国有控股和国有实际控制企业中国有股东委派的股东代表，应当按照《企业国有资产交易监督管理办法》的规定，按委派单位的指示发表意见，行使表决权，并将履职情况和结果及时报告委派单位。		划转双方应在可行性研究的基础上，按照内部决策程序进行审议，并形成书面决议。划入方（划出方）为国有独资企业的，应当由总经理办公会议审议、董事会审议；已设立国有独资公司的，应当由董事会审议。划入方（划出方）为国有独资公司的，尚未设立董事会的，由总经理办公会议审议。	不需要
	通知债权人	涉及债权债务处置事项的，应当符合国家相关法律、法规的规定。		划出方应当就无偿划转（单位）债权债务处置事项通知债权人，并拟订相应的债务处置方案。	不需要

(续表)

事项		有偿转让		无偿划转	
		挂牌竞价	协议转让	一般程序	特殊程序
履行审批或决定程序		需要		需要	不需要
转让标的、底价确定	清产核资	转让方应当组织转让标的企业按照有关规定进行清产核资,根据清产核资结果对转让负债表和资产移交清册,并按照国家有关规定对转让标的企业法定代表人的离任审计。资产损失的认定与核销,应当按照国家有关规定办理。转让所出资企业国有产权导致转让方不再拥有控股地位的,由同级国有资产监督管理机构进行产权核资,并委托社会中介机构开展相关业务。产权转让事项经批准后,由转让方委托会计师事务所对转让标的企业进行专项审计,涉及参股转让且不宜单独审计的,转让方应当取得转让标的企业最近一期年度审计报告。	划转双方应当组织被划转企业按照有关规定进行清产核资,以中介机构出具的被划转企业清产核资报告或经划出国有资产监管机构批准或企业国有产权无偿划转批复结果,作为企业国有产权无偿划转的依据。	中介机构出具的被划转企业的上一年度(或最近一次)的审计报告或经国资监管机构批准的清产核资结果。
	财务审计				
	资产评估	(1)对按照有关法律、法规要求,法规要求,转让事项,转让方应当对转让标的进行资产评估,相应资质的评估机构对转让标的进行资产评估。(2)中央企业转让方在本企业内部实施的资产重组,转让和受让方均为本企业及其直接或间接全资拥有的境内子企业的,转让价格可以同意资产评估或审计报告确认的净资产值为基准确定,且不低于经评估或审计报告确认的净资产值。中央企业转让方为本企业及其直接或间接受让方的境内子企业及其直接或间接全资拥有的境内子企业的,转让价格须以资产评估报告确认的净资产值为基准确定。		不需要	不需要

(续表)

事项	有偿转让		无偿划转	
	挂牌竞价	协议转让	一般程序	特殊程序
评估核准或者备案	转让方委托评估机构对转让标的进行资产评估，产权转让或资产转让价格应以经核准或备案的评估结果为基础确定。在产权交易过程中，当交易结果低于评估结果的90%时，应当暂停交易，在获得相关产权转让批准机关同意后，方可继续进行。	采取非公开协议方式转让企业产权，转让价格不得低于经核准或备案的评估结果。以下情形按照《公司法》企业章程履行决策程序后，转让价格可以资产评估报告或最近一期审计报告确认的净资产值为基础确定，且不得低于经评估或审计的净资产值：(1)同一国家出资企业内部实施重组整合，转让方和受让方均为该国家出资企业及其直接或间接拥有的子企业；(2)同一国有控股企业或同一国有实际控制企业内部实施重组整合，转让方和受让方为该国有控股企业或国有实际控制企业及其直接或间接全资拥有的子企业。	不需要	不需要

（续表）

事项		有偿转让		无偿划转	
		挂牌竞价	协议转让	一般程序	特殊程序
进场交易		需要		不需要	不需要
确定交易方	设置受让方资格条件	产权转让原则上不得针对受让方设置资格条件，确需设置的，不得有明确指向性内容或违反公平竞争原则，所设资格条件相关内容应当在信息披露前报同级国资监管机构备案，国资监管机构在5个工作日内未反馈意见的视为同意。		—	—
	信息披露	转让方披露信息包括但不限于以下内容： (1) 转让标的的基本情况； (2) 转让标的企业的股东结构； (3) 产权转让行为的决策及批准情况； (4) 转让标的企业最近一个年度审计报告和最近一期财务报表中的主要财务指标数据，包括但不限于资产总额、负债总额、所有者权益、营业收入、净利润等（转让参股股权的，披露最近一个年度审计报告中的相应数据）； (5) 受让方资格条件（适用于受让方有特殊要求的情形）； (6) 交易条件、转让底价； (7) 企业管理层是否参与受让、有限责任公司原股东是否放弃优先受让权； (8) 竞价方式、受让方选择的相关评判标准； (9) 其他需要披露的事项。 其中信息预披露应当包括但不限于以上(1)、(2)、(3)、(4)、(5)项内容。		—	—

(续表)

事项		有偿转让		无偿划转	
		挂牌竞价	协议转让	一般程序	特殊程序
	竞价	转让方应当按照要求向产权交易机构提供披露信息内容的纸质材料，并对披露内容和所提供材料机构的真实性、完整性、准确性规范性负责。产权交易机构应当对信息披露的规范性负责。 产权转让项目首次正式信息披露的转让底价，不得低于经核准或备案的转让标的评估结果。 在正式披露信息期间，转让方不得变更产权转让公告中公布的内容，由于非转让方的原因或其他不可抗力因素导致可能对转让标的价值判断造成影响的，转让方应当及时调整补充披露信息内容，并相应延长信息披露时间。	意向受让方信息披露期满，产生符合条件的意向受让方的，按照披露的竞价方式组织竞价。竞价可以采取拍卖、招投标、网络竞价以及其他竞价方式，且不得违反国家法律、法规的规定。	—	—
签订合同	签订合同		受让方确定后，转让方与受让方应当签订产权交易合同，交易双方不得以交易期间企业经营性损益等理由对已达成的交易条件和交易价格进行调整。	—	—

(续表)

事项	有偿转让			无偿划转	
	挂牌竞价	协议转让		一般程序	特殊程序
履行付款	交易价款应当以人民币计价,通过产权交易机构以货币进行结算。因特殊情况不能通过产权交易机构提供转让行为批准单位的书面同意以及受让方付款凭证。	交易价款原则上应当自合同生效之日起5个工作日内一次付清。金额较大,一次付清确有困难的,可以采取分期付款方式。采用分期付款方式的,首期付款不得低于总价款的30%,并在合同生效之日起5个工作日内支付;其余款项应当提供转让方认可的合法有效担保,并按同期银行贷款利率支付延期付款期间的利息,付款期限不得超过1年。产权交易结果通过交易机构网站对外公告,公告内容包括交易标的名称、转让标的评估结果、转让底价、交易价格,公告期不少于5个工作日。产权交易支付交易价款后,产权交易机构应当及时约定支付交易价款后,产权交易机构应当及时为交易双方出具交易凭证。		不需要	依据中介机构出具的被划转企业上一年度(或最近一次)的审计报告或经国资监管机构批准结果的清产核资批准结果,直接进行账务调整。

(续表)

事项	有偿转让		无偿划转	
	挂牌竞价	协议转让	一般程序	特殊程序
交付	企业产权转让涉及交易主体资格审查、反垄断审查、特许经营权、国有划拨土地使用权、探矿权和采矿权等政府审批事项的，按照相关规定执行。受让方为境外投资者的，应当符合《外商投资产业指导目录》和负面清单管理要求，以及外商投资安全审查的有关规定。产权转让导致国有股东持有上市公司股份间接转让的，应当同时遵守上市公司国有股权管理以及证券监管相关规定。		—	—
调账和工商登记	企业国有产权转让成交后，转让方和受让方应当凭产权交易机构出具的产权交易凭证，按照国家有关规定及时办理相关产权登记手续。		划转双方应当依据相关批复文件及划转协议，进行账务调整，按规定办理产权登记等手续。	按规定办理产权登记等手续。

(三) 审批程序比较

三种国有产权流转方式的审批程序对比如表9-4所示。

表9-4 三种国有产权流转方式审批程序对照表

事项		有偿转让		无偿划转
		挂牌竞价	协议转让	
审批决定主体	一般情况	(1)国资监管机构负责审核国家出资企业的产权转让事项。其中,因产权转让致使国家不再拥有所出资企业控股权的,须由国资监管机构报本级人民政府批准。(2)国家出资企业应当制定其子企业产权转让管理制度,确定审批管理权限。其中,对主业处于关系国家安全、国民经济命脉的重要行业和关键领域,主要承担产权转让的,须由国资监管机构批准。转让方为多家国有股东共同持股的企业,由其中持股比例最大的国有股东负责履行相关批准程序;各国有股东持股比例相同的,由相关股东协商后确定其中一家股东负责履行相关批准程序。	(1)涉及主业处于关系国家安全、国民经济命脉的重要行业和关键领域有特殊要求,企业产权转让方有国有控股企业之间转让的,由国资监管机构审批。(2)一级企业及其各级控股企业实际控制企业之间因实施内部重组整合进行产权转让的,由一级企业审批。	(1)企业国有产权在同一国资监管机构所出资企业之间无偿划转的,由所出资企业共同报国资监管机构批准。(2)企业国有产权在不同国资监管机构所出资企业之间无偿划转的,依据划转双方的产权归属关系,由所出资企业分别报同级国资监管机构批准。(3)实施政企分开的企业,其国有产权无偿划转所出资企业或其子企业所有的,由同级政府国资监管部门分别批准。(4)下级政府国资监管机构所出资企业国有产权划转上级政府所出资企业所有的,由下级政府和上级政府国资监管机构分别批准。(5)无偿划转事项按照《企业国有产权无偿划转管理暂行办法》规定的程序批准后,划转协议生效。划转协议生效以前,划转双方不得履行或者部分履行。

(续表)

事项	有偿转让			无偿划转
	挂牌竞价	协议转让	企业内部转让	
审批、决定主体	所出资企业决定其子企业的国有产权转让。其中，重大国有产权转让事项，应当报同级国资监管机构签批或会同财政部门后批准。其中，涉及政府社会公共管理审批事项的，需预先报经政府有关部门审批。	中央企业在本企业内部实施资产重组、境内企业协议依法决定的，由中央企业负责批准或报国务院国有资产监督管理委员会，同时抄报国务院国有资产监督管理委员会。其中涉及股份有限公司股份转让的，按照国家有关规定办理。		企业国有产权在所出资企业内部无偿划转的，由所出资企业批准并抄报同级国资监管机构。
审查的材料清单	决定或者批准企业国有产权转让行为时，应当审查下列书面文件： (1)转让企业国有产权的有关决议文件； (2)企业国有产权转让方案； (3)转让方和受让方国有资产产权登记证； (4)律师事务所出具的法律意见书； (5)受让方应当具备的基本条件； (6)批准机构要求的其他文件。	国资监管机构批准，国家出资企业产权决策采取非公开协议方式转让产权转让行为时，应当审核下列文件： (1)产权转让决议； (2)产权转让方案； (3)采取非公开协议方式转让产权的必要性以及受让方情况； (4)转让标的企业审计报告、资产评估报告及其核准或备案文件；其中属于《企业国有资产交易监督管理办法》第32条第2款规定情形的，可以仅提供企业审计报告； (5)产权转让协议； (6)转让方、受让方产权登记表； (7)产权转让行为的法律意见书； (8)其他必要文件。		(1)无偿划转的申请文件； (2)总经理办公会议或董事会有关无偿划转的决议； (3)划转双方及被划转企业的产权无偿划转的可行性论证报告； (4)无偿划转双方签订的无偿划转协议； (5)划转双方的决议； (6)中介机构出具的被划转企业划转基准日的审计报告，或同级国资监管机构清产核资批复文件； (7)划出方债务处置方案； (8)被划转企业职工代表大会通过的职工分流安置方案； (9)其他有关文件。

（续表）

事项	有偿转让		无偿划转
	挂牌竞价	协议转让	
重新报批	企业国有产权转让事项经批准或者决定后，如转让比例或者企业国有产权转让方案有重大变化的，应当按照规定程序重新报批。转让项目自首次正式披露信息之日起超过12个月未征集到合格受让方的，应当重新履行审计、资产评估以及信息披露等产权转让工作程序。在正式披露信息期间，转让方不得变更产权转让公告中公布的内容，由于非转让方的原因或其他因素导致其对转让标的价值判断造成影响的，转让方应当及时调整及补充披露信息内容，并相应延长信息披露时间。	—	企业国有产权无偿划转事项经批准后，划出方和划入方调整产权划转比例或者划转协议有重大变化的，应当按照规定程序重新报批。
评估核准或备案	—	评估报告经核准备案后，作为确定企业国有产权转让价格的参考依据。在产权交易过程中，当交易价格低于评估结果的90%时，应当暂停交易，在获得相关产权转让批准机构同意后，方可继续进行。产权转让底价，不得低于经核准或备案的评估结果。（1）协议转让项目首次正式信息披露的转让底价，不得低于经批准或核准机构核准或备案的评估结果，由该协议转让项目的资产评估报告核准或备案后，协议转让价格不得低于经核准备案的资产评估结果。	—

(续表)

事项	有偿转让		无偿划转
	挂牌竞价	协议转让	
	—	(2)由中央企业批准或依法决定的国有产权协议转让事项及资产评估备案,由中央企业负责。以审计报告确认的净资产为基准确定转让价格的,应当采用由专业机构出具最近时点的审计报告。 信息披露期满未征集到意向受让方的,可以延期或在转让底价、变更受让条件后重新进行信息披露。降低转让底价或变更受让条件后重新披露信息的,披露时间不得少于20个工作日。新的转让底价低于评估结果90%时,应当经转让行为批准单位书面同意。	—
时效、跟踪报告		相关批准机构应当在批准文件中明确协议转让事项执行的有效时限,并建立对批准协议转让事项的跟踪报告制度。各省级国资监管机构应当将协议转让的批准和实施结果报告国务院国有资产监督管理委员会。	—

(四) 协议转让股权的严格限制

根据《中华人民共和国企业国有资产法》(以下简称《企业国有资产法》)第54条的规定,国有资产转让应当遵循等价有偿和公开、公平、公正的原则。除按照国家规定可以直接协议转让的以外,国有资产转让应当在依法设立的产权交易场所公开进行。转让方应当如实披露有关信息,征集受让方;征集产生的受让方为两个以上的,转让应当采用公开竞价的交易方式。转让上市交易的股份依照《证券法》的规定进行。

对于允许非公开协议转让产权的范围,《企业国有资产交易监督管理办法》第31条明确规定:

(1) 涉及主业处于关系国家安全、国民经济命脉的重要行业和关键领域企业的重组整合,对受让方有特殊要求,企业产权需要在国有及国有控股企业之间转让的,经国资监管机构批准,可以采取非公开协议转让方式。

(2) 同一国家出资企业及其各级控股企业或实际控制企业之间因实施内部重组整合进行产权转让的,经该国家出资企业审议决策,可以采取非公开协议转让方式。

(五) 充分维护职工的合法权益

《企业国有资产法》规定,国家出资企业的合并、分立、改制、解散、申请破产等重大事项,应当听取企业工会的意见,并通过职工代表大会或者其他形式听取职工的意见和建议。企业改制涉及重新安置企业职工的,还应当制订职工安置方案,并经职工代表大会或者职工大会审议通过。

《企业国有资产交易监督管理办法》规定,产权转让涉及职工安置事项的,安置方案应当经职工代表大会或职工大会审议通过。

《关于规范国有企业改制工作的意见》规定,国有企业改制方案和国有控股企业改制为非国有的企业的方案,必须提交企业职工代表大会或职工大会审议,充分听取职工意见。其中,职工安置方案需经企业职工代表大会或职工大会审议通过后方可实施改制。改制为非国有的企业,要按照有关政策处理好改制企业与职工的劳动关系。

《关于进一步规范国有企业改制工作的实施意见》"切实维护职工的合法权益"部分明确规定,改制方案必须提交企业职工代表大会或职工大会审议,并按照有关规定和程序及时向广大职工群众公布。国有企业实施改制前,原企业应当与投资者就职工安置费用、劳动关系接续等问题明确相关责任,并制订职工安置方案。职工安置方案必须经职工代表大会或职工大会审议通过,企业方可实施改制。职工安置方案必须及时向广大职工群众公布,其主要内容包括:企业的人员状况及分流安置意见;职工劳动合同的变更、解除及重新签订办法;解除劳动合同职工的经济补偿金支付办法;社会保险关系接续;拖欠职工的工资等债务和企业欠缴的社会保险费处理办法等。企业实施改制时必须向职工群众公布企业总资产、总负债、净资产、净利润等主要财务指标的财务审计、资产评估结果,接受职工群众的民主监督。

中华全国总工会《关于在企业改制重组关闭破产中进一步加强民主管理工作的通知》强调:改制方案、兼并破产方案、职工裁员及分流安置方案等企业重大决策问题,及时向职工群众公开,充分听取职工群众的意见。企业在实施改制时,将企业总资产、总负债、净资产、净利润等主要财务指标的财务审计、资产评估结果,向职工群众公开,接受职工群众的民主监督。将改制方案提交企业职工代表大会或职工大会审议,职工的裁减和安置方案等涉及职工切身利益的重大问题提交职工代表大会审议通过,未经职工代表大会审议的不应实施;既未公开又未经职工代表大会通过的决定视为无效。改制企业召开职工代表大会,必须要有 2/3 以上职工代表出席,经全体职工代表半数以上通过方为有效。职工代表大会的表决应以无记名投票方式进行。不能以职工代表团(组)长联席会议代替职工代表大会作出决定。

三、非主营业务资产剥离

对国有企业来说,一个十分重要的问题是要突出和壮大主业,增强自己的核心竞争力。现在,国有企业主业不突出、核心竞争力不强的问题比较普遍,相当一批企业主业过多,主业之间关联度很小,部分企业至今尚未明确主业方向。因此,国有企业在进行重组改制时,必须首先对主营业务进行清晰的划定,并以此作为主线,主导重组过程,将国有企业现有资产结构中的"三类资产",如职工食堂、娱乐设施、附属酒店、诊所等通过合适的途径剥离,从而提高企业资产的盈利能力。

对国有企业进行非主营业务资产剥离时需要注意以下问题:

(一)划清主营业务的范围

非主营业务资产的剥离涉及上市主体架构问题,如果在剥离前没有进行充分的研究和论证,确定主营业务方向,准确划清需要剥离资产的范围,很可能导致妨碍上市进程,甚至影响企业的正常经营,造成损失。因此,国有企业在进行重组改制时,必须首先对主营业务进行清晰的划定,并以此作为主线,主导重组过程。

(二)主辅业分离的合法性

除了要准确判断需要剥离的非主营业务资产以外,在企业实际具体的非主营业务资产的剥离方案以外,必须关注剥离程序的合法性,保证不会造成国有资产的损失,不会因为剥离程序而导致企业与员工之间产生纠纷。除了需要符合前述提到的一般国有企业资产转让相关法律以及程序外,国家和地方政府已经出台了多部专门针对国有大中型企业主辅分离辅业改制方面的规章(见表9-5),国有大中型企业可以直接依据相关规定操作,中小型国有企业也可以参照有关规定来判断保证主辅业分离程序的合法性。

表 9-5　主辅分离相关规定一览表

文件名称	文号
国家经贸委、财政部、劳动和社会保障部、国土资源部、中国人民银行、国家税务总局、国家工商行政管理总局、中华全国总工会印发《关于国有大中型企业主辅分离辅业改制分流安置富余人员的实施办法》的通知	国经贸企改〔2002〕859号
国资委、财政部、劳动保障部、国家税务总局《关于进一步明确国有大中型企业主辅分离辅业改制有关问题的通知》	国资分配〔2003〕21号
国资委、劳动和社会保障部、国土资源部《关于进一步规范国有大中型企业主辅分离辅业改制的通知》	国资发分配〔2005〕250号

(三) 注意通过关联交易剥离的公允性

国有企业在进行非主营业务资产剥离的时候,出于降低企业财务、时间、人力成本方面的考虑,往往会选择通过关联方交易的方式进行,表现为拟上市国有企业将非主营业务资产转让给其控股母公司,而且重组的方式也可能会选择协议转让、无偿划拨的形式,此时应注意,对相关关联交易应充分关注交易的公允性问题。

(四) 保持企业经营能够连续计算

国有企业在进行非主营业务资产剥离时,必须注意保持企业经营的稳定性和连续性,需要注意防止企业由于重组力度过大而导致企业的资产、业务甚至实际控制人发生重大变化,导致业绩不能连续计算。

四、国有企业改制

(一) 管理层持股

在企业改制过程中,管理层持股是一个敏感的问题。现行关于管理层持股较为重要的规定是《关于进一步规范国有企业改制工作的实施意见》。其中需要重点关注两个方面:

(1)管理层成员拟通过增资扩股持有企业股权的,不得参与制订改制方案、确定国有产权折股价、选择中介机构,以及清产核资、财务审计、离任审计、资产评估中的重大事项。管理层持股必须提供资金来源合法的相关证明,必须执行《贷款通则》的有关规定,不得向包括本企业在内的国有及国有控股企业借款,不得以国有产权或资产作为标的物通过抵押、质押、贴现等方式筹集资金,也不得采取信托或委托等方式间接持有企业股权。

(2)存在下列情况之一的管理层成员,不得通过增资扩股持有改制企业的股权:①经审计认定对改制企业经营业绩下降负有直接责任的;②故意转移、隐匿资产,或者在改制过程中通过关联交易影响企业净资产的;③向中介机构提供虚假资料,导致审计、评估结果失真,或者与有关方面串通,压低资产评估值以及国有产权折股价的;④违反有关规定,参与制订改制方案、确定国有产权折股价、选择中介机构,以及清产核资、财务审计、离任审计、资产评估中的重大事项的;⑤无法提供持股资金来源合法的相关证明的。

(二)员工持股

国有职工持股在国有企业是比较常见的。职工持股主要有两方面的问题:一是如何规范一般情况下的职工持股问题;二是如何规范因职工持股导致的股东人数超过200人的问题。

1. 规范一般情况下的职工持股问题

为了规范职工持股,国务院国有资产监督管理委员会制定了《关于规范国有企业职工持股、投资的意见》《关于实施〈关于规范国有企业职工持股、投资的意见〉有关问题的通知》以及《关于国有控股混合所有制企业开展员工持股试点的意见》,其中需要重点关注三个方面:

(1)职工持股不得处于控股地位。

(2)职工入股原则限于持有本企业股权。国有企业集团公司及其各级子企业改制,经国资监管机构或集团公司批准,职工可投资参与本企业改制,确有必要的,也可持有上一级改制企业股权,但不得直接或间接持有本企业所出资各级子企业、参股企业及本集团公司所出资的其他企业股权。科研、设计、高新技术企业科技人员确因特殊情况需要持有子企业股权的,须经同级国资监管机构批准,且不得作为该子企业的国有股东代表。国有企业中已持有上述不得持有的企业股权的中层以上管理人员,自《关于规范国有企业职工持股、投资的意见》印发后1年内应转让所持股份,或者辞去所任职务。在股权转让完成或辞去所任职务之前,不得向其持股企业增加投资。已持有上述不得持有的企业股权的其他职工晋升为中层以上管理人员的,须在晋升后6个月内转让所持股份。法律、行政法规另有规定的,从其规定。

(3)规范入股资金来源。员工入股应主要以货币出资,并按约定及时足额缴纳。按照国家有关法律法规,员工以科技成果出资入股的,应提供所有权属证明并依法评估作价,及时办理财产权转移手续。国有企业不得为职工投资持股提供借款或垫付款项,不得以国有产权或资产作为标的物为职工融资提供保证、抵押、质押、贴现等;不得要求与本企业有业务往来的其他企业为职工投资提供借款或帮助融资。对于历史上使用工效挂钩和百元产值工资含量包干结余以全体职工名义投资形成的集体股权现象应予以规范。

如果存在违反上述规定的不规范之处,原则上应通过股权转让予以清理和规范。

2. 规范因职工持股导致的股东人数超过200人的问题

关于因职工持股导致的股东人数超过200人问题,参见本书第三章"主体资格"第二节"股东"。

（三）期间盈亏归属

如果是国有企业改制,并且在改制过程中引入了国资以外的其他股东,则存在如何对改制评估基准日至工商变更登记日之间产生的利润(亏损)之归属进行明确约定的问题。此问题在一定程度上是一个伪命题,因为根据公司法原理,工商变更登记只是证权行为,不是设权行为,以变更登记为期间之一端没有法律依据。但是考虑到实务中已将工商登记视为确权行为,所以对该问题应予以重视。

对于期间盈亏归属问题,公平的做法是"盈收亏补",即(如果)盈利部分被界定为国有资产收益,收归国有;对于亏损部分,给予新股东折算相应补偿。但是该操作方法有如下弊端:①为了得到补偿,公司自然会倾向于亏损,因此可能导致造假行为;②不利于发挥产权交易所的定价调节作用;③可能和其他企业类似情况的处理不一致;④股权转让合同(产权交易凭证)的日期才是真正的权利变更日期;⑤交易定价的基准是评估价,期间盈亏是审计值,二者不一致,没有可比性。

综上所述,对于期间盈亏归属,公平合适的做法是"不予处理",特别是在评估基准日和挂牌交易日间隔很短的情况下,该做法体现了风险、收益对等分担的基本原则。

考虑到国有资产不能流失,又因为公司以上市为目的,因此,如果一定要明确处理此问题,妥当的做法是在此期间如果亏损就"不予处理",如果盈利就界定为国有资产收益,应该根据审计结果予以上缴。

（四）经济责任审计

根据《关于进一步规范国有企业改制工作的实施意见》的规定,改制为非国有的企业,必须在改制前由国有产权持有单位组织进行法定代表人离任审计。不过离任审计仅是前置程序之一,是否实际履行不影响产权转让行为的效力。

五、国有股转持问题

（一）国有股转持相关法律规定

有关国有股转持的相关规定总结如下(见表9-6)。

表9-6　国有股转持相关规定一览表

文件名称	实施日期	文号	内容
财政部《关于取消豁免国有创业投资机构和国有创业投资引导基金国有股转持义务审批事项后有关管理工作的通知》	2015年8月11日	财资〔2015〕39号	为提高国有资本从事创业投资的积极性,鼓励和引导国有创业投资机构和国有创业投资引导基金加大对中早期项目的投资,符合条件的创业机构和引导基金经审核批准后,可豁免国有股转持义务。根据国务院《关于取消和调整一批行政审批项目等事项的决定》(国发〔2015〕11号)的要求,对豁免创投机构和引导基金国有股转持义务事项不再进行审批。

（续表）

文件名称	实施日期	文号	内容
财政部、国务院国有资产监督管理委员会、中国证券监督管理委员会、社会保障基金理事会《关于进一步明确金融企业国有股转持有关问题的通知》	2013年8月14日	财金〔2013〕78号	对金融企业、国有保险公司投资的企业首次公开发行股票并上市国有股转持事宜予以规定。
国务院《关于印发〈划转部分国有资本充实社保基金实施方案〉的通知》	2017年11月9日	国发〔2017〕49号	规定了划转部分国有资本充实社保基金的划转范围、划转对象、划转比例、承接主体。以弥补企业职工基本养老保险制度转轨时期因职工享受视同缴费年限政策形成的企业职工基本养老保险基金缺口为基本目标，划转比例统一为企业国有股权的10%。
财政部、国资委、证监会、全国社保基金会公告2009年第63号	2009年6月19日	—	上市公司派发股票股利、资本公积转增股本等导致净资产不变、股份数量增加，国有股东应转持股份数量相应增加。
国务院国有资产监督管理委员会《关于实施〈上市公司国有股东标识管理暂行规定〉有关问题的函》	2008年3月4日	国资厅产权〔2008〕80号	规定了需要标注国有股东标识的持有上市公司股份的企业或单位。
国务院国有资产监督管理委员会、中国证券监督管理委员会《关于印发〈上市公司国有股东标识管理暂行规定〉的通知》	2007年6月30日	国资发产权〔2007〕108号	明确了国有股权管理批复文件为上市申报必备文件，并规定了上市公司国有股东的标识管理。
财政部《关于金融资产管理公司和国有银行国有股减持有关问题的通知》	2004年3月9日	财金函〔2004〕21号	规定了国有独资银行和金融资产管理公司对国有股减持的各种情况的处理。
财政部《关于国有企业认定问题有关意见的函》	2003年4月23日	财企函〔2003〕9号	规定了国有公司、企业的认定条件。

(续表)

文件名称	实施日期	文号	内容
财政部《关于上市公司国有股被人民法院冻结拍卖有关问题的通知》	2001年11月2日	财企〔2001〕656号	上市公司国有股被冻结后由法院进行股权拍卖,并在证监会指定报刊登拍卖公告。应当对国有股进行评估确定保留价,国有股参考保留价进行拍卖。国有股拍卖应报相关部门备案。
最高人民法院《关于冻结、拍卖上市公司国有股和社会法人股若干问题的规定》	2001年9月30日	法释〔2001〕28号	规定了上市公司国有股被冻结和拍卖的程序以及保全措施和强制执行措施。股权冻结后,股权持有人或者所有权人仍可享有因上市公司增发、配售新股而产生的权利。
财政部《关于股份有限公司国有股权管理工作有关问题的通知》	2000年5月19日	财管字〔2000〕200号	规定了国有股权的管理机构、管理程序等。

我国国有股减(转)持共历经三次变化:2001年6月6日国务院发布的《减持国有股筹集社会保障资金管理暂行办法》(已失效)规定了相关主体在IPO和增发股票时的国有股减持义务;2009年6月19日国务院国有资产监督管理委员会、财政部等部门联合发布的《境内证券市场转持部分国有股充实全国社会保障基金实施办法》(已失效)规定了股权分置改革新老划断后,相关主体在境内证券市场IPO时的国有股转持义务;2017年11月9日国务院发布的《关于印发划转部分国有资本充实社保基金实施方案的通知》,改变了原有的国有股转(减)持制度,建立了划转部分国有资本充实社保基金实施方案。

(二)国有股转持相关法律问题

与国有股转持相关的法律问题主要有以下九个方面,具体分析如表9-7所示。

表9-7 国有股转持法律问题表

类别	《划转部分国有资本充实社保基金实施方案》规定	分析
划转范围	中央和地方国有及国有控股大中型企业、金融机构纳入划转范围。公益类企业、文化企业、政策性和开发性金融机构以及国务院另有规定的除外。	不再要求国有控股或参股的股份有限公司上市或增发新股时履行国有股划转义务,同时缩小国有企业范围,限定在中央和地方国有及国有控股大中型企业、金融机构,拟上市公司含有的国资有限合伙人或普通合伙人股权私募基金不再受到国有股转持的困扰。

(续表)

类别	《划转部分国有资本充实社保基金实施方案》规定	分析
划转对象	中央和地方企业集团已完成公司制改革的,直接划转企业集团股权;中央和地方企业集团未完成公司制改革的,抓紧推进改革,改制后按要求划转企业集团股权;同时,探索划转未完成公司制改革的企业集团所属一级子公司股权。全国社会保障基金因国有股权划转、投资等各种原因形成的上市企业和非上市企业股权除外。	明确划转对象为企业集团股权,同时探索划转未完成公司制改革的企业集团所属一级子公司股权。
划转比例	划转比例统一为企业国有股权的10%。今后,结合基本养老保险制度改革及可持续发展要求,若需进一步划转,再作研究。	由原发行股份数量的10%调整为企业国有股权的10%,并为以后扩大筹集资金比例留下政策空间。
承接主体	划转的中央企业国有股权,由国务院委托社保基金会负责集中持有。划转的地方企业国有股权,由各省级人民政府设立国有独资公司集中持有、管理和运营,也可委托本省(区、市)具有国有资本投资运营功能的公司专户管理。国有股东分别属于中央和地方管理的,按第一大股东的产权归属关系,将应划转的国有股权统一划转至社保基金会或各省(区、市)国有独资公司等承接主体。	就划转的中央和地方国有股权分开管理,并规定可以设立公司独立运营管理。
划转程序	(1)国有资产监督管理机构负责提出本机构所监管企业拟划转股权的建议方案。 (2)由财政部会同有关部门审核确认。 ①国务院国有资产监督管理委员会监管的中央企业,由财政部会同人力资源和社会保障部、国务院国有资产监督管理委员会审核确认; ②中央金融机构等由财政部会同人力资源和社会保障部审核确认。 (3)国有资产监督管理机构具体办理企业国有股权的划出手续,社保基金会相应办理股权划入手续,并对划入的国有股权设立专门账户管理。 (4)地方企业国有股权划转工作比照中央企业办理。 (5)划转对象涉及多个国有股东的,由第一大股东的国有资产监督管理机构负责对国有股东身份和应划转股权进行初审,提交同级财政部门确认。 (6)划转上市公司国有股权的,国有资产监督管理机构应同时向中国证券登记结算有限责任公司下达国有股转持通知,并抄送社保基金会或各省(区、市)国有独资公司等承接主体。	相对于《境内证券市场转持部分国有股充实全国社会保障基金实施办法》(已失效)的规定,该实施方案对划转程序进行了细化,方案建议部门、审核确认部门、手续办理部门分工明确。

(续表)

类别	《划转部分国有资本充实社保基金实施方案》规定	分析
转持股份禁售期	对划入的国有股权,社保基金会及各省(区、市)国有独资公司等承接主体原则上应履行3年以上的禁售期义务,并应承继原持股主体的其他限售义务。在禁售期内,如划转涉及的相关企业上市,应承继原持股主体的禁售期义务。	《境内证券市场转持部分国有股充实全国社会保障基金实施办法》仅规定承接主体承继原国有股东的禁售期义务,而《划转部分国有资本充实社保基金实施方案》增加了3年禁售期。
划转后的资本管理	社保基金会及各省(区、市)国有独资公司等承接主体作为财务投资者,享有所划入国有股权的收益权和处置权,不干预企业日常生产经营管理,一般不向企业派出董事。必要时,经批准可向企业派出董事。	增加派驻董事的权利。
收益管理	对划入的国有股权,社保基金会及各省(区、市)国有独资公司等承接主体的收益主要来源于股权分红。除国家规定须保持国有特殊持股比例或要求的企业外,社保基金会及各省(区、市)国有独资公司等承接主体经批准也可以通过国有资本运作获取收益。	增加资本运作的收益管理方式。
划转步骤	第一步,2017年选择部分中央企业和部分省份开展试点。中央企业包括国务院国有资产监督管理委员会监管的中央管理企业3至5家、中央金融机构2家。试点省份的划转工作由有关省(区、市)人民政府具体组织实施。 第二步,在总结试点经验的基础上,2018年及以后,分批划转其他符合条件的中央管理企业、中央行政事业单位所办企业以及中央金融机构的国有股权,尽快完成划转工作。各省(区、市)人民政府负责组织实施本地区地方国有企业的国有股权划转工作。	实务中如何执行该步骤尚有待观察。

(三)国有股东的确认

随着法规政策的几经变迁,国有股东的确认也经历了变化。《境内证券市场转持部分国有股充实全国社会保障基金实施办法》(已失效)第2条、第3条规定:本办法所称国有股东是指经国有资产监督管理机构确认的国有股东。本办法所称国有资产监督管理机构,是指代表国务院和省级以上(含计划单列市)人民政府履行出资人职责、负责监督管理企业国有资产的特设机构和负责监督管理金融类企业国有资产的各级财政部门。《境内证券市场转持部分国有股充实全国社会保障基金实施办法》仅就国有股东的确认机构进行了明确,但是对认定国有股的依据并没有明文规定。实务中,一般参照《上市公司国有股东标识管理暂行规定》第2条"本规定所称上市公司国有股东,是指持有上市公司股份的国有及国有控股企业、有关机构、部门、事业单位等"以及《关于实施〈上市公司国有股东标识管理暂行规定〉有关问题的函》"持有上市公司股份的下列企业或单位应按照《上市公司国有股东标识管理暂行规定》(国资发产权〔2007〕108号)标注国有股东标识:1.政府机构、部门、事业单位、国有独资企业或出资人全部为国有独资企业的有限责任公司或股份有限公司。2.上述单位或企业独家持股比例达到或超过50%的公司制企业;上述单位或企业合计持股比例达到或超过50%,且其中之一为第一大股东的公司制企业。3.上述'2'中所述企业连续保持绝对控股关系的各级子企业。4.以上所有单位或企业的所属单位或全资子企业"之规定来认定国有股东,在当时的国有股转(减)持政策下,国有股东认定的标准不甚明确。

《划转部分国有资本充实社保基金实施方案》实施后,上述问题得到了解决:履行国有股转持义务的国有股主要指"中央和地方企业集团股权以及探索划转未完成公司制改革的企业集团所属一级子公司股权,全国社会保障基金因国有股权划转、投资等各种原因形成的上市企业和非上市企业股权,公益类企业、文化企业、政策性和开发性金融机构以及国务院另有规定的除外"。国有股范围比较明确。

(四)还需要关注如下两个方面的问题

1.有限合伙制基金的国有股认定问题

目前对国有股东认定的主要法律依据是《关于实施〈上市公司国有股东标识管理暂行规定〉有关问题的函》,指向的主体限于"公司制企业",而未对合伙制企业的国有股东认定进行明确规定,但对于合伙企业的国有股东认定一般也参考《关于实施〈上市公司国有股东标识管理暂行规定〉有关问题的函》的规定。

2.信贷资产转化的债转股股权导致免除转持义务

2004年3月9日财政部颁布的《关于金融资产管理公司和国有银行国有股减持有关问题的通知》规定:对国有独资银行和金融资产管理公司持有的由信贷资产转化的债转股股权和抵债股权,在企业上市时不进行减持,同时相应核减这部分股权应缴纳的社保资金。

六、国资参股企业股权转让

对于国有企业、国有控股公司转让其参股(即不控股)的子公司的股权,是否需要履行国有资产管理程序,颇有争议。主流观点(即正方)认为,应该履行国有资产管理程序,应该评估、挂牌。反方观点认为,在已上市公司的法律意见书中未有类似实例。

针对国资参股公司股权转让是否应履行国有资产管理程序,相关法律依据对比如表 9-8 所示。

表 9-8　国资参股公司流转程序法律依据对照分析表

程序事项	正方法律依据	反方法律依据
是否纳入国资审批	《企业国有资产交易监督管理办法》第 4 条规定：本办法所称国有及国有控股企业、国有实际控制企业包括：（一）政府部门、机构、事业单位出资设立的国有独资企业（公司），以及上述单位、企业直接或间接合计持股为 100% 的国有全资企业；（二）本条第（一）项所列单位、企业单独或共同出资，合计拥有产（股）权比例超过 50%，且其中之一为最大股东的企业；（三）本条第（一）、（二）项所列企业对外出资，拥有股权比例超过 50% 的各级子企业；（四）政府部门、机构、事业单位、单一国有及国有控股企业直接或间接持股比例未超过 50%，但为第一大股东，并且通过股东协议、公司章程、董事会决议或者其他协议安排能够对其实际支配的企业。	根据 1994 年 11 月 3 日发布的《股份有限公司国有股权管理暂行办法》（已失效）的规定，国有参股公司股权性质既不是国家股，也不是国有法人股。 2000 年 4 月 6 日发布的《企业国有资产产权登记管理办法实施细则》第 2 条规定：下列已取得或申请取得法人资格的企业或国家授权投资的机构（以下统称企业），应当按规定申办企业国有资产产权登记（以下简称产权登记）：（一）国有企业；（二）国有独资公司；（三）国家授权投资的机构；（四）设置国有股权的有限责任公司和股份有限公司；（五）国有企业、国有独资公司或国家授权投资机构投资设立的企业；（六）其他形式占有、使用国有资产的企业。 上述规定并没有要求国有参股公司所参股投资的企业进行国有资产产权登记，因而不在国有资产监督管理部门的监管范围内，转让上述股权时无须国有资产监督管理部门审批。
是否评估	《企业国有资产交易监督管理办法》第 12 条规定：对按照有关法律法规要求必须进行资产评估的产权转让事项，转让方应当委托具有相应资质的评估机构对转让标的进行资产评估，产权转让价格应以经核准或备案的评估结果为基础确定。 《国有资产评估管理若干问题的规定》第 2 条规定：本规定适用于各类占有国有资产的企业和事业单位（以下简称占有单位）。第 3 条规定：占有单位有下列行为之一的，应当对相关国有资产进行评估：（一）整体或部分改建为有限责任公司或者股份有限公司；（二）以非货币资产对外投资；（三）合并、分立、清算；（四）除上市公司以外的原股东股权比例变动；（五）除上市公司以外的整体或者部分产权（股权）转让；（六）资产转让、置换、拍卖；（七）整体资产或者部分资产租赁给非国有单位；（八）确定涉讼资产价值；（九）法律、行政法规规定的其他需要进行评估的事项。	
是否进场挂牌交易	《企业国有资产法》第 54 条第 1、2 款规定：国有资产转让应当遵循等价有偿和公开、公平、公正的原则。除按照国家规定可以直接协议转让的以外，国有资产转让应当在依法设立的产权交易场所公开进行。转让方应当如实披露有关信息，征集受让方；征集产生的受让方为两个以上的，转让应当采用公开竞价的交易方式。	

第二节 集体企业

集体所有制企业(以下简称"集体企业")是指财产属于劳动群众集体所有、实行共同劳动、在分配方式上以按劳分配为主体的社会主义经济组织,并按《中华人民共和国企业法人登记管理条例》的规定登记注册的经济组织。按举办的主体可以分为城镇集体企业和乡村集体企业。城镇集体企业的设立必须经省人民政府规定的部门审批;乡村集体企业由乡政府同意报乡镇企业局审批。直接调整的法律是《中华人民共和国城镇集体所有制企业条例》(以下简称《城镇集体所有制企业条例》)和《中华人民共和国乡村集体所有制企业条例》(以下简称《乡村集体所有制企业条例》)。

在企业重组上市过程中,集体企业问题也是需要重点关注的问题。一方面,集体企业通过对企业净资产量化,完成改制,保荐人及律师需要对改制过程的合法性进行核查,对集体资产是否流失等问题发表意见;另一方面,如果公司历史上存在实际上是个人出资,但以集体的名义设立企业的情况,保荐人及律师需要对"摘帽"过程是否合法发表意见。

一、集体企业问题常用法规

与集体企业问题有关的法律法规列举如下(见表9-9)。

表9-9 集体企业相关重要法律规定一览表

文件名称	文号
《乡村集体所有制企业条例》(2011年修订)	中华人民共和国国务院令第59号
《城镇集体所有制企业条例》(2016年修订)	中华人民共和国国务院令第88号
国务院办公厅《关于在全国进一步开展清产核资工作的通知》	国办发〔1995〕17号
财政部、监察部、审计署、国家国有资产管理局《关于加强对清产核资工作监督检查的通知》	财清字〔1995〕10号
《集体企业国有资产产权界定暂行办法》	国家国有资产管理局令第2号
国务院办公厅《关于在全国城镇集体企业、单位开展清产核资工作的通知》	国办发〔1996〕29号
国家税务总局《关于加强城镇集体企业、单位清产核资工作的通知》	国税发〔1996〕209号
国家经贸委、财政部、国家税务总局关于印发《城镇集体所有制企业、单位清产核资产权界定暂行办法》的通知	国经贸企〔1996〕895号

(续表)

文件名称	文号
财政部、国家经贸委、国家税务总局关于印发《城镇集体所有制企业、单位清产核资暂行办法》的通知	财清字〔1996〕11号
财政部、国家经贸委、国家税务总局关于印发《城镇集体所有制企业、单位清产核资产权界定工作的具体规定》的通知	财清字〔1996〕13号
劳动和社会保障部、国家国有资产管理局、国家税务总局关于颁布《劳动就业服务企业产权界定规定》的通知	劳部发〔1997〕181号
财政部清产核资办公室关于印发《城镇集体企业清产核资工作有关问题解答(第二期)》的通知	财清办〔1997〕50号

二、集体企业改制

1. 城镇集体企业改制前清产核资

《城镇集体所有制企业、单位清产核资产权界定暂行办法》第3条规定：所有在国家各级工商行政管理机关登记注册为集体所有制性质的各类城镇集体企业、单位，包括各类联合经济组织、劳动就业服务企业、有关事业单位，由集体企业改制为各类联营、国内合资、股份制的企业，以及以各种形式占用、代管集体资产的部门或企业、单位，在清产核资中须按照本暂行办法界定产权。根据该规定，城镇集体企业改制前，应依照法律、行政法规规定的条件和要求，清产核资、界定产权，清理债权债务，资产评估。具体而言，应注意以下内容：

(1)资产评估必须由具有法定资格的评估机构出具的企业资产(包括无形资产)、土地使用权的评估报告。

(2)涉及城镇集体资产的要经国有资产管理部门确认。

(3)企业资产转让、出售必须办理资产交割、转让的协议书，并经公证部门或验资部门确认。企业以零资产或以低于其净资产的价格转让出售改制，必须经当地政府或有关资产管理部门审批同意。对于净资产为零或为负数的企业改制，收购方以及其他股东必须重新投入资本金，改制后企业的资本必须达到法定的最低限额。

(4)原有企业产权主体暂时难以界定，根据原企业的经济性质，经政府授权，由其主管部门或国有资产、集体资产管理部门代行股权。

(5)清理债权债务，落实金融债权。整体改制企业的债权债务要经过原股东和新股东同意，由改制企业承继；分块改制企业的债权债务要经过原所属企业与改制后的企业共同商定，明确债务的继承人，上报工商管理部门。企业提交经中国人民银行在当地的分支机构确认的金融债权担保文件。

2. 职工(代表)大会的审议程序

乡村集体企业和城镇集体企业在职工(代表)大会权限方面的规定不同：

《乡村集体所有制企业条例》第 26 条规定：企业职工有参加企业民主管理,对厂长(经理)和其他管理人员提出批评和控告的权利。企业职工大会或者职工代表大会有权对企业经营管理中的问题提出意见和建议,评议、监督厂长(经理)和其他管理人员,维护职工的合法权益。

《城镇集体所有制企业条例》第 9 条第 1 款规定：集体企业依照法律规定实行民主管理。职工(代表)大会是集体企业的权力机构,由其选举和罢免企业管理人员,决定经营管理的重大问题。

根据上述规定,城镇集体企业的改制方案须经职工(代表)大会审议通过,乡村集体企业无此必然要求。

3. 乡村集体企业改制的实务操作

对于实务中较为常见的乡村集体企业改制情况,具体操作中应关注以下几个方面：

(1)如果集体企业改制时股权转让程序完全合规,且不存在集体资产流失等情况,则上市前无须取得省政府批文。

(2)如果集体企业改制过程中程序存在瑕疵,可以采取事后确认的方式来弥补,需要取得省级政府的确认文件,确认文件需要将问题表述清楚并且逐条确认。

(3)如果在改制过程中存在自然人损害集体利益的情形,即使上市前取得省级政府的确认文件,也不一定能够被认可,需要上市前对有关利益股东进行补偿,且补偿方案需要取得集体村民大会或村民代表大会的通过。

(4)损害集体利益的情形主要有如下几种：① 股份量化至个人时没有进行资产评估；② 股份对价支付没有根据评估净资产值确认；③ 通过隐瞒资产、部分评估的方式做低甚至做亏集体企业资产,以实现低价格取得股份的目的。

(5)农村集体企业股权转让的合法程序基本要素包括：① 转让时相关企业的资产或产权须经资产评估,并报集体企业主管部门确认和批准；② 转让事宜须经过转让方企业、受让方企业的董事会或股东会批准；③ 对于集体企业,最重要的一个环节是转让事宜须经代表村民的村民代表大会同意；④ 相关转让还须经当地至少区级以上政府批准。

(6)集体股权转让,一般的做法是申报材料前争取拿到省级部门的批文,不少企业为了争取早日上市冒险先申报,在等待期间再拿省级部门批文,但至少在申报前应拿到市级政府的批文。

三、改制设立的审核要求

对于发行人是国有企业、集体企业改制而来的或历史上存在挂靠集体组织经营的企业,若改制过程中法律依据不明确、相关程序存在瑕疵或与有关法律法规存在明显冲突,原则上发行人应在招股说明书中披露有权部门关于改制程序的合法性、是否造成国有或集体资产流失的意见。国有企业、集体企业改制过程中不存在上述情况的,保荐机构、发行人律师应结合当时有效的法律法规等,分析说明有关改制行为是否经有权机关批准、法律依据是否充分、履行的程序是否合法以及发行人的影响等。发行人应在招股说明书中披露相关中介机构的核查意见。[①]

第三节 红筹回归

一、红筹发展的历史回顾

本书所指的"红筹"是指境内股东(包括公司和自然人)将其持有的境内资产在境外间接上市,即以其境内拥有或控制的权益为基础,在境外设立或者控制一家壳公司,以该壳公司的名义在境外发行股票并在境外证券交易所上市交易的行为。境外间接上市的关键有两个:一是将境内企业的原有资产、权益注入境外壳公司或者以其他形式(主要是合同形式)使该壳公司控制境内企业资产、权益。二是境外壳公司在境外发行股票并在境外证券交易所上市交易。"回归"是指境外壳公司上市后,试图转回境内 A 股市场上市。

红筹架构首先要确定的是上市主体及控股公司的注册地选择问题。由于绝大多数境外上市企业都在香港联合交易所、纽约证券交易所或纳斯达克交易所上市,故其选择的控股或上市主体公司注册地必须是香港联合交易所、纽约证券交易所或纳斯达克交易所接受的地点。目前这三个交易所可接受的地点主要是在中国香港特区、开曼群岛、新加坡、欧洲等地注册的公司。

大型国企发行 H 股之后再在境内发行 A 股的情形不在本节讨论的范围。

在过去的三十年间,伴随着改革开放,中国企业境外间接上市从无到有,从少到多,从国企到民企,经历了如下五个阶段(见表 9-10),目前处于基本停滞状态。

表 9-10 境外间接上市历程一览表

阶段	主要活动	代表事件	法律监管
萌芽期:20 世纪 80 年代中期至 80 年代末期	中资背景的香港公司出于获取壳资源、救助或其他目的在香港收购上市公司	中银集团和华润集团联手收购香港上市公司康力投资公司;中国国际信托收购香港上市公司嘉华银行	空白

---

① 参见《首发业务若干问题解答(一)》问题 7。

(续表)

阶段	主要活动	代表事件	法律监管
形成期：20世纪90年代初期至90年代中期	多家中资公司收购香港上市公司；中国公司开始在美国境外上市	中信泰富完成收购和更名；华晨汽车在美国上市	开始起步，强调必须接受监管，否则均不具有合法性
发展期：20世纪90年代中期至90年代末期	内地大批国有企业在香港地区间接上市	上海实业香港间接上市；北京控股香港间接上市	加大境外间接上市监管力度，颁布国务院《关于进一步加强在境外发行股票和上市管理的通知》（即"97红筹指引"），主要规范国有企业
成熟期：1999年至2005年	大批境内民营企业开始采取红筹模式"绕道"上市	裕兴电脑先被叫停，然后放行	开始由单一的证监会审批向由投资管理、外汇管理、证券监管、工商管理部门共同作用的多元监管模式转变
衰退期：2005年以后	先是极度兴盛，然后物极必反，基本上戛然而止	盛大网络；无锡尚德	《关于外国投资者并购境内企业的规定》基本封闭了此后新设公司进行境外上市操作的空间

二、境外间接上市的监管法规及其主要内容

红筹上市或者回归，是一种股权融资方式的选择。迄今已有多起红筹公司成功回归A股，甚至有从境外交易所退市后再回A股创业板发行的案例。所以，原则上红筹回归已经没有直接的法律障碍。红筹架构的设立过程的合法合规性（特别是外汇管理、投资管理、税务问题）为监管部门关注的重点。

表9-11是关于企业境外上市的监管法规，可以据此确认公司在搭建红筹架构过程中是否合法合规。如果存在瑕疵，则应采取补办登记等补救措施。

表9-11 企业境外上市相关规定一览表

文件名称	文号	主要内容
国务院《关于进一步加强证券市场宏观管理的通知》	国发〔1992〕68号	企业到海外公开发行股票和上市，需经国务院证券委员会审批。

（续表）

文件名称	文号	主要内容
国务院证券委员会《关于批转证监会〈关于境内企业到境外公开发行股票和上市存在的问题的报告〉的通知》	证委发〔1993〕18号	未经批准通过在境外成立控股公司等途径在境外发行股票和上市违反国家规定。
《股票发行与交易管理暂行条例》	中华人民共和国国务院令第112号	境内企业直接或者间接到境外发行股票、将其股票在境外交易，必须经国务院证券委员会审批。
国务院《关于暂停收购境外企业和进一步加强境外投资管理的通知》	国发〔1993〕69号	未经批准，境内企业和境外中资机构（包括中资控股公司）不得在境外收购公司股权。
财政部《关于贯彻落实〈国务院关于暂停收购境外企业和进一步加强境外投资管理的通知〉的紧急通知》	〔93〕财办字第24号	暂停国有企业收购境外公司股权。
中国证券监督管理委员会《关于境内企业到境外发行股票和上市审批程序的函》	—	重申境外发行、上市必须经过国务院证券委员会的批准；强调境外上市仍处于小范围试点阶段。
国务院《关于股份有限公司境外募集股份及上市的特别规定》	中华人民共和国国务院令第160号	规范境内股份有限公司境外直接上市。
国务院证券委员会、国家经济体制改革委员会《关于执行〈到境外上市公司章程必备条款〉的通知》	证委发〔1994〕21号	规范境内股份有限公司境外直接上市。
国务院关于批转国务院证券委员会《1995年证券期货工作安排意见》的通知	国发〔1995〕22号	鼓励开辟新的境外市场，扩大筹资渠道，但强调境内企业无论采取什么形式到境外上市，都必须报经国务院证券委员会批准。
中国证券监督管理委员会（办公室）《关于境内企业间接到境外发行股票并上市有关问题的复函》	证办法字〔1997〕1号	境内企业直接或者间接到境外发行股票、上市，须经国务院证券委员会审批。
国务院《关于进一步加强在境外发行股票和上市管理的通知》	国发〔1997〕21号	禁止境内机构和企业通过购买境外上市公司控股股权的方式，进行买壳上市。

（续表）

文件名称	文号	主要内容
中国证券监督管理委员会《关于落实国务院〈关于进一步加强在境外发行股票和上市管理的通知〉若干问题的通知》	证监〔1998〕5号	细化审批手续。
《企业境外投资管理办法》	国家发展和改革委员会令第11号	规定了境内企业境外投资项目的核准、备案制。
《关于外国投资者并购境内企业的规定》	商务部令2009年第6号	规定了境外间接上市操作过程中的境内并购审批与要求。
国家外汇管理局综合司《关于印发〈国家外汇管理局关于境内居民通过境外特殊目的公司融资及返程投资外汇管理有关问题的通知〉操作规程的通知》	汇综发〔2007〕106号	对境内居民以境内资产注入方式在境外设立特殊目的公司、特殊目的公司返程投资两个方面制定了更严格、更具体的外汇等级、审批标准与程序。
中国证券监督管理委员会《关于股份有限公司境外发行股票和上市申报文件及审核程序的监管指引》	证监会公告〔2012〕45号	放宽境内企业境外发行股票和上市的条件，简化审核程序。
国家外汇管理局《关于境内居民通过特殊目的公司境外投融资及返程投资外汇管理有关问题的通知》	汇发〔2014〕37号	替代了《关于境内居民通过境外特殊目的公司融资及返程投资外汇管理有关问题的通知》，规范境内居民通过境外特殊目的公司从事投融资活动所涉及的跨境资本交易。

三、股权控制模式下对于境内监管法规的遵循

从2005年起，陆续颁布了《关于境内居民通过境外特殊目的公司融资及返程投资外汇管理有关问题的通知》（已失效）、《关于外国投资者并购境内企业的规定》《关于印发〈国家外汇管理局关于境内居民通过境外特殊目的公司融资及返程投资外汇管理有关问题的通知〉操作规程的通知》《关于境内居民通过特殊目的公司境外投融资及返程投资外汇管理有关问题的通知》，针对以境外上市融资为目的的返程投资，建立起由商务部、国务院国有资产监督管理委员会、中国证券监督管理委员会、国家外汇管理局、税务总局、国家工商行政管理总局互相协调的以并购审批、外汇管理、税收优惠、融资使用、收益汇回为内容的一整套监管模式。

四、外汇相关规定

有关境外间接上市外汇相关规定总结如下(见表9-12)。

表9-12 境外间接上市外汇相关规定表

事项	分析	相关规定
外商投资企业设立和注册资本变动	设立需办理外汇审批/登记手续。 注册资本增加或减少需办理外汇审批/登记变更手续。	国家外汇管理局《关于印发〈外国投资者境内直接投资外汇管理规定〉及配套文件的通知》(汇发〔2013〕21号,2013年5月13日施行)
境内自然人境外投资及再投资	境内自然人以其所持有的境内资产进行境外投资需办理外汇审批/登记手续。 对境内自然人以其境外资产进行境外投资,则未设置相关外汇审批的强制性规定。 境外再投资需办理外汇登记/备案手续。	国家外汇管理局《关于印发〈境内居民个人外汇管理暂行办法〉的通知》(汇发〔1998〕11号,1998年9月15日至2007年2月1日) 《中华人民共和国外汇管理条例》(中华人民共和国国务院令第532号,2008年8月5日施行) 《个人外汇管理办法》(中国人民银行令〔2006〕第3号,2007年2月1日施行)
境内机构境外投资及再投资	境内机构境外投资,需办理外汇登记/备案手续。 境外再投资需办理外汇登记/备案手续。	国家外汇管理局《关于发布〈境内机构境外直接投资外汇管理规定〉的通知》(汇发〔2009〕30号,2009年8月1日施行) 《中华人民共和国外汇管理条例》(中华人民共和国国务院令第532号,2008年8月5日施行)
返程投资	详见本章第三节之"五、返程投资"。	
其他资金进出境	需办理进出境外汇登记/备案手续。	《中华人民共和国外汇管理条例》(中华人民共和国国务院令第532号,2008年8月5日施行) 《个人外汇管理办法》(中国人民银行令〔2006〕第3号,2007年2月1日施行) 中国人民银行《关于印发〈结汇、售汇及付汇管理规定〉的通知》(银发〔1996〕210号,1996年7月1日施行) 国家外汇管理局《关于改革外商投资企业外汇资本金结汇管理方式的通知》(汇发〔2015〕19号,2015年6月1日施行)

五、返程投资

(一) 含义

根据《关于境内居民通过特殊目的公司境外投融资及返程投资外汇管理有关问题的通知》的规定,返程投资是指境内居民直接或间接通过特殊目的公司对境内开展的直接投资活动,即通过新设、并购等方式在境内设立外商投资企业或项目,并取得所有权、控制权、经营管理权等权益的行为。返程投资的目的很多,大多数是为了实现企业境外上市(红筹)或为了享受外商投资企业税收优惠待遇。一般情况下,基本架构如图9-1所示。

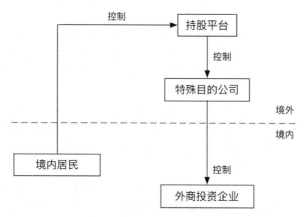

图 9-1 返程投资基本架构图

(二) 要件分析

返程投资的认定要件中,需重点关注如下问题:

(1)境内居民,包括境内机构和境内居民个人。境内机构是指中国境内依法设立的企业事业法人以及其他经济组织。境内居民个人是指持有中国境内居民身份证、军人身份证件、武装警察身份证件的中国公民,以及虽无中国境内合法身份证件、但因经济利益关系在中国境内习惯性居住的境外个人。

(2)控制,是指境内居民通过收购、信托、代持、投票权、回购、可转换债券等方式取得该外商投资企业的所有权、控制权、经营管理权等权益,即包括股权控制和协议控制等VIE模式。

(3)境内机构或个人的投资资金或资产来源,包括境内的合法资产或权益,也包括境外的合法资产或权益。关于资产或权益是否合法,尤其是境外资产或权益是否合法,没有明确规定,除需符合境内相关法律法规的规定外,还需取得主管外汇管理局的认可。

(4) 投资目的,不仅包括投资,还包括融资。
(5) 取得控制的方式,不仅包括新设,也包括并购等其他方式。

(三) 外汇登记手续

与返程投资外汇登记相关的手续及要求主要为以下方面(见表9-13)。

表 9-13　返程投资外汇登记手续表

事项	要求
外汇登记	向特殊目的公司出资前办理登记。 以境内合法资产或权益出资的,向注册地外汇局或者境内企业资产或权益所在地外汇局申请办理登记。 以境外合法资产或权益出资的,向注册地外汇局或者境内居民户籍所在地外汇局申请办理登记。 境内居民个人按照《关于境内居民通过特殊目的公司境外投融资及返程投资外汇管理有关问题的通知》办理外汇登记,境内居民机构按照境内机构境外直接投资的外汇管理相关规定办理登记手续。
外汇补登记	应出具说明函说明未进行外汇登记的理由,理由应合理合法。 外汇局"先处罚",在对合法性及合理性的理解问题上外汇局有最终的解释权,拥有对应行政处罚的自由裁量权。 外汇局进行外汇补登记。
事项变更登记	境内居民个人股东、名称、经营期限等基本信息变更,或境内居民个人增资、减资、股权转让或置换、合并或分立等重要事项变更,应及时办理境外投资外汇变更登记手续。
股权激励登记	非上市特殊目的公司以本企业股权或期权等为标的,对其直接或间接控制的境内企业的董事、监事、高级管理人员及其他与公司具有雇佣或劳动关系的员工进行权益激励的,相关境内居民个人须在行权前到外汇局申请办理特殊目的公司外汇登记手续。
返程投资登记	按照现行外商直接投资外汇管理规定办理相关外汇登记手续。 如实披露股东的实际控制人等有关信息。

六、"VIE"模式

所谓"VIE"模式(即合同控制模式),就是通过周密、系统的合同安排,由境外公司在实质上控制境内公司,并通过预先设计好的合同安排,将境内公司的绝大多数利润转移到境外去,成为境外股东的红利,而境内公司完全丧失了经营的独立性,成为一个仅符合中国法律要求的牌照公司。常见的操作模式如图9-2所示。

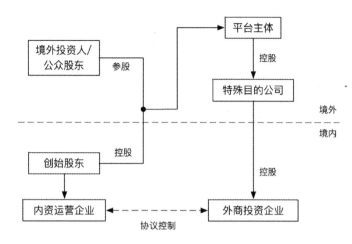

图 9-2　VIE 操作模式图

（一）搭建及拆除流程

1. 搭建流程

（1）境内创始股东在境外设立英属维尔京公司或开曼公司作为持股平台。

（2）持股平台设立平台主体（境外拟上市主体），一般也是英属维尔京公司或开曼公司，搭建的主体可能会有多个层级。

（3）平台主体设立香港公司，作为特殊目的公司。

（4）特殊目的公司在境内设立或收购外商投资企业。

（5）外商投资企业与境内运营企业签署控制协议，包括但不限于咨询服务协议、股权质押合同、股权及资产的独家购买权协议等。

（6）平台主体在境外引入新投资人和公众股东。

2. 拆除流程

（1）境外主体退出境内外商投资企业，一般通过股权转让方式，境外主体将股权转让给新投资人、接盘的人民币基金或境内运营实体。

（2）境外回购投资人和公众股东的股权。

（3）解除外商投资企业与境内运营主体（发行人）的协议控制关系。

（4）境内运营主体引入新投资人或接盘的人民币基金，一般通过增资或股权转让的形式。

（5）注销境内外相关主体，主要包括境内外商投资企业、境外持股的各级壳公司。

（二）审核主要关注点

1. 股权清晰无纠纷

（1）原境外平台主体、境内外商投资企业及境内拟上市公司历次股权变化情况、变化原因、定价依据、价款支付情况。如果价格差异较大的，还需重点解释差异的原因。

（2）详细说明境外投资人情况及其投资入股和退出的过程、交易价格及其定价依据和价款支付情况，以及是否存在股份代持或其他利益安排。

（3）一般需要上述股权变动涉及的各方出具承诺函或进行访谈，确认变动情况及无纠纷和潜在纠纷，并确认是否存在委托持股、信托持股等类似安排。

（4）存在股权激励，需明确激励的具体安排及后续解决措施，并说明是否存在纠纷及潜在纠纷。

2. 实际控制人未发生变更

证监会原则上默认了控制协议下实际控制人未变更的解释，重点关注如下两个问题：

（1）投资人是否参与发行人的经营管理。通过控制协议履行情况判断境外投资人是否参与了经营管理以及参与的程度。一般均解释为控制协议未完全履行，投资人未参与发行人的经营管理。如境外投资人有一票否决权等特殊约定，需要重点解释履行情况。

（2）管理层是否稳定。原境外拟上市主体和发行人历史上高级管理人员的变动情况，如存在离职高级管理人员，重点核查离职原因，评估已离职高级管理人员对公司管理层稳定及经营管理的影响。

3. 搭建和拆除过程是否合法合规

（1）特殊目的公司境内投资问题

①外汇登记问题详见本章第三节之"五、返程投资"。

②通过新设或并购境内企业时，鉴于是关联交易，可能需要商务部审批登记。

（2）境外投资及融资审批或登记问题

①创始股东境外投资设立持股平台和平台主体，如是机构主体，一般需要办理发改委、商委和外汇登记手续；如是个人主体，主要需要办理外汇登记手续。

②境外主体境外再投资设立多层级境外平台主体，一般需要办理发改委、商委和外汇登记手续。

（3）境内外资金流转的外汇登记问题

如下情况的资金流转情况均需办理相关外汇登记手续：

①境外融资所得外汇资金以外债或增资形式注入外商投资企业。

②外商投资企业的资本金结汇等手续。

③外商投资企业将结汇后的资金提供给境内拟上市公司使用，是否符合已办理的外汇登记或审批批准的用途，是否涉及外汇变更登记。

④其他资金进出境的外汇登记手续。

4. 是否合法纳税

（1）VIE架构搭建过程中，由于未产生收益，因此不涉及税收问题。

(2)拆除过程中,原境外上市主体将境内外商投资企业的股权转让给其他方时获得的股权转让收益,应当缴税企业所得税,由支付方扣缴。同时,如果创始人股东在拆除过程中获取收益的,应缴纳个人所得税。

(3)境内外相关主体历次股权变动中,如涉及股权转让方获取收益的,需缴纳相关所得税。

(4)外商投资企业因外资身份所享有的税收优惠待遇,涉及是否需要返还的问题。

5. 是否符合国家产业政策

需核查发行人的业务类型是否属于外商限制或禁止投资的产业,核查的期间需包括VIE架构持续的时间段。

(三) VIE架构的法律瑕疵

VIE架构境外上市运作模式在法律上存在严重瑕疵,理由如下:

(1)国家安全和行业监管问题。之所以采用合同控制,并非是基于对合同的偏爱,而是不得已的行为:基于国家安全、行业监管和产业政策的原因,我国禁止外国投资者投资部分行业。因此,通过合同控制模式,本质上是规避国内法律与监管。通过一个合法的壳——内资运营公司,境外投资人控制经营了中国法律不允许其经营的商业活动,并取得了相应的几乎全部利润。

(2)税务问题。因为境外投资人、外商投资公司、内资运营公司都是关联公司,这些公司相互之间的交易必须按照税法的规定遵循独立交易原则进行,而以转移全部利润为目的的系列合同,显然直接违反了该基本原则,并且违法证据在其招股说明书等公开资料中可充分验证,因此,税务机关有权直接对内资运营公司进行纳税调整和依法查处。

(3)社会公共利益问题。一方面,行业禁入的根本目的之一是为了保护社会公共利益,规避运作毫无疑问侵犯了社会公共利益;另一方面,因为公司的控制权和利润都被剥夺,因此内资运营公司已经丧失了健康的法人治理结构,成为病态的社会经济组织。

(4)劳动者权利问题。在内资运营公司的几乎全部利润被有计划、有组织地剥离的情况下,内资运营公司员工的合法利益毫无疑问受到了侵犯。

(5)债权人权利问题。内资运营公司作为壳公司、"奶牛公司",其抵抗经营风险、偿付债务的能力在很大程度上会被降低,其债权人的权利实现的风险在很大程度上会被放大。严格地说,内资运营公司是否具有独立的法人人格都是值得商榷的。

(6)国民财富外流问题。公司设立和持有人用搭建VIE架构这种简单、直接的方式规避中国政府行业准入监管,在中国境内赚钱,然后堂而皇之地汇出境外,就是国民财富外流。

(7)为部分机构和个人非法转移资产提供了便利。

七、《关于外国投资者并购境内企业的规定》出台后股权控制模式的一个特例

红筹模式在20世纪90年代末还受制于证监会的"无异议函";嗣后废除"无异议函",红筹处于无监管状态;2005年发布的《关于完善外资并购外汇管理有关问题的通知》(已失效)以及《关于境内居民个人境外投资登记及外资并购外汇登记有关问题的通知》(已失效)等在一定程度上限制了红筹之路;国家外汇管理局《关于境内居民通过境外特殊目的公司融资及返程投资外汇管理有关问题的通知》(汇发〔2005〕75号,以下简称"75号文")和后来的《关于境内居民通过特殊目的公司境外投融资及返程投资外汇管理有关问题的通知》出台后,实际上为红筹提供了一条合法道路,此时是红筹的成熟期;《关于外国投资者并购境内企业的规定》(商务部、国务院国有资产监督管理委员会、国家税务总局、国家工商行政管理总局、中国证券监督管理委员会、国家外汇管理局令2006年第10号,以下简称"10号文")出台后,红筹受到很大限制。

在10号文颁布之后,虽然仍有内地企业成功境外间接上市,如新东方、如家、巨人网络、阿里巴巴等,但这些公司均是在10号文颁布之前就已经完成了在境外设立壳公司、并购境内企业权益等程序,因此不受10号文的约束。而在10号文生效之前未能完成境内权益收购的公司,10号文对红筹上市无疑成为一条天堑。因为实际控制人的境外离岸公司收购境内权益时,需按10号文第11条的规定报商务部审批。

10号文第11条规定:境内公司、企业或自然人以其在境外合法设立或控制的公司名义并购与其有关联关系的境内公司,应报商务部审批。当事人不得以外商投资企业境内投资或其他方式规避前述要求。

2009年5月在香港成功上市的某公司也是按照红筹上市的基本路径操作的,但是在"并购境内企业"(也即把境内权益装入境外公司)时,却没有申请,更认为无须申请商务部的审批。也许评价该项目合法性的时机尚未成熟,另外,因为被收购企业是10号文颁布之前成立的外商投资企业,类似情况比较少见,不具有推广示范意义,所以仅摘录其招股说明书的相关内容如下①:

中国法律合规:不需按照10号文的规定获商务部、中国证券监督管理委员会批准。

根据由商务部、国务院国有资产监督管理委员会、国家税务总局、中国证券监督管理委员会、国家工商行政管理总局及国家外汇管理局于2006年8月8日联合颁布并于2006年9月8日生效的10号文的规定,境内自然人以其合法设立或控制的境外公司的名义收购其有关境内公司的,该收购须获商务部审定及批准;境内自

---

① 参见 https://www1.hkexnews.hk/listedco/listconews/sehk/2009/0424/ltn20090424005_c.htm,访问日期:2018年9月30日。

然人通过一家境外特殊目的公司持有一家境内公司的权益的,任何涉及该特殊目的公司的境外上市须获中国证券监督管理委员会批准。

据本公司中国法律顾问某律师事务所告知,并购规定并不适用于本公司,原因如下:

(1)根据10号文的规定,境外投资者收购一家境内企业乃定义为一名境外投资者通过协议收购一家境内非外商投资企业(境内公司)的权益或认购一家境内公司增加的资本,从而将境内公司转为外资企业;或一名境外投资者设立一家外资企业,并以此企业通过协议收购并经营一家境内企业的资产;或一名境外投资者通过协议购买一家境内企业的资产,然后利用该等资产投资及设立一家外资企业,借以经营该等资产。基于A公司(境内公司——作者注)于1993年成立为一家中外合资企业,将境内及境外股东正式持有的全部权益转让至B的法律性质为转让外商投资企业的权益。故此,B收购A公司的全部权益并不构成并购规定所定义的境外投资者收购一家境内企业,因此无须获得商务部的批准。

(2)根据10号文的规定,B收购A公司的全部权益须遵守《外商投资企业投资者股权变更的若干规定》的规定,此条文规定收购于获得A公司原本的审批机关(即"××省对外贸易经济合作厅")的批准后生效。

(3)由于B收购A公司的全部权益并不属于并购规定所定义的境外投资者收购一家境内企业,故此并购规定载列的政府审批程序(包括中国证券监督管理委员会的批准)并不适用于全球发售及上市,因此,本公司无须就全球发售及上市获得中国证券监督管理委员会的批准。

八、《关于外国投资者并购境内企业的规定》施行期间的15种红筹模式

表9-14为《关于外国投资者并购境内企业的规定》生效之后,实务中的各种规避方法。

表9-14 15种红筹模式表

上市时间	上市地点	规避方法	备注
2007年7月	香港联合交易所	利用《关于外国投资者并购境内企业的规定》颁布之前已转移出去的子公司投资收购境内企业	法律风险高,因为《关于外国投资者并购境内企业的规定》明确规定不得以外商投资企业再投资的方式规避
2008年3月	香港联合交易所	利用《关于外国投资者并购境内企业的规定》生效之前已转移出去的子公司吸收合并境内企业	不存在前述风险

(续表)

上市时间	上市地点	规避方法	备注
2007年6月	纽约交易所	控股后持续对外商投资企业增资	抢在《关于外国投资者并购境内企业的规定》生效前将51%股权转移到境外
2009年2月	香港联合交易所	利用已有外商投资企业子公司(不被认为是外商投资企业)完成关联并购	该外商投资企业在《关于外国投资者并购境内企业的规定》生效前已经设立
2007年10月	香港联合交易所	境外换手+信托持股	潘某将其持有的开曼公司股权无偿赠与已成为中国香港特区居民的妻子张某,张某将其装入信托,然后收购境内公司
2009年12月	香港联合交易所	《关于外国投资者并购境内企业的规定》生效前即有合资企业,转让股权给境外第三方,然后通过第三方再收购境内公司	存在代持风险
2007年3月	香港联合交易所	先卖后买	实际控制人先将境内企业股权出售给境外第三方,然后再在境外设立壳公司,买回境内企业股权
2008年3月;2009年12月转板	欧洲交易所后转板至香港联合交易所	变相先卖后买。先将境内子公司出售给境外第三方,变更为外商独资企业;然后以外方无力支付转让款为由,接手收购方的境外壳公司	利用了法律所允许的签约和付款的时间差,也避免了境外第三方未来拒绝"回售"的风险
2009年7月	香港联合交易所	协议控制	咨询、许可、管理之类的服务费;境内公司股权的优先购买权、抵押权、投票表决权、经营控制权
2009年9月	纳斯达克交易所	OEM模式	固定低价转移利润
2009年1月	纳斯达克交易所	阴阳合同	境内签订合法的现金增值协议,境外签订换股收购协议

(续表)

上市时间	上市地点	规避方法	备注
2007年11月	香港联合交易所	《关于外国投资者并购境内企业的规定》生效前,大部分资产权益已经转到境外,上市后再收购剩余权益。	根据《外商投资准入管理指引手册》的规定,已设立的外商投资企业中方向外方转让股权,不参照并购规定
2009年5月	香港联合交易所	直接转移境内控股权	在《外商投资准入管理指引手册》生效前即操作,利用假外资的身份否认"境外投资者收购"
2004年6月	香港联合交易所	借"壳"重组	利用《关于外国投资者并购境内企业的规定》生效前已持有的外商投资企业
2010年6月	纽约交易所	买"壳"重组	比"借壳重组"更突破,因为壳是从第三方收购的

九、红筹回归的产业政策问题

对红筹回归的法律思考,可以分为两个角度:不选择在境内上市的原因是否消除和在境外上市过程中的合法合规操作。如果这两个方面都没有政策障碍和法律瑕疵,则红筹回归不存在直接的法律障碍。企业不选择在境内上市而搭建红筹架构准备境外上市的主要原因是无法在境内上市。无法在境内上市的原因主要有两个:产业政策原因和其他标准(如盈利标准)。

回归境内上市,产业政策要根据境内标准判断。随着转变经济增长方式和主要经济方针的逐步落实,特别是创业板的推出,原来很多很难在A股上市的企业,比如餐饮、地产中介、影视制作、营销顾问等行业都已经有成功上市的案例。总的来说,境内上市的产业政策正在逐步向更多行业和领域开放,因此,公司首要要确认自己所从事的产业是否符合现在境内上市的要求。

两类公司有很多在境外成功上市的案例,主要是教育公司和网络游戏公司。目前的产业政策不允许该类公司在境内上市,主要原因是:民办学校的盈利方式还局限于"可以取得合理回报",不具备企业的基本特征;网络游戏公司的社会负面效应不容小觑。

有些具备高成长性的公司,在创业之初盈利很少却又急需资金,但遗憾的是,如果盈利不达标,连在创业板上市也无可能,此问题只能等待证券市场体系的进一步完善来解决。随着创业板的推出,多数高科技、高成长性、自主知识产权的优质中小型企业获得了上市融资的机会和可能,对于这些公司而言,国内资本市场无疑越来越好。除盈利标准以外的其他标准,目的都是保证公司具备优质、持续盈利能力和合法性,所以不至于成为上述公司的障碍。

十、红筹回归的业绩连续计算问题

对此问题,应该按照"实质重于形式"进行判断,原则上只要实际控制人没有发生变更,董事、高级管理人员没有重大变更,规模业务等也没有发生重大变更,则可以连续计算业绩。

股权控制模式下的境内公司的主体资格相对容易延续,因为外商投资企业为中国法人,可以作为生产经营、盈利的直接主体,经营业绩能够正常体现,业绩可以连续计算的可能性较大,该外商投资企业变更为股份有限公司后可以作为拟上市公司。

资产收购模式下的境内公司则需要对主营业务进行分析后具体对待,如果原境内公司已丧失核心资产,主营业务已发生重大变更,原境内公司将难以满足上市条件;如新设立的外商投资企业存续时间超过 3 年,亦具备上市条件,则新公司可以作为拟上市公司申报,否则需要等待经营期限达到或超过 3 年才能申报;如新设立的外商投资企业资产规模、利润及完整性方面不符合境内创业板的要求,则需要再次进行重组或调整。

合同控制模式下的境内公司的业绩原则上不能连续计算,因为合同控制模式已经将其利润以服务费用等方式转移至境外公司,境内公司一般没有利润或利润很少,难以满足上市条件;通过协议控制获得利润的外商投资企业,因为其利润均通过关联交易取得,且不直接拥有经营所需各要素,缺乏独立性和完整性,故该外商投资企业也难以满足上市条件。但在特定条件下,合同控制模式下也可能符合《〈首次公开发行股票并上市管理办法〉第十二条发行人最近 3 年内主营业务没有发生重大变化的适用意见——证券期货法律适用意见第 3 号》中的条件。

十一、红筹回归的主要路径

近年来,红筹中概股回归 A 股的案例并不少见,例如暴风科技拆除合同控制架构登陆创业板、绿康生化拆除红筹结构在 A 股上市、360 借壳江南嘉捷以及分众传媒借壳七喜控股、巨人网络借壳世纪游轮、北大青鸟分拆北大青鸟环宇消防设备股份有限公司在 A 股中小板上市等。

从境内上市方面考虑,上市路径不外乎 IPO 和借壳;而从境外资本市场方面考虑,回归路径主要包括私有化和分拆上市两种。

十二、取消红筹架构的细节问题

1. 基本方法

取消红筹架构的基本方法就是"逆操作",包括私有化、回购、股权转让、解除和注销几个基本步骤。

2. 境外架构是否需要取消

红筹回归过程中,针对境外架构取消与否的优缺点分析如表9-15所示。

表9-15 境外架构处置方案

境外架构	上市前披露方面	上市后股东变更方面
取消的优点	降低了披露难度,查证方便可行。	直接将变更纳入监管之中。
保留的弊端	需要通过境外律师发表专项意见,增加了工作量和上市费用;很难把握、判断境外法律对上市工作的影响;较难保证信息披露真实、准确、完整。	难以监管境外主体股权的间接转让和其他以股权为实质对象的权利变动,也难以判断其资本运作行为的合法性。

综上所述,如果是由我国港澳人士或外籍人士投资设立的特殊目的公司,在充分披露的前提下可以保留;如果实际控制人是境内企业或境内自然人,则为境外间接上市目的设立的特殊目的公司架构应该取消,将相应权益转回境内,满足条件的可以视为实际控制人没有发生变更。另外,发行人的实际控制人虽为境内公民或法人,但如果提供了充分证据证明资金来源于境外,即其在境外的公司通过境外融资或境外经营自然形成的境外资金对境内发行人投资形成控股(即不存在返程投资问题),可能也可以免予清理。

总之,拟上市公司的直接控股权应该转回境内。

3. 外汇管理

企业应该严格依据《关于境内居民通过特殊目的公司境外投融资及返程投资外汇管理有关问题的通知》的规定向国家外汇管理局省级分局申请(补)办理境外投资外汇登记手续,并由国家外汇管理局省级分局在申请人提交的《境内居民个人境外投资外汇登记表》上加盖资本项目外汇核准章。

4. 税务问题

在搭建和解除红筹架构过程中,税务问题比较复杂,是资本运作应税行为和跨境应税行为的结合。鉴于本书的研究内容,对此问题简要分析如下:

(1)实际控制人在重组过程中的所得税风险。比如外资收购境内企业时应按照该企业经评估后的净资产收购,此时该企业的原始股东可能需缴纳巨额个人所得税;再比如非居民企业通过外控股公司间接转让境内企业股权,根据国家税务总局《关于非居民企业股权转让适用特殊性税务处理有关问题的公告》、国家税务总局《关于非居民企业间接转让财产企业所得税若干问题的公告》(该公告第8条第2款、第13条已废止)和国家税务总局《关于非居民企业所得税源泉扣缴有关问题的公告》关于反避税的相关规定,以及我国与部分国家或地区的税收协定,此类股权转让中非居民企业可能需缴纳5%~10%的预提所得税。彻底规避此类纳税义务的方法之一是根据《关于境外注册中资控股企业依据实际管理机构标准认定为居民企业有关问题的通知》的规定,认定相关企业为居民企业,但是如此认定(即使能成功)又涉及可能导致该公司就境内外收入对中国政府承担纳税义务问题。另外,一系列关联交易的定价有失公允,也存在被税务机关纳税调整的潜在风险。

(2)取消红筹架构可能导致企业性质的变更,从外商投资企业回归为内资企业,从而引发补税的风险(如外商投资企业将不再享受"两免三减"优惠政策)。

(3)返程投资导致的所谓"假外资"是否可以享受外资企业税收优惠问题,基本已有结论:只要依法办理税务登记并取得主管税务机关认可,即使是"假外资",仍然可以享受税收优惠。

5. 境外投资者的合同权利

按照境外上市结构中的惯例,风险投资者或者财务投资者通常会与作为实际控制人的境内居民在投资合同或者类似法律文件中约定一些涉及投资者在上市前甚至延续至上市后权利的特别条款,这些条款包括投资者享有的购买期权、出售期权、优先分红权、优先清算权、优先购买权、优先认购权、赎回权等以及对发行人业绩的"对赌"安排。由于中国法律较少就上述安排予以明确的规定,同时在发行人的各股东之间维持可能导致股权结构变动的股东间协议安排(例如购买期权、出售期权、赎回权、各类优先权等)将导致申报时发行人的股权结构仍处于不确定状态,因此,为境内A股发行考虑,建议在"红筹落地"过程中对涉及上述安排的条款予以调整。此外,根据中国外商投资相关法律规定,外商投资企业的股权变更需要得到商务部门的批复并且受到不断变化的外商投资产业政策的限制和影响,因此,如一方违反合同约定的附条件股权交割条款(特别是股权变动需得到政府相关部门行政许可及登记的情况下),可能仅构成该方在合同项下的违约和赔偿,并不产生对预先安排之股权调整条款的强制执行力。

6. 员工期权激励

实务中,拟于境外上市的公司可能会建立附条件的员工期权激励计划,该等计划可在境外上市前或上市后行权。如原拟于境外上市的公司确定实施"红筹落地"并于境内上市,考虑到境内已上市公司实施股权激励计划的法律规定与非上市公司之间存在重大差异,因此,目前实务中并不支持在境内A股上市完成前建立跨越上市时间点前后的员工期权激励计划。原在境外"红筹结构"下的员工期权激励计划不应简单平移至"红筹落地"后的境内发行人,而应当根据企业情况分别采取相应调整措施,例如,境外已经派发的期权激励计划需加速行权或者取消行权以使股权结构处于稳定清晰状态。

7. 回购

由于红筹上市之前一般都要进行一轮或者几轮私募,因此,在取消红筹架构之时首先要回购私募所持有的在英属维尔京群岛(BVI)注册的公司的股权。作为对投资者的补偿,一般情况下,国内拟上市公司会在上市之前允许投资者定向增发。现有成功案例说明,定向增发不构成境内上市的政策障碍。

8. 注销境外架构

红筹架构废止后,境外上市主体要相应开始注销工作,该工作不一定要在申报材料之前完成,只要已经开始注销就可以,注销后应取得公司注册地政府机构的官方证明。在境内设立的外商独资企业(包括合同控制模式下的企业)也应该注销,还需要签署一系列的终止协议。

9. 承诺

发行人应该作出如下承诺:"××××年,本公司建立了相关境外上市、返程投资的架构。××××年,公司拟申请境内首发,废止了境外上市及返程投资架构。在此过程中,境外所有股权变动均符合当地的法律规定。"

实际控制人应该作出如下承诺:"在本公司境外上市、返程投资架构的建立及废止过程中涉及的股权转让等全部事项均符合当地的法律规定,股权转让手续已全部办理完毕,不存在潜在的纠纷和隐患。如果因上述事项产生纠纷导致本公司利益遭受损失,所有损失由×××先生全部承担。"

10. 回归解释

发行人应详细披露红筹架构从搭建到废止的全过程,解释回归原因,比较常见的理由如下:

(1)公司筹划境外上市,是在国内股权分置改革尚未正式实施、通过国内证券市场上市融资困难的背景下所作出的决定。随着国内资本市场的迅速发展,以及国内证券市场上市融资功能的恢复,国内证券市场也越来越完善,制度建设更加健全,运作更加规范,具有清晰的预期和前景。

(2)国家及相关主管部门鼓励具有自主创新能力的企业在国内资本市场上市融资;同时,在国内上市,从通常情况判断更易获得较高的市盈率。

(3)由于公司客户中政府部门、金融机构占有较大比重,境外资本市场对于信息披露的要求和接受程度与境内存在差异,相比之下,境内证券投资者更易理解此种信息披露差异,也更易理解和认同公司业务的稳定性和广阔前景。

(4)公司主要客户均在境内,且境内市场增长潜力巨大,开拓和后续服务较境外客户更加便利,因此在境内上市会有利于发行人更快拓展境内市场。

十三、监管部门重点关注的问题

(一)特殊目的公司(SPV)相关问题

(1)说明特殊目的公司设立履行的法律程序,披露特殊目的公司的股东、注册资本、实际缴付的出资等情况,如《关于外国投资者并购境内企业的规定》第11条规定:境内公司、企业或自然人以其在境外合法设立或控制的公司名义并购与其有关联关系的境内的公司,应报商务部审批。当事人不得以外商投资企业境内投资或其他方式规避前述要求。

(2)说明由自然人设立境外公司并控制的原因,以及相关程序的合法性、是否存在风险。

(3)说明特殊目的公司设立时有关各方签订的协议的主要内容,以及各自然人通过境外设立公司以完成出资是否符合外汇管理的有关规定,是否履行了必要的审批手续。

(4)披露特殊目的公司设立以来的对外投资情况,是否存在相关债权债务及潜在纠纷,其经营是否合法合规,并提供特殊目的公司设立以来历次股权变动的登记备案资料及证明文件。

(5)披露特殊目的公司存续期间的董事会成员构成以及股东会、董事会等内部决策的履行情况。

(6)说明特殊目的公司在作为境内外商独资企业的单一外资股东期间,对境内外商独资企业的生产经营和其他重大事项如何作出相关决策及其实施情况。

(7)说明特殊目的公司返程投资支付股权转让款的资金来源及其合法有效性。

(8)VC/PE机构的股权结构、实际受益人及出资资金来源、是否存在信托持股或委托持股安排,以及投资的相关条款。

(9)特殊目的公司的处置问题。

(二)股权重组相关问题

(1)关注回归过程;

(2)详细说明相关各企业的历史沿革,包括但不限于设立及历次增资出资情况、资金或资产来源、资产重组和股东股权转让等情况;

(3)历次股权转让的合规性;

(4)说明股权转让款的定价依据及其支付情况,并提供股权支付的相关凭证。

(三)税务相关问题

(1)提供主管税务机关出具的相关完税证明文件,说明并披露报告期内享受税收优惠依据的法律、法规及认定依据,享受外资优惠可能存在的追缴税款的风险及

是否对发行人经营产生重大影响;

(2)发行人享受外商投资企业所得税优惠是否符合《关于外国投资者并购境内企业的规定》的相关规定(特殊目的公司返程投资的特殊规定);

(3)关注预提所得税相关问题。

(四)其他相关问题

(1)披露发行人境外上市计划实施到何种程度及放弃境外上市的真实原因;

(2)相关股东资金进出境是否根据国家外汇管理等法律、法规的有关规定履行了审批手续;

(3)近三年发行人的实际控制人是否发生变更、历次股权变动是否履行了审批手续、涉及税收、资金来源及往来、外汇进出境是否符合国家外汇管理等法律、法规的有关规定。

第四节 土 地

拟上市公司的土地权利,主要包括土地使用权及土地他项权利,是企业尤其是生产型企业正常运营的重要条件,因此也是上市过程中需要各方重点关注的企业重要资产。同时,由于涉及土地权利的法律、法规以及地方性法规、规章非常多,而且不同地区、不同时期的规定又不尽相同,因此,土地权利的合法合规性是一个相对复杂的问题,容易存在潜在的纠纷和风险,需要各方中介高度关注。

一、与土地有关的基本法律框架

与土地相关的法律规定纷繁复杂,表9-16大致罗列了企业在重组上市过程中涉及土地问题时需要参照的重要的法律规定;另外,有关土地管理的政策,比如国务院《关于促进节约集约用地的通知》等,也是核查的依据。

表9-16 土地相关基本规定一览表

大类	小类	文件名称	文号	实施日期
综合		《中华人民共和国土地管理法》(2004年修正)	中华人民共和国主席令第8号	1999年1月1日
		《中华人民共和国土地管理法实施条例》(2014年修订)	中华人民共和国国务院令第256号	1999年1月1日
		《中华人民共和国城镇国有土地使用权出让和转让暂行条例》	中华人民共和国国务院令第55号	1990年5月19日

(续表)

大类	小类	文件名称	文号	实施日期
		《中华人民共和国城市房地产管理法》（2009年修正）	中华人民共和国主席令第29号	1995年1月1日
		国务院《关于加强土地调控有关问题的通知》	国发〔2006〕31号	2006年8月31日
		最高人民法院《关于审理涉及国有土地使用权合同纠纷案件适用法律问题的解释》	法释〔2005〕5号	2005年8月1日
		国务院《关于深化改革严格土地管理的决定》	国发〔2004〕28号	2004年10月21日
		国家土地管理局关于印发《确定土地所有权和使用权的若干规定》的通知	〔1995〕国土〔籍〕字第26号	1995年5月1日
		《土地权属争议调查处理办法》（2010年修正）	国土资源部令第17号	2003年3月1日
国有土地使用权出让、划拨	工业用地	国土资源部、监察部《关于进一步落实工业用地出让制度的通知》	国土资发〔2009〕101号	2009年8月10日
		国土资源部《关于调整工业用地出让最低价标准实施政策的通知》	国土资发〔2009〕56号	2009年5月11日
		国土资源部、监察部《关于落实工业用地招标拍卖挂牌出让制度有关问题的通知》	国土资发〔2007〕78号	2007年4月4日
	划拨	《划拨土地使用权管理暂行办法》	国家土地管理局令[92]第1号	1992年3月8日
		《国有企业改革中划拨土地使用权管理暂行规定》	国家土地管理局令第8号	1998年3月1日
	协议出让	《协议出让国有土地使用权规范（试行）》	国土资发〔2006〕114号	2006年8月1日
		《协议出让国有土地使用权规定》	国土资源部令第21号	2003年8月1日
	招拍挂出让	《招标拍卖挂牌出让国有建设用地使用权规定》（2007年修订）	国土资源部令第39号	2007年11月1日
		《招标拍卖挂牌出让国有土地使用权规范（试行）》	国土资发〔2006〕114号	2006年8月1日
		国土资源部、监察部《关于继续开展经营性土地使用权招标拍卖挂牌出让情况执法监察工作的通知》	国土资发〔2004〕71号	2004年3月31日

（续表）

大类	小类	文件名称	文号	实施日期
国有土地使用权他项权利	租赁	国土资源部关于印发《规范国有土地租赁若干意见》的通知	国土资发〔1999〕222号	1999年7月27日
农村集体土地	集体建设用地	国务院办公厅《关于严格执行有关农村集体建设用地法律和政策的通知》	国办发〔2007〕71号	2007年12月30日
	承包经营权	《中华人民共和国农村土地承包法》（2018年修正）	中华人民共和国主席令第73号	2003年3月1日
		《农村土地承包经营权流转管理办法》	农业部令第47号	2005年3月1日
		《中华人民共和国农村土地承包经营权证管理办法》	农业部令第33号	2004年1月1日
		《中华人民共和国农村土地承包经营纠纷调解仲裁法》	中华人民共和国主席令第14号	2010年1月1日
		中共中央办公厅、国务院办公厅《关于切实维护农村妇女土地承包权益的通知》	厅字〔2001〕9号	2001年5月8日
		中共中央办公厅、国务院办公厅《关于进一步稳定和完善农村土地承包关系的通知》	中办发〔1997〕16号	1997年8月27日
		农业部《关于进一步做好稳定和完善农村土地承包关系有关工作的通知》	农经发〔2005〕2号	2005年3月11日
	供销合作社	国务院《关于加快供销合作社改革发展的若干意见》	国发〔2009〕40号	2009年11月17日
		国土资源部、中华全国供销合作总社《关于加快供销合作社土地确权登记工作的通知》	国土资发〔2009〕173号	2009年12月7日
		国土资源部办公厅《关于供销合作社使用土地权属问题的复函》	国土资厅函〔2002〕328号	2002年10月18日

二、土地权利概述

（一）土地权利形态

在企业改制、上市过程中，涉及的土地权利主要是使用权的取得、流转和他项权利的设定，以下对土地权利体系作一个概述。

土地所有权，是指土地权利人依法对土地享有占有、使用、收益和处分的权利。根据《中华人民共和国宪法》(以下简称《宪法》)和《中华人民共和国土地管理法》(以下简称《土地管理法》)的规定,土地所有权的主体只能是国家和集体,其他任何组织和个人都不能享有土地所有权。因此,在我国,只有国家(全民)土地所有权和农村劳动群众集体土地所有权。土地所有权的客体为土地,属于不动产的范畴,土地所有权的取得、丧失和变更必须履行一定的法律手续,以表征权利状况。

土地使用权,是指民事主体(组织和个人)在法律规定的范围内对国有或集体所有的土地占有、使用和收益的权利。《土地管理法》第9条规定,国有土地和农民集体所有的土地,可以依法确定给单位或者个人使用。

土地他项权利,是指土地所有权和土地使用权以外的土地权利,这些权利的权利人是土地所有权和使用权的相对人,常见的抵押权、租赁权即属他项权利的范畴。这些权利也需要在土地管理机关登记,取得《土地他项权利证书》,或在土地使用权证书中作相关他项权利记载。

由于土地所有权是禁止交易的,而且所有人必须为国家或者农村集体,因此企业无法获得土地的所有权,但法律允许将土地占有、使用、收益等权能同土地所有权分离,土地使用权即是与土地所有权分离的独立的财产权利。

(二) 土地的分类

土地权利的取得方式根据不同的标准有多种分类,以下主要从企业改制上市的角度出发,介绍两种在现行法律中常用的分类。

1. 按照土地所有权归属分类——国有土地和集体土地

根据《土地管理法》第2条第1款"中华人民共和国实行土地的社会主义公有制,即全民所有制和劳动群众集体所有制"的规定,按照所有权属,可以将土地分为全民所有的土地和集体所有的土地;《土地管理法》第2条第2款规定:全民所有,即国家所有土地的所有权由国务院代表国家行使。故全民所有的土地,一般称为国家所有的土地或国有土地。

不同所有权类别的土地,其使用权取得和流转的条件是不同的,因此,有必要区分不同所有权属的土地。根据《宪法》第10条的规定,城市的土地以及法律规定为国有的农村和城市郊区的土地,属于国家所有。《土地管理法》第8条也作了相同的规定。以上两条规定,确定了国有土地的基本范围。《中华人民共和国土地管理法实施条例》(以下简称《土地管理法实施条例》)第2条规定:"下列土地属于全民所有即国家所有:(一)城市市区的土地;(二)农村和城市郊区中已经依法没收、征收、征购为国有的土地;(三) 国家依法征收的土地;(四)依法不属于集体所有的林地、草地、荒地、滩涂及其他土地;(五)农村集体经济组织全部成员转为城镇居民的,原属于其成员集体所有的土地;(六) 因国家组织移民、自然灾害等原因,农民成建制地集体迁移后不再使用的原属于迁移农民集体所有的土地。"

《土地管理法》第8条第2款规定:农村和城市郊区的土地,除由法律规定属于国家所有的以外,属于农民集体所有;宅基地和自留地、自留山,属于农民集体所有。

需要注意的是,《确定土地所有权和使用权的若干规定》第18条规定:土地所有权有争议,不能依法证明争议土地属于农民集体所有的,属于国家所有。该规定体现了国家所有权优先的原则。

2. 依据土地用途分类——农用地、建设用地和未利用地

《土地管理法》第4条第2、3款规定,国家编制土地利用总体规划,规定土地用途,将土地分为农用地、建设用地和未利用地。农用地是指直接用于农业生产的土地,包括耕地、林地、草地、农田水利用地、养殖水面等;建设用地是指建造建筑物、构筑物的土地,包括城乡住宅和公共设施用地、工矿用地、交通水利设施用地、旅游用地、军事设施用地等;未利用地是指农用地和建设用地以外的土地。

(三) 土地使用权的取得方式

实践中,土地使用权的取得方式有多种。不同所有权类别的土地,其权利处置的法律规定不同,以下按照土地所有制的分类分别论述。

1. 国有土地使用权的取得方式

根据土地使用制度,国有土地使用权可以与土地所有权分离,国家可以将国有土地使用权通过划拨、出让、租赁、作价出资或者入股、授权经营等方式,依法确定给单位或个人使用。与此相对应,单位或个人取得的国有土地使用权,根据取得方式的不同,可分为国有土地使用权出让、国有土地使用权划拨、国有土地使用权出租、国有土地使用权作价出资(入股)、授权经营土地使用权、租赁国有划拨土地。

(1) 国有土地使用权出让。国有土地使用权出让,是指国家将国有土地使用权在一定年限内出让给土地使用者,由土地使用者向国家支付土地使用权出让金的行为。

根据《土地管理法》《中华人民共和国城市房地产管理法》(以下简称《城市房地产管理法》)、《招标拍卖挂牌出让国有建设用地使用权规定》等法律、法规的有关规定,工业、商业、旅游、娱乐和商品住宅等经营性用地以及同一宗地有两个以上意向用地者的,应当以招标、拍卖或者挂牌方式出让。招标、拍卖或者挂牌出让国有建设用地使用权,应当遵循公开、公平、公正和诚信的原则。国有土地使用权出让,必须符合土地利用总体规划、城市规划和年度建设用地计划。土地使用权出让,必须由土地所在地的市、县人民政府有计划、有步骤地进行。市、县人民政府土地行政主管部门应当根据经济社会发展计划、产业政策、土地利用总体规划、土地利用年度计划、城市规划和土地市场状况,编制国有土地使用权出让年度计划,报经同级人民政府批准后,及时向社会公布,并具体组织实施。市、县人民政府土地行政主管部门应当按照出让年度计划,会同城市规划等有关部门共同拟订出让的每幅地块的用途、年限、规划条件和其他土地使用条件等方案,报经市、县人民政府批准后,由市、县人民政府土地行政主管部门具体组织实施。

(2)国有土地使用权划拨。国有土地使用权划拨,是指县级以上人民政府依法批准,在土地使用者缴纳补偿、安置等费用后将该幅土地交付其使用,或者将土地无偿交给使用者使用的行为。国有土地使用权划拨必须依法报经县级以上人民政府批准,并由市、县人民政府土地行政主管部门向用地单位或个人颁发《国有土地划拨决定书》和《建设用地批准书》。

由于土地使用权划拨时,土地使用者未向作为土地所有者的国家支付土地收益,且没有使用期限的限制,对于政府而言,土地使用权划拨属于一种无偿性质的行政配置方式,因此国家对于划拨用地范围有严格限制。《土地管理法》第54条明确规定:"建设单位使用国有土地,应当以出让等有偿使用方式取得;但是,下列建设用地,经县级以上人民政府依法批准,可以以划拨方式取得:(一)国家机关用地和军事用地;(二)城市基础设施用地和公益事业用地;(三)国家重点扶持的能源、交通、水利等基础设施用地;(四)法律、行政法规规定的其他用地。"《城市房地产管理法》第24条规定:"下列建设用地的土地使用权,确属必需的,可以由县级以上人民政府依法批准划拨:(一)国家机关用地和军事用地;(二)城市基础设施用地和公益事业用地;(三)国家重点扶持的能源、交通、水利等项目用地;(四)法律、行政法规规定的其他用地。"根据上述法律规定,2001年颁布的《划拨用地目录》(国土资源部令第9号)对上述可以划拨的四类用地范围进行了具体细化,因此,只有符合《划拨用地目录》的建设用地,经县级以上人民政府依法批准,方可以划拨方式提供。

(3)国有土地使用权出租。国有土地使用权出租是指国家将国有土地出租给使用者使用,由使用者与县级以上人民政府土地行政主管部门签订一定期限的土地租赁合同,并支付租金的行为。国有土地使用权出租是国有土地有偿使用的一种形式,是出让方式的补充,不适用于经营性房地产开发用地。

(4)国有土地使用权作价出资(入股)。国家以土地使用权作价出资(入股)是指国家以一定年限的国有土地使用权作价,作为投资投入股份有限公司或者有限责任公司,相应的土地使用权转化为国家对企业出资的国家资本金或股本金。

国有土地使用权作价出资(入股),应当由市、县人民政府土地行政主管部门根据土地使用权价格和出让金标准,核算应折算的出资额或股本额,并向企业颁发《国有土地使用权作价出资(入股)决定书》,明确土地用途、使用年限、出资额或股本额和双方的权利、义务。

鉴于作价出资(入股)后相应的土地使用权转化为价值形态的资本金或股本金,国家将以出资人或股东的身份参与企业经营,因此,对这种特殊的土地配置方式,应当限定其适用范围:必须是省级以上人民政府批准实行授权经营或国家控股公司试点的企业,涉及其使用或其全资子公司使用的生产经营性国有划拨土地,不采用补办出让手续的方式,而是采用以国有土地使用权作价出资的方式,并转化为国家股。被出资(入股)企业应当依法向县级以上人民政府土地行政主管部门申请土地使用权登记,领取《不动产权证书》,依法取得作价出资(入股)国有土地使用权,可以在使用年限内收益和处分。

根据政企分开原则,土地使用权作价出资(入股)形成的国有股股权,按照国有资产投资主体,由有批准权的人民政府土地行政主管部门委托有资格的国有股持股单位统一持有。

(5)授权经营土地使用权。国家根据需要,可以一定年期的国有土地使用权作价后授权给经国务院批准设立的国家控股公司、作为国家授权投资机构的国有独资公司和集团公司经营管理。被授权主体取得授权经营土地使用权后,可向其直属企业、控股企业、参股企业以作价出资(入股)或租赁等方式配置土地。但改变用途或向被授权主体集团以外的单位或个人转让时,应报经土地行政主管部门批准,并补缴土地出让金。

(6)租赁国有划拨土地。租赁国有划拨用地需履行下列程序:①经市、县人民政府土地管理部门批准;②办理土地使用权出让手续,签署土地使用权出让合同;③交付土地使用权出让金或以出租收益抵交土地使用权出让金。但《城市房地产管理法》颁布实施后,并未提及土地主管部门的审批程序及办理出让手续,而仅需将租金收益上缴国家,该法律实施后租赁划拨用地是否还需要土地管理部门的审批尚无定论。笔者认为,在将租金收益上缴国家的过程中,已得到土地管理部门的确认,并未被政府有关部门禁止,而对于拟上市公司而言,需要得到土地管理部门的确认函。同时,如果拟上市公司作为出租人未履行审批、确认及办理登记手续,未上缴租金收益的,土地主管部门有权没收违法所得并依法作出行政处罚。关于划拨用地瑕疵租赁合同的效力,实务中对未经土地管理部门审批及办理登记手续、未将租金收益上缴国家等租赁合同的效力问题存在不同的观点,但可以肯定的是,《划拨土地使用权管理暂行办法》属于部门规章,不能作为确认合同无效的依据;但对于未经批准而对外租赁划拨用地的租赁合同存在被判决无效的法律风险。另外,笔者认为,《划拨土地使用权管理暂行办法》中关于未经批准的程序性规范属于管理性强制性规定,旨在规范管理租赁行为及处罚违反该规定的行为,且《划拨土地使用权管理暂行办法》并未明确规定违反上述规定将导致合同无效。在考虑租赁划拨用地对拟上市公司的影响时,首先需要判断在瑕疵租赁的划拨用地上从事的业务是否属于拟上市公司的主体业务或者重要业务,对拟上市公司的持续经营能力是否构成重大不利影响;同时需要测算瑕疵土地的占比以及对公司业务收入的占比,以判断是否构成重大影响;在不能取得土地主管部门审批的情况下,且对拟上市公司的业绩贡献占较大比例的,在不影响现有经营体系下,积极寻求新的无瑕疵土地(如购买、置换、租赁),逐渐将瑕疵土地上的业务搬迁,减小影响程度;最终由控股股东及实际控制人就瑕疵租赁、存在潜在的行政处罚的风险及拟上市公司可能遭受的损失等事项出具承诺。

表 9-17　租赁国有划拨土地相关规定一览表

文件名称	核心规定
《中华人民共和国城镇国有土地使用权出让和转让暂行条例》	第 43 条第 1 款规定：划拨土地使用权是指土地使用者通过各种方式依法无偿取得的土地使用权。 第 44 条规定：划拨土地使用权，除本条例第 45 条规定的情况外，不得转让、出租、抵押。 第 45 条第 1 款规定：符合下列条件的，经市、县人民政府土地管理部门和房产管理部门批准，其划拨土地使用权和地上建筑物、其他附着物所有权可以转让、出租、抵押：(一)土地使用者为公司、企业、其他经济组织和个人；(二)领有国有土地使用证；(三)具有地上建筑物、其他附着物合法的产权证明；(四)依照本条例第二章的规定签订土地使用权出让合同，向当地市、县人民政府补交土地使用权出让金或者以转让、出租、抵押所获收益抵交土地使用权出让金。 第 46 条规定：对未经批准擅自转让、出租、抵押划拨土地使用权的单位和个人，市、县人民政府土地管理部门应当没收其非法收入，并根据情节处以罚款。
《中华人民共和国城市房地产管理法》	第 23 条规定：土地使用权划拨，是指县级以上人民政府依法批准，在土地使用者缴纳补偿、安置等费用后将该幅土地交付其使用，或者将土地使用权无偿交付给土地使用者使用的行为。依照本法规定以划拨方式取得土地使用权的，除法律、行政法规另有规定外，没有使用期限的限制。 第 56 条规定：以营利为目的，房屋所有权人将以划拨方式取得使用权的国有土地上建成的房屋出租的，应当将租金中所含土地收益上缴国家。具体办法由国务院规定。

2. 集体土地使用权的取得方式

集体土地使用权按用途划分为集体农用地使用权、集体建设用地使用权和非农经营用地使用权，其中集体农用地使用权和非农经营用地使用权是拟上市公司较可能接触到的两项土地权利。不同用途的土地，其使用权采用不同方式取得，进而具有不同的权利内容。

(1)集体农用地使用权的取得。集体农用地使用权的取得方式主要为承包和租赁，其中主要采用带有社会保障性质的与集体经济组织内部成员身份密切相关的家庭承包方式。企业要取得农用地使用权，一般可以通过租赁和承包的方式。但需要注意的是，根据《中华人民共和国农村土地承包法》(以下简称《农村土地承包法》)的规定，发包方将农村土地发包给本集体经济组织以外的单位或者个人承包，应当事先经本集体经济组织成员的村民会议 2/3 以上成员或者 2/3 以上村民代表的同意，并报乡(镇)人民政府批准。租赁要与承包人签订书面合同并到有关部门办理备案手续。主要适用的法律、法规参见《农村土地承包法》《农村土地承包经营权流转管理办法》。

(2)集体建设用地使用权的取得。农村集体经济组织使用乡(镇)土地利用总体规划确定的建设用地兴办企业,或者与其他单位、个人以土地使用权入股、联营等形式共同举办企业的,应当持有关批准文件,向县级以上地方人民政府土地行政主管部门提出申请,按照省、自治区、直辖市规定的批准权限,由县级以上地方人民政府批准;其中,涉及占用农用地的,依照《土地管理法》第44条的规定办理审批手续。兴办企业的建设用地,必须严格控制。省、自治区、直辖市可以按照乡镇企业的不同行业和经营规模,分别规定用地标准。

(3)非农经营用地使用权的取得。农村集体经济组织可设立独资经营企业,将符合乡(镇)土地利用总体规划的非农经营用地提供给企业从事生产经营活动,土地使用权由该集体经济组织或企业享有。农村集体经济组织可通过以符合乡(镇)土地利用总体规划的非农经营用地使用权作价入股或出资及联营的形式与其他单位、个人设立公司、合伙等企业,土地使用权由该企业享有。但属于非法人联营企业的,土地使用权仍由该集体经济组织享有。非上述农村集体经济组织投资设立的企业,不得申请取得或者继受取得非农经营用地使用权,而应依法申请取得或者继受取得国有土地使用权。

三、企业重组上市过程中常见的土地法律问题

(一)与国有土地使用权有关的法律问题

1. 发行人曾通过协议方式取得土地使用权

根据2007年11月1日施行的《招标拍卖挂牌出让国有建设用地使用权规定》的规定,工业(包括仓储用地)、商业、旅游、娱乐和商品住宅等经营性用地以及同一宗地有两个以上意向用地者的,应当以招标、拍卖或者挂牌方式出让。招标、拍卖或者挂牌出让国有建设用地使用权,应当遵循公开、公平、公正和诚信的原则。因此,企业要从国家获得经营性用地的使用权,都应当通过招标、拍卖、挂牌的方式。

许多企业历史上通过协议方式获得了经营性国有建设用地,而且没有违反当时有效的法律及地方性法规。各方中介机构在进行核查的时候,应当结合当时的法律制度对具体案例的合规性进行分析,不可一概而定。

对于企业通过协议方式取得的国有土地使用权是否符合当时的法律规定问题,可以重点关注以下四个时段:

(1)2002年7月1日前

法律文件:《招标拍卖挂牌出让国有土地使用权规定》(2002年7月1日施行)。

概述:国有土地大部分通过协议转让的方式出让,招标、拍卖、挂牌程序并非必经程序。

(2)2002年7月1日至2004年8月31日

法律文件:《招标拍卖挂牌出让国有土地使用权规定》和《关于继续开展经营

性土地使用权招标拍卖挂牌出让情况执法监察工作的通知》。

概述:工业用地以外的经营性用地必须采用招标、拍卖、挂牌方式供应,但允许解决历史性遗留问题。

具体法律条款摘要:

2002年5月9日,国土资源部发布了《招标拍卖挂牌出让国有土地使用权规定》,叫停了已沿用多年的土地协议出让方式,要求从2002年7月1日起,商业、旅游、娱乐和商品住宅等各类经营性用地,必须以招标、拍卖或者挂牌方式进行公开交易。

2004年3月31日,国土资源部、监察部联合下发了《关于继续开展经营性土地使用权招标拍卖挂牌出让情况执法监察工作的通知》,要求从即日起就"开展经营性土地使用权招标拍卖挂牌出让情况"进行全国范围内的执法监察,各地要在2004年8月31日前将历史遗留问题界定并处理完毕,对2004年8月31日后仍以历史遗留问题为由,采用协议方式出让经营性土地使用权的,要从严查处。

对"历史性遗留问题",《关于继续开展经营性土地使用权招标拍卖挂牌出让情况执法监察工作的通知》也给出了明确的界定,2002年7月1日《招标拍卖挂牌出让国有土地使用权规定》实施后,除原划拨土地使用权人不改变原土地用途申请补办出让手续和按国家有关政策规定属于历史遗留问题之外,商业、旅游、娱乐和商品住宅等经营性用地供应必须严格按规定采用招标、拍卖、挂牌方式,其他土地的供地计划公布后,同一宗地有两个或两个以上意向用地者的,也应当采用招标、拍卖、挂牌方式供应。

(3)2004年8月31日至2006年8月31日

法律文件:国务院《关于深化改革严格土地管理的决定》。

概述:根据前述第(1)部分中的法律文件,除工业用地以外的经营性用地必须采用招标、拍卖、挂牌方式供应,且不允许解决历史性遗留问题。

(4)2006年8月31日至2007年6月30日

法律文件:国务院《关于加强土地调控有关问题的通知》《关于落实工业用地招标拍卖挂牌出让制度有关问题的通知》《招标拍卖挂牌出让国有建设用地使用权规定》。

概述:工业用地必须采用招标、拍卖、挂牌方式出让,允许解决历史性遗留问题。

具体法律条款摘要:

2006年8月31日,国务院下发了《关于加强土地调控有关问题的通知》,该通知中规定:"国家根据土地等级、区域土地利用政策等,统一制订并公布各地工业用地出让最低价标准。工业用地出让最低价标准不得低于土地取得成本、土地前期开发成本和按规定收取的相关费用之和。工业用地必须采用招标拍卖挂牌方式出让,其出让价格不得低于公布的最低价标准。低于最低价标准出让土地,或以各种形式给予补贴或返还的,属非法低价出让国有土地使用权的行为,要依法追究有关人员的法律责任。"

为贯彻《关于加强土地调控有关问题的通知》,落实工业用地招标、拍卖、挂牌出让制度,2007年4月4日国土资源部、监察部发布了《关于落实工业用地招标拍卖挂牌出让制度有关问题的通知》,该通知规定:政府供应工业用地,必须采取招标拍卖挂牌方式公开出让或租赁,必须严格执行《招标拍卖挂牌出让国有土地使用权规定》和《招标拍卖挂牌出让国有土地使用权规范(试行)》规定的程序和方法。

类似于《关于继续开展经营性土地使用权招标拍卖挂牌出让情况执法监察工作的通知》,《关于落实工业用地招标拍卖挂牌出让制度有关问题的通知》也允许在一定时间内解决历史性遗留问题,但对遗留问题的范围要求有所不同:范围限于"国务院31号文件下发前,市、县人民政府已经签订工业项目投资协议,确定了供地范围和价格,所涉及的土地已办理完农用地转用和土地征收审批手续的"情况,在这种特殊情况下,可以继续采取协议方式出让或租赁,但必须按照《协议出让国有土地使用权规范(试行)》的有关规定,将意向出让、租赁地块的位置、用途、土地使用条件、意向用地者和土地价格等信息向社会公示后,抓紧签订土地出让或租赁合同,并在2007年6月30日前签订完毕。不符合上述条件或者超过上述期限的,应按规定采用招标拍卖挂牌方式出让或租赁。

2009年8月10日施行的《关于进一步落实工业用地出让制度的通知》规定,工业用地在如下三种特殊情形下可以协议转让:①由于城市规划调整、经济形势发生变化、企业转型等原因,土地使用权人已依法取得的国有划拨工业用地补办出让、国有承租工业用地补办出让,符合规划并经依法批准,可以采取协议方式。②政府实施城市规划进行旧城区改建,需要搬迁的工业项目符合国家产业政策的,经市、县国土资源行政主管部门审核并报市、县人民政府批准,收回原国有土地使用权,以协议出让或租赁方式为原土地使用权人重新安排工业用地。拟安置的工业项目用地应符合土地利用总体规划布局和城市规划功能分区要求,尽可能在确定的工业集中区安排工业用地。③采矿、采石、采砂、盐田等地面生产和尾矿堆放用地,鼓励采取租赁,也可协议方式出让。各地可在不高于法律规定的工业用地最高出让年限内,结合探矿权、采矿权出让年限,灵活确定采矿用地租赁和出让年限。

综上,商业、旅游、娱乐和商品住宅等经营性用地在2002年7月1日以后必须通过招标、拍卖、挂牌方式取得,特定情形下可推迟至2004年8月31日;工业用地在2006年8月31日以后必须通过招标、拍卖、挂牌方式取得,特定情形下,可推迟至2007年6月30日。

由此可见,如果发行人在历史上曾存在通过协议方式出让或者租赁取得土地使用权的情况,中介机构应对此保持高度关注,引用上述四个时段内以及各地方政府出台的细则对该土地使用权取得的合法性进行核查并发表意见,核查的范围至少包括以下三点:

(1)已经有权部门批准,符合《协议出让国有土地使用权规范(试行)》的要求(尽量取得有权部门出具的证明文件);

(2)未违反国务院、地方全面实施经营性用地招标、拍卖、挂牌出让制度的有关规定,在用地方面不存在违法违规行为,无处罚风险、经济风险;

(3)已足额缴纳土地出让金,并已取得土地使用证书,土地出让手续完备,合法有效。

在核查的基础上,发行人控股股东和实际控制人还应出具书面承诺,承诺愿意承担其因以协议出让方式取得土地所可能产生的经济损失,从而有效防止可能出现的法律风险。

2. 拟上市公司划拨取得国有土地使用权

根据《土地管理法》的规定,国家依法实行国有土地有偿使用制度。建设单位使用国有土地,除国家机关用地和军事用地,城市基础设施用地和公益事业用地,国家重点扶持的能源、交通、水利等基础设施用地,法律、行政法规规定的其他用地以外,应当以出让等有偿使用方式取得。此外,根据《国有企业改革中划拨土地使用权管理暂行规定》的相关规定,国有企业使用的划拨土地使用权,应当依法逐步实行有偿使用制度。

对国有企业改革中涉及的划拨土地使用权,根据企业改革的不同形式和具体情况,可分别采取国有土地租赁、国家以土地使用权作价出资(入股)方式予以处置。

(1)国有土地租赁。土地租赁合同经出租方同意后可以转让,改变原合同规定的使用条件,并应当重新签订土地租赁合同。签订土地租赁合同和转让土地租赁合同应当办理土地登记和变更登记手续。租赁土地上的房屋等建筑物、构筑物可以依法抵押,抵押权实现时,土地租赁合同同时转让。企业改革涉及的划拨土地使用权,有下列情形之一的,应当采取出让或租赁方式处置:①国有企业改造或改组为有限责任公司、股份有限公司以及组建企业集团的;②国有企业改组为股份合作制的;③国有企业租赁经营的;④非国有企业兼并国有企业的。

(2)国家以土地使用权作价出资(入股)。土地使用权作价出资(入股)形成的国家股股权,按照国有资产投资主体,由有批准权的人民政府土地行政管理部门委托有资格的国有股权持股单位统一持有。①国有企业破产或出售的,企业原划拨土地使用权应当以出让方式处置。②根据国家产业政策,须由国家控股的关系国计民生、国民经济命脉的关键领域和基础性行业企业或大型骨干企业,改造或改组为有限责任公司、股份有限公司以及组建企业集团的,涉及的划拨土地使用权经省级以上人民政府土地行政管理部门批准,可以采取国家以土地使用权作价出资(入股)的方式处置。

(二)与集体土地使用权流转有关的法律问题

根据有关规范性文件的规定,集体建设用地使用权流转,是指在集体土地保持所有权不变的前提下,使用权由所有者向使用者转移以及使用者之间再转移的行为。集体建设用地使用权流转包括出让、出租、转让等形式。集体建设用地使用权出让,是指集体经济组织将一定年期的集体建设用地使用权让渡给土地使用者,由土地使用者向集体经济组织支付土地出让金的行为。

1. 关于集体土地使用权流转的法律规定

关于集体土地使用权流转,国家允许流转,但同时有严格规范。《土地管理法》第2条第3款规定"土地使用权可以依法转让",这里的"土地使用权",既包含了国有性质的土地使用权,也包含了集体性质的土地使用权,而且这两种性质的土地使用权都可以依法转让,可以有偿地进行流转。《土地管理法》第63条规定:农民集体所有的土地的使用权不得出让、转让或者出租用于非农业建设;但是,符合土地利用总体规划并依法取得建设用地的企业,因破产、兼并等情形致使土地使用权依法发生转移的除外。允许符合特定条件的集体建设用地使用权依法转移。国务院《关于深化改革严格土地管理的决定》提出,"在符合规划的前提下,村庄、集镇、建制镇中的农民集体所有建设用地使用权可以依法流转"。

同时,国务院办公厅《关于严格执行有关农村集体建设用地法律和政策的通知》规定:①严格执行土地用途管制制度。②严格规范使用农民集体所有土地进行建设。③严格控制农村集体建设用地规模。④严格禁止和严肃查处"以租代征"转用农用地的违法违规行为。

按照《关于严格执行有关农村集体建设用地法律和政策的通知》的规定,需要注意以下两点:①土地用途管制制度是"红线"。违反土地利用总体规划和不依法经过批准改变土地用途都是违法行为。任何涉及土地管理制度的试验和探索,都不能违反国家的土地用途管制制度。②使用的企业以乡镇企业和村民为主。《土地管理法》规定,乡镇企业、乡(镇)村公共设施和公益事业建设、农村村民住宅等三类乡(镇)村建设可以使用农民集体所有土地。对这三类用地的范围,法律和政策都有准确界定,必须严格执行。按照《中华人民共和国乡镇企业法》的规定,乡镇企业必须是农村集体经济组织或者农民投资为主,在乡镇(包括所辖村)举办的承担支援农业义务的企业。《关于严格执行有关农村集体建设用地法律和政策的通知》明确禁止以兴办"乡镇企业""乡(镇)村公共设施和公益事业建设"为名,非法占用(租用)农民集体所有土地进行非农业建设。其他任何单位和个人进行非农业建设,需要使用土地的,必须依法申请使用国有土地。不符合土地利用总体规划和乡(镇)、村规划,没有土地利用年度计划指标的,不得批准用地。

2. 实践中集体土地使用权流转的常见情形

上述规定虽然要求严格规范集体土地的流转,但同时也为允许集体土地使用权流转留出了法律空间。以下对拟上市公司常见的两种使用集体土地的情况进行分析。

(1)拟上市公司直接持有农村集体土地使用权证。实践中,全国多个地方都已经开始进行农村集体建设用地流转的试点活动,在成功上市的公司中,也出现了上市公司持有农村集体建设用地的土地使用权证,承包、租赁农村集体建设用地的先例。因此,拟上市公司即使持有农村集体土地使用权证,也不能说其必然违反当时的法律、法规,但对这种特殊情况必须谨慎。① 现有的成功先例只存在于农村集体建设用地方面,对于农村集体农用地的获得,至今尚无先例。② 即使是农村集体建设用地的使用权,也要受 2007 年 12 月 30 日起开始施行的《关于严格执行有关农村集体建设用地法律和政策的通知》的严格规范。乡镇企业以外的其他任何单位和个人进行非农业建设,需要使用土地的,必须依法申请使用国有土地。拟上市公司持有农村集体建设用地的土地使用权证,只有在两种情况下是符合法律规定的:第一种是公司本身的性质是乡镇企业;第二种是获得集体土地使用权的时间是在 2007 年 12 月 30 日《关于严格执行有关农村集体建设用地法律和政策的通知》生效以前,而且禁止非法扩大试点范围,符合所在省级以及地级人民政府关于农村集体建设用地试点的具体规定,否则其流转的合法性均难以得到论证。

(2)拟上市公司承包、租赁农村集体土地。承包、租赁农村土地也属于农村集体土地流转的一种方式,现实中也确实存在成功的先例,但该情况也同样受《关于严格执行有关农村集体建设用地法律和政策的通知》的限制,特别是通知中提到,"严格禁止和严肃查处'以租代征'转用农用地的违法违规行为。""近年来,一些地方出现了违反土地利用总体规划和土地利用年度计划,规避农用地转用和土地征收审批,通过出租(承租)、承包等'以租代征'方式非法使用农民集体所有土地进行非农业项目建设的行为。对此,必须严格禁止,并予以严肃查处。""单位和个人擅自通过'以租代征'占地建设的,要追究其非法占地的法律责任,涉嫌犯罪的要及时移送司法机关依法处理。"

由此可见,国家对农村集体建设用地的租赁行为的监管是非常严格的,中介机构在核查公司承包、租赁行为时,至少应该包括以下五个方面:①权属是否清晰,权利证明文件是否齐全;②是否涉及改变农用地用途;③是否已签订承包或租赁合同,并履行必要的审批、批准或登记手续,其程序和效力是否合法、合规;④政府主管部门的意见;⑤价格是否公允,是否损害集体组织以及相关成员的利益。

为了保证所承包或者租赁的农村集体土地的权属清晰,可以重点关注土地承包经营权证或者林权证、承包合同以及登记材料。各种材料的来源、适用范围及作用见表 9-18。

表 9-18 土地权证文件一览表

权证名称	来源	使用范围	作用
土地承包经营权证或者林权证	县级以上地方人民政府(备案、登记、发放)	承包,互换、转让、其他改变承包关系的流转	是《农村土地承包法》生效后国家依法确认承包方享有土地承包经营权的法律凭证

(续表)

权证名称	来源	使用范围	作用
承包合同	承包人	承包、互换、转让、其他改变承包关系的流转	约束承包人与发包人
登记材料	县级以上地方人民政府	互换、转让（转包、出租、入股方式明确不需要）	对抗第三人

（三）房屋所有权瑕疵

有关房屋产权瑕疵的法律分析如表9-19所示。

表9-19 房屋产权瑕疵法律分析表

问题	风险	解决方法（不同问题可适当互相参照使用）
房屋建筑物尚未或者不能取得房产证	违章建筑，可能被拆除。	如果不能取得产权证或者搬迁，需要说明该情况不会对公司造成重大影响，比如建筑物的产权归公司且此种情况没有纠纷、属于非核心生产经营用房、容易找到替代场地等，具体可参考表9-20中解决租赁房屋瑕疵的方法。
所购的房产属于预售房产，尚未取得房产证	存在不能取得房产证的风险。	核查开发商是否均已取得办理房产证所必需的有关证书和批准文件，证明所购房产取得房屋所有权证书不存在法律障碍。
在租赁的土地上进行建筑	由于缺乏土地使用权证，因此租赁方一般情况下无法取得房产证，如果在租赁的土地上拥有建筑物的所有权，房屋所有权证和土地使用权证的权利主体就会不一致，如果由一方处置权利，将会影响到另一方的稳定经营，特别是土地使用权人处置权利时（如土地权人将土地使用权抵押、转让），会给租赁权人带来风险。	1.核查所租赁的土地是否属于在新设公司向母公司租赁土地后再兴建地上建筑物和地上只有机器设备而没有房屋等建筑物，母公司将相应机器设备作价投入新公司但又不愿放弃土地使用权的情况，如果是这两种情况，可以采用以下处理方法： （1）土地租赁期限在法律规定的范围内尽可能延长，如双方约定20年的承租期，期满后可再续租20年，使租赁土地的使用权相对稳定。 （2）考察土地使用权出租主体（一般是企业的控股股东或其他关联方）是否设定了抵押，如果设定了抵押，应当通过符合法律规定的方式解除。 （3）论证房地分割的合法性。《中华人民共和国城镇国有土地使用权出让和转让暂行条例》第25条第2款规定，土地使用权和地上建筑物、其他附着物所有权分割转让的，应当经市、县人民政府土地管理部门和房产管理部门批准，并依照规定办理过户登记。该规定确认了房地一体的例外，但要求有权部门批准。另外，只有在新设公司向

(续表)

问题	风险	解决方法 （不同问题可适当互相参照使用）
		母公司租赁土地后再兴建地上建筑物和地上只有机器设备而没有房屋等建筑物，母公司将相应机器设备作价投入新公司，但又不愿放弃土地使用权这两种情况下，才可按照房屋所有权与土地使用权可分离的原则，保留先出让再出租的土地处置方式，但要相应加强土地资产的严格监管。包括出让金的征收管理，取消各类随意性优惠政策等；同时对采取先出让再出租的方式处置土地的改制企业，在上报审批时要同时上报草签的土地出让合同和土地租赁合同，严格审核其中的土地收益关系。因此，在企业改制实践中，国家土地管理部门认可"房地分离"的做法，但要在批准与登记程序方面符合上述规定。 2.如果核查后认为属于无法取得房产证的情形，则需要通过拆迁整改来消除风险。 （1）发行人与出租方协商解除土地租赁关系，而且双方承诺再无争议，从而证明不存在因为上述租赁发生纠纷、诉讼或潜在纠纷、诉讼的情形。 （2）发行人拆迁违规建筑，并全部搬迁到合法取得的生产经营场所，从而停止了发行人的不规范行为。 （3）发行人全体股东出具书面《承诺函》，承诺若发行人前述获得的拆迁补偿款因任何原因被政府追缴，则公司全体股东将无条件、全额、连带地将该等被政府追缴的拆迁补偿款赔偿给发行人，以确保发行人不会因此遭受任何损失。 （4）中介机构论证发行人过往租赁的上述土地，在发行人租赁前没有作为农用地使用，发行人过往租赁上述土地的行为与直接租赁农用地尤其是耕地进行工业生产并造成占用和破坏有实质区别（该论证就是为了否定发行人的行为属于《关于加强土地调控有关问题的通知》中所提到的"以租代征"的违法情形）。 （5）根据专业公司对发行人的环保情况进行核查并出具的《××股份有限公司首次上市环境保护核查技术报告》，证明发行人未对周围环境造成污染。 （6）区级、市级的国土资源局先后出具《说明》，确认发行人过往的租赁行为不属于重大违法违规行为。

（四）租赁房屋瑕疵

有关租赁房屋权利瑕疵的法律分析见表 9-20 所示。

表 9-20　租赁房屋权利瑕疵分析表

问题	风险	解决办法 （不同问题可适当互相参照使用）
出租方无法提供房屋所有权证书	因租赁房屋未取得房屋权属证书，发行人存在可能无法正常使用租赁房屋的风险，发行人承租上述房产存在潜在的产权纠纷或合同纠纷。	（1）承诺：①出租方对发行人书面承诺；②发行人全体股东书面承诺；③控股股东承诺，如果本公司新厂区建成竣工前因租赁厂房拆迁或其他原因致使本公司无法继续承租上述厂房，进而导致生产经营受损，将承担本公司因搬迁而造成的损失。 （2）办理租赁合同登记。 （3）获得相关部门的书面认可/证明文件，最大限度地证明租赁合同的有效性。 （4）量化风险，证明风险本身不大。比如，从旧城改造办公室取得证明：涉案房产在未来特定时点之前均未列入政府规定的房产拆迁范围之内。 （5）搬迁整改。比如，募集资金投资项目建设包含厂房建设，并已取得相关建设用地的土地使用权。项目完成后，公司全部车间将搬至新厂区。招股说明书显示，新厂区全部建成的时间在未来特定时点之前。 （6）招股说明书就该不规范问题作出重大风险提示。
无租赁备案登记证明	可能出现一屋多租、强制搬出等情况并会带来损害，而且可能面临有权机关的行政处罚（多个地方政府对此出台罚款规定）。	核查房屋所有权证及/或该物业的所有权人委托或者同意出租人出租该物业的书面证明文件。
转租的情况下，转租方缺少出租方的授权文件	租赁合同存在被有权第三方主张无效并被有关机关认定为无效的风险。	与缺少房屋所有权证情形的处理方式基本一致。
违章建筑	因未办理报建手续及未取得建设工程规划许可证，且为简易建筑物，所以发行人上述建筑物存在被责令限期拆除的可能。	（1）新建厂房。 （2）租赁厂房。 （3）赔偿搬迁损失。发行人的股东对发行人上述建筑物给公司可能造成的任何经济损失作出了全额赔偿的书面承诺。 （4）参照出租方无法提供房屋产权证书的情形处理。

(五) 专项核查

1. 房地产企业

对于房地产企业,除征求国土资源部意见外,中介机构应该专项核查如下问题:土地使用权的取得方式和程序、土地使用权证的办理情况、土地使用金的缴纳情况、土地闲置及土地闲置费缴纳情况、是否存在违法用地项目、土地开发是否符合出让合同的约定、是否存在超过约定的动工开发日期满一年而完成开发面积不足 1/3 或者投资不足 1/4 的情形。

2. 募集资金运用

募集资金投向项目,如果是用于房地产项目,需要取得"四证"(国有土地使用证、建设用地规划许可证、建设工程规划许可证、建筑工程施工许可证),如果是用于非房地产项目时,项目用地应该基本落实:

(1)以出让方式取得土地使用权的,应已与相关土地管理部门签署了土地使用权出让合同,足额缴纳了土地出让金,并向有关土地管理部门办理了土地使用权登记手续。

(2)以购买方式从他方取得土地使用权的,应已与该土地使用权的合法转让方签订了土地使用权转让合同,并向有关土地管理部门办理了必要的登记手续。

(3)以租赁方式从国家或他方取得土地使用权的,应已与相关土地管理部门或该土地使用权的合法出租方签订了土地使用权租赁合同,并向有关土地管理部门办理了必要的登记手续。

(4)以作价入股方式从国家或他方取得土地使用权的,应已经向有关土地管理部门办理了必要的登记手续。

(六) 核查重点

土地使用权是企业赖以生产发展的物质基础,对于生产型企业尤其重要。中介机构核查及发行人披露涉及土地资产时,应从以下方面重点把握。

发行人存在使用或租赁使用集体建设用地、划拨地、农用地、耕地、基本农田及其上建造的房产等情形的,保荐机构和发行人律师应对其取得和使用是否符合《土地管理法》等法律法规的规定、是否依法办理了必要的审批或租赁备案手续、有关房产是否为合法建筑、是否可能被行政处罚、是否构成重大违法行为出具明确意见,说明具体理由和依据。

发行人主要生产经营场所相关土地使用权的取得和使用原则上需要符合法律法规规定。上述土地为发行人自有或虽为租赁但房产为自建的,如存在不规范情形且短期内无法整改,保荐机构和发行人应结合该土地或房产的面积占发行人全部土地或房产面积的比例、使用上述土地或房产产生的收入、毛利、利润情况,评估其对于发行人的重要性。如面积占比较低、对生产经营影响不大,应披露将来如因土地问题被处罚的责任承担主体、搬迁的费用及承担主体、有无下一步解决措施等,并对该等事项做重大风险提示。

发行人生产经营用的主要房产系租赁上述土地上所建房产的,如存在不规范情形,原则上不构成发行上市障碍。保荐机构和发行人律师应就其是否对发行人持续经营构成重大影响发表明确意见。发行人应披露如因土地问题被处罚的责任承担主体、搬迁的费用及承担主体、有无下一步解决措施等,并对该等事项做重大风险提示。

发行人募投用地尚未取得的,需披露募投用地的计划、取得土地的具体安排、进度等。保荐机构、发行人律师需对募投用地是否符合土地政策、城市规划、募投用地落实的风险等进行核查并发表明确意见。①

第五节 知识产权

知识产权在我国经济发展方式转变过程中有着重要的战略地位,是创新型国家和创新型企业的核心竞争力。因此,在发行上市审核中,特别是创业板发行上市审核中,监管部门高度关注知识产权的审核和信息披露问题,实践中多次出现已过会企业因专利问题暂缓上市的实例。以下以上市审核的关注点为线索,以知识产权(主要是商标和专利)的基础知识为主要内容,进行介绍和讨论。

一、商标

(一)商标权的取得

商标对保护企业的核心竞争力和持续盈利能力非常重要,企业从申请注册商标到取得商标注册证一般需要两到三年的时间,商标申请本身存在一定的不确定性。因此,在企业申请上市过程中,如果企业关键业务和产品的商标未注册成功,会很被动,实践中已有企业被否决的理由之一是其商标注册尚在国家商标局实质审查的公示期。

如果企业拥有多个商标,只有其中某个商标未获注册,则对上市的负面影响有限,但须充分说明此情况不会影响企业的业务和业绩。

在某些特殊情况下,比如通信技术服务类企业,其服务对象是专业厂商,而非一般的消费者,其行业特点是客户集中度相对较高,经过多年发展,已与其客户形成了相互信任的、良好的长期合作关系,树立了良好的企业品牌形象。此时,应当说明企业的该种特点使得企业未拥有注册商标的情形不会影响客户对其服务及产品的认知,也不会对其生产经营产生实质性的不利影响。

---

① 参见《首发业务若干问题解答(一)》问题18。

如果企业使用的商标已被他人注册所有,可以考虑通过商标转让方式取得商标所有权;如果对方属于恶意抢注,不能协商解决,企业可以向法院提起诉讼。当然不能低估此类诉讼对上市的负面影响。

此外,企业在申请注册商标时,选定的商标不能侵犯他人在先的著作权。比如企业要申请图形商标,要与图形的作者签订著作权转让或者使用许可协议,或者在作者是企业员工的情况下,与企业员工书面确认该图形属职务作品,著作权属于企业所有。

企业出于全方位保护性目的提交的与企业主营业务范围没有密切关系的有关类别的商标注册申请,如果有部分具体项目与第三方已申请或已取得注册商标的具体项目归属同一群组,企业申请的该部分具体项目可能会被驳回,在这种情况下,应当说明该种驳回不会对企业的主营业务产生影响。可以从以下方面予以说明:

(1)申请的商标所涉及的具体项目虽被商标局驳回,但与企业主营业务没有密切关系;

(2)企业可以承诺如有被驳回的项目,企业会及时向商标局提出复审,并提交相应证据,最大限度维护企业的权益,并将密切跟踪商标注册进展情况,及时采取措施维护自身利益;

(3)通过陈述说明此种出于保护性目的的申请,不会对企业的主营业务、生产经营及本次发行构成实质性法律障碍。

如果企业申请注册商标的时间过长(一般而言,时间过长是指从申请到初审的时间超过 3 年以上),企业应当对此原因予以说明。需要说明的内容主要是导致时间过长的原因并非企业自身的原因,与企业是否陷入商标纠纷等主观因素无关,企业并不存在潜在的商标纠纷,也不会对企业未来的经营活动产生重大的影响。

(二)商标的持有瑕疵

商标持有问题是指企业虽已有效持有注册商标,但仍然存在持有瑕疵的情形。主要有以下三个方面:

(1)注册商标共有。共有是《商标法》认可的权属状态,但从上市角度,应高度重视共有资产,特别是商标、专利等对企业持续经营具有重大影响的无形资产的权属问题。例如皇氏乳业案例中,监管者从权利受到限制的角度,认为共有会对企业未来经营产生影响:"发行人销售中使用的主要商标'甲天下'和'皇氏甲天下'与其他生产食品的企业共有,有关协议书中未明确划分共有双方的使用领域,发行人对该无形资产的权利受到较大限制,发行人未来经营中使用该商标存在出现较大不利变化的风险。"

(2)注册商标已接近有效期。根据《商标法》第 39、40 条的规定,注册商标的有效期为 10 年。注册商标有效期满,需要继续使用的,应当在期满前 12 个月内办理续展手续;在此期间办理的,可以给予 6 个月的宽展期。期满未办理续展手续的,该注册商标将会被注销。因此,企业在上市时应当及时审查商标使用年限是否已接近 10 年有效期,并及时办理续展手续。

（3）商标注册事项的变更。商标在注册后的适用过程中，经常会发生商标注册人的名称、地址等注册事项的变更。根据《商标法》第41条的规定，在这种情况下，企业需要到商标局办理相应的变更手续，否则就会影响企业合法使用自己的注册商标。

（三）商标转让

在上市之前的商标审查过程中，如果发现企业所使用商标存在转让情况的，应当关注如下问题：

（1）作为转让方。一是应关注转让的原因和转让后对公司业绩的影响；二是应关注企业是否已履行商标转让合同和不再继续使用已转让商标，以免发生侵权行为。

（2）作为受让方。一是应关注转让合同的合法性以及可能影响合同合法性的因素。例如，转让方的商标注册证是否有效；转让方是否为持有注册商标的本人；商标注册人对其在同一种或者类似商品上注册的相同或者近似的商标，是否一并转让等。二是应审查商标的转让是永久性转让还是非永久性转让。如果商标转让属于非永久性转让，应当审查相应的转让期限是否已经到期或者将要到期，并及时予以处理。因为非永久性的商标转让将直接影响企业对该商标的有效持有。三是应关注商标转让人是否继续使用商标，是否存在损害公司商誉的侵权和违约行为。

（四）商标许可

如果在上市审查过程中发现企业存在商标许可行为的，应当对商标许可行为进行审查。审查情形类似于商标的转让，此处不再赘述。

与商标转让相比，还需要特别关注从控股股东处被许可使用某种商标，是否构成独立性瑕疵。

（五）商标保护

对于合法有效持有的注册商标，尤其是驰名商标和关键业务、产品使用的商标，建议企业对其加强保护，以防止驰名商标的弱化和淡化。商标的保护，主要包括两个方面，即驰名商标的跨类保护和商标的国际保护。

1. 商标的跨类保护

商标的跨类保护针对的是驰名商标，也就是说，如果一个商标想要得到跨类保护，就需要被认定为驰名商标。因此，为了扩大对商标的保护，尤其是在不相同或者不相类似商品上的商标的保护，企业应当通过行政途径或者司法途径请求认定驰名商标。

此外，如果企业在认定驰名商标上存在困难，即对于那些虽然具有一定的知名度，但是还达不到驰名商标认定标准的企业，应当在商标注册时把与自己相关的商品类别、今后可能发展的商品类别、有价值的商品类别进行注册保护。也就是说，应当考虑"防御性注册"。所谓防御性注册,是指注册联合商标和防御商标,其目的在于扩大商标专用权的范围,排除他人注册与本企业主商标相同或者近似的商标。例如,杭州"娃哈哈"集团注册的"哈哈娃""哈娃娃"等商标就属于联合商标。该企业除了在儿童饮料类商品上注册商标外,还在其他商品类别上进行了注册,就属于防御商标。

2. 商标的国际保护

商标具有地域性的特点,因此,在国内注册的商标一旦到了国外就无法受到他国法律的保护,必须重新在其他国家申请注册商标。近几年来,我国驰名商标在国外遭遇恶意抢注的情况时有发生,部分是被海外小企业和个人恶意抢注,也有一些跨国公司恶意抢注事件,这些跨国公司往往是同行业的竞争者,而其抢注的意图也十分明显,即通过控制中国企业在销售地的商标权,来阻止中国企业以自己的商标打开市场。这为我国本土企业敲响了警钟,尤其是对那些在国内拥有驰名商标并打算将业务向海外市场开拓的知名企业。因此,已经上市或者即将上市的企业,需要特别注意商标的国际保护问题。

一旦商标在海外被抢注成功,被抢注商标的企业就不得在该国或该区域内使用此商标,若违反则构成侵权。因此,不论被抢注商标的企业放弃原商标另创品牌,或是高价回购,抑或是通过法律途径撤销被抢注的商标,都将增加企业的经营成本,延缓其产品占据市场的时间,降低市场份额。因此,企业应当及时在其他国家进行商标注册,以获得商标专用权的保护,避免不必要的损失。

(六)商标和商号

由于商标和商号的相似性,将商号的内容放在该部分予以讨论。

1. 商标和商号的冲突

最高人民法院《关于审理商标民事纠纷案件适用法律若干问题的解释》第1条第(一)项规定,"将与他人注册商标相同或者相近似的文字作为企业的字号在相同或者类似商品上突出使用,容易使相关公众产生误认的",属于给他人注册商标专用权造成其他损害的行为。因此在商标和商号发生冲突或有可能发生冲突时,有必要分析判断是否属于《关于审理商标民事纠纷案件适用法律若干问题的解释》第1条第(一)项规定的商标侵权行为。总的原则是:商标是区别不同商品或者服务来源的标志,企业名称是区别不同市场主体的标志,字号是企业名称的核心组成部分。字号与商标均属于识别性标记,但分别受不同的法律法规调整,经过合法注册产生的注册商标专用权和经依法核准登记产生的企业名称权均为合法权利。企业将与他人注册商标相同或近似的文字作为企业的字号在相同或类似商品上使用时,只要使用合理,没有造成相关公众对于相关商品的混淆,就不构成对他人商标专用权的侵犯。

当企业的商号与其他方的注册商标相同时,企业应当就该商号使用的正当性予以说明。从企业使用该商号的历史原因、时间等说明该商号的使用是善意和正当的,说明此种相似或者相同并不会造成混淆,也并不侵犯其他方的利益,不存在潜在的纠纷,更不会对企业未来业务的开展和经营产生实质性的影响。如果与企业商号相同或者相似的商标属于驰名商标,对这种情况就更应当引起重视。

2. 商号和商号的冲突

当企业的商号与其他方的商号相同或者近似时,应当对以下几个方面予以说明:

(1)企业是否合法持有该商号。说明企业对该商号的使用是合法有效的,符合诚实信用原则,在历史上也没有因为使用该商号受到处罚,没有造成消费者的混淆,无任何其他方就企业名称或其不当使用向企业提出任何权利请求,亦未因存在争议而向工商局申请处理或向人民法院提起诉讼的情形。同时,可以从企业与其他方处于不同的行政区域、企业商号合法有效的角度进行说明。

(2)企业与该其他方并不存在联营、合作、特许经营或者投资等需要由该其他方授权企业使用相关商号的法律关系,企业的设立及经营机构是否独立于该其他方,其自主选择企业商号及名称并合法登记注册是否需要获得该其他方的同意。

(3)为保护企业的合法权利,避免因企业使用该商号而与该其他方发生潜在纠纷,可以请其他方作出承诺,确认企业合法拥有使用相关商号的权利,确认不会产生因企业使用该商号而侵犯该其他方任何合法权利的纠纷。承诺表示其他方知晓发行人使用该商号并对其使用不存有异议,亦不会以任何方式向任何机关就企业使用该商号提出任何权利要求。

如果原企业子公司在被转让之后仍使用企业商号,应当对该种情形作出说明,说明其使用的合法性,并要求原子公司承诺在未来变更其公司名称。

3. 以常用名词作为商号的情形

如果企业商号是一个常用名词,应当审查该商号是否存在使用风险或者潜在纠纷,是否认定为驰名商标,使用该商号的其他企业是否与本企业存在关联关系或专卖经销关系,如果是,双方是否签订许可协议等,并对此予以披露。

(七)商标的出资

商标权是商标注册人的无形财产,具有不同于一般物权的特性。商标必须使用于商品或服务之上才能实现其价值。商标价值的高低,必须依据其商品或服务的品质及社会对该商品或服务的评价而定。因而,商标权的运用远较一般财产权特殊、复杂。

以商标权作为出资的情形在上市项目中比较罕见,主要原因是:一是商标权一般情况下是在企业生产经营过程中形成取得的,而不是成立时作为股东出资;二是在为上市而进行的资产重组中,商标权常常随相关资产以无偿的方式进入拟上市公司;三是商标出资的程序相当复杂、漫长,操作难度大;四是商标权的价值评估难度比较大,监管部门也高度关注,甚至质疑评估价值的真实性和合理性。

因此,对于发行人,不宜使用商标权作为出资的方式。如果一定要以商标权出资,则可参考如下法律规定依法进行。

1.商标出资的法定条件与程序(见表9-21)

表9-21 商标出资的法定条件与程序分析表

法定条件与程序事项	具体分析
以商标权投资	必须在有关投资文件中明确商标投资方式,商标作价数额,使用商标的商品品种、数量、时限及区域,商标收益分配,企业终止后商标的归属等内容。
前置审查	企业以商标权投资前,应当委托经国家工商行政管理局核定的商标评估机构进行商标评估,提交商标评估报告及有关商标权投资文件,报送商标主管部门审查。商标主管部门对企业以商标权投资的审查,实行分级管辖的原则。在国家工商行政管理局登记注册的,由商标局审查;在地方各级工商行政管理机关登记注册的,由省级工商行政管理机关审查。商标主管部门应当自收到材料之日起30日内作出审查决定。对符合条件的,予以批准;对不符合条件的,予以驳回并说明理由。
章程规定	企业以商标权投资,被投资的企业在登记注册时,其章程应当就商标权转让登记事宜作出规定,并向工商行政管理机关提交商标主管部门的审查文件。未提交审查文件的,其商标权不能作为出资,对被投资企业不予核准登记注册。
转让登记	商标权出资方和受让方应当于公司成立后半年内,共同向商标局交送《转让注册商标申请书》和《商标评估报告》各一份,附送原《商标注册证》依法办理商标权转让登记手续,并报公司登记机关备案。商标权转让登记因不符合法律、法规的规定,未能办理财产权转移手续的,则以该商标权出资的股东或者发起人应当以其他出资方式补交作价数额,补交数额应当进行重新验证并出具验资报告。
补足差额	有限责任公司成立后,作为出资的商标权的实际价额显著低于公司章程中所定价额的,应当由交付出资的股东补交其差额,公司设立时的其他股东对其承担连带责任。原出资中的商标权应当重新进行评估作价,公司注册资本应当进行重新验证并出具验资报告。

以商标权本身作为出资的主要特征是商标转让,投资方需将注册商标转让至被投资企业名下,被投资企业成为新的商标权人。这种投资方式存在的问题是:注册商标转让本身具有一定的不确定性,根据《商标法》的规定,对注册商标的转让实行核准制,转让注册商标须经商标局核准,并予以公告,受让人自公告之日起享有商标专用权,对可能产生误认、混淆或者其他不良影响的转让注册商标申请,商标局不予核准,这意味着商标的转让并不完全取决于当事人的意志,在法律程序上

还须经商标局核准,商标局可以核准转让,也可以不核准转让,而判断的标准就是商标转让是否"可能产生误认、混淆或者其他不良影响"。这是一个非常模糊的标准,其外延将由商标局根据具体情况确定,这无疑增加了当事人预先判断的难度,使得当事人在决定以注册商标出资时,无法准确预知商标权转让行为最终是否会得到核准。这种不确定性和不可预测性具有极大的风险,因为《公司法》和《中华人民共和国外资企业法》确立了分期缴纳出资制度,允许股东在公司成立后的一段期限内逐步缴足出资,而且,在实际操作中,商标权也都是在公司成立后才办理转让手续的,在这种情况下,公司可能已经成立并运营,但在公司成立后办理缴资的过程中,作为出资的注册商标却可能因为商标局不予核准转让而无法实现出资"到位",公司设立核准与商标转让核准各自独立进行,缺乏协调机制,在有些情况下就会出现脱节,而一旦出现这种情况,将严重动摇股东或者合资双方的合作基础,使公司陷入进退维谷的境地,对参与合作的任何一方来说,都是一种巨大的风险。

这种风险是由法律制度之间缺乏协调衔接造成的,投资者在以注册商标进行投资时,应特别注意这一风险,有效的规避方式是:在合资合同或者协议等相关文件中明确约定商标转让不被核准的处理方式和补救手段。比如,改变出资方式,以其他资产或者货币替代商标出资;变商标转让为商标许可,并视情况调整出资份额;解散公司,合理处理公司已有经营成果。

从国家法制建设的角度而言,法律规定的模糊性和不确定性容易增加交易成本,国家有关部门应当通过立法进一步明确细化注册商标"不予核准"转让的具体情形,减少模糊性。值得注意的是,1995年发布的《公司注册资本登记管理暂行规定》(已失效)中明确规定,企业以注册商标出资的,被投资的企业在登记注册时,应当向工商行政管理机关提交商标主管部门的审查文件。未提交审查文件的,不予核准登记注册。这说明,国家工商行政管理局当时曾经试图建立一种公司登记核准与商标审查之间的协调机制,但遗憾的是,前述规定没有得到有力的贯彻实施,并且已被废止了,规定中所包含的商标权出资预先审查的内容,并没有被以后的文件所采纳或沿用,公司登记核准与商标转让核准之间存在的不协调、不衔接问题仍没有有效的机制加以解决,在新的制度出台之前,投资人要想规避风险,仍需通过合同或协议约定商标转让不被核准的处理方式和补救手段。

在作为出资的商标转让不被核准的情况下,注册商标的权属不会发生变更,这一点是明确的,比较有争议的问题是:如果当事人没有在合同中约定商标转让不被核准的处理方式和补救手段,当出现不被核准的情况时,合资合同、协议等文件中约定商标权出资转让内容的条款是否有效,存在疑问。对此问题列表说明如下(见表9-22)。

表 9-22 商标出资未被核准转让法律问题分析表

观点表述	解决方式
合资合同、协议等文件中约定商标权出资转让内容的条款有效,商标转让是当事人的真实意思表示,商标局核准商标转让的行为只是一种过户性质的物权变动行为,物权没有登记不影响合同的效力,当事人仍负有合同义务。	因商标权转让不被核准而追究不能出资者的责任,在法律上有很大难度,当事人应尽量避免将合同及自身的权益陷入这种法律上难以判断的情形。而事先约定商标转让不被核准的处理方式和补救手段是避免这一情形的最好方法。
合资合同、协议等文件中约定商标权出资转让内容的条款不生效或者无效,商标局核准商标转让的行为属于一种审核性的行政行为,而不是简单的产权过户,属于合同法所说的法律、行政法规规定应当办理批准、登记等手续后生效的情形,商标局不核准,该条款就不生效。	
合资合同、协议等文件中约定商标权出资转让内容的条款无论是否有效,在商标局不予核准的情况下,该条款实际上已无法履行,而且,商标转让是否被核准属于政府决定范围内的事情,而不属于合同当事人的能力范围,因此,不能因政府不予核准而追究当事人的违约责任。	

2. 商标许可使用权出资

以一定年限内的商标许可使用权作为出资的主要特征是商标使用许可,对于商标使用许可,主要涉及三个方面的问题(见表9-23)。

表 9-23 商标使用许可出资法律分析表

问题事项	具体分析
关于商标使用许可的类型	根据有关规定,商标使用许可分为以下三类: (1)独占使用许可。商标注册人在约定的期间、地域和以约定的方式,将该注册商标仅许可一个被许可人使用,商标注册人依约定不得使用该注册商标。 (2)排他使用许可。商标注册人在约定的期间、地域和以约定的方式,将该注册商标仅许可一个被许可人使用,商标注册人依约定可以使用该注册商标,但不得另行许可他人使用该注册商标。 (3)普通使用许可。商标注册人在约定的期间、地域和以约定的方式,许可他人使用其注册商标,并可自行使用该注册商标和许可他人使用其注册商标。 上述三种类型的许可需要通过许可合同明确约定,如果没有约定或者约定不明确,则只能理解为商标所有人保留最大权利,即只能作为普通许可看待。

(续表)

问题事项	具体分析
关于商标使用许可合同的备案	根据《商标法》的规定,商标使用许可合同应当报商标局备案。最高人民法院《关于审理商标民事纠纷案件适用法律若干问题的解释》规定,商标使用许可合同未经备案的,不影响该许可合同的效力,但不得对抗善意第三人。根据以上规定,笔者认为,没有经过备案的商标使用许可合同仍然有效,但其效力主要限于处理合同当事人之间的内部关系,在涉及外部关系时,未经备案的商标使用许可合同对善意第三人无约束力,不影响善意第三人依法善意取得的对商标的权利。
关于商标使用许可的法律界限	商标使用许可所处置的内容仅限于商标的使用权,如果商标使用许可合同的内容使商标所有人一次性、永久或不可恢复地丧失支配和使用商标的权利,则该种商标使用许可合同很可能会被认为超越了商标使用许可的界限,容易被认定为"名为许可、实为转让",有规避商标转让管理制度的嫌疑,增加了合同或相关条款被认定为无效的风险。

3. 商标专用权出资

商标专用权是指经国家商标局核准注册的商标只准许商标注册人专用,排除任何其他人使用的权利。包括基于使用而产生的专用权,即商标使用权。

商标使用权是指商标注册人通过签订商标使用许可合同,许可他人在国家商标局核准的商品或服务项目上使用其注册商标的权利。

4. 商标权出资还应注意的问题

表 9-24　商标出资若干重要法律问题分析表

问题事项	具体分析
与商标权转让的不同	新设立公司要利用他人的知识产权可以通过两种途径:一是知识产权所有人作为股东,以知识产权向公司进行出资;二是由知识产权所有人将该知识产权转让给公司。出资行为和转让行为的法律性质不同,产生的法律后果也不一样,发起人各方可根据公司如何利用知识产权,作出对自己有利的选择。

(续表)

问题事项	具体分析
商标权出资的作价	与其他方式出资，如实物出资、土地使用权出资相比，知识产权的价值难以确定。实物、土地使用权都有相应的市场价格，即使实物已经使用过，也有相应的折旧计算方法，而在技术市场上，如商标等，没有较为统一的市场价。比如，一个商标比同类商品或服务上的商标有更高的知名度，该商标就比其他商标具有更高的价值，而这部分价值很难用公式精确地计算出来。因此，用知识产权出资时对知识产权的评估只是一个供发起人确定其知识产权作价金额的参考数，最终作价金额的确定是由发起人各方在评估金额的基础上相互协商确定的。依据《公司法》的规定，知识产权的出资必须进行评估作价，核实财产，其评估应由有评估资格的资产评估机构（包括资产评估事务所、会计师事务所、审计事务所、财务咨询公司等）进行。
权利转移的法律手续	根据《公司法》的规定，以知识产权出资的，应当依法办理其财产权的转移手续，即到法定机构办理知识产权过户登记。以注册商标所有权出资的，依《商标法》及其实施条例关于商标权转让的相关规定，申请手续应当由转让人和受让人共同办理。以注册商标使用权出资的，出资合同应报商标局备案。

（八）商标纠纷的处理

作为企业经营重要资产的注册商标，一旦发生重大权属纠纷，可能对企业上市产生不利影响。例如"乔丹体育"案中，企业在 2011 年 11 月 25 日就通过了证监会发审委的审核，但随即而来的商标纠纷使得上市批文一拖再拖。2016 年，乔丹体育再次启动 IPO，但 2016 年 12 月，最高人民法院就乔丹商标争议行政纠纷系列案件作出最终判决，撤销了汉字商标"乔丹"的注册商标专用权。乔丹体育的上市之路也就此终止。

在如实披露的基础上，企业和中介机构可以从以下角度出发进行论证，以应对商标纠纷对上市造成的影响：

（1）援引事实依据，或从争议主体适格、诉讼时效、在先使用等角度，论证商标权属不存在客观争议，商标诉讼或商标复审程序的结果不确定性可控，企业有较大概率继续合法合规使用商标。

（2）承认商标权属不确定性的风险，但通过积极手段降低对企业持续经营的影响，例如申请其他替代商标，采取措施进行品牌和商誉的过渡、调整，并通过运行业绩证明这样的处理没有对企业产生不利影响。

（3）如商标纠纷涉及金额较大的侵权赔偿，中介机构可根据纠纷的事实情况对潜在损失进行合理的预计,拟上市公司可从审慎角度对利润进行损失计提,以证明商标纠纷对企业业绩的影响不会导致公司不符合上市条件。

二、专利权(上)

(一)专利权的取得——专利权属问题

1. 职务发明与非职务发明

职务发明创造是指为执行本单位的任务或者主要是利用本单位提供的物质技术条件所完成的发明创造,职务发明创造申请专利的权利属于该单位,专利申请被批准后,该单位为专利权人。但是,发明人或者设计人也可以与单位就发明创造的权利归属进行特别约定。与此相对,员工个人非执行本单位的工作任务,或者非利用本单位的物质技术条件所完成的与职务行为无关的发明创造,属于个人发明创造,一切权利都属于职工个人所有。但是,实践中,由于技术研发活动需要一定的资金投入,也需要一定的研发技术指导,以及技术员工的流动等原因,造成职务发明创造与个人发明创造难以界定,产生了很多关于专利权属的争议问题。因此,在企业提交申请材料之前,应当及时处理这些潜在的风险,明确职务作品的权利归属。

论证用于出资的知识产权技术为非职务发明一般有以下思路:

(1)该技术发明于公司成立前,之前的单位确认该发明不是职务发明;或者有明确书面证据(论文、公开发表的文章等)证明大部分成果在公司成立前已经由出资人研究完成。

(2)核心技术人员用非专利技术出资的同时,有在高校或者科研院所任职经历的,中介机构应特别关注其科研范围与发行人主营业务的关联性,需要关注其取得的科研成果的时间和出资时间及其关系,需要证明发行人未利用高校或者科研院所的条件,同时应取得相关机构出具的正式书面文件予以确认。

(3)出资人委托第三方研发的技术,并明确技术所有权归出资人所有。

(4)若是出资人在发行人工作期间研发的技术,则需证明:

①出资人的学历、经验和能力足以自行研发该技术;

②出资人研发该技术的原始资料;

③用于出资的技术与公司业务不存在关联关系,也未占用公司的任何资源进行研发,公司没有经营相关业务也无技术研发可利用的资源;

④出资人研发的技术与其在公司的本职工作无关,未利用公司物质条件及工作时间研发该项技术;

⑤公司之前的研发团队成员就该项技术声明未参与该项目技术研发;

⑥技术权威机构对该技术进行分析研究,认定该技术具有个人在一定时间内自行研发的可行性;

⑦出资前公司未使用过该技术,公司财务账面上未出现该技术;

⑧出资人出具承诺，声明其研发该技术未占用公司资源及工作时间，也未使用公司设备，不属于公司职务发明，且未侵犯其他方的知识产权。

表9-25　职务发明与非职务发明对照表

类型	条件	申请人	专利权人	特殊情形
职务发明	执行本单位的任务所完成的发明创造，包括： （1）在本职工作中做出的发明创造； （2）履行本单位交付的本职工作之外的任务做出的发明创造； （3）退休、调离原单位后或者劳动、人事关系终止后一年内做出的，与其在原单位承担的本职工作或者原单位分配的任务有关的发明创造。 主要是利用本单位的物质技术条件完成的发明创造。	单位	单位	有约定的从其约定
非职务发明	非执行本单位的工作任务，或者非利用本单位的物质技术条件完成的与职务行为无关的发明创造。	个人	个人（发明人或者设计人）	—

2. 子公司专利技术的独立性

如果作为发行人的企业是某母公司旗下的子公司，对于某些专利，企业需要证明其拥有该专利的所有权，证明该专利技术的独立性，以及企业具有研发该专利的能力。主要从以下两个方面予以证明：

（1）现有技术的独立性。企业现合法拥有与其生产经营相关的专利和专有技术的所有权或使用权，现有的核心技术不存在需要得到他人许可或受他人限制的情形，也不存在被控股股东、实际控制人或其他关联方无偿占用的情形。

（2）自主研发能力。企业是否拥有充实的技术研发团队、健全的技术研发机制、足够的研发经费投入、具备技术自主研发的能力。

3. 技术来源的合法性

对于某些技术来源并不明确的专利技术，企业应当说明其技术来源的合法性，包括其历史形成、来源的渠道、是否有过纠纷，以及是否存在潜在纠纷，都应当予以明确说明。

（二）专利权的持有

1. 专利权存续

对于已经拥有某项专利的企业，应该审查该项专利是否到期或者将要到期，是否定期缴纳年费。根据专利年费缴纳的有关规定，如果在期满之内仍未缴纳年费的，专利权自应当缴纳年费期满之日起终止。因此，在上市过程中，企业应当及时关注年费的缴纳情况。如果因为未缴年费导致某项专利权属的丧失,将有可能直接影响企业上市,尤其是当该项专利属于企业核心技术的时候。另外,对于创业板上市的企业而言,专利的持有,直接影响到该公司的创新性以及持续盈利能力,对于这些企业,应当对专利问题予以更多的关注。

现实中已有企业因为专利问题在创业板上市前被临时叫停,该企业因为若干专利"未缴年费,专利权终止",且未在招股说明书中说明,受到广泛质疑,继而在上市之前被临时叫停进行核查,相关企业应当对此类事件引起足够的重视。

2. 专利权到期

如果在上市中发现企业某项专利权存在即将到期的情形,应当说明该项专利权对企业盈利能力以及未来发展的影响;说明该项专利对企业的有限作用,不会对企业未来的盈利能力产生大的影响,同时阐述原因。

3. 专利权变更

如果企业在取得相应的专利或者专利许可之后发生了相应的变更,应当注意及时进行相关信息变更,例如,如果公司名称已经改变,可凭工商部门出具的变更表或者变更证明向国家专利局办理申请人(或专利权人)名称变更,否则,将会影响专利权的使用。

4. 技术保密问题

为了保证专利技术的安全性和稳定性,企业需要说明其技术保密制度以及保密协议的完整性,以防止存在泄密的风险。审核企业的核心技术人员认定与管理制度、技术管理与保密制度等措施,技术安全稳定性、潜在风险及影响。公司是否制定了专门针对核心技术人员的管理制度,核心技术人员除遵守公司的技术管理及保密制度外,是否签署了技术人员专用的《保密协议》。

5. 技术合作开发合同的完整性

存在技术合作开发合同的企业,应当审查其合同约定事项的完整性,是否存在对重大事项约定不明的情形。例如,合同是否约定了技术成果产生收益的分成办法、研究成果共同所有等具体的权利义务。如果确实存在重大事项约定不明的情形,企业可采取签署补充协议书的方法,对相关问题予以明确。

6. 涉诉问题

如果涉及专利权诉讼尚未结案的情形,企业应当及时和对方沟通,达成和解协议,或者撤回诉讼,及时了结案情。

(三) 专利转让

专利转让主要包括专利权转让和专利申请权转让,这里仅指专利权的转让。在审查企业的专利转让问题时,主要是审查当企业作为专利转让的受让人时,是否存在以下潜在的风险:

1. 是否存在转让主体资格瑕疵

专利出让人,是合法拥有技术的权利人,也包括其他有权对外转让技术的人。实践中,不具备民事主体资格的科研组织擅自以自身名义签订专利转让合同,比如法人或其他组织设立的从事技术研究开发、转让等活动的课题组、工作室等,或者个人擅自转让职务发明创造,或者由于技术开发合同约定不明确,造成专利技术成果权属不清等情况,都容易引发专利转让合同纠纷的发生。此外,不同类型的技术开发合同中有关专利权属约定不明确,也是造成专利转让合同主体资格瑕疵的原因之一。因此,作为专利受让人的企业应严格审查专利转让人的主体资格,专利转让人与专利权属证书的权利人应一致,并取得合法的授权转让证明文件。在受让科研单位专利技术成果时,应避免与科研单位的内部科研组织签订合同。

2. 是否存在转让标的瑕疵

如果转让的是已被授权的专利,转让人所转让的专利应完整、无误、有效,对此在签订专利转让合同时应予以明确约定。专利转让后,还有可能因为各种原因而被宣告无效。如果专利在转让后被宣告无效,可能给受让人带来一定的经济损失。因此,在专利转让合同中,受让人可要求出让人作出相应承诺,保证提供完整、真实、有效的全部技术资料,并负有一定的技术指导义务。

3. 是否存在转让专利已被实施

实践中,在专利转让前,企业可能已经独自实施或已许可他人实施该专利,在受让后,受让人对此专利的实施就可能受到一定的影响。因此,在签订专利转让合同之前,受让人需要查明转让人所转让的专利是否事先已许可第三方使用以及以何种方式使用,是否禁止专利权人转让已许可他人使用的专利,因为这些情形都有可能影响专利权的实施。

4. 是否存在专利已被宣告无效的情形

专利在转让的时候也许是有效的,但有可能在之后被宣告无效。如果该转让专利被认定无效,企业便不再享有在某方面的专利优势。如果是关键性的专利被宣告无效,可能会从实质上影响企业的上市。

5. 专利的转让是否已作变更登记

如果企业在上市过程中发现专利虽已实质性转让,但是尚未作变更登记的,应当及时进行变更登记。如果时间上不允许,可由转让方作出声明或者承诺,说明该项专利已经归受让方所有,受让方企业有权自由使用和处分该项专利,并由转让方作出及时变更登记的保证,以此说明专利权过户并不存在实质性的法律障碍。

(四)专利许可

对于拥有被许可专利的公司而言,需要核查相应的许可专利是否已经到期或者将要到期;对于将要到期的被许可专利,应当及时和许可方进行沟通,重新签订相应的专利许可合同,以免导致相应专利无法继续使用而影响上市计划。此外,专利实施许可合同只在专利权的有效期间内有效,其期限也是以专利权有效期间为准。因此,如果在专利实施许可合同有效期间内,专利被宣告无效,可能会从实质上影响企业上市。

(五) 专利质押

关于专利质押方面的审查,主要是指当企业作为债权人时的专利质押审查。主要审查内容为:

1. 专利权的标的

设定专利质押,必须以合法有效的专利为标的。也就是说,如果该项技术在国外享有专利权,但在我国并未取得专利权,就不得作为专利质押的标的。

2. 专利权的期限

根据专利期限性的特点,质押设定时应以该专利尚未进入共有领域为要件,并应在专利有效期间内。如果该项专利已过有效期间,已经进入共有领域,成为公共产品,就不再具有质押的可能性。

3. 专利权的经济价值

即使在专利权的有效期内,如果专利经济价值丧失,不能够创造现实相应的经济效益,该专利权则因丧失财产权而不得设质。

4. 专利权的权属

应审查专利权是否存在持有瑕疵,对于存在瑕疵的专利权,不得设质。例如,处于行政或司法程序处理过程中的专利,由于其权利性质及归属处于不确定状态,若以此设质,必然导致债权人担保利益的不确定性。另外还需要审查的是,出质人是否存在未经质权人同意,转让或者许可他人使用该专利的情形。如果存在该情形,专利转让或者许可的所得应向质权人提前清偿或者提存。

(六) 专利权滥用

专利权滥用是相对于专利权的正当行使而言的,是指专利权人超出法律所赋予的权利范围不正当地行使专利权,损害他人利益或社会公共利益的行为。专利权滥用并不导致专利权的无效,也不必然违反反垄断法规和构成不正当竞争。

专利权滥用是权利滥用的一种,或者说是特别化,专利权滥用的构成要件也就是权利滥用构成要件的特别化。根据专利权本身的特点,专利权滥用的构成要件可以归纳如下:

(1) 专利权滥用必须以专利权存在为前提,未取得专利权的发明人滥用其权利,不属于专利权滥用。

(2) 专利权滥用的行为主体必须是专利权人或独占实施许可的被许可人。之所以将独占实施许可的被许可人作为主体之一,是因为独占实施许可的被许可人的地位与专利权人有相似之处。独占实施许可的被许可人可以根据合同的约定独占地实施专利技术,排除专利权人的实施行为,也可以在专利权人不起诉的情况下单独提起侵权诉讼,或者请求人民法院采取诉前临时措施。

(3) 客观上专利权人或独占实施许可的被许可人可能超越法律的限度和范围实施其权利,例如,采取不实施、不正当地限制交易或不公正的交易方法的行为。

(4) 专利权人行使其权利损害了社会公共利益,或者对他人的利益造成了潜在的危险。对他人利益或社会利益具有危险的行为也应视为专利权滥用。

为防范专利权滥用的法律风险,一方面,专利权人在相关技术合同中,应避免有关条款构成专利权的滥用;另一方面,技术使用人在签订此类条款时,应注意审核,并能够在专利权人提起的侵权或合同纠纷中以专利权滥用为由进行抗辩。同时,专利权滥用行为也可能同时违反反垄断法或反不正当竞争法,滥用专利权人应承担相应的法律责任。企业在使用专利的过程中,应当避免出现专利权滥用的情形。

(七) 专利权出资

1. 概述

专利权出资是以知识产权出资设立公司的重要表现形式,是专利权资本属性的体现,符合经济学成本分析理论及公司法的立法精神。需要注意的是,这里的"专利权出资"应作广义理解,既包括专利所有权出资(即狭义的专利权出资),也包括专利使用权出资。

《公司法》第27条用概括的方式规定,股东可以用货币出资,也可以用实物、知识产权、土地使用权等非货币财产出资。对于非货币财产,只要"可以用货币估价并可以依法转让"就可以用于作价出资。这样的规定,扩大了股东出资形式的范围,使公司出资形式更为灵活,体现了对公司资本制度的深化和对公司信用观念的转变,即"由公司资本信用向公司资产信用观念的转变"。

2. 专利使用权出资的可行性和合法性

专利,尤其是核心专利,作为公司知识产权的重要组成部分,对公司的经营及发展至关重要。《公司法》第27条的规定明确了专利权出资的可行性,对其最直观的理解是股东以专利所有权出资不存在法律障碍;但是对于以专利使用权出资的问题,由于在此种情况下,公司仅为该专利的使用权人,考虑到出资对公司经营及发展的影响,实践中对专利使用权是否可以作为非货币财产作价出资存在争议,甚至怀疑此种出资方式可能构成公司上市的实质性障碍。

(1) 专利使用权出资在《公司法》与《专利法》中的冲突

专利权作为重要的知识产权类型,具备财产无形性和权利授权性。财产无形性导致资产价值量化的难度,权利授权性导致权利转移必须经过行政审批。同时,专利权是一种典型的法定垄断权,具有强烈的自我支配性和排他性,专利权人在行使权利时,往往希望保持权利运作和流转的绝对控制,如果不对其权利进行制约,专利权人的利益必然会与包括其他主体利益在内的社会公共利益发生冲突。因此,在以专利使用权出资的情况下,专利权人出于其权利性质,仍本能地控制着权利,而在公司组织体系中,专利使用权出资人的利益如"凌驾"于其他出资人及公司利益之上,会使双方利益产生直接冲突,也会使《公司法》维护的公司组织体系陷入"危机"。

表 9-26 专利使用权出资法律冲突分析表

冲突种类	分析和说明
在公司资本维持原则方面的冲突	所谓资本维持原则，又称资本拘束原则，即要求公司维持与资本总额相当的财产，在公司成立后的动态过程中要保持实有资本额的相对稳定。 （1）专利权的保护期限与公司经营期限的冲突。与商标权、著作权相比，专利权的保护期限较短。发明专利的保护期限为 20 年，实用新型、外观设计专利的保护期限为 10 年，而且保护期限从申请日开始计算，而非从授权公告日开始计算。一种观点认为，专利权的保护期限一旦短于公司的经营期限，实质上相当于专利权人变相抽回了出资。另一种观点认为，专利出资在评估作价时已经合理地考虑了专利的有效期等因素，因而不应当认定为抽回出资。笔者认为后者的观点更加合理。 （2）专利权的权利不稳定性与公司资本确定性的冲突。专利权的权利不稳定性表现在专利无效审查制度对专利权的影响。实用新型、外观设计专利经专利审查部门形式审查而非实质审查后授权，容易被申请宣告无效而导致无效；发明专利虽经过实质审查，在被申请获批后仍有被宣告无效的可能。据国家知识产权局统计，每年被请求宣告无效的专利在 2000 件以内，被宣告无效专利的比例达到 50%。专利权一旦无效，视为自始不存在，会对公司的资本维持构成较大的威胁。 专利权的价值不稳定性与公司资本确定性的冲突。专利技术易受市场发展和技术革新的影响，在技术发展迅速的今天，一项专利所代表的技术往往会在一定的时间内被新技术所代替或淘汰，其市场价值会发生贬损，一旦作为出资的专利的价值波动，致使其实际价值低于甚至远低于其出资入股时的评估价值，势必会对公司的资本维持产生重大影响。
在公司承担责任要求方面的冲突	根据《公司法》第 3 条的规定，公司有独立的法人财产，享有由股东投资形成的全部法人财产权，依法享有民事权利，承担民事义务。公司以其全部法人财产依法经营，自负盈亏。在出资人以专利使用权出资的情况下，专利权人仍为出资人，公司仅为专利使用权人。公司在未得到专利权出资人同意的情况下，无权转让专利使用权，也无权许可他人使用专利，当然也不可能将专利使用权作为其财产对外偿债。因此，对于公司而言，权利只在于"使用"，而不及于"处分"，这与公司以投资形成的全部财产对外承担责任的《公司法》要求相悖。 专利使用权的出资，类似租赁权出资，法律虽无禁止，但是会为发行人带来一系列的问题，如验资手续如何办理，工商登记如何办理，公司未来如对外转让该专利使用权（如再许可）是否无须获得专利权人同意，如仍然需要获得专利权人同意，则不符合《公司法》规定的实物出资的基本特征——"用货币估价并可以依法转让"。

（续表）

冲突种类	分析和说明
在公司股份转让方面的冲突	根据《公司法》第 71 条的规定，有限责任公司的股东之间可以相互转让其全部或部分股权。股东向股东以外的人转让股权，应当经其他股东过半数同意。经股东同意转让的股权，在同等条件下，其他股东有优先购买权。而根据《专利法》第 10 条第 1 款的规定，专利权可以转让。专利权人以专利使用权出资后，依法仍具有专利转让权，如在公司经营期间转让专利权，其会自动丧失股东资格，受让人自动成为公司的新股东，这明显违反了《公司法》的上述规定，不仅股份转让未经其他股东的同意，而且还侵害了其他股东的优先购买权。若受让人不直接取代原专利权人的股东地位，允许原专利权人继续享有股东权利，则专利实施权就脱离了专利权，这与《专利法》的规定相悖。
在竞业禁止方面的冲突	《公司法》第 148 条规定了公司董事、高级管理人员不得自营或者为他人经营与所任职公司同类的业务，这是公司董事、高级管理人员竞业禁止义务的规定，是各国公司法均予以确认的上述公司人员应承担的义务。公司其他股东之所以同意专利权人以其专利使用权出资，无非是肯定专利权价值，并认可专利产品对于公司经营的重要性，因此，公司一般均会生产、销售该专利产品，以实现其专利使用权所产生的收益。出资股东往往会出任公司董事、经理等高级管理人员。依据上述规定，以专利使用权出资的专利权人如任公司董事、高级管理人员，不能自营或为他人经营与所任职公司同类的业务，这意味着专利权人不仅自己不能实施专利，也不能再许可他人实施专利。而依据《专利法》的规定，专利权人如未给予公司独占或排他使用专利的权利，仍有权自行实施专利或许可他人实施专利。显然，在竞业禁止方面，专利权人在行使《专利法》规定的权利时，可能面临违反《公司法》规定的对公司忠诚义务的"窘境"。

(2) 专利使用权出资在法律层面的可行性

《公司法》虽然没有明确规定包括专利使用权在内的知识产权使用权出资问题，但从自治、效率和利益平衡的立法精神可以判断，符合"可以用货币估价并可以依法转让"的资产，均可作价出资。根据《中华人民共和国公司登记管理条例》第 14 条的规定，股东不得以劳务、信用、自然人姓名、商誉、特许经营权或者设定担保的财产等作价出资，这一规定并未对专利使用权等知识产权使用权出资作出禁止性规定，因此，法定的知识产权可出资性，应当包含其使用权权能的可出资性。

对于"以专利使用权出资是否构成公司上市的实质性障碍"这一问题，应从该等出资是否会影响公司持续盈利能力以及如实充分披露相关信息的角度进行法律层面的分析（见表 9-27）。

表 9-27　专利使用权出资是否构成公司上市障碍的法律分析表

文件名称	条文规定	法律分析
《首发管理办法》	第 30 条规定：发行人不得有下列影响持续盈利能力的情形：……（五）发行人在用的商标、专利、专有技术以及特许经营权等重要资产或技术的取得或者使用存在重大不利变化的风险…… 第 42 条规定：发行人应当在招股说明书中披露已达到发行监管对公司独立性的基本要求。	（1）修订后的《首发管理办法》虽然删除了与发行人独立性相关的条款，但增加了"发行人应当在招股说明书中披露已达到发行监管对公司独立性的基本要求"条款，同步修订的《公开发行证券的公司信息披露内容与格式准则第 1 号——招股说明书》和《公开发行证券的公司信息披露内容与格式准则第 28 号——创业板公司招股说明书》中完整表述了发行人应披露的已达到发行监管对公司独立性的基本要求，该内容与原《首发管理办法》关于发行人独立性相关条款并无实质区别。 （2）《公开发行证券的公司信息披露内容与格式准则第 1 号——招股说明书》和《公开发行证券的公司信息披露内容与格式准则第 28 号——创业板公司招股说明书》相关条款在提及资产完整时，规定的是合法拥有与生产经营有关的主要专利、非专利技术的所有权或者使用权，由此可见"使用权"同样属于资产完整的重要维度之一。 （3）《公开发行证券的公司信息披露内容与格式准则第 1 号——招股说明书》第 28 条规定将"核心技术依赖他人"作为发行人应当披露的一项风险因素，说明并非要求公司一定取得核心技术的所有权。 （4）发行人顺利上市的重要前提条件之一是，其在用的商标、专利、专有技术以及特许经营权等重要资产或技术的取得或者使用不存在重大不利变化的风险。
《公开发行证券的公司信息披露内容与格式准则第 1 号——招股说明书》	第 28 条规定：发行人应披露的风险因素包括但不限于下列内容：……（四）技术不成熟、技术尚未产业化、技术缺乏有效保护或保护期限短、缺乏核心技术或核心技术依赖他人、产品或技术面临淘汰…… 第 51 条规定：发行人应披露已达到发行监管对公司独立性的下列基本要求：（一）资产完整方面。生产型企业具备与生产经营有关的主要生产系统、辅助生产系统和配套设施，合法拥有与生产经营有关的主要土地、厂房、机器设备以及商标、专利、非专利技术的所有权或者使用权，具有独立的原料采购和产品销售系统；非生产型企业具备与经营有关的业务体系及主要相关资产……	
《公开发行证券的公司信息披露内容与格式准则第 28 号——创业板公司招股说明书》	第 49 条规定：发行人应披露已达到发行监管对公司独立性的下列基本要求：（一）资产完整方面。生产型企业具备与生产经营有关的主要生产系统、辅助生产系统和配套设施，合法拥有与生产经营有关的主要土地、厂房、机器设备以及商标、专利、非专利技术的所有权或者使用权，具有独立的原料采购和产品销售系统；非生产型企业具备与经营有关的业务体系及主要相关资产……	

表 9-27 的分析表明,只要作为发行人的公司在专利权的取得和使用(尤其是核心专利权的取得和使用)方面不存在重大不利变化的风险,同时尽到如实充分披露相关信息的义务,那么即使公司对该专利仅拥有专利使用权也不会构成其上市的实质性障碍。

3. 出资条件

以专利权出资,首先应当审查该出资是否合法,也就是说,该出资是否符合专利出资的必要条件:第一,有明确的权属。可以审查一些常见的权属证明文件,如专利证书及专利实施许可合同、专利技术的有关资料、商标注册证书、著作权登记证书、植物新品种的品种权证书,等等。第二,价值可确认,并且经由评估机构评估。可以审查评估机构出具的文件。第三,以高新技术出资的,还需获得相关部门的认定文件,即需要审查相关机构的认定文件,如果没有认定文件,或者认定文件存在瑕疵,该出资就可能是非法的。

4. 出资比例

在 2005 年修订的《公司法》实施之前,即 2006 年 1 月 1 日之前成立的公司,应当按照原《公司法》的无形资产出资比例,即以工业产权、非专利技术作价出资的金额不得超过有限责任公司注册资本的 20%,同时国家对以高新技术成果出资入股有特别规定。

《首发管理办法》第 26 条第 1 款第(四)项对于以无形资产出资规定了不得超过净资产 20%的限制,但是《创业板管理办法》对此并未作出相关规定。

5. 出资瑕疵

实践中,有些创新型企业的核心技术存在对国外已有专利技术的严重依赖,因此,这种技术可能存在侵权的法律风险,在对企业审查时应当注意。此外,还需要关注对专有技术产权人相关情况的核查,比如核查其开发过程的资料、开发成本投入等。

6. 出资范围

法律原则上确认专利出资就是以专利的整体权利作为投入,但是,出资人与所出资的企业可以就专利的归属进行约定,所出资的企业并不必然获得专利的所有权,也可以就使用权进行有关约定。当事人对专利的使用权约定有比例的,视为当事人对实施该项技术成果所获收益的分配比例。技术成果作为无形财产,不可能实行按份共有,但可以在利益分配上体现当事人关于比例约定的真实意思表示。因此,企业应与出资方就专利的权属及使用权问题进行明确的约定,以免产生不必要的争议。此外,出资方应对该专利保留的权利范围以及违约责任等作出明确的约定。

(八) 正确判断专利对上市工作的价值

一项专门调查显示,在创业板已上市的 14 家公司中,已被国家知识产权局或境外专利局授权的专利共计 244 件,但具有技术含量的发明专利只有 69 件,仅占

28.3%。此外,该14家公司在招股说明书中特意罗列了各自正在申请的大量专利,但申请时间多集中在上市申报材料之关键时期。由此不难得出有些企业简单地把专利等同于竞争优势或公司上市工具的结论。这些企业并未认识到专利对其发展的真正价值,而是将专利作为公司上市的砝码,并不重视专利管理及其市场化开发。

国内创业板设立的主要目的在于促进自主创新企业及其他成长型企业的发展。与主板不同,创业板在市场定位方面更强调适应自主创新型企业的投融资需求,"自主创新"也成为甄选企业是否适合在创业板上市的重要因素之一,而专利的数量和质量是衡量企业自主创新能力的关键指标之一,由此引发了不少企业在上市前突击申请专利的状况。

专利固然是企业参与市场竞争的锐利武器,但并不等于有了专利,企业就能在竞争中占据优势地位。此外,专利权虽然是一种财产权利,但并不意味着有了专利,就有了现实财富。如果企业不进行周密的专利布局、提高专利申请的质量,即使通过了上市审核,也不能获得持久的发展动力。

对于高科技企业,专利固然重要,但关键在于是否为核心技术。国家知识产权局专利局审查业务管理部一位专家在接受《中国知识产权报》记者采访时表示,对于上市的科技型企业而言,研发实力是重要因素,但更应注意企业的专利布局,只有高质量的核心专利才能构成企业强大的竞争能力。有了核心专利,企业就可以牢牢占有市场。同时,专利布局对企业上市和今后的发展是一个至关重要的因素,在风险难测的市场竞争中,拥有更多高质量的发明专利可以增强上市企业的竞争能力。因此,企业应该在上市之前就拥有一定的专利储备,特别是核心技术的发明专利。

由此可见,专利对企业的价值绝不是上市的工具或砝码,而是企业持久发展的动力与活力源泉。

三、专利权(下)

(一)专利法律状态的全面核查及持续监控

中国证监会发行监管部于2010年4月20日发布了《关于切实落实保荐制度各项要求,勤勉尽责,提高尽职调查工作质量的通知》,要求各保荐机构对于2010年5月1日前申报的在审项目(包括已过会未发行的项目),对专利进行全面核查。根据该文件,企业以及中介机构有必要在以下方面加强工作。

表 9-28　专利专项全面核查表

核查项目		核查内容
专利法律状态	概念	专利法律状态包括：专利权的授予，专利申请权，专利权的无效宣告，专利权的终止，专利权的恢复，专利权的质押、保全及其解除，专利实施许可合同的备案，专利实施的强制许可及专利权人姓名或名称、国籍、地址的变更。
	全面核查	(1) 对专利有效性的检索。 (2) 对专利是否存在限制状态的检索。 (3) 对与专利权归属有关的检索，包括对专利权人姓名或名称、国籍、地址变更等著录项目变更方面的检索，对专利实施许可合同备案的检索等。目的在于确认有关专利权是属于企业还是个人，或者是否存在独占许可等法律状态。 (4) 对专利地域性的检索。本项与上述三项为交叉检索关系。由于专利保护具有地域性的特征，而且考虑到申请上市的企业多有境外业务，在不同国家申请同样的发明创造为常态，因此需要对在不同国家申请的专利的法律状态分别进行核查。
	持续监控	持续监控指对专利存续期内的法律状态进行不间断的监控。当前专利的法律状态稳定并不代表日后依旧稳定，即使成功上市，也需要对企业的核心专利进行持续监控，保持其稳定性，及时发现隐患，以尽早解决、弥补。
核心技术预警	概念	核心技术预警指企业通过收集、整理和分析判断与本企业主要产品和技术相关的技术领域的专利信息，对可能发生的重大专利侵权纠纷和可能产生的危害程度等情况向企业决策层发出警报。
	意义	对于上市企业而言，通过技术预警分析，发现企业技术资产可能存在的风险，及时解决可能对企业上市构成障碍的问题并尽到及时披露的义务。
	工作步骤	(1) 确定目标技术与实施地点。确定企业的主要产品及技术作为技术预警分析的目标技术，并将目标技术的实施地点包括生产、使用、许诺销售、出口地点作为实施地点。 (2) 解析目标技术。准确、全面地解析目标技术的内容与特征。 (3) 确定专利文件检索使用的国际专利分类号、假想权利人及其关键词、技术关键词、检索方式及其检索的国家范围。 (4) 与目标技术相关的专利文件及非专利技术文件的检索。为了保证检索尽可能地没有遗漏，须从不同的角度，分别用"技术"和"假想专利权利人"关键词在世界各主要专利文献数据库及非专利文献数据库中对与目标技术可能相关的专利文件及非专利技术文件进行全面检索。 (5) 对检索出的技术文件的初步分析并与目标技术进行对比分析。将检索出的各份技术文件所记载的技术方案与目标技术方案进行初步对比分析，根据两者技术关联程度的高低，将检索出的专利文件划分为 A、B、C、D 四级，其中 A 级为与目标技术关联程度高。依据目标技术实施地点的专利侵权认定或专利无效原则，将目标技术与检索到的（主要是初步对比分析中确定为 A 级并有效的高关联程度）技术文件进行深入细致的对比。 (6) 结论性意见。通过技术对比，得出目标技术的实施是否存在侵犯他人专利权的风险。

(续表)

核查项目		核查内容
核心专利稳定性核查	概念	核心专利稳定性核查指企业核心技术所生成的专利从法律角度是否经得起推敲,若经历无效宣告程序、专利行政诉讼程序后,是否还能保有企业今后发展所需要的专利保护范围,甚至专利权。
	意义	可降低在上市前后核心专利被宣告无效的概率;若企业专利数量较少,并存在不稳定专利,那么可以有针对性地挖掘和申请新专利,及时弥补前述缺陷。
	工作步骤	确定企业核心专利;确定检索关键词、分类等;检索专利文献及非专利文献;解析核心专利;根据对核心专利的解析结果,将检索出的文献按重要性分类;从各文献中选出最接近现有技术以及关联紧密的现有技术,对核心专利进行评析;给出结论性意见。

(二)创业板上市公司专利信息披露

1. 创业板上市公司专利信息披露的要求

由于相关部门没有出台针对创业板上市的法律意见书和律师工作报告编写规则,而 2001 年颁布的《公开发行证券公司信息披露的编报规则第 12 号——公开发行证券的法律意见书和律师工作报告》对企业创新能力和专利权信息披露方面的规定又相对较少,在撰写律师工作报告过程中,需要参考中国证监会发布的《公开发行证券的公司信息披露内容与格式准则第 28 号——创业板公司招股说明书》的披露要求,对企业专利信息予以严格核查和恰当披露。

根据《公开发行证券的公司信息披露内容与格式准则第 28 号——创业板公司招股说明书》的规定,证监会对企业专利信息披露的要求主要涉及以下三个方面(见表 9-29)。

表 9-29 企业专利信息披露表

要求	内容
专利状况对企业风险的影响	企业在披露业务模式风险、资产质量风险和技术风险过程中,无不涉及对专利质量的评价和专利研发可持续性的评价,尤其对以技术立业的高新技术企业而言,专利状况存在隐患时会使企业遭受致命的打击。招股说明书在对创业板上市企业风险披露过程中,尤其需要强调对其专利研发模式、转化模式、评估方式、专利质量等内容的说明,并揭示其与各类风险所存在的内在关联性,以便向投资者全面展示企业所面临的风险、深入揭示企业风险的成因和解决途径。

(续表)

要求	内容
专利状况对财务指标的影响	由于无形资产，尤其是以专利权为代表的知识产权，其评估作价存在较大的伸缩性和变动性，使得其成为影响资产质量和资产结构的重要因素之一。监管部门对于企业披露无形资产价值以及无形资产占净资产比例的要求一直比较严格。《企业会计准则第6号——无形资产》规定，企业内部研究开发项目开发阶段的支出，在满足一定条件时能确认为无形资产，这为企业自主研发的专利权作价入账提供了依据。但是实务中，专利权的价值往往大大高于按照会计准则计算得出的价值，所以要合理评价专利权的价值大多需要通过评估，这就需要律师在独立核查的基础上对评估作价、摊销方式是否合理作出判断。此外，创业板虽然取消了无形资产占净资产比例的限制，但是仍然要求企业保证无形资产占企业净资产的比例不应过高。
专利状况对业务技术的影响	高新技术企业的竞争力和成长性主要体现在其拥有的技术质量和成长后劲上。企业拥有专利的数量和质量，直接决定了企业的行业地位和市场地位，也直接关乎企业的持续发展和募集资金的使用效率。可以说，企业专利状况，包括专利的质量、拥有量、开发能力、产业化能力等要素，能够直接反映企业的成长性，并决定市场和投资者对其青睐与否。企业在披露专利信息过程中，不仅要对专利技术现有状况予以介绍，包括专利自主研发情况、专利受让转让情况、专利许可使用情况等内容，还需要对企业专利开发能力、专利转化能力、市场预期、市场竞争力等方面的内容予以详细披露。

2.核查过程中需要注意的问题

(1)正确认识专利信息披露的重要性

加强专利信息披露工作，有以下两方面非常重要的作用：一方面，专利信息披露制度对于拟上市公司而言是一种推动，能够促使公司在上市过程中对自身专利权状况进行梳理，对专利管理机构进行设置，对创新模式进行构建，真正确保公司实现可持续、高成长性的发展；另一方面，专利信息披露工作对其他寻求上市的公司而言是一种引导，公司只有达到已上市公司披露的专利状况，才有可能获得监管部门和市场的认可，才有可能获得较高的经济回报，利益驱动使公司自发地不断充实自身的创新能力和专利权量，同时也促进了整个社会的进步和发展。

(2)合理设定专利信息披露的内容和形式

专利信息披露不应局限于专利权利证书所记载的内容，同时也不必将专利权周边存在的所有情形进行披露。中介机构在披露专利信息过程中要在符合监管部门相关规定并确保投资者获取充分、足够信息的基础上，为企业保持持续创新能力提供便利。

创业板上市公司需要披露的专利权信息包括专利名称、专利号、申请日期、授权日期、有效期、取得方式六项，上述信息可以通过列表的形式进行罗列。其他专利信息披露，包括非专利技术获取情况、专利被授权和授权他人的情况、专利权设定担保的情况等，上述信息则可以通过专项列明的方式对其进行披露。应当指出，上述专利权信息披露中设定的六项内容往往是全面考察专利权状况必不可少的指标。

在撰写具体报告过程中,可以通过区分发行人专利状况、发行人子公司专利状况进行披露,同时在相应专利状况披露过程中应明确区分已授权专利和在申请专利进行披露。

(3) 有效保障专利信息披露的效率和效力

要有效保障专利信息披露的效率,最重要的是要确保专利信息能够有效获取、及时审核、充分披露。企业专利权的获取是一个循序渐进的过程,一方面依赖企业科研创新的进度,另一方面也取决于国家知识产权局审查专利的速度。在企业上市准备过程中,中介机构应该注意及时从企业、国家机关等多种途径获取企业专利状况的信息,及时对其进行核查。此外,专利信息披露应以出具《律师工作报告》等相关文件当天的专利权利状态为准,这就要求律师在上报材料时需对专利权利信息再次予以确认和核查。

要有效保障专利信息披露的效力。在专利信息披露过程中,律师必须对企业提供的专利权利证书和相关专利权许可使用合同、转让合同、担保合同的内容进行仔细核查。通过国家知识产权局和世界知识产权组织所提供的专利信息数据库,对专利权的法律状态进行核对;通过对专利权相关合同中具体条款的分析,明确专利权授权方式(当事人可选择独占、普通、排他许可的方式)、转让行为是否有效(转让自向国家知识产权局登记之日起生效)、担保行为是否合法有效。此外,律师在出具报告时,应同时获得国家知识产权局出具的专利权登记簿副本。

(三) 专利挖掘

专利挖掘是站在专利的角度,对纷繁的技术研究工作进行剖析、拆分、筛选以及合理推测,得出技术创新点,进而形成专利申请技术方案的过程。专利挖掘本身即是一种创造性活动,其目的是为了使科研成果得到专利保护,获得知识财产,从而使科研过程中付出的创造性劳动得到回报,也为未来的科研方向提供思路。

1. 专利挖掘的方式

表 9-30　专利挖掘主要方式表

方式	具体内容
建立有效的激励机制	企业可建立专利奖励制度和专利绩效考核评分制度,并将专利申请与项目挂钩,一个项目完成后,应相应产生若干专利申请。
知识产权部门与技术部门的双向培训	企业可对新员工在入职前进行知识产权培训,提升其专利保护意识;对技术部门的员工进行必要的专利培训,培养其专利技术文件整理能力以及专利信息的利用能力;组织技术部门对知识产权部门进行技术培训,加深专利工程师对企业技术发展的敏感程度。

（续表）

方式	具体内容
专利挖掘与项目进展同步	专利工程师应主动参加技术部门的技术会议和立项会议，技术部门有新项目，如果不涉及保密等措施，应及时通知专利工程师参加讨论。要使专利挖掘与项目进展保持同步，使专利产生的数量和质量都达到最大化。
给予技术人员合理的专利工作时间	企业应当给予技术人员思考发明点、与专利工程师论证发明思路、撰写技术交底书以及配合专利代理人完成专利申请所需的时间。
由上而下安排专利指标	企业可以由上而下为各技术部门安排专利申请指标，将专利申请纳入其工作范围，从而在总体上规划专利规模、不同技术领域专利申请量等。

2. 专利挖掘的基本思路

专利法意义上的发明创造与通常所说的发明有所不同。通常所说的发明是指经过实践证明能够直接应用于工业生产的成果，而专利法意义上的发明创造可以是一项解决技术问题的技术方案，其可以尚未达到直接应用于工业生产的程度，这为专利挖掘提供了空间。

表9-31　专利挖掘基本思路表

基本思路	重点
技术人员：可以从研发的项目（任务）出发，按照解决的技术问题的不同或按照技术手段的不同将项目分解为若干技术要点，对组成技术的各个要点进行挖掘。	扩展思路，即使是细微的改进也可以获得专利权，并且在企业的整体专利保护战略中发挥重要作用。
专利工程师：在其充分了解技术的前提下，协助技术人员扩展思路。	从技术人员提出的某一个创新点出发，寻找相关联的其他创新点，提供可能存在专利申请素材的创新点和进一步研发的方向。
专利挖掘应该与企业的整体研发规划、专利战略或知识产权战略结合。	总的原则是研发的结果能够在产品中体现出来，即应当申请专利，不应等技术成熟后再申请。重点是围绕基础专利形成专利网。
专利挖掘应结合研究竞争对手的专利技术。	企业可以研究竞争对手专利的薄弱环节，集中申请相关专利。同时，企业可以分析竞争对手专利的发展脉络，在竞争对手的基础专利外围布局从属专利，封锁其专利布局的空间，相应地控制其产品升级换代。
在一定范围内允许技术含量较低的专利存在。	应在一定范围内适度容忍在研发或挖掘时认为的"垃圾"专利，是否有价值应当由市场去验证。

四、著作权

(一) 影视作品

根据《中华人民共和国著作权法实施条例》第6条以及《作品自愿登记试行办法》第2条的规定,影视作品的著作权不以著作权登记作为生效要件,自影视作品创作产生之日或自著作权协议取得之日起,即依法单独或与其他权利人共同拥有影视作品的著作权。

(二) 计算机软件

关于计算机软件问题,需要审查的是,该著作权是否原始取得,是否存在权属纠纷。对于承继和受让所得的计算机软件,是否已办理名称变更手续。此外,对于计算机软件登记问题,计算机软件登记文件是证明登记主体享有计算机软件著作权以及订立计算机软件许可合同、转让合同的重要书面证据,但计算机软件登记不是计算机软件著作权产生的依据,未经登记的计算机软件著作权或计算机软件许可合同、转让合同仍受法律保护。因此,计算机软件著作权并不以登记为要件。

第六节 劳 动

企业发行上市审核中对劳动问题越来越重视,这是构建和谐社会的要求。在上市工作中应对如下问题保持合理的关注。

一、公司充分、善意地履行劳动法规定的义务

(1) 公司是否存在不签订书面劳动合同的情形。不签订劳动合同的行为,一方面侵犯了劳动者的合法权益,另一方面也会给公司带来或有负债。因此,如有不签订劳动合同的情形,必须补签。

(2) 公司与员工签署的劳动合同是否存在违反法律规定的约定,主要表现在:①公司未依法与劳动者签署无固定期限劳动合同,为避免劳动纠纷和每月支付2倍工资的或有负债,公司应尽快与劳动者签署无固定期限劳动合同,并取得劳动者出具的放弃索赔权的书面文件。②公司与员工签署的劳动合同是否缺少必备条款,如缺少,应尽快修改劳动合同。③公司与员工签署的劳动合同试用期是否超过法定期限,如是,应尽快修改劳动合同,规范内部规章制度,并对已经履行的超过法定试用期的员工支付法定赔偿金。

(3) 公司是否存在未缴纳或者未足额缴纳社会保险费以及住房公积金的情形,这一问题将在后文详细讨论。

(4) 公司与劳动者是否存在或者很可能爆发群体性劳动争议,如是,应及时予以解决。

(5) 公司是否曾因违反劳动法的相关规定受到劳动行政部门的处罚。如是,应当及时说明处罚理由和处罚结果,是否构成重大违法行为;同时说明公司是否已经及时纠正自己的行为,建立了相应的管理制度,不会再次违法,不会再有潜在的纠纷,更不会对公司的发展产生影响。

(6) 关注是否存在适用《在中国境内就业的外国人参加社会保险暂行办法》的情形。

二、社会保险

(一)"五险一金"的法律依据

中介机构应关注公司是否依法足额缴纳"五险一金",表 9-32 为有关"五险一金"的主要法律规定。

表 9-32 "五险一金"法律规定一览表

社保类别	文件名称
基本养老保险	《社会保险费征缴暂行条例》(2019 年修正) 《关于完善企业职工基本养老保险制度的决定》
工伤保险	《工伤保险条例》(2010 年修订)
失业保险	《失业保险条例》
生育保险	《企业职工生育保险试行办法》
医疗保险	《关于建立城镇职工基本医疗保险制度的决定》
住房公积金	《住房公积金管理条例》(2019 年修正) 《关于住房公积金管理若干具体问题的指导意见》

(二)相关瑕疵的处理

如果公司存在未足额缴纳社会保险的情况,常见的如缴费期间没有覆盖劳动关系存续期间、缴费比例低于法定比例、缴费范围未包括全体员工、缴费基数低于法律规定等,原则上应该在披露的同时采取如下解释和补救措施。

(1) 申请人最晚在申报期最后一个年度为符合条件的全体员工按规定办理社会保险费缴纳手续。

(2) 对于此前欠缴的社会保险费,要在招股说明书中披露欠缴具体情况及形成原因;保荐人和发行人律师须对该问题进行核查,并就是否构成重大违法行为及本次发行的法律障碍出具明确意见。不要求申请人补缴欠缴的社会保险费,也不要求申请人取得劳动保障行政部门的确认文件。主要理由是：一是社会保险费的征缴由劳动保障行政部门负责；二是造成欠缴社会保险费的原因复杂，有的是源于客观原因无法缴纳；三是不因发行审核给申请人带来额外的负担。

（3）如果公司积极为所有员工缴纳社会保险，但是基于某些原因无法单方为部分职工缴纳社会保险的情形，例如存在员工不愿意、不配合缴纳的情形，公司应当说明员工不予配合的原因，这些原因不是公司的主观故意，也非公司的过错，并取得相关员工的书面说明。例如公司的生产人员主要为临时计件工人，流动性相对较强，不愿意缴纳个人应负担的社会保险金额，不配合出示相关文件（如身份证、职工户籍所在地证明、户口簿等），仅凭发行人单方意愿无法为该等员工缴纳社会保险。

（4）1999年11月25日发布的《关于清理收回企业欠缴社会保险费有关问题的通知》中规定："对经调查确认有缴费能力但不按规定缴费的企业……可采取以下行政措施：劳动保障行政部门通过新闻媒体向社会公布；证券监督管理机构不予批准企业上市……"其中"有缴费能力但不按规定缴费的企业"，主要是指公司有能力但却拒绝或不愿按规定缴费的情形，不包括因为职工本身不愿意缴纳的原因造成公司无法缴纳社会保险费的情形。

（5）历史问题可以历史地判断和认定，但是"不能影响发行条件"（比如申报期如果追缴社保、公积金，则发行人将不满足3年连续盈利的条件）。

（6）由地方劳动和社会保障局出具确认函，确认公司依法与员工签署劳动合同，依法为员工缴纳社会保险费，不存在重大违法行为，没有因违反劳动和社会保障法律、法规而受到行政处罚，也不存在受到行政处罚的可能性。

（7）由控股股东作出承诺，承诺如果劳动和社会保障主管部门对公司参保前依法应缴未缴的社会保险基金追缴的，该追缴款项及滞纳金由控股股东全额承担。

实务中有公司和员工签署《自愿不缴五险一金承诺函》，员工承诺："本人主动要求放弃办理各类社会保险（含养老、医疗、失业、工伤、生育等保险）和住房公积金，由此造成的一切责任和后果由本人承担，与公司无关。"或者员工说明自行在户籍所在地缴纳相关社会保险，并出具承诺："本人已在户籍所在地办理了各项社会保险（含养老、医疗、失业、工伤、生育等保险）和住房公积金，不需再由公司办理，由此造成的一切责任和后果由本人承担，与公司无关。"

上述做法是错误的，缴纳"五险一金"是企业的法定义务，企业与员工签订的《自愿不缴五险一金承诺函》没有法律效力。签订后，员工仍可以通过法院起诉企业，要求补缴"五险一金"。如果有员工举报或者人力资源和社会保障厅年度核查时发现企业有未缴纳"五险一金"的情况，将会按照规定处罚，并要求企业整改。但是，司法判例中，员工出具承诺函后，以公司未为其缴纳社保为由要求公司支付经济补偿金的，法院以违反诚信原则不予支持。公司也不能以"员工自行在户籍所在地缴纳相关社保"为由，不为员工缴纳"五险一金"。此种情况下，正确的做法是停缴员工户籍所在地相关社会保险，改由目前任职企业缴纳。

三、住房公积金

住房公积金问题相对复杂，与社会保险问题不同，要区别对待，各地方的规定也不尽一致。中介机构应当核查公司住房公积金的缴纳情况，如果存在未及时缴纳住房公积金的情形，应当及时做好以下工作：

(1) 核查公司所在地是否已经建立住房公积金制度，如果已建立，是否从一开始即为强制义务。详细说明未能依法足额缴纳社会保险及住房公积金的原因，测算补缴金额对公司净利润的影响。

(2) 说明理由，比如虽未缴纳住房公积金，但是存在为员工发放住房补贴、提供集体宿舍、免费提供住房等情形。对于未能缴纳的社会保险及住房公积金应采取必要的措施予以补正，例如补缴或以工资及补助形式发放给员工(一般适用于住房公积金)。

(3) 在报告期内已经开始规范住房公积金管理制度，制订了缴存与管理方案，并严格依照法律规定和公司制度履行缴费义务；确认公司不存在因未依法缴纳住房公积金而受到行政处罚的风险。

(4) 公司所在地住房公积金管理中心出具证明，证明公司依法缴纳住房公积金，无因违法而受处罚情形。

(5) 控股股东(或者实际控制人)作出承诺，如果住房公积金管理部门追缴公司以往应承担的住房公积金，该追缴款项及其派生义务由控股股东(或者实际控制人)全额承担。

(6) 中介机构发表核查意见，说明虽然公司未为其全部员工缴存住房公积金的行为并不符合住房公积金的有关规定，但该行为并不构成重大违法行为，并不会对公司造成实质损害，不会对发行上市构成实质不利影响。

四、劳务派遣

根据《中华人民共和国劳动合同法》和《劳务派遣暂行规定》的规定，用工单位只能在临时性、辅助性或者替代性的工作岗位上使用被派遣劳动者，并且用工单位使用的被派遣劳动者数量不得超过其用工总量的10%。用工总量是指用工单位订立劳动合同人数与使用的被派遣劳动者人数之和。因此，劳动密集型公司为降低成本等原因，不适当扩大使用此种用工制度，是对法律的不当规避。

如果公司存在劳务派遣方式的用工制度，则应核查如下内容：

(1) 核查公司劳务派遣方式的用工制度是否符合《中华人民共和国劳动法》《中华人民共和国劳动合同法》《劳务派遣暂行规定》的规定，是否存在潜在的法律风险。

(2) 核查确认公司是否使用劳务派遣方式逃避承担用人单位的法定义务。

(3)核查确认劳务派遣方式是否适用于公司的生产经营特殊需要,该种劳动雇佣方式是否可能对公司持续经营、盈利能力、抗风险能力产生不利影响。

(4)核查劳务派遣公司的合法性,主要核查劳务派遣公司的营业执照及劳务派遣许可证。

(5)核查劳务派遣公司订立和实行《劳务派遣协议》的合法性,核实《劳务派遣协议》的履行情况,并取得劳务派遣公司给申请公司出具的有关不存在协议履行争议的证明。

(6)核查公司对劳务人员的管理情况,包括劳务人员的选定、考核及监督劳务派遣公司发放工资等。

(7)核查公司与劳务派遣公司签署的劳务派遣协议的合规性问题。说明劳务派遣公司是否与劳务人员签订两年以上固定期限的劳动合同,是否及时发放工资、依法办理并缴纳各项社会保险。《劳务派遣协议》是否对派遣期限、劳务费用结算、双方的权利义务、违约责任等事项作出明确约定。说明双方能全面履行《劳务派遣协议》,劳务人员的派遣管理工作正常,各期劳务费用已结算,不存在履约争议和纠纷。

(8)核查劳务派遣的员工数量占比是否低于10%。

(9)公司控股股东出具承诺函,承诺如因为劳务派遣公司拖欠劳务人员工资等情形,导致公司须承担连带赔偿责任的,控股股东同意补偿公司的全部经济损失。

五、劳务外包

实务中,存在部分发行人将较多的劳务活动交由专门劳务外包公司实施的情况。针对此种情况,中介机构应重点关注以下方面:

(1)该等劳务公司的经营合法合规性,比如是否具备必要的专业资质,是否遵循国家环保、税务、劳动保障等法律法规的相关规定;

(2)劳务公司是否专门或主要为发行人服务,如存在主要为发行人服务的情形的,应关注其合理性及必要性、关联关系的认定及披露是否真实、准确、完整。中介机构对于该类情形应当从实质重于形式角度按关联方的相关要求进行核查,并特别考虑其按规范运行的经营成果对发行人财务数据的影响,以及对发行人是否符合发行条件的影响;

(3)劳务公司的构成及变动情况,劳务外包合同的主要内容,劳务数量及费用变动是否与发行人经营业绩相匹配,劳务费用定价是否公允,是否存在跨期核算情形。

中介机构应当就上述方面进行充分论证,并发表明确意见。[①]

六、竞业限制

审查竞业限制的目的主要是保护公司的技术秘密,减少经营的不确定因素。

---

① 参见《首发业务若干问题解答(二)》问题22。

需要重点关注和说明如下问题:

(1)公司是否与负有保密义务的相关人员签订竞业限制协议,相关技术是否有外泄的可能,是否会给将来的经营带来风险。

(2)要关注是否存在导致竞业限制约定无效的情形,比如竞业限制的主体是负有一定保密义务的高级管理人员、高级技术人员和其他负有保密义务的人员,比如公司约定的竞业限制期间超过法定最长的两年、公司要在法定期间支付经济补偿等。

(3)竞业限制协议是否存在对重要事项约定不明。

(4)竞业限制不得违反法律、法规的规定。

(5)说明公司自成立以来并未发生过因员工及核心技术人员违约、泄密或者其他原因而导致公司利益受损的情形。

七、代缴社保

根据《中华人民共和国劳动法》《中华人民共和国劳动合同法》和《中华人民共和国社会保险法》的规定,用人单位必须为员工缴纳社会保险费。该规定属于法定的强制性规定。但实务中,部分企业出于减少成本考虑,或出于为异地员工缴纳社会保险费的需要,和劳务代理公司签署了代理缴纳社会保险协议,用人单位将社会保险缴纳费用支付给劳务代理公司,再由劳务代理公司为员工缴纳社会保险费,劳务代理公司一般通过名义上的劳动关系,使用本单位的社会保险账户代为缴纳社会保险费。

针对代缴社保的情况,公司在 IPO 申请中,一般需要通过如下途径予以规范:

(1)拟上市公司已对该行为进行了规范;

(2)主管机关出具拟上市公司无违法违规行为的证明文件;

(3)控股股东和实际控制人出具书面承诺,如果拟上市公司因委托劳务代理公司为员工缴纳社会保险费被处罚或出现任何纠纷,则控股股东和实际控制人承担所有的损失。

八、执行社会保障制度

对于发行人执行社会保障制度的相关问题,发行人及中介机构应做好以下披露及核查工作:发行人报告期内存在应缴未缴社会保险和住房公积金情形的,应在招股说明书中披露应缴未缴的具体情况及形成原因,如补缴对发行人的持续经营可能造成影响,揭示相关风险,并披露应对方案。保荐机构、发行人律师应对前述事项进行核查,并对是否属于重大违法行为出具明确意见。[①]

---

① 参见《首发业务若干问题解答(一)》问题 21。

第十章　科创板发行上市法律制度初探

一、科创板试点注册制的历史沿革

中国股市自建立以来,在不同历史阶段对实体经济的发展作出了重要的贡献。随着改革的深化和资本市场的不断发展,股票发行模式也在经历着变化,从最早的"邀请制"到"审批制",再到现阶段主板、创业板适用的"核准制",每一次股票发行模式的变化都有着一个漫长曲折的发展过程,注册制也不例外。

2013年11月12日通过的《中共中央关于全面深化改革若干重大问题的决定》中指出,要健全多层次资本市场体系,推进股票发行注册制改革。这是历史上首次将股票发行注册制列入中央文件,对当时的资本市场产生了重大影响。在2015年的《政府工作报告》中,李克强总理也强调要稳步推进股票发行注册制改革,积极培育长期稳定健康发展的资本市场,引导更多资金投入实体经济。但由于股票发行实行核准制是由《证券法》明确规定的,为解决于法有据的问题,2015年全国人民代表大会常务委员会对国务院进行了为期两年的授权,允许其在实施股票发行注册制改革过程中调整适用《证券法》的相关规定。至此,股票发行实行注册制改革正式启动。

股票发行实行注册制并非一帆风顺。在全国人民代表大会常务委员会授权国务院进行注册制改革行将期满之时,股票发行注册制度并未出台。因此,国务院提请全国人民代表大会常务委员会对授权进行注册制改革的期限进行了适当的延长。

2018年11月,国家主席习近平在首届中国国际进口博览会上宣布,将在上海证券交易所设立科创板并试点注册制。对于资本市场而言,这无疑是一个重磅消息。2019年1月28日,证监会出台了《关于在上海证券交易所设立科创板并试点注册制的实施意见》(以下简称《实施意见》),随后证监会与上海证券交易所陆续出台了相关规则的征求意见稿。2019年3月1日,随着证监会《科创板首次公开发行股票注册管理办法(试行)》(以下简称《注册管理办法》)和《科创板上市公司持续监管办法(试行)》(以下简称《持续监管办法》)的正式公布生效,以及上海证券交易所相关配套制度的批准生效,社会各界已经达成科创板将在2019年正式开启的共识,这也意味着我国股票发行注册制的探索进入了全新阶段。业内一种观点认为,设立科创板并试点注册制对于中国证券市场的历史意义将可以与深圳证券交易所和上海证券交易所的设立相提并论。

二、科创板主要制度框架

本次科创板试点注册制改革的主要制度框架,从制定主体的角度,大致可以分为两个层面。

首先是证监会层面。在《实施意见》制度框架下,证监会制定了《注册管理办法》和《持续监管办法》两个部门规章,从法律上为上海证券交易所进一步制定实施细则奠定了基础。

其次是上海证券交易所层面。在上述两个部门规章的基础上,上海证券交易所制定了一系列配套措施文件,从股票发行上市的具体规则——《上海证券交易所科创板股票上市规则》(以下简称《上市规则》),到科创板股票上市过程中审核的实体与程序规则——《上海证券交易所科创板股票发行上市审核规则》(以下简称《上市审核规则》),再到中介机构在股票承销与发行中的业务规则——《上海证券交易所科创板股票发行与承销实施办法》(以下简称《发行与承销实施办法》),科创板制度体系已具雏形。在本次的制度框架建构过程中,上海证券交易所还以《上海证券交易所科创板股票发行上市审核问答》(以下简称《审核问答》)的形式回应了资本市场关切的热点问题,及时为相关主体答疑解惑。

具体而言,科创板发行上市制度框架的核心内容如下。

(一)《注册管理办法》

《注册管理办法》共计八章81条,其编排的体例分为总则、发行条件、注册程序、信息披露、发行与承销的特别规定、发行上市保荐的特别规定、监督管理和法律责任以及附则。《注册管理办法》为本次科创板试点注册制构建了整体的框架体系,主要包括以下方面的内容。

1. 科创板上市的总体原则

《注册管理办法》在总则部分明确指出了本次科创板试点注册制的核心内容:一是对科创板企业进行精准定位,只有满足面向世界科技前沿、面向经济主战场、面向国家重大需求的具有较强成长性的科技创新型企业才允许在科创板发行上市。二是原则性地规定了科创板发行股票适用注册制,由上海证券交易所负责发行上市审核,并报证监会注册。这里需要说明的是,现有科创板发行模式并非放弃了对首发申请项目的实质性审核,仅是审核主体由证监会变更为上海证券交易所。三是明确发行人、保荐人和证券服务机构的主体责任,规定由发行人作为信息披露的第一责任人,保荐人对相关披露进行查验、核实,并对信息的真实性、完整性和准确性负责,证券服务机构对与其专业职责相关的内容负责。

2. 确立以信息披露为核心的发行条件

证监会对于本次科创板企业发行上市条件的规定,充分体现了以信息披露为核心的注册制改革理念。在精简优化目前上市发行条件的同时,突出了重大性原则,并强调了对相关风险的防范和控制。对拟发行上市的公司,除了规定其应当满足组织机构健全、会计基础工作规范、内部控制制度健全有效等方面的内容外,还结合科创公司自身的特点,要求其核心技术人员状态稳定和核心资产产权权属清晰,不存在任何重大不利变化,确保在科创板上市的公司是真正具有发展潜力的优质企业。

3. 上市审核流程制度

《注册管理办法》对科创板发行上市审核流程作出了制度安排,规定了交易所的发行上市审核程序和中国证监会发行注册程序的流程、审核机构设置、审核内容及审核时限。此外,对于证监会的现场检查制度进行规则化,明确证监会和上海证券交易所应当建立健全信息披露质量现场检查制度。科创板注册流程如图10-1所示。

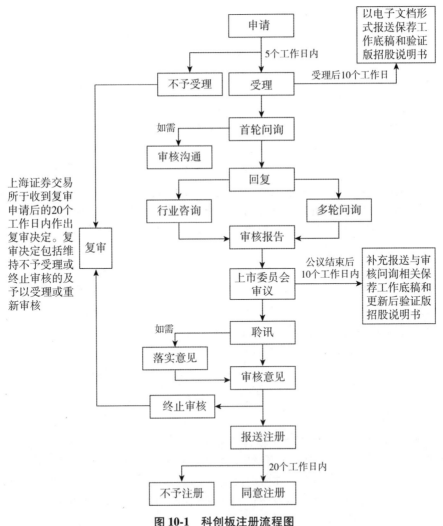

图10-1 科创板注册流程图

4. 对市场主体的信息披露要求

《注册管理办法》贯彻了注册制的改革理念,强化信息披露要求,明确了市场主体的责任。一是明确发行人的信息披露义务。《注册管理办法》第34条第2款规定,证监会制定的信息披露规则只是信息披露的最低要求,对投资者作出价值判断与投资决策具有重大影响的信息,发行人应当主动进行披露。二是严格要求发行人及其董事、监事、高级管理人员、控股股东和实际控制人,以及保荐人、证券服务机构及其相关责任人员履行相应的信息披露义务,为后续加大对信息披露违规处罚的法律责任奠定基础。三是结合科创公司的特点,要求其有针对性地披露行业特点、业务模式、发展战略等方面的内容,充分揭示可能对公司核心竞争力、经营稳定性以及未来发展产生重大不利影响的风险因素。

5. 新股发行的定价机制

在新股的发行与承销方面,《注册管理办法》与《证券发行与承销管理办法》进行了有效的衔接。《注册管理办法》规定,对于科创板股票发行与承销行为适用《证券发行与承销管理办法》的一般规定,但对于投资者报价要求、最高报价剔除比例、网下初始配售比例等事项,则适用上海证券交易所根据《注册管理办法》制定的特殊规则。此外,《注册管理办法》同时明确,科创公司新股发行的价格,采用向符合条件的专业机构投资者询价的方法确定。

6. 发行上市保荐的特别规定

对于科创板股票发行的保荐制度,《注册管理办法》设立了专章进行规定。除明确科创板保荐行为的一般规定适用《证券发行上市保荐业务管理办法》外,还要求保荐人结合科创公司的特点和注册制要求作出有针对性的内部控制制度安排,以控制业务风险和提高相关的执业质量。

7. 监督管理与法律责任

《注册管理办法》建立全流程监管体系,由证监会建立对发行上市监管全流程的权力运行监督制约机制,对发行上市审核程序和发行注册程序相关内控制度运行情况进行督导督察。此外,《注册管理办法》还加大了对违法违规行为的处罚力度,对负有责任的发行人及其控股股东、实际控制人、保荐人、证券服务机构以及相关责任人员,采取较长时间不予受理证券发行相关文件、限制相关从业资格、认定为不适当人员、市场禁入等严厉的惩罚措施。对于欺诈发行的发行人,证监会可以责令发行人及其控股股东、实际控制人按规定购回本次公开发行的股票。

(二)《持续监管办法》

根据《实施意见》确定的指导思想,《持续监管办法》规定了科创板持续监管的总体要求和制度取向,明确了调整适用的规则范围和衔接安排。《持续监管办法》共计九章36条,内容涵盖公司在科创板发行上市后的公司治理、信息披露、股份减持、重大资产重组、股权激励以及终止上市等方面的问题,主要内容如下。

1. 持续监管的适用原则

对科创公司进行持续性监管,既是对上市公司进行持续监管的既有要求,同时也是针对发行注册制试点的特殊制度安排。《持续监管办法》衔接了现行上市公司的一般规定与对科创公司的特殊要求。在科创板发行上市的公司,除了应当根据公平、公正、公开的原则进行信息披露外,还应当结合科创公司不同于其他上市公司的特点,按照《持续监管办法》的特别要求进行信息披露。

2. 公司治理要求

《实施意见》明确,允许具有特别表决权的公司在科创板上市。《持续监管办法》对这一问题进行了具体的制度安排,要求交易所对这类公司在上市资格、表决权差异的设置、存续等重点事项作出必要的限制性规定,从制度层面防范特别表决权被不当使用,从而造成公司治理上的问题。此外,《持续监管办法》还结合科创公司和境内上市公司的治理特点,特别强调了对科创公司的控股股东、实际控制人的行为规范。

3. 信息披露制度

科创板作为注册制的试点,对信息披露的要求尤为严格。考虑到科创公司与传统企业相比,其技术研发和经营失败的风险相对较高,普通投资者难以正确把握企业的价值,因此,《持续监管办法》作出了有针对性的规定,要求科创公司应当结合行业特点,充分披露行业经营信息以及可能对公司产生重大不利影响的风险因素,尤其是科研水平、科研人员、科研投入等能够反映行业竞争力的信息以及核心技术人员任职及持股情况,便于投资者合理决策。

4. 股份减持制度

如何有序规范股东在首次发行上市后减持其持有的股份,是近年来对上市公司进行持续监管制度安排的难点。《持续监管办法》针对股东减持问题,延长了未盈利公司的股东、实际控制人、董事以及核心技术人员等相关人员的股份锁定期。同时考虑到现行股份减持规则的实践情况以及科创投资机构等相关主体对科技创新的积极作用,《持续监管办法》预留了改革创新的空间,授权上海证券交易所根据市场实践情况,对特定主体的减持规则予以细化。

5. 重大资产重组制度

《持续监管办法》将科创公司的重大资产重组交由上海证券交易所审核,而对于涉及发行股票的,由交易所审核通过后报证监会注册。考虑到科创板的定位问题,《持续监管办法》要求重大资产重组标的公司须符合科创板对行业的限制,并与现有主营业务具备协同效应。

6. 其他

除上述制度外,《持续监管办法》还对资本市场较为关注的企业分拆上市、募集资金的投向使用问题以及违规违法人员的法律责任问题进行了原则性的规定。

(三)《上市规则》

《上市规则》共十六章,包括总则、股票上市与交易、持续督导、内部治理、信息披露一般规定、股权激励、重大资产重组、退市等主要内容,主要有以下几方面的制度安排。

1. 细化上市与交易的具体条件

作为实施细则,《上市规则》针对《注册管理办法》规定的发行上市与交易条件进行了进一步细化。在"股票上市与交易"一章,明确规定拟发行上市的科创公司可以根据自身的实际情形选择适用五套不同的财务指标,并以"市值"取代了"净利润"这一强制性指标,企业上市的条件与标准更加灵活。同时,科创板也允许符合条件的红筹企业以 CDR 的方式发行上市,使发行方式更加多元化。

2. 引入新的股份减持限制性要求

在科创公司股份减持的制度设计中,上海证券交易所引入了新的股份减持限制性要求。一是将减持限制与公司盈利相结合,对于上市时未盈利的公司,在实现盈利前,控股股东、实际控制人、董事、监事、高级管理人员及核心技术人员自公司上市之日起三个完整会计年度内不得减持,后续的减持也受到严格的限制;二是对核心技术人员减持股份设置了专门的要求,公司上市之日起 12 个月内和离职后 6 个月内不得转让,限售期满之日起 4 年内,每年转让的首发前股份不得超过上市时所持公司首发前股份总数的 25%,减持比例可以累积使用。

3. 严格保荐机构督导责任

《上市规则》在现有法律制度的基础上,对保荐机构设置了更为严格的要求。一是延长了持续督导期间。首次公开发行股票并在科创板上市的,持续督导期间为股票上市当年剩余时间以及其后三个完整会计年度。二是细化和明确保荐机构对于上市公司重大异常情况的督导和信息披露责任。

4. 规范表决权差异安排

《实施意见》尊重科创公司内部治理的实践选择,允许拟上市的公司可以采取同股不同权的特别表决权制度。但为了防止少数股东滥用权利,损害中小股东的合法权益,《上市规则》第四章"内部治理"对此进行了必要的规范。一是设置了严格的前提条件,发行人作出的特别表决权差异化安排,必须经过出席股东大会的股东所持 2/3 以上的表决权通过。二是限制拥有特别表决权的主体资格及后续变动,特别表决权股东持股应达到公司全部已发行有表决权股份 10% 以上,表决权差异不得超过规定的最高倍数,不得提高特别表决权的既定比例,特别表决权股份不得在二级市场进行交易,不符合规定资格或者一经转让即永久转换为普通股份。三是强化内外部的监督机制。《上市规则》要求公司充分披露表决权差异安排的实施和变化情况,同时公司监事会还须对表决权差异安排的设置和运行出具专项意见。

5. 优化信息披露制度

信息披露制度是科创板发行及持续监管的核心,《上市规则》在总体沿用现行披露规定的同时,也针对科创公司的特点,作出了差异化和更具弹性的制度安排。一是确定了科创板信息披露的基本规范,明确了信息披露真实、准确、完整、及时和公平的五大基本原则,以及重大信息、重大事项的披露要求。二是强化了行业信息披露,针对科创行业的经营特点,要求上市公司通过定期报告和临时报告,披露行业发展状况及发展趋势,公司经营模式及核心竞争力、研发团队和研发投入等重要信息,强调公司进入新行业或主营业务发生变更时须对此进行专项披露。三是突出经营风险披露。《上市规则》在第八章第二节"经营风险"中,针对科创公司在日常经营过程中可能遭遇的重大经营风险,提出了相应的披露要求。此外,科创上市公司在年度报告和临时公告中还须披露其他可能对公司核心竞争力和持续经营能力产生重大不利影响的风险事项。四是优化了重大交易与关联交易的披露与决策程序。由于取消了针对科创公司在上市时需要盈利的强制性财务指标,所以在科创板信息披露规则中也豁免了未盈利公司涉及净利润指标的重大交易披露要求。五是从严要求披露关联交易。与原有制度相比,《上市规则》在针对关联交易的披露问题上与《实施意见》和《持续监管办法》的监管理念是一致的,扩大了关联方的认定范围,同时扩大了应予披露的关联交易的范围。

6. 设置市场化的重大资产重组制度

针对科创公司的重大资产重组交易,《上市规则》的规定体现了注册制试点的制度特点,科创公司通过发行股份购买资产或是进行合并、分立时,由上海证券交易所负责审核,后由证监会注册。相较于现行规定,实施更为便利。

(四) 其他配套制度

除了上述规定外,在《注册管理办法》和《持续监管办法》的框架下,上海证券交易所还制定了《上市审核规则》《发行与承销实施办法》《上海证券交易所科创板股票交易特别规定》以及《审核问答》等若干具体制度规范,其主要内容是对《注册管理办法》《持续监管办法》及《上市规则》的进一步细化。由于篇幅有限,在此不再一一详细介绍。

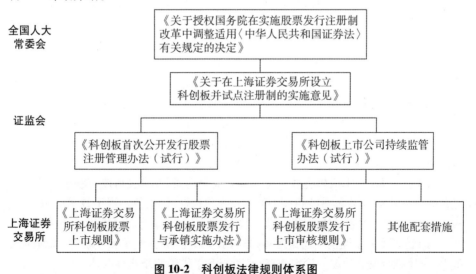

图10-2 科创板法律规则体系图

三、科创板的制度创新

(一) 聚焦科创企业,实现差异化服务

《实施意见》第2条明确指出,在上海证券交易所设立科创板,坚持面向世界科技前沿、面向经济主战场、面向国家重大需求,主要服务于符合国家战略、突破关键核心技术、市场认可度高的科技创新企业。科创板将重点聚焦服务于符合国家战略并且突破关键核心技术的"硬科技"类企业,从产业偏好看,信息技术、高端装备、新材料、新能源、节能环保以及生物医药六大高新技术产业和战略性新兴产业最为受到科创板的认可。

前述六大产业的分布与国家统计局在2018年11月7日发布的《战略性新兴产业分类(2018)》中列示的战略性新兴产业基本符合。值得注意的是,并非所有划入战略性新兴产业分类的行业都能在科创板注册上市。根据《注册管理办法》第3条的规定,除了行业定位外,科创板优先支持符合国家战略、拥有核心技术、科技创新能力突出、主要依靠核心技术开展生产经营、具有稳定的商业模式、市场认可度高、社会形象好、具有较强成长性特征的企业。因此,部分公司虽然所处的行业属于战略性新兴产业,但是其并不满足科技创新能力突出等科创公司的特征,想要在科创板发行上市存在一定的困难。

具体而言,对于拟申报在科创板注册上市的公司,应当充分评估公司的科技创新能力,重点关注以下事项:

(1) 是否掌握具有自主知识产权的核心技术,核心技术是否权属清晰、是否国内或国际领先、是否成熟或者存在快速迭代的风险。

(2) 是否拥有高效的研发体系,是否具备持续创新能力,是否具备突破关键核心技术的基础和潜力,包括但不限于研发管理情况、研发人员数量、研发团队构成及核心研发人员背景情况、研发投入情况、研发设备情况、技术储备情况。

(3) 是否拥有市场认可的研发成果,包括但不限于与主营业务相关的发明专利、软件著作权及新药批件情况,独立或牵头承担重大科研项目情况,主持或参与制定国家标准、行业标准情况,获得国家科学技术奖项及行业权威奖项情况。

(4) 是否具有相对竞争优势,包括但不限于所处行业市场空间和技术壁垒情况、行业地位及主要竞争对手情况、技术优势及可持续性情况、核心经营团队和技术团队竞争力情况。

(5) 是否具备技术成果有效转化为经营成果的条件,是否形成有利于企业持续经营的商业模式,是否依靠核心技术形成较强成长性,包括但不限于技术应用情况、市场拓展情况、主要客户构成情况、营业收入规模及增长情况、产品或服务盈利情况。

(6) 是否服务于经济高质量发展,是否服务于创新驱动发展战略、可持续发展战略、军民融合发展战略等国家战略,是否服务于供给侧结构性改革。

科创板将目标企业限定在战略性新兴产业的科创主体,其目的是通过与现有的主板和创业板等上市主体进行区分,实现差异化服务,为当前国际经济形势下中国新兴企业的发展注入活力。长期以来,我国A股市场对上市公司的盈利性有着较为严格的要求,并且部分规则较为僵化,一方面确实起到了过滤挑选优质公司的作用,但是也阻断了部分初创公司的股权融资之路,导致许多优秀的上市公司资源外流,让国内的投资者丧失了分享发展红利的机会。

科创板定位的落脚点是充分认识到企业是科技创新的主体,只有尊重科技创新规律、资本市场规律以及企业发展规律,才能真正实现资本市场服务于实体经济、服务于我国科技产业发展的改革目标。如何处理好现实与目标、当前与长远的关系,是确保科创板是否能够成功的关键。科技产业是一个快速发展的产业,瞬息之间都会产生千变万化的结果。通过注册制的试点改革简化和加快上市的流程与速度,使科创公司能够尽快上市并融资,符合科创公司快速发展的需要。科创产业同时也是一个前期投入大而后期回报丰厚的行业,因此对于某些发展潜力大而前景被看好、市场认可度高的公司,放宽盈利性的要求同样也是必要的。

(二)精简优化发行条件,设置多元包容的上市标准

在发行条件和上市标准设置方面,科创板体现了注册制的理念,具体有以下三个方面。

1. 淡化盈利性要求,多套上市指标可供选择

对于科创板发行与上市的条件,最明显的变化就是不再仅仅关注盈利性指标,而是更多强调市场对于企业公允价值的判断标准——市值。科创板五套标准具体内容见表10-1。

表10-1 科创板企业的发行标准

序号	发行标准
1	预计市值不低于人民币10亿元,最近两年净利润均为正且累计净利润不低于人民币5 000万元,或者预计市值不低于人民币10亿元,最近一年净利润为正且营业收入不低于人民币1亿元。
2	预计市值不低于人民币15亿元,最近一年营业收入不低于人民币2亿元,且最近三年累计研发投入占最近三年累计营业收入的比例不低于15%。
3	预计市值不低于人民币20亿元,最近一年营业收入不低于人民币3亿元,且最近三年经营活动产生的现金流量净额累计不低于人民币1亿元。
4	预计市值不低于人民币30亿元,且最近一年营业收入不低于人民币3亿元。
5	预计市值不低于人民币40亿元,主要业务或产品需经国家有关部门批准,市场空间大,目前已取得阶段性成果。医药行业企业需至少有一项核心产品获准开展二期临床试验,其他符合科创板定位的企业需具备明显的技术优势并满足相应条件。

根据有效市场理论,市值反映了企业未来的盈利和股东收益的预估,是投资者对于企业未来价值的判断。结合市值而非单纯以盈利性指标作为科创公司的实质性要件,体现了对科创行业发展规律的尊重。

科创公司往往存在业务前景不确定、盈利不稳定、商业模式难以找到可比公司等方面的问题,如果以盈利性的财务指标强制要求科创公司,显然与科创板设立的初衷不符。通过对市值指标的运用,可以帮助筛选出那些处于前期投入状态或是盈利能力尚不稳定,但前景较好、发展潜力大的优质科创公司。

除了市值指标外,五套标准中的前四套还从净利润、营业收入、研发投入占比、现金流等方面对科创企业进行约束,其内在逻辑是,市值越高的公司,对其现有的盈利能力不确定性的容忍度就越高。此外,第五套标准特别针对行业获得政府准入批准并取得阶段性成果或医药领域产品周期相对成熟的公司,使发行条件更加具有针对性。科创公司可以根据自身实际的经营状况,自行选择对发行更有利的发行标准。

2. 允许企业拆分上市

《持续监管办法》第31条规定,达到一定规模的上市公司,可以依据法律法规、中国证监会和交易所有关规定,分拆业务独立、符合条件的子公司在科创板上市。

现有的证券法律法规并未直接禁止境内上市公司分拆子公司上市,但是从实践操作来看,A股公司分拆上市的案例极其罕见。对于分拆上市,监管部门的态度也比较模糊。2010年4月,证监会在创业板发行监管业务情况沟通会中曾透露,将允许符合条件的境内存量上市公司分拆到创业板上市,但在同年8月,监管部门对分拆上市的态度转变为"不鼓励、不提倡"。2018年证监会发布的《首发审核非财务知识问答》更是明确表示,境内上市公司在境内分拆子公司上市暂不符合现行监管政策。

《持续监管办法》正面回应了上市公司分拆上市这一热点问题,允许业务独立且符合条件的子公司在科创板注册上市。放宽发行条件,从严进行后续监管,也符合科创板改革的基调和中心思想。

《上海证券交易所科创板股票发行上市审核问答(二)》则进一步明确,如果发行人部分资产来自上市公司,中介机构应当对以下事项进行核查并发表意见:

(1)发行人取得上市公司资产的背景、所履行的决策程序、审批程序与信息披露情况;

(2)发行人及其关联方的董事、监事和高级管理人员在上市公司及其控制公司的历史任职情况及合法合规性,是否存在违反竞业禁止义务的情形;上述资产转让时,发行人的董事、监事和高级管理人员在上市公司的任职情况,与上市公司及其董事、监事和高级管理人员是否存在亲属及其他密切关系;如存在上述关系,在相关决策程序履行过程中,上述人员是否回避表决或采取保护非关联股东利益的有效措施;

(3) 资产转让完成后,发行人及其关联方与上市公司之间是否就上述转让资产存在纠纷或诉讼;

(4) 发行人及其关联方的董事、监事、高级管理人员以及上市公司在转让上述资产时是否存在损害上市公司及其中小投资者合法利益的情形;

(5) 发行人来自上市公司的资产置入发行人的时间,在发行人资产中的占比情况,对发行人生产经营的作用;

(6) 境内外上市公司分拆子公司在科创板上市,是否符合相关规定。

需要进一步关注的是,现有制度对境内上市公司分拆子公司在科创板上市具体操作的规定尚不明确,包括拟分拆的上市公司需要满足哪些实质性条件、分拆后的上市公司还需满足哪些发行条件,以及如何确保拟分拆上市的母子公司之间的关联交易不会影响到中小股东的利益等,这些问题有待后续规则加以厘清。

3. 允许符合条件的红筹企业上市

根据《注册管理办法》第 80 条和《上市审核规则》第 2 条的规定,符合《国务院办公厅转发〈证监会关于开展创新企业境内发行股票或存托凭证试点若干意见〉的通知》(以下简称《创新企业上市试点意见》)和相关文件规定的红筹企业,可以申请发行股票或存托凭证并在科创板上市。

根据《创新企业上市试点意见》的规定,拟发行股票或存托凭证的红筹企业除了必须符合高新技术产业和战略性新兴产业的定位外,还应达到如下规模或要求:已在境外上市的大型红筹企业,市值不低于 2 000 亿元人民币;尚未在境外上市的创新企业,最近一年营业收入不低于 30 亿元人民币且估值不低于 200 亿元人民币,或者营业收入快速增长,拥有自主研发、国际领先技术,同行业竞争中处于相对优势地位。

《上市规则》在前述文件的基础上,对最后一种情形的未上市红筹企业的发行条件予以进一步明确,即预计市值不低于人民币 100 亿元,或预计市值不低于人民币 50 亿元且最近一年营业收入不低于人民币 5 亿元。

根据上述规定,无论是哪一种情形,对红筹企业的估值要求都要高于一般的科创公司。从目前来看,只有少数的红筹企业能够满足上述规定的要求。

(三) 市场化的定价与交易机制

1. 更市场化的定价模式与更高的准入门槛

《发行与承销实施办法》第 5 条规定,发行人和主承销商可以通过初步询价确定发行价格,或者在初步询价确定发行价格区间后,通过累计投标询价确定发行价格。

具体而言,科创板股票的首次公开发行价格应当通过证券公司、基金管理公司、信托公司、财务公司、保险公司、合格境外机构投资者和私募基金管理人等专业机构投资者(以下统称为"专业机构投资者")以询价的方式确定。询价定价需要经过几个步骤:第一,通过初步询价确定一个发行价格或发行价格区间。第二,剔除专业机构投资者给出的最高报价,并披露剔除最高报价部分后有效报价的中位数及加权平均数,以及公募基金、社保基金、基本养老保险基金的报价中位数及加权平均数。第三,由发行人和主承销商确定发行价格。

考虑到科创板对投资者的投资经验、风险承受能力要求更高,本次科创板改革取消了长期以来在主板、创业板实施的直接定价模式,全面采取了更市场化的询价定价方式。直接定价,是指主承销商利用交易系统,按已确定的发行价格向投资者发售股票的方式,目前实践中基本以监管部门指导的23倍市盈率为发行定价。询价发行,是指通过向符合条件的询价对象询价来确定股票发行价格。直接定价与询价是世界各国新股发行采用的两种主要方式。两种定价方式各有利弊,对于直接定价而言,直接定价发行对承销商的定价能力有较高要求,但发行成本低、发行周期短、效率高,适合于小盘股的发行。对于询价发行而言,询价机制有利于寻找均衡价格,挖掘市场需求,降低承销风险,但发行成本高、发行周期长,适合于大盘股的发行。

考虑到科创行业的专业性和高风险性,监管部门对投资者采取了一个较高的准入门槛。《上海证券交易所科创板股票交易特别规定》(以下简称《特别规定》)第4条要求,参与科创板投资的个人投资者资金账户内的资产日均不低于50万元。对于将来以机构投资者和专业投资者为主的科创板,主要是以长线投资为主,因此采用询价的方式进行定价,会使新股的定价更为合理。在充分挖掘市场需求的同时,也可以避免因直接定价导致发行价格过低,投资者盲目追求首发股票,而出现炒"新股"的现象。

2. 放宽现有的涨跌幅限制

除将直接定价改为询价制外,《特别规定》还对科创板股票的涨跌幅限制作出了调整。《特别规定》第18条规定,股票在科创板上市后的前5日,不设价格涨跌幅限制,后续对涨跌幅的限制则由现行的10%调升至20%。

取消上市后前5日价格涨跌幅限制以及提升涨跌幅限制的比例,是监管部门对A股股票市场化要求的回应。在股票市场实行涨跌幅限制的目的,是为了降低股票价格的波动性以及遏制市场的过激反应,以保护中小投资者的利益。但是批评者认为,对股票交易实施涨跌幅限制,并不能起到降低股票价格波动性的作用,反而会引起股票价格在次交易日更剧烈的波动。并且,人为地设置一个幅度限制标准,限制市场的交易活动,阻碍交易价格上升或降到均衡水平,无益于反映股票真实的市场供需关系。

科创板放宽现有的涨跌幅限制,具有两方面的深层含义:一是为了配合询价制的定价模式,通过在首发上市内不限涨幅的模式,可以使定价更为准确,还原真实的市场供需关系;二是对在A股市场长期实行严格的涨跌幅限制所暴露出的问题的回应,同时考虑到科创公司具有投入大、迭代快等特点,股票容易呈现较大的波动性,实施严格的涨跌幅限制可能会加剧这种波动性,从而造成不必要的市场恐慌。

(四)多元化的公司治理模式

1. 允许表决权差异安排

依照《公司法》第131条的规定,国务院可以对公司发行《公司法》规定以外的其他种类的股份另行作出规定。本次科创板改革,证监会在国务院的统一授权下,对科创公司设置差异化表决权进行了制度安排。

差异化表决权制度,是指突破《公司法》第126条的规定,即每一股份应当具有同等权利的"同股同权"模式,允许特别股的表决权数量高于普通股,从而实现特别股与普通股之间存在表决权差异的公司内部治理制度。

作为科创板改革的一大亮点,对于科创公司设置差异化表决权问题的规定,主要集中于《上市规则》。根据《上市规则》的规定,科创板允许上市公司通过公司章程,在不得超过每份普通股股份的表决权数量10倍的限额内,自行设定每份特别表决权股份的表决权数量。对于允许何种科创公司实施特别表决权机制,《上市规则》第2.1.4条规定,发行人具有表决权差异安排的,市值及财务指标应当至少符合下列标准中的一项:①预计市值不低于人民币100亿元;②预计市值不低于人民币50亿元,且最近一年营业收入不低于人民币5亿元。此外,《上市规则》还明确了差异化表决权的适用要求、持有人资格、表决权差异限制、普通表决权保障、永久以及特定情形下的转换、信息披露、公司章程规定等内容。

对于科创公司而言,前期研发投入高,往往依赖多轮次的外部融资才能维持企业的正常运转,但这也导致了创始人的股权比例被严重稀释。在此背景下,保证创始人及其团队对公司的实际控制权具有重要的意义。在科创板引入特别表决权制度,具有三个方面的意义:首先,对于科创公司而言,有利于公司的稳定发展,为股东和管理层建立长期的合伙人关系提供可能;其次,对于科创公司的创始人而言,特别表决权机制可以帮助创始人防范"野蛮人"的入侵,有助于公司维持经营管理文化和长期的发展方向;最后,对科创板市场而言,允许科创公司构建差异化表决权机制,既是出于对科创公司发展规律的尊重,同时也是响应世界资本市场的发展潮流,以期吸引更多的创新型产业公司到科创板上市,增强上海证券交易所科创板的国际竞争力。

当然,允许差异化表决权安排并不意味着放任科创企业的少数股东可以滥用权力,侵害到公司整体以及广大投资者的利益。针对如何保护投资者的利益不受特殊投票权机制的侵害,《上市规则》在内外两个层面予以落实。首先,对于拟建立特殊表决权机制的科创企业,《上市规则》对这类企业的发行条件作出了特别要求。根据《上市规则》的相关规定,上市企业拟设置表决权差异安排的,除了要满足高于一般科创公司上市所需的市值要求及表决权差异安排须在上市前稳定运行至少一个完整会计年度的前提外,还对拟持有特别表决权的股东作出了资格限制。其次,从监督机制的角度来说,差异化表决权安排一方面加重了监事会的责任,由监事会负责内部监督持有特别表决权股份的股东,保护广大投资者的利益;另一方面上海证券交易所负责对设置差异化表决权制度的公司进行监督,防范滥用特别表决权情况的发生。

在科创板开启申报后,优刻得科技股份有限公司(以下简称"优刻得")成为首家引入差异化表决权的申报企业。优刻得从事云计算服务,历史上曾为境外上市计划搭建红筹架构,2016年,因考虑回归境内A股上市,终止了红筹架构。优刻得由三名自然人共同实际控制,三人合计直接持有优刻得26.8347%的股份。优刻得将实际控制人持有的股份设置为A类股份,其他股份为B类股份,每份A类股份拥有的表决权数量为每份B类股份拥有的表决权数量的5倍,每份A类股份拥有的表决权数量相同。经过上述表决权特别安排后,三名共同控制人直接持有股份的表决权比例从26.8347%提高到64.71%。

2. 股权激励安排更加灵活

股权激励制度是科创公司吸引人才、留住人才、激励人才的一项核心制度。对于上市后的股权激励,《上市规则》对《上市公司股权激励管理办法》进行了优化,具体内容包括:

(1)扩大了激励对象的范围,并提高股权激励涉及的股票比例。《上市规则》第10.4条规定,激励对象可以包括上市公司的董事、高级管理人员、核心技术人员或者核心业务人员,以及公司认为应当激励的对公司经营业绩和未来发展有直接影响的其他员工,独立董事和监事除外。《上市规则》还将在上市公司担任董事、高级管理人员、核心技术人员或者核心业务人员,且单独或合计持有上市公司5%以上股份的股东、上市公司实际控制人及其配偶、父母、子女以及上市公司外籍员工纳入可激励对象的范围,更加符合科创公司实行股权激励制度的实际需要。此外,《上市规则》还提高了股权激励所涉及的标的股票在公司总股本中的比例,由现行规定的10%提高到了20%。

(2)简化了股权激励的操作流程,允许在满足受益条件后对相关股份进行登记。

(3)增强了股权激励价格条款的灵活性。《上市规则》取消了原有制度下限制性股票的授予价格与股票期权的行权价格不得低于激励计划草案公布前一个交易日股票交易均价的50%以及前20个交易日、前60个交易日、前120个交易日股票交易均价之一的50%的限制,只要求科创公司在此种情形下有独立的财务顾问对股权激励计划的可行性、定价的合理性以及是否损害了股东利益等问题发表专业意见。此外,《上市规则》还取消了现行规定对股权激励计划未满足条件时,需要在60内回购注销的期限限制。科创公司可以在满足激励条件后,将限制性股票再次登记在激励对象名下,操作更加便利。同时,为防止在业绩下滑时企业管理层仍能通过股权激励的手段套利的问题,《持续监管办法》特别要求科创公司在进行相关的股权激励操作时,必须将股权激励与公司业绩挂钩。

对于上市前的股权激励,科创板规则也在原有审核标准的基础上进行了调整。

《上海证券交易所科创板股票发行上市审核问答》中明确,发行人首发申报前实施员工持股计划的,应当体现增强公司凝聚力、维护公司长期稳定发展的导向,建立健全激励约束长效机制,有利于兼顾员工与公司长远利益,为公司持续发展夯实基础。员工持股计划符合"闭环原则"(员工持股计划不在公司首次公开发行股票时转让股份,并承诺自上市之日起至少36个月的锁定期。发行人上市前及上市后的锁定期内,员工所持相关权益拟转让退出的,只能向员工持股计划内员工或其他符合条件的员工转让。锁定期后,员工所持相关权益拟转让退出的,按照员工持股计划章程或有关协议的约定处理)或虽未按照"闭环原则"运行的,但员工持股计划由公司员工持有、依法设立、规范运行,且已经在基金业协会依法依规备案的,在计算公司股东人数时,按一名股东计算,无需穿透计算持股计划的权益持有人数。

此外,《上海证券交易所科创板股票发行上市审核问答》还允许发行人存在首发申报前制订并在上市后实施的期权激励计划,突破了原有审核标准下股权清晰的要求,为上市前股权激励提供了便利。

(五) 宽严相济的股份锁定及减持制度

《实施意见》第12条明确指出,要求相关单位完善基础制度,制定合理的科创板上市公司股份锁定期和减持制度安排。针对科创公司的股份锁定期和减持制度,《上市规则》根据科创公司的盈利与否,作出了不同的制度性安排:

(1)对于盈利的科创公司,《上市规则》第2.4.4条、第2.4.5条规定,上市公司控股股东、实际控制人自公司股票上市之日起36个月内,不得转让或者委托他人管理其直接和间接持有的首发前股份;其核心技术人员自公司股票上市之日起12个月内和离职后6个月内不得转让本公司首发前股份。

(2)对于没有盈利的科创企业,《上市规则》第2.4.3规定,在公司实现盈利前,控股股东、实际控制人自公司股票上市之日起三个完整会计年度内,不得减持首发前股份。自公司股票上市之日起第四个会计年度和第五个会计年度内,每年减持的首发前股份不得超过公司股份总数的2%,并应当符合《减持细则》关于减持股份的相关规定。董事、监事、高级管理人员及核心技术人员自公司股票上市之日起三个完整会计年度内,不得减持首发前股份。

与现有的减持制度相比,科创板的减持规则主要有两个方面的创新:一是考虑到核心技术人员或团队结构稳定对于公司发展和盈利能力的重要性,因此特别将核心技术人员作为减持限制的对象之一;二是对尚未具备盈利能力的科创公司进行了特别的减持制度限制,防止发行人在上市后减值套现,损害中小股东的利益。

此外,《上海证券交易所科创板股票发行上市审核问答(二)》中对于发行人没有或难以认定实际控制人的,要求发行人的股东按持股比例从高到低依次承诺其所持股份自上市之日起锁定36个月,直至锁定股份的总数不低于发行前股份总数的51%。利用这一特殊的股份锁定方式,对认定无实际控制人的情况加以限制,既保证了实际控制人的认定符合公司实际情况,又保证了公司上市后控制权稳定,规制了为逃避锁定义务而认定无实际控制人的现象。

(六) 强化信息披露要求，旨在向注册制过渡

注册制的核心是信息披露，相关各方应当各司其职、各尽其责，提高信息披露质量，让投资者在信息充分的情况下作出投资决策。在科创板新规下，对于信息披露的要求也提升到一个前所未见的高度。

比较原有主板、创业板信息披露制度和《注册管理办法》《上市审核规则》及《上市规则》等文件对科创板的信息披露要求，科创板对于信息披露标准的变化主要体现在以下两个方面。

1. 新增披露内容

科创板在共性的信息披露要求基础上，设置了针对科创公司的披露内容，强化了行业信息、核心技术、经营风险、公司治理、业绩波动等事项的信息披露。同时在信息披露量化指标、披露时点、披露方式、暂缓豁免披露商业敏感信息、非交易时间对外发布重大信息等方面，作出更具弹性的制度安排，保持科创公司的商业竞争力。

新增的行业信息、经营风险信息披露要求，有助于投资者提升对上市公司的认识和对投资风险的评判，并以此搭建投资者与上市公司的信息桥梁。此外，新增的披露要求也衔接了退市规则的有关规定。作为财务类退市指标之一，研发类公司的研发失败会导致科创公司被强制退市。然而，研发工作往往具有时间周期长、结果具有不确定性等特点，并不直接参与企业研发工作的投资者，往往很难对研发类企业的价值有正确的评估。通过要求科创公司进行行业信息和经营风险的信息披露，投资者可以增加一条渠道来了解上市公司的经营风险，适时调整对投资风险的判断。

2. 加强违规信息披露的处罚力度

在以信息披露为中心的注册制试点法规体系中，证监会和上海证券交易所通过一系列的规定，加大了对违规信息披露人员的处罚力度，从而形成对相关主体的有力震慑。具体而言：一是明确信息披露责任主体，构建了发行人与中介机构双重责任架构。发行人及其控股股东、实际控制人、董事以及高级管理人员等相关主体作为信息披露的第一责任人员，应当依法履行信息披露义务；保荐人、证券服务机构等中介机构，应当起到证券市场"看门人"的作用，应当依法对发行人的信息披露进行核查把关。二是加强了违规信息披露的处罚力度。根据科创板的相关规则，未按照规则履行职责，或者履行职责过程中未能诚实守信、勤勉尽责的，上海证券交易所可以根据情节轻重，对其采取口头警示、书面警示、监管谈话、要求限期改正等相应监管措施或者实施通报批评、公开谴责等纪律处分。各主体制作或者出具的文件存在虚假记载、误导性陈述或者重大遗漏的，上海证券交易所可以采取3个月至3年内不接受保荐机构、证券服务机构提交的申请文件或信息披露文件，1年至3年内不接受保荐代表人及其他相关人员、证券服务机构相关人员签字的申请文件或者信息披露文件等纪律处分。

(七)更加严格的退市制度

1. 科创板退市制度的突破与创新

《上市规则》贯彻和落实《实施意见》和《持续监管办法》的指导思想,对科创公司的退市制度进行了严格规定。总体上,科创板的退市制度的突破与创新表现在以下方面:一是聚焦于两类目标公司。两类目标公司包括存在欺诈发行和重大信息披露违法的重大违法行为的公司,丧失持续经营能力且恢复无望的"空心"公司。二是丰富和优化了退市指标体系。科创板的退市指标可以分为重大违法行为退市、不满足市场指标退市、不满足财务指标退市以及不满足其他合规指标退市。三是从严执行退市标准。《上市规则》规定,如果上市公司营业收入主要来源于与主营业务无关的贸易业务或者不具备商业实质的关联交易,公司明显丧失持续经营能力的情形的,将严格按照规定的条件和程序实施退市。对于因重大违法行为退市的公司,《上市规则》还作出了特别规定,禁止其提出新的上市请求,永久退出市场。四是针对拟被退市的科创公司,设置了必要的救济安排。《上市规则》保留了目前的退市整理期,对于各类退市情形,均给予投资者 30 个交易日的退出窗口期。

2. 清晰和简化的退市流程

根据《上市规则》的规定,上市公司触及退市标准的,将直接终止上市,不再适用现行的暂停上市、恢复上市和重新上市等程序。以财务类强制退市为例,一旦上市公司被实施退市风险警示的,在两个会计年度内相关指标仍未消除的,将被强制退市。可以认为,科创板构建了 A 股有史以来最严厉的退市制度,对科创公司将形成强有力的震慑。

此外,为了衔接注册制的安排,科创板将不再设置恢复上市的程序。除因重大违法行为被强制退市的情形外,被退市的科创公司在满足上市条件的情况下,可以向上海证券交易所重新提交上市申请。

图书在版编目(CIP)数据

企业上市审核标准实证解析／张兰田，孙维平著 .—3 版 .—北京：北京大学出版社，2019.12

（国浩财经）

ISBN 978-7-301-30936-0

Ⅰ.①企… Ⅱ.①张… ②孙… Ⅲ.①股份有限公司—上市—审批制度—研究—中国 ②股份有限公司—上市—标准—研究—中国 Ⅳ.①F279.246-65

中国版本图书馆 CIP 数据核字(2019)第 245689 号

书　　　名	企业上市审核标准实证解析（第三版）
	QIYE SHANGSHI SHENHE BIAOZHUN SHIZHENG JIEXI(DI-SAN BAN)
著作责任者	张兰田　孙维平　著
责 任 编 辑	王建君
标 准 书 号	ISBN 978-7-301-30936-0
出 版 发 行	北京大学出版社
地　　　址	北京市海淀区成府路 205 号　100871
网　　　址	http://www.pup.cn　http://www.yandayuanzhao.com
电 子 信 箱	yandayuanzhao@163.com
新 浪 微 博	@北京大学出版社　@北大出版社燕大元照法律图书
电　　　话	邮购部 010-62752015　发行部 010-62750672　编辑部 010-62117788
印 刷 者	三河市博文印刷有限公司
经 销 者	新华书店
	730 毫米×1020 毫米　16 开本　31.75 印张　638 千字
	2011 年 1 月第 1 版　2013 年 1 月第 2 版
	2019 年 12 月第 3 版　2019 年 12 月第 1 次印刷
定　　　价	98.00 元

未经许可，不得以任何方式复制或抄袭本书之部分或全部内容。

版权所有，侵权必究

举报电话：010-62752024　电子信箱：fd@pup.pku.edu.cn

图书如有印装质量问题，请与出版部联系，电话：010-62756370